憬興의
『無量壽經連義述文贊』연구

김양순 지음

초롱

* 고인이 되신 저자 김양순 박사의 극락왕생을 발원하며, 저자의 부군 이윤상 님의 장학기금과 한국학중앙연구원 선후배의 도움으로 본 저서를 발간함.
* 본 저서는 2009년도 박사학위 논문을 출판한 것임.

머리말

정토사상의 교학적 연구와 신앙적인 대중화가 동시에 이루어졌던 통일신라시대는 우리나라 정토사상사의 입장에서는 황금기였음에 틀림없다. 다양한 교파의 승려들이 제각기 자신의 저술 안에 阿彌陀佛과 西方淨土에 대한 입장을 표명하거나 정토관련 경전에 대한 주석서를 만들어냈다.

당시 승려들의 교학적인 연구가 이후 고려시대나 조선시대에까지 그 영향을 미쳤으리라 짐작되지만, 현존하는 저술이 얼마 되지 않아 좀 더 자세한 모습을 살펴볼 수 없다. 다만 憬興의 『無量壽經連義述文贊』(이하 『連義述文贊』)처럼 인용문을 많이 포함하는 저술이 현존하여 제한적이나마 통일신라시대 정토사상의 성격을 밝힐 수 있고, 그의 사상이 후대에 어떻게 계승되었는지 그 실마리를 마련할 수 있다는 점에서 다행이라고 하겠다.

본 논문의 연구대상인 憬興의 『連義述文贊』은 현존하는 『無量壽經』 주석서 가운데 가장 긴 저술이다. 제목에서 짐작할 수 있듯이 『無量壽經』의 문장을 의미 단락으로 나누고 주석을 다는 형태를 취하고 있다. 憬興은 『連義述文贊』을 저술하기 이전의 『無量壽經』 주석서를 두루 섭렵하였을 뿐만 아니라 다양한 불교경론들과 사전류까지 참고하였으며, 문제가 되는 의견을 인용한 후 비판하는 형식으로 상당히 면밀하게 연구한 것을 알 수 있었다.

이와 같은 저술방식은 『連義述文贊』이 방대한 양의 인용문을 포함하게 되는 결과를 낳았다. 따라서 憬興의 『連義述文贊』을 제대로 이해하기 위해서는 내용을 그대로 번역하는 것으로는 부족할 수밖에 없기 때문에, 한 걸음 더 나아가 인용된 문헌의 전거를 찾아보는 譯註硏究의 형식을 취할 필요가 있었다. 따라서 본 논문은 『連義述文贊』을 역주연구하고 그 과정에서 밝혀진 인용문헌의 구성과 특징을 통해 憬興의 사상적 특징들을 정리해 보았다.

먼저 Ⅱ장에서는 憬興의 생애에 대한 기록과 저술목록을 개관하였으며, Ⅲ장에서는 『連義述文贊』을 문헌학적으로 검토하였다. 『連義述文贊』에 인용된 문헌들을 내용적인 측면으로 나누어 정토관련 경론, 유식관련 경론을 먼저 살펴보고, 여타의 경론, 그리고 불교경론에 속하지 않는 사전류 및 外典에서 인용한 것들을 차례로 살펴보았다.

인용문헌을 살펴보면, 『連義述文贊』이 『無量壽經』의 주석서인 만큼 정토관련 경론의 숫자가 가장 많은 비율을 차지하였으며, 두 번째로 인용문헌이 많은 것은 유식관련 경론이었다. 이밖에 유식계통 경론으로 분류되지는 않았지만 법상종의 승려인 窺基의 『妙法蓮華經玄贊』과 慈恩寺의 번역승이었던 玄應의 『一切經音義』의 인용문이 많다는 사실은 시사하는 바가 크다고 할 수 있다. 이밖에 다양한 여타의 경론이 인용되었다는 사실을 확인할 수 있었는데, 이는 憬興이 얼마나 다양한 사상을 섭렵하고 있었는지를 잘 보여주는 것이다. 이는『連義述文贊』이 憬興의 만년의 저술이기 때문에 드러나는 특징이라고 생각된다.

이와 같은『連義述文贊』에 인용된 인용문헌의 구성적 특징 외에 몇 가지 눈에 띄는 문제들이 있었다. 첫째, '有說'로 시작되는 인용문 중『無量壽經』을 주석한 내용이지만 그 전거를 찾지 못한 것은 현전하지 않는『無量壽經』 주석서에서 인용한 것일 확률이 높다는 점이다.

둘째, 비록 인용한다는 언급 없이 인용하기는 했지만 梵語로 된 이름과 불교용어에 대한 해설에 공을 들인 이유는 인도에서 저술될 당시의 原義와는 상관없이 흘러가는 해석이 만연했기 때문에 그러한 상황을 바로잡고자 하는 의도가 있었을 것이라는 점이다.

셋째, 憬興이 梵語에 상당한 식견을 가지고 있었고, 불교경전 뿐만 아니라 유교경전과 같은 外典에도 밝은 사람이라는 선행연구의 주장은 보완되어야 한다. 왜냐하면 梵語 이름의 오류를 지적하거나 語義를 밝힌 부분은 모두 다른 경론이나 사전에서 인용한 것이며, 外典으로서 인용되었다고 제시된 약 20여 종이나 되는 저술의 대부분이『一切經音義』에서 재인용된 것들이기 때문이다.

憬興이 위의 저술에 대해서 모두 다 알고 있었는지 확인할 수는 없지만,『一切經音義』라는 불교용어사전을 적극적으로 활용하여 저술하였다는 점은 확실하다고 볼 수 있다. 따라서 憬

興에 대해서 梵語에 대한 해박한 지식을 가지고 있었다고 하거나 다양한 外典에 두루 밝았다고 표현하기보다는 불교용어사전을 비롯한 사전류를 적극적으로 활용하였던 문헌학적인 능력이 탁월한 사람이라고 표현하는 편이 보다 진실에 가깝다고 생각된다.

이와 같이『連義述文贊』의 문헌학적 검토를 통해 알 수 있는 사실은『連義述文贊』이 憬興의 만년에 집필된 저술인 만큼 다양한 불교사상을 섭렵한 후 저술되었으며, 불교용어사전을 적극적으로 활용하여 語義에 충실한 주석을 하려는 입장을 지니고 있었다는 점이다.

Ⅳ장에서는 Ⅲ장의 문헌학적 검토를 토대로『連義述文贊』을 저술한 憬興의 사상적인 특징을 살펴보았다. Ⅳ장에서는『連義述文贊』에서 비교적 자세하게 논의된 부분을 중심으로 그 내용을『無量壽經』의 體裁에 대한 이해와 憬興의 菩薩觀·誓願觀·往生觀·末法思想으로 나누어 차례로 살펴보았으며, 이렇게 고찰한 내용을 憬興의 유식학적 입장이라는 항목에서 정리하였다.

이와 같이 살펴본 결과 憬興은 유식사상, 특히 중국 법상종의 사상적 토대에서『無量壽經』을 해석하였다는 결론을 내릴 수 있었다. 그의 유식학적 입장이 드러난 부분들을 나열해 보면, 첫째,『無量壽經』의 體裁와 五智說, 그리고 佛身佛土論의 근거가 되었던『佛地經論』의 영향, 둘째, 전법대중에 대한 설명의 바탕이 되었던 窺基의『妙法蓮華經玄贊』의 영향, 셋째, 48원 가운데 제18원의 해석에 드러난『攝大乘論』의 別時意說의 영향, 넷째, 憬興이 정토의 장엄을 설하는 부분에서『往生論(=無量

壽經優波提舍願生偈)』을 비판 없이 인용하였던 점, 다섯째, 五惡 가운데 첫 번째 악인 살생을 설한 부분에서 중생의 선악을 기록하는 것을 種子識이라고 본 점, 여섯째, 제18원의 十念에 대한 다양한 해석과 末法思想의 正說에 대해 懷感의 『釋淨土群疑論』을 그대로 따른 점, 일곱째, 憬興은 五性各別說을 기반으로 定性二乘과 不定二乘을 이해한 점 등 일곱 가지 측면에서 유식사상의 영향을 볼 수 있었다.

이와 같은 유식사상의 영향 외에도 憬興이 보여준 사상적 특징이 있다. 憬興은 自利利他의 보살행을 강조하였다. 憬興이 보살대중의 공덕을 찬탄한 부분에서 석가모니의 일대기를 담고 있는 釋迦八相의 내용이 보살이 갖추어야 할 德과 대동소이하다고 보았다는 점과 보살의 利自他行의 성격을 자세하게 풀이한 것은 초기대승불교사상에서 보살행을 강조하는 것과 일맥상통하는 부분이다.

이처럼 憬興이 自利利他의 보살행을 강조한 것은 정토사상을 自力的으로 해석하고자 하는 의도를 갖고 있었기 때문이라고 생각된다. 憬興은 법상종의 사상적 배경을 갖고 있었기 때문에 당시 중국에서 유행하던 善導 계통의 他力的 성향이 짙은 정토사상에 대해 나름의 해석을 내놓을 필요가 있었을 것이며, 대승불교사상의 하나인 정토사상이 타력일변도로 흐르는 것을 경계하려는 의도가 있었을 것이다. 憬興의 이와 같은 태도는 삼국통일이라는 시대적인 배경과도 관련이 있을 것으로 생각된다. 당시 통일신라에서는 사상적인 통일의 도구로서 불교가 한 몫을 하고 있었고, 그 중에서도 타력신앙적인 측면이 강조된 정토신앙이 힘을 얻고 있던 상황이었다. 이와 같은 사회 분위기는 憬興으로 하여금 정토사상에 대한 自力的인 해석을 내놓아야 할 필요를 느끼게 하였을 것으로 보인다.

이와 같이『無量壽經』을 자력적으로 해석하기 위해 自利利他의 보살행을 강조하는 특징은 유식사상을 토대로 하는 憬興의 사상적 배경과 결합하여 정토사상의 새로운 해석을 이끌어 냈던 것이다.

차 례

〈表 目 次〉

Ⅰ. 憬興 정토사상 연구의 의의

1. 연구 목적 및 문제제기

淨土思想의 교학적 연구가 가장 활발했던 시기는 단연 統一新羅時代이다. 비단 정토사상뿐만 아니라 다양한 불교서적들이 중국으로부터 들어왔으며 僧侶들은 이를 앞 다투어 연구하였다. 더욱이 外來思想이었던 佛敎를 제대로 받아들이기 위해 중국으로 유학을 가는 僧侶들도 상당수였고 그곳에서 이름을 날린 이들도 있었다. 심지어 중국에 불교를 전해주었던 인도에까지 가서 불교를 공부해 오는 僧侶들조차 있었다. 이런 분위기는 불교가 한갓 外來思想에 불과한 것이 아니라 선진문물이며 고차원적인 사상이라는 인식에서 온 것이라고 해야 할 것이다.

外來思想이었던 불교가 우리나라에 傳來된 후 敎學的인 차원뿐만 아니라 信仰的인 차원에서도 자리 잡기 시작한 시기도 통일신라시대라고 할 수 있다. 신앙적인 차원에서 자리를 잡았다는 말은 복잡한 敎理의 이해가 어려운 일반인들에게 불교가 信仰의 대상으로서 대중화되었음을 의미하는 것이다. 불교의 대중화 중심에는 阿彌陀信仰과 彌勒信仰이 있었고, 淨土思想은 이러한 신앙으로서의 불교를 교학적으로 뒷받침해주는 사상이었다.

阿彌陀信仰이나 彌勒信仰과 관련된 기록은『三國遺事』에 전해지고 있으며, 淨土思想에 대한 教學的인 연구는 몇몇 著述目錄 등을 통해서 다수의 저술이 존재하였음을 확인할 수 있다. 더욱이 이들 저술은 일본 淨土思想家들에게 미친 영향은 그들의 저술에 인용된 引用章句가 다수이며 이를 통해 復元本을 만들 수 있을 정도라는 사실을 통해 다시 한 번 확인할 수 있다.

이와 같이 통일신라시대에는 정토사상에 대한 교학적인 연구와 신앙적인 대중화가 동시에 이루어졌다. 정토사상의 황금기라 할 만하다. 더욱이 현재는 전해지지 않는 것이 대부분이지만 數的으로나 量的으로 방대한 주석서가 思想系統이 서로 다른 僧侶들에 의해서 이루어졌다는 점은 주목해야 할 것이다.1) 통일신라시대 이후 淨土經典의 註釋書와 같은 思想的인

---

1) 통일신라시대의 정토경전의 연구는 경전목록에 따르면 다음과 같다(佛教文化研究所 編,『韓國佛教撰述文獻總錄』, 東國大學校出版部, 1976).

慈藏 『阿彌陀經疏』1卷,『阿彌陀經義記』1卷

圓測 『阿彌陀經疏』1卷,『無量壽經疏』3卷

元曉 『阿彌陀經疏』1卷,『阿彌陀經通讚疏』2卷,『無量壽經疏』1卷,『無量壽經宗要』1卷,『無量壽經私記』1卷,『無量壽經科簡』,『遊心安樂道』1卷

義湘 『阿彌陀經義記』1卷

憬興 『阿彌陀經略記』1卷,『無量壽經連義述文贊』3卷,『無量壽經疏』3卷,『觀無量壽經疏』2卷

義寂 『無量壽經疏』3卷,『無量壽經述義記』3卷,『觀無量壽經綱要』1卷,『觀無量壽經疏』1卷

道證 『西方極樂要讚』1卷

太賢 『阿彌陀經古迹記』1卷,『無量壽經古迹記』1卷,『觀無量壽經古迹記』1卷,『稱讚淨土經古迹記』1卷,『淨土總料簡』1卷

연구 결과를 보여주는 저술을 찾아볼 수 없는 것과는 대조적이다.

淨土思想은 통일신라시대 이후 '信仰'적인 측면은 강조되고 '教學'적인 연구는 쇠퇴하는 모습을 보인다. 우리나라에서 淨土信仰은 중국이나 일본에서처럼 독립된 宗派가 성립되지 않았음에도 불구하고 현재까지 주된 신앙의 한 형태로서 그 생명력을 유지하고 있는 반면, 淨土教學은 다른 思想과 융합된 형태로 나타나거나, 다른 思想의 보조적인 신앙행위로 나타나는 등 그 영향력이 축소되는 양상을 보여준다.

이와 같은 현상은 통일신라시대에 정토사상에 대한 교학적인 연구가 활발하게 이루어졌기 때문에 일어난 것이라고 생각한다. 다양한 불교사상이 유입되고 유통되던 당시에 自力을 강조하는 불교의 다른 사상들과는 달리 他力을 중시하는 정토사상을 어떻게 받아들여야 하는가 하는 문제는 해결해야 할 과제였을 것이다. 따라서 다양한 종파의 僧侶들에 의해 淨土系 經典의 주석서가 저술되는 등 다양한 시도가 이루어졌으며, 그 결과 중국이나 일본과는 다른 모습으로 정토사상이 전개되었다고 생각한다.

따라서 淨土思想史의 입장에서 보면 분수령과도 같은 시기였던 통일신라시대의 정토교학에 대한 연구는 우리나라 정토사

法位 『無量壽經義疏』 2卷
玄一 『阿彌陀經疏』 1卷, 『無量壽經記(疏)』 2卷, 『觀無量壽經記』 1卷, 『隨願往生經記』 1卷
道倫 『阿彌陀經疏』 1卷
靈因 『無量壽經疏』 1卷

상사, 나아가 불교사상사를 이해하기 위해 필수적이며, 이는 정토경전을 다룬 주석서를 연구함으로써 그 실마리를 찾을 수 있으리라고 생각한다.

2. 연구 대상과 방법

경전목록을 살펴보면 통일신라시대에 저술된 정토경전 주석서는 다양한 사상적 배경을 갖는 승려들에 의해 이루어진 것을 알 수 있다. 하지만 목록에 등장하는 저술들은 현재 거의 남아 있지 않다. 현존하는 것은 元曉의 『無量壽經宗要』, 『阿彌陀經疏』, 元曉의 저술로 알려졌던 『遊心安樂道』,[2] 憬興의 『無量壽經連義述文贊』(이하 『連義述文贊』), 玄一의 『無量壽經記(上卷)』와 일본 저술에 인용된 章句들을 통해 복원된 法位의 『無量壽經義疏[復元]』와 義寂의 『無量壽經述義記[復元]』가 있을 뿐이다.

이와 같이 현존하는 통일신라시대 정토경전의 주석서를 다룬 선행연구를 살펴보면, 저술 자체의 철학적 분석을 목적으로 하는 것도 있었지만 당시의 정치·사회상을 이해하기 위한 부차적인 자료로서 활용되는 경우가 더 많았다. 남아 있는 텍스트의 수가 많은 元曉의 경우 전체적인 思想體系 속에서 정토관련 저술에 대한 철학적 연구가 이뤄질 수 있었지만, 法位나 玄一

---

2) 『大正新修大藏經』에 '釋元曉撰'으로 되어 있는 『遊心安樂道』는 많은 선행연구에 의해 元曉의 眞撰이 아니라는 주장이 正說로 받아들여지고 있다(韓普光, 『新羅淨土思想の硏究』, 大阪:東方出版, 1991, 213-236面 참조).

처럼 『無量壽經』 주석서 외에는 저술이 거의 남아 있지 않은 경우에는 연구 성과도 기대하기 힘들다.[3)]

義寂의 경우 『無量壽經』 주석서 외에 저술이 남아 있어 선행연구[4)]가 있는 편이지만, 『無量壽經述義記』는 法位의 『無量壽經義疏』와 마찬가지로 復元本이라는 한계 때문에 심도 깊은 연구는 힘들다. 憬興의 경우 『無量壽經連義述文贊』이 전해지는데, 復元本도 아니고 玄一의 『無量壽經記』처럼 上卷만 남아 있는 불완전한 형태로 전해지는 것도 아니지만 연구가 많이 진척되지 못한 편이다.

본 논문에서는 이 가운데 온전하게 전해짐에도 불구하고 상대적으로 선행연구가 적은 憬興의 『無量壽經連義述文贊』을 연

---

3) 安啓賢, 「法位와 玄一의 彌陀淨土往生思想」, 『新羅淨土思想史硏究』, 玄音社, 1987.

4) 安啓賢, 「義寂의 彌陀淨土往生思想」, 『新羅淨土思想史硏究』, 玄音社, 1987.
惠谷隆戒, 「義寂の『無量壽經述義記』について」, 『佛敎大學硏究紀要』 35, 京都:佛敎大學, 1958.
源弘之, 「朝鮮淨土敎における憬興・義寂の一考察」, 『佛敎學硏究』 22, 京都:龍谷大學, 1966.
春日禮智, 「新羅義寂とその『無量壽經述義記』」, 『新羅佛敎硏究』, 東京:山喜房佛書林, 1973.
梯信孝, 「新羅義寂『無量壽經述義記』への一考察」, 『印度學佛敎學硏究』 38-1, 1989.
崔源植, 「新羅義寂의 梵網菩薩戒觀」, 『何石金昌洙敎授華甲紀念史學論叢』, 1992.
李起雲, 「義寂의 『法華經集驗記』硏究」, 『彌天睦楨培博士華甲記念論叢』, 藏經閣, 1997.
金相鉉, 「義寂의 『法華經集驗記』에 대하여」, 『東國史學』 34, 2000.
森重敬光, 「新羅 義寂の古逸書『大乘義林章』に關する一考察」, 『龍谷大學佛敎學硏究室年報』8, 京都:龍谷大學, 1995.

구대상으로 삼고자 한다. 慧遠의 『無量壽經義疏』, 吉藏의 『無量壽經義疏』, 元曉의 『無量壽經宗要』와 더불어 『無量壽經』의 4대 주석서로 불리는 『連義述文贊』은 현존하는 통일신라시대 정토경전 주석서 가운데 양적으로 가장 풍부한 저술이다.

憬興의 思想에 대한 선행연구들은 대개 『連義述文贊』의 내용을 분석하고 憬興의 정토사상을 밝힌 것들이다.[5] 이밖에 통일신라시대 전체를 다루는 사상사 연구[6]에서도 憬興의 사상은 여러 항목 중의 하나로서 다루어지지만 대부분 이전의 철학적 연구를 바탕으로 개론적인 언급만을 하는 것이 일반적이다. 더욱이 이들 연구에서는 憬興의 저술목록을 토대로 唯識思想家로 규정하는 경우가 대부분이어서 『連義述文贊』에 나타난 憬興의 독자적인 思想을 중심으로 연구가 이루어졌다고 보기는 어려운 감이 있다.

본 논문은 『連義述文贊』에 나타난 憬興의 사상적인 특징을 알아보는 것을 목적으로 한다. 따라서 시대적인 배경과의 역학

---

5) 安啓賢, 「憬興의 彌陀淨土往生思想」, 『新羅淨土思想史硏究』, 玄音社, 1987.
渡辺顯正, 『新羅·憬興師述文贊の硏究』, 京都:永田文昌堂, 1978.
渡邊顯正, 「憬興師の唐佛敎の交涉」, 『印度學佛敎學硏究』 29-1, 1980.
渡邊顯正, 「憬興師の末法思想について」, 『印度學佛敎學硏究』 30-1, 1981.
渡邊顯正, 「憬興師の無量壽經第十八願觀」, 『印度學佛敎學硏究』 34-1, 1985.
韓泰植, 「憬興의 生涯에 관한 再考察」, 『불교학보』 28, 1991.
韓泰植, 「憬興の淨土思想の特色」, 『印度學佛敎學硏究』 40-1, 1991.
韓普光, 『新羅淨土思想の硏究』, 大阪:東方出版, 1991.

6) 金英美, 『新羅佛敎思想史硏究』, 民族社, 1994
金煐泰, 『新羅佛敎硏究』, 民族文化社, 1987.
金南允, 「新羅法相宗硏究」, 서울대학교 박사논문, 1995.

관계를 밝히고 통일신라시대 전체를 조망하는 거시적인 입장을 취하기보다는, 저술 자체의 충실한 이해를 목적으로 하는 미시적인 입장에서 『連義述文贊』을 연구하고자 한다.

따라서 본 논문에서는 기존 연구에서 이미 다루어졌던 부분에 지면을 많이 할애하기보다는 기존 연구에서 다루지 않았던 부분에 주목할 것이다. 또 이미 다루어졌던 부분을 다룰 경우에는 異見이 있는 경우에만 필자의 의견을 덧붙이고자 한다. 본 연구를 통해 『連義述文贊』이 우리나라 정토사상사에 기여한 바를 파악하는데 一助할 수 있기를 바란다.

본 논문의 연구대상인 『連義述文贊』을 분석하는 것은 憬興의 淨土思想을 파악할 수 있다는 점 외에도 기존의 다른 주석서들을 인용하고 비교하였기 때문에 당시의 불교교학의 분위기를 짐작케 하는 이점이 있다. 중국의 慧遠이나 吉藏의 『無量壽經義疏』는 물론이고, 元曉·玄一·法位·義寂의 『無量壽經』 주석서들을 여러 차례 인용하였기 때문이다. 이렇게 인용된 주석서의 내용은 대개 정토사상사에서도 쟁점이 되는 사안들에 집중되어 있으며, 憬興은 자신의 의견과 다른 주석서들의 의견을 비판하는 방식으로 자신의 의견을 피력하였다.

憬興의 이와 같은 집필방식 때문에 정토 관련 저술들을 인용하는 것에 그치지 않고 여타의 다양한 佛教經論들까지 아우르고 있다. 특히 눈에 띄는 것은 당시 중국에서 유행하기 시작한 新譯佛教의 영향을 볼 수 있다는 점이다. 중국의 입장에서도 外來思想이었던 불교는 인도 불교경전의 번역이라는 형태로 유입될 수밖에 없었고, 원전 해독능력을 갖춘 중국의 승려들이 직접 번역한 經典은 기존의 格義佛敎 시기의 번역과는 차이가 있었다. 玄奘과 그의 제자들에 의해 진행된 대대적인 역경사업은 당시 중국 불교계의 새로운 움직임이었다.

憬興은 당시 중국으로부터 들여온 새로운 경향의 번역서들을 바로 입수하여 연구하였던 것 같다. 『連義述文贊』의 여러 곳에서 기존 梵語 번역어의 오류를 지적하면서 그 전거로서 신역불교의 주역이었던 玄奘과 窺基, 특히 窺基의 입장을 따른 경우가 상당수였던 점은 이를 뒷받침하는 것이라 할 수 있다. 憬興의 현존하는 다른 저술 『三彌勒經疏』에서도 사정은 비슷하다.[7] 이는 憬興이 法相宗 승려라는 주장에 힘을 실어주는 것이라고 생각된다.

이처럼 다양한 인용문을 포함하고 있는 『連義述文贊』을 연구하는 데는 인용문의 전거를 밝히는 일이 필수적이다. 따라서 본 논문에서는 『連義述文贊』을 역주연구의 형식으로 면밀히 검토하고자 한다. 이를 통해 기존연구의 한계점을 극복하고 憬興의 정토사상의 성격을 보다 명확하게 파악하고자 하였다.

본 논문은 『大正新修大藏經』 37卷에 실려 있는 『連義述文贊』을 臺本으로 하였다. 이 『連義述文贊』의 底本이 된 것은 元祿十二年(1699년)에 간행된 筆寫本으로서 宗敎大學(現 大正大學) 所藏本이다. 필사본은 필사과정에서 탈락된 부분이나 잘못 베껴 쓴 부분이 있을 수 있고, 필사본을 다시 활자본으로 만드는 과정에서 필사본을 잘못 옮기는 경우도 생기는 경우가 많다. 따

7) 安啓賢, 「憬興의 彌勒淨土往生思想」, 『新羅淨土思想史研究』, 玄音社, 1987, 172쪽 참조.

라서 譯註硏究를 진행시키는 과정에서 탈락된 부분과 誤寫를 교정하는 부수적인 성과가 있으리라 기대해 본다.

본 논문은 『連義述文贊』을 번역하면서 동시에 인용문이 있을 경우 인용문의 전거를 밝혀주고 필요한 부분에 각주를 달아주는 譯註硏究의 형식으로 진행될 것이다. 먼저 Ⅱ장에서는 憬興의 행적과 관련된 기록을 토대로 生涯를 살펴보고, 著述目錄을 검토하여 憬興이 활동하였던 시대적 배경과 사상적 배경을 파악하고자 한다. Ⅲ장에서는 譯註硏究를 통해 파악한 인용문의 전거를 정리하여 인용문의 종류와 구성 및 그 특징을 파악하는 문헌학적인 접근을 하였으며, Ⅳ장에서는 譯註硏究에서 밝혀진 『連義述文贊』의 사상적인 특징을 정리하고 憬興이 『無量壽經』을 어떠한 입장에서 주석하였는지 정리하는 방식으로 진행하고자 한다.

Ⅱ. 憬興의 생애와 사상

新羅는 삼국 가운데 가장 늦게 불교를 公認한 나라이다. 高句麗와 百濟가 4세기에 불교를 공인한 반면 新羅는 6세기 초반 이차돈의 殉教로 불교가 공인되었다. 그러나 佛教公認 후 신라의 불교는 국가의 지원을 받으며 빠르게 성장하였고 아울러 삼국통일의 정신적 기반으로서 그 역할을 하게 되었다.

국가의 지원을 받으면서 성장한 新羅의 불교는 통일 이후 더욱 활발해졌으며 唐으로부터 다양한 불교사상을 받아들이는데 적극적이었다. 중국에서도 불교교학의 전성기였던 唐에서 번역되는 불교경전이나 논서 및 이에 대한 주석서들이 곧 바로 新羅에 전해졌고, 學僧들에 의해 이들 저술에 대한 연구가 활발하게 이루어졌다. 각종 저술목록에 등장하는 주석서들이 바로 이와 같은 연구의 결과물이라고 할 수 있다.

비록 현재 전해지는 저술은 얼마 되지 않지만, 통일신라시대 승려들에 의해 저술된 주석서는 그들이 중국에서 들여온 불교사상을 받아들이기만 한 것이 아니라 이를 비판적으로 수용하여 토착화된 내용의 주석서를 저술하였다는 사실을 잘 보여준다. 이와 같은 분위기는 정토교학 연구에서도 드러나는 것으로서, 본 논문의 연구대상인 憬興의 『無量壽經連義述文贊(이하 『連義述文贊』)』을 연구함으로써 다시 한 번 확인할 수 있으리라고 생각한다.

본 장에서는 먼저 憬興의 行蹟을 알 수 있는 기록과 憬興의 저술에 대한 기록이 남아 있는 목록들을 검토함으로써 본격적인 연구의 토대를 마련하고자 한다.

1. 憬興의 生涯

憬興의 생애에 대한 기록은 『三國遺事』 제5권 感通篇 「憬興遇聖條」에 나오는 일화 두 편만 남아 있을 뿐 정확한 生沒年은 알 수 없다. 따라서 憬興이 神文王 在位時(681~692)에 國老에 올랐다는 기록과 憬興의 『連義述文贊』에 인용된 저술의 저작년대 혹은 그 저자들의 생몰년과 비교하는 방법으로 추정할 수밖에 없다.

먼저 『三國遺事』의 일화 가운데 憬興의 생애에 대한 짧은 기록을 살펴보자.

> 神文王 때의 大德 憬興은 성이 水氏이고 熊川州 사람이다. 18세에 출가하여 三藏에 통달하니 당대에 명망이 드높았다. 開耀元年(681), 文武王이 장차 승하하려고 할 때 神文王에게 命하여 말하기를, "憬興法師는 國師가 될 만하니 나의 命을 잊지 말라"고 하였다. 神文王이 즉위하여 國老로 책봉하고 三郎寺에 주석하게 하였다.[8]

8) 『三國遺事』五卷 「憬興遇聖條」(韓佛全6, 359上), "神文王代, 大德憬興, 姓水氏, 熊川州人也. 年十八出家, 遊刃三藏, 望重一時. 開耀元年, 文武王將昇遐, 顧命於神文曰: "憬興法師, 可爲國師, 不忘朕命" 神文卽位, 曲(冊)爲國

이 내용으로부터 짐작할 수 있는 것은 憬興은 熊川州(현 公州) 사람이므로 백제출신이라는 점이다. 또 文武王의 유언에 의해 國老가 된 시기를 중심으로 출생년도를 짐작할 수가 있겠다. 통일신라시대 국사들의 나이가 50대 후반이거나 60세 이상이었다는 점으로 비추어 보아[9] 대략 620년을 전후하여 출생하였다고 보는 것이 타당할 것 같다. 따라서 18세에 출가한 憬興이 사상적인 토대를 형성하는 시기에 백제불교의 영향 하에 있었으리라 생각된다.[10]

憬興의 『無量壽經連義述文贊』에 인용된 저술 가운데 憬興의 생몰년을 추정하는데 영향을 미칠만한 저술은 모두 세 가지이다. 첫째, 『傳』 또는 『淨傳』이라 하여 인용되었던 『南海寄歸內法傳』, 둘째, 인용하였다는 언급 없이 여러 차례 인용되었던 『釋淨土群疑論』, 셋째, 한 번 인용되었던 『華嚴經探玄記』가 있다.

『南海寄歸內法傳』은 義淨(635~713)의 저술로서, 『連義述文贊』에서 上卷에서 1회, 下卷에서 2회 인용되었다. 『南海寄歸內法傳』은 義淨이 인도에서 691년에 長安으로 보냈으며, 義淨은 4년 후 귀국하였다고 한다. 이 책이 언제 신라에 전해졌는지 자세한 것은 알 수 없지만 당시의 교통사정을 감안할 때 대략 695년 이후라고 보아야 할 것이다.[11]

老, 住三郎寺".

9) 韓泰植, 앞의 논문, 『불교학보』 28, 1991.

10) 韓普光, 앞의 책, 1991, 133-136쪽 참조.

11) 韓普光, 위의 책, 1991, 137-138쪽 참조.

『釋淨土群疑論』은 懷感(?~7세기말)의 저술로서 『連義述文贊』 中卷에서만 9회 인용되었으며, 직접 인용된 것은 아니지만 인용을 의심해볼 만한 곳은 이밖에도 몇 군데 더 있다. 그러나 여기서는 논외로 한다. 『釋淨土群疑論』은 孟銑이 지은 「釋淨土群疑論序」에 따르면, 懷感은 이 책을 마무리 하지 못하고 入寂하였으며 그의 동료가 정리해 간행하였다고 한다.12) 따라서 이 책의 출간연대는 懷感의 入寂年代보다는 늦어야 하므로 7세기 말 이후라고 보아야 한다.

『華嚴經探玄記』는 賢首法藏(643~712)의 저술로서 『連義述文贊』 下卷에서 1회 인용되었다. 『三國遺事』 「義湘傳敎條」에 의하면 法藏이 『華嚴經探玄記』를 완성하지 않은 상태에서 勝詮法師에게 베껴 쓰게 하여 義湘에게 보내어 내용을 검토해달라고 했다는 기록이 나온다.13) 그 시기는 대략 法藏이 義湘과 헤어

---

12) 「釋淨土群疑論序」 『釋淨土群疑論』(大正藏47, 30中-下).

13) 『三國遺事』四卷 「義湘傳敎條」(韓佛全6, 349上), "西京崇福寺僧法藏。致書於海東新羅華嚴法師侍者。一從分別二十餘年。傾望之誠豈離心首。加以烟雲萬里海陸千重。恨此一身不復再面。抱懷戀戀。夫何可言。故由夙世同因今生同業。得於此報。俱沐大經。特蒙先師授玆粤典。仰承上人歸鄕之後。開演華嚴。宣揚法界。無礙緣起。重重帝網。新新佛國。利益弘廣。喜躍增深。是知如來滅後。光輝佛日。再轉法輪。令法久住者。其唯法師矣。藏進趣無成。周旋寡況。仰念玆典。愧荷先師。隨分受持。不能捨離。希憑此業。用結來因。但以和尙章疏義豐文簡。致令後人多難趣。入是以錄和尙微言妙旨。勒成義記。近因勝詮法師抄寫。還鄕傳之彼土。請上人詳檢臧否"

『三國遺事』四卷 「勝詮髑髏條」(韓佛全6, 352下-353上), "因詮法師還鄕寄示。湘仍寓書。云云別幅云。探玄記二十卷。兩卷未成。敎分記三卷。玄義章等雜義一卷。華嚴梵語一卷。起信疏兩卷。十二門疏一卷。法界無差別論疏一卷。並因勝詮法師抄寫還鄕"

진 지 20여년이 지난 후라고 하였으므로 義湘이 귀국한 671년으로부터 20여년이므로 691년 이후이며, 勝詮法師의 귀국년도가 孝昭王 元年(692년)이므로 692년에는 이미 미완성본『華嚴經探玄記』가 전해진 것으로 보인다.

또『華嚴經探玄記』卷一에 기록된 내용으로는 당시 80卷本『華嚴經』이 번역되는 初時로서 그때가 法藏의 나이 50여세일 때라고 언급되어 있다고 한다.[14] 80卷本『華嚴經』은 證聖 원년 元年(695년)부터 聖曆 二年(699년)까지 번역되었으므로『華嚴經探玄記』는 대략 695년 무렵에 지어졌을 것으로 보인다.

憬興이 인용한『華嚴經探玄記』가 義湘에게 전해진 미완성본이었는지 완성본이었는지 위의 두 가지 기록으로 판단할 수는 없다. 하지만 미완성본이 전해진 692년 이후에 憬興이『華嚴經探玄記』를 보았던 것만은 확실하다.

이로써 인용된 저술 세 가지 모두 695년을 전후로 하여 저작된 것을 알 수 있다. 이와 같은 저술을 인용하였다면『連義述文贊』은 이들 저술보다 늦게 저술되어야 한다. 따라서『連義述文贊』은 憬興의 만년의 저술이라는 점을 알 수 있으며, 그의 入寂年代는 700년 전후한 시기라고 짐작할 수 있다.[15]

다음으로『三國遺事』에 등장하는 憬興의 일화 두 가지를 살

---

14)『華嚴經探玄記[1]』(한글대장경 141, 7쪽).

15) 이와 같은 주장은 선행연구(한태식, 앞의 논문,『불교학보』28, 1991; 韓普光, 앞의 책, 1991, 133-138쪽)에서『淨傳』의 著述年代에 의지하여 憬興의 생몰년대를 추정하였는데, 본 연구에서 추가로 인용문헌을 밝혀냄으로써 신빙성을 더욱 확고히 하였다.

펴보자.

> 갑자기 병이 들어 한 달이나 되었는데, 이때 한 비구니가 와서 그에게 문안하고 화엄경 가운데 있는 '착한 벗이 병을 고쳐준다'는 설을 말하고는, "지금 스님의 병은 근심으로 인해 생긴 것이니, 기쁘게 웃으면 나을 것입니다" 라고 말하고는 열한 가지 표정을 하고 저마다 우습기 짝이 없는 춤을 추게 하니, 높이 솟아올랐다가 줄어들었다가 하며 변하는 모습이 이루 말할 수 없이 우스워 턱이 빠질 지경이었다. 이에 法師는 자신도 모르는 사이에 병이 씻은 듯이 나았다. 그러자 비구니는 문을 나가 南巷寺(이 절은 三郎寺 남쪽에 있다)로 들어가 숨었고, 그가 짚었던 지팡이만 十一面圓通像을 그린 그림 앞에 놓여 있었다.[16]

> 어느 날 궁궐에 들어가려 할 때 따르는 자들이 동문 밖에서 먼저 준비를 하였는데, 말과 안장은 매우 화려하고 신과 갓도 성대하였으므로 길 가던 사람들이 모두 두려워하며 물러났다. 그때 행색이 초라한 거사(사문이라고 하는 곳도 있다)가 손에는 지팡이를 짚고 등에는 광주리를 지고서 下馬臺 위에서 쉬고 있었는데, 광주리 안을 들여다보니 말린 물고기가 있었다. 따르는 자가 그를 꾸짖었다. "당신은 승려로서 어찌하여 계율에 어긋나는 물건을 지고 다니는가?" 거사가 말했다. "산고기를 두 다리 사이에 끼고 있는 것에 비하면 등에 말린 물고기를 지고 있는 것이 무엇이 나쁘단 말인가"

---

16) 『三國遺事』五卷 「憬興遇聖條」(韓佛全6, 359上-中), "忽寢疾彌月, 有一尼來謁候之, 以華嚴經中, 善友原病之說, 爲言曰: "今師之疾, 憂勞所致, 喜笑可治." 乃作十一樣面貌, 各作俳諧之舞, 巉巖戌削, 變態不可勝言, 皆可脫頤, 師之病不覺洒然, 尼遂出門, 乃入南巷寺[寺在三郎寺南.]而隱, 所將杖子, 在幀畵十一面圓通像前"

> 말을 마치자 일어나 가버렸다. 憬興은 문을 나오다가 그 말을 듣고는 사람을 시켜 그를 쫓게 하였다. 거사는 南山 文殊寺 문밖에 이르러 광주리를 버리고 사라졌는데, 짚었던 지팡이는 문수보살상 앞에 세워져 있고, 말린 물고기는 바로 소나무 껍질이었다. 심부름 갔던 사람이 와서 보고하니 憬興은 이를 듣고 탄식했다. "문수보살이 와서 내가 말 타고 다니는 것을 경계한 것이구나." 그 뒤로 憬興은 죽을 때까지 말을 타지 않았다.[17]

두 가지 일화는 모두 比丘尼 혹은 比丘의 몸으로 現身한 보살들의 이야기로서 전자의 이야기는 了圓의『法華靈驗傳』[18]에도 나오는 이야기이다. 菩薩의 現身을 다룬 영험전에 실린 글이라면 글의 내용을 액면 그대로 받아들이기 보다는 암시하는 바가 무엇인가를 알아야 하는데, 대체로 이 두 일화로 짐작할 수 있는 내용은 백제유민으로서 통일신라의 국로의 신분이 된 憬興의 생활 모습일 것이다.

두 일화에서는 그 배경이 모두 國老로서 三郞寺에 주석하는 동안 일어난 일이다. 병이 난지 오래되었는데 크게 웃음으로써 병이 나았다는 이야기나 왕궁에 출입할 당시 말을 타고 화려한 행렬을 차린 것을 산고기를 다리 사이에 낀 것으로 빗대어 표

---

17)『三國遺事』五卷「憬興遇聖條」(韓佛全6, 359中), "一日將入王宮, 從者先備於東門之外, 鞍騎甚都, 靴笠斯陳, 行路爲之辟易. 一居士[一云沙門.]形儀疎率, 手杖背筐, 來憩于下馬臺上, 視筐中乾魚也, 從者呵之曰: "爾着緇, 奚負觸物耶?" 僧曰: "與其挾生肉於兩股間, 背負(負)三市之枯魚, 有何所嫌?" 言訖起去, 興方出門, 聞其言, 使人追之, 至南山文殊寺之門外, 抛筐而隱, 杖在文殊像前, 枯魚乃松皮也. 使來告, 興聞之嘆曰: "大聖來戒我騎畜爾." 終身不復騎.

18)『法華靈驗傳』卷下「顯比丘尼身條」(韓佛全6, 566下)

현하는 비구의 이야기는 비록 보살의 현신으로 표현되기는 하였으나 모두 백제유민이었던 憬興이 국로로서 그 역할의 어려움이 어떠하였는지 보여주는 것이라고 할 수 있다.[19]

백제 유민으로서 國老를 지냈다는 사실은 憬興의 사상 형성과 상관관계가 있을 것이라고 생각된다. 憬興은 道琛(?~661)처럼 백제부흥운동에 가담하지는 않았지만 백제 불교의 영향을 받은 것으로 보이며, 통일신라의 國老라는 신분을 받아들임으로써 신라의 백제유민 회유책에 적극 참여한 것으로 보아야 하겠지만[20] 다른 新羅의 승려들과는 다른 독자적인 사상을 형성한 것으로 보인다. 憬興이 저술하였다고 전해지는 저술목록을 검토함으로써 憬興의 사상에 대해서 대략적인 경향을 파악하고자 한다.

2. 著述의 검토

憬興은 元曉, 太賢과 더불어 통일신라시대 3대 저술가로 이름을 날릴 만큼 각종 불교경론의 주석서를 저술하였다. 憬興의 저술에 대한 언급이 있는 목록은 『東域傳燈目錄』[21], 『新編諸宗教藏總錄』[22], 『注進法相宗章疏』[23], 『法相宗章疏』[24]가 있다. 이

19) 韓泰植, 앞의 논문, 1991, 201-205쪽 참조.

20) 趙景徹, 『百濟佛教史의 展開와 政治變動』, 한국학중앙연구원 박사논문, 2006, 172-177쪽 참조.

21) 日本 寛治 8年(1094)에 興福寺 沙門 永超가 작성한 목록.

들 목록을 살펴보면 憬興은 당시 수입된 다양한 불교사상을 고루 섭렵하고 있었음을 알 수 있다. 목록에 등장하는 憬興의 저술은 다음과 같다.

①『東域傳燈目錄』25)

般若經疏	5卷
大般若經綱要	1卷
法華經疏	8卷
大集經疏	5卷(혹은 4卷)
無量壽經述贊	3卷(혹은 2卷) 述記라고도 한다. 憬興은 連義述文贊이라고도 하였다.
阿彌陀經略記	1卷
彌勒成佛經疏	3卷 憬興은 세 經을 주석하였다
彌勒成佛經述贊	3卷
彌勒成佛經疏	1卷
灌頂經疏	2卷
十二門陀羅尼經疏	1卷
解深密經疏	□卷
金鼓經疏	7卷
最勝王經略贊	5卷 경흥은 金光明經述贊을 먼저 지었다
金光明經述贊	□卷

22) 高麗 明宗 6年(1090)에 大覺國師 義天이 작성한 목록.

23) 日本 安元 2年(1176)에 權律師 藏俊이 작성한 목록.

24) 日本 延喜 14年(914)에 東大寺 平祚가 작성한 목록.

25)『東域傳燈目錄』(大正藏55, 1145이하).

大般涅槃經述贊	14卷 憬興은 本末을 나누어 28卷을 만들었고, 또 料簡이 1권 있다.
大般涅槃經料簡	1卷
瑜伽釋論記	36卷
顯揚論疏	8卷 憬興은 16卷으로 나누었다.
成唯識論貶量	25卷(혹은 30卷)
顯唯識論記	2卷 憬興은 뜻으로 나누어 4卷으로 만들었다.
法苑記(法苑義林章記)	4卷
法鏡論	1卷

② 『新編諸宗教藏總錄』26)

大涅槃經疏	14卷(혹은 7卷)
法華經疏	16卷(혹은 8卷)
金光明經述贊	7卷
金光明經略意	1卷
彌勒經述贊	3卷 비록 3경을 주석하였으나 총 1부가 되었다.
彌勒經逐義述文	4卷
藥師經疏	1卷
四分律羯磨記	1卷
大乘起信論問答	1卷
成唯識論貶量	25卷
瑜伽論疏	10卷
俱舍論鈔	3卷

26) 『新編諸宗教藏總錄』(大正藏55, 1166이하).

③『注進法相宗章疏』27)

金剛般若經料簡	3卷
無量壽經疏	3卷
三彌勒經贊	3卷
最勝王經略贊	5卷
涅槃經述贊	14卷
顯揚論疏	8卷
瑜伽論抄	36卷
成唯識論貶量	25卷
成唯識論記	2卷
大因明論義抄	1卷
大乘法苑義林章記	4卷

④『法相宗章疏』28)

涅槃疏	14卷
最勝王經略贊	12卷
十二門陀羅尼經疏	1卷
彌勒上生經疏	2卷
瑜伽論疏	36卷
顯揚論疏	8卷
唯識貶量	20卷

네 가지 목록을 대조하여 저술의 명칭과 분량이 완전히 일치하는 것을 제외하고 정리해도 40여종이 넘는다. 이 가운데

27)『注進法相宗章疏』(大正藏55, 1140이하).

28)『法相宗章疏』(大正藏55, 1138이하).

유식 관련 저술이 17편(『金光明經』 관련 5편 포함), 정토 관련 저술이 12편, 『涅槃經』 관련 저술이 4편으로, 가장 많은 저술을 남긴 분야는 단연 唯識思想과 淨土思想 분야이다.

저술목록에만 의지하여 사상적 경향을 단정하는 것은 위험한 일이므로 현존하는 저술을 분석하는 것이 우선되어야 하겠지만, 특정 분야에 치우쳐 저술하였다는 점은 그 사상가의 특징을 밝히는 하나의 단서가 될 수 있다고 생각한다. 저술목록에 등장하는 분야별로 정리하면 [표 1]과 같다.

[표 1] 憬興의 著述目錄

	『東域傳燈目錄』	『新編諸宗教藏總錄』	『注進法相宗章疏』	『法相宗章疏』
唯識	解深密經疏 □卷 瑜伽釋論記 36卷 顯揚論疏 8卷 成唯識論貶量 25卷 (혹은 30卷) 法苑記(法苑義林章記) 4卷 顯唯識論記 2卷 最勝王經略贊 5卷 金光明經述贊 □卷	成唯識論貶量 25卷 瑜伽論疏 10卷 俱舍論鈔 3卷 金光明經述贊 7卷 金光明經略意 1卷	顯揚論疏 8卷 瑜伽論抄 36卷 成唯識論貶量 25卷 成唯識論記 2卷 大因明論義抄 1卷 大乘法苑義林章記 4卷 最勝王經略贊 5卷	瑜伽論疏 36卷 顯揚論疏 8卷 唯識貶量 20卷 最勝王經略贊 12卷
淨土	無量壽經述贊 3卷 (혹은 2卷) 阿彌陀經略記 1卷 彌勒成佛經疏 3卷 彌勒成佛經述贊 3卷 彌勒成佛經疏 1卷 大集經疏 5卷 (혹은 4卷)	彌勒經述贊 3卷 彌勒經逐義述文4卷 藥師經疏 1卷	無量壽經疏 3卷 三彌勒經贊 3卷	彌勒上生經疏 2卷
涅	大般涅槃經述贊 14卷	大涅槃經疏 14卷	涅槃經述贊 14卷	涅槃疏 14卷

槃	大般涅槃經料簡 1卷	(혹은 7卷)		
般若	般若經疏 5卷 大般若經綱要 1卷 十二門陀羅尼經疏 1卷		金剛般若經料簡 3卷	十二門陀羅尼經疏 1卷
法華	法華經疏 8卷	法華經疏 16卷 (혹은 8卷)		
기타	金鼓經疏 7卷 灌頂經疏 2卷 四分律羯磨記 1卷 法鏡論 1卷	大乘起信論問答1卷		

이와 같은 憬興의 저술 가운데 현존하는 것은『無量壽經連義述文贊』3권,『三彌勒經疏』1권,『金光明最勝王經略贊』5권뿐이다. 앞의 두 저술은『大正新修大藏經』(卷三十七, 卷三十八)과『韓國佛敎全書』(卷二)에 수록되어 있으나,『金光明最勝王經略贊』은 大正新修大藏經刊行會에 대장경 未收錄本으로 소장하고 있다. 본 논문은 이 가운데『連義述文贊』을 연구대상으로 하고 있으며, 역주연구의 底本으로는『大正新修大藏經』과『韓國佛敎全書』를 모두 참조하였다.

본 논문의 연구 대상인 '無量壽經連義述文贊'은 주석서들이 흔히 갖는 이름인 '~(義)疏'나 '~(義)記', '~(述)贊' 등과 달리 쉽게 접할 수 있는 이름이 아니다. 실제로『大正新修大藏經』안에서 '~連義述文贊' 또는 '~述文贊'이라는 이름은『無量壽經連義述文贊』을 제외하면 찾아 볼 수가 없다.

憬興의 저술목록 가운데『連義述文贊』을 지칭하는 것으로 보이는 이름에는 '『無量壽經疏』,『無量壽經述贊』,『無量壽經述

記』'가 있다. 그러나 앞에서 살펴본 『東域傳燈目錄』에 의하면 '『無量壽經述贊』 3권(述記라고도 한다. 憬興은 『連義述文贊』이라고도 하였다. 혹은 2卷이라고 한다)[29]'는 표현이 있으므로 『連義述文贊』은 憬興이 저술할 당시의 명칭으로 보아야 한다.

'無量壽經連義述文贊'을 語義 그대로 해석하자면, 『無量壽經』의 내용을 의미단락으로 나누고 이에 따라서(連義) 經文의 뜻을 풀이하고(述文) 이를 통해 의미의 이해를 돕는다(贊)는 말이 된다. 憬興이 『連義述文贊』이라는 이름을 붙였다는 언급이 있는 것으로 보아 憬興 자신이 『無量壽經』을 주석하는 태도와 저술의 성격에 가장 알맞은 명칭을 고려하였던 것 같다.

---

29) 『東域傳燈目錄』(大正藏55, 1150下), "同經述贊三卷(云述記璟興亦云連義述文贊或云二卷)"

Ⅲ. 『無量壽經連義述文贊』의 문헌학적 검토

우리나라 정토사상사를 살펴보면 통일신라시대 이후 정토경전에 대한 주석서가 저술된 경우가 없다. 信仰結社 차원에서 念佛을 권하거나 念佛法을 알려주는 내용의 글이 몇 편 있으나 사상적인 연구의 결과를 보여주는 저술은 찾아볼 수가 없다. 따라서 정토사상을 연구하기 위해서는 통일신라시대의 저술에 주목할 수밖에 없는 것이다.

이미 검토한 바와 같이 통일신라시대에는 『無量壽經』을 비롯한 정토사상관련 경전들의 주석서가 다수 저술되었으나 현존하는 것은 단 몇 편[30]뿐이다. 그 가운데 온전하게 전해지며 양적으로도 가장 풍부한 것이 바로 『無量壽經連義述文贊』이다.

憬興은 『連義述文贊』을 저술하면서 이전의 『無量壽經』 주석서들을 비롯하여 정토관련 경론들을 참조하였다. 중국의 慧遠, 吉藏, 善導 및 懷感은 물론이고, 통일신라의 元曉, 義寂, 玄一, 法位 등의 저술을 포함하고 있다. 아울러 현존하지 않아 전거를 밝힐 수는 없었으나 아마도 통일신라시대 승려의 것으로 보

30) 元曉의 『無量壽經宗要』, 『阿彌陀經疏』, 憬興의 『無量壽經連義述文贊』, 玄一의 『無量壽經記(上卷)』와 일본 저술에 인용된 章句들을 통해 復元된 法位의 『無量壽經義疏』와 義寂의 『無量壽經述義記[復元]』, 그리고 『遊心安樂道』가 있을 뿐이다.

이는 인용문들이 다수 등장한다.

이와 같이 『連義述文贊』에는 다양한 사상적 관점이 드러나는 인용문들이 등장하며, 憬興은 인용문 각각을 자신의 관점에서 다시 논파하는 형식으로 『連義述文贊』을 저술하였다. 따라서 『連義述文贊』을 분석해보면 憬興이 정토사상을 어떤 식으로 이해하고 있었는가 하는 점을 알 수 있을 뿐만 아니라, 동시에 그 당시 연구되었고 논란이 되었던 정토사상에 대한 다양한 시각들을 함께 접할 수 있다.

憬興은 우리나라 유식사상사를 정리하는 연구에서 빠짐없이 등장하는 인물이기도 하다. 法相宗의 저술목록에 憬興의 저술이 다수 포함되어 있기 때문에 憬興을 法相宗의 승려로 상정하였을 것이다. 그러나 憬興의 유식사상에 대한 접근은 목록에 존재하는 유식계통의 주석서가 현존하지 않기 때문에 그 전모를 밝히는 데는 한계가 있다. 따라서 憬興의 유식사상이 어떤 성격이었는가 하는 점은 현존하는 저술을 통해 제한적으로 접근할 수밖에 없다.

앞에서 살펴보았듯이 현존하는 憬興의 저술은 『連義述文贊』, 『三彌勒經疏』, 『金光明最勝王經略贊』으로 유식계통의 경론은 아니지만 경흥의 현존하는 저술이 주석서이고 그의 저술 방식이 자신의 사상적 입장이 잘 드러나는 인용문이 주류를 이루고 있기 때문에 이들을 분석함으로써 간접적으로나마 憬興의 유식사상적 특징도 어느 정도 드러날 것이라고 생각한다.

1. 『無量壽經連義述文贊』의 인용문헌

憬興의 『連義述文贊』에는 상당히 많은 양의 인용문이 들어 있다. 인용문의 연속이라고 해도 과언이 아니다. 이들 인용문은 크게 두 가지 측면, 즉 외형적인 측면과 내용적인 측면으로 나누어 살펴볼 수 있다.

먼저 외형적인 측면에는 다시 네 가지 유형이 존재한다.

첫째, 인용문헌의 명칭을 제시하는 경우다. 이 경우에도 문헌의 명칭만을 제시하는 경우와 인용문을 함께 제시하는 경우가 있다. 가령 인용해야 할 내용이 經이나 論의 要旨일 경우 구체적인 인용문을 제시할 필요가 없기 때문에 저술의 명칭만 언급하였으며, 憬興 자신의 저술일 경우 구체적으로 인용문을 제시하지 않았다. 둘째, 인물의 이름을 제시하면서 인용하는 경우가 있다. '遠法師'나 '位法師'처럼 구체적으로 특정인을 지칭한 경우가 그것이다. 셋째, '有說', '有人', 혹은 '有難'과 같이 인용한 문장이라는 것은 밝히되 구체적으로 누구의 어떤 저술에서 인용하였는지는 밝히지 않는 경우로서 가장 많은 사례를 차지하고 있다. 이 경우 전거를 찾기가 가장 어려웠는데, 대개 인용문이 원문과 정확하게 일치하지 않기 때문이기도 하지만, 『無量壽經』의 주석서에서 인용한 것으로 추정되는 경우에는 당시 저술되었으나 현재는 전해지지 않는 많은 주석서에서 인용했을 확률이 높아 전거를 찾는 것 자체가 불가능하기 때문이기도 하다. 넷째, 인용했다는 언급 없이 인용을 한 경우이다. 梵

語에 대한 설명이라든가 한자어 용례에 대한 소개에 가장 많이 쓰인 형태가 이 경우이다.

내용적인 측면은 크게 세 가지로 나누어 볼 수 있는데, 첫째, 佛敎經論의 인용이다. 이 경우 정토사상 계통과 유식사상 계통의 인용문헌이 가장 많은데 자세한 것은 아래에서 살펴보겠다. 둘째, 辭典의 인용이다. 이 경우에도 佛敎用語辭典이라고 할 수 있는 音義類[31]와 漢字의 音韻을 나타내는 半切法을 이용한 音韻書 계통의 字書類 두 가지를 들 수 있다. 전자의 대표적인 예가 『一切經音義』(玄應撰)이고, 陸法言의 『切韻』, 『字林』 등은 후자[32]에 속한다고 할 수 있다. 셋째, '外典'의 인용을 들 수 있다. 선행연구에서는 憬興이 다양한 外典에 밝았다는 언급을 하고 있으나,[33] 소위 外典의 인용문으로 제시된 것들 가운데 대다수가 再引用된 것들이었다는 점을 필자의 연구를 통해 알 수 있었다. 이 부분에 대해서는 뒤에서 자세하게 살펴볼 것이다.

본 논문은 이 가운데 내용적인 측면을 택하여 인용문헌들을 살펴보고자 한다. 먼저 불교경론의 인용문헌들을 사상계통으로

---

31) 中國의 입장에서도 外來思想이었던 佛敎思想은 梵語로 쓰여 진 經典의 飜譯이라는 형태로 流入되었고, 생소한 불교용어들에 대한 이해를 돕기 위한 사전 편찬의 필요성이 제기되었다. 더욱이 玄奘이 인도에서 돌아와 새로운 譯經事業을 벌인 후에는 다양한 飜譯書가 공존하게 되어 佛敎用語辭典인 '音義'의 편찬이 더욱 활발해 졌다.

32) 漢字의 전통적인 音韻 表記法인 切韻法을 이용한 경우에도 『一切經音義』에서 再引用된 경우가 상당수이다.

33) 安啓賢, 앞의 책, 1987, 103-104쪽.
渡邊顯正著, 앞의 책, 1978, 34-39面.
韓普光, 앞의 책, 1991, 136面.

분류하여 살펴보고, 佛敎用語辭典인 『一切經音義』의 인용 사례들을 차례로 살펴보고자 한다. 인용문의 수가 많음에도 불구하고 인용문을 각주를 이용하여 모두 제시한 이유는 인용된 회수보다 인용된 내용이 더 의미 있는 부분이라고 생각하기 때문이다.[34] 그 과정에서 憬興의 사상적 성격의 일단을 찾아볼 수 있으리라 기대한다.

1) 淨土 관련 經論

(1) 淨土三部經

① 『無量壽經』의 漢譯本 譯者問題

『無量壽經』에는 전통적으로 '五存七缺'이라 하여 다섯 가지 譯本이 현존하고, 漢譯되었다는 기록만 존재할 뿐 현존하지 않는 일곱 가지 譯本이 있다는 것이 正說로 받아들여지고 있다. 그러나 '五存七缺'의 구체적인 내용에 대해서는 여전히 다양한 주장이 공존하고 있다.

憬興이 『連義述文贊』 上卷의 첫 부분에서 三代經本의 譯者를 '帛延의 『無量淸淨平等覺經』, 支謙의 『諸佛阿彌陀三耶三佛薩樓佛檀過度人道經』[35](『大阿彌陀經』이라고도 한다), 法護의 『無量壽

34) Ⅳ장에서 본 장과 똑같은 내용이 반복되는 경우를 제외하면 인용문은 거의 다 싣는 것을 원칙으로 하였다.

35) 憬興이 '支謙本'이라고 밝힌 『諸佛阿彌陀三耶三佛薩樓佛檀過度人道經』은 『大正新修大藏經』에 실린 『佛說阿彌陀三耶三佛薩樓佛檀過度人道經』과

經』'이라고 소개하였던 내용[36] 역시 다양한 주장 가운데 하나로서 아직도 논란이 많다.[37]

譯者가 누구인가와는 상관없이 현재까지 가장 많이 읽히는 『無量壽經』 역본은 康僧鎧本이다. 憬興이 臺本으로 삼았다고 주장하였던 法護本의 내용은 현존하는 康僧鎧本과 거의 같은 내용이라고 한다.[38] 따라서 憬興이 康僧鎧本을 法護本으로 착각했다거나, 康僧鎧本이 신라에 들어올 때부터 法護本으로 들

經名이 다르다. 또 『開元釋敎錄』에는 같은 내용의 경전이 『佛說諸佛阿彌陀三耶三佛薩樓佛檀過度人道經』이라는 經名으로 수록되어 있다. 본 논문 및 부록인 譯註研究에서는 인용문의 전거를 밝혀줄 때는 『大正新修大藏經』을 따라 『佛說阿彌陀三耶三佛薩樓佛檀過度人道經』라고 쓰고, 『連義述文贊』의 내용을 본문에 인용할 때는 憬興이 밝힌 대로 『諸佛阿彌陀三耶三佛薩樓佛檀過度人道經』로 쓰기로 하였다.

36) 『無量壽經連義述文贊』卷上(大正藏37, 131下), "觀乎歷代傳來經本。經本題名雖復多途　今且申三代經之首名也。魏時帛延顯無量淸淨平等覺經之號。吳時支謙立諸佛阿彌陀三耶三佛薩樓佛檀過度人道經之稱亦名大阿彌陀。今西晉法護名無量壽經。故經之名雖復廣略其義大同"

37) 藤田宏達, 『原始淨土思想の研究』, 東京:岩波書店, 1970, 35-96面 참조.
望月信亨, 『淨土教の起源及發達』, 東京:山喜房佛書林, 1977, 315-324面 참조.
渡邊顯正, 앞의 책, 1978, 95-110面 참조.
香川孝雄, 『無量壽經の諸本對照研究』, 京都:永田文昌堂, 1984, 24-30面 참조.
香川孝雄, 『淨土教の成立史的研究』, 東京:山喜房佛書林, 1993, 17-78面 참조.
坪井俊映 著, 李太元 譯, 『淨土三部經概說』, 운주사, 1995, 33-41쪽 참조.

38) 渡邊顯正은 康僧鎧本과 法護本의 語句의 차이를 對照表를 통해 보여주고, 두 經本의 차이를 '大同少少異'라고 말할 정도로 거의 차이가 없다고 주장하였다(渡邊顯正, 위의 책, 1978, 102-108面 對照表 참조).

어왔다거나 하는 가정들이 존재한다. 이와 같은 논란은 『無量壽經』의 역자에 대한 기록이 목록마다 서로 다르게 나타나기 때문에 일어나는 현상으로서 그 어느 쪽이 옳다는 판단을 내리기는 어려워 보인다.[39]

필자가 『連義述文贊』의 내용을 분석하는 과정에서 '어떤 經本에서는 이렇게 쓰여 있다(有經本云 또는 有本云)'는 문구를 여덟 번 발견하였고, 그 가운데 네 번의 내용이 바로 康僧鎧本의 내용과 일치하는 경우라는 사실을 발견하였다. 이것은 憬興이 臺本으로 삼은 『無量壽經』이 康僧鎧本이 아닐 가능성을 시사하는 것이라고 할 수 있다. [표 2]에서 그 예를 살펴보자.

〔표 2〕『無量壽經連義述文贊』의'有(經)本云'引用文

	『連義述文贊』(大正藏 37)	『佛說無量壽經』(大正藏12)
中卷	①有經本云靡不感化(143中)	①靡不感化(266上)
	②故有經本云衆生類也(145下)	②爲衆生類作不請之友(266中)
	③有經本云無盡大悲(147上)	③如來以無盡大悲矜哀三界(266下)
	④故有本云國土之麤妙(149下)	④國土之粗妙(267下)
	⑤或有本云日月諸光明一切隱不現(153下)	
下卷	⑥又有本云二百萬里蓋是正也(156中)	
	⑦或有本云正定[40]止觀故(163上)	⑦正念止觀諸通明力(274中)
	⑧或有經本臨終寒熱恐訛也(164中)	

39) 天台智顗의 『觀無量壽佛經疏』(大正藏37, 188下)와 『出三藏記集』卷2(大正藏55, 14上), 『法經錄』권1 등에서도 『無量壽經』을 法護譯本으로 본 견해가 있기 때문에 단정적으로 憬興의 주장이 틀렸다고 할 수는 없다(韓普光, 앞의 책, 1991, 148-149面 참조).

위의 여덟 가지 인용문 가운데 ①, ②, ③, ⑦은 康僧鎧本의 經文과 일치하며, ④, ⑤, ⑥, ⑧은 憬興 이전에 번역된 현존하는 『無量壽經』 飜譯本 가운데 같은 經文을 찾을 수 없다. 이와 같은 사실은 『連義述文贊』의 臺本이 康僧鎧本이 아니라는 사실을 증명할 수 있는 근거가 될 수 있을 것이다.

특히 앞의 네 가지 인용문 가운데 ③번의 경우 慧遠의 『無量壽經義疏』에서도 '어떤 경에서는 이렇게 말했다[41]'고 하면서 康僧鎧本의 오류를 지적하였다. 따라서 慧遠의 『無量壽經義疏』도 康僧鎧本을 臺本으로 한 것이 아니라는 것을 짐작할 수 있는 것이다.

또 한 가지 눈에 띄는 것은 ④번의 경우처럼 "國土之麤妙"라는 표현을 憬興 이전의 譯本에서는 찾아볼 수 없지만, 南宋시대 國學進士龍舒 王日休가 校輯하였다고 기록되어 있는 『佛說大阿彌陀經』 卷上[42]에서 찾아볼 수 있는 경우도 있다.

『佛說大阿彌陀經』의 序를 살펴보면 이 책은 이전의 네 가지 經本(『無量清淨平等覺經』, 『無量壽經』, 『阿彌陀過度人道經』, 『無量壽莊嚴經』)을 교정하고 편집하여 한 권으로 만든 책이라고 한다.[43] 따라

---

40) 念의 誤記로 보인다.

41) 『無量壽經義疏』(大正藏37, 100中), "亦有經本治爲無盡。無蓋是正。不須治改"

42) 『佛說大阿彌陀經』卷上(大正藏12, 328下), "諸天人民之善惡國土之麤妙"

43) 『大阿彌陀佛經序』(大正藏12, 326下), "大藏經中。有十餘經。言阿彌陀佛濟度衆生。其間四經本爲一種。譯者不同。故有四名。一名無量清淨平等覺經。乃後漢月支三藏支婁加讖譯。二曰無量壽經。乃曹魏康僧鎧譯。三曰阿彌陀過度人道經。乃吳月支支謙譯。四曰無量壽莊嚴經。乃本朝西天三藏法

서 憬興이 이 책을 참고하였을 리는 없다. 다만 『大正新修大藏經』에 실린 康僧鎧本에는 "國土之粗妙"라고 표현되어 있으며, '粗'의 각주를 살펴보면 대정신수대장경을 제외한 宋板, 元板, 明板, 流布本이 모두 '粗' 대신 '麤'로 기록이 되어 있다고 한다. 따라서 이 經文도 康僧鎧本과 일치하는 것이라고 볼 수도 있을 것이다.

이와 같은 사실은 憬興이 『連義述文贊』의 臺本으로 삼았던 法護本이 康僧鎧本이 아니라는 점을 시사하는 것으로 볼 수 있다. 이는 기존의 『無量壽經』 번역본의 譯者에 대한 정의를 뒤집기에 충분한 예는 아니라 하더라도 간과해서는 안 될 내용이라고 생각하며, 차후 심화된 연구를 통해 譯者 문제의 진실에 접근할 수 있기를 바란다.

② 『無量壽經』의 三代經本

憬興은 法護譯인 『無量壽經』을 臺本으로 『連義述文贊』을 저술하면서 帛延本인 『無量淸淨平等覺經』과 支謙本인 『諸佛阿彌陀三耶三佛薩樓佛檀過度人道經』을 여러 곳에서 인용하여 세 經本의 차이를 비교·대조하였다.

『連義述文贊』에 인용된 帛延本과 支謙本을 살펴보면, 帛延本인 『無量淸淨平等覺經』은 上卷에서 10회, 中卷에서 15회, 下卷

賢譯。其大略雖同。然其中甚有差互。若不觀省者。又其文或失於太繁。而使人厭觀。或失於太嚴。而喪其本眞。或其文適中。而其意則失之。由是釋迦文佛所以說經。阿彌陀佛所以度人之旨。紊而無序。鬱而不章。予深惜之。故熟讀而精考。敘爲一經"

에서 8회 등장하였고, 支謙本인 『諸佛阿彌陀三耶三佛薩樓佛檀過度人道經』은 上卷에서 12회, 中卷에서 13회, 下卷에서 9회 등장하였다.

인용문은 다음 [표 3]과 같다.

인용문의 내용을 대략 살펴보면 上卷에서는 22회 모두 傳法大衆을 설명하는 부분에서만 인용되었고, 中卷에서는 淨土의 장엄, 過去佛, 法藏比丘의 이름과 修行 및 24願經의 奉行 등 전체적으로 고르게 인용되었으며, 下卷에서는 三輩, 그 중에서도 中·下輩의 胎生과 관련된 부분에서 주로 인용되었다.

〔표 3〕 帛延本과 支謙本 引用文

	『佛說無量清淨平等覺經』 (大正藏12, 279中~292中)	『佛說阿彌陀三耶三佛薩樓佛檀過度人道經』 (大正藏12, 300上~311上)
上卷	①與大弟子衆千二百五十人。菩薩七十二那術。比丘尼五百人。淸信士七千人。淸信女五百人。欲天子八十萬。色天子七十萬。遍淨天子六十那術。梵天一億(279中) ②與大弟子衆千二百五十人(279中) ③名曰知本際賢者。馬師賢者。大力賢者。安詳賢者。能讚賢者。滿願臂賢者。無塵賢者。氏聚迦葉賢者。牛呞賢者。上時迦葉賢者。治恒迦葉賢者。金杵坦迦葉賢者。舍利弗賢者。大目揵連賢者。大迦葉賢者。大迦旃延賢者。多睡賢者。大賈師賢者。大瘦短賢者。盈辨了賢者。不爭有無賢者。知宿命賢者。了深定賢者。善來賢者。離越賢者。癡王賢者。氏戒聚賢者。類	①時有摩訶比丘僧萬二千人(300上) ②賢者拘隣。賢者拔智致。賢者摩訶那彌。賢者合尸。賢者須滿日。賢者維末坻。賢者不迺。賢者迦爲拔坻。賢者憂爲迦葉。賢者那履迦葉。賢者那翼迦葉。賢者舍利弗。賢者摩訶目揵連。賢者摩訶迦葉。賢者摩訶迦旃延。賢者摩訶揭質。賢者摩訶拘私。賢者摩訶梵提。賢者邠提文陀弗。賢者阿難律。賢者難提。賢者[(膘-示+土)*瓦]脾坻。賢者須楓。賢者蠡越。賢者摩訶羅倪。賢者摩訶波羅延。賢者波鳩蠡。賢者難持。賢者滿楓蠡。賢者蔡揭。賢者厲越(300上) ③賢者拘隣(300上) ④賢者拔智致(300上) ⑤摩訶那彌(300上)

	親賢者。氏梵經賢者。多欲賢者。王宮生賢者。告來賢者。氏黑山賢者。經刹利賢者。博聞賢者(279中) ④能讚賢者(279中) ⑤氏聚迦葉賢者(279中) ⑥了深定賢者(279中) ⑦氏戒聚賢者(279中) ⑧王宮生賢者(279中) ⑨博聞賢者(279中) ⑩菩薩七十二那術(279中)	⑥賢者合尸(300上) ⑦須滿日(300上) ⑧賢者維末坻(300上) ⑨賢者難提(300上) ⑩賢者波鳩蠡(300上) ⑪賢者難持(300上) ⑫賢者蔡揭(300上)
中卷	①面有九色光。數千百變光甚大明(279下) ②如世間有優曇鉢樹。但有實無有華。天下有佛。乃有華出耳(279下) ③若問佛者。勝於供養一天下阿羅漢辟支佛。布施諸天人民。及蜎飛蠕動之類累劫。百千萬億倍矣(279下) ④爾時有過去佛。名定光如來。復次有佛。名曰曜光。復次有佛。名日月香。復次有佛。名安明山。復次有佛。名日月面。復次有佛。名無塵垢。復次有佛。名無沾污。復次有佛。名曰如龍無所不伏。復次有佛。名曰日光。復次有佛。名大音王。復次有佛。名寶潔明。復次有佛。名曰金藏。復次有佛。名焰寶光。復次有佛。名曰有舉地。復次有佛。名曰琉璃光。復次有佛。名日月光。復次有佛。名曰日音聲。復次有佛。名光明華。復次有佛。名神通遊持意如海。復次有佛。名嗟歎光。復次有佛。名具足寶潔。復次有佛。名光開化。復次有佛。	①面有九色光。數千百變光。色甚大明(300上) ②如世間有優曇樹。但有實無有華也。天下有佛。乃有華出耳(300中) ③若問佛者。勝於供養一天下阿羅漢辟支佛。布施諸天人民及蜎飛蠕動之類。累劫百千億萬倍也(300中) ④乃爾時有過去佛。名提惒竭羅。次復有佛。名旃陀倚。已過去。次復有佛。名須摩扶劫波薩多。已過去。次復有佛。名維末樓。已過去。次復有佛。名阿難那利。已過去。次復有佛。名那竭脾。已過去。次復有佛。名者梨俱遰波羅夜蔡。已過去。次復有佛。名彌離俱樓。已過去。次復有佛。名軷陀尼。已過去。次復有佛。名朱蹄波。已過去。次復有佛。名凡扶坻。已過去。次復有佛。名墮樓勒耶。已過去。次復有佛。名旃陀扈斯。已過去。次復有佛。名須耶惟于沙。已過去。次復有佛。名拘還彌鉢摩耆。已過去。次復有佛。名扅利滑鼓。已過去。次復有佛。名摩訶那提。已過去。次復有佛。名耆頭摩提。已過去。次復有佛。名羅隣祇離。已過

	名曰大香聞。復次有佛。名曰降棄恚嫉。復次有佛。名妙琉璃紫磨金焰。復次有佛。名心持道華無能過者。復次有佛。名積衆華。復次有佛。名水月光。復次有佛。名除衆冥。復次有佛。名日光蓋。復次有佛。名溫和如來。復次有佛。名曰法意。復次有佛。名師子威象王步。復次有佛。名曰世豪。復次有佛。名曰淨音。復次有佛。名不可勝。復次有佛。名樓夷亘羅”(280上) ⑤便棄國位行作比丘。名曇摩迦留(280上) ⑥其景不可及(280中) ⑦世饒王佛說經竟。法寶藏菩薩便壹其心。則得天眼徹視。悉自見二百一十億諸佛國中諸天人民之善惡國土之好醜(280下-281上) ⑧其佛則爲選擇二百一十億佛國中諸天人民善惡國土之好醜(280下) ⑨選心所欲願。便結得是二十四願經。則奉行之(281上) ⑩“所居國名須摩提。正在西方。去是閻浮利地界。千億萬須彌山佛國”(282下-283上) ⑪無量清淨佛作佛已來。凡十八劫(282下) ⑫其日月星辰。皆在虛空中住止。亦不復迴轉運行。亦無有精光(290中) ⑬無量清淨佛。及諸菩薩阿羅漢欲食時。則自然七寶机。自然劫波育。自然氍[疊*毛]以爲座。…其飮食	去。次復有佛。名兪樓俱路蔡。已過去。次復有佛。名滿呼群尼鉢賓[侯*頁]。已過去。次復有佛。名旃陀遬臾拔翀沙。已過去。次復有佛。名旃陀蔡拘岑。已過去。次復有佛。名潘波螽頻尼。已過去。次復有佛。名軷波翀斯。已過去。次復有佛。名阿術祇陀揭螽。已過去。次復有佛。名勿署提。已過去。次復有佛。名質夜蔡。已過去。次復有佛。名曇摩翀提。已過去。次復有佛。名篩耶維[侯*頁]質。已過去。次復有佛。名樓耶帶。已過去。次復有佛。名僧迦羅彌樓迦帶。已過去。次復有佛。名曇昧摩提阿維難提。已過去。佛告阿難。次復有佛。名樓夷亘羅(300中-下) ⑤爾時有過去佛。名提翀竭羅(300中) ⑥字曇摩迦。作菩薩道(300下) ⑦夷亘羅佛說經竟。曇摩迦便一其心。卽得天眼徹視。悉自見二百一十億諸佛國中諸天人民之善惡。國土之好醜(301上) ⑧其佛卽選擇二百一十億佛國土中。諸天人民之善惡。國土之好醜(301上) ⑨選擇心中所願。便結得是二十四願經。則奉行之(301上) ⑩所居國土。名須摩題。正在西方。去是閻浮提地界。千億萬須彌山佛國(303中) ⑪阿彌陀作佛已來。凡十小劫(303中) ⑫阿彌陀佛及諸菩薩阿羅漢欲食時。卽自然七寶机。劫波育氍疊以爲座。…欲得甛酢在所欲得(307上) ⑬如是四反(307中)

	自在所欲得味甛酢(287上-中) ⑭第一四王天。第二忉利天。皆自然在虛空中住止。無所依因也(291下) ⑮如是四反(287下)	
下卷	①佛言。其中輩者。…若其然後中復悔。心中狐疑。…則生無量清淨佛國。不能得前至無量清淨佛所。…在城中於是間五百歲。…其人於城中不能得出。復不能得見無量淸淨佛。…亦復不能得見諸比丘僧。亦復不能得見知無量淸淨佛國中諸菩薩阿羅漢狀貌何等類(292上-中) ②佛言。其中輩者…當持經戒無得虧失。益作分檀布施…飯食沙門。而作佛寺起塔…心中狐疑。不信…暫信暫不信…續結其善。願名本續得往生…其人壽命終盡。則生無量淸淨佛國。不能得前至無量淸淨佛所。便道見無量淸淨佛國界邊自然七寶城…在城中於是間五百歲…復不能得見無量淸淨佛…亦復不能得聞經。亦復不能得見諸比丘僧。亦復不能得見知無量淸淨佛國中諸菩薩阿羅漢狀貌何等類(292上-中) ③佛言。其三輩者…其人命終。則生無量淸淨佛國。不能得前至…其人亦復於城中五百歲…復去無量淸淨佛。亦復如是(292中-下) ④佛言。何等爲三輩。其最上第一輩者。當去家捨妻子斷愛欲。行作沙門就無爲道…佛言。其中輩者。其人願欲往生無量淸淨佛國。雖不能去家捨妻子斷愛欲行作沙門者…復坐中悔。不信往生無量淸淨佛國。	①佛言。其中輩者…心中狐疑。不信…其人壽命終盡。卽往生阿彌陀佛國。不能得前至阿彌陀佛所…則受身自然長大在城中。於是間五百歲…其人城中不能得出。復不能得見阿彌陀佛…亦復不能得聞經。亦復不能得見諸比丘僧。亦復不能得見知阿彌陀佛國中諸菩薩阿羅漢狀貌何等類(310上-中) ②所居舍宅在地。不能令舍宅隨意高大在虛空中。復去阿彌陀佛大遠(311上) ③佛言。其中輩者…當持經戒無得虧失。益作分檀布施…飯食諸沙門。作佛寺起塔…心中狐疑。不信…暫信暫不信…續其善願爲本故得往生…其人壽命終盡。卽往生阿彌陀佛國。不能得前至阿彌陀佛所。便道見阿彌陀佛國界邊自然七寶城中…則受身自然長大在城中。於是間五百歲…復不能得見阿彌陀佛…亦復不能得聞經。亦復不能得見諸比丘僧。亦復不能得見知阿彌陀佛國中諸菩薩阿羅漢狀貌何等類(310上-中) ④佛言。其三輩者…其人命終。卽生阿彌陀佛國。不能得前至…其人亦復於城中。五百歲…不能得近附阿彌陀佛。亦復如是(310下-311上) ⑤佛言。其三輩者。其人願欲往生阿彌陀佛國。若無所用分檀布施。亦不能燒香散華然燈。懸雜繒綵。作佛寺起塔。飯食諸沙門者。當斷愛欲無所貪慕。得經

	作德不至心。用是故爲第二中輩。佛言。其三輩者…隨其精進求道。早晩之事事同等耳。求道不休會當得之。不失其所欲願也(291下-292中) ⑤其人壽命終盡。則生無量淸淨佛國。不能得前至無量淸淨佛所。便道見無量淸淨佛國界邊自然七寶城。心中便大歡喜。道止其城中。則於七寶水池蓮華中化生。則受身自然長大。在城中於是間五百歲。其城廣縱各二千里。城中亦有七寶舍宅。舍宅中自然內外皆有七寶浴池。浴池中亦有自然華繞(292上-中) ⑥則諸佛國中。從第一四天王上。至三十六天上。諸菩薩阿羅漢天人。皆復於虛空中。大共作衆音伎樂(287上) ⑦則第一四天王諸天人。第二忉利天上諸天人。第三天上諸天人。第四天上諸天人。第五天上諸天人。第六天上諸天人。第七梵天上諸天人。上至第十六天上諸天人。上至三十六天上諸天人(287下) ⑧其城廣縱各二千里(292中)	疾慈心精進。不當瞋怒。齋戒淸淨。如是法者。當一心念欲往生阿彌陀佛國。晝夜十日不斷絶者(310下) ⑥其人壽命終盡。卽往生阿彌陀佛國。不能得前至阿彌陀佛所。便道見阿彌陀佛國界邊自然七寶城中。心便大歡喜。便止其城中。卽於七寶水池蓮華中化生。則受身自然長大在城中。於是間五百歲。其城廣縱各二千里。城中亦有七寶舍宅。中外內皆有七寶浴池。浴池中亦有自然華香繞(310中) ⑦卽諸佛國中。從第一四天上。至三十三天上。諸天人(306下) ⑧阿彌陀佛。爲諸菩薩阿羅漢說經時。都悉大會講堂上。諸菩薩阿羅漢。及諸天人民無央數。都不可復計。皆飛到阿彌陀佛所。爲佛作禮却坐聽經。其佛廣說道智大經。皆悉聞知。莫不歡喜…卽第一四天王。第二忉利天上。至三十二天上。諸天人皆持天上萬種自然之物。…各持來下。爲阿彌陀佛作禮。供養佛及諸菩薩阿羅漢(307上-中) ⑨其城廣縱各二千里(310中)

이 가운데 帛延本과 支謙本이 나란히 인용되어 그 차이를 비교·대조한 부분이 上卷에서는 2회뿐이지만, 中卷과 下卷에서는 각각 12회, 8회로서 거의 대부분을 차지한다. 단독으로 인용된 경우는 中卷에서 28회 가운데 4회, 下卷에서 17회 가운데

단 1회뿐이다. 三代經本의 同異를 밝힘으로써 『無量壽經』 연구의 학문적 엄밀성을 높이고자 한 憬興의 태도를 짐작해 볼 수 있다.

③ 畺良耶舍 譯 『佛說觀無量壽佛經』

『觀無量壽經』은 『觀經』으로 13회, '彼經'으로 10회 등장하였는데, 구체적인 인용문이 없는 경우가 많았다. 구체적인 인용문이 있는 경우는 上卷에서 1회[44], 中卷에서 1회[45], 下卷에서 5회[46]였다.

④ 鳩摩羅什 譯 『佛說阿彌陀經』

『阿彌陀經』은 '小經'이라 하여 下卷에서 極樂往生者는 모두 不退轉의 地位에 오른다는 내용이 1회[47] 인용되었다.

---

44) 『無量壽經連義述文贊』 卷上(大正藏37, 131下), "觀經中雖言未來一切衆生爲煩惱賊之所苦害"

45) 『佛說觀無量壽佛經』(大正藏12, 346上), "或有衆生作不善業五逆十惡具諸不善…具足十念稱南無阿彌陀佛。稱佛名故。於念念中。除八十億劫生死之罪。命終之時見金蓮花猶如日輪住其人前。如一念頃卽得往生極樂世界"

46) 『佛說觀無量壽佛經』(大正藏12, 345上), "經於七日。應時卽於阿耨多羅三藐三菩提。得不退轉"
『佛說觀無量壽佛經』(大正藏12, 365上), "經一小劫得無生法忍"
『無量壽經連義述文贊』 卷下(大正藏37, 159中), "觀經所言悟無生忍得百法明"
『無量壽經連義述文贊』 卷下(大正藏37, 163下), "觀經云下三品臨命終時一念十念悉得生故"
『無量壽經連義述文贊』 卷下(大正藏37, 163下), "觀經云念佛衆生攝取不捨也"

47) 『佛說阿彌陀經』(大正藏12, 347中), "極樂國土衆生生者，皆是阿鞞跋致"

(2) 『無量壽經』 註釋書類

① 慧遠 撰 『無量壽經義疏』

憬興은 『無量壽經』의 註釋書 가운데 慧遠의 『無量壽經義疏』를 가장 많이 인용하였다. 上卷에서 13회, 中卷에서 40회, 下卷에서 23회 인용하였다. 인용문은 다음의 [표 4]와 같다.

〔표 4〕 慧遠의 『無量壽經義疏』 引用文

	『無量壽經義疏』 (大正藏37, 92上-116上)	『連義述文贊』 (大正藏37)
上卷	①初至對曰願樂欲聞。是其由序。佛告阿難乃往過去久遠已下。是其正宗。佛語彌勒其有得聞彼佛名號歡喜已下。是其流通…序中文義。雖復衆多。義要唯二…文中初言如是我聞。是證信序。一時以下。義有兩兼…對前一向證信序故。自下偏就發起以釋。於中有三。一明佛化主。二從與大比丘已下。辨其徒衆。三爾時世尊諸根悅下。如來現化而爲發起。阿難啓請(92上-93上)	① 132上-中
	②賢護等十六正士。擧初格後。總以標列。善思議等。就其所等。隨別以列(94下)	② 134上
	③安住一切功德之法。成德圓備。德成無退。故曰安住…此功是其善行家德。故名功德(94下)	③ 134下
	④實中初言。入佛法藏。證會名入。究竟彼岸。彰果畢竟。涅槃彼岸。到名究竟下(94下)	④ 134下
	⑤講武試藝。娉妻前事。如本起說。槃馬筋力。名爲講武。共射金鼓。說爲試藝。現處宮中。色味之間。娉妻後事(95中-下)	⑤ 136下
	⑥服乘白馬。寶冠瓔珞。遣之令還。捨珍妙衣。是第三句。重明所捨(95下)	⑥ 137中
	⑦行如所應。翻邪學。正道是其所應修學。順而行之(95下)	⑦ 138上
	⑧如經中說。五百青雀隨從佛後名禽翼從。此皆神鳥故曰靈禽	⑧ 139上

	(95下)	
	⑨言其八者。前四種上。更加無爲四倒之心。於佛眞德。常計無常。樂計爲苦。我計無我。淨計不淨。以此四種。近壞正解。遠障眞德。故名爲魔。此後四種。小乘法中。未以爲患。不說爲魔。大乘爲過。故說爲魔。通論此八(96上)	⑨ 139中
	⑩理是妙法(96中)	⑩ 140上
	⑪扣法鼓者。說聞慧法。益衆生也。嚴鼓誡兵。說敎誡人。吹法螺者。說思慧法…執法劍者。說修慧法…建法幢者。宣說證法。…震法雷者。法無礙智化…曜法電者。義無礙智益…澍法雨者。辭無礙智化…演法施者。樂說無礙利衆生也(96中-下)	⑪ 141中-下
	⑫五欲境界。有能塵坌。勞亂衆生。名曰塵勞。說空破遣。目之爲散(96下)	⑫ 142下
	⑬法能遮防。說之爲城。讚善息謗。名嚴名護。開闡法門。聞說正敎。總法有通入趣入之義。故名爲門。披演令入。名開名闡(96下)	⑬ 142下
中卷	①學成起用。成在於心。故名在意。任意爲化。故曰所爲(97中)	① 143中
	②言佛所住者皆已得住。證行同佛…大聖所立…敎行同佛…法界諸度。是佛所立。菩薩同立(97中-下)	② 143下
	③通諸法性。是智正覺自在行也。謂能通達二諦法性。達衆生相衆生世間自在行也…明了諸國。是器世間自在行也。初句云通。第二言達。第三說明。語左右耳(97下)	③ 144上
	④供養諸佛。化現其身猶如電光…化身如電。起行疾也。一念之間。化身遍至…善學無畏。修習智方便。曉了幻化。智行成就。又學無畏。於人不怯。曉了幻化。於法能知簡邪取正。名爲善學。達正過邪。所以無畏。以無畏智統攝諸。法故名爲網…明見諸法離有無性。猶如幻化非有非無。名爲曉了幻化法矣。法若定有。不名幻有。法若定無。不名幻無(97下-98上)	④ 144上
	⑤壞裂魔網。令離邪業。解諸纏縛。令離煩惱。纏謂十纏。無慚。無愧。睡。悔。慳。恢。掉。恨。忿。及覆。是其十也。纏衆生故。纏縛心故。名之爲纏。縛謂四縛。欲縛。有縛。無明縛。見縛。是其四也。欲界諸結。除無明見。名爲	⑤ 144中

	欲縛(98上)	
	⑥初段自利。明修敎行。第二利他。敎人離過。第三自利。明修證行。第四利他。敎令修善(97下)	⑥ 144中
	⑦今此所論。是其權中意業方便。善立三業。巧便度物。故曰方便。顯示三下。是化他行。顯示三乘。說三乘因。就大分小。名示三乘。於此中下而現滅度。說小乘果。緣覺名中。聲聞名下。於此二中說有涅槃。名現滅度。此等卽是口業方便(98下)	⑦ 144中
	⑧亦無所作。無因可作。亦無所有。無果可有。言不起者。無淨可起。言無滅者。無染可滅。此學道理。得平等法(98下)	⑧ 144下
	⑨信進念等。名爲諸根。若通論之。一切善法。悉名諸根(98下)	⑨ 144下
	⑩廣普寂定。所證廣也。一切法中不起妄想。名廣寂定。深入法藏。所證深也。於眞法藏能深入矣(98下)	⑩ 145上
	⑪如華嚴說。彼一三昧。統攝法界。一切佛法悉入其中(98下)	⑪ 145上
	⑫悉睹現在無量諸佛。攝行寬廣。由見多佛。供養生福。受法生智。一念之頃無不周遍。起行速疾(98下-99上)	⑫ 145上
	⑬難別有八。三塗爲三。人中有四。一盲聾暗啞。二世智辨聰。三佛前佛後。四鬱單越界。天中有一。謂色界中長壽天離。此八難中。三塗爲劇。菩薩濟之。人天苦微。名曰諸閑。菩薩勸化。故曰不閑(99上)	⑬ 145中
	⑭如來藏性。是佛如來甚深法藏。闇障旣除。明現已心。故曰受持。…法界諸度。是佛種性。護使離障。起善無間。名常不絶(99中)	⑭145下
	⑮初句是總。餘四是別。…在世所無。故云奇特(99下)	⑮ 146中
	⑯唯是專義。彰已專念(99下)	⑯ 146中
	⑰佛於世間最爲雄猛。故曰世雄。住佛住者。涅槃常果。諸佛同住。今日世雄住彼所住。住大涅槃(100上)	⑰ 146中
	⑱能開世人眼。令見正道。故名世眼。住導師行者。四攝法等。是佛導師化人之行。今佛住之。由住此行(100上)	⑱ 146下
	⑲五者第一義天。謂佛如來。解知佛性不空義故。佛於如是五天中上。故曰天尊(100上)	⑲ 146下
	⑳去來現佛佛佛相念。擧餘類 此得無今 佛念諸佛耶。測此念	⑳ 146下

	餘。耶者。是其不定之辭。以理測度。未敢專決(100上)	
	㉑發深智慧。歎其問智。向前念佛五種功德。名發深智。眞妙辯才。歎其問辭。向前歎佛住於五德。名眞妙才辯(100上)	㉑ 147上
	㉒慧見無礙。彰智自在。於諸法門知見無礙。此則是前行如來德(100下)	㉒ 147中
	㉓諸根悅豫不以毁損。就上所現諸根悅豫。明其常德。姿色不變。就上所現姿色淸淨。明其常命。光顔無異。就上所現光顔魏魏。明其常定(100下)	㉓ 147中
	㉔定慧究竟。故名爲究。通暢自在。故名爲暢。寬廣無邊。稱曰無極。此則是其心自在行。於一切法而得自在。明其所學自在故勝。此則是其法自在行。善入一切界之門。法門之力無所不現。名爲自在(100下)	㉔ 147下
	㉕如來應等。是其通號。佛德無量。依德施名。名亦無限。經隨一數。略列十種。十中前五。是佛自德。後五利他。就前五中。初二一對。前一道圓。後一滅極。後三一對。初二因圓。後一果極。就初對中。言如來者。彰其道圓。…言應供者。顯其滅極…初二因圓。於中初言等正覺者…明行足者。明其行圓…言善逝者。明其果極…就後五中。前四是別。後一是總。前四別中。世間解者。是化他智。善解世間。名世間解。無上士調御丈夫。及天人師。此之兩號。是他化能。彼無上士調御丈夫。能調物心…天人師者。能授與法。能以正法近訓天人…佛者。是其化他之德(101上-中)	㉕ 148上
	㉖上來明佛之起行緣。下明法藏依之起行。於中初明世間之行。佛告阿難法藏比丘說此頌下。明出世行。地前所行。名爲世間。地上出世(101中)	㉖ 148中
	㉗言光魏魏。歎佛光勝。以爲一門。言顔魏魏。嘆佛身勝。復爲一門(101下)	㉗ 148中
	㉘願我作佛齊聖法王。求佛自德。過度生死靡不解脫。求利他德(102上)	㉘ 149上
	㉙供養斯等。供前僧寶(102上)	㉙ 149上
	㉚問曰。若彼得壽多劫。劫盡之時居住何處。而得修行。釋言。餘人見其劫盡。其法藏等。見彼國土安隱不動。故得起修。與法華中。衆生見劫盡。大火所燒時。我此土安隱。天	㉚ 150中

	人常充滿(103上)	
	㉛於中初偈擧佛法施化益自要(103下)	㉛ 153中
	㉜神力演光照無際土。身業化也。消除已下。口業化也。消除三垢。濟度厄難。小乘法敎。化斷三毒。名除三垢。開彼慧眼滅昏盲闇。大乘法化。閉塞惡道通善趣門。人天法化(103下)	㉜ 153中
	㉝發此弘誓。牒前所發四十八願而起於後。建斯願已。牒前我建超世願等而起於後(104上)	㉝ 153下
	㉞不生欲覺瞋覺害覺。正明所離。覺有八種。…此八種中。初三過重。爲是偏擧(104中)	㉞ 154上
	㉟不起欲想。名離欲覺。不起瞋想。名離瞋覺。不起害想。名離害覺。亦可前言不生三覺。就始彰離。不起欲想瞋想害想。據終明離。未對境界。預起邪思。名之爲覺。對緣生心。說爲三想。此皆離之(104中)	㉟ 154上
	㊱無有虛僞諂曲之心。明離心過。言和顔者。明離身過。愛語先問。明離口過。由無煩惱。故身口意中不起過矣	㊱ 154中
	㊲於此三中。無果可爲。名爲無作。…無因可生。名云無起(104下)	㊲ 154中
	㊳三是故下。嘆顯勝。有十二句。初無量光。無邊。無礙。此之三種。當相以嘆。無量。多也。無邊。廣也。無礙。自在也。無對。炎王。此之兩種。寄顯勝。他光不敵。名無對光。此光勝餘。名炎王光。淸淨。歡喜。智慧。不斷。此之四種。當相以歎。離垢稱淨。能令見者心悅。名喜。於法善照。名智慧光。常照不絶。名不斷光。難思。無稱。超日月光。此之三種。寄對顯勝。過世心想。故曰難思。過世言相。名無稱光。過世色相。名超日月(105中-下)	㊳ 155中-下
	㊴慧心安法。名之爲忍。忍隨淺深差別爲三。次列三名。尋聲悟解。知聲如響。名音響忍。三地已還。捨詮趣實。名柔順忍。四五六地。證實離相。名無生忍。七地已上(106上)	㊴ 156下
	㊵言淸淨者。八中淨也。言香潔者。八中香也。味如甘露。八中美也	㊵ 157上
下	①若依毘曇。外凡常沒。名爲邪定。…名爲不定。此等有退。	① 158上

卷	故名不定。忍心已上。堅固不退。名爲正定。…大乘法中。善趣已前。名爲邪定。善趣位中。數進數退。說爲不定。習種已去。位分不退。說爲正定。莫問大乘小乘衆生。生彼國者皆住正定。所以下釋。彼無邪定及不定聚。故皆正定(107上)	
	②有人雖復造作逆罪。能修十六正觀善根。深觀佛德。除滅重罪。則得往生。觀經據此。若人造逆。不能修習觀佛三昧。雖作餘善。不能滅罪。故不往生。此經據此(107上)	② 158中
	③究竟名究。洞達名達。此通與慧。皆依法成。故復明其遊入深法。倚觀曰遊。窮本稱入。證入法界緣起通門。能現勝通。證入法界緣起智門。能起勝慧。具功德藏。妙智無等。歎佛福智二種行也。福是慧資。慧是福導。是二相須。故幷歎之。福行圓備。名具功德。慧行殊勝。名智無等	③ 160上
	④就口歎中。前之一偈。歎佛自德(108中)	④ 160上
	⑤智是通本。通是智用(108中)	⑤ 160上
	⑥八種梵音。如彼梵摩喩經中說。一最妙聲。其聲哀妙。二易了聲。言辭辨了。三調和聲。大小得中。四柔軟聲。其聲柔軟。五不誤聲。言無錯失。六不女聲。其聲雄朗。七尊慧聲。言有威肅。如世尊重有慧人聲。八深遠聲。其聲深遠猶如雷震。以此妙音酬答觀音(108下)	⑥ 160上-中
	⑦具皆得道。行德勝也。淨慧達本。空解深也。億劫思佛。觀之久也。窮力講說。言之極也(109上)	⑦ 160下
	⑧聞不忘者。彌陀佛所聞法不忘。言見敬者。見彌陀佛心生重敬。得大慶者。明前聞法見佛恭敬。得善利也。得善可喜。名得大慶。則我善友。爲佛攝也。行順釋迦。名我善友(109中)	⑧ 160下
	⑨深入諸法。證會法性。究暢要妙。窮達教詮(109下)	⑨ 161上
	⑩去來進止情無所係隨意自在。明離身過。無所適莫無彼無我。明離意過。於衆生所。無適適之親。無莫莫之疏。名無適莫。無競無訟。明離口過	⑩ 161中
	⑪得法愛著。名爲愛法。此據終也。聞時甘露樂。名爲樂法。此據次也。求時心喜。名爲喜法。此據始也(110上)	⑪ 161中
	⑫斯乃照矚現在色像。名爲肉眼。天眼通達無量無限。天眼勝	⑫ 161下

	也。一切禪定。名爲天住。依天得眼。故名天眼。能見衆生死此生彼。所見寬多。故曰無量。所見長遠。故曰無限	
	⑬從如來生解法如如。是其理解。解由如來敎化出生。是故說之從如來生。空同曰如。解知一切萬法皆如。名解如如。善知習等。是其敎解。習善之敎。名習音聲。滅惡之敎。名滅音聲。菩薩於此悉能善解。故名善知。於中巧知。故曰方便(110中-下)	⑬ 162上
	⑭於深能解。所以不疑。於深能入。爲是不懼(110下)	⑭ 162上
	⑮於此一乘。窮名究竟。至于彼岸。涅槃果極(110下)	⑮ 162中
	⑯自中相從以爲七門。因力緣力爲第一門。起修所依。過去所修一切善行。能生今善。名爲因力。近善知識。聽聞正法。名爲緣力。意力願力爲第二門。起修方便。求佛之心。名爲意力。起行之願。名爲願力(111中)	⑯ 163上
	⑰人天二道。名爲善趣。…先斷見惑。離三途因。滅三途果。後斷修惑。離人天因。絶人天果。漸除不名橫截。若得往生彌陀淨土。娑婆五道一時頓捨。故名橫截。截五惡趣。截其果也。惡趣自閉。閉其因也。…得道深廣。故無窮極(111下-112上)	⑰ 163下
	⑱修因卽去。名爲易往。無人修因。往生者尟。故曰無人。其國不逆違。彰前易往。自然所牽。顯前無人。娑婆衆生。文習蓋纏。自然爲之牽縛不去。故彼無人(112上)	⑱ 163下
	⑲彰已難値(113中)	⑲ 165中
	⑳斷諸疑網。拔愛欲本。令離煩惱。杜衆惡源。令離惡業。杜猶塞也。惡業是其惡道家本。名衆惡源。敎令斷塞。目之爲杜。三遊步下。彰已作佛。以法化世。遊步三界無所拘礙。身業化也。身化自在。故無拘礙。典攬智慧衆道之要。意業化也。善解經典。攬知衆義。名典攬智。善知三乘所行之要。名衆道要。執持綱維照然分明開示五趣。口業化也。執法持衆。名執綱維。辨正異邪。名照分明。用化群品。名開五趣	⑳ 165下
	㉑天下道理。自然施立。是故名爲天道(114下)	㉑ 167中
	㉒釋迦正法有五百年。像法千歲末法萬歲。一切皆過。名爲滅盡。我以慈下。明已留意。佛以慈悲憐愍衆生。故法滅後。	㉒ 170中

	獨留此經百歲濟度(116上)	
	㉓以此經中開示淨土令人求生。故偏留之。大涅槃經顯示佛性。教聖中深。聖人先隱。爲是先滅。此經教人厭苦求樂。濟凡中要。爲是後滅。法隨人別。故滅不同。其有衆生値斯經者所願皆得。明留之益。法滅盡後。百年聞者。尙得利益。往生淨土。況今聞者。何有不生。唯佛留意(116上)	㉓ 170下

'遠法師(=慧遠)'라고 구체적인 人名을 들어 인용한 경우가 세 차례 있었지만,[48] 총 76회 가운데 50회를 차지하는 대다수의 인용문은 '有說(또는 有人)'로 시작하여 인용되었다.[49] 이렇게 제시된 의견들은 대개 慧遠의 의견을 타파하기 위해서 인용된 것들이었다. 그러나 慧遠과 같은 생각일 경우에는 굳이 인용했다는 언급 없이 그대로 인용하여 쓰기도 하였다.[50]

② 吉藏 撰『無量壽經義疏』

吉藏의 『無量壽經義疏』는 上卷에서는 인용된 적이 없고, 中卷에서 1회[51], 下卷에서 2회[52] 인용되었다. 吉藏의 『無量壽經

48) 遠法師라는 人名이 등장하는 것은 4회이나 그 가운데 3회만 구체적인 인용문이 나온다. 나머지 1회는 구체적인 인용문 없이 人名만 등장하는 경우이다.

49) 安啓賢의 연구에서는 有說(또는 有人)으로 인용된 내용 가운데 慧遠의 주장이 총 36회라고 하였으며, 이와 같은 慧遠의 주장을 憬興이 어떻게 비판하는지 자세하게 풀이하였다(安啓賢, 앞의 책, 1987, 105-131쪽 참조).

50) 憬興은 上卷에서 4회, 中卷에서 9회, 下卷에서 10회로 총23회 인용한다는 언급 없이 인용하였다. 安啓賢의 연구에서는 慧遠說과 같은 곳은 15회라고 하였다(安啓賢, 앞의 책, 1987, 134-140쪽 참조).

51) 『無量壽經義疏』(大正藏37, 121中), "於不可思議兆載永劫者正明修行久遠。

義疏』 자체가 길지 않아 서로 비교하여 언급할 부분이 많지 않았던 것으로 보인다.

③ 世親 撰『無量壽經優婆提舍願生偈』

世親이 지은 『無量壽經優婆提舍願生偈』는 『往生論』이라고 부르기도 하는데, 憬興도 『連義述文贊』에서 『往生論』이라는 이름으로 인용을 하였다. 依報[53]인 淨土의 莊嚴을 설한 中卷에서 모두 16차례에 걸쳐 인용되었다. 『連義述文贊』에 인용된 『往生論』의 내용은 Ⅳ장에 자세하게 다루기로 하고 여기서는 생략한다.

④ 玄一 集『無量壽經記』 卷上

玄一의 『無量壽經記』는 현재 上卷만 전해진다. 上卷에서 1회[54], 中卷에서 6회[55]에 걸쳐 인용된 것을 확인할 수 있었다.

是非數之極名"

52) 『無量壽經義疏』(大正藏37, 122中), "但此中上輩人是觀經九輩中上中品人…此中中輩人應是觀經中品中上品及中中品人…此中下品人應是觀經下下品人"
『無量壽經義疏』(大正藏37, 124上-中), "神明記識者名藉先定不蹉跌也。一切衆生皆有二神。一名同生二名同名。同生女在右肩上書其作惡。同名男在左肩上書其作善"

53) 依報 : 誓願을 세우고 修行을 통해 건립한 佛國土. 즉, 法藏比丘가 48원을 세우고 수행한 후 건립하게 된 西方淨土를 依報라고 부른다. 依報와 함께 얻게 되는 佛身을 正報라고 부른다.

54) 『無量壽經記』卷上(韓佛全2, 243上), "祚(音之阿文實福也助也)"

55) 『無量壽經記』卷上(韓佛全2, 240上), "劫雖有五。唯修一行。所謂其心寂靜志無所著"
『無量壽經記』卷上(韓佛全2, 241中), "法位云。是依十法起念。非是稱名十

『無量壽經記』는 玄一이 단독으로 자신의 의견을 정리한 책이라기보다는 다른 의견들을 모아 놓은 형태를 취한다. 저자를 '玄一 撰'이 아니라 '玄一 集'으로 표기한 것을 보아도 알 수 있다. 총 7회 인용된 가운데 法位의 의견이 두 차례 인용되었다.

⑤ 元曉 撰『無量壽經宗要』

元曉의 『無量壽經宗要』는 中卷에서 2회[56], 下卷에서 2회[57)]

念…言十念。如彌勒所問經說。一者於一切衆生常生慈心。於一切衆生不毀其行終不往生。二者於一切衆生常起悲心。除殘害心。三者守護法心。不惜身命。乃至一法不生誹謗。四者於忍辱中。生決定心。五者深心淸淨不染利養。六者發一切智心。日日常念。無有發妄。七者於一切衆生起尊重心。除去憍慢。謙下言說。八者於世談論。不生味著心。九者近於覺意。深起種種善根因緣。不生憒鬧散亂之心。十者除去諸相。正念觀佛"

『無量壽經記』卷上(韓佛全2, 242中-下), "言第一第二第三法忍者法位云案仁王經有五忍謂伏忍信忍順忍無生忍寂滅忍。伏忍位在地前。習種性種道種。信忍位在初二三地。順忍位在四五六地。無生忍位七八九地。寂滅忍位在第十地及佛地"

『無量壽經記』卷上(韓佛全2, 244中), "言和顔者身業。言愛語者口業。言先意承問者意[業]。以善意爲先。故言先意"

『無量壽經記』卷上(韓佛全2, 233下), "錠(普定實有足曰錠無足曰燈錠光燃燈也)"

『無量壽經記』卷上(韓佛全2, 233下), "梵阿僧祇。此云無鞅數。王免云央盡也"

56) 『無量壽經宗要』(韓佛全1, 573中), "彼觀經中不除五逆唯除誹謗方等之罪 今此兩卷經中說言除其五逆誹謗正法 如是相違云何通者 彼經說其雖作五逆依大乘教得懺悔者 此經中說不懺悔者 由此義故不相違也"

『無量壽經宗要』(韓佛全1, 558下-559上), "凡有十念。何等爲十。一者。於一切衆生常生慈心。於一切衆生不毀其行。若毀其行。終不往生。二者。於一切衆生深起悲心。除殘害意。三者。發護法心。不惜身命。於一切法不生誹謗。四者。於忍辱中生決定心。五者。深心淸淨。不染利養。六者。發一

인용되었다.

⑥ 法位 撰『無量壽經義疏〔復元〕』

'位法師(云)'으로 시작하는 인용문은 中卷에 3회[58], 下卷에 6회[59]에 걸쳐 등장하는데, 이 가운데 전거를 찾을 수 있는 곳은

切種智心。日日常念。無有廢忘。七者。於一切衆生。起尊重心。除我慢意。謙下言說。八者。於世談話。不生味著心。九者。近於覺意。深起種種善根因緣。遠離憒鬧散亂之心。十者。正念觀佛。除去諸根。解云。如是十念。旣非凡夫。當知初地以上菩薩。乃能具足十念。於純淨土。爲下輩因。是爲隱密義之十念"

57)『無量壽經宗要』(韓佛全1, 562中), "若人不決如是四疑。 雖生彼國而在邊地。…別是一類。非九品攝。是故不應妄生疑惑也"
『無量壽經宗要』(韓佛全1, 569上), "此言佛智。是總標句。下之四句。別顯四智"

58)『無量壽經義疏[復元]』卷上(韓佛全2, 10中), "佛住空無相理。大士亦皆齊住。乃至佛能立十二部經。大士亦能隨分。立敎化生。[無量壽經鈔二]"
『無量壽經義疏[復元]』卷上(韓佛全2, 10中), "濟諸劇難。諸閑不閑。[法位云]二乘於救生閑。大士則不閑。凡夫於修閑。大士則不閑。又二乘凡夫。於無上菩提閑。大士則不閑。[無量壽經鈔二]"
『無量壽經義疏[復元]』卷上(韓佛全2, 14中), "出五音響者一諦了二易解三不散四無厭五悅可[無量壽經鈔五]"

59)『無量壽經連義述文贊』卷下(大正藏37, 161中), "位法師云適者往也。莫者止也"
『無量壽經連義述文贊』卷下(大正藏37, 162中), "位法師云下有二十句皆辨慧能"
『無量壽經連義述文贊』卷下(大正藏37, 163上), "位法師解止是定觀是慧正觀應是"
『無量壽經連義述文贊』卷下(大正藏37, 164下), "位法師云待何事欲何願樂乎欲何快樂。義亦可也"
『無量壽經義疏[復元]』卷下(韓佛全2, 17上), "身三爲三 口四爲一 及飮酒故痛地獄苦 燒者苦具"

네 군데뿐이다. 法位의『無量壽經義疏』는 총 9회 인용되었지만 復元本이라서 글 전체를 알 수가 없기 때문에 나머지 다섯 군데의 전거를 찾지 못하는 것이라고 생각된다.[60] 이밖에 玄一의『無量壽經記』에 '法位云'으로 시작되는 문장이 인용된 것을『連義述文贊』에 재인용된 경우가 2회 있다.

⑦ 義寂 撰『無量壽經述義記〔復元〕』

義寂의『無量壽經述義記[復元]』는 中卷에서 인용하였다는 언급은 없이 1회[61] 인용되었다.『連義述文贊』에서는 "五音이란 곧 詩에서 '宮, 商, 角, 徵, 羽로서 五行을 흉내낸 소리'라고 했던 것을 말한다"[62]고 설명하였기 때문에 '詩云'이『詩經』을 의미하는 것으로 보기 쉽다. 憬興이 어떤 근거로 '詩云'이라는 표현을 썼는지 확실치 않으나, 확실한 것은『詩經』에는 이와 같은 내용이 등장하지 않으며 오히려 義寂의『無量壽經述義記[復元]』에 나오는 내용이라는 것을 확인할 수 있다는 점이다.

五音을 '宮商角徵羽'라고 풀이한 것은 慧遠의『無量壽經義疏』에도 나오는 내용이다.[63] 그러나 五音을 五行에 연결시킨 것은

『無量壽經連義述文贊』卷下(大正藏37, 167下), "位法師云辜者罪也"

60) 法位의 설이 모두『無量壽經義疏』에서 인용되었다고 단정하는 것은 내용상『無量壽經』의 주석서임이 확실하고 法位가 지은 정토관련 주석서는『無量壽經義疏』한 가지뿐이기 때문이다.

61)『無量壽經述義記[復元]』(韓佛全2, 334上), "五音謂宮商角徵羽 土音爲宮 金之音爲商 木之音名角 火之音爲徵 水之音爲羽 從五行出五音也"

62)『無量壽經連義述文贊』卷中(大正藏37, 156中), "五音者卽詩云宮商角徵羽擬五行之音"

義寂과 憬興 이전에는 보이지 않던 설명이다. 이후 澄觀의 『大方廣佛華嚴經疏』나 師子比丘의 『折疑論』 등에서도 五音과 五行을 연결하여 설명하는 것을 볼 수 있는데, 오히려 이들이 憬興이나 義寂으로부터 영향을 받은 것이라고 생각된다.

이와 같은 인용문이 인용문으로서 의미를 갖기 위해서는 義寂의 『無量壽經述義記[復元]』가 憬興의 『連義述文贊』보다 먼저 저술되었음을 증명할 수 있어야 한다. 그러나 義寂의 생애에 대한 기록이 없을 뿐만 아니라 義寂의 행적을 언급하고 있는 두 가지 기록이 모두 義寂이 義湘의 제자로서 가르침을 받았다는 것[64]뿐이어서 義寂을 義湘보다 활동 시기가 늦은 인물로 보는 것이 일반적이므로 이를 인용문으로 채택하는 것은 조심스러운 것이 사실이다.

하지만 이와 같은 기록에만 의존하여 판단하는 것 역시 문제점이 적지 않다. 義寂이 義湘의 제자라면 그의 사상을 계승한 흔적이 있어야 하는데 法相宗 관계의 저술이 대부분이고 華嚴宗 관련 저술은 한 가지도 없다는 사실은 義寂이 義湘의 제자라는 기록을 문자 그대로 받아들이기 어렵게 만든다. 또한

---

63) 『無量壽經義疏』(大正藏37, 105下), "所出聲中出五音者。所謂宮商角徵羽等五種音也"

64) 『三國遺事』四卷 「義湘傳敎條」(韓佛全6, 349中), "徒弟悟眞。智通。表訓。眞定。眞藏。道融。良圓。相源。能仁。義寂等十大德爲領首。皆亞聖也" 均如, 『釋華嚴敎分記圓通鈔』(韓佛全4, 257上), "義寂師等 從法相來 曾不信和尙極果廻心之義 及見性起疏中 十千已過 僧紙未滿 應是三賢位人之文 白和尙言 疏文如是 願和尙 自今已後使不行此義 相德云 此必隨他語耳 法師之意 遠則遠矣 仍遣芬皇寺純梵師 問於章主 章主送此大料簡 義寂師等 及見此文 然後決其疑也"

道證이 『成唯識論要集』에서 義寂을 唯識의 六大家로 기록[65]하였을 정도라면 義寂은 法相宗의 僧侶로 보는 것이 옳을 것이다.[66]

『成唯識論要集』에 唯識의 六大家로 기록된 인물들은 대부분 玄奘의 문인으로서 7세기 후반에서 7세기말에 걸쳐 활동한 것으로 파악되므로 이들과 함께 열거된 義寂도 玄奘의 문하에서 수학하며 이들과 함께 활약하였을 가능성이 높다고 한다.[67] 실제로 義寂을 '三藏門人', 즉 玄奘의 제자라고 일컬으면서 義寂이 窺基와는 다른 입장을 취하였음을 이야기하고 있는 기록도 있다고 한다.[68]

---

65) 『唯識未詳決』을 지은 것으로 기록되어 있다(善珠, 『唯識義燈增明記』 卷1,(大正藏65, 342).

66) 金相鉉, 『新羅華嚴思想史硏究』, 民族社, 1993, 27-28쪽 참고.

67) 최연식, 「義寂의 思想傾向과 海東法相宗에서의 위상」, 『불교학연구』제6호, 2003, 38-39쪽 참조.

68) 일본 天台宗의 安然(841~?)이 지은 『敎時諍論』에 이와 같은 내용이 있다고 한다.(최연식, 위의 논문, 2003, 39쪽 각주15 참조).
安然, 『敎時諍論』, "大唐貞觀 玄奘法師 往天竺國詣正法藏 一十七年在彼學習 一十六年於此飜譯 門人三千入室四人 玄奘相逢十師檀越 玄感居士得百卷 釋基糅百卷折得十卷 十支大論以爲扶踈 基子惠紹 紹子智周 相傳其門 光揚其道 三藏門人 義寂法師 作義林章一十二卷 以破基師法苑林章 遁倫法師 作瑜伽疏 所立義理 多違基義 玄隆・圓弘・補(神?)昉・秦(泰?)賢 並作章疏 共稱稟受三藏之旨 而多違背基師之義 靈潤法師 作章略出 新譯經論與舊經論 相違義理一十四門 補(神?)秦(泰?)法師作章 對破靈潤之章 寶法師作佛性論 破新宗義 崇後法師 亦作決擇 多破周釋 然而學唯識者 多依基師破之 諸師以爲舊義 新舊之諍 從此而起"
金相鉉의 연구에서도 義寂이 玄奘의 문인이었을 가능성을 이야기하고 있다(「신라 法相宗의 성립과 順璟」 『伽山學報』 2, 伽山佛敎文化硏究院, 1993).

義寂이 玄奘의 제자로서 法相宗의 승려라 하더라도 690년경 義湘과의 만남으로 華嚴宗으로 전향하였다는 추측도 가능하나, 華嚴宗과 관련된 기록이 義湘과의 만남을 제외하면 어디에도 보이지 않는다는 사실과 고려시대에 法相宗의 사찰에서 義寂이 모셔졌다는 기록[69]은 義寂이 末年까지 法相宗에 남아 있었음을 보여주는 것이라고 할 수 있다.[70]

이와 같은 사실을 토대로 義寂은 玄奘의 제자였으며, 『釋華嚴教分記圓通鈔』의 기록은 義寂이 義湘에게 가르침을 받은 것이 아니라 동등한 입장에서 對論을 한 것으로 볼 수가 있다고 하겠다. 따라서 義寂의 활동시기는 義湘보다 후대라고 보기보다는 비슷한 시기라고 보는 것이 타당하다고 생각한다.

앞에서 살펴본 내용 외에 또 한 가지 간과해서는 안 되는 기록이 있다. 본 논문의 연구대상인 『大正新修大藏經』에 전해지는 『連義述文贊』의 後記에는 "따라서 淨影寺 慧遠도 지었고, 嘉祥寺 吉藏도 지었다. 義寂과 法位 등 모든 이름 있는 이들이 모두 지어서 興하게 한 것이다. 대사께서도 이에 더욱 공을 들여 궁극을 추구하니 빼어난 노력이라 이를 만하다"[71]라는 표현이 있다. 慧遠과 吉藏을 비롯하여 義寂과 法位 등 이름 있는 이들이 『無量壽經』의 주석서를 지었고, 憬興은 이들을 종합하고 더욱 공을 들여 주석서를 지었다는 이야기이다. 그러므로

69) 최연식, 앞의 논문, 2003, 43-46쪽 참조.

70) 최연식, 위의 논문, 2003, 43쪽 참조.

71) 『無量壽經連義述文贊』卷下(大正藏37, 171上), "以故淨影作焉嘉祥作焉。義寂法位等諸名流皆作焉而興。大師窮工于茲。可謂殊勤矣"

이는 義寂의 『無量壽經述義記[復元]』가 憬興의 『連義述文贊』보다 먼저 저술되었음을 알려주는 기록이라고 보아야 할 것이다.

또 玄一의 『無量壽經記』에는 '義積師云'으로 시작되는 인용문[72]이 있다.[73] 憬興의 『連義述文贊』에는 玄一의 『無量壽經記』에서 인용된 문장이 7회 등장한다는 사실은 앞에서 살펴본 바와 같고, 義寂의 說이 玄一의 저술에 인용되었다면 義寂의 저술은 玄一의 저술보다도 앞선 것이 된다. 따라서 玄一의 『無量壽經記』에 인용된 '義積師'가 義寂의 誤記인 것이 확실하다면 義寂의 활동연대를 7세기 중반으로 볼 수 있는 것은 물론이고,[74] 『無量壽經記』의 저술년대가 憬興의 『連義述文贊』보다 앞선 저술이라고 보는 것이 가능해진다. 이와 같은 주장을 근거로 義寂의 『無量壽經述義記[復元]』를 인용서로 인정해야 한다고 생각한다.

⑧ 기타

'有說', '有人', '有難' 등으로 시작하는 인용문 가운데 『無量壽經』의 구체적인 문장에 대한 주석을 그 내용으로 하므로 『無量壽經』의 주석서에서 인용된 것으로 추정되지만 그 전거를 찾을 수 없는 경우가 모두 64회[75]나 된다. 아마도 이들은 당시에는

72) 『無量壽經記』卷上(韓佛全2, 245中), "義積師云。往生論釋此以後經文。是故彼論云。我依修多羅眞實功德相說願偈總持與佛教相應故"

73) 安啓賢, 앞의 책, 1987, 213쪽 참조.

74) 최연식, 앞의 논문, 2003, 62쪽 참조.

존재하였으나 현재는 전해지지 않는 주석서 가운데서 인용된 것으로 추측된다. 그러나 연구가 좀더 진행되면 아직 밝혀지지 않은 부분의 전거가 추가로 밝혀질 것으로 기대한다.

(3) 『觀無量壽經』 주석서류

『無量壽經』의 가장 핵심적인 부분이라고 할 수 있는 法藏比丘의 誓願에 대해서 사상사적으로 늘 문제가 되는 부분은 바로 第8願에 대한 『觀無量壽經』과의 해석차이라고 할 수 있다. 憬興은 이에 대한 다양한 의견을 소개하고 그들을 각각 논파하는 방식으로 글을 진행시켰는데, 이 때문에 『觀無量壽經』의 주석서도 몇 편 인용되었다.

① 慧遠 撰 『觀無量壽經義疏』

中卷의 제18원에 대한 이해의 한 예로서 '有說'로 시작하여 1회 인용되었다.[76]

② 善導 撰 『觀無量壽佛經疏』

中卷의 제18원에 대한 이해의 한 예로서 '有說'로 시작하여 1

---

75) 上卷에서 13회, 中卷에서 26회, 下卷에서 25회 인용되었다. 이밖에 전거를 찾지 못한 것 가운데 '有說'로 시작되나 『무량수경』의 주석서가 아닌 경우가 11회(上卷-1회, 中卷-7회, 下卷-3회) 등장한다.

76) 『觀無量壽經義疏』卷末(大正藏37, 185下-186上), "問曰如大經中五逆不生。今此何故五逆亦生 釋言隨人不同故爾 若是宿世無道根者現造五逆終無生理 若是先發菩提心人 雖復遇緣造作五逆四重等罪 必生重悔如世王等亦得往生"

회 인용되었다.[77]

③ 吉藏 撰『觀無量壽經義疏』

中卷에서 法藏比丘가 48願을 세울 때의 地位에 대한 주장으로 인용된 두 가지 '有說'이 모두 吉藏의『觀無量壽經義疏』에서 인용되었다.[78]

(4) 기타

① 懷感 撰『釋淨土群疑論』

懷感의『釋淨土群疑論』은 中卷에서만 9회 인용되었는데, 그 가운데 8회가 法藏比丘가 세운 48원을 설하는 부분에서 인용되었다. 특히 제18원에 대한 다양한 의견을 소개하는 부분에서 7회[79] 인용되었는데, 그 내용은 懷感이『釋淨土群疑論』에서 '古

---

77) 『觀無量壽佛經疏』卷四(大正藏37, 277上-中), "問曰 如四十八願中唯除五逆誹謗正法不得往生 今此觀經下品下生中簡謗法攝五逆者 有何意也 答曰 … 此就未造業而解也 若造 還攝得生"

78) 『觀無量壽經義疏』(大正藏37, 235上), "第五明淨土。問安養世界爲報土爲應土耶。答解不同。一江南師云是報土。何者以破折性空位中以四十八願所造故也"
『觀無量壽經義疏』(大正藏37, 235上), "第五明淨土。問安養世界爲報土爲應土耶。答解不同 …二北地人云八地以上法身位以願所造故云報土"

79) 『釋淨土群疑論』卷第三(大正藏47, 43下), "三觀經取者。唯是造五逆人。壽經除者是造五逆及謗法人"
『釋淨土群疑論』卷第三(大正藏47, 43下), "四觀經取者。是造逆類人。壽經除者。正五逆人"
『釋淨土群疑論』卷第三(大正藏47, 43下), "二觀經取者。是輕心造逆人。壽

今의 大德이 이 두 경(『無量壽經』, 『觀無量壽經』)을 해석함에 열다섯 분의 의견이 있다'[80]고 하여 제시한 15가지 의견 가운데 7가지 의견을 인용한 것이었다.

여기에 7가지 다른 의견을 추가하여 14가지 의견을 제시한 후에 각각을 論破하였다. 懷感의 『釋淨土群疑論』의 여러 의견을 그대로 인용하기는 하였으나 각 의견에 대한 해석과 논파는 憬興이 직접 하였다. 자세한 내용은 48願을 다룬 Ⅳ장에서 다루기로 하겠다.

또 제35원을 설하는 부분에서 1회[81], 往生하는 果報의 수승함을 설하는 부분에서 1회[82] 인용되었다. 이밖에 『連義述文贊』 下卷의 끝부분에서 『法住記』를 인용한 부분이 『釋淨土群疑論』

經除者。是重心造逆人"

『釋淨土群疑論』卷第三(大正藏47, 44上), " 十四觀經取者。是第二階人。壽經除者。是第三階人"

『釋淨土群疑論』卷第三(大正藏47, 43下-44上), "十觀經取者。是開門。壽經除者。是遮門"

『釋淨土群疑論』卷第三(大正藏47, 43下), "五觀經取者。是發菩提心人。壽經除者。是不發菩提心人"

『釋淨土群疑論』卷第三(大正藏47, 44上), "十一觀經取者。說五逆業是不定業爲可轉時。壽經除者。說五逆業是定業不可轉時"

80) 『釋淨土群疑論』卷第三(大正藏47, 43下), "古今大德釋此兩經。有十五家"

81) 『釋淨土群疑論』卷第六(大正藏47, 63下), "此父母城邑等並是諸功德法。如維摩經說。智度菩薩母。方便以爲父等。亦以諸功德作種種人名。說種種法。如文殊師利於覺城東遇善財童子。此覺城東還是功德名也。此亦如是"

82) 『釋淨土群疑論』卷第一(大正藏47, 32下),"若是凡夫得生淨土。是人天趣者。若是人趣。人趣有四…若是四天下人趣者。彼北鬱單越。應是八難之中鬱單越難。若是色界等。應是長壽天難。此是難處…故大智度論言。淨土非三界。無欲故非欲界。地居故非色界。有形故非無色界"

의 내용의 영향을 받은 것으로 보이나 직접 인용한 것으로 보는 데는 무리가 있다. 따라서 이곳에서는 언급하지 않고, Ⅳ장에서 자세하게 다루기로 한다.

② 沮渠京聲 譯『觀彌勒菩薩上生兜率天經』

憬興은『彌勒上生經』이라는 略經名으로 中卷에서 1회 인용되었다.[83]

③ 憬興 撰『彌勒經述贊』

憬興은 上卷에서 두 차례 자신이 저술했던『彌勒經述贊』의 이름을 언급하였는데, '자세한 사항은『彌勒經述贊』에서 이미 풀이한 바와 같다'[84]고만 하므로 그 구체적인 내용은 알 수 없다.

④『彌勒所問經』

『彌勒所問經』은 玄一의『無量壽經記』에 인용된 내용이 재인용되었다. 大藏經[85]에 실려 있는 경전 가운데 經名으로 보아『彌勒所問經』으로 보이는 經은 바로 法護 譯의『彌勒菩薩所問本願經』이지만,『彌勒菩薩所問本願經』에 나와 있는 十法의 내용

83)『佛說觀彌勒菩薩上生兜率天經』(大正藏14, 420下), "汝持佛語愼勿忘失爲未來世開生天路示菩提相莫斷佛種"

84)『無量壽經連義述文贊』卷上(大正藏37, 134上), "劫之延促佛之多少廣如彌勒經述贊中解"
『無量壽經連義述文贊』卷上(大正藏37, 134中), "備不思議事逐物現化故。廣如彌勒經述贊中解也"

85)『大正新修大藏經』과『卍續藏經』을 포함한다.

은 이와 다르다.86) 구체적인 어구까지 같지는 않지만 내용을 중심으로 볼 때 가장 가까운 내용을 담고 있는 經은 『發覺淨心經』87)으로서 여기에는 十種法이 나와 있다.88)

元曉의 『無量壽經宗要』와 智儼의 『華嚴經內章門等雜孔目章』에는 『彌勒發問經』에서 인용한 것으로 되어 있는 十念을 만날 수 있고, 玄一의 『無量壽經記』와 懷感의 『釋淨土群疑論』에서는 『彌勒所問經』의 十念에 대해서 언급하고 있다. 이 둘은 인용하는 경명經名에 근소한 차이가 나는 것과 같이 그 내용도 대동소이하다.

⑤ 失譯 『阿彌陀鼓音聲王陀羅尼經』

『阿彌陀鼓音聲王陀羅尼經』은 中卷의 48원 가운데 제35원인

---

86) 『彌勒菩薩所問本願經』(大正藏12, 187中), "佛語彌勒。菩薩復有十法行。棄諸惡道不隨惡知識中。何等爲十。一者得金剛三昧。二者所住處有所進益三昧。三者得善權教授三昧。四者得有念無念御度三昧。五者得普遍世間三昧。六者得於苦樂平等三昧。七者得寶月三昧。八者得月明三昧。九者得照明三昧。十者得二寂三昧。於一切諸法具足"

87) 渡邊顯正, 앞의 책, 1978, 30面 참조.

88) 『發覺淨心經』(大正藏12, 52上), "佛告彌勒言彼等發心非少智者。有彼發心是大事者。所有欲生阿彌陀剎中者。當爲一切衆生發慈悲心。不生瞋恨。當生阿彌陀如來佛剎。爲一切衆生生慈悲心故當生彼處。離於殺害受持正法。發此心故當生彼處。捨於身命發心。不著一切諸法故當生於彼處。發甚深忍行淸淨信。發此心故當生彼處。不染名聞利養一切智寶。發此心故當生彼處。爲一切衆生生貴敬。發心不忘失故當生彼處。不驚不怖不愛凡言語。發此心故當生彼處。入菩提分種種善根。發此心故當生彼處。然不離念佛。發此心故當生彼處遠離諸相故。彌勒此十種發心。若菩薩各發念一具足者。當往生彼阿彌陀佛剎中。若不生者無有是處"

'女人往生願'에 대한 주석에서 『音聲王經』이라는 이름으로 3회 인용되었다.89)

⑥ 玄奘 譯 『稱讚淨土佛攝受經』

『稱讚淨土佛攝受經』은 下卷에서 1회 인용되었다.90)

⑦ 曇無讖 譯 『悲華經』

『悲華經』은 中卷에서 구체적인 인용문 없이 經名만 2회 인용되었다.91)

2) 唯識 관련 經論

唯識 관련 經論의 제목만을 놓고 보면 그 숫자가 그리 많은 편은 아니다. 그러나 인용된 곳마다 기존의 다른 주석서들과

---

89) 『阿彌陀鼓音聲王陀羅尼經』(大正藏12, 352中), "父名月上轉輪聖王。其母名曰殊勝妙顔。子名月明。奉事弟子名無垢稱。智慧弟子名曰賢光。神足精勤名曰大化"
『阿彌陀鼓音聲王陀羅尼經』(大正藏12, 352中), "爾時魔王名曰無勝。有提婆達多。名曰寂靜"
『阿彌陀鼓音聲王陀羅尼經』(大正藏12, 352中), "所生之處。永離胞胎穢欲之形"

90) 『稱讚淨土佛攝受經』(大正藏12, 349下-350上), "若生彼土。得與如是無量功德衆所莊嚴。諸大士等同一集會。受用如是無量功德。衆所莊嚴清淨佛土。大乘法樂常無退轉。無量行願念念增進。速證無上正等菩提故"

91) 『無量壽經連義述文贊』卷中(大正藏37, 148中), "不違觀音授記悲華經"
『無量壽經連義述文贊』卷中(大正藏37, 152下), "後卽准悲華經或有菩薩"

의견이 다른 곳이 많아 『連義述文贊』의 내용 전체에 미치는 영향은 오히려 크다 하겠다. 더욱이 유식관련 經論은 아니지만 法相宗의 입장에서 번역된 저술들, 즉 玄奘이 번역한 經論이나 窺基가 주석한 註釋書들이 많다는 점은 주의하여 보아야 한다.

(1) 彌勒 說 『瑜伽師地論』

『瑜伽師地論』은 上卷에서 4회[92), 中卷[93)과 下卷[94)에서 각각 1회씩, 총 6회 인용되었다. 『瑜伽師地論』에서 인용하였다고 나온 곳이 한 곳 더 있으나 이는 『攝大乘論釋』에서 인용된 것을

---

92) 『瑜伽師地論』卷第四十九(大正藏30, 565下), "菩薩始從勝解行地。乃至最後到究竟地。於此一切菩薩地中。當知略有四菩薩行。何等爲四。一者波羅蜜多行。二者菩提分法行。三者神通行。四者成熟有情行"
『瑜伽師地論』卷第十八(大正藏30, 378上), "如如我劬勞 如是如是劣 如如我劣已 如是如是住 如如我住已 如是如是漂"
『瑜伽師地論』卷第十八(大正藏30, 378上), "此中顯示修苦行時非方便攝勇猛精進。名曰劬勞。行邪方便善法退失。名爲減劣。既知退失諸善法已息邪方便。說名止住。捨諸苦行更求餘師。遂於嗢達洛迦。阿邏茶等邪所執處。隨順觀察故名漂溺"
『瑜伽師地論』卷第十八(大正藏30, 378上-中), "復於後時坐菩提座。棄捨一切非方便攝勇猛精進。所有善法遂得增長。…於所修斷展轉尋求勝上微妙。既由如是不知足故。遂不更求餘外道師。無師自然修三十七菩提分法。證得無上正等菩提。名大覺者"

93) 『瑜伽師地論』卷第四十七(大正藏30, 554中), "如是等類當知是名勝解行住菩薩轉時諸行狀相。是諸菩薩勝解行住下忍轉時。如上所說諸行狀相。當知上品中忍轉時。如上所說諸行狀相。當知中品上忍轉時。如上所說。當知下品其性微薄。卽於如是上忍轉時。於上所說諸行狀相"

94) 『瑜伽師地論』卷第九(大正藏30, 318下), "觀察一切貧窮困苦業天所惱衆生"

잘못 표기한 것이다. 본 論書는 玄奘이 번역한 것이다.

(2) 眞諦 譯『攝大乘論』

『攝大乘論』은 中卷에서 3회 인용되었다. 구체적인 인용문이 있는 경우는 1회[95], 인용문 없이 論名만 언급한 경우는 2회[96]이다.

(3)『攝大乘論釋』

『攝大乘論釋』은 中卷에서 두 차례 모두 『世親釋』에서 인용되었으나, 한 번은 玄奘이 번역한 것이고, 다른 한 번은 眞諦가 번역한 것이 인용되었다.[97]

(4) 護法 造『成唯識論』

『成唯識論』은 中卷에 1회[98], 下卷[99]에 1회 인용되었다. 본

95) 『攝大乘論』卷下(大正藏31, 132中), "此中說偈。由正事究竟 爲除樂涅槃 令捨輕慢佛 發起渴仰心 令向身精進 及爲速成熟 諸佛於化身 許非一向住"

96) 『無量壽經連義述文贊』卷中(大正藏37, 143下), "攝論所說十法界也"
『無量壽經連義述文贊』卷中(大正藏37, 144下), "同攝論變化故云意"

97) [世親釋 眞諦譯];『攝大乘論釋』卷第十五(大正藏31, 264上), "釋曰。於大乘中三解脫門。一體由無性故空。空故無相。無相故無願。若至此門得入淨土。此句明門圓淨"
[世親釋 玄奘譯];『攝大乘論釋』卷第五(大正藏31, 346上), "論曰。復有四種意趣四種祕密…二別時意趣"

論書는 玄奘이 번역한 것이다.

(5) 安慧 集論『大乘阿毘達磨雜集論』

中卷에서 '安慧云'으로 시작되는 인용문은『大乘阿毘達磨雜集論』에서 인용되었다. 본 論書는 玄奘이 번역한 것으로 1회 인용되었다.[100]

(6) 親光 造『佛地經論』

上卷에서 구체적 인용문 없이『佛地經論』이라는 經名이 2회 등장하였으며[101], 인용문이 있는 경우는 中卷에서 2회[102], 下卷에서 1회[103] 등장한다. 이 가운데 中卷에는 '有說'로 시작하여 인용한 경우도 1회 포함되어 있다. 본 論書는 玄奘이 번역한

---

98) 『成唯識論』卷第三(大正藏31, 13中), "法駛流中任運轉故"

99) 『成唯識論』卷第十(大正藏31, 57下), "生者歸滅一向記故"

100) 『大乘阿毘達磨雜集論』卷第一(大正藏31, 694 下), "證得一切法自在"

101) 『無量壽經連義述文贊』卷上(大正藏37, 132中), "違佛地論總顯已聞等五義故"
『無量壽經連義述文贊』卷上(大正藏37, 132中), "將釋有此三品之意還同佛地論"

102) 『佛地經論』卷第三(大正藏26, 303上), "成所作智起作三業諸變化事 …… 作四記論"
『佛地經論』卷第三(大正藏26, 304上), "如來無有不定心故"

103) 『佛地經論』卷第三 (大正藏26, 301中), "有五種法攝大覺地。何等爲五。所謂清淨法界。大圓鏡智。平等性智。妙觀察智。成所作智"

것이다.

(7) 迦旃延子 造 『阿毘曇毘婆沙論』

『阿毘曇毘婆沙論』은 上卷에서 『婆沙論』에 준한다는 말과 함께 1회 인용되었다.104)

(8) 天親菩薩 造 『中邊分別論』

眞諦가 번역한 『中邊分別論』은 下卷에서 有說에 재인용되는 형태로 1회 인용되었다.105)

3) 餘他의 經論

정토 관련 경론과 유식 관련 경론을 제외한 나머지 불교경론을 여타의 경론으로 묶어서 분류하였으나 사실 분량 면에서 이들을 한데 묶기는 조금 많은 편이다. 따라서 이 가운데 『般若經』, 『法華經』, 『華嚴經』, 『維摩經』, 『涅槃經』 계통을 각각 묶어서 고찰하고, 여기에도 포함되지 않는 나머지 經論은 기타에서 살펴보기로 하였다.

---

104) 『無量壽經連義述文贊』卷上(大正藏37, 133上), "准婆沙論馬師滿宿身顯龍相逐生其中"

105) 『中邊分別論』卷下(大正藏31, 463下), "生起聖道名入正位習起"

(1) 『般若經』 계통

① 鳩摩羅什 譯 『金剛般若波羅蜜經』

上卷에서 1회[106] 인용되었다.

② 鳩摩羅什 譯 『摩訶般若波羅蜜經』

上卷에서 1회 인용되었다.[107]

③ 鳩摩羅什 撰 『佛說仁王般若波羅蜜經』

中卷에서 1회 인용되었다.[108]

④ 龍樹 撰 『大智度論』

龍樹의 『大智度論』은 上卷에서 3회[109], 中卷에서 2회[110] 인

106) 『金剛般若波羅蜜經』(大正藏8, 772上), "所有一切衆生之類。若卵生若胎生若濕生若化生若有色若無色若有想若無想若非有想非無想。我皆令入無餘涅 槃而滅度之"

107) 『摩訶般若波羅蜜經』卷第一(大正藏8, 217上), "唯阿難在學地得須陀洹"

108) 『佛說仁王般若波羅蜜經』卷上(大正藏8, 827上), "三界外別有一衆生界藏者。外道大有經中說。非七佛之所說"

109) 『大智度論』卷三十八(大正藏25, 339下), "跋陀者秦言善。有千萬劫過去空無有佛。是一劫中有千佛興。諸淨居天歡喜故名爲善劫"
『大智度論』卷第一(大正藏25, 58上), "夜半踰城行十二由旬。到跋伽婆仙人所住林中。以刀剃髮"
『大智度論』卷第五(大正藏25, 99中), "是諸菩薩得菩薩道故。破煩惱魔得法身故。破陰魔得道得法性身故。破死魔常一心故。一切處心不著故。入不動三昧故。破他化自在天子魔。以是故說過諸魔事"

110) 『大智度論』卷五十(大正藏25, 418上-中), "如世自在王佛。將法積比丘至十

용되었다. 본 論書는 鳩摩羅什이 번역하였다.

⑤ 圓測 撰『般若波羅蜜多心經贊』

中卷에서 梵語에 대한 풀이가 1회 인용되었다.111)

⑥ 智顗 撰『金剛般若經疏』

下卷에서 1회 인용되었다.112)

⑦ 吉藏 譯『仁王般若經疏』

『仁王般若經疏』은 中卷에서 1회 인용되었다. 그것도 再引用의 형태로 인용되었는데, 玄一의 『無量壽經記』에 인용된 것이 再引用되었다.113)

方。示清淨世界"

『大智度論』卷三十八(大正藏25, 340上), "如是世界在地上故不名色界。無欲故不名欲界。有形色故不名無色界"

111) 『佛說般若波羅蜜多心經贊』(大正藏33, 549上), "第一釋名舊曰梵音名爲涅槃或云泥洹。此土翻譯名爲寂滅。大唐三藏曰波利匿縛喃此云圓寂"

112) 『金剛般若經疏』(大正藏33, 82中), "舊云肉眼見障內"

113) 『仁王般若經疏』卷中(大正藏33, 329上), "初生起二立五忍意。初生起者伏忍上中下卽是得聖方便行。二信忍上中下卽是入聖之初門。三順忍上中下卽是順無生果之近緣。四無生忍上中下卽是向果之功能。五寂滅忍上下卽是因果合說。就立五忍意有三段。初五忍是菩薩法表五忍屬人。二伏忍上中下出五忍位。名爲諸佛菩薩下第三結釋初文。可知第二出位中伏忍上中下者。習忍下性忍中道種忍上在三賢位信忍上中下初地下。二地中三地上。順忍上中下四地下五地中六地上。無生忍上中下七地下八地中九地上。寂滅忍上下十地下佛地上"

(2) 『法華經』 계통

① 鳩摩羅什 譯 『法華經』

上卷에서 2회[114], 中卷에서 2회[115] 인용되었고, 구체적 인용문 없이 經名만 인용된 경우도 上卷에 1회[116], 中卷에 3회[117]로서 총 8회 인용되었다.

② 婆藪槃豆(=世親) 釋 『法華論』

원래 명칭은 『妙法蓮華經憂波提舍』이다. 上卷에서 3회[118], 中卷에서 1회[119] 인용되었으나, 上卷에서 '行成就'와 '數成就'를 다룬 부분의 경우 구체적인 인용문이 『法華論』보다는 窺基가

---

114) 『妙法蓮華經』卷第一(大正藏9, 2上), "善入佛慧通達大智也"
『妙法蓮華經』卷第一(大正藏9, 2上), "到於彼岸名稱普聞無量世界能度無數百千衆生"

115) 『妙法蓮華經』卷第一(大正藏9, 8上), "佛自住大乘"
『妙法蓮華經』卷第三(大正藏9, 20下), "雖有魔及魔民, 皆護佛法"

116) 『無量壽經連義述文贊』卷上(大正藏37, 132下), "如法華經迦葉在第二鶖子列在迦旃延上等"

117) 『無量壽經連義述文贊』卷中(大正藏37, 144下), "卽同法華中無二三之義"
『無量壽經連義述文贊』卷中(大正藏37, 150中), "同法華云衆生見所燒我土安穩天人常滿"
『無量壽經連義述文贊』卷中(大正藏37, 152下), "法華龍女亦一類是也"

118) 『妙法蓮華經憂波提舍』卷上(大正藏26, 1中), "行成就者有四種。一者謂諸聲聞修小乘行…四者謂出家聲聞威儀一定不同菩薩故"
『妙法蓮華經憂波提舍』卷上(大正藏26, 1中), "數成就者。諸大衆無數故"
『妙法蓮華經憂波提舍』卷上(大正藏26, 1下), "大阿羅漢等者。心得自在到彼岸故"

119) 『妙法蓮華經憂波提舍』卷下(大正藏26, 8下), "得授記者。得決定心"

이를 다시 주석한『妙法蓮華經玄贊』에 더 가깝다. 순수하게『法華論』을 인용한 것으로 보이는 것은 2회뿐이다.

③ 窺基 撰『妙法蓮華經玄贊』

『妙法蓮華經憂波提舍』를 法相宗의 입장에서 窺基가 주석한 책으로 憬興은 한 번도 인용한다는 언급을 하지 않았지만 실제로는 가장 많이 인용된 문헌이다. 특히 붓다의 제자의 梵語 이름을 해석하는 부분에서『妙法蓮華經玄贊』의 모든 梵語 해석이『連義述文贊』에 그대로 인용되었다.『妙法蓮華經玄贊』은 上卷에서만 총 34회 인용하였는데,『法華論』으로 표기된 것[120]까지 포함시키면 36회가 된다. 인용문의 내용은 다음 [표 5]와 같다.

〔표 5〕『妙法蓮華經玄贊』引用文

	『妙法蓮華經玄贊』(大正藏34, 669下-689上)	『連義述文贊』(大正藏37)
上卷	①或有以出家前後爲次第。報恩經說。初度五人。次度耶舍門徒五十。次度優樓頻螺門徒五百。次度伽耶門徒三百。次度那提門人二百。次度鶖子門徒一百。次度目連門人一百。合擧大數成一千二百五十人。或有行德大小爲次第。如迦葉在第二列。鶖子在迦旃延上列等。隨應不定。無垢稱經弟子品以德辨爲次第。以命問疾要假智辨方堪對揚故(669下-670上)	① 132下
	②無量壽經云了本際者。卽阿若憍陳如。梵云阿若多憍陳那。憍陳是婆羅門姓。那是男聲。阿若多是解義。初悟解故。…	② 133上

120)『妙法蓮華經玄贊』卷第一(末)(大正藏34, 667上), "行成就中有四。一諸聲聞修小乘行依乞食等自活。以比丘等爲名…四出家人威儀一定不同菩薩。由此定故說爲比丘"
『妙法蓮華經玄贊』卷第一(末)(大正藏34, 667上), "數成就者。謂大衆無數故。總談無數。論各別標。謂萬二千人等"

	淨居等天亦言已解。因以爲名名之爲解。憍陳之姓乃衆多。以解標名。那是男聲以男簡女。故復云那(670上)	
	③此云餘習。言畢陵伽婆蹉訛也。五百生中爲婆羅門惡性麤言。今雖得果餘習尙在(670下)	③ 133上
	④梵云笈房缽底。此云牛相(670下)	④ 133上-中
	⑤梵云鄔盧頻螺。言優樓訛也。此云木瓜。當其胸前有一癃起。猶如木瓜(670中)	⑤ 133中
	⑥伽耶山名。卽象頭山"(670中)	⑥ 133中
	⑦梵云捺地迦。言那提訛也。此是河名(670中)	⑦ 133中
	⑧次三迦葉皆飮光種。兄弟三人(670中)	⑧ 133中
	⑨梵云摩訶迦葉波。摩訶大也。迦葉波者姓也。此云飮光。婆羅門姓。上古有仙身有光明飮蔽日月之光。迦葉是彼之種。迦葉身亦有光能飮日月。以姓爲名故名飮光。大富長者之子。…大人所識故標大名。簡餘迦葉(670上-中)	⑨ 133中
	⑩梵云奢利弗呾羅。言舍利弗者訛也。舍利云鶖。卽百舌鳥亦曰春鸜。弗呾羅言子。以母才辨喩如鶖鳥。此是彼子。以母顯之故云鶖子(670中)	⑩ 133中
	⑪梵云摩訶沒特伽羅。言大目乾連者訛也。此云大採菽氏。上古有仙居山寂處。常採菉豆而食。因以爲姓。尊者之母是彼之族。取母氏姓而爲其名。得大神通。簡餘此姓故云大(670中)	⑪ 133中
	⑫劫賓那者。此云房宿。佛與同房宿。化作老比丘爲之說法。因而得道故云房宿(670下)	⑫ 133中
	⑬梵云摩訶迦多衍那。云迦旃延亦訛也。大般若云大迦多衍那。此云大剪剃種男。剪剃種者是婆羅門姓。上古多仙山中靜處年歲旣久鬚髮稍長。無人爲剃婆羅門法汚剃髮故。一仙有子兄弟二人俱來觀父。小者乃爲諸仙剃之。諸仙願護後成仙貴。爾來此種皆稱剪剃。尊者身是男子威德特尊。簡餘姓故云大剪剔種男(670中-下)	⑬ 133中
	⑭古云繩扇。母戀此子不肯改嫁。如繩繫扇故名繩扇(670下)	⑭ 133中
	⑮梵云補剌拏梅呾利曳尼弗呾羅。此云滿慈子。云富樓那彌多羅尼子訛也。滿是其名。慈是母姓。母性其慈。今取母姓。	⑮ 133下

	此滿尊者是慈女之子。或滿及慈俱是母號名滿慈子(671上)	
	⑯梵云阿泥律陀。此云無滅。佛之黨弟。云阿㝹樓馱訛也(670下)	⑯ 133下
	⑰梵云孫達羅難陀。此云豔喜。孫陀羅訛也。豔是妻號。…喜是自名。簡前牧牛難陀故言豔喜。豔之喜故。是佛親弟。…大勝生主之所生也(671上)	⑰ 133下
	⑱梵云薄矩羅。此云善容(670下)	⑱ 133下
	⑲梵云難陀。此翻爲喜。根本乃是牧牛之人。因問佛。牧牛十一事。知佛具一切智。獲阿羅漢。甚極聰明音聲絶妙(671上)	⑲ 133下
	⑳梵云羅怙羅。此云執日(671上)	⑳ 134上
	㉑梵云阿難陀。此云慶喜(671上)	㉑ 134上
	㉒行成就中有四。一諸聲聞修小乘行…二菩薩修大乘行求覺利有情。以菩提薩埵爲目。三菩薩以神通力隨時示現。能修行大乘。如跋陀婆羅等十六人。具足菩薩不可思議事由不定故。而能示現優婆塞等四衆之形說爲菩薩(667上)	㉒ 134上
	㉓…如跋陀婆羅等十六人(667上)	㉓ 134上
	㉔震者動也起也。六動有三。長阿含說。一六時動。謂入胎出胎出家成道轉法輪入涅槃。今時動者轉法輪時。二六方動。大般若經第八袟說。謂東涌西沒。西涌東沒。南涌北沒。北涌南沒。中涌邊沒。邊涌中沒。今或是此。三六相動。大般若說。謂動涌震擊吼爆。搖颺不安爲動。鱗隴凹凸爲涌。或六方出沒名涌。隱隱有聲爲震。舊云自下昇高爲起。今云有所扣打爲擊。砰磕發響爲吼。舊云令生覺悟爲覺。今云出聲驚異爲爆。此各有三名十八相動。般若經云。謂動等動等極動。乃至爆等爆等極爆"(679下-680上)	㉔ 136上
	㉕論云疑者斷疑。卽欲說大法。欲破先疑住外凡位令進修故。已斷疑者增長淳熟彼智身故。卽雨大法雨。先住內凡而無疑者。滋善萌芽令入聖位(688下)	㉕ 142上
	㉖論云根熟者。爲說二種密境界。謂聲聞菩薩二密境界。二句示現。卽擊大法鼓．不斷大法鼓。以遠聞故(688下)	㉖ 142上
	㉗開往聲聞乘爲權密境界。顯今所說菩薩乘爲實密境界名二密境界。令根熟者捨權取實(688下)	㉗ 142上

	㉘論云入密境界者。令進取上上淸淨義故。卽建大法幢。建立菩提妙智極高顯故。猶如於幢由知權實有捨有取。行大乘行得菩提智離障淨故(688下)	㉘ 142上
	㉙論云進取上上淸淨義者。進取一切智現見故。卽然大法炬(688下)	㉙ 142上
	㉚旣得眞智建立菩提。照於眞境證涅槃故。……取一切智現見者爲一切法建立名字章句義故(688下)	㉚ 142上
	㉛卽吹大法蠡。旣得眞境必須說敎義。敎詮一切法故。名爲一切法建立名字等。如俗作樂。曲終滿位吹大螺吼。今旣得果事圓滿位。爲他說法亦復如是。故涅槃說吹貝知時(688下)	㉛ 142上-中
	㉜論云建立名字章句義者令入不可說證智轉法輪故。卽演大法義。說於敎者。令所應度入於證智。成轉法輪摧於煩惱(689上)	㉜ 142中
	㉝此八句中分爲四對。一破惡進善對。二開權顯實對。三得智證眞對。四說法利生對(689上)	㉝ 142中
	㉞如是循環名爲法輪。自旣得果。欲令有情證聖眞智破滅煩惱(689上)	㉞ 142中

④ 智顗 撰『妙法蓮華經文句』

智顗의『妙法蓮華經文句』는 下卷에서 1회 인용되었다.[121]

⑤ 吉藏 撰『法華義疏』

吉藏의『法華義疏』는 上卷에서 1회[122] 中卷에서 1회[123] 인

121) 『妙法蓮華經文句』卷第八下(大正藏34, 119下), "二約二法。卽生法二忍二忍卽生法二空。…初後悉不起二邊心。名無生忍"

122) 『法華義疏』卷第十二(大正藏34, 628下), "初願得一切法。次願得波若船。三願値智慧風。四願得善方便。五願度一切人。六願使超苦海。七願得戒足。八願登涅槃山。九願會無爲舍。十願同法性身"

123) 『法華義疏』卷第十(大正藏34, 609下), "法華論云。我淨土不毁而衆見燒盡

용되었다.

(3)『華嚴經』계통

① 佛陀跋陀羅 譯『華嚴經』

『華嚴經』은 中卷에서 6회[124] 인용되었는데 이 가운데 1회는 慧遠의 『無量壽經義疏』에서 재인용된 것이다. 下卷에서는 2회[125] 인용되었다. 구체적인 인용문 없이 經名만 거론된 경우는 3회이다.

② 智嚴 撰『大方廣佛華嚴經搜玄分齊通智方軌』

中卷에서 1회 인용되었다.[126]

者。報佛如來眞實淨土第一義攝。故此卽是報身土也"

124) 『無量壽經連義述文贊』卷中(大正藏37, 145上), "華嚴云彼一三昧該攝法界一切佛法悉入其中"
『無量壽經連義述文贊』卷中(大正藏37, 145下), "華嚴瑜伽皆有此四"
『無量壽經連義述文贊』卷中(大正藏37, 147下), "違華嚴一百二十轉故"
『無量壽經連義述文贊』卷中(大正藏37, 149上), "不爾便違華嚴"
『無量壽經連義述文贊』卷中(大正藏37, 150下), "異卽違華嚴云一切諸佛悉具一切願滿方得成佛故"
『無量壽經連義述文贊』卷中(大正藏37, 152下), "華嚴經中文殊師利於覺城東遇善財童子"

125) 『無量壽經連義述文贊』卷下(大正藏37, 169上), "依華嚴經有三十二天"
『無量壽經連義述文贊』卷下(大正藏37, 169上), "支謙本卽同華嚴故"

126) 『大方廣佛華嚴經搜玄分齊通智方軌』卷第三之上(大正藏35, 1070下), "曜者日月五星"

③ 法藏 撰『華嚴經探玄記』

下卷에서 1회[127] 인용되었다.

(4)『維摩經』 계통

① 鳩摩羅什 譯『維摩詰所說經』

中卷에서 1회[128] 인용되었다.

② 玄奘 譯『說無垢稱經』

上卷에서 2회[129] 인용되었는데, 이 가운데 1회[130]는『妙法蓮華經玄贊』에 인용된 것이 재인용된 것이다.

③ 窺基 撰『說無垢稱經疏』

中卷에서 1회 인용하였다.[131]

---

127)『華嚴經探玄記』卷第十四(盡第十地)(大正藏35, 369下), "論中爲五。初一約種姓以分三聚。謂無涅槃法者是邪定。有涅槃法者是正定。正定中三乘各別。一向自定離此二。是不定種姓"

128)『維摩詰所說經』卷中(大正藏14, 545下), "雖行無作而現受身。是菩薩行。雖行無起而起一切善行。是菩薩行"

129)『說無垢稱經』卷第五(大正藏14, 582上), "以要言之。諸佛所有威儀進止受用施爲。皆令所化有情調伏。是故一切皆名佛事"

130)『無量壽經連義述文贊』卷上(大正藏37, 132下), "如無垢稱以命問疾要假智辨方對揚故"

131)『說無垢稱經疏』卷第一(本)(大正藏38, 996中), "如菩薩地四十八卷。當廣分別。准無垢稱。此五生中。資財無量。攝受貧乏。得名除災生。若在長者。長者中尊。爲說法勝。得名隨類生。…故非增上生。相非后身之菩

(5)『涅槃經』계통

① 曇無讖 譯『大般涅槃經』

上卷에서 2회[132], 中卷에서 2회[133] 인용되었다. 이 가운데 上卷의 1회는『妙法蓮華經玄贊』에 인용된 상태에서 재인용된 것이다.

② 慧遠 撰『大般涅槃經義記』

上卷에서 1회 인용되었다.[134]

(6) 기타

① 法護 譯『說本起經』

『說本起經』은『佛五百弟子自說本起經』을 말하는 것으로 憬興은 붓다의 제자 이름을 나열하면서 그 전거를『妙法蓮華經玄贊』과 더불어 이 經에서 가져왔다.『說本起經』은 제자의 이름이 品名을 이루고 있고 각 品은 偈頌으로 이루어져 있다. 憬興은 偈頌의 내용을 참조하여 제자의 이름에 해당하는 品名을 인

薩。故非最後生"

132) 『大般涅槃經』卷第七(大正藏12, 405上), "因見佛性得成阿耨多羅三藐三菩提"

『大般涅槃經』卷第十三(大正藏12, 443中), "吹貝知時"

133) 『大般涅槃經』卷第四(大正藏12, 388上), "善男子。是大涅槃能建大義"
『大般涅槃經』卷第二十六(大正藏12, 520下), "視諸衆生猶如一子"

134) 『大般涅槃經義記』卷第二(大正藏37, 647下), "涅槃是滅"

용하였다. 『說本起經』은 上卷에서만 13회 인용되었는데,135) 구체적인 문장이 인용된 것은 11회136), 經名만 인용된 경우가 1회137), 再引用된 경우가 1회138)이다.

---

135) 離垢, 名聞, 善實, 具足, 禪承迦葉, 大淨志, 流灌, 堅伏, 仁性, 嘉樂, 善來 존자의 이름에 대해서 인용하였으며, 이 가운데 具足존자와 堅伏존자가 동일한 「樹提衢品」에 속하는 것으로 풀이하는 오류를 범하였다. 憬興은 "具足者卽應說本起樹提。尊者願得受大戒具足成沙門故"라 하였고, "堅伏者卽應說本起中樹提。故彼經云堅精進定意無爲無動故"라고 하였다. 이 두 부분은 「樹提衢品」가운데 "願得受大戒 卽時大智慧 佛者無等倫 說言比丘來 具足成沙門 以是無放逸 堅精進定意 遭遇甘露處 無爲與無動"과 일치한다.

136) 『佛五百弟子自說本起經』(大正藏4, 191上-中), "輪提陀品第四(淨除十七偈)…便掃彼寺舍…令我無垢塵 如此寺舍淨…我之所志願 使吾無垢塵"
『佛五百弟子自說本起經』(大正藏4, 193中-下), "夜耶品第十一(名聞二十六偈)…奉遵四梵行…爲衆所見敬"
『佛五百弟子自說本起經』(大正藏4, 192上), "凡耆品第七(取善八偈)…見惟衛佛寺 供養而奉侍…見供養塔寺 而得生善處 常在天人間 所作得照見 過九十一劫 未曾歸惡道"
『佛五百弟子自說本起經』(大正藏4, 195中-196上), "樹提衢品第十七(三十偈)…願得受大戒 卽時大智慧 佛者無等倫 說言比丘來 具足成沙門"
『佛五百弟子自說本起經』(大正藏4, 196中-下), "賴吒和羅品第十八(二十六偈)…一心無所樂 志於淸白法…樂閑居第一"
『佛五百弟子自說本起經』(大正藏4, 199中), "難提品第二十六(十四偈) 昔惟衛佛世 我施煖浴室"
『佛五百弟子自說本起經』(大正藏4, 195中-196上), "樹提衢品第十七(三十偈)…以是無放逸 堅精進定意 遭遇甘露處 無爲與無動"
『佛五百弟子自說本起經』(大正藏4, 197中), "禪承迦葉品第二十(十一偈)"
『佛五百弟子自說本起經』(大正藏4, 197中), "尸利羅品第十二(二十偈)…家中寧有寶 錢財及於物 我當以施與 救足諸貧窮 我與無厭憊 救濟衆下劣"
『佛五百弟子自說本起經』(大正藏4, 193上), "難陀品第十(欣樂十二偈)"
『佛五百弟子自說本起經』(大正藏4, 192中), "貨竭品第九(善來二十一偈)"

137) 『無量壽經連義述文贊』卷上(大正藏37, 133上), "違說本起故。無有除此而

② 地婆訶羅 譯『方廣大莊嚴經』

憬興은 菩薩의 德을 찬탄하는 부분에서 『方廣大莊嚴經』의 釋迦八相이 모든 보살들의 수승한 행을 나타낸 것이므로 이를 인용하여 보더라도 크게 잘못된 것은 아닐 것이라고 하면서 그 내용을 요약·인용하겠다고 밝혔다.[139]

『方廣大莊嚴經』은 上卷에서만 100여 차례 인용되었는데, 그 내용은 전체에 걸쳐 고루 인용되었다. 붓다의 제자 이름을 나열하는 부분에서 1회 인용된 것[140]과 經名만 인용한 것[141]을 제외하면 나머지는 모두 釋迦八相 부분을 요약·인용한 것이고, 憬興은 『方廣大莊嚴經』의 내용에 대해서 異見을 제시한 적이 없이 그대로 그 내용을 인용하였기 때문에 그 회수를 헤아리는 것은 큰 의미가 없으므로 여기에서는 생략하고 인용문헌의 구성과 특징을 다룬 본 장의 뒷부분에서 다시 다루기로 한다.

③ 求那跋陀羅 譯『勝鬘師子吼一乘大方便方廣經』

中卷에서 1회 인용되었다.[142]

可准故"

138) 『無量壽經連義述文贊』卷上(大正藏37, 136下), "有人引本起云擲象角力名爲講武。共射金鼓說爲試藝

139) 『無量壽經連義述文贊』卷上(大正藏37, 135中), "釋迦八相卽諸菩薩勝進行故。又現八相時諸菩薩一一現相相似衆生謂一。故引彼經釋尊莊嚴釋此菩薩九相之文有何乖角。但經文煩廣恐費言論。故今推義而約言稱經而備理"

140) 『方廣大莊嚴經』(大正藏3, 612中), "迦葉二弟。一名難提。二名伽耶"

141) 『無量壽經連義述文贊』卷上(大正藏37, 134上), "皆善來得戒善如大莊嚴經"

142) 『勝鬘師子吼一乘大方便方廣經』(大正藏12, 218中), "何等爲四。謂離善知

④ 竺佛念 譯 『菩薩瓔珞經』

中卷에서 1회 인용되었다.[143]

⑤ 竺佛念 譯 『菩薩瓔珞本業經』

下卷에서 1회 인용되었다.[144]

⑥ 地婆訶羅 譯 『大乘密嚴經』

『密嚴經』은 下卷에서 불교의 宇宙論을 설명할 때 2회 인용되었다.[145]

⑦ 玄奘 譯 『大阿羅漢難提蜜多羅所說法住記』

下卷에서 『法住記』의 내용을 4회 인용[146]하여 '經道滅盡'의

識無聞非法衆生。以人天善根而成熟之。求聲聞者授聲聞乘。求緣覺者授緣覺乘。求大乘者授以大乘"

143) 『菩薩瓔珞經』卷第十(大正藏16, 91上), "但男女衆生不如阿彌陀佛國得道者也"

144) 『菩薩瓔珞本業經』卷上(大正藏24, 1014中-下), "佛子。若退若進者。十住以前一切凡夫法中發三菩提心。有恒河沙衆生。學行佛法信想心中行者。是退分善根。諸善男子。若一劫二劫乃至十劫。修行十信得入十住。是人爾時從初一住至第六住中。若修第六般若波羅蜜。正觀現在前。復値諸佛菩薩知識所護故。出到第七住常住不退。自此七住以前名爲退分"

145) 『大乘密嚴經』卷上(大正藏16, 729下), "欲色無色界 無想等天宮 佛已超過彼 而依密嚴住"
『大乘密嚴經』卷中(大正藏16, 735中), "或生欲自在 及以色界天 乃至無想宮 阿迦尼吒處 空識無所有 非想非非想 如是諸地中 漸次除貪欲 住彼非究竟 尋來生密嚴"

146) 『大阿羅漢難提蜜多羅所說法住記』(大正藏49, 13上), "佛薄伽梵般涅槃時。

末法時代에 대해 소개하였다.

⑧ 支謙 譯 『梵摩喩經[147]』

下卷에서 1회 인용되었다.[148]

⑨ 元曉 撰 『金剛三昧經論』

以無上法付囑十六大阿羅漢幷眷屬等。令其護持使不滅沒。及勅其身與諸施主作眞福田。令彼施者得大果報…第一尊者名賓度羅跋囉惰闍…如是十六大阿羅漢…護持正法饒益有情"

『大阿羅漢難提蜜多羅所說法住記』(大正藏49, 13中-下), "至此南贍部洲人壽極短至於十歲。刀兵劫起互相誅戮。佛法爾時當暫滅沒。刀兵劫後人壽漸增至百歲位。此洲人等厭前刀兵殘害苦惱復樂修善。時此十六大阿羅漢。與諸眷屬復來人中。稱揚顯說無上正法。度無量衆令其出家。爲諸有情作饒益事。如是乃至此洲人壽六萬歲時。無上正法流行世間熾然無息。後至人壽七萬歲時。無上正法方永滅沒"

『大阿羅漢難提蜜多羅所說法住記』(大正藏49, 13下), "時此十六大阿羅漢。與諸眷屬於此洲地俱來集會。以神通力用諸七寶造窣堵波嚴麗高廣。釋迦牟尼如來應正等覺。所有遺身馱都皆集其內。爾時十六大阿羅漢。與諸眷屬繞窣堵波以諸香花持用供養恭敬讚歎。繞百千匝瞻仰禮已。俱昇虛空向窣堵波作如是言。敬禮世尊釋迦如來應正等覺。我受敎勅護持正法。及與天人作諸饒益。法藏已沒有緣已周今辭滅度。說是語已一時俱入無餘涅槃。先定願力火起焚身。如燈焰滅骸骨無遺。時窣堵波便陷入地。至金輪際方乃停住"

『大阿羅漢難提蜜多羅所說法住記』(大正藏49, 13下), "爾時世尊釋迦牟尼無上正法。於此三千大千世界永滅不現。從此無間此佛土中有七萬俱胝獨覺一時出現。至人壽量八萬歲時。獨覺聖衆復皆滅度。次後彌勒如來應正等覺出現世間"

147) 憬興은 『梵摩喩經』이라고 쓰고 있지만 실제 經名은 『梵摩渝經』이다.

148) 『梵摩渝經』(大正藏1, 884中), "卽大說法聲有八種。最好聲易了聲濡軟聲和調聲尊慧聲不誤聲深妙聲不女聲"

中卷에서 1회 인용하였다.149)

⑩ 義淨 撰『南海寄歸內法傳』

『南海寄歸內法傳』은『傳』혹은『淨傳』이라는 이름으로 上卷에서 1회150), 下卷에서 2회151) 인용되었다.

⑪ 佛陀跋陀羅 譯『佛說觀佛三昧海經』

中卷에서 1회 인용하였다.152)

⑫ 法護 譯『無盡意經』

法護 譯의『無盡意經』은『阿差末菩薩經』을 말하는 것으로, 上卷에 구체적인 인용문 없이 經名만 1회 인용되었다.153)

---

149)『金剛三昧經論』卷上(大正藏34, 962中), "四名駄演那此云靜慮。寂靜思慮故。又能靜散慮故。舊云禪那。或云持阿那。方俗異語同謂靜慮也"

150)『南海寄歸內法傳』卷第三(大正藏54, 223上), "昔大師在日。親爲教主。客苾芻至。自唱善來。又復西方寺衆。多爲制法。凡見新來。無論客舊及弟子門人舊人。卽須迎前唱莎揭哆。譯曰善來"

151)『南海寄歸內法傳』卷第二(大正藏54, 212下), "有云。三衣十物者。蓋是譯者之意。離爲二處。不依梵本。別道三衣。析開十物。然其十數。不能的委。致使猜卜。皆悉憑虛訓什爲雜。未符先旨…作十二杜多。制唯上行。畜房受施十三資具。益兼中下…供身百一。四部未見律文。雖復經有其言。故是別時之意"

『南海寄歸內法傳』卷第二(大正藏54, 214中), "又西方俗侶官人貴勝所著衣服。唯有白[疊*毛]一雙。貧賤之流只有一布。出家法衆。但畜三衣六物。樂盈長者。方用十三資具"

152)『佛說觀佛三昧海經』卷第五(大正藏15, 668中-下), "佛告阿難。云何名阿鼻地獄。阿言無。鼻言遮。阿言無。鼻言救。阿言無間。鼻言無動。阿言極熱。鼻言極惱。阿言不閑。鼻言不住不閑不住名阿鼻地獄"

⑬ 佛陀耶舍·竺佛念 譯 『長阿含經』

上卷에서 1회 인용되었는데, 그 내용은 '六動'에 대한 설명으로서 『妙法蓮華經玄贊』에 인용된 것이 再引用된 것이다.[154]

⑭ 曇無讖 譯 『菩薩地持經』

中卷에서 인용하였다는 언급 없이 1회[155] 인용되었다.

4) 辭典類 및 外典

(1) 辭典類

①『飜梵語』

『飜梵語』는 梵語辭典 가운데 가장 오래된 것으로 알려져 있을 뿐 저자나 저작연대에 대한 구체적인 기록은 남아 있는 것이 없다. 다만 憬興이 『連義述文贊』 上卷에서 2회[156] 인용하였으므로, 이를 통해 적어도 憬興이 『連義述文贊』을 저술할 당시

---

153) 『無量壽經連義述文贊』卷上(大正藏37, 134上), "善思議等與無盡意經中十六菩薩名異"

154) 『無量壽經連義述文贊』卷上(大正藏37, 136上), "准長阿含六動有三"

155) 『菩薩地持經』(大正藏30, 936下), "菩薩有五種無量生一切巧便行。一者衆生界無量。二者世界無量。三者法界無量。四者調伏界無量。五者調伏方便無量"

156) 『翻梵語』卷第二(大正藏54, 994中), "那提迦葉 譯者曰因江名也"
『翻梵語』卷第三(大正藏54, 1003中), "分衛 應云賓荼波陀 譯曰乞食 增一 阿含第一卷"

에는 이 책이 존재하였음을 알 수 있을 뿐이다.

② 玄應 撰『一切經音義』

儒敎經典에서는 흔하게 볼 수 있는 半切法을 이용한 音韻表記가 불교경론에서는 그리 흔히 접할 수 있는 것이 아니다. 그러나 憬興의『連義述文贊』에서는 半切法이 자주 등장하는 것을 볼 수가 있다. 이와 같은 특징이 나타나는 이유는 憬興이『連義述文贊』을 저술할 때『一切經音義』라는 불교용어사전을 적극적으로 이용하여 해설하였기 때문일 것이다.

憬興이 인용한『一切經音義』는 慈恩寺에 머물렀던 번역승 玄應이 편찬한 불교용어사전으로서 644년에 편찬되었다. 편찬자인 玄應의 이름을 따서『玄應音義』라고도 부른다.『玄應音義』는 音義書 가운데 가장 오래된 문헌으로서 총 458종 2,200권의 一切經典들을 택하여 산스크리트를 번역하고 난해한 字句를 해설해 놓았다.『玄應音義』에는 각 지방마다 다르게 읽는 글자나 용어들까지도 상세히 설명을 덧붙이고 있으며, 經典의 原文에 틀린 글자가 있을 경우에는 그 글자를 바로 잡아 놓기도 하는 등 해석이 매우 엄밀하고 정확한 것으로 정평이 나 있다. 특히 단어의 해석에서는 經典의 용례에만 한정하지 않고,『春秋』,『論語』,『孟子』,『尙書』,『佐傳』 등을 널리 참조하여 뜻을 밝히고 있으며, 여러 가지 字書들과『說文解字』,『字林』,『玉篇』 등을 참고하여 音韻學적인 설명도 하고 있는데 예를 들면 音譯語를 설명할 때, 한자 音韻學의 전통에 따른 半切法을 사용하고 있다.157)

『一切經音義』의 이와 같은 특징과 憬興이 인용하였다고 언급하지 않은 사실 때문에 불교경론 외에도 다양한 典籍을 인용하였다는 오해를 불러일으킨 것이다. 선행연구에서 불교경론 외에 憬興이 인용하였다고 본 저술은 약 20종[158]에 이르지만 대개의 경우 『一切經音義』에 용례로서 인용되었던 것이 재인용된 것들이다.[159]

憬興은 이와 같은 『一切經音義』에서 총 49회 인용하였는데, 上卷에서 2회, 中卷에서 7회, 下卷에서 40회 인용되었다. 특히 『無量壽經』의 梵語本에는 없는 부분으로서 중국에서 추가된 것으로 알려진 世俗의 五惡과 三煩惱를 다룬 부분[160]에서 집중적

---

157) 『一切經音義』(한글대장경 293, 2000, 41-42쪽).

158) 安啓賢은 佛教經論 외에 인용된 것으로서 『字林』, 『說文』, 『爾雅』, 『廣雅』, 『玉篇』, 『釋名』, 『切韻』, 『漢書音義』, 『尹師注』, 『蒼詁篇』, 『鹽鐵論』, 『論語』, 『毛詩』, 『禮記』, 『孝經』, 『左傳』, 『周禮』의 17종의 전적을 들고 있으며, 인용된 人名으로 '玄公', '應劭', '薛綜', '司馬彪', '孔安國', '王弼', '王逸', '包氏', '孔子', '陸法'을 제시하였다. 이 가운데 '陸法'은 『切韻』을 지은 '陸法言'을 잘못 본 것이고, 『尹師注』의 '尹師'는 사람의 이름이 아니라 『毛詩』에서 인용된 인용문의 일부이며 『注』는 이를 주석한 책을 말한다.(안계현, 앞의 책, 1987, 103쪽 표 참조). 渡邊顯正은 안계현의 연구에서 제시한 인용전적 외에 『俗文』과 『通俗文』을 추가로 제시하였고 (渡邊顯正, 앞의 책, 1978, 35面 참조), 韓普光은 『古文』을 추가로 제시하였다(韓普光, 앞의 책, 1991, 166面 참조).

159) 앞의 註)에 나열된 인용전적 가운데 『一切經音義』에 재인용된 것으로 확인되지 않은 것은 『切韻』, 『毛詩』의 『註』, 『孝經』, 『論語』 인용문 가운데 일부뿐이다.

160) "五惡과 三煩惱를 설한 부분은 보통 五惡段이라고 부른다. 이 단원은 『무량수경』 외에 『평등각경』, 『대아미타경』에는 있으나 『무량수여래회』, 『무량수장엄경』 및 『梵文無量壽經』, 『藏文無量壽經』에는 없다. 이것은 아마 삼독번뇌 단원과 함께 본래 없었던 것이 번역된 후 중국에서 추가

으로 인용되었다.

이들 인용문 가운데 재인용된 저술을 나열해 보면 『說文解字』, 『通俗文』, 『方言』, 『蒼頡篇』, 『鹽鐵論』, 『古文』, 『字林』, 『左傳』, 『廣雅』, 『爾雅』, 『釋名』, 『字書』, 『論語』, 『漢書音義』, 『周禮』, 『禮記』, 『三蒼』, 『淮南子』 등 유교경전은 물론 字書類와 문학서가 고루 들어 있고, 『一切經音義』에서 거론된 人名에는 孔安國, 郭璞, 鄭玄161) 등이 있다. 인용된 내용은 다음 [표 6]에 서 확인할 수 있다.

〔표 6〕『一切經音義』 引用文

	『一切經音義』(高麗藏32)	『連義述文贊』(大正藏37)
上卷	①子送反。綜習也理也。說文綜機縷也(163上)	①136中
	②所祈巨衣反。字林祈求福也(291中)	②141上
中卷	①梵言阿僧祇此言無央數。央盡也。經文作鞅，於兩反。說文頸靼也。鞅非此義(34中-下)	①147下
	②廓淸 口郭反。爾雅廓大也(331中)	②154上
	③焜煌 胡本反。下胡光反。方言。焜煌盛貌也(67上)	③155上
	④下又作煜，同。由掬反。說文煜曜也。埤蒼煜盛貌也	④155上
	⑤谿谷 苦奚古木反。爾雅水注川曰谿注谿曰谷(86上)	⑤155上-中
	⑥溝壑 呼各反。說文溝水瀆也。廣四尺深四尺(87上)	⑥155中
	⑦坐此 慈臥反。案坐罪也。謂相緣罪也。蒼頡篇坐辜也。鹽鐵論曰。什伍相連。親戚相坐(29上)	⑦157下

된 것일 것이다" (望月信亨, 앞의 책, 1977, 207面; 泉芳璟, 『梵文 無量壽經의 硏究』 117面).

161) 『無量壽經連義述文贊』卷下에 인용된 내용 "玄公曰有室有妻也"(大正藏37, 165上) 가운데 玄公을 말한다.

下卷	①一尋。古文[上肘下尺]。或作[亻尋]　同。似林反。謂人兩臂爲尋。淮南云人修八八，海、宛四) 尺。尋自倍。故八尺曰尋也(233下-234上)	①161上
	②七仞如振反。說文仞謂申臂一尋也。故論語夫子之牆數仞。包咸曰七尺曰仞。今皆作刃非也(4中)	②161上
	③凞怡 虛之反 下與之反。說文凞怡和悅也。方言怡喜也(33中)	③161上
	④愚蒙又作曚。同莫公反。蒙謂蒙覆不明也。闇昧无知也(337下)	④164下
	⑤曚瞶　莫公反。有眸子而無見曰曚。下牛蒯反。生聾曰瞶瞶亦無知也(72下)	⑤164下
	⑥蒙籠 莫公反 下盧紅反。蒙籠，謂不朗了也(187下)	⑥164下
	⑦抵言都禮反。拒也。謂抵拒推也(331中)	⑦164下
	⑧唐突字體作搪揬二形同。徒郎反下徒骨反。廣雅觸冒搪衝揬也(170上)	⑧164下
	⑨室家書逸反。禮記三十壯有室。鄭玄曰有室有妻也。故妻稱室。案室戶內房中也。論語由也升堂未入於室是也(134下)	⑨165上
	⑩猥多烏罪反。字林猥衆也。廣雅猥頓也(58上)	⑩165上
	⑪佂伀 怔忪 之盈反。古文伀同。之容反。方言佂伀惶遽也(170上)	⑪165上
	⑫謙恪 古文愙同。苦各反。字林恪恭也敬也(41上)	⑫165中
	⑬廣雅典主也(186上)	⑬165中
	⑭尩狂今作尩同烏皇反尩弱也通俗文短小曰尩尩亦羸黑也(113中)	⑭166中
	⑮貿易莫候反。三蒼貿換易也(87中)	⑮166下
	⑯周禮五家爲隣五隣爲里(88中)	⑯166下
	⑰爾雅邑外謂之郊。郊外謂之牧。牧外謂之野(296上)	⑰166下
	⑱妖態 古文佚。…與一反。…亦樂也(64上)	⑱167上
	⑲顧眄 眠見反。說文邪視也。蒼頡篇旁視也(3下)	⑲167上
	⑳睞眼 力代反。說文目瞳子不正也。蒼頡篇內視也(193上)	⑳167上
	㉑姿態 古文能。字林同。他代反。意姿也。謂能度人情貌也(25下-26上)	㉑167上

	㉒偃蹇　居免紀偃巨偃三反左傳偃蹇驕傲也廣雅偃蹇夭撟也謂自高大皃也釋名偃息而臥不執事也蹇跛蹇也病不能作事今託似此也撟音几小反經文從人作[亻-二+蹇]誤也(35上)	㉒167中
	㉓蹉跌 千何反，下徒結反。蹉跎也。失躡曰跌。跌差也(68上)	㉓167中
	㉔跌徒結反。通俗文失躡曰跌。字書失足庶也。廣雅跌差也。方言跌蹶也。郭璞曰跌偃也(165上)	㉔167中
	㉕倚牀 於蟻反。說文倚猶依也(17中)	㉕167下
	㉖無辜 古胡反。爾雅辜罪也(337上)	㉖167下
	㉗較之古文作榷同古學反廣雅較明也見也謂較然易見也(150下)	㉗167下
	㉘愚魯力古反論語參也魯孔安國曰魯鈍也(273下)	㉘167下
	㉙虜扈　力古反下胡古反案虜扈自大也謂縱橫行也漢書音義曰扈跋扈也謂自縱恣也經文作怙恃也怙非此義經中言憍慢或作貢高是也(38下)	㉙167下
	㉚虜扈力古胡古反。謂縱擴行也。亦自縱恣也。又勇健之貌也(154下)	㉚167下
	㉛應邵曰六親者父母兄弟妻子也(4上)	㉛167下
	㉜僥値 古堯反。漢書晉灼音義曰儌遇也。謂願求親遇也(168下)	㉜167下
	㉝僥倖 古堯反，下胡耿反。謂非其所得而得之也(176上)	㉝167下
	㉞糺索居柳反蒼頡解詁云繩三合曰糺小爾雅云大曰索小曰繩也(226下)	㉞168上
	㉟煢獨 古文惸儝二形同渠營反 尙書無虐煢獨 孔安國曰煢單也謂無所依也 獨無子曰獨也(257中)	㉟168上
	㊱邑中周禮四井爲邑鄭玄曰方二里也(108中)	㊱168中
	㊲市井子郢也周禮九夫爲井方一里也…說文云八家一井(72下)	㊲168中
	㊳聚落 …小鄕曰聚廣雅 落居也。謂人所聚居也(186中)	㊳168中
	㊴疫厲營壁反。下又作痸同。力制反。人病相注曰疫厲。釋名云厲病氣流行。中人如厤厲傷物也(282中)	㊴168中
	㊵說文汙穢也(185上)	㊵168下

(2) 外典

앞에서 살펴보았듯이 憬興이 불교경론 이외의 전적에도 밝았다고 소개하는 선행연구에서, 外典으로 분류되었던 상당수의 인용문헌들은 玄應이 편찬한 『一切經音義』에 포함된 내용으로서 再引用된 것이었다. 불경에만 한정하지 않고 다양한 용례를 제시하는 『一切經音義』의 성격과 憬興이 『一切經音義』를 참조하여 글을 저술하였다는 언급을 전혀 하지 않았기 때문에 생긴 오해였음은 앞에서 이미 살펴본 바와 같다. 이와 같이 『一切經音義』에서 재인용된 전적이 대부분이기는 하지만, 『切韻』, 『毛詩』, 『孝經』, 『論語』의 내용이 직접 인용되기도 하였다. 外典으로서 『一切經音義』에 재인용되지 않은 것에 대해서 살펴보기로 하자.

① 『切韻』

陸法言이 601년에 편찬한 『切韻』은 半切法을 기반으로 한자의 音과 韻을 설명한 音韻書로서 현재는 전해지지 않는다. 憬興의 『連義述文贊』에는 上卷에서 2회, 中卷에서 3회 인용되었다. 이 가운데 2회는 『一切經音義』에서 찾을 수 있는데, 『切韻』이 아닌 『說文』에서 인용한 것으로 되어 있다. 실제로 『一切經音義』에는 『切韻』을 인용하여 설명한 例가 全無하다. 『切韻』 대신 이보다 일찍 편찬되었던 『韻集』(총 60회)과 『韻略』(총 6회)을 인용하여 音韻을 설명하였다. 어떤 이유 때문인지 알 수는 없으나 玄應은 이 책을 접하지 못했거나 저술 당시 참고자료에 포함시키지 않은 것 같다. 이에 비해 憬興은 '陸法言의 『切韻』'이라고 편찬자와 書名을 직접 소개하여 인용한 것을 볼 때, 憬興이 이 책을 직접 보고 그 내용을 참조하였다고 보아야 할 것이다.

② 『論語』

대표적인 儒教經典인 四書 가운데 하나인 『論語』는 下卷에서만 3회 인용된 것을 볼 수 있는데, 먼저 '適莫'의 語義를 설명하는 부분에서 1회[162], 五惡을 설한 부분에서 1회[163] 인용되었고, 나머지 1회는 『一切經音義』에서 재인용되었다.

③ 『孝經』

유교경전의 하나인 『孝經』은 下卷에서 三煩惱를 다루는 부분에서 1회[164] 인용되었다. 『孝經』은 통일신라시대의 관리임용 시험이었던 讀書三品科[165]의 시험과목이었다는 기록이 있다. 憬興이 활동하던 시기보다 후대에 실시된 시험이지만 관리임용에 가장 기본적인 과목이었던 것으로 보아 이미 널리 읽히고 있던 책이었을 것으로 짐작되며, 憬興도 이를 잘 알고 있었으

---

162) 『論語』「先進」, "子曰 先進於禮樂 野人也 後進於禮樂 君子也"

163) 『論語』「里仁」, "子曰君子之於天下也。無適也。無莫也。義之與比"

164) 『孝經』「天子章」, "一人有慶兆民賴之"

165) 讀書三品科는 788년(元聖王4)에 國學 안에 설치된 讀書出身科의 졸업시험으로서, 그 성적을 관리임용에 적용하였다고 한다. 三品의 시험과목이 조금씩 다른데 『孝經』은 三品에 공통으로 시행되던 시험과목이었다.

리라 생각된다.[166]

④『毛詩』와『註』

『毛詩』와 그『註』는 中卷에서 각각 1회[167] 인용되었다. 인용된 '赫赫師尹'이란 표현은『毛詩』『小雅篇』가운데「祈父」라는 詩 중에 나오는 어구로서 四書의 하나인『大學』에 인용된 어구[168]로 더 유명하다.[169] 여기서는 '赫赫'의 뜻을 성한 모양(盛貌)으로 해석한『註』를 인용하였는데 전거를 찾지 못하였다.

2. 인용문헌의 구성 및 특징

1) 인용문헌의 종류와 구성

지금까지 憬興의『連義述文贊』에 인용된 문헌을 내용적인 측면에서 살펴보았다.『連義述文贊』은 정토사상의 주요 경전인

166)『孝經』의 수용과 관련하여『孝經』은 통일 이전 삼국시대에 이미 전해져 널리 읽히고 있었으며 국가 교육기관에서도 가르쳤다는 주장이 있다(盧鏞弼,『韓國古代社會思想史探究』, 韓國史學, 2007, 204-220쪽 참고).

167)『毛詩』,『小雅篇』,「祈父」, "節彼南山, 維石巖巖, 赫赫師尹, 民具爾瞻"

168)『大學』, "詩云節彼南山, 維石巖巖, 赫赫師尹, 民具爾瞻"

169) 이와 같이『連義述文贊』에 인용된 外典 및 辭典類에 再引用된 外典은 분석대상에서 제외시켰다. 본 논문의 論議의 전개를 憬興의 불교사상으로 집중시키려는 의도이다. 다만 사전에 재인용된 사례를 밝혀두어 憬興이 外典에도 밝은 자라면서 들었던 外典의 목록은 실제와는 차이가 있음을 밝히는 데만 쓰기로 한다.

『無量壽經』의 주석서이다. 그러나 憬興은 정토사상의 핵심 개념인 '誓願, 淨土, 念佛, 往生'에 대해서 기존의 주석서들의 시각을 비교하고 자신의 관점을 드러내는데 그치지 않고 정토사상 외적인 논의에도 지면을 할애하였다.

불교경전의 도입부에 등장하는 붓다의 설법을 듣는 傳法大衆의 이름을 하나하나 열거하여 자세하게 해설하거나, 菩薩의 功德의 典範으로서 석가모니의 일생을 다룬 경전의 내용을 요약하여 인용하기도 하였으며, 불교의 우주론이 나타난 경전들 간의 차이를 비교하는 식으로 정토사상의 중요 개념에서 조금은 벗어난 내용들을 다루고 있다.[170] 이와 같은 『連義述文贊』의 내용 구성은 인용문헌의 성격을 살펴보아도 그대로 드러난다.

다음은 憬興이 『連義述文贊』을 저술하면서 인용하였던 문헌들을 앞에서 살펴본 순서대로 표로 정리한 것이다. '有說' 등으로 시작하여 인용되었으나 그 전거를 찾지 못한 인용문들은 포함시키지 않았으며, 직접 인용되었거나 사전에 재인용된 외전의 인용문은 [표 7]에 포함시키지 않았다.

---

170) 『連義述文贊』에서 『無量壽經』 본문의 내용과 직접적인 관련이 없는 논의가 이루어졌을 때, '傍論은 이제 그만 두고 본문을 해석해야 한다(傍論且止應釋本文)'는 언급을 함으로써 본문의 해석으로 돌아가는 경우도 세 차례 있었다.
『無量壽經連義述文贊』卷中(大正藏37, 152中), "傍論且止應歸本文"
『無量壽經連義述文贊』卷下(大正藏37, 164上), "傍義且止應歸本文"
『無量壽經連義述文贊』卷下(大正藏37, 169上), "傍論且止應歸本文"

〔표 7〕『無量壽經連義述文贊』의 引用經論

	經　名	撰者/譯者	引用總數	引用文數	再引用回數	비　고
1	佛說無量淸淨平等覺經	支婁迦讖	33	33		憬興은 譯者를 帛延으로 봄.
2	佛說阿彌陀三耶三佛薩樓佛檀過度人道經	支謙	34	34		下卷의 명칭은 佛說阿彌陀經
3	佛說觀無量壽佛經	畺良耶舍	23	7	2	觀經(13회) 또는 彼經(10회)으로 인용. 有說에 재인용됨.
4	佛說阿彌陀經	鳩摩羅什	1	1	1	小經. 有說에 재인용됨.
5	無量壽經義疏	慧遠	76	76		인용했다는 언급이 없음.(23회)
6	無量壽經義疏	吉藏	3	3		
7	無量壽經優婆提舍願生偈	世親	16	16		往生論
8	無量壽經記	玄一	7	7		
9	無量壽經宗要	元曉	4	4		
10	無量壽經義疏[復元]	法位	9	9		인용문 있으나 전거 찾지 못함.(5회)
11	無量壽經述義記[復元]	義寂	1	1		인용했다는 언급 없이 1회 인용.
12	觀無量壽經義疏	慧遠	1	1		
13	觀無量壽佛經疏	善導	1	1		
14	觀無量壽經義疏	吉藏	2	2		
15	釋淨土群疑論	懷感	9	9		인용했다는 언급이 없음.(9회)
16	觀彌勒菩薩上生兜率天經	沮渠京聲	1	1		彌勒上生經
17	彌勒經述贊	憬興	2			經名만 인용.(2회)
18	彌勒菩薩所問本願經	法護	1	1	1	彌勒所問經
19	阿彌陀鼓音聲王陀羅尼經	失譯	3	3		音聲王經

20	稱讚淨土佛攝受經	玄奘	1	1		稱讚經
21	悲華經	曇無讖	2			經名만 인용.(2회)
22	瑜伽師地論	彌勒/玄奘	6	6		瑜伽論
23	攝大乘論	眞諦	3	3		攝論
24	攝大乘論釋	世親釋/眞諦譯	1	1		攝論釋
25	攝大乘論釋	世親釋/玄奘譯	1	1		攝論釋
26	成唯識論	護法/玄奘	2	2		唯識云
27	大乘阿毘達磨雜集論	安慧/玄奘	1	1		安慧云
28	佛地經論	親光/玄奘	5	3		經名만 인용.(2회)
29	阿毘曇毘婆沙論	迦旃延子	1	1		婆沙論
30	中邊分別論	天親/眞諦	1	1	1	中邊論. 有說에 재인용됨.
31	金剛般若波羅蜜經	鳩摩羅什	1	1		
32	摩訶般若波羅蜜經	鳩摩羅什	1	1	1	有說에 재인용됨.
33	佛說仁王般若波羅蜜經	鳩摩羅什	5	5		
34	大智度論	龍樹/鳩摩羅什	1	1		智論
35	般若波羅蜜多心經贊	圓測	1	1		
36	金剛般若經疏	智顗	1	1		
37	仁王般若經疏	吉藏	1	1	1	無量壽經記(1회)에 재인용.
38	妙法蓮華經	鳩摩羅什	8	4		法華經. 經名만 인용.(4회)
39	妙法蓮華經憂波提舍	世親	4	4		法華論
40	妙法蓮華經玄贊	窺基	34	34		인용했다는 언급이 없음.(34회)
41	妙法蓮華經文句	智顗	1	1		

42	法華義疏	吉藏	2	2		
43	大方廣佛華嚴經	佛陀跋陀羅	8	5		華嚴經. 經名만 인용.(3회)
44	大方廣佛華嚴經搜玄分齊通智方軌	智嚴	1	1		
45	華嚴經探玄記	智嚴	1	1		
46	維摩詰所說經	鳩摩羅什	1	1		維摩經
47	說無垢稱經	玄奘	2	2	1	無垢稱經. 법화현찬에 재인용됨.(1회)
48	說無垢稱經疏	窺基	1	1		
49	大般涅槃經	曇無讖	4	4	1	涅槃經, 법화현찬에 재인용됨.(1회)
50	涅槃義記	慧遠	1	1		
51	佛五百弟子自說本起經	法護	13	11	1	說本起經. 有人說에 재인용됨.(1회) 經名만 인용(.1회)
52	方廣大莊嚴經	地婆訶羅	115	115		莊嚴經
53	勝鬘師子吼一乘大方便方廣經	求那跋陀羅	1	1		勝鬘經
54	菩薩瓔珞經	竺佛念	1	1		
55	菩薩瓔珞本業經	竺佛念	1	1		本業經
56	大乘密嚴經	地婆訶羅	2	2		密嚴經
57	大阿羅漢難提蜜多羅所說法住記	玄奘	4	4		法住記
58	梵摩喩經	支謙	1	1		
59	金剛三昧經論	元曉	1	1		
60	南海寄歸內法傳	義淨	3	3		傳 또는 淨傳으로 인용함.
61	佛說觀佛三昧海經	佛陀跋陀羅	1	1		有說에 재인용됨.
62	阿差末菩薩經	法護	1			無盡意經. 經名만 인용.(1회)

63	長阿含經	佛陀耶舍, 竺佛念 共譯	1	1	1	법화현찬에 재인용. (1회)
64	菩薩地持經	曇無讖	1	1		인용했다는 언급이 없음.
65	飜梵語		2	2		譯者를 모름.
66	一切經音義	玄應	49	49		인용했다는 언급이 없음.(49회)

『連義述文贊』에 인용된 문헌은 外典을 제외하고 인용전거를 찾을 수 있는 것만 꼽아 보아도 66가지나 되며, 經名만 인용된 경우와 재인용된 것을 제외하고 실질적으로 인용된 경우만 꼽아 보아도 484회나 된다. 이것은 아직 그 전거를 찾지 못한 인용문의 수(75개)를 포함하지 않은 숫자이다. 憬興의 『連義述文贊』에 인용문헌이 차지하는 비중이 대단히 크기 때문에 인용문헌에 대한 이해는 필수적이라 할 수 있다.

인용문헌의 구성을 살펴보면, 『連義述文贊』이 『無量壽經』의 주석서인 만큼 정토 관련 경론이 21편, 인용횟수가 230회로서 가장 비중이 높다. 이 가운데 재인용되었거나 經名만 언급한 경우를 제외한 실질적인 인용문의 수는 206회이며, 『無量壽經』 주석서에서 인용한 것이 확실하지만 전거를 찾지 못한 것을 포함하면 270회가 된다.

두 번째로 인용문헌이 많은 것은 유식관련 經論으로서 9개의 인용문헌에서 21회 인용되었다. 기대했던 것보다 그 양이 많지 않으나, 法相宗의 입장에서 씌어진 窺基의 『妙法蓮華經玄贊』은 34회 인용되었으며, 慈恩寺에서 飜譯僧으로 활동하였던

玄應의 『一切經音義』에서 49회 인용되었다는 점은 간과하여서는 안 된다.[171] 유식사상의 입장에서 정토사상의 경전을 주석했던 憬興의 입장을 반영해 주는 구성이라 할 만하다.

인용문헌 가운데 인용 횟수가 가장 많은 『方廣大莊嚴經』은 석가모니의 일생을 담고 있는 경전이다. 憬興은 釋迦八相의 내용을 『莊嚴經』에서 요약하여 인용한다고 밝히면서 經文의 내용이 번잡해서 쓸데없이 내용이 길어질 것을 염려하기도 하였는데,[172] 이와 같은 태도와 관련하여서는 釋迦八相을 다루는 Ⅳ장에서 자세하게 다루어 보기로 하자.

『說本起經』과 『妙法蓮華經玄贊』도 인용횟수가 많은데 이들은 전법대중(傳機)에 대한 해설을 하는 부분에서 그 인용이 두드러진다. 전법대중의 梵語 이름과 그 유래, 번역된 한자이름과의 비교, 기존 번역의 오류까지 지적하는 등 자세하게 해설하였다.

憬興은 이와 같은 해설의 근거로서 『說本起經』만을 언급하였는데,[173] 실제로 이보다 더 많이 인용된 『妙法蓮華經玄贊』에 대해서는 인용하였다는 언급조차 없었다. 『一切經音義』도 인용하였다는 언급이 없었지만 세 번째로 많이 인용된 문헌이다. 『

171) 이밖에도 玄奘이 번역했던 『大阿羅漢難提蜜多羅所說法住記』, 世親의 『妙法蓮華經憂波提舍』를 비롯한 唯識思想의 입장을 반영한 經論들도 포함시켜서 이해해야 할 것이다.

172) 『無量壽經連義述文贊』卷上(大正藏37, 135中), "但經文煩廣恐費言論。故今推義而約言稱經而備理"

173) 『無量壽經連義述文贊』卷上(大正藏37, 133上), "違說本起故。無有除此而可准故"

一切經音義』는 玄應이 만든 것으로서 불교용어사전 가운데서는 가장 오래된 것이다.

이밖에 『般若經』, 『法華經』, 『華嚴經』, 『維摩經』, 『涅槃經』 계통의 저술을 고루 인용하였는데, 앞에서 살펴보았듯이 『連義述文贊』이 憬興의 만년의 저작이기 때문에 다양한 경론의 인용이 가능하였으리라고 생각된다.

2) 인용문헌의 특징

『連義述文贊』에 인용된 인용문헌의 구성에 대해서 살펴보았다. 여기서는 앞에서 살펴보지 못한 몇 가지 문제들을 모아 기술하고자 한다.

첫째, "有說"로 시작된 인용문 중 『無量壽經』을 주석한 내용이지만 그 전거를 찾지 못한 것은 現存하지 않는 『無量壽經』 주석서에서 인용한 것일 확률이 높다는 점이다. 憬興이 활동했던 통일신라시대의 승려들에 의해 저술된 『無量壽經』의 주석서는 목록에 남아 있는 것을 중심으로 살펴보면 憬興의 저술을 포함하여 12편[174]이나 된다. 이 가운데 8세기 중반에 활동했던 太賢의 저술을 제외하고 다른 승려들의 주석서를 憬興이 읽었을 가능성이 크다. 다양한 견해를 제시하고 비판하는 憬興의

174) 圓測의 『無量壽經疏』, 元曉의 『無量壽經宗要』, 『無量壽經私記』, 『無量壽經科簡』, 憬興의 『無量壽經連義述文贊』, 『無量壽經疏』, 義寂의 『無量壽經疏』, 『無量壽經述義記[復元]』, 法位의 『無量壽經義疏』, 玄一의 『無量壽經記(疏)』, 靈因의 『無量壽經疏』, 太賢의 『無量壽經古迹記』

저술태도를 고려해 볼 때 같은 신라 안에서 저술된 주석서를 검토하였을 것으로 생각된다.

통일신라시대의 승려들에 의해 저술된『無量壽經』의 주석서 가운데『連義述文贊』에 인용된 것으로 그 전거를 밝힐 수 있는 것에는 '元曉의『無量壽經宗要』, 法位의『無量壽經義疏[復元]』, 玄一의『無量壽經記』, 義寂의『無量壽經述義記[復元]』'가 있다. 原本이든 復元本이든 그 전거를 찾을 수 있는『無量壽經』주석서 목록 전체와 같은 것이다. 따라서 전거를 찾지 못한 인용문들은 현존하지 않는 여섯 편의 주석서로부터 인용되었을 가능성이 큰 것이다.

둘째, 비록 인용하였다는 언급 없이 인용하기는 했지만 梵語로 된 이름과 불교용어에 대한 해설에 공을 들인 이유는 인도에서 저술될 당시의 原義와는 상관없이 흘러가는 해석이 만연했기 때문에 그러한 상황을 바로잡고자 하는 의도가 있었던 것이라고 생각한다.

『連義述文贊』의 연구를 시작할 무렵 憬興이 구체적인 인용문의 출처를 명시한 문장이나 혹은 '有說'로 시작하는 문장들을 집중적으로 찾아보았으나 선행연구에서 밝혀낸 것 외에 큰 성과가 없었다. 그러나 연구가 진행되면서 혹시 인용했다는 언급 없이 인용된 것들이 있지 않을까하는 생각에서 보다 폭넓게 전거를 찾다가 흥미로운 점을 발견하게 되었다.

'梵云'으로 시작하여 梵語에 대한 지식을 선보이는 부분이 거의 다 인도에 직접 유학한 玄奘과 그의 제자 窺基의 法相宗의 입장을 반영한 책에서 인용되었다는 점이다. 그것도 인용했다는 언급이 없이 인용되었으니 憬興이 梵語에 상당한 식견을 가지고 있었다는 오해를 낳을 수밖에 없었던 것이다. 憬興이 이와 같이 梵語 해석을 중시하고 그대로 인용한 이유는 당시 梵語의 原義 그대로의 해석이 더 중요하다고 생각하였기 때문이라고 생각된다.

셋째, 선행연구에 의하면 憬興은 불교경전 뿐만 아니라 유교경전과 같은 外典에도 밝은 사람으로 묘사하면서, 약 20종의 전적을 그 예로서 제시하였다. 앞에서 살펴본 바와 같이 憬興이 『連義述文贊』에서 언급한 전적은 유교경전부터 字書類와 문학서에 이르기 까지 그 범위가 상당히 넓다. 그러나 憬興이 실제로 그 많은 전적들을 모두 참고하여 『連義述文贊』을 저술하였다고는 볼 수 없다. 왜냐하면 憬興이 外典에서 인용한 것으로 보이는 문장의 상당 부분이 『一切經音義』에서 재인용된 것들이기 때문이다.

憬興의 『連義述文贊』에는 半切表記法이 여러 차례 등장한다. 이와 같은 반절표기법은 같은 시기 義寂의 『無量壽經述義記[復元]』나 玄一의 『無量壽經記』에 한 두 예가 보일 뿐이고, 元曉의 『無量壽經宗要』나 法位의 『無量壽經義疏』에서는 거의 그 예를 찾아 볼 수 없으며, 慧遠이나 吉藏의 『無量壽經義疏』에도 반절표기법은 보이지 않는다. 憬興의 『連義述文贊』에 등장하는 반절표기법은 대부분 『一切經音義』에서 재인용된 것이다.

또 앞에서 살펴보았듯이 外典을 인용했던 것으로 오해 받았던 부분도 『一切經音義』를 인용하면서 재인용된 것들이다. 『說文解字』, 『通俗文』, 『方言』, 『蒼頡篇』, 『鹽鐵論』, 『古文』, 『字林

』, 『左傳』, 『廣雅』, 『爾雅』, 『釋名』, 『字書』, 『論語』, 『漢書音義』, 『周禮』, 『禮記』, 『三蒼』, 『淮南子』 등 실로 다양한 外典이 『一切經音義』에 재인용되었다.

『一切經音義』에 재인용된 것 이외에 外典으로서 인용된 것이 있으므로 外典을 인용하지 않았다고 단정적으로 말할 수는 없지만, 憬興의 사상적 특징으로서 外典에 밝았다는 표현을 하는 것은 적당한 표현이 아니다. 따라서 憬興은 外典에 밝았다기보다는 불교용어사전을 비롯한 사전류를 적극적으로 활용한 사람이었다고 표현하는 편이 적합한 표현이라고 생각된다.

Ⅳ. 『無量壽經連義述文贊』의 사상

憬興의 『無量壽經連義述文贊(이하 『連義述文贊』)』은 인용문헌이 많은 주석서로서 사상적인 성격을 고찰하기에 앞서 문헌학적인 검토가 필수적이다. 따라서 본 논문의 Ⅲ장에서는 먼저 『連義述文贊』의 臺本과 인용문헌의 종류와 구성 및 특성에 대해서 검토해 보았다. 본 Ⅳ장에서는 Ⅲ장에서 검토한 인용문헌이 갖는 사상적인 의미에 대해서 고찰하고자 한다.

먼저 憬興이 『無量壽經』의 體裁와 경전이 설해진 배경에 대해서 어떻게 이해하고 있었는지 살펴본 후 사상적인 측면을 菩薩觀, 誓願觀, 往生觀, 末法思想으로 묶어 차례로 살펴보고자 한다.

1. 『無量壽經』의 體裁에 대한 이해

經典의 내용을 분석하는 주석서에는 대개 첫 부분에 經典의 體裁에 대한 언급이 있기 마련이다. 경전의 내용을 구체적으로 풀이하기에 앞서 경전이 어떤 구조를 갖고 있는지 밝힘으로써 체계적인 접근을 가능하게 하기 때문이다. 『無量壽經』의 주석서인 『無量壽經連義述文贊(이하 『連義述文贊』)』도 예외는 아니어서 첫 부분에 經典의 體裁에 대해서 밝히고 있다.

1) 憬興의 三分說

憬興은『無量壽經』의 體裁가 크게 세 부분으로 나누어진다고 보았다. 즉, '說經因起分, 問答廣說分, 聞說喜行分'이 그것이다.『連義述文贊』에 의하면 憬興과는 다른 방식으로『無量壽經』의 體裁를 이해하고 있는 두 가지 의견을 볼 수 있는데『無量壽經』을 열 부분으로 나누어 보아야 한다는 十分說과 세 부분으로 나누기는 하였으나 憬興과는 다른 방식으로 나누고 있는 三分說이 있다고 한다. 전자는 法位의『無量壽經記』의 十分說이고, 후자는 慧遠의『無量壽經義疏』에 등장하는 三分說이다. 憬興은 이들을 각각 비판하였다.

선행연구에 의하면 憬興이 인용한 十分說을 法位의 說로 판단하는 이유는 了慧의『無量壽經鈔』에서 "憬興이 두 분의 의견을 들어 그 뜻을 비판하였다. 그 가운데 첫 번째는 法位의 의견이며, 다음 것은 慧遠의 주장이다[175]"라고 하였기 때문이라고 한다.[176]『韓國佛教全書』에 실려 있는 法位의『無量壽經義疏』는 復元本에는 해당 語句를 찾아 확인할 수가 없지만, 다행스럽게도 聖冏의『傳通記糅鈔』등의 내용을 포함하는 再復元本에서는 憬興의『連義述文贊』에 인용된 것과 동일한 내용을 확

---

175) "憬興擧二師義破 中初當法位 次當淨影"

176) 安啓賢,「新羅 淨土教學의 諸問題」,『新羅淨土思想史研究』, 1987, 333-334쪽 참조.

인할 수 있다는 점이다.177) 그 내용은 다음과 같다.

재복원본의 각주에 의하면 [표 8]의 『傳通記糅鈔』의 '彼疏'는 『連義述文贊』을 지칭하는 것이라고 한다. 표에서 확인할 수 있는 것과 같이 分의 이름과 범위가 정확하게 일치한다.

〔표8〕『連義述文贊』과 『傳通記糅鈔』에 인용된 法位의'十分說'

	『連義述文贊』(大正藏37, 132上)	『傳通記糅鈔』 卷26
上卷	"此中有說此經大開十分。一從初至於一時來會已來名序說分。二時世尊諸根悅豫下是現相分。三尊者阿難承佛聖旨下是啓請分。四於是世尊告阿難曰下是敘興分。五阿難諦聽今爲汝說下是正說分。六彌勒菩薩白佛言下是往生分。七佛語彌勒其有得聞下是勸信分。八爾時世尊說此經法下是說益分。九爾時三千大千下是勸請分。十佛說經已盡靡不歡喜下是畢喜分"	"法位大經疏等者。彼疏云。大開十分。初序說分。二爾時世尊下。現相分。三尊者阿難下。啓請分。四於是世尊下。敘興分。五阿難諦聽下。正說分。六彌勒菩薩白佛言於此世界下。往生分。七佛語彌勒下。勸信分。八爾時世尊下。說益分。九爾時三千下。勸請分。十佛說經已下。畢喜分"

法位와 마찬가지로 十分說을 주장하였던 玄一의 『無量壽經記』는 파손이 심해서 글자를 알아 볼 수 없는 곳이 많지만, 上卷이 남아 있기 때문에 經의 體裁를 다룬 부분을 일부나마 확인할 수 있다. 따라서 憬興이 인용한 十分說을 玄一의 것으로 오해하기 쉬우나 憬興이 인용한 내용과는 약간 다르다. 즉, 玄一의 『無量壽經記』 十分說의 分段 가운데 확인할 수 있는 것은 '第四敘興分'과 '第五正說分' 뿐인데, 이들은 憬興이 인용한 十分說과 명칭은 일치하지만 그 범위가 약간 다르다.178) 다음의

177) 章輝玉, 「新羅淨土關係 散佚文」, 『佛教學報』 25, 1988, 272쪽 참조.

[표 9]는 憬興과 慧遠의 三分說과 玄一의 十分說을 비교한 것이다. 法位의 十分說은 [표 8]을 참조하기 바란다.

〔표 9〕 憬興, 慧遠, 玄一의『無量壽經』體裁理解

	내 용
『連義述文贊』 (大正藏37, 132中)	今觀此一部之經宜作三分。初從我聞至光顔巍巍已來名說經因起分。次自尊者阿難迨于略說之耳已來名問答廣說分。後始佛語彌勒盡於靡不歡喜已來名問說喜行分。將釋有此三品之意還同佛地論
『無量壽經義疏』 (大正藏37, 92上-93上)	初至對曰願樂欲聞。是其由序。佛告阿難乃往過去久遠已下。是其正宗。佛語彌勒其有得聞彼佛名號歡喜已下。是其流通。…序中文義。雖復衆多。義要唯二。…文中初言如是我聞。是證信序。一時以下。義有兩兼。…對前一向證信序故。自下偏就發起以釋。於中有三。一明佛化主。二從與大比丘已下。辨其徒衆。三爾時世尊諸根悅下。如來現化而爲發起。阿難啓請
『無量壽經記』卷上 (韓佛全2, 33上,下)	於是世尊至問威顔耶。述曰。第四敘興分(233上) 阿難至汝說。述曰。第五正說分(233下)

憬興은 法位의 十分說에 대해서 現相分이라는 이름을 붙인 부분은 이름과 내용이 걸맞지 않으며, 序說分이라 지칭한 부분에는 序라고 부를 만한 내용이 없고, 正說分 역시 지극히 짧은 내용만을 담고 있다고 지적하였다. 이와 같이 正說分과 序說分이 이름에 걸맞은 내용을 갖고 있지 않기 때문에 나머지 부분 역시 이상해질 수밖에 없는 것이라고 지적하고, 내용마다 分이

178) 『無量壽經連義述文贊』卷上(大正藏37, 132上), "四於是世尊告阿難曰下是敘興分。五阿難諦聽今爲汝說下是正說分"

나뉘어진다고 하면 十分으로도 다하지 못할 것이라고 주장하였다.[179)]

慧遠의 三分說에 대해서는 由序와 正宗分이 나누어지는 부분에 대해 문제를 삼았다. 아난의 질문은 發起序인데, 붓다의 대답이 正宗分에 속한다는 주장은 여러 經論을 검토해 보아도 그런 예는 없다는 말로 일축한다. 또 법이 설해진 때와 장소 등을 드러내는 부분도 慧遠처럼 세 가지 뜻으로 할 것이 아니라 『佛地經論』에서처럼 五義를 갖추어야 한다고 주장하였다.[180)]

『佛地經論』의 내용을 살펴보면, 經은 세 부분으로 나누어 볼 수 있는데, 그 내용은 첫째, 教起因緣分, 둘째, 聖教所說分, 셋째, 依教奉行分이라고 한다. 이 가운데 첫 부분에 해당하는 教起因緣分은 다시 다섯 부분, 즉 이미 가르침을 들었다는 것과 가르침이 있었던 때를 전체로서 드러내고, 가르침을 이끌었던 教主와 그 가르침이 있었던 장소와 가르침을 받은 대상을 별도

---

179) 『無量壽經連義述文贊』卷上(大正藏37, 132上), “有何未盡者。如來現相將顯聖教。所說法門應名目。如何乃言現相分耶。若發所說非發起序者阿難證誰。證信序。若非證信必不可言序說分故。又自世尊諸根悅豫前都未有說序。何所說故作序說分之名也。不可以他兼發起名。序說分目單證信故。又阿難申問於前如來送答於後卽顯所說之旨。有何所少諦聽已去乃名正說。正說與序旣不能別。後諸分意亦成乖角。若如所言每章段盡應作別分。分非唯十故”

180) 『無量壽經連義述文贊』卷上(大正藏37, 132中), “此亦不然。阿難申請若發起者佛答阿難應非正宗。若答正宗問必非序故。撿諸經論答名正說必兼其問。言問雖發起答是正宗無此例故。又時處等准證信我問如是詎不然。發起若聞若佛皆說前有故。又時佛處辨其化主亦違佛地論總顯已聞等五義故”

로 밝히는 내용으로 구성되어야 한다고 주장하였다.181)

이 내용을 살펴보면 憬興은 慧遠의 說을 계승하지 않고 『佛地經論』182)의 내용을 그대로 수용하여 三分說을 따른 것을 알 수가 있으며,183) 憬興이 『三彌勒經疏』에서도 『佛地經論』의 三分說을 인용하여 經의 내용을 나누어 보았다는 점에서도 『佛地經論』의 영향을 확인할 수 있다.184) 『佛地經論』의 五義는 몇몇 經論에 인용되어 있다.185)

---

181) 『佛地經論』(大正藏26, 291下), "於此經中總有三分。一教起因緣分。二聖教所說分。三依教奉行分。總顯已聞及教起時。別顯教主及教起處。教所被機卽是教起所因所緣故。名教起因緣分正顯聖教所說法門品類差別故。名聖教所說分。顯彼時衆聞佛聖教歡喜奉行故。名依教奉行分"

182) 『佛地經論』은 護法의 제자인 親光이 『佛地經』을 주석한 論書로서 玄奘이 번역하였다. 이 論書에서 親光은 護法 계통의 唯識思想을 펼치는 것으로 알려져 있는데, 특히 「四智心品」에 대하여 철저한 '五性各別說'을 설하는 것으로 유명하다.

183) 『無量壽經連義述文贊』卷上(大正藏37, 132中), "將釋有此三品之意還同佛地論"

184) 『三彌勒經疏』(韓佛全2, 81中), "且依佛地論。此經總爲三分。一教起因緣分。謂總顯已聞及教起時。別顯教主及教起處。教所被機。卽是教起所因所緣故。次聖教所說分。謂正顯聖教所說法門品類差別故。後依教奉行分。謂顯彼時衆聞佛聖教歡喜奉行事故"

185) 『華嚴經探玄記』(大正藏35, 125中), "又依佛地論分爲五。一總顯已聞。二教起時。三顯教主。四教起處。五教所被機"
『仁王經疏』(韓佛全1, 20中), "三依親光佛地論中。攝爲五事。一總顯已聞。二教起時分。三別顯教主。四顯教起處。五教所被機"
『華嚴經探玄記』(大正藏35, 125中), "又依佛地論分爲五。一總顯已聞。二教起時。三顯教主。四教起處。五教所被機"
『大般若波羅蜜多經般若理趣分述讚』(大正藏33 27上), "今依佛地論初分有五。一總顯已聞。如是我聞。二時三主四處五機"
『妙法蓮華經玄贊』(大正藏34, 661上), "通序有五。一總顯已聞。二說教

이와 같이 『佛地經論』은 憬興이 經의 科段을 나눌 때 많은 영향을 준 것을 알 수 있다. 『連義述文贊』에 나타난 『佛地經論』의 영향은 이밖에도 '佛身佛土論'이나 '佛智'에 대한 해설에서도 찾아볼 수 있는데 자세한 것은 본 장의 뒷부분에서 자세히 살펴보기로 하자.

2) 傳法大衆의 구성

불교경전은 대개 설법하는 佛·菩薩이 있고, 이를 듣는 대중이 있어 法을 설하고 듣는 형태를 취하는 경우가 많다. 여기서 법을 듣는 傳法大衆을 '傳機'라고 하는데 보통 經典의 앞부분에 등장한다. 『佛地經論』의 五義 가운데 다섯 번째인 '教所被機'가 바로 이것이다. 그러나 경전마다 또 같은 경전이라도 판본에 따라 傳法大衆은 서로 다른 구성을 보인다.

憬興은 그가 『連義述文贊』의 臺本으로 삼았던 法護本의 전법대중에 대하여 설명하면서 帛延本과 支謙本에 등장하는 전법대중의 수와 구성에 대해서도 간략하게 소개하였다.

> 풀어 말하기를, 다섯 번째는 [법을] 전해 듣는 대중(傳機)이다. 經本에 따라 그 내용이 다르다. 帛延의 經本에는 세 가지 대중이 갖추어져 있다. 첫째, 聲聞의 무리, 즉 큰 제자의 무리 천 이백 오십 인, 比丘尼 오백 인, 淸信士 칠천 인, 淸信女 오백 인이다. 둘째, 菩薩의 무리, 즉 菩薩이 72那述이다. 셋째, 諸天의 무리, 즉 欲界 천자

時。三說教主。四所化處。五所被機"

팔십 만, 色界 천자 칠십 만, 遍淨天子는 육십 那述, 梵天은 一億이다. 支謙은 오직 聲聞의 무리만 드러냈다. 즉 큰 比丘僧 만이천 인이다. 이제 法護의 經에서는 대략 비구와 보살의 두 대중을 들뿐 나머지는 모두 없다.186)

이와 같이 세 經本 사이에는 서로 다른 부분이 있는데, 憬興은 이와 같은 차이가 생기는 이유를 번역자의 의도에 따른 것이라고 주장하였다.187)

傳法大衆의 수에 대해서도 전체적으로 볼 때와 개별적으로 볼 때가 비록 서로 다르지만 그 의미하는 바는 같다고 주장하였다.188) 憬興은『法華論』의 衆成就를 네 가지로 나누어 설명하는 부분을 인용하여 이와 같은 설명의 타당성을 주장하려고 하였다.189)

---

186)『無量壽經連義述文贊』卷上(大正藏37, 132中-下), "述云第五傳機。經本不同。帛延備敘三衆。一聲聞衆卽與大弟子衆千二百五十人比丘尼五百人淸信士七千人淸信女五百人也。二菩薩衆卽菩薩七十那術也。三諸天衆卽欲天子八十萬色天子七十萬遍淨天子六十那術梵天一億也。支謙唯標聲聞之衆。卽摩訶比丘僧萬二千人也。今法護經略擧比丘菩薩二衆餘皆無也"

187)『無量壽經連義述文贊』卷上(大正藏37, 132中-下), "所以有此備闕者蓋翻家意樂互存廣略。異由此也。將釋傳機有二。初聲聞衆後菩薩衆。衆有此次第亦如前解"

188)『無量壽經連義述文贊』卷上(大正藏37, 132下), "述云此第二唱數也。彼論亦云數成就者謂大衆無數故。總別雖異其義一焉。而帛延唱千二百五十人者略擧常衆。不盡之言故亦不違"

189)『妙法蓮華經憂波提舍』(大正藏26, 1中), "衆成就者。有四種義故。成就示現應知。何等爲四。一者數成就。二者行成就。三者攝功德成就。四者威儀如法住成就。數成就者。諸大衆無數故。行成就者有四種。一者謂諸聲聞修小乘行。二者謂諸菩薩修大乘行。三者謂諸菩薩神通自在隨時示現。

憬興은 『無量壽經』에 등장하는 傳法大衆을 크게 聲聞衆과 菩薩衆으로 나누어 설명하였다. 聲聞衆의 경우 이름을 열거하는 부분에서 그 이름의 由來나 출가 과정 등에 대해 자세하게 언급하였는데, 이는 法護가 번역한 『說本起經(=佛五百弟子自說本起經)』과 窺基가 찬술한 『妙法蓮華經玄贊』을 근거로 한 설명이었다. 菩薩衆의 경우 權實之德과 利自他行으로 나누어 설명하였는데, 權德을 찬탄하는 부분에서는 『方廣大莊嚴經』의 내용을 요약·인용함으로써 이를 대신하고, 利自他行을 설한 부분에서는 보살의 수행과 이를 통해 쌓은 공덕, 그리고 구제대상에 대한 내용을 다루었다.

(1) 聲聞大衆

먼저 성문대중에 대해서 살펴보기로 하자. 憬興은 전법대중의 이름과 그 유래를 『說本起經(=佛五百弟子自說本起經)』을 근거로 설명하였다고 명시하고 있다. 그러나 인용되었던 經論을 살펴보면 『說本起經』 뿐만 아니라 『妙法蓮華經玄贊』에서도 인용되었으며, 인용 횟수는 오히려 『妙法蓮華經玄贊』 쪽이 더 많았다. 실제로 『妙法蓮華經玄贊』의 전법대중을 설하는 부분에서 梵語 이름을 해석하는 부분[190]이 『連義述文贊』에 고스란히 인용되기도 하였다.[191]

能修行大乘。如[颰-台+犮]陀波羅菩薩等十六大賢士。具足菩薩不可思議事。而常示現種種形相。謂優婆塞優婆夷比丘比丘尼等。四者謂出家聲聞威儀一定不同菩薩故”

190) 『妙法蓮華經玄贊』卷第一(大正藏34, 670上-671上).

『說本起經』은 法護가 번역한 經으로서 붓다의 제자에 대한 내용을 각 品에서 설명하는 경전이다. 따라서 출가 동기나 출신에 대한 자세한 설명이 그 중심 내용이다. 憬興은 대개 梵語 이름과 漢譯된 이름을 대비시킬 때 『說本起經』의 내용을 그 근거로 삼았는데, 名聞尊者에 대한 有說의 주장을 바로 잡는 근거로 『說本起經』을 제시하면서 『說本起經』을 제외하고 전거로 삼을 만한 경전이 없다고 『說本起經』이 자신의 주장의 근거가 되었음을 직접적으로 언급하기도 하였다.[192)]

憬興은 『說本起經』의 내용을 모두 11차례 인용하여 열 분의 이름, 즉 '離垢, 名聞, 善實, 具足, 大淨志, 流灌, 堅伏, 仁性, 嘉樂, 善來尊者'의 이름에 대한 전거로 삼았다. 11차례 인용하였지만 열 한 분이 아닌 열 분의 이름을 설명하는 전거로 삼은 것인데 『連義述文贊』의 설명을 자세히 살펴보면 憬興이 具足尊者에 대한 설명을 하는 과정에서 오류를 범하였기 때문이다.

『連義述文贊』에서 具足尊者에 대한 설명은 두 번 나온다. 한 번은 具足尊者가 大戒를 받고자 하였고 이를 구족함으로써 사문이 되었다[193)]고 설명하면서 『說本起經』의 「樹提衢品」에서 그

191) 그러나 Ⅲ장에서도 살펴보았듯이 憬興은 『妙法蓮華經玄贊』을 인용하였다는 언급을 전혀 하지 않았고, 이는 憬興의 梵語 실력에 대한 오해를 낳은 것 같다. 梵語를 배웠다는 기록이 전혀 없는 憬興이 그의 저술에서 볼 수 있는 수준급의 梵語 실력을 어떻게 갖게 되었는지 많은 궁금증을 낳았었는데, 引用書가 따로 있었다는 사실은 이러한 의문을 풀 수 있는 실마리가 되었다.

192) 『無量壽經連義述文贊』 卷上(大正藏37, 133上), "無有除此而可准故".

193) 『無量壽經連義述文贊』 卷上(大正藏37, 133上), "具足者卽應說本起樹提。尊者願得受大戒具足成沙門故"

전거를 찾을 수 있다고 한 부분에서 나왔다. 다른 한 번은 帛延本의 氏聚迦葉은『說本起經』의「禪承迦葉品」에 나오는 禪承迦葉이며[194] 이는 곧 具足尊者를 의미하는 것이라고 한 부분에서 나왔다.[195] 具足尊者 한 사람의 설명을『說本起經』의 두 품에서 전거를 삼으려고 한 것이다. 또 具足尊者를 설명한 부분과 堅伏尊者를 설명한 부분[196]의 근거로 인용한 내용이 차례로『說本起經』의「樹提衢品」에 나온다.[197]『說本起經』은 각 品이 존자 한 사람에 대한 설명으로 이루어지는 구성을 취하고 있으므로 동일한 品 내에 두 존자의 설명이 동시에 들어있거나 두 品에서 한 존자의 설명을 하는 것은 잘못이다. 이는 憬興의 오류로 볼 수밖에 없다.

憬興은 붓다의 제자로 등장하는 梵語 이름표기에 대해 설명하는 부분에서는 거의 대부분 窺基의『妙法蓮華經玄贊』을 인용하여 설명하였다. 聲聞大衆 총 31명 가운데 梵語 이름에 대한 설명이 들어 있는 20명 즉, '了本際, 正語, 大號, 仁賢, 牛王, 優樓頻蠡迦葉, 伽耶迦葉, 那提迦葉, 摩訶迦葉, 舍利弗, 大目揵連, 劫賓那, 大住, 摩訶周那, 滿願子, 離障, 面王, 果乘, 羅云, 阿難尊

194)『佛五百弟子自說本起經』(大正藏4, 197中), "禪承迦葉品第二十(十一偈)"

195)『無量壽經連義述文贊』卷上(大正藏37, 133中), "帛延經中更有賢者氏聚迦葉。蓋說本起云承禪迦葉應云此中尊者具足"

196)『無量壽經連義述文贊』卷上(大正藏37, 133下), "堅伏者卽應說本起中樹提。故彼經云堅精進定意無爲無動故"

197)『佛五百弟子自說本起經』(大正藏4 196上), "願得受大戒 卽時大智慧 佛者無等倫 說言比丘來 具足成沙門 以是無放逸 堅精進定意 遭遇甘露處 無爲與無動"

者'라는 이름의 전거를 모두 『妙法蓮華經玄贊』에서 인용하였다.

이것은 앞에서 전법대중의 구성을 설명할 때 다양한 경전의 용례를 『妙法蓮華經玄贊』에서 재인용하였던 것198)과 함께 憬興이 전법대중을 설명할 때, 『妙法蓮華經玄贊』에 의지한 바가 컸다는 것을 보여주는 예이다.

더욱이 '法華論云'이라고 인용전거를 제시 해놓은 인용문 가운데는 실제 인용문이 『法華論』보다는 窺基의 『妙法蓮華經玄贊』의 문장에 더 가까운 내용이 등장한다. 『連義述文贊』에 인용된 『法華論』은 4회로서 이 가운데 2회가 그러하다. 그 내용은 아래 [표 10] 같다.

〔표 10〕『法華論』 引用語句 비교

	『連義述文贊』(大正藏37, 132下)	『妙法蓮華經憂波提舍』(大正藏 26 1中)	『妙法蓮華經玄贊』(大正藏 34 667上)
行成	法華論中云論聲聞修小乘行依乞等自活故。威	行成就者有四種。一者謂諸聲聞修小乘行	行成就中有四。一諸聲聞修小乘行依乞食等自活。以比

198) 『無量壽經連義述文贊』卷上(大正藏37, 132下), "諸經列衆無定次第故。或有行德大小爲次第。如法華經迦葉在第二鶖子列在迦旃延上等。或有以出家前後爲次第。如報恩經初度五人次度耶舍門徒五十次度優樓頻螺門徒五百次度伽耶門徒三百次度那提門徒二百次度鶖子門徒一百次度目連門人一百。或有以德辨爲次第。如無垢稱以命問疾要假智辨方對揚故。今此經中卽同報恩入聖次第"
『妙法蓮華經玄贊』卷第一(末)(大正藏34, 669下-670上), "或有以出家前後爲次第。報恩經說。初度五人。次度耶舍門徒五十。次度優樓頻螺門徒五百。次度伽耶門徒三百。次度那提門人二百。次度鶖子門徒一百。次度目連門人一百。合擧大數成一千二百五十人。或有行德大小爲次第。如迦葉在第二列。鶖子在迦旃延上列等。隨應不定。無垢稱經弟子品以德辨爲次第。以命問疾要假智辨方堪對揚故"

就	儀一定不同菩薩。故以比丘爲名也(132下)	。……四者謂出家聲聞威儀一定不同菩薩故(1中)	丘等爲名……四出家人威儀一定不同菩薩。由此定故說爲比丘(667上)
數成就	彼論亦云數成就者謂大衆無數故總別雖異其義一焉(132下)	數成就者。諸大衆無數故(1中)	數成就者。謂大衆無數故。總談無數。論各別標。謂萬二千人等(667上)

위의 [표 10]에서 보는 바와 같이『連義述文贊』에서는『法華論』에서 인용하였다고 하였으나 문장의 내용은『妙法蓮華經玄贊』에 가깝다. 의미가 대동소이하므로『法華論』에서 인용하였다고 볼 수도 있지만,『妙法蓮華經玄贊』이 法相宗의 입장에서『法華論』에 대해 저술한 주석서라는 점을 생각해 볼 때 憬興은『法華論』에 대한『妙法蓮華經玄贊』의 해설을 그대로 계승한 것으로 보아야 할 것이다.

(2) 菩薩大衆

菩薩大衆에 대해서는 行을 드러내는 '標行', 賢劫 및 餘劫 보살의 이름을 나열하는 '列名', 그리고 菩薩의 功德을 찬탄하는 '歎德'의 세 부분으로 나누어 설명하였다. 첫째, 標行의 경우『妙法蓮華經玄贊』의 行成就 가운데 보살을 정의하는 부분을 인용하여 설명하였다.[199] 둘째, 列名의 경우 餘劫菩薩의 이름을

199)『妙法蓮華經玄贊』卷第一(末)(大正藏34, 667上), "行成就中有四。一諸聲聞修小乘行…二菩薩修大乘行求覺利有情。以菩提薩埵爲目。三菩薩以神通力隨時示現。能修行大乘。如跋陀婆羅等十六人。具足菩薩不可思議事由不定故。而能示現優婆塞等四衆之形說爲菩薩"

나열하는 부분에서 '十六正士'라는 표현과 그 뒤에 나열된 보살의 이름이 열 넷뿐이라는 숫자의 불일치에 대해서 주로 다루었다. 『無量壽經』의 내용을 보면,

> 또 賢護 등 16正士는 善思議菩薩, 信慧菩薩, 空無菩薩, 神通華菩薩, 光英菩薩, 慧上菩薩, 智幢菩薩, 寂根菩薩, 願慧菩薩, 香象菩薩, 寶英菩薩, 中住菩薩, 制行菩薩, 解脫菩薩이다. 모두 보현보살의 덕을 따르는 이들이다.[200]

이와 같이 수적으로 일치하지 않는 부분에 대해서 賢·護가 두 보살이라고 하거나 보살이름이 빠진 것이라고 하는 등 다양한 의견을 인용하고 비판한 후, 憬興은 그와 같은 의견들과는 달리 餘劫보살을 다시 두 부류로 봄으로써 이 문제를 해결하였다. 賢護 등 16正士가 한 부류이며, 善思議 등 14菩薩이 다른 한 부류라는 것이다. 이 14菩薩을 다시 '思法信解對, 證空涉有對, 大慈大智對, 自利利他對, 法名喩名對, 福資智資對, 修行除縛對'의 七對로 분류하여 설명하였다.[201]

歎德은 보살들의 權·實의 功德과 利自他行의 공덕에 대해서 찬탄하는 부분으로 나누어 보았다. 이 가운데 權·實의 공덕을 찬탄하는 부분은 다시 權德·實德으로 나누어 보았는데, 여기서

---

200) 『佛說無量壽經』卷上(大正藏12, 265下), "又賢護等十六正士。善思議菩薩. 信慧菩薩. 空無菩薩. 神通華菩薩. 光英菩薩. 慧上菩薩. 智幢菩薩. 寂根菩薩. 願慧菩薩. 香象菩薩. 寶英菩薩. 中住菩薩. 制行菩薩. 解脫菩薩。皆遵普賢大士之德"

201) 『無量壽經連義述文贊』卷上(大正藏37, 134上-中).

짚고 넘어가야 할 부분이 있다. 菩薩의 實德을 찬탄하는 經文 '佛法藏에 들어가 마침내 彼岸에 이른다'[202]는 표현에 대한 憬興의 주석을 살펴보자.

憬興은 自利利他의 行을 제대로 이해하고 이에 힘쓰는 것을 佛法藏에 들어가는 것이라고 이해했으며, 피안은 곧 진리이므로 진리를 증득하는 것이 피안에 도달하는 것이라고 보았다. 따라서 항상 二諦를 비춤으로써 나와 남을 이롭게 하는 것을 菩薩의 實德이라고 결론지었다.[203] 自利利他를 本領으로 하는 菩薩에 대한 憬興의 입장을 확인할 수 있는 대목이다.

菩薩의 權德을 찬탄한 부분과 利自他行의 功德을 찬탄하는 부분에서도 이러한 憬興의 입장이 드러난다. 석가모니의 일대기를 담고 있는 『方廣大莊嚴經』의 釋迦八相이 보살이 갖추어야 할 德과 대동소이하다 하여 이를 요약·인용하여 설명하고 있는 점이나, 利自他行과 관련된 다양한 『無量壽經』 주석서의 의견들을 인용하여 좀 더 구체적으로 菩薩의 지위와 역할에 대해 논의하였던 점이 이를 반영한다고 할 수 있다. 이 부분에 대해서는 憬興의 菩薩觀을 정리한 다음 절에서 살펴보기로 하자.

---

202) 『佛說無量壽經』 卷上(大正藏12, 265下), "入佛法藏究竟彼岸"

203) 『無量壽經連義述文贊』 卷上(大正藏37, 134下), "今卽入者達解究竟證解。知如實自利及事利他故云入佛法藏。卽法華中善入佛慧通達大智也。彼岸者眞理。證此實性故云究竟。卽彼經中到於彼岸也。恒照二諦以利自他可謂實德故"

2. 憬興의 菩薩觀

憬興은 『無量壽經』을 주석하면서 '阿彌陀佛의 구원'이 아닌 阿彌陀佛이 되기 위해 긴 시간 동안 菩薩로서 修行을 하였던 '法藏比丘의 수행과정'에 주목하고 이를 확대하고 일반화하여 '모든 보살의 自利利他의 功德'에 초점을 맞추려고 한 것으로 보인다. 憬興의 이와 같은 태도는 『連義述文贊』을 저술한 의도(=來意)를 밝힌 부분에서도 나타난다.

즉, 極樂의 依·正 二報의 莊嚴이 모두 法藏比丘가 쌓은 本願力에 의지하여 이루어졌다는 점을 널리 설하여 淨土가 나타나게 된 원인을 드러내려는 것이 憬興이 『連義述文贊』을 저술한 의도 가운데 하나라고 밝히고 있는 것[204]으로 보아 '法藏比丘의 수행과정'에 비중을 두고 강조하려는 의도가 있었음을 알 수 있다.

이와 같이 『連義述文贊』에서 憬興은 보살의 공덕과 수행을 찬탄함으로써 자신의 菩薩觀을 보여주고 있다. 먼저 菩薩의 공덕을 實德과 權德으로 나누어 찬탄하는데, 菩薩修行의 성격을 自利利他로 정의하고 이를 다시 세분하여 찬탄하였다. 따라서 여기서는 憬興의 菩薩觀을 菩薩의 공덕, 그 가운데서도 특히 權德을 찬탄한 釋迦八相의 내용과 利自他行으로 규정한 보살의

204) 『無量壽經連義述文贊』卷上(大正藏37, 131下), "初來意者略有三義。一者欲顯淨土之所因故。謂前經中雖言華座由法藏比丘願力所成而猶未說極樂依正二報莊嚴皆依法積本誓力成故。今更須廣說宿世四十八願以顯彼土今現之因"

수행과 구제대상을 중심으로 살펴보고자 한다.

1) 菩薩의 功德

傳法大衆 가운데 菩薩大衆의 權德을 찬탄하는 부분에서 憬興은 보살이 갖추어야 할 德은 대개 석가모니가 갖추고 있는 德과 대동소이하기 때문에 『方廣大莊嚴經』의 釋迦八相의 내용을 요약하여 인용하겠다고 밝혔다.205) 인용된 문장들을 살펴보면 『方廣大莊嚴經』 전체에 걸쳐 고루 인용되었다는 것을 알 수 있다.

『方廣大莊嚴經』은 석가모니 일대기로 범어로는 'Lalitavistara sutra'라고 하며 『大莊嚴經』, 『神通遊戱經』으로도 불린다. 이 책은 총 네 번 漢譯되었으며 그 중 『方廣大莊嚴經』은 地婆訶羅에 의해 683년에 네 번째로 번역된 책이다. 석가모니의 일대기를 다룬 책들 가운데 비교적 늦게 번역된 책이라고 할 수 있다.

이와 같은 『方廣大莊嚴經』을 인용한 것은 보살의 功德을 찬탄하는 부분이 『無量壽經』에서는 간략하게 기술되어 있으므로 憬興이 밝혔듯이 經文의 내용이 번잡해서 쓸데없이 내용이 길어질 것을 염려하면서도 좀 더 자세한 설명을 하기 위해서 인용하였던 것 같다.206)

205) 『無量壽經連義述文贊』卷上(大正藏37, 135中), "釋迦八相卽諸菩薩勝進行故。又現八相時諸菩薩一一現相相似衆生謂一。故引彼經釋尊莊嚴釋此菩薩九相之文有何乖角"

206) 『無量壽經連義述文贊』卷上(大正藏37, 135中), "但經文煩廣恐費言論。故

먼저 『無量壽經』의 내용을 살펴보자.207)

도솔천에 계시면서 정법을 널리 베푸시다가 저 천궁을 버리고 어머니의 태 속에 강림하셨다. 오른쪽 옆구리로부터 태어나 일곱 걸음을 걸으심을 보이시니 광명이 환하게 빛나 시방의 한량없는 불국토를 두루 비추어 여섯 가지로 진동하게 하였다. 소리 높여 스스로 외치시기를 “나는 세상에서 위없는 성인이 되리라”하셨다. 제석천과 범천이 받들어 모시고 천인들이 귀의하여 우러러 받든다. 장성함에 따라 산수, 문예, 활 쏘는 법, 도술을 배우시며 모든 학문에 통달하셨다. 또 왕궁 뒤 정원에서 무술을 수련하며 예술을 배우시고 궁중에서 부인을 얻어 사는 것을 보이신다. 누구나 늙고, 병들고, 죽는 것을 보고 세상의 무상함을 깨달아 나라와 재산을 버리고 산에 들어가 도를 배우기로 하고 타고 온 백마와 입고 온 옷과 보배로 만든 관과 구슬장식의 장신구 등을 돌려보내신다. 즉 보배로 만든 옷을 버리고 법복을 입고 머리를 깎고 나무 아래 단정히 앉아 고통을 참으며 육년 동안의 법다운 고행을 하신다. 오탁세계에 태어나셔서 중생에 따라 때가 있는 것을 보이시며 시냇물에 목욕하고 천인이 드리운 나뭇가지를 잡고 강 언덕에 오르니 아름다운 새들이 도량에까지 따라온다. 길상동자가 길상초를 바치니 불쌍히 여겨 보시한 풀을 받아 보리수 밑에 깔고 가부좌하신다. 그리하여 대광명을 놓으니 마왕이 이를 알고 권속을 거느리고 와서 핍박하고 시험한다. 그러나 지혜의 힘으로 모두 항복시키고 깊고 미묘한 법을 얻고 부처님이 되신다. 제석천과 범천이 와서 법륜을 굴리기를 청하니 부처님은 모든 곳을 다니시면서 사자후의 법을 설하신다. 법의

今推義而約言稱經而備理”

207) 기존의 번역을 참조하여 번역하였다(坪井俊映 著, 李太元 譯, 『淨土三部經概說』, 운주사, 1995, 137-143쪽 참조).

북을 치고, 법의 나팔을 불며, 법의 칼을 휘두르며, 법의 깃발을 세우고, 법의 우뢰를 떨치고, 법의 번개를 번뜩이며, 법의 비를 내리고 법을 베푸는 등 항상 법음으로 모든 세계를 깨닫게 하신다. 광명은 널리 한량없는 세계를 비추니 모든 세계가 여섯 가지로 진동하며 모든 마군의 세계에 미쳐 마군의 궁전이 움직이니, 모든 마군이 두려워하여 복종하지 않을 수 없었다. 삿된 그물을 찢어 없애고 나쁜 생각을 소멸하여 모든 번뇌의 티끌을 털어 버리고, 모든 탐욕의 구덩이를 무너뜨려 법의 성을 엄중히 보호하여 법의 문을 여신다. 더러움을 씻어 깨끗하게 하고 빛나는 불법으로 바른 교화를 베푸신다. 그리하여 여러 나라에 들어가서 걸식하실 때 여러 가지 풍요로운 공양을 받으시어 그들이 공덕을 쌓아 복을 받도록 하시며 법을 베풀고자 하실 때는 인자한 미소를 나투시어 모든 법의 약으로 삼고를 치료하여 구제하신다. 한량없는 도의 공덕을 나투시고 보살에게는 수기를 주어 장차 성불하게 하신다. 또 멸도를 나투어 보이시나 중생을 제도하시는 것은 멈추지 않으시고 모든 번뇌를 소멸시켜 모든 덕의 근본을 심게 하신 구족한 공덕은 미묘하여 헤아리기 어렵다.208)

---

208) 『佛說無量壽經』卷上(大正藏12, 265下-266上), “處兜率天弘宣正法。捨彼天宮降神母胎。從右脅生現行七步。光明顯曜。普照十方無量佛土。六種振動。擧聲自稱。吾當於世爲無上尊。釋梵奉侍天人歸仰。示現算計文藝射御。博綜道術。貫練群籍。遊於後園。講武試藝。現處宮中色味之間。見老病死悟世非常。棄國財位。入山學道。服乘白馬寶冠瓔珞。遣之令還。捨珍妙衣而著法服。剃除鬚髮。端坐樹下。勤苦六年。行如所應。現五濁刹隨順群生。示有塵垢沐浴金流。天按樹枝。得攀出池。靈禽翼從往詣道場。吉祥感徵表章功祚。哀受施草敷佛樹下加趺而坐。奮大光明使魔知之。魔率官屬而來逼試。制以智力皆令降伏。得微妙法成最正覺。釋梵祈勸請轉法輪。以佛遊步。佛吼而吼。扣法鼓。吹法螺。執法劍。建法幢。震法雷。曜法電。澍法雨。演法施。常以法音覺諸世間。光明普照無量佛土。一切世界六種震動。總攝魔界動魔宮殿。衆魔慴怖莫不歸伏。摑裂邪網消滅諸見。散諸塵勞壞諸欲塹。嚴護法城開闡法門。洗濯垢汚顯明

비교적 간결하게 석가모니의 일생을 그리고 있는 것으로 보아 『無量壽經』에서는 핵심적인 부분은 아니라고 생각된다. 실제로 그 분량은 경판 한 면 분량의 그리 길지 않은 내용이다. 그런데 憬興은 왜 이렇게 장황하게 인용을 하여 긴 주석을 달았던 것일까?

『無量壽經』의 다른 주석서들을 살펴보면, 4대주석서인 慧遠의 『無量壽經義疏』나 吉藏의 『無量壽經義疏』, 元曉의 『無量壽經宗要』는 물론이고, 비록 부분적으로 남아 있기는 하나 玄一, 義寂, 法位의 주석서와 비교해 보아도 분량 상 큰 차이를 보인다. 대개의 경우 經文에 대한 간략한 해설 수준의 주석을 하였을 뿐, 『連義述文贊』처럼 석가모니의 일생을 그린 '釋迦八相'이 하나의 독립된 내용으로 보아도 무리가 없을 만큼 긴 내용은 아니다.

보살의 權德을 찬탄하는 부분에서 『連義述文贊』에 인용된 경론은 『方廣大莊嚴經』 뿐이라고 해도 과언이 아니다. 『方廣大莊嚴經』을 제외하면 慧遠의 『無量壽經義疏』가 8회, '扣法鼓。吹法螺。執法劍。建法幢。震法雷。曜法電。澍法雨。演法施'의 八句를 해석하는 과정에서 『法華論』이라고 명시한 후 『妙法蓮華經玄贊』이 11회 인용되었고, 『法華論』에서 1회 인용되었다. 또, 玄一의 『無量壽經記』가 1회 인용되었으나, 2회 인용된 『一切經音義』와 마찬가지로 사전적인 어구 해석이 인용되었을 뿐이다.

淸白。光融佛法宣流正化。入國分衛獲諸豐膳。貯功德。示福田。欲宣法。現欣笑。以諸法藥救療三苦。顯現道意無量功德。授菩薩記成等正覺。示現滅度拯濟無極。消除諸漏殖衆德本。具足功德微妙難量"

이밖에 『攝大乘論』 1회, 『說無垢稱經』 1회, 『瑜伽師地論』 3회, 『大智度論』 1회, 『涅槃義記』 1회와 전거를 밝히지 못한 有說로 시작되는 인용문이 5회 등장한다. 다양한 인용경론이 등장하지만, 『方廣大莊嚴經』 한 군데서만 100회 이상 인용되었다는 점을 생각해 볼 때 『方廣大莊嚴經』을 제외한 인용경론의 비중은 그리 크지 않은 것이라는 것을 알 수 있다.[209]

여기서 두 가지 의문이 생긴다. 첫 번째 의문은 불교의 開祖라고 할 수 있는 석가모니의 일생을 살펴보는 것이 보살의 공덕과 대동소이하다는 언급 자체가 특별한 의도를 담고 있는 것은 아닌가 하는 점이다. 『無量壽經』은 대승불교 초기의 경전인 만큼 보살이 수행을 통해 깨달음을 얻고 붓다가 될 수 있다는 것을 전제로 설해졌다. 그러나 『連義述文贊』에서 憬興이 생각하는 보살의 위상은 그보다 강조되었다고 생각된다.

대승불교 일반의 보살을 중시하는 경향은 불교의 自力的인 특색을 드러내는 부분이라 할 수 있다. 그러나 같은 대승불교 사상이더라도 정토사상은 他力的으로 해석될 수 있는 가능성이 크기 때문에 憬興이 自力的인 측면을 부각시키기 위해서 의도적으로 보살의 위상을 강조했다고 생각된다.

두 번째 의문은 『無量壽經』에서 설하는 정토의 主佛인 阿彌陀佛보다 설법을 듣는 보살의 공덕에 대한 논의를 더욱 길게 하였다는 점에서 생겨난다. 이와 같은 사실은 憬興이 『無量壽經』을 해석할 때 『無量壽經』의 특수성보다는 보편성에 초점을

209) 이미 Ⅲ장에서 인용문헌의 구성과 인용회수에 대해서는 [표 7]으로 정리해 둔 바 있다(본 논문 64-67쪽 참조).

맞추었다고 보아야 할 것이다. 다른 불교 사상에서는 볼 수 없는 他力的 측면, 즉 염불을 통한 정토왕생을 그 특수성이라고 한다면, 대승불교사상을 담고 있는 경전이라는 점이 바로 보편성이라고 할 수 있을 것이다.

이 문제 역시 첫 번째 문제와 마찬가지로 『無量壽經』의 自力的 해석에 그 핵심이 있다고 보아야 하며, 그런 의미에서 이 두 문제에 대한 대답은 하나로 귀결된다고 본다. 憬興은 法相宗의 사상적 배경을 갖고 있었기 때문에 당시 중국에서 유행하던 善導 계통의 他力的 성향이 짙은 정토사상에 대해 나름의 해석을 내놓은 것이라고 생각한다. 보살의 功德을 강조하고 구체적으로 풀이하는 것은 다분히 그런 의도가 들어있는 것이라고 보아야 할 것이다.

憬興이 菩薩의 權德을 다루면서 보여주었던 이와 같은 특징은 菩薩의 修行을 다루는 부분에서도 그대로 드러난다. 보살의 수행은 어떤 성격을 지녔으며, 구성이라고 한다면, 대승불교사상을 담고 있는 경전이라는 점이 바로 보편성이라고 할 수 있을 것이다.

이 문제 역시 첫 번째 문제와 마찬가지로 『無量壽經』의 自力的 해석에 그 핵심이 있다고 보아야 하며, 그런 의미에서 이 두 문제에 대한 대답은 하나로 귀결된다고 본다. 憬興은 法相宗의 사상적 배경을 갖고 있었기 때문에 당시 중국에서 유행하던 善導 계통의 他力的 성향이 짙은 정토사상에 대해 나름의 해석을 내놓은 것이라고 생각한다. 보살의 功德을 강조하고 구체적으로 풀이하는 것은 다분히 그런 의도가 들어있는 것이라고 보아야 할 것이다.

憬興이 菩薩의 權德을 다루면서 보여주었던 이와 같은 특징은 菩薩의 修行을 다루는 부분에서도 그대로 드러난다. 보살의 수행은 어떤 성격을 지녔으며, 구제대상으로서 중생을 어떻게 다루고 있는지 憬興의 해석을 살펴보고자 한다.

2) 菩薩의 修行

傳法大衆인 菩薩의 功德을 찬탄하는 부분에서 또 하나의 축은 '利自他行'에 대한 찬탄이다. 憬興은 보살의 본령이라고 할 수 있는 自利利他의 行에 대한 논의도 釋迦八相 만큼이나 중시하였다. 利自他行에 대한 논의는 釋迦八相이 『方廣大莊嚴經』을 요약·인용하였던 것과는 달리 주로 『無量壽經』 주석서들의 의견들을 인용·비판하고 자신의 의견을 제시하는 형태로 이루어졌다.

憬興은 『連義述文贊』에서 利自他行을 다시 '依菩薩法修自分行, 依如來法修勝分行, 自分成德, 重辨勝分修成德'의 네 부분으로 나누어 논의를 전개하였다.[210] 첫 번째 菩薩法에 의지하여 스스로[를 이롭게 하는] 行이란 大乘經典의 깊은 뜻을 이해하고 중생을 제도함을 의미하며, 두 번째 如來法에 의지한 殊勝한 행이란 모든 붓다께서 갖추고 계신 것을 보살도 이미 갖추고 있다고 하는 내용을 담고 있다. 세 번째는 스스로 이룬 德으로서 利自他行의 네 가지 항목 가운데 가장 핵심적인 부분이

210) 『無量壽經連義述文贊』卷中(大正藏37, 143中-下), "述云第二廣歎有四。一依菩薩法修自分行。二依如來法修勝分行。三自分成德。四勝進成德"

다. 네 번째는 이미 수행하여 얻은 德을 거듭 분별한다는 내용으로 찬탄의 마무리에 해당된다. 이 네 부분에 관해서 『無量壽經』 주석서 사이에서 논란이 되었던 어구를 중심으로 살펴보기로 하자.

(1) 菩薩의 所住와 所立

憬興은 보살이 內德을 닦는 내용을 담은 經文 '한량없는 모든 부처님께서 함께 [이 보살을] 호념하신다. [또 보살은] 부처님이 머무시는 곳에 이미 머물러 계시며, 부처님이 세우신 바를 이미 모두 세우셨다'[211]고 한 내용 가운데 '佛所住者'와 '大聖所立'에 대한 세 가지를 주장을 인용하였다.

전거를 찾지 못한 첫 번째 주장에서는 所住가 眞法界로서 『攝大乘論』에서 설하였던 十法界이며, 所立은 『涅槃經』을 인용하여 능히 큰 뜻을 세우는 것과 같다고 하였다. 그러나 憬興은 『涅槃經』의 뜻은 利他를 의미하는 것이지 自利를 의미하는 것이 아니라고 그 잘못을 지적하였다.[212]

法位의 『無量壽經義疏』에서 인용한 것으로 보이는 두 번째 주장에서는 所住가 空과 無相의 이치이며, 所立은 곧 十二分敎라고 하였다. 그러나 憬興은 勝義諦뿐만 아니라 世俗諦도 또한

211) 『佛說無量壽經』 卷上(大正藏12, 266中), "無量諸佛咸共護念。佛所住者皆已得住。大聖所立而皆已立"

212) 『無量壽經連義述文贊』 卷中(大正藏37, 143下), "有說所住卽眞法界。攝論所說十法界也。所立卽神通力。涅槃云能建大義也。此恐不然。能建大義既大涅槃利物之義必非自利故"

마찬가지로 마땅히 붓다가 머물러야 할 곳이라며 이 의견을 비판하였다.213)

세 번째 주장은 慧遠의 『無量壽經義疏』에서 인용한 내용인데, 所住가 證行이고, 所立은 敎行이며 法界의 모든 救濟는 붓다께서 세워야 할 바(佛所立)라고 하였다. 그러나 憬興은 『法華經』의 "붓다는 스스로 대승에 머문다(佛自住大乘)"214)는 문장을 인용하여 이에 위배된다 하였다. 그 이유로서 대승은 반드시 가르침의 이치에 통달하여 그 수행의 결과로서 모두 제도하게 되는 것이니 이는 이미 수행한 것이므로 마땅히 머물러야 할 곳이지 마땅히 세워야 할 바가 아니라고 지적하였다.215)

이와 같이 세 가지 의견을 각각 비판한 憬興은 다음과 같이 자신의 입장을 정리하였다.

> 붓다가 머물러야 하는 곳은 곧 二諦의 뜻(旨)이다. 보살이 붓다를 따라 이미 깨달음을 얻은 까닭에 이미 머무르고 있다고 하는 것이다. 대성인이 세운 것은 곧 經·律·論 三藏의 말씀(詮)이다. 보살(大士) 또한 그 말씀의 意趣에 통달하였기 때문에 모두 이미 세웠다고 한 것이다. '佛'과 '大聖'은 말은 다르지만 그 실체는 같다.216)

---

213) 『無量壽經連義述文贊』卷中(大正藏37, 143下), "有說所住卽空無相理所立卽十二分敎。此亦不然。世俗之事應如勝義亦佛所住故"

214) 『妙法蓮華經』卷第一(大正藏9, 8上), "佛自住大乘"

215) 『無量壽經連義述文贊』卷中(大正藏37, 143下), "有說所住卽證行所立卽敎行。法界諸度是佛所立故。此亦不然。違法華佛自住大乘義故。大乘必通敎理行果。諸度旣行應非所立故"

216) 『無量壽經連義述文贊』卷中(大正藏37, 143下),"今卽佛所住者卽二諦之旨。菩薩逐佛而旣悟故云已得住。大聖立者卽三藏之詮。大士亦達詮之意趣故

憬興은 보살이 勝義諦·世俗諦(二諦)의 진리(旨)를 깨닫고, 經·律·論 三藏의 가르침(詮)에 통달하였기 때문에 『無量壽經』에서 '보살은 부처님이 머무시는 곳에 이미 머물러 있으며, 부처님이 세우신 바를 이미 모두 세우셨다(佛所住者皆已得住。大聖所立而皆已立)'고 한 것이다.

(2) 菩薩化德의 특징

憬興은 '모든 法의 體性에 통달하고, 중생의 모습을 잘 알 뿐만 아니라 모든 국토에 대해서 분명히 알고 계신다'217)는 經文에 대해서 교화의 功德, 즉 '化德'을 나타낸 부분이라고 하였다. 이 부분에 대해서 두 가지 주장이 인용되었다.

첫 번째 주장에서는 모든 法性에 통달하였다는 것은 諸法이 空한 이치에 통달한 것이며, 중생의 특성에 통달하였다는 것은 人이 空함에 통달하였다는 말이고, 모든 국토의 사정을 잘 알고 있다는 것은 器世界가 空함을 통달하였다는 뜻이라고 주장하였다.218) 그러나 憬興은 人과 法이 空함을 떠나 다시 空한 것은 없다고 하고, 만약 따로 空한 것이 있다면 또한 두 가지 智를 떠난 것이 되므로, 마땅히 따로 智가 있어야 하는 오류에 빠진다고 지적하였다.219)

云皆已立。佛與大聖卽言異體同故互稱而已"

217) 『佛說無量壽經』卷上(大正藏12, 266中), "通諸法性。達衆生相。明了諸國"

218) 『無量壽經連義述文贊』卷中(大正藏37, 143下-144上), "有說通諸法性者通法空理。達衆生相者達人空生眞。明了諸國者達器界空"

두 번째 주장은 慧遠의『無量壽經義疏』에서 인용한 것이다. 慧遠은 세 문구에 대해서 각각 智正覺自在行, 衆生世間自在行, 器世間自在行에 대응시켜 해석하였다. 그 내용은 다음 인용문과 같다.

> 모든 法性에 통달하였다는 것은 智正覺[世間]에서 자재하게 행함(智正覺自在行)이니 二諦의 法性에 통달하였기 때문이다. 衆生相에 통달하였다는 것은 衆生世間에서 자재하게 행함(衆生世間自在行)이니 衆生의 갖가지 體狀에 대해 모두 了達하였기 때문이다. 모든 국토의 사정을 잘 안다는 것은 器世間에서 自在하게 행함(器世間自在行)을 말한다.[220]

이 부분은 慧遠이『十地經論』에서 '淨土에는 세 가지 自在行, 즉 첫째, 器世間自在行, 둘째, 衆生世間自在行, 셋째, 智正覺自在行이 있다'[221]는 내용을 인용하여『無量壽經』의 내용을 설명하는데 대입시킨 것이다.

이와 같은 慧遠의 설명에 대해 憬興은 중생 외의 器世間은 마땅히 세속이 아니기 때문에 이 주장은 잘못이라고 지적하고, 만약 세속이라면 二諦에 통달하고 난 다음에는 더 이상 알아야

---

219) 『無量壽經連義述文贊』卷中(大正藏37, 144上), "離人法空更無別空故。若有別者亦離二智。應有別智故"

220) 『無量壽經連義述文贊』卷中(大正藏37, 144上), "有說通諸法性是智正覺自在行。通達二諦法性故。達衆生相是衆生世間自在行。衆生種種體狀皆了達故。明了諸國是器世間自在行。初云通次言達後言明。言之左右"

221) 『十地經論』(大正藏26, 181下), "次說淨佛國土。 此淨佛國土有三種自在行。一器世間自在行。二衆生世間自在行。三智正覺自在行"

할 것이 없기 때문이라고 주장하였다.222)

마지막으로 憬興은 이 經文에 대한 자신의 입장을 밝혔다.

> 法性에 통달하였다는 것은 곧 法界의 無量行이고, 衆生相에 통달하였다는 것은 곧 衆生界의 無量行이며, 모든 국토의 사정을 잘 안다는 것은 世界의 無量行을 말한다. 調伏界의 無量行은 無種姓을 포섭하지 않기 때문에 생략하고 調伏[界無量行]을 설하지 않은 것이다. 方便의 無量行은 곧 앞(調伏界)의 선교방편이기 때문에 역시 설하지 않은 것이다.223)

이와 같은 憬興의 설명은 다른 경론의 주장을 인용하여 쓴 것이다. '五無量(行)'에 대한 언급은 曇無讖 譯本인 『菩薩地持經』에서 찾아 볼 수 있다. 곧 菩薩은 다섯 가지가 無量하여 一切의 方便行을 한다면서 五無量이란 '첫째, 衆生界無量, 둘째, 世界無量, 셋째, 法界無量, 넷째, 調伏界無量, 다섯째, 調伏方便無量'224)이라고 하였다. 같은 내용이 求那跋摩의 譯本 가운데 1卷本인 『菩薩善戒經』225)과 『瑜伽師地論』226)의 本地分에도 나온

222) 『無量壽經連義述文贊』卷中(大正藏37, 144上), "衆生外器應非世俗故。若世俗者通二諦已更無所知故"

223) 『無量壽經連義述文贊』卷中(大正藏37, 144上), "今卽通法性者卽法界無量行。達衆生相者卽衆生界無量行。明了諸國者卽世界無量行。所調伏界無量不攝無種姓故。略不說調伏。方便無量卽前善巧故不亦說"

224) 『菩薩地持經』(大正藏30, 936下), "菩薩有五種無量生一切巧便行。一者衆生界無量。二者世界無量。三者法界無量。四者調伏界無量。五者調伏方便無量"

225) 『菩薩善戒經』(大正藏30, 999中), "菩薩摩訶薩觀一切方便有五無量。一者衆生界無量。二者世界無量。三者法界無量。四者調伏界無量。五者調伏

다. 『大乘義章』[227]과 『華嚴經探玄記』[228]에도 같은 내용이 등장하는데 조금 더 자세한 설명이 붙어 있다. 無量하다는 말은 헤아릴 수 있다면 장애가 있는 것이므로 無量하다고 해야 菩薩의 行을 설명할 수 있다고 한다.

이 가운데 어떤 경론을 보고 인용한 것인지 확실치 않으나, 번역어의 확연한 차이를 보이는 『瑜伽師地論』[229]을 제외하고, 『連義述文贊』의 내용에 가장 가까운 내용을 담고 있는 『菩薩地持經』이나 『菩薩善戒經』을 인용한 것으로 보아야 할 것이다. 보살의 功德을 찬탄하는 부분이니 만큼 『無量壽經』의 주석서 외에 다른 경론에서 그 근거를 찾고자 한 것으로 보인다.

方便無量"

226) 『瑜伽師地論』卷第十三(大正藏30, 345下), "復有五無量想。謂有情界無量想。世界無量想。法界無量想。所調伏界無量想。調伏方便界無量想"

227) 『大乘義章』(大正藏44, 704中), "五無量者。是化他智。名字是何。一衆生界無量。二世界無量。三法界無量。四調伏界無量。五調伏方便界無量。善知所化衆生差別名衆生無量。善知衆生住處不同名世界無量。知諸衆生心心所起善惡等法用之教化名法界無量。知諸衆生根性差別名調伏無量。然此非直知調伏心。亦知不調。以調爲主。故偏言耳。知度生法名調伏方便。度生法中行修善巧名爲方便。用此授人調令起行名調伏方便。又復令他起行善巧亦名方便"

228) 『華嚴經探玄記』(大正藏35, 355中), "第二是菩薩住七地下明彼障對治有二種相。一修行無量者。前樂對治。有量爲障故。修無量以爲對治。……後明佛德業無量。或要攝爲五。初一衆生界無量。二世界無量。三有兩對明法界無量。四有三對明調伏界無量。五後三對明調伏方便界無量"

229) 『瑜伽師地論』에는 다른 저술과는 달리 舊譯語인 '衆生' 대신 新譯語인 '有情'으로, '行' 대신 '想'으로 바뀐 것이 눈에 띈다.

(3) 菩薩行의 성격

利自他行의 세 번째에 해당하는 '스스로 덕을 이룸(自分成德)'의 내용은 다시 '수행의 방편, 수행으로 이룬 功德, 거듭 수행을 일으킴을 분별함, 거듭 功德을 성취함을 드러냄'의 넷으로 나누어 논의되었다. 이 가운데 첫 번째, 수행의 방편은 다시 넷으로 나뉘는데 크게 보면 自利行과 利他行으로 나누어 설명하고 있다.

① 自利行의 성격

수행의 방편을 설하는 가운데 그 첫 번째는 스스로 이롭게 하는 수행, 즉 自利修이다. 다음은 自利修를 나타내는 『無量壽經』의 經文이다.

> 모든 부처님께 공양할 때 몸을 나투기를 번갯불처럼 하고, 두려움이 없는 지혜를 잘 배워서 제법의 空한 실체를 제대로 안다.230)

憬興은 모든 부처님께 공양할 때 몸을 나투기를 번갯불처럼 하는 것을 福行이라고 하였고, 두려움이 없는 지혜를 잘 배워서 諸法의 空한 실체를 제대로 아는 것을 智行이라고 설명하면서231) 자신의 의견과는 다른 세 가지 주장을 인용하고 비판하

---

230) 『佛說無量壽經』卷上(大正藏12, 266中), "供養諸佛化現其身猶如電光。善學無畏曉了幻法"

231) 『無量壽經連義述文贊』卷中(大正藏37, 144上), "供養諸佛化如電光者卽福行也。善學無畏曉幻化者卽智行也"

였다.

첫 번째 주장은 慧遠의 『無量壽經義疏』에서 인용하였는데, '善學無畏[之網]'은 지혜를 바탕으로 하는 방편(智方便)이라 하고, '曉了幻[化之]法'은 지혜로 성취한 것(智成就)이라 하였다. 또 사람에 대해서 두려워하지 않는 까닭에 두려움 없음을 배운다(學無畏)고 하였고, 法에 대해 능히 잘 알기 때문에 幻化에 대해서 잘 안다(曉幻化)고 하였다.232)

두 번째 주장에서는 모든 법이 비록 없는 것도 아니고 있는 것도 아니므로 어떤 法도 두려워할 만하다고 보지 않는다. 중생을 포섭하고 버리지 않는 까닭에 두려움 없는 網을 배운다고 하였다. 비록 다시 있는 것도 아니고 없는 것도 아니며, 有·無를 떠난 까닭에 환상으로 만들어진 것(幻化)이라고 하였다.233)

세 번째 주장에서는 觀世音菩薩이 두려움을 없애 주는 베품(無畏施)의 網을 가지고 중생을 포섭하는 것과 마찬가지이므로 두려움 없애주는 망(無畏網)이라고 하였다.234)

그러나 憬興은 앞의 세 가지 주장에 대해 모두 그렇지 않다고 보고 모든 法이 고정적인 실체가 있는 것이 아니므로 두려

---

232) 『無量壽經連義述文贊』卷中(大正藏37, 144上), "有說欲供諸佛化現其身。一念遍至疾如電光。簡邪取正故云善學。達正過邪故云無畏。統攝諸法故云網。卽智方便也。亦見諸法非定有無其性如幻故云曉幻化。卽智成就也。又於人不怯故學無畏。於法能知故曉幻化"

233) 『無量壽經連義述文贊』卷中(大正藏37, 144上), "有說諸法雖非無而非有故不見一法可畏。攝物不捨故云學無畏網。雖復非有而非無離有離無故云幻化"

234) 『無量壽經連義述文贊』卷中(大正藏37, 144上), "有說如觀世音以無畏施網攝衆生故云無畏網"

워 할 만하다고 보지 않지만, 이미 인연에 따라 존재하기 때문에 없는 것도 아니므로 두려워할만 하다고 주장하였다.[235] 나아가 善學無畏之網과 曉了幻化之法에 대해 다음과 같이 해석하였다.

> 두려움 없는 망을 배운다(學無畏網)는 것은 가르침(詮)에 통달한 지혜(達詮之智)이며, 幻化法을 잘 안다고 하는 것(曉幻化法)은 곧 [가르침에 담긴] 뜻(旨)을 깨달아 얻은 지혜(悟旨之智)이며, 網이란 가르침이다. 곧 부처님이 네 가지 두려움 없음(四無畏)을 갖추신 까닭에 無畏라고 하는 것이다. 理든 事든 허깨비 같지 않은 것은 없기 때문에 幻化라고 한다. 보살은 부처님의 가르침의 뜻을 諸法의 言說自性을 통달함으로써 얻을 수 있는 것이 아니기 때문에 '잘 배우고 깨달아 알아야 한다(善學曉了)'고 한다.[236]

憬興은 無畏를 '四無畏'[237]로 보았고, 고정적인 실체가 없어 幻化라고 한 대상은 理·事를 가리지 않는다고 보았다. 결론적으로 보살이 스스로를 이롭게 하는 수행(自利修)은 바로 四無畏法을 잘 배우고 諸法이 幻化와 같이 고정적인 실체가 없음을 환하게 깨달아 아는 것이라고 정리하였다.

---

235) 『無量壽經連義述文贊』卷中(大正藏37, 144上), "諸法非有不見可畏。既亦非無。可畏故"

236) 『無量壽經連義述文贊』卷中(大正藏37, 144上-中), "學無畏網者卽達詮之智。曉幻化法者卽悟旨之智。網者敎也。卽佛備四無畏故云無畏。若理若事無不如幻故云幻化。菩薩稱佛敎之意以達諸法言說自性不可得故云善學曉了"

237) 四無畏란 붓다가 지닌 두려움이 없음의 네 가지 "一切智無所畏, 漏盡無所畏, 說障道無所畏, 說盡苦道無所畏"를 말한다.

憬興은 '善學無畏之網'과 '曉了幻化之法'에 대해 해석하면서 사용한 표현들, 즉 '達詮之智, 悟旨之智, 言說自性'은 唯識學의 술어들이다. 특히 詮과 旨는 法相宗의 술어로서 詮은 진리를 표현하려면 불가피하게 언어에 의지할 수밖에 없기 때문에 가르침을 드러내는 언어라는 뜻으로 쓰이며, 旨는 언어에 의지하지 않는 진리 그 자체를 말하는 것이다.[238] 즉 詮은 能詮의 의미로, 旨는 所詮의 의미로 쓰인 것이다. 그렇기 때문에 詮은 통달한다고 하는 것이며, 旨는 깨닫는다고 한 것이다. 『連義述文贊』에는 이밖에도 詮과 旨를 함께 사용하는 경우는 몇 번 더 나온다. 『無量壽經』의 이름을 해석하는 네 가지 방식 중의 하나로서 詮旨相對라고 설명할 때 나오며,[239] 平等性智를 일컬어 不可稱智라고 한다는 설명을 할 때도 등장한다.[240]

言說自性은 經典에 설해진 진리를 말하는 것으로 곧 能詮을 뜻하는 것이므로 보살이 부처님의 가르침의 뜻은 諸法의 言說自性을 통달함으로써 얻을 수 있는 것이 아니라고 하였던 것이다. 이와 같이 정토경전의 내용을 해설하는데 唯識學, 특히 法相宗의 술어를 이용하는 것은 憬興의 사상적 배경을 드러내는 것이라고 할 수 있다.

---

238) 詮旨 : 依詮談旨謂爲詮。廢詮談旨謂爲旨。是法相宗之名目也

239) 『無量壽經連義述文贊』卷上(大正藏37, 132上), "欲釋法護經本之名卽有四對。一總別相對。卽佛說及經名總無量壽名別故。二人法相對。卽佛者人餘名法故。三詮旨相對。卽無量壽名旨經者詮也說兼二故"

240) 『無量壽經連義述文贊』卷下(大正藏37, 169下), "平等性智證二空理境智平等玄絶稱說。而以名遣名而詮玄旨。悟旨者亡言。境旣不可稱 智可言不可稱"

② 自利行의 성격과 中道觀

'聲聞·緣覺의 지위를 초월하여 空·無相·無願三昧를 얻는다'[241]는 自利行의 성격을 다룬 經文에 대해서 憬興은 앞에서 다룬 自利行을 거듭 분별하는 내용이라고 하였다. 이 문구에 대해서 풀이하기를 처음 發心한 사람도 二乘을 뛰어넘는데 오래 수행한 사람은 당연히 이를 초월하므로 초월한다고 표현한 것이며, 대열반에 들고자하면 반드시 세 가지 삼매를 통과해야 할 門으로 삼기 때문에 세 가지 三昧를 설한 것이라고 하였다.[242]

憬興은 이와 같은 주장의 근거로서 '我와 法에 자성이 없기 때문에 空하다고 하며, 空한 까닭에 相이 없다(無相)고 하며, 相이 없는 까닭에 바라고 구하지 않는 것(無願)이다'[243]라는 『攝大乘論釋』[244]의 문장을 인용하였다.

이 經文에 대해서 慧遠의 『無量壽經義疏』에서는 앞의 표현, 즉 '두려움 없는 망을 잘 배우고, 幻化와 같은 諸法에 대해 깨

---

241) 『佛說無量壽經』卷上(大正藏12, 266中), "超越聲聞緣覺之地。得空無相無願三昧"

242) 『無量壽經連義述文贊』卷中(大正藏37, 144中), "初發大心尙過二乘況亦久行。故云超越。欲入大涅槃必三三昧爲門故偏說此三"

243) 『無量壽經連義述文贊』卷中(大正藏37, 144中), "如瑜伽論云。我法無故空。空故無相。無相故不可願求"
『攝大乘論釋』卷第十五(大正藏31, 264上), "釋曰。於大乘中三解脫門。一體由無性故空。空故無相。無相故無願。若至此門得入淨土。此句明門圓淨"

244) 憬興은『瑜伽論』에서 인용하였다고 하였으나 『攝大乘論釋』에서 인용한 것으로 보인다.

달아 안다'는 教行을 의미하고, 지금 이 표현은 證行을 의미한다고 하였다.245) 그러나 憬興은 두려움 없는 망을 배우는 것은 教行이라고 할 수 있지만, 幻化를 깨달아 안다는 것은 마땅히 證行이기 때문에 慧遠의 주장은 잘못이라고 지적하였다. 나아가 전자가 깨달음으로 나아가는 길(菩提之道)을 말한 것이라면, 후자는 열반으로 들어가는 문(涅槃之門)을 말한 것이라고 하였다.246)

『連義述文贊』에는 空·無相·無願三昧에 대한 설명이 다시 한 번 등장한다.

> [보살은] 空·無相·無願의 가르침에 머물며, [보살의 행은] 無作이고 無起이므로 諸法을 허깨비처럼 변화하여 생긴 것으로 본다.247)

이 經文에 대해서 憬興은 두 가지 주장을 인용하였다. 다음은 그 첫 번째 주장이다.

> 탐진치에 머무르기 때문에 意業을 조절하지 못하지만, 이제 空·無相·無願[三昧]에 머물면 능히 意業을 조절할 수 있다고 한다. 탐욕이란 가죽이므로 空三昧에 들어 조복시켜야 하고, 성냄이란 살이므로 無願三昧로 조복시켜야 하며, 어리석음이란 마음이므로 無相

245) 『無量壽經連義述文贊』卷中(大正藏37, 144中), "有說前教行此證行故"

246) 『無量壽經連義述文贊』卷中(大正藏37, 144中), "學無畏網雖可教行而曉幻化應言證故。今卽前是菩提之道後是涅槃之門"

247) 『佛說無量壽經』卷上(大正藏12, 269下), "住空無相無願之法。無作無起觀法如化"

> 三昧로 조복시켜야 한다.[248]

憬興은 이와 같은 주장에 대해서 이런 도리는 없으므로 물리칠 필요조차 없다고 일축하고 我와 法에 고정 불변하는 실체는 없는 것이므로 空이라고 하며, 거짓된 모습(假相) 또한 없는 것이므로 無相이라고 하고, 이 두 가지 가운데 이것은 바랄 수 있는 誓願이란 없기 때문에 無願이라고 주장하였다.[249]

두 번째 주장은 慧遠의 『無量壽經義疏』 내용이다.

> 이 세 가지(空·無願·無相三昧)는 과보 없이 만들 수 있는 것이라서 無作이라 하며, 원인 없이 생겨나는 까닭에 無起라고 한다.[250]

憬興은 作이란 이미 작용하였다는 뜻이니 어찌 원인이 없었겠냐고 반문하고, 起는 또한 이미 일어난 것이니 과보라고 할 수 있으므로 慧遠의 주장은 잘못이라고 비판하였다.[251]

憬興은 자신의 주장을 뒷받침하기 위해서 菩薩行의 특성을 다룬 『維摩經』의 내용을 인용하였다. 憬興은 因은 있으되 실제

---

248) 『無量壽經連義述文贊』卷中(大正藏37, 154中), "有說住貪瞋癡故意業不調。今住空無相無願故能調意業。貪是皮故入空調伏。嗔是肉故無願調伏。癡是心故無相調伏"

249) 『無量壽經連義述文贊』卷中(大正藏37, 154中), "諸法相中皆無此理誰勞彈斥。故今即我法實無故云空。假相亦無故名無相。於二中此無可希願故云無願"

250) 『無量壽經連義述文贊』卷中(大正藏37, 154中), "有說卽於此三無果可作故云無作。無因可生故云無起"

251) 『無量壽經連義述文贊』卷中(大正藏37, 154中), "作旣作用詎不名因。起亦生起可名果故"

로 쓰임이 없기 때문에 無作이라 하므로, 곧 『維摩經』에서 비록 행하였으나 작용이 없다[252]고 했다고 하고, 果報의 실체가 없기 때문에 無起라고 하므로, 곧 『維摩經』에서 비록 행하였으나 일으킴이 없다[253]고 했다고 주장하였다. 이미 體와 用이 없으므로 허깨비처럼 변화하여 생긴 것[254]으로 보는 것이라고 하였다.

결론적으로 憬興은 보살의 수행이 無作이고 無起인 성격을 지녔기 때문에 有가 아니며, 보살은 諸法을 허깨비처럼 변화하여 생긴 것으로 보기 때문에 無가 아니라고 보았다. 따라서 無도 아니고 有도 아니기 때문에 보살은 中道의 이치를 증득하고 이해(證會)하였다고 보았다.[255] 이는 앞에서 利自他行의 일부로서 '空·無相·無願三昧'를 이해하는 것과 마찬가지로 보살행에 대한 憬興의 이해에 일관되게 흐르는 관점이 中道觀이라는 사실을 보여주는 예라고 할 수 있다.

③ 利他行과 善巧方便

憬興은 보살의 利他行의 모습을 보여주는 經文 '方便을 잘

---

252) 『維摩詰所說經』卷中(大正藏14, 545下), "雖行無作而現受身。是菩薩行"

253) 『維摩詰所說經』卷中(大正藏14, 545下), "雖行無起而起一切善行。是菩薩行"

254) 『無量壽經連義述文贊』卷中(大正藏37, 154中-下), "今卽因無實用故云無作。卽維摩云雖行無作也。果無眞體故云無起。卽彼經云雖行無起也。旣無實體用故觀之如化"

255) 『無量壽經連義述文贊』卷中(大正藏37, 154下), "總而言之無作無起故非有。觀法如化故非無。非無非有卽中道之理所謂證會也"

세워 聲聞·緣覺·菩薩의 三乘의 法을 보이시고, 聲聞·緣覺의 경계에 따라 滅度를 드러내 보이신다'[256]는 내용 가운데 方便이란 巧權, 즉 善巧方便이라고 보았다.[257] 利他行의 대상은 중생이므로 근기에 따른 가르침을 설하기 위해서 방편을 잘 세워야 한다고 본 것이다. 이 經文에 대해서 憬興은 두 가지 다른 주장을 인용하여 비판하였다.

첫 번째 주장은 慧遠의 『無量壽經義疏』에서 인용하였다. 慧遠은 善方便이란 意方便이고, 三乘을 드러내 보여주고 滅度한 것은 곧 口方便이라고 주장하였다. 三乘을 잘 세워 교묘한 방편으로 대상을 제도하므로 善方便이라고 하였으며, 三乘因 및 滅度果를 설하므로 滅度를 드러내 보여주는 것이라고 한다고 주장하였다.[258]

또 다른 주장에서는 方便을 잘 세우는 것을 口方便이라고 하며, 中乘과 下乘에게 보여줄 때는 中과 下乘의 몸이 滅하는 것으로 나타나야 하기 때문에 모두 身方便이라고 하였다고 주장하였다.[259]

---

256) 『佛說無量壽經』卷上(大正藏12, 266中), "善立方便顯示三乘。於此中下而現滅度"

257) 『無量壽經連義述文贊』卷中(大正藏37, 144中), "方便雖多此中方便卽巧權之名"

258) 『無量壽經連義述文贊』卷中(大正藏37, 144中), "有說善方便卽意方便。示現三乘而滅度者卽口方便。善立三乘隨便度物名善方便。說三乘因及滅度果名顯示現滅故"

259) 『無量壽經連義述文贊』卷中(大正藏37, 144中), "有說善立方便是口方便。示中下乘而現中下滅皆身方便"

憬興은 慧遠의 의견에 대해서 下乘과 中乘에게 滅度를 드러낸 것은 말로 할 수 없는 부분이라서 모습으로 보여준 것이며, 따라서 二乘果를 설하였다고 해서는 안 된다고 지적하였다.260) 두 번째 有說에 대해서는 三乘에게 보여준다는 말에 뜻이 이미 갖추어져 있으므로, 滅度를 나타낸다는 말은 필요가 없는 것이다. 그렇지 않다면 어찌 三乘에 속하지 않는 것을 中乘과 下乘에게 說할 수 있겠느냐고 반문하였다.261) 앞에서 인용한 두 주장과 마찬가지로 憬興도 三業의 방편으로 대입시켜 설하였다. 다음은 憬興의 입장에서 經文을 해석한 것이다.

> 方便을 잘 세운다는 것은 곧 意方便이다. 모든 부처님을 따라서 三乘을 찾아 敎化하기 때문이다. 三乘을 드러내 보여준다는 것은 곧 口方便이다. 一乘을 분별하고 三乘을 설하는 것은 三乘도 부처님의 方便이기 때문이다. 中·下乘의 滅度는 身方便이다.262)

憬興은 이 대목에서 보살이 不定二乘을 이끌어 佛乘으로 나아가게 하려는 의도가 있어서 涅槃의 상태에서 滅度하는 모습을 보여준 것이라고 설명하고263) 『攝大乘論釋』264)과 『佛地經

---

260) 『無量壽經連義述文贊』卷中(大正藏37, 144中), "於下中乘而現滅度旣應化相。必不可言說二乘果。不爾如何言現滅度。而不言說故"

261) 『無量壽經連義述文贊』卷中(大正藏37, 144中-下), "示現三乘義已具足。亦言現滅度應無用故。不爾三乘有何不攝亦說中下耶"

262) 『無量壽經連義述文贊』卷中(大正藏37, 144下), "善立方便卽意方便。隨順諸佛尋三乘化故。顯示三乘卽口方便。分別一乘而說三乘。三乘亦卽佛方便故。中下滅度卽身方便"

263) 『無量壽經連義述文贊』卷中(大正藏37, 144下), "菩薩欲引不定二乘令趣佛

論』[265]의 내용을 인용하여 三乘의 모습으로 교화를 하는 것이 바로 意方便이라는 주장의 근거로 삼았다.

憬興은 이 經文의 中·下乘을 聲聞·緣覺의 二乘 중에서도 不定二乘을 의미하는 것으로 보았다. 즉 不定二乘은 깨달음을 얻을 수 있는 佛性이 있다고 보기 때문에 이와 같이 주장하는 것이다. 반면에 憬興이 『連義述文贊』에서 定性二乘에 대해 언급한 것을 살펴보면, 한결같이 定性二乘은 淨土往生을 할 수 없으며, 大乘으로 나아가는 것도 불가능하다고 주장하였다.[266] 즉 憬興의 二乘에 대한 주장은 '五性各別說'을 기반으로 하고 있음을 알 수 있다.

(4) 菩薩行으로 이룬 功德

憬興은 菩薩이 修行으로 이룬 功德을 설할 때 스스로 이롭게 하는 功德과 남을 이롭게 하는 功德 둘로 나누어 보았다. 여기서는 스스로 이롭게 하는 공덕의 성격과 이를 통해 보살이 얻은 바에 대해서 살펴보기로 하자.

乘故於彼涅槃而現滅度"

264) 『攝大乘論釋』(大正藏31, 234上), "又此變化從菩薩意業生"

265) 『佛地經論』卷第三(大正藏26, 303上), "成所作智起作三業諸變化事。…作四記論"

266) 『無量壽經連義述文贊』卷下(大正藏37, 158下), "以簡定性不得生故"
『無量壽經連義述文贊』卷下(大正藏37, 159下), "簡定性終不向大故"
『無量壽經連義述文贊』卷下(大正藏37, 169上), "定性那含必不生淨土"

① 스스로 이롭게 하는 功德의 성격

다음 『無量壽經』의 經文은 보살의 수행으로 이룬 功德의 성격을 다루고 있다.

> [보살은] 또한 지은 바도 없고, 얻은 바도 없고, 일어나지도 않고 멸하지도 않는 평등의 진리를 얻었다.267)

憬興은 보살이 수행을 통해 얻은 공덕이 평등하다고 보았다. 위의 經文 가운데 '無所作', '無所有', '不起不滅'이라는 표현은 주석서마다 보는 관점에 따라 해석이 다르다. 憬興은 두 가지 주장을 인용하였는데, 첫 번째 주장은 다음과 같다.

> 三乘의 本性이 空하기 때문에 無所作이라고 하고, 三乘의 果報를 따로 증득해야 한다고 보지 않는 까닭에 無所有라고 한다. [諸法이] 無性이라는 진리에 통달함으로써 諸法이 생하는 것도 멸하는 것도 아님을 이해하였기 때문에 不起不滅이라고 한다.268)

이 주장에 대해서 憬興은 決定二乘(=定性二乘)이 이미 無餘涅槃에 들어갔다면 확정적으로 말할 수가 없기 때문에 따로 증득할 것도 없다고 하고, 三乘을 드러내므로 無所作이 아니며, 滅度를 나타내기 때문에 無所有도 아니라고 주장하였다.269)

---

267) 『佛說無量壽經』卷上(大正藏12, 266中), "亦無所作亦無所有。不起不滅得平等法"

268) 『無量壽經連義述文贊』卷中(大正藏37, 144下), "有說三乘性空故無所作。不見別證三乘之果故無所有。達無性眞以解諸法不生滅故不起不滅"

269) 『無量壽經連義述文贊』卷中(大正藏37, 144下), "決定二乘旣入無餘。不可

두 번째 주장은 慧遠의 『無量壽經義疏』에서 인용하였다.

> 원인 없이 만들 수 있기 때문에 無所作이라고 하고, 결과가 없이 존재하는 까닭에 無所有라 하였고, 깨끗하지 않은데도 생겨날 수 있고 더러움 없이 멸할 수 있기 때문에 평등하다[270]

그러나 憬興은 이 주장에 대해서 원인에는 일정한 작용(功能)이 있기 때문에 無所作일 수가 없으며, 결과는 간접적인 조건(緣)을 바탕으로 존재하는 것이기 때문에 無所有가 아니라고 지적하였다.[271]

이와 같이 두 가지 주장에 대한 비판을 하고 憬興은 '無所作', '無所有', '不起不滅'이라는 어구에 대해서 다음과 같이 정리하였다.

> 지음도 없고, 존재도 없다면 事는 평등한 것이다. 일어나지도 않고, 멸하지도 않는다면 理가 평등한 것이다. 실제로 작용이 없는 까닭에 無所作이고, 능히 스스로 생겨날 수 없으므로 無所有이다. 깨끗한 法이 비록 늘어난다 해도 진실로 따라서 늘어나는 것이 아니기 때문에 일어나지 않는다(無起)고 하고, 오염된 法이 비록 멸한다 해도 따라서 멸하는 것이 아니므로 멸하지 않는다(不滅)고 한다. 모든 법은 한 모습으로서 이른바 고정적인 실체가 없기(無相) 때문에

定言卽無別證故。又顯三乘故非無所作。現滅度故非無所有故"

270) 『無量壽經連義述文贊』卷中(大正藏37, 144下), "有說無因可作故無所作。無果可有故無所有。無淨可起無染可滅故云平等"

271) 『無量壽經連義述文贊』卷中(大正藏37, 144下), "因有功能故非無所作。果藉緣有故非無所有故"

평등하다고 한다. 이러한 진리에 대하여 깨달아 이해하므로 얻는다고 한다.[272]

② 菩薩行으로 얻은 智慧

앞에서 菩薩行으로 얻은 공덕은 無所作, 無所有, 不起不滅을 특징으로 한다고 하였다. 이와 같은 보살행을 통해 얻은 바에 대해서 『無量壽經』에서는 다음과 같이 표현한다.

> 한량없는 신통한 智慧와 백 천 가지 三昧와 중생의 근기를 다 아는 智慧를 구족하여 성취한다.[273]

보살이 수행을 하게 되면 위와 같은 것을 얻게 된다고 한다. 여기서 '總持, 三昧, 智慧'와 같은 표현에 대해서 주석서마다 다른 해석을 하였는데 憬興은 두 가지 주장을 인용하고 자신의 설명을 덧붙였다.

첫 번째 주장에서는 三昧와 總持의 관계를 규정하였는데, 처음에 익히는 것을 삼매라 하고 이를 통해 성취한 것을 총지라고 하였다.[274] 憬興은 이 주장대로라면 부처님의 경지에 삼매

---

272) 『無量壽經連義述文贊』卷中(大正藏37, 144下), "無作無有者即事平等也。不起不滅者理平等也。無實作用故無所作。不能自生故無所有。淨法雖增眞不隨增故云無起。染法雖滅如不隨滅故云不滅。諸法一相所謂無相故云平等。於是證會故亦云得"

273) 『佛說無量壽經』卷上(大正藏12, 266中), "具足成就無量總持百千三昧諸根智慧"

274) 『無量壽經連義述文贊』卷中(大正藏37, 144下), "有說初習名三昧成就名總持"

가 없는 것이 되어 모든 가르침에 어긋나게 된다고 모순을 지적하고, 총지란 비록 禪定과 智慧에 통하는 것이지만 바로 이것이 지혜의 성품이며, 百千三昧란 곧 총지가 의지하는 바라고 설명하였다.[275] 즉 이들이 순차적으로 존재하는 것이 아니라 相依的 관계라고 보았다.

두 번째 주장은 慧遠의 『無量壽經義疏』에서 인용하였다. 慧遠은 모든 根機에 통하는 것은 一切善法이고, 根機에 따라 개별적으로 말한다면 信, 精進, 念, 定이 있다고 하였다.[276] 이와 같은 慧遠의 주장에 대해서 憬興은 다음과 같이 비판하였다.

> 무릇 善法이란 모두 有爲의 諸法에 통하는 것이다. 有爲의 善法 가운데는 비록 根機라는 이름이 존재하지만 無爲法에서는 그렇지 않기 때문이다. 또 信, 精進 등을 모든 根機라고 불렀기 때문에 마땅히 따로 智慧를 설하지 않은 것이다. 이미 三昧를 설하였으니 定이 별개의 항목인 셈인데, 무슨 이유로 또한 [지혜는 설하지 않으면서] 定의 근기를 설하는 것인가?[277]

앞의 두 가지 주장과는 달리 憬興은 諸根에 대해 六根이 청정함을 말하는 것이라고 주장하였다. 지금 설하고 있는 모든

---

275) 『無量壽經連義述文贊』卷中(大正藏37, 144下), "佛地應無三昧。卽違諸教故。今卽總持雖通定慧正是慧性故。百千三昧卽總持所依"

276) 『無量壽經連義述文贊』卷中(大正藏37, 144下), "有說諸根通卽一切善法別卽信精進念定"

277) 『無量壽經連義述文贊』卷中(大正藏37, 144下-145上), "汎言善法皆通有爲諸法。有爲善中雖有名根無爲必非故。又信精進等名諸根者不應別說智慧故。旣說三昧卽定別目。而有何因亦說定根故"

菩薩의 階位는 十地일 뿐이니 이미 六根의 自在함을 얻어 서로 통하여 쓴다고 보기 때문이다. 總持는 비록 지혜이지만 지혜가 반드시 總持는 아니기 때문에 衆行을 인도하는 지혜를 따로 설한 것이라고 하였다.[278] 이와 같이 憬興은 보살이 수행을 통해 얻은 지혜의 성격에 대해서 자신의 입장을 정리하였다.

(5) 菩薩의 禪定

菩薩의 自利行 가운데 禪定에 대해 언급한 『無量壽經』의 經文이 있다.

> 깊은 禪定에 머물러 현재의 한량없는 부처님을 친견함이, 다만 한 생각 사이에 두루하지 않음이 없다[279]

이 經文은 보살행 가운데 선정의 성격에 대해서 다룬 부분이다. 憬興은 두 가지 주장을 인용하였는데, 첫 번째 주장에서는 깊은 禪定이란 의지해야 할 理定을 통하여 일어나는 것이라고 하였고,[280] 두 번째 주장에서는 一念周遍이란 禪定에 들어 衆生을 관하는 것이라고 하였다.[281] 憬興은 두 가지 주장에 대

278) 『無量壽經連義述文贊』卷中(大正藏37, 144下-145上), "今卽諸根者六根淸淨。此諸菩薩位階十地已。得自在六根互用故。總持雖慧慧未必持故。引導衆行故須別說"

279) 『佛說無量壽經』卷上(大正藏12, 266中), "住深定門悉覩現在無量諸佛一念之頃無不周遍"

280) 『無量壽經連義述文贊』卷中(大正藏37, 145上), "有說深定者起通所依理定"

해 이미 事德에 통달하였다면 의지하는 대상으로서의 禪定이 반드시 理定이어야 할 필요는 없으며, 한량없는 부처님을 一念에 보는 것은 아니라고 비판하고,[282] 經文의 내용을 차례로 설명하였다.

> 의지해야 할 禪定을 통해 볼 수 없는 대상은 없기 때문에 깊은 禪定이라고 한 것이며, 모든 부처님을 본다는 것은 곧 天眼通이고, 一念에 두루 한다는 것은 神足通이다.[283]

보살이 깊은 선정에 머물면 모든 대상을 觀할 수 있고, 이와 같은 선정 수행을 거듭하면 천안통, 신족통과 같은 육신통을 얻을 수 있기 때문에 一念에 모든 부처님을 보며 그곳으로 가서 공양할 수 있다고 하는 것이라고 본 것이다.

여기에 덧붙여 인용했다는 언급 없이 慧遠의 『無量壽經義疏』에서 '攝行(寬)廣'이라거나 '起行(速)疾'이라는 표현을 인용하여 추가로 설명을 하였다.[284] '깊은 禪定에 의지한 天眼通으로 모든 부처님을 보기 때문에 攝行이 넓다고 하고, 神通力으로 一念에 모든 佛土에 이르기 때문에 行을 일으킴이 빠르다'는 내

281) 『無量壽經連義述文贊』 卷中(大正藏37, 145上), "有說一念周遍者入定觀衆生"

282) 『無量壽經連義述文贊』 卷中(大正藏37, 145上), "通旣事德。所依之定必非理定故。睹無量佛應非一念故"

283) 『無量壽經連義述文贊』 卷中(大正藏37, 145上), "通所依定無境不觀故云深定。睹諸佛者卽天眼通。一念遍者卽神境通"

284) 『無量壽經義疏』(大正藏37, 98下-99上), "悉睹現在無量諸佛。攝行寬廣。由見多佛。供養生福。受法生智。一念之頃無不周遍。起行速疾"

용을 인용함으로써 慧遠의 의견을 따르고 있음을 보여주었다.[285)]

3) 菩薩의 救濟對象

앞에서 살펴본 보살의 수행은 중생의 구제를 목표로 한다. 스스로 이롭게 하는 수행을 통해 얻은 공덕으로 아울러 남을 이롭게 하는 수행을 하게 되는 것이다. 먼저 보살의 구제대상에 대해 다루고 있는 다음 經文의 내용을 살펴보자.

> 三惡道의 고통 받는 衆生이나 修行할 틈이 있는 이나 없는 이나 모두 구제하여, 진실한 道理를 분별하여 보이시는, 부처님과 같은 四無礙辯의 지혜를 얻어, 모든 언어에 통달하여 모든 중생을 구제한다. 세간의 모든 존재하는 법을 초월하여 마음은 항상 세상을 구제하는 도리에 머물고, 일체만물에 대해 마음대로 자재하게 중생을 위하여 청하지 않았는데도 벗이 되어 뭇 중생의 짐을 거듭 진다[286)]

이 經文에 대한 주석서들의 해석을 살펴보면 보살의 구제와 그 대상을 나타내는 劇難, 諸閑不閑, 群生에 대한 해석이 주석서마다 서로 다르게 나타나는 것을 알 수 있다.

---

285) 『無量壽經連義述文贊』卷中(大正藏37, 145上), "依此深定以發天眼能見諸佛故攝行廣。亦起神通一念遍至所睹佛土攝福生智故起行疾"

286) 『佛說無量壽經』卷上(大正藏12, 266中), "濟諸劇難諸閑不閑。分別顯示眞實之際。得諸如來辯才之智。入衆言音開化一切。超過世間諸所有法。心常諦住度世之道。於一切萬物隨意自在。爲衆生類作不請之友。荷負群生爲之重任"

憬興이 인용한 첫 번째 주장은 法位의 『無量壽經義疏』에서 인용한 것으로서 '閑'을 어떻게 이해하고 있었는지 다루고 있다.

> 二乘은 중생을 구하는데 게으르고, 菩薩은 게으르지 않으며, 凡夫는 修行에 게으르고, 菩薩은 게으르지 않다고 한다. 다시 말해 二乘과 凡夫는 無上道로 나아가는 데 게으르지만 菩薩은 게으르지 않다고 한다.[287]

憬興은 法位의 이와 같은 주장이 이치에 타당하려면 해태함이나 정진함에 대해 설해야 하는데 그렇지 않았으며, 문맥상 閑이란 한가로운 상태(閑處)를 뜻하는 말이지 게으르다는 뜻이 아니므로 '閑'의 해석이 잘못되었다고 지적하였다.[288]

또 다른 주장은 義寂의 『無量壽經述義記』에서 확인할 수 있다. 義寂은 閑을 '틈' 혹은 '여유'로 해석하였다. 즉 능히 성스러운 가르침을 수용하여 수행을 일으킬 수 있기 때문에 閑이라고 하였고, 그렇지 않으면 不閑이라고 하였다고 주장하였다.[289]

法位나 義寂의 주장은 저술의 일부분만 남아 있는 상태여서

---

287) 『無量壽經連義述文贊』卷中(大正藏37, 145上-中), "有說二乘於救生卽閑菩薩卽不閑。凡夫於修卽閑菩薩不閑。二乘凡夫於無上道卽閑菩薩卽不閑"

288) 『無量壽經連義述文贊』卷中(大正藏37, 145中), "若如所言應說懈怠精進故。閑卽閑處必非嬾惰故"

289) "濟諸劇難。諸閑不閑。分別顯示眞實之際。 [義寂云]劇難者。謂乃至。三惡趣難。八難中。此最劇故。又此一向。墮難劇故乃至。人天趣中。非難處者。名爲諸閑。以容能起諸聖道。故墮難處者。名爲不閑。以無用起諸聖道故。[無量壽經鈔二]", (章輝玉, 「新羅淨土關係 散佚文」, 『佛教學報』 25, 1988, 293쪽).

憬興처럼 다시 한 번 같은 내용을 담은 주장을 확인해 볼 수 없다. 이밖에 元曉의『無量壽經宗要』나 玄一의『無量壽經記』에는 해당 부분의 주석이 남아 있지 않아 자세한 내용을 알 수 없다.

憬興은 諸劇難을 八難으로 보고 여기에 대한 해석을 두 가지 인용하였는데, 그 가운데 첫 번째 주장은 慧遠의『無量壽經義疏』에서 인용되었다.

> 부처님을 만나기가 지극히 어려운 상황에 여덟 가지가 있다고 한다. 惡趣는 세 가지이니 곧 三惡趣이다. 인간에는 네 가지가 있으니, 첫째, 맹인, 농아, 벙어리(감각기관의 결함 때문에), 둘째, 세속적인 지혜가 있고 말 잘하고 총명해서(佛法을 따르려고 하지 않기 때문에), 셋째, 부처님 이전과 이후(부처님이 계시지 않은 때라서), 넷째, 북구로주(辺地)이다. 天에는 하나가 있는데 無想天이라고 한다. 따라서 八難 가운데 三惡道가 힘든 곳이므로 菩薩이 이들을 구제하신다. 人天의 고통은 약한 까닭에 모두 등한시 하며, 菩薩이 三惡道를 부지런히 교화하는 까닭에 등한시하지 않는다[290]

憬興은 慧遠의 이와 같은 해석의 오류에 대해 차례로 지적하였다. 天이 하나라고 한다면 다른 경전에서 非想天이 여덟 번째 어려움이 된다고 하는 說과 어긋나며, 人天의 어려움을 모두 등한시 한다고 하면 모든 人天이 어려움에 포함되지 않는

290)『無量壽經連義述文贊』卷中(大正藏37, 145中), "有說劇難有八。惡趣有三卽三惡趣也。人間有四。一盲聾瘖啞二世智辯聰三佛前佛後四北俱盧洲。天上有一謂無想天。故八難中三塗爲劇菩薩濟之。人天苦微故云諸閑。菩薩勤化故云不閑"

다는 뜻이 되므로 마땅히 菩薩의 교화대상이 되지 못하는 모순이 생기기 때문에 잘못이라고 지적하였다.[291]

八難에 대한 두 번째 해석은 佛陀跋陀羅가 漢譯한 『佛說觀佛三昧海經』에서 인용되었다.

> 이 가운데 阿鼻地獄은 끊임없이 고통을 받기 때문에 쉴 틈이 없다(不閑)고 하며, 나머지 일곱은 쉴 틈이 있다(閑)고 한다. 보살이 능히 구제하기 때문에 구제한다(濟)고 한다.[292]

여기에 대해서 憬興은 마땅히 나머지 일곱이 무엇인지 설해야 한다면서, 만약 뒤의 일곱 가지 難을 쉴 틈이 있다(閑)고 한다면 곧 일곱 지옥은 마땅히 쉴 틈이 없어서는 안 된다고 하였다. 앞에서 쉴 틈이 있는 것에 속한다고 했기 때문이다. 만약 일곱 지옥에 쉴 틈이 있다(閑)고 한다면 곧 여덟 번째 추운 지옥 또한 두 군데 속할 수는 없다. 보살이 구제함이 마땅히 두루 하지 못한 것이 되는 모순이 생긴다고 지적하였다.[293]

憬興은 앞에서도 살펴보았듯이 閑의 의미를 '한적하다' 혹은 '한가하다'로 풀이하였다. 따라서 業의 미혹함 때문에 두 가지

291) 『無量壽經連義述文贊』卷中(大正藏37, 145中), "天上有一。卽違餘經說非想天爲第八難故。又人天難言諸閑者有諸人天非難所攝。應非菩薩之所化故"

292) 『無量壽經連義述文贊』卷中(大正藏37, 145中), "此中阿鼻受苦無間故言不閑。餘七名閑菩薩以能救名濟"

293) 『無量壽經連義述文贊』卷中(大正藏37, 145中), "若說後七難名閑者卽七地獄應非不閑。閑所攝故。若說七地獄名閑者卽八寒獄亦非二攝。菩薩救濟應非遍故"

장애가 있는 상태를 일러 한가롭지 못하다(不閑)고 한 것이며, 만약 여덟 가지 어려움 및 두 가지 장애가 없다면 모두 한가롭다(閑)고 주장한 것이다. 이처럼 구제 대상으로서 중생이 한가롭건 그렇지 않건 간에 보살은 큰 자비로서 모두 능히 이 어려움과 장애를 제거할 수 있기 때문에 구제한다고 해석하였다고 주장하였다.294)

『無量壽經』에서 보살의 구제대상은 앞에서 살펴본 중생에 한정되지 않고 '群生'이란 표현으로 그 대상의 넓음을 보여주고 있다. 憬興은 群生을 『勝鬘經』의 四種衆生, 즉 無聞非法 및 三乘을 구하는 자라고 보았다.295) 여기서 三乘을 구하는 자는 결정되어 있는 경우도 있고 결정되어 있지 않은 경우도 있지만 첫 번째 중생은 無性有情이라고 해석하였다.

無性有情이란 앞에서 오직 人天의 有漏種子만 가지고 있을 뿐 三乘의 無漏種子는 갖고 있지 않은 중생으로서 法相宗이 세운 五性各別의 다섯 번째 無佛性種姓을 의미한다. 憬興은 여기서 無性有情을 포함한 이들 모두가 보살의 구제 대상에 해당된다고 보았다.296)

憬興은 보살의 구제대상을 설하면서 無性有情을 구제대상에

---

294) 『無量壽經連義述文贊』卷中(大正藏37, 145中), "有業惑二種障者名爲不閑。若非八難及無二障皆曰閑。菩薩大悲皆能拔除故亦云濟"

295) 『無量壽經連義述文贊』卷中(大正藏37, 145下),"群生者卽勝鬘中四種衆生。所謂無聞非法及求三乘者"

296) 『無量壽經連義述文贊』卷中(大正藏37, 145下), "華嚴瑜伽皆有此四。而後三種通定不定。初之一種無性有情。故人天善根應成就。菩薩荷此四群生爲自重擔而成就故云荷負。作不請友皆該四群也"

포함시켰지만, 어디까지나 성불가능성이 있는 것은 아님을 명시한다. 즉 『勝鬘經』에서 말했듯이[297] 無聞非法人은 다른 三乘人들과는 달리 人天의 善根을 성취할 수 있을 뿐이라고 주장하였다. 無性有情은 보살의 구제대상이기는 하지만 깨달음을 얻을 수 있는 존재는 아니라는 것이다. 이는 憬興이 五性各別說을 따르는 입장이라는 것을 다시 한 번 보여주는 예라고 할 수 있다.

지금까지 보살의 功德을 찬탄한 부분을 살펴보았다. 이 부분에서 憬興은 보살의 수행과 그 성격, 그리고 구제의 대상 등을 주로 다루었다. 憬興은 모두 自利利他의 관점으로 설명하고자 하였다.

憬興은 自利行으로서 二諦(勝義諦·世俗諦)를 깨닫고, 三藏(經·律·論)에 통달하는 것이 보살로서 머물러야 할 곳이며 이루어야 할 대상이라고 보았으며, 空·無願·無相三昧에 들어 大涅槃을 얻으려는 修行을 해야 한다고 주장하였다. 이와 같은 수행을 통해 이루게 된 功德은 '無所作, 無所有, 不起不滅'이라는 특징을 지니기 때문에 큰 지혜(無量摠持·百千三昧·諸根智慧)를 얻게 된다고 하였다.

또 利他行으로서 앞서 自利行으로 통달한 諸法의 體性을 바탕으로 敎化의 대상인 중생에 대해 잘 알아 그들의 根機에 따

297) 『勝鬘師子吼一乘大方便方廣經』(大正藏12, 218中), "何等爲四。謂離善知識無聞非法衆生。以人天善根而成熟之。求聲聞者授聲聞乘。求緣覺者授緣覺乘。求大乘者授以大乘"

라 三乘을 설하는 方便을 잘 써야 하며, 中·下乘을 위하여 滅度를 보이기도 해야 한다고 하였는데, 이와 같은 보살의 敎化對象의 범위는 '無聞, 非法 및 三乘을 구하는 자'까지 포함하는 四種衆生이라고 주장하였다.

이와 같은 주장은 앞서 보살의 實德을 찬탄하는 經文 "入佛法藏究竟彼岸"에 대한 주석에서도 확인할 수 있었던 내용이다. 憬興은 自利利他의 行을 제대로 이해하고 이에 힘쓰는 것을 佛法藏에 들어가는 것이라고 이해하였으며, 彼岸은 곧 眞理이므로, 眞理를 증득하는 것이 彼岸에 도달하는 것이라고 보았다. 즉 항상 二諦를 비춤으로써 나와 남을 이롭게 하여야 한다는 결론을 내렸었다. 憬興이 菩薩의 功德을 찬탄하면서 自利利他行을 강조하였던 것은 바로 이와 같은 이해가 바탕이 되었기 때문이다.

3. 憬興의 誓願觀

本願[298] 혹은 誓願[299]은 대승불교의 중심 개념이다. 깨달음

298) 漢譯에서 本願으로 번역되는 말의 원어는 『無量壽經』의 산스크리트어 원전에서 pūrva-praṇidhāna, 또는 praṇidhāna, 혹은 praṇidhis이다. praṇidhāna는 誓願을 뜻하며, 여기에 pūrva가 앞에 붙으면 '이전의 誓願'이라는 뜻이 된다. 『無量壽經』에서는 本願이 중심교설이 되어 일반화되기에 이르렀는데, 이 경우 pūrva는 '전생의' 라는 뜻이 된다고 할 수 있다. (香川孝雄 著, 앞의 책, 1993, 363面 참조).

299) 憬興은 誓를 '邀制義', 願을 '悕求義'라고 하면서, 48願을 시작하는 어구

을 얻으려는 노력과 아울러 좀더 많은 중생을 구제하려는 의도가 서원에 담겨있기 때문이다. 붓다나 보살이 서원의 주체이며, 그 廻向處는 衆生이다. 여러 大乘經典에서 여러 붓다의 서원이 나타나는데 모두 오로지 중생을 구제하고자 하는 의도가 있을 뿐이다. 중생을 회향처로 하지 않는 서원은 더 이상 서원이라고 할 수가 없기 때문이다.

『無量壽經』에도 阿彌陀佛이 淨土를 건립하기 위해 세운 48願이 등장한다. 過去世에 法藏比丘였던 阿彌陀佛이 世自在王佛 앞에서 서원을 세우고 이를 토대로 修行을 통해 정토를 건립하고 중생으로 하여금 이곳에 왕생하게 한다는 것이 바로 『無量壽經』의 내용이다. 이와 같은 『無量壽經』의 서원을 憬興은 어떻게 해석하였는지 살펴보기 위해서 서원의 주체였던 法藏菩薩과 관련된 내용부터 48願에 이르기까지 자세하게 다루어 보기로 하자.

1) 53佛과 法藏의 地位

憬興은 『無量壽經』의 본론에 해당하는 '如來의 淨土因果'를 다음과 같이 구성되어 있다고 풀이하였다. 석가모니불께서 아미타불의 전신인 法藏比丘가 48願을 세우게 된 인연을 설하실 때 먼저 勝緣을 밝히고 나중에 勝行을 드러냈다고 한다. 勝緣은 다시 遠緣과 近緣으로 나누어 설해졌는데, 過去世 53佛의

인 '設我得佛'은 '願'이며, 끝맺음하는 어구인 '不取正覺'은 '誓'라고 하였다.

이름을 나열하는 부분이 遠緣이고, 世自在王佛의 이름을 해설하는 부분이 近緣이라고 한다. 無央數劫이라는 표현에서 알 수 있듯이 시간적으로 멀기 때문에 遠緣이라 하였고, 서원을 세우려는 법장비구 앞에 나타난 붓다가 곧 世自在王佛이기 때문에 近緣이라 한다고 설명하였다.

憬興은 53佛의 이름을 나열한 부분에서, 전법대중을 설명할 때 성문·보살의 이름을 하나하나 풀어 설명하였던 것과는 달리 53佛 가운데 첫 번째 붓다로 등장하는 錠光佛이 燃燈佛과 동일한 붓다라는 주장에 대해서만 설명을 하였다.

玄一은 『無量壽經記』에서 '발이 있으면 錠, 발이 없으면 燈이므로 錠光佛은 燃燈佛과 같은 것이다'[300]라고 하는 사전적인 풀이에 의지한 설명을 하였는데, 이 의견에 대해서 '만약 그렇다면 석가모니는 이미 먼저 授記를 얻은 것이 되는데 어떻게 阿彌陀佛 후에 존재하여 道를 이루었다는 것인가! 만약 阿彌陀佛 후에 존재하는 것이 아니라면 곧 阿彌陀佛이 成佛한 후 十小劫이 지났다는 말과 어긋나게 된다'[301]고 지적하는 有說이 인용되어 있다.

憬興은 이 문제에 대해서 錠光佛과 燃燈佛이 같기도 하고 다르기도 하다는 의견을 제시한다. 다르다고 할 때는 정광불이 석가모니불에게 수기를 준 붓다가 아니기 때문이고, 같다고 할

300) 『無量壽經記』卷上(韓佛全2, 233下), "錠普定實有足曰錠無足曰燈錠光燃燈也"

301) 『無量壽經連義述文贊』卷中(大正藏37, 148上), "有彈此言若爾釋迦旣先得授記何在彌陀後而成道耶。若非後者便違彌陀成佛已來十小劫故"

때는 본래 석가모니불 이전에 연등불이 있었으며 정광불이라고도 할 수 있다는 점 때문이라고 주장하였다.302)

여기에 다시 정광불이 석가모니불에게 授記를 준 붓다가 아니라면 왜 53佛 가운데 처음에 오고 다른 붓다가 오지 않았냐는 질문에 대해서는 법장비구가 정광불 때부터 淨土因行을 받아들이고 닦아 왔기 때문에 정광불을 연등불이라고 부르는 것이 뜻에 어긋나는 것이 아니라고 하였다.303)

이와 같이 近緣까지 설명을 하고 나면 법장비구가 48원을 세우는 과정인 勝行을 직접 서술한다. 여기에는 法藏比丘의 지위에 대해서 여러 주장이 등장한다. 먼저 慧遠은 『無量壽經義疏』에서 法藏比丘가 發心을 하여 偈頌을 부르는 단계에서는 初地 이전의 수행을 하며, 게송을 마치고 48원을 세우는 단계에서는 初地 이상의 수행을 한다고 주장하였다.304)

憬興은 이 주장에 대해 初地 이상의 보살은 생각마다 항상 모든 중생을 이롭게 하며, 불국토를 깨끗하게 하는 수행을 하므로, 오 겁 동안 오로지 淨土果를 받는 수행만을 하지는 않았

302) 『無量壽經連義述文贊』卷中(大正藏37, 148上), “今卽錠光燃燈亦同亦異。異卽錠光雖復燃燈非釋迦授記佛故。同卽本釋迦前亦有燃燈可錠光故”

303) 『無量壽經連義述文贊』卷中(大正藏37, 148上), “不應難言 錠光若非釋迦獲道記佛 有何因緣錠光爲初。而非餘佛者 從彼佛已來 五十四佛 頻興世故云爾。從錠光來漸有攝受淨土行故。由此錠光亦名燃燈。義亦無咎”

304) 『無量壽經連義述文贊』卷中(大正藏37, 148中), “遠法師云起行有二。從初盡頌辨世間行卽地前所行也。法藏比丘說此頌以下辨出世行卽地上所修也” 『無量壽經義疏』(大正藏37, 101中), “上來明佛之起行緣。下明法藏依之起行。於中初明世間之行。佛告阿難法藏比丘說此頌下。明出世行。地前所行。名爲世間。地上出世”

을 것이므로 혜원의 주장이 잘못이라고 지적하였다.[305] 이는 憬興이 법장의 지위를 初地 이전으로 보는 것을 알 수 있는 대목이다.

憬興은 또 발원에 의지하여 수행함을 밝히는 대목[306]에서 몇 가지 주장을 인용하고 비판하였다. 먼저 '지혜를 증득하여 相을 떠났기 때문에 寂靜이라고 하며, 初地 이전의 수행을 초월하는 까닭에 미칠 수 없다'고 하였다는 有說에 대해서 '無分別智는 事相土의 인연이 될 수 없으며, 또한 初地 이상의 행에 대해서 말하는 것은 이치상 옳지 않다'[307]고 지적하였다.

두 번째로 인용한 것은 玄一의 『無量壽經記』였다. 玄一은 淨土의 因行은 오직 稱名念佛과 攀緣을 쉬는 것 두 종류뿐이라고 하였다. 전자는 극락에 갈 수 있는 별도의 행(別行)으로서 阿彌陀佛의 명호를 부르는 것이고, 후자는 모든 佛土에 통하는 행(通行)으로 이른 바 마음이 고요하여 집착이 없는 것이라고 하였다.[308] 그러나 憬興은 24원경(帛延本과 支謙本)에서 마음이 서원하는 바가 극락정토라고 명시되어 있으므로 모든 국토에 통하

---

305) 『無量壽經連義述文贊』卷中(大正藏37, 148中), "地上菩薩念念常修利諸衆生淨佛國土。不應五劫專修受淨土行故"

306) 『佛說無量壽經』卷下(大正藏12, 276下), "其心寂靜志無所著。一切世間無能及者。具足五劫。思惟攝取莊嚴佛國清淨之行"

307) 『無量壽經連義述文贊』卷中(大正藏37, 149下-150上), "有說證智離相故云寂靜。超過地前故無能及者非也。無分別智不可爲事土因緣故。亦無可理而言地上行故"

308) 『無量壽經連義述文贊』卷中(大正藏37, 150上), "有說淨土之行雖復衆多唯有二類。一緣事行稱名念佛故。二依理行息攀緣故。初卽稱彌陀名故是極樂別行。後卽通諸佛土行。所謂心寂無著是也"

는 通行이라고 하는 데는 무리가 있다고 주장하였다.[309)]

다음으로 吉藏의『觀無量壽經義疏』에서 두 가지 주장을 인용하였다. 기존의 연구에 의하면 三論宗 계열의 僧侶인 吉藏은 三論宗에 속하는 南地師와 北地師의 異說을 인용한 것뿐이라고 하였다.[310)] 吉藏의『觀無量壽經義疏』에서 인용된 두 가지 의견은 三論宗의 所依經論 가운데 하나인『大智度論』에서 각각 그 근거를 찾은 것이라고 한다.

北地師는『大智度論』卷第50「發聚品」에서 8地의 보살이 淸淨世界를 觀하는 例證으로서 法積比丘(=법장비구)를 드는 것[311)]을 근거로 하였으며, 南地師는『大智度論』卷第10에서 法積比丘가 장차 十方의 淸淨世界를 觀하기는 하지만 功德力이 아직 얕아서 上妙淸淨世界는 볼 수 없다고 한 것[312)]을 근거로 하여 법장보살이 初地 이전의 十住보살이라 하고, 十住의 第6心인 破折性空位에서 48원을 발하였다고 하여, 北地師보다도 법장보

309)『無量壽經連義述文贊』卷中(大正藏37, 150上), "違卽選心所欲願便結得是二十四願經卽奉行故。心所欲願旣極樂土。必不可言是諸土通行故"

310) 渡邊顯正著, 앞의 책, 1978, 190面 참조.

311)『大智度論』(大正藏25, 418上-中), "取淨國相自作願行。如世自在王佛。將法積比丘至十方。示淸淨世界。或有菩薩自住本國。用天眼見十方淸淨世界。初取淨相後得不著心故還捨。如所見佛國自莊嚴其國者。如先說。是八地名轉輪地。如轉輪王寶輪至處無礙無障無諸怨敵。菩薩住是地中。能雨法寶滿衆生願無能障礙。亦能取所見淨國相而自莊嚴其國"

312)『大智度論』(大正藏25, 134中), "問曰。更有十方諸淸淨世界。如阿彌陀佛安樂世界等。何以故。但以普華世界爲喩。答曰。阿彌陀佛世界不如華積世界。何以故。法積比丘佛雖將至十方觀淸淨世界。功德力薄不能得見上妙淸淨世界"

살의 발심의 지위를 낮게 판정하였다고 한다.313)

憬興은 이 두 의견에 대해서 비판을 하였는데, 法藏比丘가 第六心 [破]折性空位라는 주장에 대해서는 법장비구가 낮은 지위에 있다고 설명함으로써 생기는 모순을 지적하였으며, 법장비구가 8地 이상이라는 주장에 대해서는 『無量壽經』의 내용에 위배된다고 다음과 같이 지적하였다.

> ① 만약 第6心에 있다면 마땅히 어떤 階位를 취하여 淨土行을 닦아야 하는지 說해주어야 할 것이다. 또 淨土의 因을 닦은 것은 곧 淨土로 나타나는데, 모든 부처님의 化土는 없었던 때가 없기 때문이다314)

> ② 8地菩薩은 생각마다 한량없는 佛土를 두루 본다. 반드시 二百十億土를 보아야 할 필요가 없다315)

憬興은 法藏菩薩이 대개 十向滿位 보살이라고 주장하면서, '初地菩薩이 百佛의 세계를 볼 수 있는데, 어찌하여 初地 以前의 法藏菩薩이 이를 보고 국토를 약속하는가' 하는 질문에 대해서는 붓다의 가피로 上位의 菩薩보다 많이 볼 수도 있는 것이라면서 이는 틀린 말이 아니라고 주장하였다.316)

---

313) 渡邊顯正著, 앞의 책, 1978, 196面 참조.

314) 『無量壽經連義述文贊』卷中(大正藏37, 150上), "若在第六心應說攝取何位所修淨土行耶。又修土因便現淨土。諸佛化土無時不有故"

315) 『無量壽經連義述文贊』卷中(大正藏37, 150上), "八地菩薩念念普見無量佛土。必不可言見二百一十億土故"

316) 『無量壽經連義述文贊』卷中(大正藏37, 150上), "今卽法藏蓋是十向滿位菩

이와 같이 憬興은 53佛과 법장비구가 서원을 세울 때의 지위를 서로 연결하여 이해하려고 하였다. 즉 53佛을 遠緣으로서 상정하여 그 때부터 법장비구가 발심을 하였으며, 近緣으로서 세자재왕불 앞에서 법장비구가 발심을 한 것은 과거에 발심한 것을 다시 증장한 것이라고 주장하여 이 둘을 연결시켜 설명하려고 하였다.317)

憬興의 이와 같은 시도는 법장비구가 48願을 세울 당시의 지위를 初地 이전, 즉 十向滿位 보살이라고 보았기 때문에 가능한 것이다. 이와 마찬가지로 玄一의 『無量壽經記』에는 '법장비구의 지위는 이미 初地 이전이므로 初地 이상의 행은 그의 경계가 아니다'318)라고 하였으며, 義寂은 『無量壽經述義記[復元]』에서 '이때 법장비구가 비록 아직 初地에 오르지 못한 상태였지만 붓다의 힘으로 말미암아 또한 [이백 십억 국토를] 잠시 볼 수 있었던 것이다'319)라고 하였다. 이와 같이 法藏比丘의 지위를 初地 이전으로 보는 입장은 신라정토불교사상의 특징 중 한 가지로 보아도 무리가 없을 것이다.

53佛에 대한 논의를 마치고, 近緣인 세자재왕불에 대해서 『無量壽經』에서는 '世自在王如來·應供·等正覺·明行足·善逝·世間

薩故。五劫修行淨土之因初劫行滿故云攝取。不應難言初地菩薩見百佛世界如何法藏見爾許土。不相違者加力所見亦過上位故"

317) 『無量壽經連義述文贊』卷中(大正藏37, 148中), "發無上道意者卽增發心故"

318) 『無量壽經記』(韓佛全2, 239中), "法藏位地。旣在地前。彼地上行。非其境界"

319) 『無量壽經述義記[復元]』(韓佛全2, 326上), "此時法藏雖未登初地 然由佛力亦得暫見"

解·無上士·調御丈夫·天人師·佛世尊[320]'이라는 긴 이름으로 부른다. 이와 같은 이름에 대해서 憬興은 自他를 이롭게 함으로써 얻은 열 가지 이름으로서 '通號'라고 하였다. 열 가지 이름 가운데 앞의 다섯 가지는 스스로를 이롭게 하는(自利) 이름이며, 뒤의 다섯 가지는 중생을 이롭게 하는(利他) 것이라고 하고 상세한 해석을 한 후 넓게 보면 『瑜伽論』과 같다고 하였다. 그러나 憬興의 해석은 慧遠이 『無量壽經義疏』에서 如來十號를 풀이한 내용을 요약하여 인용한 것으로 보이며, 憬興이 넓게 보면 『瑜伽論』과 같다고 한 것은 대략적으로 의미하는 바가 『瑜伽師地論』과 같다는 의미일 뿐인 것으로 생각된다.

다음은 如來十號를 해석한 慧遠의 『無量壽經義疏』와 憬興의 『連義述文贊』, 그리고 『瑜伽師地論』의 내용을 정리한 것이 [표 11]이다.

〔표 11〕『無量壽經連義述文贊』의 '如來十號'해석

	내 용
『連義述文贊』(大正藏37, 148上)	佛德無量名必無邊。故今略標自他利以立十號卽通號也。雖有十號略爲二例。初自德名卽前五也。後利物名卽後五也。自德之名亦有二對。一道圓滅極對。卽如來名道圓應供名滅極故。二因滿果圓對。卽等正覺明行足名因滿如其次第解行滿故。善逝名果圓上昇不還故。利物之名亦有三對。一總名別稱對。卽前四是別後一是總故。處物而無加名世尊故。二化智化心對。卽世間解名化他智無上調御名化他心故。三化能化德對。卽天人師名化他能佛名化他德故。委悉釋此十號廣如瑜伽論
『無量壽經義疏』	如來應等。是其通號。佛德無量。依德施名。名亦無限。經隨一

320) 『佛說無量壽經』卷上(大正藏12, 267上).

(大正藏37, 101上-中)	數。略列十種。十中前五。是佛自德。後五利他。就前五中。初二一對。前一道圓。後一滅極。後三一對。初二因圓。後一果極。就初對中。言如來者。彰其道圓。…言應供者。顯其滅極…初二因圓。於中初言等正覺者…明行足者。明其行圓…言善逝者。明其果極…就後五中。前四是別。後一是總。前四別中。世間解者。是化他智。善解世間。名世間解。無上士調御丈夫。及天人師。此之兩號。是他化能。彼無上士調御丈夫。能調物心…天人師者。能授與法。能以正法近訓天人…佛者。是其化他之德
『瑜伽師地論』(大正藏30, 765上-中)	如來應正等覺等者。如經分別。所言應者。應供養故。明行圓滿。所謂三明遮行行行皆悉圓滿。又復四種增上心法現法樂住皆悉圓滿。前是行行後是住行。此中淸淨身語意業現行。正命是行圓滿。密護根門是遮圓滿。由此二種顯示如來三種不護無忘失法。由不造過世間靜慮遮自苦行。言善逝者。謂於長夜具一切種自利利他二功德故。世間解者。謂於一切種有情世間及器世間皆善通達故。由善悟入有情世間依。前後際宿住死生依。一切時八萬四千行差別故。於器世間謂東方等十方世界無邊成壞善了知故。又於世間諸法自性因緣愛味過患出離能趣行等皆善知故。無上丈夫調御士者。智無等故。無過上故。於現法中是大丈夫多分調御無量丈夫。最第一故。極尊勝故。天人師者。由彼天人解甚深義。勤修正行有力能故。言佛陀者。謂畢竟斷一切煩惱幷諸習氣。現等正覺阿耨多羅三藐三菩提故。薄伽梵者。坦然安坐妙菩提座。任運摧滅一切魔軍大勢力故。此中如來是初總序。應正等覺謂永解脫一切煩惱障及所知障故。於其別中略有二種。所謂共德及不共德。於共德中且說解脫諸煩惱障及所知障。自餘明行圓滿等句是不共德

위의 표에서 확인할 수 있듯이 『連義述文贊』의 ‘如來十號’에 대한 해석은 慧遠의 설을 그대로 요약·인용한 것이다. 이와 같이 如來十號를 自利와 利他로 나누어 설명하는 방식은 慧遠이 고안한 것으로 보인다. 왜냐하면 이와 동일한 방식의 해석은 慧遠의 저술이거나 慧遠의 설을 인용한 곳에서만 찾아 볼 수 있기 때문이다. 다시 말해 『無量壽經義疏』 외에도 慧遠의 저술인 『大般涅槃經義記』[321]와 『大乘義章』[322]에서도 찾아볼 수 있

고, 窺基의 『瑜伽師地論略纂』[323]과 遁倫의 『瑜伽論記』[324]에서는 '遠法師'라고 구체적으로 이름을 들어 自利利他를 기준으로 如來十號를 설명하는 방식을 인용하였기 때문이다.

이와 같이 憬興은 慧遠의 설을 계승하여 如來十號를 해설한

321) 『大般涅槃經義記』卷第六(大正藏37, 767中), "如來等十是其通名。化相須分故立別名。實德齊同故立通稱。通德無量。依德施名名亦無邊。今據一門且論十種。十中前五自德之名。後五是其化他德號。自中初二以爲一對。前一道圓。後一滅極。言如來者多義如下。依龍樹釋。乘如實道來成正覺故曰如來。言應供者多義如下。要而論之。證滅相應故名爲應。復應供養供名爲應。後三一對。前二因圓。後一果極。就前二中初一解圓。後一行圓。正通知者多義如下。當相論之。理無偏邪故名爲正。於理窮照說爲遍知。明行足者多義如下。明是證行。行是敎行。證心淸淨離闇稱明。曠集諸善說之爲行。此二圓滿名明行足。言善逝者多義如下。當相論之。善者名好。逝之言去。如來好去故云善逝。如來德滿更何處去。如言好去雖無去處非不能去。如劫盡火雖無所燒非不能燒。此亦如是。下利他中初四是別。世尊是總。別中初一明化他智。善解世間名世間解。次二明其化他之能。調御丈夫能調物心。佛自丈夫能調丈夫。是故名爲調御丈夫。天人師者能授以法。能以善法匠益天人名天人師。如來實是六道之師。人天益多故偏說之。佛者明其化他行德。此翻名覺。自覺覺他覺行窮滿故稱爲佛。言世尊者。佛備衆德爲世欽重故號世尊."

322) 『大乘義章』(大正藏44, 864中-下), "…十中前五是自利德。後五利他。就自利中分爲兩對。初二一對。前明道圓。後彰滅極。後三一對。前二因圓。後一果極。…前五自德。後五化德。於中前四德能化物。後之一種爲世欽敬。就前四中。初一明其化他之智。解了世間。第二明其化他之能。能調物心。第三明其化他之德。師德具足。第四明其化他之行。覺行窮滿…"

323) 『瑜伽師地論略纂』(大正藏43, 141中), "若如舊遠法師。於九別號。前五自德之名。次四利他之號。應義利他。如何言自德　又前五中。分爲二對。初彰道圓。後顯滅極。前三時初止觀。二因圓。後一果極"

324) 『瑜伽論記』(韓佛全2, 712中-下), "若如舊遠法師。於九別號。前五自德之名。次四利他之號。應義利他。如何言自德　又前五中。分爲二對。初彰道圓。後顯滅極。前三時初止觀。二因圓。後一果極"

것이 분명해 보인다. 하지만 憬興은 '遠法師'라는 이름을 언급하는 대신 넓게 보면『瑜伽論』과 같은 내용이라고 표현한 것은 慧遠의 설명방식을 받아들인 法相宗 계열의 사상을 토대로 하고 있음을 보여주는 것이라고 생각된다.

2) 48願의 구성과 순서

53佛과 법장비구가 48원을 세울 당시의 地位에 대한 설명을 마친 후 48원에 대한 주석을 하였다. 憬興은『連義述文贊』을 저술할 때 法護本[325)]을 중심으로 註釋하면서 帛延本과 支謙本의 내용을 함께 비교하여 고찰하였다. 법장비구의 발원에 대한 세 經本의 내용을 살펴보면 경본에 따라서 서원의 수와 그 구성 및 순서가 같지 않다는 것을 알 수 있다. 즉, 法護本의 서원은 48개지만 帛延本과 支謙本은 모두 24원 뿐이며 誓願의 순서도 다르고 서원 간의 출입도 보인다.[326)]

憬興은 經本에 따라 誓願의 수나 구성 및 순서가 다른 이유로 臺本이 되는 梵本의 갖추어진 정도가 다르기 때문에 번역이

---

325)『無量壽經』의 漢譯12本 가운데 法護本은 缺本이라 전해지지만, 실제 憬興이 주석했던 法護本의 내용은 현재 康僧鎧譯으로 전해지는『佛說無量壽經』(大正藏12)과 거의 같다고 한다. 그러나『連義述文贊』의『無量壽經』의 譯者 문제에 대해서는 단정적인 결론은 내릴 수 없으며, 본 논문의 Ⅲ장의 淨土三部經 부분에서 이미 다루었다.

326)『無量壽經連義述文贊』卷中(大正藏37, 150中-下), "然法藏發願三代經本頭數開合次第不同故。今將彼帛謙二十四對此法護四十八願略製以釋名。弘誓之文帛謙兩本經皆二十四其意各異…彼第十四寶缽第十七三通第十八智辨此經中無。此第二願彼中無故"

전해지는 과정에서 빠진 부분이 생긴 것이며, 마땅히 法護本이 指南이 되어야 한다고 주장하였다.[327]

또 모든 붓다의 本願이 같은가 다른가 하는 질문에 작은 願行으로는 道를 이룰 수 없다는 차원에서는 모두 같으나, 교화할 중생의 근기와 인연 그리고 그것이 무르익은 정도에 따라서 서로 다르다고 대답함으로써 憬興이 48願을 어떻게 이해하고 있었는지 그 실마리를 보여준다고 하겠다.[328]

憬興은『無量壽經』의 48원을 대략 세 가지로 분류하였다. 첫째, 佛身을 구하는 願(求佛身願), 둘째, 佛土를 구하는 願(求佛土願), 셋째, 중생을 이롭게 하는 願(利衆生願)이 그것이다. 이렇게 세 부분으로 나누는 방식은 慧遠이나 吉藏[329]도 마찬가지였다. 특히 慧遠의 경우 내용적으로도 상당히 유사한데, 求佛身願을 攝法身願이라 하여 第12, 13, 17願에, 求佛土願을 攝淨土願이라

---

327)『無量壽經連義述文贊』卷中(大正藏37, 150下), "所以有此參差者蓋梵本有備闕故傳譯逐而脫落也。義推言之。卽法護經應爲指南" 憬興은 帛延本과 支謙本이 48願을 갖춘 法護本으로부터 誓願을 취하여 24願으로 만들었다고 주장하는데 이는 경전성립발달사의 차원에서 보면 48願經은 24願經 이후에나 성립된 것으로 보이기 때문에 잘못된 지적이라고 한다. (望月信亨, 앞의 책, 1977)

328)『無量壽經連義述文贊』卷中(大正藏37, 150下), "問諸佛本誓爲同爲異 異卽違華嚴云一切諸佛悉具一切願滿方得成佛故 若同者亦違藥師十二本願彌陀四十八願故 答無有一佛少一願行而成道者故悉同也 然以對所化之機緣熟不同故"

329) 吉藏의 경우 셋으로 분류하는 것만 같을 뿐 내용의 구체적인 분류방법이 달랐다.『無量壽經義疏』卷上(大正藏37, 121中), "但此願分爲三類明之有三願 願淨土有四十二願 願得眷屬有三願 願得法身三 此三文不聚在一處 但隨義作之耳"

하여 第31, 32願에 배정한 뒤 나머지 43願을 憬興이 利衆生願이라고 불렀던 것과 같은 의미인 攝衆生願이라고 불렀다.[330)]

또 憬興은 크게 세 부분으로 나눈 뒤 다시 세분하여 일곱 부분으로 묶어서 정리[331)]하였다. 慧遠이 일곱 부분으로 나누는 방식 역시 憬興과 비슷하다. 다만 이 일곱 부분을 다시 세분할 때 다섯 번째 攝衆生願에 속하는 열세 가지 서원을 다시 분류하는 부분에서 약간의 차이가 있을 뿐이다.[332)] 憬興은 慧遠의 48원 분류 방식을 거의 따르고 있다.

3) 48願 해석의 주안점

憬興은 『連義述文贊』을 저술할 당시 기존의 주석서를 검토하여 문제가 되는 부분을 다루었는데, 주석서들 간에 동일한 입장을 보이는 서원에 대해서는 서원의 이름만을 부여했을 뿐이지만 의견이 분분하거나 기존의 의견과 다른 의견을 가지고 있을 때는 직접 인용하거나 '有說' 혹은 '有難'이라는 말로 시작

---

330) 『無量壽經義疏』卷上(大正藏37, 103中), "義要唯三 文別有七 義要三者 一攝法身願 二攝淨土願 三攝衆生願 四十八中 十二十三及第十七 是攝法身 第三十一 第三十二 是攝淨土 餘四十三 是攝衆生"

331) 『無量壽經連義述文贊』卷中(大正藏37, 151上), "一初十一願願攝衆生 二次二願願攝佛身 三次三願願攝衆生 四次一願願攝佛身 五次十三願願攝衆生 六次二願願攝佛土 七後十六願願攝衆生"

332) 憬興은 第18,19,20願을 攝人天願에 第22-30願을 攝菩薩願에 배당시키고, 攝菩薩願은 다시 攝他國菩薩願(第22願)과 攝自國菩薩願(第23-30願)으로 나누는데 비해, 慧遠은 第18-20願을 攝他國衆生願 第21願은 攝自國衆生願, 第22願은 攝他國衆生願, 第23-30願은 攝自國衆生願이라고 하였다.

하여 인용한 후 비판하였다. 憬興이 문제를 삼았던 부분은 다른 주석서의 저자들 역시 자세히 다루고 있었음을 알 수 있다.

그렇다면 憬興은 48원 가운데 어떤 서원에 관심을 보였을까? 주석문의 길이로만 보아도 원명만을 언급한 대부분의 서원에 비해 제1원 無苦苦願, 제10원 得漏盡樂願, 제11원 得漏盡位願, 제18원 攝上品願, 제19원 攝中品願, 제20원 攝下品願, 제35원 遠離譏嫌願, 제48원 自力不退願은 비교적 자세한 주석이 달려 있다. 이 서원들에 대해서 잠시 살펴보자.

제1원인 無苦苦願의 경우 첫 번째 서원에 대한 해석이 아니라 48원에 대한 세 가지 經本의 상위점에 대해서 다루고 있다. 48원의 체계를 어떻게 파악하고 있는지 알 수 있는 부분으로 이는 앞에서 살펴보았다.

제10원과 제11원은 '得心樂願' 가운데 '漏盡樂'을 다루고 있다. 제10원인 得漏盡樂願은 漏盡의 體로서 所知障과 煩惱障의 두 가지 장애를 들고 있다. 이 두 장애를 다하여야 번뇌를 다한 것이라고 보는 것이다. 제11원인 得漏盡位願은 漏盡의 位를 다룬 원으로서 '十信以去'를 正定聚라고 불러야 한다고 주장하였다.[333] 이는 元曉가 『遊心安樂道』에서 十解 가운데 第一心인 '菩薩初發心住'부터를 정정취로 보는 것과 같다.[334]

제11원에서 정토에 왕생하는 중생은 모두 正定聚에 머물게 하겠다고 하였으므로 正定聚에 속하는 중생의 계위를 어떻게 보느냐에 따라서 정토에 왕생할 수 있는 중생의 근기가 정해지

333) 『無量壽經連義述文贊』卷中(大正藏37, 151上), "十信以去皆名正定聚故"

334) 安啓賢, 앞의 책, 1987, 149쪽 참조.

는 것이다. 憬興은 그 지위를 十信以後라고 보았다. 正定聚의 계위 문제는 중생의 왕생인과 문제를 다룬 『連義述文贊』 卷下의 첫 부분[335]에서 자세하게 다루고 있다. 이곳에서도 역시 '有說'로 시작하는 다른 주석서의 의견 네 가지를 정토에는 正定聚만 있다는 점과 正定聚에 속하는 중생은 十信以後라는 점을 들어서 모두 비판한다.[336] 그 내용은 뒤에서 자세히 살펴볼 것이다.

제19원인 攝中品願은 '來迎引接願'으로 불리는데 임종 시에 淨土往生者를 聖衆이 맞이하도록 세운 서원이다. 憬興은 만약 '菩提心'을 發하지 않으면 聖人들이 맞이하지 않는다고 한 것은 經의 說에 어긋난 것이 아니라고 주장한다.[337]

제48원은 '得三法忍願'으로 불리는데 憬興은 '自力不退願'이라 하여 自力으로 수행하다가 물러나는 보살들로 하여금 三法忍을 얻게 하려는 서원이라고 한다. 여기서 憬興은 三法忍이 伏忍三位[338]의 三法이라고 주장한다. 어떤 설[339]에서 주장하듯이 『仁

---

335) 『無量壽經連義述文贊』卷下(大正藏37, 158上-中), "有說善趣已前名爲邪定…唯有正定聚而無餘二也"

336) 安啓賢, 앞의 책, 1987, 148쪽 표 참조.

337) 『無量壽經連義述文贊』卷中(大正藏37, 152上), "卽知不發心聖雖不迎無違本願之失"

338) 伏忍三位 : 五忍 가운데 첫 번째. 십지 이전 삼현의 사람이 아직 無漏智를 얻지 못했을 때 다만 수행을 통해 有漏勝智로 번뇌를 조복시켜 마음의 안정을 얻게 된 것을 伏忍이라고 한다. 이를 상, 중, 하의 삼품으로 나눈다. 하품은 十住位, 중품은 十行位, 상품은 十回向位이다.

339) 『無量壽經記』卷上(韓佛全2, 242中-下), "言第一第二第三法忍者法位云案仁王經有五忍…謂音響忍柔順忍無生忍是也"

王般若經』의 五忍 가운데 伏忍, 信忍, 順忍을 三法忍이라고 한다면 보살 初地, 二地, 三地를 의미하는 信忍과 四地, 五地, 六地를 의미하는 順忍이 부처님의 명호만 듣고 얻을 수 있는 階位가 되는 문제가 발생한다340)고 지적하였다.341)

이밖에도 위에서 간략하게 살펴본 願들보다 훨씬 긴 주석문이 달려있는 세 가지 원, 즉 '念佛往生願'이라고 불리는 제18원과 '係念定生願'이라고 불리는 제20원, 그리고 '女人往生願'이라 불리는 제35원이 있다. 이들은 아래에서 차례로 살펴보자.

(1) 第18願

제18원은 '念佛往生願'으로 48원 가운데 가장 긴 주석이 달려있다. 念佛往生에 대해서 직접적으로 발원한 것이므로 정토사상에서 가장 중시되는 원이기도 하고, 『觀無量壽經』과 '五逆者'의 왕생에 대한 입장이 일치하지 않아 주석서들의 의견이 분분한 부분이기도 하다. 더욱이 사상적인 입장에 따라 여러 가지 해석이 가능한 원이라서 길게 다루고 있다. 먼저 『無量壽經』의 본문을 살펴보자.

만약 제가 부처가 되더라도 시방세계의 중생들이 내 나라에 태

---

340) 『無量壽經連義述文贊』卷中(大正藏37, 153中), "信忍卽初二三地順忍卽四五六地。如何但聞彼佛之名得此二忍耶。若謂聞名漸次得者亦應說獲五忍故。今卽伏忍三位名爲三法"

341) 이는 第11願에서 正定聚가 十信以去, 즉 十解(=十住)부터라는 주장과도 일치한다.

어나고자 하여 지극한 마음으로 믿고 내지 십념까지 하였는데도 왕생하지 못하는 자가 있으면 정각을 얻지 않겠습니다. 오직 오역죄와 정법을 비방한 자는 제외합니다[342]

제18원에서 문제가 되는 부분은 '乃至十念'과 '오직 오역죄를 지은 자와 정법을 비방한 자는 제외한다(唯除五逆 誹謗正法)'의 해석부분이다. 과연 十念은 무엇을 말하는 것이며, 정토왕생에서 제외되는 중생은 어떤 중생인지에 대하여 여러 가지 주장들이 있다. 憬興은 『觀無量壽經』과 『無量壽經』의 주장을 모두 받아들이면서 14가지 주장을 하나하나 비판하였다.

① 제18,19, 20원이 각각 下品, 上品, 中品이라는 주장

憬興은 제18, 19, 20원은 왕생자에 대한 해석이며, 각각 上品, 中品, 下品의 중생에 대한 해석이라고 주장한다. 만약 제18원이 下品인 중생에 대한 서원이라면[343] 『觀無量壽經』에서 下品下生의 왕생을 다룬 부분에서 五逆罪를 지었더라도 임종 시 稱名念佛을 통해 十念을 具足하면 念마다 80억겁의 생사의 죄를 멸하게 되어 결국 정토에 왕생할 수 있다고[344] 하는 주장에 어긋난

342) 『佛說無量壽經』卷上(大正藏12, 268上), "設我得佛。十方衆生至心信樂。欲生我國乃至十念。若不生者不取正覺。唯除五逆 誹謗正法"

343) 義寂은 『無量壽經述義記[復元]』에서 第18願이 『觀無量壽經』에 등장하는 下品下生을 위한 十念과 관련된 설이라고 주장하였다. 憬興은 아마도 이를 염두에 두고 주장한 것으로 보인다(『無量壽經述義記[復元]』(韓佛全2, 327中-下), "第十八攝取至心欲生願 觀經下品下生中云或有衆生作不善業五逆十惡具諸不善…生懸岸想以觀經中依下品生說十念故").

344) 『佛說觀無量壽佛經』(大正藏12,, 346上), "或有衆生作不善業五逆十惡具諸

다고 한다.345) 이 부분은 『無量壽經』과 『觀無量壽經』의 차이로서 다시 다루게 된다.

② 『觀無量壽經』의 具諸不善에 訪正法者가 포함된다는 주장

『無量壽經』에서 五逆罪를 지은 자를 제외한다고 한 것은 五逆罪와 아울러 정법을 비방하는 죄를 지은 자이기 때문이며, 『觀無量壽經』에서는 오역죄를 지은 자는 왕생할 수 있다고 한 것은 오직 오역죄만 지었기 때문이라는 주장346)이 있다. 이와 같은 주장을 비난하여 말하기를, 『觀無量壽經』에서 모든 불선한 것을 다 갖춘(具諸不善)347) 자가 왕생할 수 있다고 하였으므로, 만약 정법을 비방하지 않았다면 모든 불선한 것을 다 갖추었다고 할 수 없는 것이 된다. 따라서 오직 오역죄를 지은 자만이 정토에 왕생할 수는 있다는 주장은 잘못이라고 비난하였다.

憬興은 이 비난 역시 잘못이라고 주장한다. 만약 『觀無量壽經』의 '具諸不善'이 정법을 비방한 것을 포함하는 것이라면 오역죄도 포함되어야 하는 모순이 발생하게 된다고 지적하였

不善…具足十念稱南無阿彌陀佛。稱佛名故。於念念中。除八十億劫生死之罪。命終之時見金蓮花猶如日輪住其人前。如一念頃即得往生極樂世界"

345) 『無量壽經連義述文贊』卷中(大正藏37, 151中), "有說初下品次上品後中品非也 非唯亂次第亦違觀經不除五逆故"

346) 『釋淨土群疑論』卷第三(大正藏47, 43下), "三觀經取者。唯是造五逆人。壽經除者是造五逆及謗法人"

347) 『佛說觀無量壽佛經』(大正藏12,, 346上), "或有衆生作不善業五逆十惡具諸不善"

다.[348] 만약 정법을 비방하는 자라면 칭명염불조차 하지 않을 것이기 때문이다.

③ 懺悔의 有無 문제

『無量壽經宗要』에서 元曉는 『無量壽經』에서는 五逆罪를 짓고도 참회하지 않는 자를 왕생에서 제외시킨 것이고, 『觀無量壽經』에서는 五逆罪를 지었지만 참회하였기 때문에 왕생에 포함시킨 것이라고 주장하였다.[349] 그러나 憬興은 『觀無量壽經』에서 이미 十念 가운데 念마다 각각 80억겁의 생사의 죄를 멸한다고 하므로 마땅히 참회와 불참회의 차별이 있을 수 없으며 만약 다시 별도의 참회법이 있다고 한다면 下品下生을 위해 설한 문장이라고 할 수가 없다고 반박한다.[350]

④ 未造已造 문제

어떤 설[351]에서는 아직 오역죄를 짓지 않은 자는 왕생에서

---

348) 『無量壽經連義述文贊』卷中(大正藏37, 151中), "有說亦謗正法者除唯造五逆者生 有難此言彼經亦云具諸不善 若不謗法卽不可言具諸不善 如何乃言唯造五逆得生淨土 此難非也 若謂彼經具諸不善故亦攝謗法者卽五逆應屬諸不善故 不須別說"

349) 『無量壽經宗要』(大正藏37, 129中), "彼觀經中不除五逆唯除誹謗方等之罪 今此兩卷經中說言除其五逆誹謗正法 如是相違云何通者 彼經說其雖作五逆依大乘敎得懺悔者 此經中說不懺悔者 由此義故不相違也"

350) 『無量壽經連義述文贊』卷中(大正藏37, 151中), "有說此除不悔彼之說悔此亦不然 旣十念中念別滅八十億劫生死之罪 應無悔與不悔別故 若更有別懺悔法者卽於下品下生文中都無故"

351) 『觀無量壽佛經疏』卷四 (大正藏37, 277上-中), "問曰 如四十八願中唯除五

제외되고 이미 오역죄를 지은 자는 왕생한다고 주장한다. 이는 善導의 설로서 타력을 강조하는 입장에서 阿彌陀佛의 大悲는 오역죄를 이미 지은 자조차도 구제하는 것이라고 강조한 것이다. 그러나 憬興은 이미 죄를 지은 자가 왕생할 수 있다면 아직 과실이 없는 자는 당연히 왕생할 수 있어야 하는 게 아닌가 반문한다.352)

⑤ 正五逆者와 五逆類者

어떤 설353)에서는 오역죄를 지은 자(正五逆者)는 왕생에서 제외되지만, 오역죄와 유사한 죄를 지은 자(五逆類者)는 왕생한다고 주장한다. 이에 대해서 憬興은 어떤 성스러운 가르침도 오역죄와 유사한 것을 오역죄라고 부른 경우는 없기 때문에 『觀無量壽經』에서 설한 五逆이 五逆罪와 유사한 것이라는 말은 옳지 않다고 주장한다.354)

⑥ 重心造者와 輕心造者

逆誹謗正法不得往生 今此觀經下品下生中簡謗法攝五逆者 有何意也 答曰 …此就未造業而解也 若造 還攝得生"

352) 『無量壽經連義述文贊』卷中(大正藏37, 151下), "有說對未造者言除對已造者說生 此亦不然 未造者尙除況亦已造 故若已造令進故無此失者未造應令退耶"

353) 『釋淨土群疑論』卷第三(大正藏47, 43下), "四觀經取者。是造逆類人。壽經除者。正五逆人"

354) 『無量壽經連義述文贊』卷中(大正藏37, 151下), "有說正五逆者除五逆類者生此亦不然 無有聖教說五逆類名五逆故 不可彼經五逆言類"

어떤 설355)에서는 무거운 마음으로 죄를 지으면 왕생에서 제외되고, 가벼운 마음으로 죄를 지으면 왕생한다고 주장하는데, 憬興은 이에 대해서 정법을 비방하는 데는 반드시 가볍고 무거움이 있게 마련이지만 그 때문에 왕생에서 제외된다고 하는 것은 옳지 않다고 반박한다.356)

⑦ 三階敎357)를 끌어 들인 주장

어떤 설358)에서는 三階敎人으로서 오역죄를 지은 자는 왕생에서 제외되며, 제2계359)로서 역죄를 지은 자는 왕생할 수 있다고 주장한다. 그러나 스스로 삼계교인이라고 인정한 자가 普法360)을 행하지 않으면 역죄를 지었든 그렇지 않든 모두 왕생

---

355) 『釋淨土群疑論』卷第三(大正藏47, 43下), "二觀經取者。是輕心造逆人。壽經除者。是重心造逆人"

356) 『無量壽經連義述文贊』卷中(大正藏37, 151下), "有說重心造者除輕心造者生歟 此亦不然 誹謗正法必有輕重 不可唯言除不生故"

357) 三階敎 : 第三階敎, 혹은 第三階宗, 三階宗, 普法宗이라고도 한다. 隋代 信行(540-594)이 창시하였다. 中唐代에 이르기까지 유행했던 불교종파. 신행은 자칭 一乘菩薩이라고 하여 具足戒를 폐하고, 苦行과 忍辱을 강조하였다. 勞役을 하고 걸식으로 살아갔다. 一日一食하였다. 우상숭배를 반대하여 탑에 예배하는 것을 반대하였다.

358) 『釋淨土群疑論』卷第三(大正藏47, 44上), "十四觀經取者。是第二階人。壽經除者。是第三階人"

359) 三階敎에서 말하는 第一階는 正法時代, 第二階는 像法時代, 第三階는 末法時代라고 한다. 第一階나 第二階에 드는 사람들은 깨달음을 얻기가 쉬우나 第三階에 드는 사람들은 그렇지 않기 때문에 독특한 수행법을 택해야 한다고 한다.

360) 普法 : 三階敎에서 주장하는 제1계와 제2계는 특정대상에 한정된 법이

을 할 수는 없으므로 마땅히 三階教만 제외한다고 설해야 하며, 역죄를 지은 자를 제외한다는 말은 할 필요가 없는 말인 것이라고 주장하였다.361)

⑧ 先遮後開의 주장

어떤 설362)에서는 왕생에서 제외한다고 한 것은 죄를 짓기 전에 미리 막기 위함(先遮)이고, 왕생할 수 있다고 하는 것은 나중에 열어주기 위함(後開)이라고 주장한다. 憬興은 결과적으로 미리 막는다는 말은 왕생함과 같은 것이고, 나중에 열어 준다는 것은 왕생할 수 없는 것이 되므로 이는 잘못이라고 지적한다.363)

⑨ 發菩提心과 왕생

어떤 설364)에서는 아직 보리심을 발하지 않은 상태에서 오역죄를 짓는 자는 왕생에서 제외되고, 이미 보리심을 발한 상

라면, 제3계는 일체중생에 두루 미치는 圓融한 法을 일컫는다.

361) 『無量壽經連義述文贊』卷中(大正藏37, 151下), "有說除卽第三階造五逆者生卽第二階造逆者 此亦不然 衆生有三非聖教故 設有聖說亦違自許第三階人不行普法有逆無逆皆不得生 若如所言應說唯除第三階而言除逆唯有虛言故"

362) 『釋淨土群疑論』卷第三(大正藏47, 43下-44上), "十觀經取者。是開門。壽經除者。是遮門"

363) 『無量壽經連義述文贊』卷中(大正藏37, 151下), "有說除者先遮生者後開此亦非也 先遮若實生後開實應不生故"

364) 『釋淨土群疑論』卷第三(大正藏47, 43下), "五觀經取者。是發菩提心人。壽經除者。是不發菩提心人"

태에서 오역죄를 지으면 왕생할 수 있다고 주장한다. 그러나 이미 보리심을 발한 자가 물러나게 된다면 이는 마땅히 아직 보리심을 발하지 않은 자와 마찬가지로 왕생할 수 없게 된다. 만약 물러남 없는 마음이라면 역죄를 짓지 않을 것이라고 주장한다.365)

⑩ 五逆罪決定不定問題

어떤 설366)에서는 『無量壽經』에서 설한 오역죄가 轉回의 가능성 없이 결정적인 것이라서 왕생에서 제외된 것이고, 『觀無量壽經』에서 설한 오역죄는 결정적인 것이 아니기 때문이라고 주장한다.367) 그러나 憬興은 왕생 후에도 業 등을 받게 되면 이 오역죄에 대한 과보도 받아야 하는 것이 되므로 큰 과실이 성립된다고 지적하였다.368)

⑪ 宿世에 道의 根機가 없는 자

어떤 설369)에서는 만약 숙세에 도의 근기가 없는 자가 이미

365) 『無量壽經連義述文贊』卷中(大正藏37, 151下), "有說未發菩提心造逆者除 已發菩提心作逆者生 此亦不然 已發菩提心若退失者應如未發心不得生故 若不退心者必不作逆故"

366) 『釋淨土群疑論』卷第三(大正藏47, 44上), "十一觀經取者。說五逆業是不定業爲可轉時。壽經除者。說五逆業是定業不可轉時"

367) 義寂의 '五逆誹謗正法者'에 대한 논의는 安啓賢의 「義寂의 彌陀淨土往生思想」(앞의 책, 1987, 232-237)을 참조할 것.

368) 『無量壽經連義述文贊』卷中(大正藏37, 151下), "有說除即對佛說五逆罪決定故 生即對佛說五逆等皆不定故 此亦不然 不善順生後受業等皆應例此五逆罪等便成大過故"

오역죄를 지었다면 끝내 왕생할 수 없는 게 이치라고 주장한다. 善趣의 사람으로서 앞서 보리심을 발한 자는 비록 다시 어떤 조건을 만나 오역죄를 짓더라도 반드시 깊은 참회를 하기 때문에 또한 왕생할 수 있다고 주장한다. 憬興은 이에 대해서 숙세라는 말은 의미가 없고 지금 보리심을 발하여야 하며, 그 경우 조건을 만나 역죄를 지었어도 마땅히 또한 왕생할 수 있는 것이라고 한다. 또 선취라고 하면 十信인데 역죄를 짓거나 정법을 비방한다는 것은 있을 수도 없는 일이라고 반박한다.370)

⑫ 一念念佛者와 十念念佛者

어떤 설에서는 일념동안 염불하는 자는 제외되고, 십념동안 염불하면 왕생한다고 주장하였다. 憬興은 이와 같은 주장은 『無量壽經』에서 설한 '乃至十念'에 위배되는 것이라고 주장한다.371)

⑬ 十聲과 十念

어떤 설에서는 십념을 갖추었건 그렇지 못하건 간에 十聲을

---

369) 慧遠, 『觀無量壽經義疏』卷末(大正藏37, 185下-186上), "問曰如大經中五逆不生。今此何故五逆亦生　釋言隨人不同故爾　若是宿世無道根者現造五逆終無生理　若是先發菩提心人　雖復遇緣造作五逆四重等罪　必生重悔如世王等亦得往生"

370) 『無量壽經連義述文贊』卷中(大正藏37, 151下), "有說若宿世中無道機者　旣作五逆終無生理…又彼善趣卽十信故作逆謗法必無此理"

371) 『無量壽經連義述文贊』卷中(大正藏37, 151下), "有說一念念佛者除十念念佛者生　此必非也　卽違此云乃至十念故"

갖추지 않으면 왕생에서 제외된다고 주장한다. 즉 '稱名正因說'을 주장하는 셈인데, 憬興은 이에 대해서 비록 十聲을 아울러 구족하지 못했다 하더라도 十念을 이미 갖추고 있으면 『觀無量壽經』에서도 往生에서 제외된다고 하지 않았음을 언급한다. 그는 『無量壽經』에서 오역죄를 지은 者가 왕생에서 제외된다고 설했던 것은 上品三生 가운데 오역죄를 지은 자가 없기 때문이고, 『觀無量壽經』은 下品下生을 위한 설이었기 때문에 오역죄인도 왕생할 수 있다고 설했던 것이라고 주장한다. 비록 오역죄를 지었다 하더라도 만약 十念을 갖추면 또한 왕생을 할 수 있기 때문에 어긋남 없이 옳은 해석이 된다고 주장한다.

모름지기 왕생에서 제외되지 않는 것은 보리심을 발하여 모든 공덕을 닦기 때문인데 이들은 이미 역죄를 짓지 않을 것이라는 점이 드러나 있다고 보아야 한다. 다만 정법을 비방하는 죄는 이미 깊고 무거워서 무수겁에 걸쳐 고통스런 과보를 받을 것이며, 설사 십성을 갖춘다 해도 왕생할 수 없을 것이라고 주장한다. 憬興은 정법비방자가 왕생에서 제외되는 것에 대해서는 異說이 없다고 확언한다.372)

⑭ 十念을 『彌勒所問經』의 十法으로 보는 문제

『無量壽經』의 十念은 『미륵소문경』에 나오는 十法과 같은 것이라고 보는 입장은 여러 주석서에서 볼 수 있다. 즉 元曉,

372) 『無量壽經連義述文贊』卷中(大正藏37, 151下-152上), "有說除者具十不具十悉不得生故 生者唯具十聲故 此亦不然…假具十聲必不得生 所以聖教更無異說 入諸不善者過難多故"

法位, 玄一, 義寂이 모두『無量壽經』의 十念을『미륵소문경』의 十法과 같은 것으로 보았다. 元曉는 十念을 顯了義와 隱密意의 둘로 나누고 이 가운데『미륵소문경』의 十念이 隱密意에 해당한다고 설하였고[373], 玄一은『無量壽經記』에서 法位의 說을 인용하여 자신도 같은 입장을 취하고 있다고 주장하였으며[374], 義寂도『無量壽經述義記』[375]에서 같은 주장을 하였는데, 이 주장에 뒤이어 나오는 이와 같은 十念이 어렵지 않느냐는 질문에 대해서 專心으로 칭명염불을 할 때 이와 같은 十念은 자연스럽

---

373)『無量壽經宗要』(大正藏37, 558下-559上), "凡有十念。何等爲十。一者。於一切衆生常生慈心。於一切衆生不毁其行。若毁其行。終不往生。二者。於一切衆生深起悲心。除殘害意。三者。發護法心。不惜身命。於一切法不生誹謗。四者。於忍辱中生決定心。五者。深心淸淨。不染利養。六者。發一切種智心。日日常念。無有廢忘。七者。於一切衆生。起尊重心。除我慢意。謙下言說。八者。於世談話。不生味著心。九者。近於覺意。深起種種善根因緣。遠離憒鬧散亂之心。十者。正念觀佛。除去諸根。解云。如是十念。旣非凡夫。當知初地以上菩薩。乃能具足十念。於純淨土。爲下輩因。是爲隱密義之十念"

374)『無量壽經記』卷上(韓佛全2, 241中), "法位云。是依十法起念。非是稱名十念…言十念。如彌勒所問經說。一者於一切衆生常生慈心。於一切衆生不毁其行終不往生。二者於一切衆生常起悲心。除殘害心。三者守護法心。不惜身命。乃至一法不生誹謗。四者於忍辱中。生決定心。五者深心淸淨不染利養。六者發一切智心。日日常念。無有發妄。七者於一切衆生起尊重心。除去憍慢。謙下言說。八者於世談論。不生味著心。九者近於覺意。深起種種善根因緣。不生憒鬧散亂之心。十者除去諸相。正念觀佛"

375)『無量壽經述義記[復元]』(韓佛全2, 327下), "凡有十念何等爲十 一者於一切衆生常生慈心不毁其行 若毁其行終不往生 二者於一切衆生深起悲心除殘害意 三者發護法心不惜身命於一切法不生誹謗 四者於忍辱中生決定心 五者深心淸淨不染利養 六者發一切種智心日日常念無有廢忘七者於一切衆生起尊重心除我所意謙下言說 八者於世談話不生味著心 九者近於覺意深起種種善根因緣 遠離憒鬧散亂之心 十者正念觀佛除去諸想"

게 구족된다면서 別緣이 따로 필요하지 않다고 주장하였다.[376]

憬興은 이와 같은 주장에 대해서 『미륵소문경』의 十法은 범부가 할 수 있는 것이 아니라고 지적하면서 上品三生조차 닦기 어려운 것이라고 강조하였다. 憬興은 『無量壽經』의 十念은 오히려 『觀無量壽經』에서 지적한 十念과 같다고 주장하였다.[377]

지금까지 살펴본 제18원과 관련된 여러 설에 대해 憬興의 입장을 정리해 보면, 憬興은 『無量壽經』의 제18원에서 五逆者를 왕생에서 제외한 것은 上品三生을 위한 서원이기 때문이며, 『觀無量壽經』에서 오역자를 왕생에 포함시킨 것은 下品下生을 위한 교설이었기 때문이라고 한다. 즉 근기에 따른 설이므로 서로 모순된 것이 아니라는 주장이다.

乃至十念에서 '乃至'는 一念부터 十念까지를 아우르기 위한 장치이므로 一念念佛은 왕생에서 제외되며 十念念佛은 왕생할 수 있다는 주장이 성립되지 않는다고 한다. 또 十念은 『彌勒所問經』의 十法처럼 凡夫가 할 수 없는 것을 의미하는 것이 아니라고 한다. 도리어 『觀無量壽經』에서 설한 十念의 내용과 같다고 주장하였다.

---

376) 『無量壽經述義記[復元]』(韓佛全2, 327下-328上), "如此十念其事甚離云何苦逼不遑念佛而能具起如此十念答曰此說專心稱佛名時自然具足如是十念非必一一別緣慈等亦非數彼慈等爲十 云何不別緣而能具足十 如欲受戒 稱三歸時雖不別緣離殺等事 而能具得離殺等戒 當知此中道理亦爾 又可具足十念稱南無阿彌陀佛者 謂能具足慈等十念稱南無佛"

377) 『無量壽經連義述文贊』卷中(大正藏37, 152上), "有說此經十念依十法而念非佛名故卽彌勒所問十念是也此亦不然 彼經十念卽非凡夫 必非上品三生所能修故 今卽還同觀經十念 上輩亦修十念 理無違故 欲顯一二等言乃至故"

그러나 稱名念佛인 十聲만을 강조하는 의견에 대해서는 다시 반대의견을 편다. 칭명염불을 왕생인으로 인정하면서도 그것을 '正因'으로 내세워서 十聲을 통해서만 왕생할 수 있다는 편벽된 주장에 대해서는 반대하고, 오히려 '遠生因', 즉 '언젠가는 왕생할 수 있는 因'이라고 주장한다. 이것은 제20원에 나타나는 '別時意說'의 내용과 관련이 있다.

(2) 第20願

제20원은 '係念定生願'이라고 불리며 憬興은 下品衆生을 위한 서원이라고 규정한다. 이 원에서는 '別時意說'에 대한 憬興의 해석이 곁들여진다. 『無量壽經』의 願문의 내용은 다음과 같다.

> 만약 제가 부처가 되더라도 시방의 중생들이 저의 이름을 듣고 저의 나라에 태어나고자 하여 모든 덕의 근본을 쌓고 지심으로 회향하였는데도 저의 나라에 왕생하지 못하는 자가 있으면 정각을 얻지 않겠습니다.[378)]

이 서원의 핵심은 왕생발원을 통해 왕생이 가능하다는 점이다. 그러나 『攝大乘論』에 등장하는 '別時意說'에 의하면 붓다께서 염불이나 왕생발원만으로 극락에 왕생한다고 설한 것은 방편설일 뿐이라고 한다.[379)] 世親의 『攝大乘論釋』에서는 금전의

---

378) 『佛說無量壽經』卷上(大正藏12, 268中), "設我得佛 十方衆生 聞我名號 係念我國 殖諸德本 至心迴向 欲生我國 不果遂者 不取正覺"

비유를 들어 설명한다. 一金錢이 千金錢이 된다는 말은 한푼 두푼 쌓여서 결국에는 큰돈이 될 수 있다는 의미이지 한 푼이 곧 큰돈이라는 뜻은 아닌 것처럼 발원으로 극락에 왕생할 수 있다는 말도 그와 같이 이해해야 한다고 말한다.[380]

憬興은 別時意說을 적극적으로 받아들여서 발원이건 염불이건 왕생의 因이 되는 것은 사실이나 모두 '遠生因'이라고 주장하면서 만약 중생이 서원을 세우고 염불을 하면 化土[381]에 왕생한다고 하였다.[382] 이러한 입장은 제35원의 해석에도 반영된다.

(3) 第35願

'女人成佛願'이라고도 부르는 제35원에 憬興은 '遠離譏嫌願'이라는 이름을 붙였다.[383] 世親의 『無量壽經優波提舍願生偈』을

---

379) 『攝大乘論』卷中(大正藏31, 141上), "二別時意趣 謂如說言若誦多寶如來名者 便於無上正等菩提已得決定 又如說言由唯發願便得往生極樂世界"

380) 『攝大乘論釋』卷第五 (大正藏31, 346上), "別時意趣者 謂此意趣令嬾惰者由彼彼因於彼彼法精勤修習 彼彼善根皆得增長 此中意趣顯誦多寶如來名因 是昇進因 非唯誦名 便於無上正等菩提已得決定 如有說言由一金錢得千金錢 豈於一日意在別時 由一金錢是得千因故作此說 此亦如是 由唯發願便得往生極樂世界 當知亦爾"

381) 化土 : 또는 變化土・應土・應化土라고도 한다. 3土의 하나. 부처님이 중생을 구제하기 위하여, 그들 근기에 맞추어 변화하여 나타내는 국토.

382) 『無量壽經連義述文贊』卷中(大正藏37, 152上), "若願若念皆於淨土是遠生因故 不爾卽違密意說言 前已說故 若諸衆生起願念佛卽生化土故"

383) 憬興은 제16원과 제35원에 모두 '離譏嫌願'이란 이름을 붙였다. 제16원

살펴보면 정토에서는 '譏嫌過'384)를 받지 않는다는 내용이 나온다. 아마도 이 내용을 참고하여 원명을 지은 듯하다. '譏嫌過'란 二乘人, 女人, 불구자의 몸을 받고 그런 이름으로 불리는 것을 의미한다. 먼저 『無量壽經』 제35원의 내용을 살펴보자.

> 만약 제가 부처가 되더라도 시방의 한량없이 많은 불가사의한 제불세계에 여인이 있어 저의 이름을 듣고 기뻐하여 믿고 즐거워하여 보리심을 발한 사람이 여인의 몸을 받기 싫어하는데도 목숨이 다한 후에 다시 여인의 몸을 받는다면 정각을 얻지 않겠습니다.385)

제35원은 여인의 몸을 받기 싫어하는 중생을 위한 서원이므로 憬興은 '遠離譏嫌願'이라는 이름을 붙이고도 여기서는 정토에 여인이 있는지 여부와 관련된 내용만을 다루고 있다. 먼저 『阿彌陀鼓音聲王陀羅尼經』에서 阿彌陀佛에게 부모가 있다고 한 것을 보고 이는 穢土의 증거라는 주장에 대해 아미타불에게 부모가 있다고 한 것은 阿彌陀佛의 정토가 變化土이므로 잘못이 없다고 보았다.

에는 離譏嫌願, 제35원에는 遠離譏嫌願이라고 거의 차이가 없는 이름을 붙였다.

384) 『無量壽經優波提舍願生偈』(大正藏26, 232上), "淨土果報離二種譏嫌過 應知 一者體 二者名 體有三種 一者二乘人 二者女人 三者諸根不具人 無此三過故名離體譏嫌 名亦三種 非但無三體 乃至不聞二乘女人諸根不具三種名故 名離名譏嫌 等者平等一相故"

385) 『佛說無量壽經』卷上(大正藏12, 268下), "設我得佛。十方無量不可思議諸佛世界。其有女人聞我名字。歡喜信樂發菩提心厭惡女身。壽終之後復爲女像者。不取正覺"

憬興은 또 이렇게 주장하기도 한다. 阿彌陀佛이 본래 다른 국토에서 胎生身으로 태어났다가 보살행을 닦고 '尊音王佛淨土'에 가서 성불을 이룬 것이다.386) 즉 본래 태어난 곳은 부모도 있는 곳이지만 결국 성불을 이룬 상태에 머무르는 곳은 여인이나 二乘 등이 없는 他受用土387)라는 입장이다.

憬興은 이와 같은 두 입장을 정리하여 다음과 같이 말하였다. 여인이 존재한다는 것에는 두 가지 의미가 있다. 첫째, 부처님의 어머니처럼 변화신으로서 존재하는 경우, 둘째, 『悲華經』을 인용하면서 『法華經』의 용녀처럼 태어나기는 이 세계에서 태어나지만 수행 후 타방정토에 왕생하여 등정각을 이루는 경우와 같이 본래는 여인의 몸이었으나 수행의 과보로서 왕생하여 여인의 몸을 받지 않는 경우가 있다고 한다.388) 이 두 가지 입장은 앞서 살펴본 別時意說과 관련이 있는 것으로 보인다.

지금까지 『無量壽經』의 48원에 대한 憬興의 주석을 살펴보았다. 48원 가운데 비교적 긴 주석이 달려있는 제18원, 제20원, 제35원을 중심으로 살펴보았는데, 이들 서원의 주석 내용은 서로 긴밀하게 연결되어 있다. 가령 제18원에서 칭명염불에 대한

---

386) 『無量壽經連義述文贊』卷中(大正藏37, 152下), "今阿彌陀佛蓋亦餘國受胎生身修菩薩行 往尊音佛淨土而成佛道故"

387) 他受用土 : ↔ 自受用土. 4土의 하나. 타수용신이 있는 정토. 初地 以上의 성자로 하여금 커다란 법의 즐거움을 누리고 수승한 행을 닦게 하기 위하여 갖가지 장엄을 한 利他의 국토. 흔히 報土라 하며 또는 利他라는 공통점을 들어 이것을 化土에 붙여 해석하기도 함.

388) 『無量壽經連義述文贊』卷中(大正藏37, 152下), "今之所存自有二義 初卽彼佛雖復有母而是變化唯佛孤有故…法華龍女亦一類是也 本願不同應現異故"

憬興의 시각은 제20원의 別別時意說과 관련이 있고, 이는 다시 제35원에서 정토를 變化土라고 보면서도 동시에 他受用土라고 보는 태도에 다시 연결되어 있다. 이와 같은 48원 해석의 입장을 전체적으로 정리하고자 한다.

4) 48願 해석의 입장

『無量壽經』의 내용 가운데 가장 핵심적인 부분이라고 할 수 있는 48원에 대해서 憬興의 해석을 살펴보았다. 그 과정에서 드러난 憬興의 사상적 특징은 다음과 같이 정리될 수 있겠다. 먼저 憬興은 『無量壽經』의 제18원에서 오역자를 왕생에서 제외한 것은 上品三生을 위한 서원이기 때문이며, 『觀無量壽經』에서 오역자를 왕생에 포함시킨 것은 下品下生을 위한 교설이었기 때문이라고 한다. 즉 根機에 따른 교설이므로 서로 모순된 것이 아니라고 주장한다.

또 『無量壽經』의 제18원에 등장하는 '乃至十念'에서 '乃至'는 一念부터 十念까지를 아우르기 위한 장치이며, 통일신라시대의 다른 사상가들과는 달리 『無量壽經』의 '十念'을 『彌勒所問經』의 '十法'처럼 범부가 할 수 없는 것을 의미하는 것이 아니고 도리어 『觀無量壽經』에서 설한 十念의 내용과 같다고 주장한다. 즉 두 經의 十念이 모두 칭명염불을 의미하는 것이라고 주장한다.

그러나 칭명염불을 왕생발원과 함께 왕생인으로 인정하면서도 그것을 '遠生因'이라고 주장하면서 만약 중생이 서원을 세우고 염불을 하면 '化土'에 왕생한다고 주장하였다. 이것은 『攝大

乘論』에 등장하는 '別時意說'과 관련이 있다.

別時意說에 의하면 阿彌陀佛의 西方淨土는 '他受用土'이다. 따라서 하열한 根機의 중생은 왕생할 수 없는 곳이다. 그럼에도 불구하고 붓다께서 염불이나 왕생발원만으로 극락에 왕생한다고 설한 것은 하열한 근기의 중생이 왕생인을 닦는데 나태해질 것을 경계하여 방편으로 설하신 것이라고 한다. 憬興은 別時意說을 근거로 하여 두 경전을 서로 모순 없이 이해해기 위해 정토를 본래 他受用土인 정토 안에 變化土가 존재하는 이중구조로 보았다.

이와 같이 別時意說을 받아들였던 憬興과는 달리 法位와 義寂은 범부의 왕생가능성이 먼 미래의 일이 아니라고 주장하였다. 法位는 一念이 十念의 因이 되고 十念을 이루면 왕생할 수 있다고 하였고[389], 義寂은 『無量壽經』에서 설한 三輩九品은 '願'뿐만 아니라 이에 상응하는 '行'도 하며, 이들이 왕생하는 곳은 受用土가 아닌 變化土이기 때문에 별시의가 아니라고 하였다.[390] 이처럼 별시의설을 인정하지 않는 주장은 모든 사람이

389) 『無量壽經義疏[復元]』(韓佛全2, 11下), "問曰直稱佛名 卽得往生者 作攝大乘論是則別時意 答曰若一念稱名卽往生者 此是別意 一念是十念因故 意在十念時 十由積一故 如德得一金錢 卽云得千金錢非一卽是千云由積一故 如法華經云 一稱南無佛 皆已成佛道 此是別時竟 此明成佛道初因也 又如童子戲聚沙爲佛塔 漸漸積功德 具足大悲心 皆已成佛道 案此明滿足始成佛今此十念滿足始得往生"

390) 『無量壽經述義記[復元]』(韓佛全2, 337下-338上), "又攝論云別時意趣謂如說言若誦多寶如來名者便於無上正等菩提已得決定 又如說言由唯發願 便得生極樂世界 由此等文故 知無別變化淨土 二乘異生之所生處 言得生者別時意 非卽生也 答所引二文皆說受用土 經說唯由發願生悉望彼受用土

성불할 수 있다고 보고 극락왕생을 통한 성불을 폭넓게 개방한 法位·元曉·義湘·義寂 등의 견해로서 통일신라시대에 주류를 이루고 있었다.391)

憬興은 이와 같이 당시의 주류의 의견과는 달리 別時意說을 적극적으로 받아들이고 있었고 이와 같은 입장은 정토 안에 여인이 존재하는지 여부를 문제 삼는 제35원을 해석할 때도 그대로 반영되었다. 여인이 존재한다는 것에는 두 가지 의미가 있다고 한다. 붓다의 어머니처럼 變化身으로서 존재하는 경우와 『法華經』의 龍女처럼 태어나기는 이 세계에서 태어나지만 수행 후 타방정토에 왕생하여 等正覺을 이루는 경우와 같이 본래는 여인의 몸이었으나 수행의 과보로서 他受用土에 왕생하여 여인의 몸을 받지 않는 경우를 들고 있다.

이와 같이 정토를 他受用土로 해석하기도 하고 變化土로 해석하기도 하는 것은 『無量壽經』과 『觀無量壽經』에서 설한 내용의 차이를 모순 없이 받아들이기 위한 방법이기도 하지만, 憬興이 法相宗이라는 사상적 배경을 갖고 있다는 것을 드러내주는 것이기도 하다. 왜냐하면 他受用土와 變化土가 함께한다는 '受用·變化二土同處說法'은 親光·玄奘 등으로 이어지는 法相宗의 佛身·佛土論을 반영한 『佛地經論』의 입장이기 때문이다.392)

憬興은 중생의 근기에 따라서 왕생인이 달라지고 따라서 과

實是別時意 然經所說三輩九品非唯是願 亦行相應 又所生土非是受用 是變化土故 三輩生非別時意"

391) 金英美, 앞의 책, 1994, 326-327쪽 참조.

392) 西尾京雄 著, 『佛地經論之硏究』, 東京: 國書刊行會, 1982, 130面.

보로서의 정토 또한 차별이 있게 마련이라고 생각하여 정토를 他受用土와 變化土의 이중구조로 이해하였다. 이러한 입장은 48원의 곳곳에서 확인된다.

4. 憬興의 往生觀

法藏比丘의 48원과 수행을 통해 성취된 依正二報는 '阿彌陀佛'이라는 '佛身'과 '西方淨土 極樂世界'인 '佛土'를 의미한다. 이 가운데 依報인 정토는 법장비구의 수행을 통해 장엄된 것으로서, 정토의 장엄은 『阿彌陀經』의 주된 내용이기도 하다. 『無量壽經』에서도 정토의 장엄은 淨土往生因果와 함께 비중 있게 다루어지고 있다. 본 장에서는 '정토의 장엄'과 '정토왕생의 인연', 아울러 정토에 왕생하고도 태생으로 태어나는 중생이 의심한 '佛智'와 왕생하기 위해 반드시 버려야 할 '五惡'과 그 과보인 '五痛·五燒'에 대해 고찰함으로써 憬興의 往生觀을 종합적으로 살펴보고자 한다.

1) 淨土의 莊嚴과 『往生論(=無量壽經優波提舍願生偈)』

『連義述文贊』 中卷에서 정토의 장엄을 설한 부분에서는 『無量壽經優波提舍願生偈』의 인용이 두드러진다. 『無量壽經優波提舍願生偈』는 世親이 지은 論書로서 『往生論』이라고 부르기도 하는데, 憬興은 『連義述文贊』에서 『往生論』이라는 이름으로 모두 16회에 걸쳐 인용하였다. 다음에서 『連義述文贊』에 인용된 내용을 직접 살펴보기로 하자. 인용된 『往生論』의 문장은 [표 12]를 참조하기 바란다.

〔표 12〕『連義述文贊』에 인용된 『往生論』의 문장

『連義述文贊』 卷中 (大正藏37, 154上)	『無量壽經優婆提舍願生偈』 (大正藏26, 230下-232上)
①無量德成故。論云究竟如虛空廣大無邊際故(154上)	①量功德成就者。偈言究竟如虛空廣大無邊際故(230下)
②主德成故。論云正覺阿彌陀法王善住持故(155上)	②主功德成就者。偈言正覺阿彌陀法王善住持故(231上)
③種種事德成故。論云備諸珍寶性具足妙莊嚴故(155上)	③種種事功德成就者。偈言備諸珍寶性具足妙莊嚴故(230下)
④形相德成故。論云淨光明滿足如鏡日月輪故(155上)	④形相功德成就者。偈言淨光明滿足如鏡日月輪故(230下)
⑤妙色德成故。論云無垢光焰熾明淨曜世間故(155上)	⑤妙色功德成就者。偈言無垢光焰熾明淨曜世閒(230下)
⑥淸淨德成故。論云觀彼世界相勝過三界道故(155上)	⑥"淸淨功德成就者。偈言觀彼世界相勝過三界道故"(230下)
⑦無難德成故。論云永離身心惱受樂常無間故(155上)	⑦無諸難功德成就者。偈言永離身心惱受樂常無閒故(231上)
⑧所求德滿成故。論云衆生所願樂一切能滿足故(155中)	⑧一切所求功德滿足成就者。偈言衆生所願樂一切能滿足故(231上)
⑨身莊嚴故。論云相好光一尋色像超群生故(155下)	⑨身莊嚴。偈言相好光一尋色像超群生故(231上)
⑩不虛作住持莊嚴故。論云觀佛本願力遇無空過者能令速滿足功德大寶海故(155下)	⑩不虛作住持莊嚴。偈言觀佛本願力遇無空過者能令速滿足功德大寶海故(231上)
⑪衆莊嚴故。頌云天人不動衆淸淨智海生故(156上)	⑪衆莊嚴。偈言天人不動衆淸淨智海生故(232上)

⑫妙聲德成故。論云梵聲悟深遠微妙聞十方故(156中)	⑫妙聲功德成就者。偈言梵聲語深遠微妙聞十方故(231上)
⑬虛空莊嚴故。論云無量寶交絡羅網遍虛空種種鈴發響宣吐妙法音故(156下)	⑬莊嚴虛空者。偈言無量寶交絡羅網遍虛空種種鈴發響宣吐妙法音故(231上)
⑭地莊嚴故。論云宮殿諸樓閣觀十方無礙雜樹異光色寶欄遍圍繞故(156下)	⑭莊嚴地者。偈言宮殿諸樓閣觀十方無导雜樹異光色寶欄遍圍繞故(231上)
⑮水莊嚴故。論云寶華千萬種彌覆池流泉微風動華葉交錯光亂轉故(157上)	⑮莊嚴水者。偈言寶葉千万種弥覆池流泉微風動華葉交錯光亂轉故(230下-231上)
⑯宮莊嚴故。論云如來微妙聲梵響聞十方故(158上)	⑯口莊嚴。偈言如來微妙聲梵響聞十方故(231上)

『無量壽經優波提舍願生偈(이하 往生論)』는 법장비구의 수행으로 이루어진 정토의 성격이 '恢廓廣大'하다는 부분에서 처음 인용되었다. 이와 같은 정토는 法藏比丘의 한량없는 功德으로 이루어졌다고 하면서 '세우려고 한 국토는 허공과 같이 究竟을 다하였고, 광대하여 끝 간 데 없도다'라고 묘사한다(①). 두 번째 인용된 것은 正報의 莊嚴 부분 가운데서도 정토의 주체로서 법장비구가 이룬 공덕을 그 내용으로 하는데 『往生論』에서는 '정각을 이루신 아미타 부처님께서 法王으로서 淨土를 잘 주지하신다'라고 하였다 한다(②).

다음으로 淨土를 아름답게 莊嚴하는 부분에서 네 번 인용되었는데, 갖가지 事德이 이루어졌다는 내용에 대해 '모든 귀한 보배를 갖추어 묘한 莊嚴을 具足하였다'고 하였고(③), 形象의 功德을 이룬 부분에 대해서는 '깨끗한 빛이 밝고 만족스러워 마치 거울이나 해와 달과 같다'고 하였다(④). 또 오묘한 色의

功德을 이루었음을 드러내는 부분에서는 '더러움 없는 빛이 불길처럼 성하니 그 밝음이 世間에 깨끗하게 빛난다'고 하였고⑸, 청정한 功德을 이루었음을 드러내는 부분에서는 '저 정토 세계의 모습을 觀해 보면 三界의 도리를 크게 뛰어넘는다'고 하였다⑹.

정토를 장엄함에 더러움이 없다는 내용을 보여주는 부분에서는 '어려움이 없는 공덕을 이루었다고 하면서 몸과 마음의 번뇌를 영원히 떠나고, 항상 즐거움을 받기를 끊임없이 한다'고 하였다⑺. 법장비구가 구해야 할 공덕을 원만하게 이루었음을 나타내는 부분에서는 '중생이 원하는 바인 즐거움을 모두 능히 만족시키셨다'고 하였다.⑻ 佛身의 장엄, 특히 무량한 광명을 다룬 부분에서도 『往生論』을 인용하였는데, '부처님의 相好에서 나오는 빛은 一尋까지 비추니 여러 중생을 초월한 모습이다'라고 하였다⑼.

이와 같이 佛身과 정토의 장엄이 헛되지 않음을 찬탄한 부분도 있는데 '부처님의 본원력을 관하여 보면 헛되이 지나간 것이 없음을 알게 된다. 능히 功德의 큰 보배 바다를 속히 완성케 한다'고 하기도 하였다⑽.

身과 정토의 장엄 외에 정토 대중의 수가 헤아릴 수 없이 많음을 드러내기도 하였는데, 『往生論』에서는 '정토에 살고 있는 대중을 장엄함이라고 불렀다. 偈頌으로 말하기를 天人은 움직임 없는 무리로서 이들에게 청정한 지혜의 바다가 생겨난다'고 하였다⑾.본격적인 依報의 장엄을 드러내는 부분에서는 모두 다섯 번 인용되었다. 오묘한 소리의 공덕이 이루어짐을 나타내는 부분에서 '梵音은 깨달음을 깊게 하며 미묘한 소리는 시방에 들리네'라고 한 것이 그 첫 번째 인용이다⑿. 두 번째는 虛空莊嚴으로 '한량없는 보배가 서로 얽혀 있어 허공에 그 물처럼 두루하고, 갖가지 방울들이 소리를 낼 때마다 오묘한 法音(붓다의 가르침 즉, 진리)을 설하고 있다'고 하였다⒀. 세 번째는 宮莊嚴 혹은 地莊嚴이라고 하는데, '궁전의 모든 누각에서 시방을 둘러보아도 걸림이 없고, 서로 다른 빛을 발하고 있는 나무와 보배로 된 난간은 그 주위를 둘러싸고 있다'고 하였다⒁. 네 번째는 水莊嚴으로 '보석으로 된 꽃이 천만 가지나 있어 흐르는 물과 샘을 뒤덮고 있는 阿彌陀淨土는 산들바람이 불어와 그 꽃잎을 흔들면 그 꽃들은 서로 혼란스러울 정도로 뒤섞여 화려하게 빛을 발한다'고 하였다⒂.

마지막으로 인용한 부분은 '여래의 미묘한 음성은 깨끗한 소리로써 十方에서 들린다'는 내용이다⒃. 憬興은 이 부분에 宮莊嚴이라는 해설을 붙였는데, 인용된 내용에 대해 『往生論』에서는 宮莊嚴이 아니라 口莊嚴이라고 하였다. 이는 口의 誤記로 보는 것이 타당하다고 생각된다.[393]

이와 같이 정토의 장엄은 그 자체가 정토에 사는 중생을 깨달음으로 인도하기 위한 것이라서 이들 장엄이 수승하면 보살이 중생을 구제하는 수행도 수승함을 의미하는 것이다.

『往生論』은 『無量壽經』의 내용을 24행 96구의 게송으로 총설하고, 게송을 풀이하는 형식으로 이루어져 있다. 게송의 내용

393) 韓普光, 앞의 책, 1991, 209面 각주(148) 참조.
渡邊顯正, 앞의 책, 1978, 33面 참조.

인 淨土의 장엄뿐만 아니라 이를 설명하는 부분에서는 淨土往生行에 대해서도 설하였다. 世親이 정토왕생행으로서 제시한 五念門(禮拜門, 讚歎門, 作願門, 觀察門, 廻向門)394)은 정토에 왕생하고자 하는 수행이 곧 菩薩의 수행이라고 설명하고 있다. 따라서 『往生論』의 해석은 阿彌陀佛의 願力에 의한 他力的인 측면에 중점을 두었다기보다는 自力的인 해석에 초점이 있었다고 보아야 한다.

憬興은 『往生論』을 비판 없이 인용하였는데, 적어도 정토의 장엄을 설하는 부분에서 만큼은 『無量壽經』 만큼의 권위를 인정하였다고 볼 수 있다. 비록 정토의 장엄을 설한 부분에서만 인용되기는 하였지만, 『往生論』에서 淨土往生行을 '五念門(禮拜門, 讚歎門, 作願門, 觀察門, 廻向門)'과 같은 自力的인 菩薩行으로 바라보는 입장은 『連義述文贊』의 다른 부분들을 고려해 볼 때 憬興이 『義述文贊』을 저술한 태도와 일맥상통하는 것이라고 할 수 있을 것이다.

2) 淨土往生의 因緣

(1) 三定聚와 不退轉의 地位

정토사상에서 가장 논란이 되는 부분은 아무래도 중생이 정

---

394) 『無量壽經優婆提舍願生偈』(大正藏26, 231中), "修五念門成就者。畢竟得生安樂國土。見彼阿彌陀佛。何等五念門。一者禮拜門。二者讚歎門。三者作願門。四者觀察門。五者迴向門"

토에 왕생하는 순간 不退轉의 지위를 얻는다는 데 있다고 볼 수 있다. 阿彌陀佛의 誓願의 힘에 의해 정토에 왕생을 하면 동시에 불퇴전의 지위를 얻을 수 있다는 것은 불교사상 가운데서도 가장 他力的으로 해석될 수 있는 부분이기 때문이다.

먼저 『無量壽經』에서 중생의 정토왕생의 인연에 대해 설한 부분을 살펴보자.

> 부처님께서 아난에게 말씀하셨다. "저 극락세계에 태어나는 중생들은 모두 다 정정취에 머물게 된다. 그 까닭은 무엇인가? 저 부처님의 나라에는 모두 사정취 및 부정취가 없기 때문이다. 시방의 항하의 모래와 같이 많은 모든 부처님이 다 함께 무량수불의 위신력과 功德이 불가사의함을 찬탄하신다. 모든 중생은 그 명호를 듣고 믿는 마음으로 기뻐하고 한 생각이라도 지극한 마음으로 저 국토에 태어나기를 원하면 곧 왕생하여 불퇴전의 자리에 머무른다. 다만 五逆罪를 지은 자와 정법을 비방하는 자는 제외한다."[395]

이와 같이 정토왕생과 不退轉의 지위를 약속하는 내용은 『無量壽經』 뿐만 아니라 『觀無量壽經』, 『阿彌陀經』에서도 등장한다. 『觀無量壽經』에서는 "7일이 지나면 無上正等菩提에 대해 不退轉의 지위를 얻게 된다."[396]고 하였으며, 『阿彌陀經』에서는

395) 『佛說無量壽經』卷下(大正藏12, 272中), "佛告阿難。其有衆生生彼國者。皆悉住於正定之聚。所以者何。彼佛國中無諸邪聚及不定之聚。十方恒沙諸佛如來。皆共讚歎無量壽佛威神功德不可思議。諸有衆生聞其名號。信心歡喜乃至一念。至心迴向願生彼國。卽得往生住不退轉。唯除五逆誹謗正法"

396) 『佛說觀無量壽佛經』(大正藏12, 345上), "經於七日。應時卽於阿耨多羅三

"극락국토에 왕생을 한 중생은 모두 아비발치[397]이다"[398]라고 하였다. 이와 같은 약속은 『無量壽經』에서 법장비구의 48원 가운데 제11원인 '住正定聚願'으로부터 유래한 것이다. 다음은 제11원의 내용이다.

> 만약 제가 깨달음을 얻더라도 그 나라 가운데 중생이 정정취에 머무르지 못해 열반에 이르지 못한다면 결정코 정각을 이루지 않겠습니다.[399]

제11원에 등장하는 正定聚가 바로 不退轉의 지위를 의미하기 때문이다. 여기서 不退轉이란 즉, 깨달음으로 나아가는 과정에서 더 이상 수행의 階位가 후퇴하지 않기 때문에 결국 깨달음을 얻게 되는 상태를 말한다. 그렇다면 正定聚란 무엇인가? 正定聚는 邪定聚, 不定聚와 더불어 三定聚를 이루는데, 삼정취에 대한 정의는 經說에 따라 다르다. 『連義述文贊』에도 몇 가지 說이 인용되었는데 이들을 추려 들어보면 다음과 같다.

첫 번째 有說은 『華嚴經探玄記』에서 인용한 것으로서 '有涅槃法이 正定聚이고, 無涅槃法이 邪定聚라고 하며, 이 두 가지를 떠나는 것이 不定聚'[400]라고 하였다. 憬興은 有種姓, 無種姓을

藐三菩提。得不退轉"

397) 阿鞞跋致 : 범어 avaivartika의 音寫. 不退(轉)이라 漢譯한다. 阿惟越致로 音寫하기도 한다.

398) 『佛說阿彌陀經』(大正藏12, 347中), "極樂國土衆生生者。皆是阿鞞跋致"

399) 『佛說無量壽經』卷上(大正藏12, 268上), "設我得佛。國中人天。不住定聚。必至滅度者。不取正覺"

떠나서는 다시 衆生聚가 없기 때문에 이 주장은 잘못이라고 비판하였다.401)

두 번째 有說은 慧遠의 『無量壽經義疏』에서 인용한 것이다.

> 善趣 이전의 상태를 邪定聚라고 부르고, 善趣의 지위에 머물면서 자주 물러나고 자주 나아가는 경우를 不定聚라고 부른다. 習種性의 지위 이후 분위하여 물러나지 않는 지위를 正定聚라고 부른다. 마치 二乘에서는 外凡이 항상 떨어지므로 邪定聚라 부르고, 앞의 여섯 가지 방편을 이름하여 不定聚라고 하고, 忍法 이상을 이름하여 正定聚라고 하는 것과 같다. 따라서 정토에 왕생하는 자는 三乘인지 물어서는 안 된다. 왜냐하면 모두 正定聚에 머물게 되며 다시 다른 聚는 없기 때문이다402)

이러한 慧遠의 주장에 대해서 憬興은 다음과 같은 모순이 있다고 지적하였다.

> 저 三聚의 뜻은 여러 경전의 내용과 어긋난다. 善聚 이전을 이미 邪定聚라고 불렀는데, 만약 淨土에 태어나 正定聚에 머무른다고 한

---

400) 『華嚴經探玄記』卷第十四(盡第十地)(大正藏35, 369下), "論中爲五。初一約種姓以分三聚。謂無涅槃法者是邪定。有涅槃法者是正定。正定中三乘各別。一向自定離此二。是不定種姓"

401) 『無量壽經連義述文贊』卷下(大正藏37, 158上), "有說有涅槃法名正定聚無涅槃法名邪定聚。離此二者名不定聚非也。離有種姓無種姓外更無衆生聚"

402) 『無量壽經義疏』(大正藏37, 107上), "若依毘曇。外凡常沒。名爲邪定。…名爲不定。此等有退。故名不定。忍心已上。堅固不退。名爲正定。…大乘法中。善趣已前。名爲邪定。善趣位中。數進數退。說爲不定。習種已去。位分不退。說爲正定。莫問大乘小乘衆生。生彼國者皆住正定。所以下釋。彼無邪定及不定聚。故皆正定"

다면 마땅히 十信을 뛰어넘어 곧 習種位에 들어간다고 해야 하는데 이런 이치는 있을 수가 없다. 만약 淨土에 往生하였는데 習種位에 들지 못하였는데도 이것이 허물이 아니라고 한다면 도리어 淨土에 不定聚가 있는 것이 된다.[403]

세 번째 有說에서는 『中邊分別論』의 正位習起는 이미 初地에 머문다는 說을 인용하여 『無量壽經』에서 보살로서 왕생한 자는 오직 初地 이상이라고 주장하였는데, 여기에 대해서 憬興은 만약 오직 보살만 왕생이 가능하다고 한다면 모두 다 왕생한다고 했던 『無量壽經』의 내용에 어긋나는 것이며 또한 마땅히 淨土에 不定聚가 있는 것이 된다고 그 오류를 지적하였다.[404]

마지막 有說에서는 正定聚에 머문다는 것은 불퇴전의 지위에 오르는 것이라면서 『菩薩瓔珞本業經』의 내용을 인용하여 '十解의 第七心' 이후의 모든 지위가 아비발치라고 하였다.[405] 여기에 대해서 憬興은 이미 第七心 이상이 불퇴전의 지위라면 이보다 낮은 모든 하위는 불퇴전의 지위가 아닌 것이 되므로

403) 『無量壽經連義述文贊』卷下(大正藏37, 158上-中), "彼三聚義違諸教理。應如理思。善趣已前旣名邪定。若生彼土卽住正定者應越十信卽入習種。必無此義故。若生彼土不卽入習種位故無此咎者還有彼土不定聚故"

404) 『無量壽經連義述文贊』卷下(大正藏37, 158中), "有說依中邊論正位習起旣在初地故。此中菩薩往生者唯是初地已上者非也。若唯菩薩者卽違經云皆悉故亦應有不定聚故"

405) 『無量壽經連義述文贊』卷下(大正藏37, 158中), "有說住正定聚者卽同小經中皆是阿鞞跋致。阿鞞跋致卽不退故。依本業等。十解第七心已去諸位是也。雖有下位從勝言皆是故"

마땅히 淨土에 不定聚가 있는 것이 된다고 그 오류를 지적하였다.406)

이와 같은 네 가지 설과는 달리 憬興은 앞에서도 살펴보았지만 正定聚가 十信이후 즉 十住(=十解)라고 보았다. 이밖에 正定聚에 대한 논의는 玄一의 『無量壽經記』에도 등장하는데 다음과 같다.

> 辨法師가 말하기를 정정취에는 세 가지가 있다. 만약 僧祇數에 들어가는 것을 정정취라고 할 때는 十信을 말하는 것이고, 만약 물러나지 않는 것을 정정취라고 할 때는 十解第七心 이상을 말하는 것이고, 眞觀을 얻은 것을 정정취라고 할 때는 初地 以上이다. 이제 이 문장이 설하는 정취란 세 가지에 통해 있다.407)

玄一의 『無量壽經記』에 인용된 辨法師의 세 가지 說 가운데 뒤의 두 가지 설은 『連義述文贊』에 인용된 것과 같은 내용이고, 첫 번째 說만이 다른 내용이다. 正定聚를 十信으로 보는 說은 憬興이나 元曉가 十信 이후, 즉 十住(=十解)로 보았던 것보다 正定聚의 계위를 더욱 낮추어 보는 것이다.

지금까지 살펴본 正定聚의 계위를 어떻게 바라보는가 하는 문제는 곧 중생이 정토에 왕생하여 不退轉을 얻을 수 있는 계

---

406) 『無量壽經連義述文贊』卷下(大正藏37, 158中), "旣第七心已上名不退者卽諸下位非不退位。應有不定故"

407) 『無量壽經記』(韓佛全2, 241上), "辨法師云。定聚有三。若入僧祇數故名定聚者十信。若不退故名定者十解第七心已上。若得眞觀故名定聚者。初地已上。今此文所說定聚。通於三種"

위가 무엇이냐를 의미한다. 따라서 正定聚의 계위가 낮으면 낮을수록 결국은 깨달음을 얻을 수 있다는 不退轉의 지위에 오를 수 있는 중생의 범위가 넓어지는 것이다.

앞에서 憬興의 의견까지 포함하여 여섯 가지 주장을 살펴보았는데 憬興이 正定聚의 계위를 十信 以後라고 보았던 이유는 무엇이었을까? 十信 以後는 十住(=十解)를 의미하며, 이것은 『菩薩瓔珞本業經』 「賢聖學觀品」에 나오는 '六種性'[408]가운데 '習種性'을 의미한다.

習種性이란 후천적인 수행과 熏習으로 얻을 수 있는 種性이다. 즉 正定聚에 오를 수 있는 중생의 계위가 習種性이라는 것은 선천적으로 타고난 無漏因의 종성인 性種性과는 달리 후천적인 수행을 함으로써 중생으로 하여금 왕생을 할 수 있다는 주장을 하고자 하였던 것이다.

定性二乘은 왕생할 수 없다는 五性各別說의 입장을 취하는 憬興이 후천적인 수행으로 왕생할 수 있다는 주장을 하는 것이 일견 모순된 의견처럼 보일 수도 있다. 그러나 후천적인 수행은 중생의 의지를 기반으로 하기 때문에 이미 習種性이라면 수행의 의지가 있는 것으로 볼 수 있기 때문에 不定性에 속하는 중생으로 보아야 하므로 定性二乘의 왕생가능성으로 해석될 여지는 없다고 본 것이다. 따라서 憬興이 正定聚의 계위를 十信 以後라고 보았던 것과 五性各別說의 입장에서 定性二乘이 왕생할 수 없다고 본 것은 서로 모순되는 설명이 아니라고 할 수

---

408) 『菩薩瓔珞本業經』卷上(大正藏24, 1012中), "佛子。性者。所謂習種性性種性道種性聖種性等覺性妙覺性"

있다.

(2) 三輩九品

정토경전에서는 정토에 왕생하는 중생의 階位를 셋 혹은 아홉으로 나눈다. 전자를 '三輩'라 하고, 후자를 '九品'이라 한다. 즉, 『無量壽經』에서는 중생을 '上輩·中輩·下輩'의 三輩로 나누고 그에 따른 淨土往生因果를 설하였고, 『觀無量壽經』에서는 이를 더욱 세분하여 '上品上生·上品中生·上品下生·中品上生·中品中生·中品下生·下品上生·下品中生·下品下生'의 아홉으로 중생의 계위를 나누어 정토왕생인과에 대하여 설하였다.

이와 같이 중생의 계위를 나누어 설하는 것은 다양한 중생의 근기에 따라 往生因이 달라지고 수행 후 얻는 과보도 다르게 나타나기 때문이다. 『無量壽經』에서 먼저 三輩의 왕생에 대해서 전체적으로 다루고 이후 上·中·下輩를 차례로 다루고 있으므로, 憬興은 그 순서에 따라 몇몇 주장을 인용하여 자신의 입장을 밝히고 있다.

憬興이 인용한 첫 번째 주장에서는 『無量壽經』의 三輩는 모두 他受用土에 왕생하며, 『觀無量壽經』의 九品은 變化土에 왕생하므로 서로 같지 않다고 하였다.[409] 憬興은 이 주장과는 달리 『觀無量壽經』의 九品을 합하면 『無量壽經』의 三輩가 되기 때문에 그 뜻에는 큰 차이가 없기 때문에 두 經에서 설하는 내

---

409) 『無量壽經連義述文贊』卷下(大正藏37, 158中), "有說此中三輩皆生他受用土故。不同觀經生變化土之九品也"

용이 서로 위배되는 것이 아니라고 주장하였다.410) 憬興은 이를 다음과 같이 풀어서 설명하였다.

> 『觀無量壽經』에서 中上品과 中中品의 二品이 모두 사문이 되어 진짜 부처님을 친견하지만 큰마음을 발하지 못하며, 中下品은 평생 사문이 되지 못하고 부처님을 뵙지도 못하며 큰마음을 발하지도 못한다고 한 것과 『無量壽經』의 中輩는 사문이 되지는 않지만 化身佛을 보며 보리심을 발한다고 한 것을 서로 다르다고 하는데 이것은 中輩 안에도 스스로 여러 가지 종류가 있는데, 두 經에서 각각 서로 다른 것을 들어 말하였기 때문에 다르게 보이는 것이므로 서로 다른 것은 아니다.411)

또 十念은 『彌勒所問經』에서 설했던 것과 같다는 주장412)에 대해서도 『彌勒所問經』에서 설했던 十念은 곧 凡夫의 念이 아니므로, 上輩와 中輩의 중생에게 설하지 않고 下輩의 중생에게만 설한 것은 모순이라고 지적하였다.413)

두 번째로 인용된 주장에서는 왕생하는 자 가운데 三輩九品

---

410) 『無量壽經連義述文贊』卷下(大正藏37, 158下), "今卽合彼九品爲此三輩故其義無異"

411) 『無量壽經連義述文贊』卷下(大正藏37, 158下), "彼經中上中中二品皆作沙門亦見眞佛不發大心。中下一生不作沙門都不見佛不發大心。而此中輩非作沙門亦見化佛發菩提心。義必相違者中輩之內自有多類。二經各談其一無違"

412) 『無量壽經連義述文贊』卷下(大正藏37, 158中), "十念亦是彌勒所問之所說故"

413) 『無量壽經連義述文贊』卷下(大正藏37, 158下), "又若十念卽非凡夫念。如何於上中二輩不說。唯在下輩故"

에 속하지 않는 경우가 있다고 하였다. 그 내용은 다음과 같다.

> 부처님의 五智를 의심하는 사람이 의심하는 마음이 있는 상태에서 모든 功德을 닦고, 또한 罪와 福을 믿어 적은 복을 닦아 저 정토에 왕생하고자 하는 경우가 있다. 믿음이 확고하지 않기 때문에 앞의 여섯 가지(上品三生, 中品三生)에 해당되지 않으며, 적은 복을 닦았기 때문에 뒤의 세 가지(下品三生)에 해당되지도 않는다. 이 때문에 九品에 포섭되지 않는다.[414]

이 의견에 대해 憬興은 帛延本과 支謙本에 나오는 中輩에 속하는 사람이 의심하고 믿지 못하면, 비록 저 정토에 왕생하여 그 성 가운데 500년을 있어도 부처님을 뵙지도 못하고, 經의 내용을 듣지도 못하고, 聖人들을 보지도 못한다는 내용을 인용하여 五智를 의심하는 범부가 九品에는 없다고 말해서는 안 된다고 지적하였다.[415] 즉 앞의 인용문에서 佛智를 의심하는 마음을 가지고 功德과 복을 닦은 자는 다름 아닌 중배에 속하는 무리에 해당된다고 지적한 것이다.

佛智를 의심하는 무리가 九品에 속하지 않는다는 또 다른 주장은 元曉의 『無量壽經宗要』에서 인용되었는데 그 내용은 앞의 인용문과 크게 차이가 없다. 그 내용은 다음과 같다.

---

414) 『無量壽經連義述文贊』卷下(大正藏37, 158下), "疑五智人疑惑心中修諸功德亦信罪福少修善本願生彼土。以信不定故非前六少修福故亦非後三。由此不入不九品所攝"

415) 『無量壽經連義述文贊』卷下(大正藏37, 158下), "帛謙皆云中輩之人孤疑不信。雖生彼土在其城中於五百年不見佛不聞經不見聖。必不可言疑智凡夫不在九品故"

만약 이와 같은 네 가지 의심을 벗어나지 못하면 비록 정토에 왕생하더라도 변방에 있게 된다. …이렇게 의심하는 자는 따로 한 부류로서 九品에 속하지 않는다.416)

이 의견에 대해서도 憬興은 支謙本과 帛延本의 佛智를 의심하는 무리에 대한 내용을 인용하여 元曉의 의견이 잘못이라고 주장하였다. 그 내용을 살펴보면 다음과 같다.

두 經에서 설하는 中·下輩에 속하는 무리들이 보배로 만든 성에 머문 지 이미 오백 년이다. 마땅히 『無量壽經』에서 설했듯이 五智를 의심하는 凡夫가 머무는 보배 궁전 역시 邊方에 있다고 하였다. 만약 그렇지 않다면 經(支謙本과 帛延本)417)에서 佛智를 의심한 무리가 머무르는 집은 땅에 있으며, 마음대로 집을 높고 크게 허공중에 만들 수가 없다. 阿彌陀佛과의 거리가 대단히 크고 멀다고 했던 내용과 위배된다.418)

네 번째로 인용된 주장도 佛智를 의심하는 무리와 관련된 것이다. 붓다의 五智를 의심하는 사람은 곧 『無量壽經』에서는

416) 『無量壽經宗要』(韓佛全 1 562中), "若人不決如是四疑。雖生彼國而在邊地。…別是一類。非九品攝。是故不應妄生疑惑也"

417) 『佛說阿彌陀經』卷下 (大正藏 12 311上), "所居舍宅在地。不能令舍宅隨意高大在虛空中。復去阿彌陀佛大遠"
『佛說無量淸淨平等覺經』卷第二 (大正藏 12 292下), "所居舍宅在地。不能令舍宅隨意高大在虛空中。復去無量淸淨佛。亦復如是"

418) 『無量壽經連義述文贊』卷下(大正藏37, 158下), "二經所說中下之屬所止寶城旣五百。應如此經疑智凡夫所在寶宮殿亦是邊地故。不爾便違經云所居舍宅在地不能令隨意高大在虛空中。復去阿彌陀佛甚大遠故"

中輩, 『觀無量壽經』에서는 中品이라고 주장하면서 자신의 주장의 근거로서 帛延本과 支謙本에 나오는 中輩의 내용을 인용하였다.[419] 그러나 憬興은 佛智를 의심하는 사람이 중배 또는 중품이라는 주장에 대해서 帛延과 支謙은 하배 또한 길가의 성에 오백년을 있어도 부처를 보지 못한다고 하였는데 어찌 부처님의 五智를 의심하는 무리가 중배에만 있고 하배에는 없겠느냐고 반문함으로써 이 주장이 잘못임을 지적하였다.[420]

憬興은 佛智를 의심하는 무리가 中品下生과 下品上生의 두 品에 속하는 것이라고 자신의 입장을 밝혔는데, 帛延과 支謙이 中輩와 下輩가 모두 성에 있으나 오백년이 지나도록 붓다를 볼 수도 없고, 佛法을 들을 수도 없고, 성인을 만날 수도 없다고 했던 것도 이 때문이라고 주장하였다.[421]

憬興은 三輩든 九品이든 모두 넓고 좁은 구별 없이 다 왕생하지만 두 經의 중생을 분류하는 방식에 차이가 있음을 보여주었다. 『觀無量壽經』의 삼품이 善을 모으는 것을 上, 惡을 그치는 것을 中, 惡을 짓는 것을 下로 삼는다고 하였고,[422] 『無量壽經』의

419) 『無量壽經連義述文贊』卷下(大正藏37, 158下), "有說疑佛智人卽此中輩觀經中品。故帛謙經中輩云持戒布施飯食沙門作寺起塔後疑不信。其人暫信暫不信續結其善願得往生。雖生彼國不得前至無量壽佛所還道見佛國界邊自然寶城。於五百歲不得見佛聞法等故"

420) 『無量壽經連義述文贊』卷下(大正藏37, 158下-159上), "帛謙下輩亦在路城於五百年不得見佛。如何疑智唯在中輩而非下耶"

421) 『無量壽經連義述文贊』卷下(大正藏37, 159上), "今卽疑佛五智中下下上二生所攝。由此帛謙後之二輩皆言在城於五百年不得見佛聞法見聖故"

422) 『無量壽經連義述文贊』卷下(大正藏37, 159上), "彼三品集善爲上止惡爲中造惡爲下"

삼배에는 별도의 세 가지 뜻이 있다고 하였는데 그 내용은 다음과 같다.

> 첫째, 몸과 마음이 다름이다. 마음은 곧 發菩提心을 갖추고 오로지 阿彌陀佛을 念한다. 따라서 많은 것이 같다. 몸은 곧 출가하는 것을 上으로 여기고 세속에 있는 것을 中, 下로 여긴다. 두 번째, 닦는 因이 다름이다. 즉 모든 행을 갖추어 닦는 것을 上으로 삼고, 조금씩 나누어 복을 닦는 것을 中으로 삼고, 阿彌陀佛의 명호를 부르며 稱名念佛함에 十念 혹은 一念으로 하는 것을 下로 삼는다. 세 번째는 왕생의 緣이 다름이다. 즉 阿彌陀佛과 觀世音菩薩의 眞身이 임종 시 맞이하러 오는 것을 上으로 삼고, 化身佛이 영접하는 것은 中으로 삼고, 꿈에서 佛身을 보는 것을 下로 삼는다.423)

이와 같이 삼배를 구체적으로 설명하는 내용은 帛延本이나 支謙本에서도 등장한다. 憬興은 이를 요약하여 인용하였다. 먼저 帛延本을 살펴보면 삼배에는 네 가지 뜻이 있다고 한다. 그 내용은 憬興의 설명과 유사하지만 부연설명이 추가된 듯하다. 그 내용을 살펴보자.

> 첫째, 몸과 마음이 다름이다. 출가하여 發菩提心을 하는 것을 上으로 삼고, 세속에 있으면서 至誠心을 갖는 것을 中, 下로 삼는다. 둘째, 수행의 다름이다. 즉 여러 행을 갖추어 닦고, 꿈에서 모든 성인을 보는 것을 上으로 삼고, 선행을 조금 닦기를 밤낮으로 끊임없

423) 『無量壽經連義述文贊』卷下(大正藏37, 159上), "一身心異。心卽俱發菩提之心專念彌陀從多同也。身卽出家爲上在俗爲中下。二修因異。卽具修諸行爲上少分修福爲中稱念彼佛十念一念爲下。三生緣異。卽彌陀觀音眞身來迎爲上化身迎接爲中夢見佛身爲下"

이 하고 꿈에서 모든 성인을 보는 것을 中으로 삼고, 오직 애정과 분노를 끊고 염불을 십 일 낮 십 일 밤으로 끊어지지 않게 하는 것을 下로 삼는다. 셋째, 부처님을 친견하는 것이 다름인데, 곧 『無量壽經』의 세 가지와 같다. 넷째, 받는 과보의 다름이다. 즉 저 정토에 왕생하고 불퇴전의 집을 허공에 지으며 부처님과의 거리가 가까운 것을 上으로 여긴다. 길이 보배로 지은 성에서 멈춰 집을 땅에 짓고 부처님과의 거리가 매우 멀리 떨어져 있는 것을 中, 下로 여긴다.424)

支謙本의 설명은 대개 帛延本과 같은 내용지만 다른 점도 있다고 하면서 '저 국토에 왕생코자 하고, 비단으로 장엄하여 절을 만들고 탑을 쌓고 사문에게 음식을 공양하는 것은 마땅히 애욕과 분노를 끊게 해 준다. 목욕재개하고 청정한 한 마음으로 염불하기를 열흘 동안 끊어지지 않게 하면 下輩가 될 뿐'이라고 하였다.425)

憬興은 帛延本과 支謙本을 法護本과 비교하여 설명하기를 上輩는 같지만 中·下輩는 다르다고 하였다. 즉, 帛延本과 支謙本의 中·下輩는 의심하는 마음을 속으로 품어 道를 이루려는 뜻을 내지 못한다고 한 반면, 法護本의 中·下輩는 모두 道心을

424) 『無量壽經連義述文贊』卷下(大正藏37, 159上), "帛延三輩別有四義。一身心異。卽出家發菩提心爲上在俗至誠心爲中下。二修行異。卽備修衆行夢見諸聖爲上少分修善日夜不絶夢見諸聖爲中唯斷愛怒念佛十日十夜不絶爲下。三見佛異。卽同此三種也。四受果異。卽生彼土作阿維越宅舍在空去佛亦近爲上路止寶城舍宅在地去佛大遠爲中下"

425) 『無量壽經連義述文贊』卷下(大正藏37, 159上), "支謙經中從多雖同而有異者欲生彼國懸繒綵作佛寺起塔飯食沙門者當斷愛怒。齋戒淸淨一心念佛十日不絶爲下輩耳"

내어 결정코 믿는다고 하였다.426) 이와 같이 뜻에 차이가 생기는 까닭은 대개 저 梵本이 비록 갖추어져 있다 하더라도 帛延과 支謙은 단지 의심하거나 믿는 자가 往生하는 것으로 번역하였으나, 法護만은 깨끗한 믿음으로 因을 닦는 것으로 번역하였기 때문이라고 하였다.427) 이와 같이 憬興은 三代經本 사이의 번역 차이를 드러냈지만 뜻에는 큰 차이가 없다고 한다.

지금까지 三輩九品과 관련된 논의를 살펴보았는데 대개 佛智를 의심하는 무리를 어디에 배당할 것인가 하는 문제와 三輩와 九品이 다른가 같은가를 따지는 문제 등에 집중되어 있음을 알 수 있다. 憬興은 三輩와 九品이 같다고 보았고, 佛智를 의심하는 무리에 대해서는 주로 帛延本과 支謙本을 인용하여 자신의 의견을 개진하였다. 法護本에서는 佛智를 의심하는 무리가 胎生이 된다는 내용을 뒷부분에서만 다루고 있기 때문에 이 부분에서는 帛延本과 支謙本의 내용만 인용하여 설명하였던 것이다.

3) 佛智

『連義述文贊』에서 佛智에 대한 논의는 佛智를 의심하는 무리의 '往生因果'와 '胎生'에 대해서 다룬 부분에 등장한다. 이미

---

426) 『無量壽經連義述文贊』卷下(大正藏37, 159上), "彼之二品疑心在懷不發道意。此中二輩皆發道心決定信故"

427) 『無量壽經連義述文贊』卷下(大正藏37, 159中), "蓋彼梵本雖復備有帛謙但翻疑信往生之者法護唯譯淨信修因"

三輩九品의 왕생인과를 설한 부분에서 佛智를 의심하는 무리에 대해서 다룬 바 있다. 앞에서도 살펴보았듯이 『連義述文贊』의 臺本인 法護本에서는 帛延本이나 支謙本과는 달리 붓다의 五智를 다룬 부분에서만 佛智를 의심하는 무리가 '태생'이 된다는 내용을 다루고 있다.

『無量壽經』에서는 정토에 왕생할 때 化生과 胎生의 차이가 생기는 것이 붓다의 五智에 대한 의심 때문이라고 설한다. 여기서 붓다의 五智란 '佛智, 不思議智, 不可稱智, 大乘廣智, 無等無倫最上勝智'인데, 『無量壽經』 주석서들은 각 명칭에 대한 자세한 해설을 하였다.

慧遠[428]과 吉藏[429]은 비교적 짧은 해설을 한 것에 비해 義寂[430], 元曉[431], 法位[432], 憬興은 꽤 구체적이고 상세한 해설을

---

428) 『無量壽經義疏』(大正藏37, 115中-下), "於中初言不了佛智。此句是總。不思等別。佛智淵深。餘不能測。名不思智。佛智衆多。非言能盡。言不可稱。於諸法門。知之窮盡。名爲廣智。位分高出。名無等倫最上勝智"

429) 『無量壽經義疏』(大正藏37, 125上), "不了佛智謂如來智無有邊畔。不可稱智謂無有限局。大乘廣智謂無照境不取。最上勝智謂照同凡境"

430) 『無量壽經述義記[復元]』(韓佛全2, 348下-349上), "名爲佛智 不能了知 何有此智 名不了佛智 此不了言亦通下四 不思議智者 謂卽第二於一切所知無碍無障智此智異小乘雖能斷煩惱障故 智有有碍碍障障故 非不思議 佛能永斷所知障故智無碍障故名不思議 不可稱智者謂卽第三淸淨智 異於初劫菩薩 初劫菩薩於諸煩惱全未斷深 不名淸淨 不淸淨故非不可稱 佛能斷故名淸淨智 淸淨智智淸淨故名不可稱大廣智者 謂卽第四一切智 此智異於二劫菩薩 二劫菩薩未得無用功薙 運道於故一切界等不能無障轉是故不得名一切智 不名一切智故非大乘廣智 佛能無碍是一切智名大乘廣智 第五無等無倫最上勝智者 謂卽第五無滯智 此智異於三劫菩薩 三劫菩薩微細二障猶未盡故不能蹔作意遍於一切了 是故不得名無滯智 不名無滯智故 非無等無倫最上勝智 智佛能遍了無滯智 是故得名無等無倫最上勝智"

---

431) 『無量壽經宗要』(韓佛全1, 569上-中), "此言佛智。是總標句。下之四句。別顯四智。不思議智者。是成所作智。此智能作不思議事。謂如不過丈六之身。而無能見頂者。不增毛孔之量。而遍十方世界。一念稱名。永滅多劫重罪。十念念德。能生界外勝報。如是等事。非下智所測。是故名爲不思議智。不可稱智者。是妙觀察智。此智觀察不可稱境。謂一切法。皆如幻夢。非有非無。離言絶慮。非逐言者所能稱量。是故名爲不可稱智。大乘廣智者。是平等性智。此智廣度。不向小乘。謂遊無我故無不我。無不我故。無不等攝。以此同體智力。普載無邊有情。皆令同至無上菩提。是故名爲大乘廣智。無等無倫最上勝智者。正是如來大圓鏡智"

432) 『無量壽經義疏』(韓佛全2, 16上-17上), "經中但云疑惑不信不出所 由今尋經云不了佛智 不思議智 不可稱智 大乘廣智 無等無倫最上勝智 於此諸智疑惑不信 惑者約此智赴 疑惑心今一一叙疑 以智對遣言 不了佛智者 此句惣斥所疑惣是佛智故 下四句一一叙叙疑勤遣第一疑意云若但誦念佛名 不必得生彼國何以故 經云業道如稱重者 先牽云何作惡 時多爲惡卽重 今以十念相 續爲善 卽經便得往生 與三塗永隔重者先牽其義安在 又彌陀國於過三界 不改其惑業以誦念佛名 卽得超昇帶出界此義難信 今爲遣此疑故言佛有不思議智 不思議智者 是大圓鏡智 轉八識依得一面之鏡 能現永像 一智之力能消萬惑 女豪 毛萬行豆大能焚皇光千曜百便掩光 皇毛之所擬 今以十念相續 念念之 中能除八十億劫生死之罪 義在玆 乎 然念佛像事准可制業 旣不觀空 未得除惑 帶種往生 此義無宮 言出 三界者 彼無欲故 非欲界 依地住 故非色界 有色形故非無色界 故 云出三界 非謂除惑 出三界受變 易身 彼有分段身 故後彼有佛名 覺待不覺而生死凡名不覺待覺而立有何懸絶 念得多福 今爲遣此疑 佛明有不可稱智 此智是平等性智 轉七識依得 良由智如鏡鏡如智 平等不可分別 絶於稱謂而言者以聲止聲 非住聲也 旦假世名 以詮玄 旨 得意卽須已言而執覺待不覺得爲可稱不爲縣絶 念無多福者 不然若知文字 性離豈離文字而有解脫乎 然講境絶名境不可稱故智亦名 不可稱 卽是平等性智如何 以因時七識不覺之名而擬[安養集七·五·安養抄一·四·六·七] 果時覺智之稱三者 疑三佛不能實度一切衆生 過去無量佛已滅度 生不盡現在十方 亦有無量佛名 各度衆生 而亦不盡 若第一稱佛度生 盡不應有 第二佛攝土化生 云何念彌陀佛者 皆得往生爲對此疑故言大乘廣智 此明佛無法不知無惑不改無善不倫無生不度 此是妙觀察智 由轉第六識依得 若無此智則不能度蓮衆生 若於一佛有能則 是一切佛能 諸佛平等故 然約像攝物居方不同 利現隨機無來不應 易得一佛度 盡則碍餘

하였다. 그 내용을 살펴보면 크게 두 가지 사항을 이야기 할 수 있다. 한 가지는 慧遠, 元曉, 法位가 佛智와 나머지 四智를 總·別로 나누어 보았다는 사실433)이고, 다른 한 가지는 憬興을 비롯하여 元曉와 法位가 '不思議智, 不可稱智, 大乘廣智, 無等無倫最上勝智'를 '大圓鏡智, 平等性智, 妙觀察智, 成所作智'에 대비시켜 해석을 하였다는 점이다.

佛智와 나머지 四智를 總-別로 나누어 보는 것에 대해서 憬興은 뒤의 四智는 차례대로 大圓鏡智 등의 四智를 의미하는 것으로서 성스러운 가르침을 따른 것이지만, 四智를 모두 佛智라고 부를 수는 없다. 왜냐하면 平等性智와 妙觀察智는 菩薩 또한 얻을 수 있기 때문에 잘못이라고 지적하고434) 五智는 『佛地經論』 가운데 五法과 같은 것이라고 주장하였다.435)

佛能乎 如阿毘地獄一人滿 豈碍餘人不得生 四生疑佛不能遍知 諸法若塵境界亦覺知 若法塵境界不能 答十四難有何 勝能念念得多福 爲對此疑故言佛有無等無倫最上勝智 欲明此智 於凡夫無等於二乘 無倫於菩薩 最上勝凡夫 二乘地前菩薩 並不知樹王成道 是其化身 此曰成所作智 轉五識依得 受用五塵不同 凡夫着五欲故 故言無等 智常在深定 遍照萬法不同二乘入定乃知出定 不知而有限 故言無倫 知二障都盡 覆惑已照法無私立敎化物 不同菩薩地 前二障都在七地已還 上心或在十地 二障欲盡仍十地見於佛性 由如罪聲中覺故 言最上勝智"

433) 『無量壽經義疏』(大正藏37, 115中), "於中初言不了佛智。此句是總。不思等別"
『無量壽經宗要』(韓佛全1, 569上), "此言佛智。是總標句。下之四句。別顯四智"
『無量壽經義疏』(韓佛全2, 16上), "不了佛智者 此句惣斥所疑惣是佛智故下四句一一叙"

434) 『無量壽經連義述文贊』卷下(大正藏37, 169中), "後之四智如其次第鏡等四智隨順聖教不應四智皆名佛智故。平等妙觀二智心品菩薩亦得故"

憬興이 언급한 『佛地經論』의 五法[436]이란 '淸淨法界, 大圓鏡智, 平等性智, 妙觀察智, 成所作智'를 말하는 것인데, 앞에서 지적하였듯이 元曉와 法位도 五法과 五智, 혹은 四智와 연결하여 설명하려는 시도를 하였다. 憬興은 『佛地經論』의 五法이 차례대로 『無量壽經』의 '佛智, 不思議智, 不可稱智, 大乘廣智, 無等無倫最上勝智'에 대응한다고 주장하였고, 法位도 동일한 순서로 설명을 하였다.

이와 달리 元曉는 五智가 아닌 四智만을 대비시켰고 그 순서도 조금 달랐다. 이와 같은 元曉의 주장을 憬興은 有說로서 인용하였는데, 『連義述文贊』에 인용된 내용과 『無量壽經宗要』 원문에는 차이가 있다. 인용문의 앞부분이 일치하는 것으로 보아 뒷부분은 誤寫인 듯하다.[437]

이들의 설명을 직접 살펴보자. 먼저 憬興은 大圓鏡智를 不思議智라고 하였다. '한 면의 거울로도 비추지 못하는 상이 없는 것처럼, 가는 털 하나가 모든 것을 벨 수 있고, 작은 불씨가 능히 전체를 불살라 버릴 수 있는 것과 같이, 十念稱佛할 때 念마다 각각 80억겁의 생사의 죄를 없앨 수 있다는 것을 생각으로 헤아릴 수 있는 경지가 아니기 때문에 不思議智라고 한다' 하였다.[438]

---

435) 『無量壽經連義述文贊』卷下(大正藏37, 169中), "故此五智如其次第彼佛地經中五法是也。淸淨法界名爲佛智智處智性皆名智故"

436) 『佛地經論』卷第三(大正藏26, 301中), "有五種法攝大覺地。何等爲五。所謂淸淨法界。大圓鏡智。平等性智。妙觀察智。成所作智"

437) 안계현의 논문에서도 이 점을 지적하였다(앞의 책, 1987, 130쪽 참조).

반면 元曉는 大圓鏡智를 無等無倫最上勝智라고 하였다. 즉 '本識이 轉變하여 마음의 근원으로 돌아가므로 모든 대상을 두루 비추지 않음이 없어 大圓鏡智라고 부른다'면서 '二乘과 解脫身을 공유할 수 없으므로 無等이요, 부처님만이 얻을 수 있는 경지이지 다른 부류에게는 불가능한 경계이므로 無倫이요, 不思議智보다 뛰어나기 때문에 最가 되고, 不可稱智를 넘어선 것이므로 上이 되며, 大乘廣智보다 넓기 때문에 勝이 된다'고 하였다.439)

또 平等性智에 대해서 憬興은 不可稱智라고 하였다. '平等性智는 두 가지 空(人空·法空)의 이치를 증득한 상태로서 對象과 智慧는 平等하여 일컫고 설하는 것이 끊어진 상태이다. 대상이 이미 不可稱이라면 지혜도 不可稱이라고 할 수 있다'고 하였다.440)

---

438) 『無量壽經連義述文贊』卷下(大正藏37, 169中), "大圓鏡智名不思議智。有聞經說善惡罪福重者先引便疑稱念彌陀佛名必生彼土。言恒作諸惡惡心深重不應十念相續微善能滅諸罪。而往生彼入正定聚畢不退轉。故云不了不思議智。不思議智有大威力非思量境故。汝不聞乎一面之鏡無像不現。詎疑一智力消諸罪障。又如毫毛萬斤少火能焚。故十念稱佛念別能除八十億劫生死之罪。往生淨土有何可怪也"

439) 『無量壽經宗要』(韓佛全1, 569中), "無等無倫最上勝智者。正是如來大圓鏡智。始轉本識。方歸心原。一切種境。無不圓照。是故名爲大圓鏡智。此一智中。有五殊勝。如解脫身。二乘同得。如是鏡智。正是法身。非彼所共。故名無等。是一勝也"

440) 『無量壽經連義述文贊』卷下(大正藏37, 169中-下), "平等性智名不可稱智。有聞佛智於法懸絶懷疑而言。名必相待。待不覺而名覺有何懸絶念獲多福。今釋此疑顯佛有不可稱智。平等性智證二空理境智平等玄絶稱說。而以名遣名而詮玄旨。悟旨者亡言。境旣不可稱 智可言不可稱。不可稱故念

반면 元曉는 平等性智를 大乘廣智라고 하였다. '이 智는 널리 제도할 때 小乘을 지향하지 않는다'면서 '體를 같이 하는 지혜의 힘으로 많은 有情을 두루 싣기 때문에 모두로 하여금 함께 無上菩提에 이르도록 한다. 그러므로 大乘廣智라고 한다'고 하였다.441)

또 妙觀察智를 憬興은 大乘廣智라고 하였다. '妙觀察智는 항상 智를 포함하고 있고, 모든 인연 있는 존재에 대해 자비심을 지니고 있다. 따라서 모든 중생을 구제한다고 한다. 그러므로 大乘廣智라고 하는 것이다.442)

반면 元曉는 妙觀察智를 不可稱智라 하였다. '妙觀察智는 헤아릴 수 없는 경계를 관찰한다. 말하자면 一切法은 모두 환상과 같고 꿈과 같아서 말로 추구할 수 없는 것이며, 따라서 능히 헤아릴 수 없다. 그러므로 不可稱智라고 부른다'고 하였다.443)

者福多。由此不可疑網在懷"

441) 『無量壽經宗要』(韓佛全1, 569上-中), "大乘廣智者。是平等性智。此智廣度。不向小乘。謂遊無我故無不我。無不我故。無不等攝。以此同體智力。普載無邊有情。皆令同至無上菩提。是故名爲大乘廣智"

442) 『無量壽經連義述文贊』卷下(大正藏37, 169下), "妙觀察智名大乘廣智。有聞念佛皆得往生而起疑言過現諸佛雖復無量濟生不盡。一佛能度衆生盡不應更有餘佛化生。如何念彌陀佛者皆生彼土故云不了大乘廣智。妙觀察智常含智悲於諸有緣無不運載而入涅槃。但諸衆生各有所屬。屬者雖盡不屬猶在。故更有餘佛出世化益。由此念佛皆生淨土意在玆也"

443) 『無量壽經宗要』(韓佛全1, 569上), "不可稱智者。是妙觀察智。此智觀察不可稱境。謂一切法。皆如幻夢。非有非無。離言絶慮。非逐言者所能稱量。是故名爲不可稱智"

마지막으로 成所作智를 憬興은 無等無倫最上勝智라고 하였다. '成所作智는 두루 六塵을 조건으로 한다. 범부와 같지 않기 때문에 無等이라고 하고, 二乘과 달리 언제나 妙定에 들기 때문에 無倫이라 하며, 二障이 모두 다하여 三業으로 교화하고 四記論을 짓는 것은 보살이 할 수 없는 일이기 때문에 最上勝이라고 한다'고 하였다.444)

반면 元曉는 成所作智를 不思議智라 하였다. '이 智는 능히 不思議한 일을 만들어낼 수 있다. 가령 一念으로 稱名하면 영원히 多劫의 重罪를 멸할 수 있고, 十念이면 그 功德으로 능히 세계 밖의 수승한 과보를 生할 수 있다. 이와 같은 일은 下智로서는 헤아릴 수 없기 때문에 不思議智라고 부른다'고 하였다.445)

元曉의 四智에 대한 해석은 그 자체로서 논리적 모순이 없는 자체 완결적인 측면이 있다. 그래서인지 憬興도 佛智와 四智를 總·別로 나누어 설명하는 것에 대한 비판을 하였을 뿐이

---

444) 『無量壽經連義述文贊』卷下(大正藏37, 169下), "成所作名無等無倫最上勝智。有聞如來不答十四不可記事便疑於佛。不能遍知一切諸法。既無勝用念有何福故云不了無等倫智。成所作智遍緣六塵。不同凡夫故云無等。雖達萬境常在妙定。非如二乘入出不同故云無倫。二障都盡發三業化作四記論。非諸菩薩之所能爲故云最上勝。最上勝者如其次第簡三祇劫故。如來答難必有利益。答十四事唯有戱論知而不答。故念之者福定非少。由此疑佛智雖生彼國而在邊地不被聖化。事若胎生宜之應捨"

445) 『無量壽經宗要』(韓佛全1, 569上), "不思議智者。是成所作智。此智能作不思議事。謂如不過丈六之身。而無能見頂者。不增毛孔之量。而遍十方世界。一念稱名。永滅多劫重罪。十念念德。能生界外勝報。如是等事。非下智所測。是故名爲不思議智"

다.

法位는 憬興과 같은 구도로 五智를 설명하였는데, 法位의 경우 '轉識得智'의 설명이 추가되어 있다. '轉識得智'란 곧, 八識·七識·六識·前五識이 轉하여 四智를 얻는다는 내용으로서,『佛地經論』을 비롯한『成唯識論』,『攝大乘論』등 唯識系 經論에서는 기본적인 설명이다.『連義述文贊』에서는 '轉識得智'의 설명을 구체적으로 언급하지는 않았지만, '五智가 곧『佛地經論』의 五法'이라고 단언하였던 것으로 보아 이를 당연시하였기 때문이라고 생각된다.

『無量壽經』에서 佛智는 이를 의심하는 자는 정토에 왕생하더라도 胎生이 된다는 내용에서 등장하는데, 이 教說의 핵심은 佛智를 의심하지 말고 信心을 가지고 念佛하라는 데에 있다. 그러나 憬興은『連義述文贊』에서 佛智 자체에 대한 설명을『佛地經論』의 五法과 대비시키면서 상세하게 하였다. '轉識得智'로서 五智에 대한 설명을 구체화하여『無量壽經』을 이해함으로써 唯識思想적 배경이 드러나는 것으로 볼 수 있다.

4) 五惡, 五痛, 五燒

憬興은 중생의 왕생인과를 설할 때 정토왕생의 因이 될 수 있는 行을 권함과 동시에 惡業과 고통스러운 果報에 대해 설함으로써 중생으로 하여금 이를 싫어하고 버리게 하려는 의도가 있다고 설하였다. 이것은 憬興이『連義述文贊』을 저술한 의도(來意)의 세 가지 의미 가운데 세 번째에서 드러난다.

셋째, 穢土의 고통과 번뇌를 보여주기 위함이다. 『관무량수경』 가운데서 비록 미래의 일체 중생이 번뇌인 적에게 고통과 해를 입는다고 말해 주어도 중생은 고통스런 번뇌의 相을 알지 못하므로, [淨土의 깨끗함을] 기뻐하고 [穢土의 고뇌를] 싫어하는 뜻을 일으키지 못하고, 往生의 業 또한 이룰 수가 없기 때문이다. 이제 널리 五惡, 五痛, 五燒에 고통과 해를 입음을 설하여 수행자로 하여금 이 고통스러운 곳을 싫어하고, 저 즐거운 곳을 기뻐하도록 하여 福과 觀行을 닦아 빨리 娑婆世界를 벗어나 淨土에 태어나게 하려는 것이다[446]

五惡, 五痛, 五燒의 고통을 자세하게 설함으로써 淨土에 往生하고자 하는 뜻을 갖게 하려는 의도를 가지고 설하였다는 것이다. 그런데 이와 같은 '五惡'의 내용이 『無量壽經』의 모든 譯本에 등장하는 것은 아니다.

현존하는 『無量壽經』의 다섯 판본 가운데 '五惡'의 내용이 등장하는 것은 『無量壽經』, 『無量淸淨平等覺經』, 『大阿彌陀經』이 있을 뿐, 『無量壽如來會』나 『無量壽莊嚴經』 및 梵語本이나 티벳어본에는 그 내용이 없다는 것은 앞에서 살펴본 바 있다.[447] 五惡의 내용이 등장하는 세 經本이 바로 憬興이 『連義述文贊』 첫 머리에서 언급하였던 三代經本과 일치한다.[448]

---

446) 『無量壽經連義述文贊』卷上(大正藏37, 131下), "三者欲示穢土之苦惱故。謂觀經中雖言未來一切衆生爲煩惱賊之所苦害 而衆生不聞痛惱之相 卽不能起欣厭之意 往生之業亦不得成故。今廣宣五惡痛燒以於苦害。令修行者厭此苦域欣彼樂方 修福觀行 速出娑婆而生淨土"

447) 望月信亨, 앞의 책, 1977, 207面 참조.
泉芳璟, 『梵文 無量壽經의 硏究』 117面 참조.

『無量壽如來會』나 『無量壽莊嚴經』은 8세기 이후에 漢譯되었으므로 憬興이 참고할 수 있는 책이 아니었으므로 논의에서 제외한다 하더라도, 梵語本과 티벳어本에도 그 내용이 없다는 사실은 기존의 연구에서도 주장하는 것과 마찬가지로 五惡을 다룬 부분은 본래 없었던 것이 漢譯된 후 중국에서 추가되었을 것이라는 추론을 가능케 한다.

佛敎經典의 成立史를 다룬 望月信亨의 연구에서는 『無量壽經』에서 五惡을 다룬 부분은 『四天王經』 및 『三品弟子經』에 번역 후 추가된 思想과 같은 맥락의 내용이라고 보았다.449) 즉 衆生의 善惡이 壽命의 長短과 밀접한 관계에 있다는 내용을 담고 있는데, 이는 중국의 도교사상이 반영된 것이라고 하였다. 그렇다면 憬興은 『無量壽經』의 五惡을 다룬 부분을 어떻게 해석하고 있는 지 살펴보자.

憬興은 現生에서 짓는 여러 가지 惡을 다섯 가지, 즉 '殺生, 偸盜, 邪淫, 妄語, 飮酒'로 분류하여 五惡이라 하고, 그 결과 現生에서 받는 고통을 五痛, 來生에서 받는 고통을 五燒라고 주장하였다.450) 『連義述文贊』에서 憬興은 먼저 五惡을 각각 설명하고 그 果報로서 따라오는 五痛과 五燒를 구분하여 순차적으

---

448) 현존하는 譯本의 저자에 대해서는 여전히 정설은 없지만 본 논문 안에서는 불필요한 혼란을 피하기 위해 전적으로 憬興의 의견을 따라서 서술하기로 한다.

449) 望月信亨, 『佛敎經典成立史論』, 京都:法藏館, 1978, 398~400面 참조.

450) 『無量壽經連義述文贊』卷下(大正藏37, 166中), "今還存所彈之義。殺盜邪婬妄語飮酒是其五惡。五痛華報。現閉王法身遭厄難名爲五痛。三途果報名爲五燒"

로 설명하였다.

五惡을 달리 정의하는 견해도 있는데, 義寂은 身業과 관련된 세 가지 惡이 처음 세 가지 惡이며, 口業의 네 가지 惡을 합하여 네 번째 惡이 되며, 意業의 세 가지 惡을 합하여 다섯 번째 惡이 된다고 주장하였으며,[451] 法位는 앞의 네 가지 惡에 대해서는 義寂과 같은 주장을 하였지만 다섯 번째 惡을 飮酒로 보았다.[452] 이 法位의 주장은 憬興의 『連義述文贊』에 인용된 주장과 일부분이 일치한다.

法位의 『無量壽經義疏』는 복원본으로서 全文이 전해지지 않기 때문에 憬興이 인용한 내용이 法位의 설인지 여부를 확인할 길이 없지만 五惡의 정의가 같고, 五痛을 現世에서 받는 華報가 아닌 지옥에서 받는 고통으로 해석한 점과 五燒를 고통이 갖추어진 것이라고 정의한 점으로 보아 法位의 주장임을 알 수 있다. 憬興이 자세하게 인용한 내용을 살펴보자.

> 五惡은 因이 되고, 五痛과 五燒는 果가 된다. 곧 五戒가 막아야 할 것들이다. 身業의 세 가지 계율을 어긴 것이 세 가지 惡이 되고, 口業의 네 가지는 네 번째 惡이며, 음주가 다섯 번째 惡이다. 이 다섯 가지 因에 대한 대가가 五痛을 받는 것이다. 痛이란 고통을 받는 것이고, 燒란 고통이 갖추어진 것이다. 痛이든 燒든 모두 地獄의 果報이다. 따라서 앞에서 말한 임종 시에 춥고 더운 것이 痛과 더

---

451) 『無量壽經述義記[復元]』(韓佛全2, 345上), "身業三惡以爲初三 口業四惡合爲第四 意業三惡合第五"

452) 『無量壽經義疏[復元]』卷上(韓佛全2, 17上), "身三爲三 口四爲一 及飮酒故痛地獄苦 燒者苦具"

불어 苦가 함께 있는 것을 의미한다. 이제 다른 주장을 타파해 보자. 五痛은 인간계에서 받고, 五燒는 지옥에 있을 때 받는다고 하는데 이는 經文의 내용을 크게 잘못 판단한 것이다. 문장을 해치고 뜻을 상하게 한 것이다. 곧 痛이 고통을 받는 것이고 燒가 고통을 갖추고 있는 것임을 알지 못함으로 말미암은 것이다. 인간계에서 痛을 받으면서 고통이 갖추어져 있지 않을 수는 없으며, 지옥에 고통이 갖추어져 있는데 痛이 없을 수는 없기 때문이다. 또 五惡을 지으면 먼저 惡道에 들어간 후 인간계에 태어나는 경우도 있기 때문이다. 지옥에서 痛과 燒라는 과보를 받고 난 연후에 인간계에 태어나 남은 과보의 고통을 받는 것이다[453]

憬興은 이와 같은 주장의 오류를 차례로 지적하였다. 먼저 五惡이 곧 五戒로 막아내야 할 것이라면 不妄語戒는 妄語만을 막는 것이 되므로 口業의 네 가지가 네 번째 惡이 된다는 주장은 모순임을 지적하였다. 두 번째로 痛과 燒가 항상 함께 갖추어져 있다는 주장에 대하여[454] 또 阿闍世王이 아버지를 죽인 후 현재에 고통을 받는 것을 그 예로서 들어 지옥에서 痛燒의 과보를 받은 후 인간계에 태어나 남은 과보를 받는 일은 없다고 주장하였다. 만약 그렇지 않다면 『無量壽經』에서 말하는 華報가 헛된 말이 될 것이라고 하였다.[455]

---

453) 『無量壽經連義述文贊』卷下(大正藏37, 166上), "有說五惡爲因痛燒爲果卽五戒所防。身三非爲三口四爲第四飮酒爲第五。酬此五因卽受五痛。痛者苦受燒者苦具。若痛若燒皆地獄報。故前文云臨終寒熱與痛苦俱。遂彈餘家五痛人中受五燒在地獄云此太錯判經文。害文傷義。直由不了痛是苦受燒是苦具。不可人中受痛而無苦具地獄有苦具而無痛故。又作五惡先入惡道後生人中故。地獄受痛燒報已然後生人受餘報苦"

454) 본 문장은 필자의 未完.

『無量壽經』에는 五惡 가운데 첫 번째 惡인 殺生을 설한 부분에서 衆生의 善惡을 기록하는 존재가 '神明'이라는 언급이 등장한다. 이 神明에 대한 吉藏의 해석이『連義述文贊』에 有說로 인용되었는데 그 내용을 살펴보면 다음과 같다.

> 神明은 곧 同生同名이다. 同生은 오른쪽 어깨에 있으면서 惡業을 짓는 것을 기록하고, 同名은 왼쪽 어깨에 있으면서 善業을 짓는 것을 기록하므로 記識이라고 한다456)

憬興은 이와 같은 吉藏의 주장과는 달리 기록하는 것을 種子識이라고 보고, 다음과 같이 주장하였다.

> 業報는 일어나는 것을 느낄 수 있어야 하므로 神明이 감당할 수 있는 것이 아니기 때문에 도리어 精神이 [善惡을] 반드시 기록하는 것과 같이 種子識의 功能으로서 기록함이 허망하지 않기 때문에 記識이라고 부르는 것이다457)

그러나 憬興은 네 번째 惡인 '妄語'를 설명하는 가운데 衆生의 善惡을 기록하는 과정에 대해 다시 한 번 언급하였는데, 여

---

455) 『無量壽經連義述文贊』卷下(大正藏37, 166上-中), "若言五惡卽五戒所防者。不妄語戒唯防妄語如何口四爲第四惡應正理耶。又痛必兼具燒如何無受。故不可言人中有受而無具地獄有具而無受。又如闍王殺其父王已現受衆苦。必不可言先受痛燒後受餘苦。經曰華報應成虛言故"

456) 『無量壽經連義述文贊』卷下(大正藏37, 166中), "有說神明者卽同生同生。同生在右肩記所作惡同名在左肩記所作善故云記識"

457) 『無量壽經連義述文贊』卷下(大正藏37, 166中), "業報感起非神所堪故。今卽還同精神剋識以種子識功能不亡名記識故"

기서는 天神을 護世天으로 보고 중생이 惡을 지으면 護世天이 이를 기록하고 帝釋天에게 아뢰면 惡籍에 그 기록이 있게 된다고 보았다.458)

이 부분에서 名言種子는 識에 있고, 業種子가 이끌어 내어 반드시 그에 걸맞는 聚로 향하게 하므로 名籍은 神明에 있다는 주장을 인용하고 자신이 인정했던 護世天이 帝釋天에게 아뢰면 이를 惡籍에 기록한다고 한 내용에 위배된다고 비판하였다.459) 즉, 憬興은 神明의 작용을 부정하고 種子識의 功能으로 중생의 善惡을 기록한다고 주장하였지만, 불교 내의 天神인 護世天과 帝釋天의 작용은 인정하여 이들이 중생의 惡을 惡籍에 기록한다는 주장은 받아들이고 있는 것이다.460) 이와 같이 天神과 種子識의 작용을 동시에 인정하는 내용은 義寂의 『無量壽經述義記』에서도 찾아볼 수 있다.461)

이처럼 중생의 善惡을 기록하는 것이 種子識이라고 본 것은 憬興이 唯識思想의 입장에 서 있음을 보여 주는 것이지만, 天神을 護世天과 帝釋天으로 이해한 것은 憬興이 여전히 전통신

---

458) 『無量壽經連義述文贊』卷下(大正藏37, 167中), "天神卽護世天。錄其作惡奏上帝釋。記在惡籍故云記識"

459) 『無量壽經連義述文贊』卷下(大正藏37, 167中), "有說名言種子在賴耶神業種引生必有趣向故云名籍在神明。卽違自許護世天神奏上帝釋記在惡籍故"

460) 선행연구에서는 이와 같은 견해를 통일신라시대 승려들이 業說과 輪回說을 중심으로 불교를 수용한 이후에 나타난 인간관의 변화를 상징적으로 보여준 것이라고 하였다(金英美, 앞의 책, 1994, 328-333쪽 참조).

461) 『無量壽經述義記[復元]』卷下(韓佛全2, 345中), "所作善惡非但自識內熏 天神外記在二處安有赦乎"

앙의 영향 하에 있었으며 불교적 해석을 결합시키려는 시도를 하고 있었음을 보여주는 例라고 볼 수 있다.

이밖에 五惡을 설한 부분에서 눈에 띄는 것은 憬興의 『連義述文贊』이 다른 부분과는 달리 經文 자체의 의미보다는 漢字語句에 대한 해석에 주력하고 있다는 점이다. Ⅲ장에서도 살펴본 바와 같이 이 부분에서는 『一切經音義』의 인용이 두드러진다. 총 49회 인용된 가운데 26회 인용되었으며, 三煩惱를 다룬 부분까지 포함하면 38회 인용되었다. 이와 같은 사실은 三煩惱와 五惡을 다룬 부분이 梵本으로부터 번역된 것이 아니라는 주장의 傍證이 될 수 있을 것이다.

5) 憬興의 末法思想

정토사상이 크게 유행하는 시기는 사상의 성격상 당대를 末法時代라고 규정하는 분위기가 사회에 만연한 시기와 그 때를 같이 한다. 중국의 경우 처음으로 末法思想을 주장한 慧思(515~577) 이후 北周 武帝의 廢佛[462]을 거치면서 당대를 말법시대로 보는 시대의식은 전 교단으로 확산되었다. 憬興이 활동하던 시기에 善導 계통의 정토신앙도 말법시대라는 인식을 바탕으로 크게 유행하고 있었다.[463]

---

462) 憬興이 활동하던 시기 이전에 중국에서는 두 번의 廢佛이 있었다. 첫 번째는 北魏 太武帝 太平眞君 2년(441)의 폐불로 황제의 도교숭앙이 그 원인이었고, 두 번째는 北周 武帝 建德 3년(574)의 폐불로 武帝의 儒教숭상과 軍備때문이었다.(鎌田茂雄, 『中國佛教史辭典』, 東京:東京堂出版, 126面, '三武一宗' 항목참조).

이와 같은 시대인식을 반영한 末法時代에 대한 논의는 다양한 佛教經論에서 등장하는데, 『無量壽經』에서도 經의 유통을 권하는 부분에서 末法을 의미하는 '經의 진리가 모두 멸하는 시기(經道滅盡)'464)에 대한 언급이 있다. 바로 이 '經道滅盡'이라는 표현에 주목한 憬興이 이에 대한 주석을 하였다.

憬興은 '經道滅盡'에 대한 자신의 입장을 밝히기에 앞서 慧遠의 『無量壽經義疏』를 인용하고 비판하였다. 慧遠은 釋迦 正法 오백년, 像法 천년, 末法 만세가 모두 다 지나갔기 때문에 法이 다 멸하였지만, 비록 法이 멸한 다음에도 붓다의 자비로써 고통 받는 중생을 불쌍히 여겨 홀로 『無量壽經』을 百世 동안 남겨두어 중생을 제도하게 하였다고 하였다.465) 그러나 憬興은 慧遠의 의견이 『法住記(=大阿羅漢難提蜜多羅所說法住記)』 뿐만 아니라 모든 성스러운 가르침에도 어긋나는 것이라고 지적하면서 『法住記』를 인용하여 말법시대에 대한 자신의 입장을 드러내고자 하였다.

正·像·末 三時에 대한 논의는 여러 경전에서 등장한다. 기존의 연구에 의하면 석가모니불의 三時에 관해서는 말법시대가 正法·像法시대가 지난 후 만 년인 것은 대개 일치하지만, 正·像

463) 金英美, 「新羅 阿彌陀信仰과 新羅人의 現實認識」, 『國史館論叢』 제42집, 1993, 101쪽.

464) 『佛說無量壽經』卷下(大正藏12, 279上), "當來之世經道滅盡。我以慈悲哀愍。特留此經止住百歲。其有衆生値斯經者。隨意所願皆可得度"

465) 『無量壽經連義述文贊』卷下(大正藏37, 170中), "有說釋迦正法五百年像法千年末法萬歲一切皆過故云滅盡。法雖滅已佛以慈悲憐苦衆生獨留此經百歲濟"

의 二時에 대해서는 경전마다 異說이 많은데, 이를 크게 네 가지 정도로 나누어 볼 수 있다고 한다.466)

(1) 正法五百年 像法千年說

- 『大方等大集經』「月藏分第十二法滅盡品」 (大正藏 13, 379下)
- 『摩訶摩耶經』 (大正藏 12, 1013下)

(2) 正法千年 像法五百年說

- 『毘尼母經』 (大正藏 24, 818下)

(3) 正法五百年 像法五百年說

- 『大乘三聚懺悔經』 (大正藏 24, 1094上)
- 『賢劫經』「千佛興立品」 (大正藏 14, 50下)

(4) 正法千年 像法千年說

- 『悲華經』「諸菩薩本授記品」 (大正藏 3, 219下)
- 『祇洹精舍銘』(吉藏 『中觀論疏』「因緣品」인용) (大正藏 42, 18中)

憬興이 인용하였던 慧遠의 說은 첫 번째 경우와 같은 것으로서 경전에 근거가 없는 주장이 아니다. 그러나 憬興은 이를 잘못이라 지적하고, 玄奘이 번역하였던 『法住記』에서 그 내용을 인용하였다. 어떤 이유에서 이러한 태도를 취하였을까? 선행연구의 주장처럼 『釋淨土群疑論』의 논의와 밀접한 관계가 있는 것으로 보인다.467)

『釋淨土群疑論』에서 懷感은 『無量壽經』에서 經의 진리가 모

466) 渡邊顯正, 앞의 책, 1978, 219面.

467) 渡邊顯正, 앞의 책, 1978, 223面.

두 멸하는 시기, 즉 經道滅盡의 시기에 특별히 『無量壽經』의 가르침을 남겨두어 백 년 동안 머물게 한다고 설한 부분에 대해서 經道滅盡의 시기가 언제인지를 묻는 질문에 대답하면서 三階敎에서 주장하는 내용에 심각한 오류가 있다고 지적하였다. 그리고 『大悲經』과 『法住記』의 說을 인용하여 經道滅盡의 시기는 이 두 경전에서 등장하는 시기에 해당한다고 주장하였다.468)

憬興이 『法住記』의 내용이라면서 인용한 내용469)이 바로 『釋淨土群疑論』에 인용된 『大悲經』과 『法住記』의 설과 거의 일치한다. 따라서 『法住記』를 인용하였다고 밝히고 있지만 憬興이 『法住記』를 인용한 것은 懷感의 『釋淨土群疑論』의 영향이 아니라고 말하기 어렵다. 그 내용은 다음 [표 13]에서 확인할 수 있다.

〔표 13〕『釋淨土群疑論』과 『無量壽經連義述文贊』의 '經道滅盡'

	『連義述文贊』(大正藏37, 170中-下)	『釋淨土群疑論』 卷第三(大正藏47, 48上-49上)
下卷	今依法住記云佛滅度時以無上法付囑十六大阿羅漢幷諸眷屬令其護持使不滅沒。及勅其身與諸施主作眞福田。令彼施者得大果報。所謂賓頭盧等如是十六大阿羅漢護持正法饒益有情。至此南贍部州。人壽極長至於十歲。刀兵劫起爭相誅戮。佛法爾時當暫滅沒。刀兵劫後人壽漸增至百歲位此洲	問曰。無量壽經說。於未來世。經道滅盡。我以慈悲哀愍。特留此敎。止住百年。未知定用何時經道滅盡也。…有釋。經道滅盡。依大悲經。正法千年。像法千年。末法萬年。萬年之後經道滅盡。特留此敎。更住百年。此刀兵劫時。人多造惡。所執草木悉成刀劍。互相殺害。瞋毒熾盛。人壽十歲身長二肘。於此時中。更不能修諸餘甚深戒定慧

468) 『釋淨土群疑論』卷第三(大正藏47, 48上-49上).

469) 『無量壽經連義述文贊』卷下(大正藏37, 170中-下).

	人等厭前刀兵殘害苦惱復樂修善。時此十六大阿羅漢與諸眷屬復來人中稱揚顯說無上正法。度無量衆令其出家爲諸有情作饒益事。如是乃至此洲人壽六萬歲時無上正法流行世間熾然不息。後至人壽七萬歲時無上正法方永滅沒。時此十六大阿羅漢與諸眷屬於此洲地俱來集會。以神通力用諸七寶造窣堵波嚴麗高廣。釋迦如來所有遺身都集其內。爾時十六大阿羅漢與諸眷屬遶窣堵波。以香華持用供養恭敬讚歎遶百千匝。瞻仰禮已俱昇虛空向窣堵波作如是言。敬禮世尊釋迦如來應正等覺。我受敎勅護持正法及與天人作諸饒益。法藏已沒有緣已周今辭滅度。說是語已一時俱入無餘涅槃。聖先定願力火起焚身如燈二滅骸骨無遺。時窣堵波便陷入地至金輪際方乃停住。爾時世尊釋迦牟尼無上正法於此三千大千世界永滅不現。從此無間此佛土中有七萬俱胝獨覺一時出現。至人壽量八萬歲時獨覺聖衆復皆滅沒。次後彌勒如來出世	學。唯能念佛。厭此娑婆三災五濁極苦惱處。願生西方安樂世界。故佛知此時衆生苦重能生厭離。故以慈悲。特留此經。於諸經後。止住百歲。在刀兵劫。利益有情。又有釋言。如尊者慶友說法住記言。此佛法刀兵劫後。人心厭惡。咸起慈心。不相殺害。共相怜愍。如父如子。命漸增長。至滿百年。十六大羅漢三明六通。具八解脫。善閑三藏十二部經。受佛付囑。住持正法。利益衆生。不般涅槃。并餘眷屬大羅漢萬餘徒衆。還以如來三藏敎法。流行於世。化導群生。造寺度僧。修戒定慧。佛法熾盛。至增人壽六萬歲末七萬歲初。諸阿羅漢總集如來所有舍利。共造寶塔。十六阿羅漢與諸眷屬遶塔供養。散諸香華。瞻仰禮已。俱昇虛空。作如是言。敬禮世尊釋迦如來應正等覺。我受敎敕。護持正法。及與天人作諸饒益。法藏已沒。有緣已周。今辭滅度。說是語已。一時俱入無餘涅槃。其舍利塔便陷入地。至金輪際方乃停住。其三藏敎在舍利前。先已滅沒。經一百年。唯此淨法與舍利塔及諸阿羅漢一時滅沒。爾時世尊釋迦牟尼無上正法。於此三千大千世界。永滅不現。從此無間。此佛土中有七萬俱胝獨覺。一時出現。其人壽量八萬歲時。獨覺聖衆復皆滅度。次後彌勒出現世間。還爲衆生說淨土敎。令無量衆得生淨土。如是展轉。賢劫千佛及後諸佛出興於世。皆說淨法。勸生西方。乃至十方亦復如是。其阿彌陀佛壽命無量阿僧祇劫。未滅度來。十方世界諸佛出現。對彼阿彌陀佛有緣衆生。皆說淨法。勸生淨土。故此經道滅盡特留百年。當此時也

[표 13]에서 확인할 수 있듯이 憬興은 經道滅盡이라는 어구를 해석하는 데 있어서 懷感의 입장을 그대로 계승한 것으로

보인다. 『釋淨土群疑論』의 저자인 懷感은 善導의 제자로서 정토종 사람이지만 『釋淨土群疑論』의 내용은 상당부분 유식사상의 입장에서 저술되었다. 이와 같이 憬興이 懷感의 영향을 받은 것은 바로 유식사상의 바탕에서 정토사상을 정리하고 있는 책이 바로 『釋淨土群疑論』이기 때문일 것이다.

憬興이 이와 같이 『法住記』의 내용을 인용하여 末法時代에 대해 소개한 후 『無量壽經』을 특별히 남겨두는 이유에 대해서 설명할 때 憬興의 말법사상에 대한 시각을 살펴볼 수 있다. 憬興은 『涅槃經』이 佛性을 널리 드러내는 경전이지만 그 내용이 깊어 성인을 쫓아 먼저 없어졌다고 하면서, 이와는 달리 『無量壽經』은 오직 정토를 열어 사람들로 하여금 왕생을 구하게 하고 범부를 구제하는 것을 중시하는 경전이기 때문에 말법시대가 끝난 후에도 百歲에 머문다고 하면서 이 두 경전의 機宜, 즉 중생의 근기와 시기가 다르기 때문에 法이 멸하는 시기가 다른 것이라고 설명하였다. 이처럼 法이 다 없어진 후에 『無量壽經』의 가르침을 들음으로써 정토왕생의 이익을 얻을 수 있는데 法이 멸하지 않은 지금 이 經의 가르침을 듣는 자가 있다면 이익이 클 것이라고 주장하였다.470)

이와 같이 憬興은 당대를 말법시대로 보지 않았다. 이는 憬興이 활동하던 시기의 대부분의 신라인들과 같은 입장임을 『無

---

470) 『無量壽經連義述文贊』卷下(大正藏37, 170下), "大涅槃經廣顯佛性。聖教中深。逐聖人而先沒。此經唯開淨土令人求生濟凡中之要。故獨留百歲。機宜旣異。沒滅前後不可致怪。所願皆得者卽留之利益也。法滅盡後聞尙獲利往生淨土。況亦今聞者矣"

量壽經』 주석서를 통해 확인할 수 있다. 義寂은 그의 『無量壽經述義記』에서 말법시대가 끝난 후에도 『無量壽經』이 남아서 往生因을 닦으면 구제받을 수 있는데 하물며 지금처럼 經法이 모두 남아 있고, 그 가르침에 의지하여 수행할 수 있는 상황이라면 정토에 왕생하는데 어떤 장애도 없을 것이라고 주장하였다.[471] 法位의 경우에도 末法時代에 대한 짧은 주석을 달았는데 당대를 像法時代가 거의 끝나갈 무렵이라고 밝혔다.[472] 이밖에 『無量壽經』의 주석서는 아니지만 元曉의 『金剛三昧經論』이나 『大乘起信論疏記會本』을 통해 元曉 역시 당시를 像法時代의 末이라고 보았음을 확인할 수 있다.[473]

이와 같이 당시를 末法時代가 아닌 像法時代라고 보는 시대인식은 몇 차례의 廢佛을 경험하여 당시를 末法時代라고 보았던 중국 승려들의 그것과는 다른 것으로서 憬興이 비록 『無量壽經』의 經道滅盡이라는 어구를 교학적으로 해석할 때 懷感의 입장을 그대로 계승했다 하더라도 그의 말법사상은 자신이 속한 사회를 말법시대로 인식하지 않은 것으로 보인다.

---

471) 『無量壽經述義記[復元]』(韓佛全2, 349下-350上), "當來之世 乃至特留此經止住百歲 四聞此經隨願皆得 乃至末後留百歲故 如經當來之世經道滅盡乃至隨喜意滅盡 乃至隨意所願皆可得度故 准此文者 余經皆滅後百歲中猶有修因往生人也 若不爾者 此言虛沒 況今之時經法具存 依教修行往生無疑句聽凡人不審之 言於決定處心生 猶予大聖遙鑒安 此禀誨聞而不從當奈之何[安養集十]"

472) 『無量壽經義疏[復元]』(韓佛全2, 17下), "三當來之世下 悲留則言特留此經止住百歲者 釋迦佛法正法五百年像法一千年 末法一萬年 末法盡後更留百年 接引衆生有像方盡也[安養集十]"

473) 金英美, 앞의 논문, 1993, 101~103쪽 참조.

6) 憬興의 唯識學的 立場

지금까지『連義述文贊』에서 비교적 자세하게 논의된 부분을 중심으로 그 내용을『無量壽經』의 體裁에 대한 憬興의 이해와 憬興의 菩薩觀, 誓願觀, 往生觀, 末法思想으로 나누어 살펴보았다. 결론부터 말하자면『連義述文贊』에 나타난 憬興의 정토사상은 유식사상의 입장, 특히 중국 법상종의 사상적 토대를 가지고『無量壽經』을 해석하는 것을 그 특징으로 한다.

Ⅲ장에서 살펴본 바와 같이 인용문헌 가운데 유식 계통의 경론을 비롯하여 법상종의 입장에서 저술된 경론이 數的으로 많았다는 사실과 함께, 본 장에서 살펴본 憬興의 사상적 입장은 중국의 법상종 계통 승려들의 시각을 그대로 계승하거나 그들과 같은 입장에서『無量壽經』을 바라보려는 시도를 많이 하였다는 점이 이와 같은 결론을 뒷받침해 준다고 할 수 있다.

먼저 본 장에서 살펴 본 憬興의 유식학적 입장이 드러난 부분들을 정리하여 보자. 첫째,『佛地經論』의 영향을 들 수 있다.『佛地經論』은『連義述文贊』에서『無量壽經』의 體裁를 설명할 때 三分說과 五義의 근거가 되었으며, 佛智를 五法으로 보아야 한다는 憬興의 五智說의 근거가 되기도 하였다. 앞에서도 살펴보았듯이『佛地經論』은 護法의 제자인 親光의 論書로서 護法 계통의 유식사상을 그 중심 내용으로 하고 있다. 특히『無量壽經』에서 佛智를 의심하는 자는 정토에 왕생하더라도 胎生이 된다는 내용을 설명할 때 이 교설의 핵심이 '佛智를 의심하지 말고 신심을 가지고 염불하라'는 데 있음에도 불구하고 그 보다는 佛智를 '轉識得智'로서의 五智의 성격에 초점을 맞추어 설명하고 있음을 살펴보았다. 이는 憬興이 유식사상의 토대에서 『無量壽經』을 해석하려 했음을 알 수 있는 대목이다.

둘째, 전법대중에 대한 설명의 바탕이 되었던 窺基의 『妙法蓮華經玄贊』의 영향을 들 수 있다. 전법대중의 이름을 나열할 때 무엇을 기준으로 하느냐에 따라서 그 구성과 순서가 달라지는데 그 사례를 『妙法蓮華經玄贊』을 인용하여 보여주었으며, 성문대중 31명 가운데 20명의 이름에 대해 『妙法蓮華經玄贊』을 그대로 인용하여 설명하였고, 보살대중의 大乘行을 『妙法蓮華經玄贊』의 '衆成就' 네 가지 가운데 '行成就'를 인용함으로써 설명하였다. 이와 같은 인용들을 통해 憬興이 『妙法蓮華經玄贊』의 설명을 전적으로 신뢰하였음을 알 수 있다. 『妙法蓮華經玄贊』의 저자 窺基는 玄奘과 함께 법상종을 세운 사람이고, 『妙法蓮華經玄贊』은 『法華論(=妙法蓮華經憂波提舍)』을 법상종의 입장에서 주석한 논서이다. 憬興이 법상종의 사상을 그 토대로 삼고 있음을 보여주는 것이라고 생각된다.

셋째, 48원 가운데 제18원에 대한 憬興의 입장에 반영된 『攝大乘論』의 別時意說의 영향을 들 수 있다. 憬興은 통일신라시대의 다른 사상가들이 『無量壽經』의 제18원에 등장하는 十念을 『彌勒所問經』의 十法과 같은 내용으로 보았던 것과 달리 『觀無量壽經』에서 설한 十念과 마찬가지로 칭명염불을 의미하는 것이라고 주장하였다. 그러나 稱名念佛을 往生因의 하나로서 인정하면서도 그것을 '遠生因', 즉 언젠가는 왕생할 수 있는 因이라고 주장하였다. 따라서 만약 중생이 서원을 세우고 염불을 하면 他受用土가 아닌 化土에 왕생한다고 하였다. 이것은 『攝大乘論』의 別時意說과 관련이 있다.

別時意說에 의하면 阿彌陀佛의 西方淨土는 他受用土이다. 즉 初地 이상의 보살만 왕생할 수 있는 곳이므로 하열한 근기의 중생은 왕생할 수 없는 곳이다. 그럼에도 불구하고 붓다께서 염불이나 왕생발원만으로도 극락에 왕생할 수 있다는 교설을 폈던 것은 하열한 근기의 중생이 往生因을 닦는데 나태해질 것을 경계하기 위한 방편일 뿐이라고 한다.

憬興은 別時意說을 근거로 하여 『無量壽經』과 『觀無量壽經』을 서로 모순 없이 이해해기 위해 정토를 본래 他受用土인 정토 안에 變化土가 존재하는 이중구조로 보았으며, 이는 곧 법상종의 佛身·佛土論을 반영한 『佛地經論』의 '受用·變化二土同處說法'과 같은 입장임은 앞에서 살펴본 바와 같다.

여기서 한 가지 짚고 넘어가야 하는 점은 他受用土나 變化土라는 용어를 이용해서 설명을 하였다는 점이다. 불신을 自性身, 受用身, 變化身의 三身[474]으로 나누고, 각각의 불신이 머무는 불토를 法性土, 受用土, 變化土의 三土[475]로 나누어 보는 것은 법상종의 설명이다.[476] 憬興이 법상종의 佛身佛土論의 용어

474) 受用身은 다시 自受用身과 他受用身으로 나누어 보기도 하는데 四身說이라고 한다.

475) 受用土는 受用身과 마찬가지로 自受用土와 他受用土로 나누어서 설명한다. 이를 四土說이라고 한다.

476) 窺基의 『大乘法苑義林章』卷第七에는 法相宗의 佛身論을 밝힌 「三身義林」과 佛土論을 밝힌 「佛土章」이 있다. 이밖에도 정토의 종류를 묻고 대답하는 내용을 담고 있는 窺基의 논서들이 여럿 있다(『大乘法苑義林章』

를 사용하여 정토에 대한 설명을 한 것 또한 憬興의 법상종의 사상적 배경을 보여주는 좋은 예라고 생각된다.

넷째, 憬興이 정토의 장엄을 설하는 부분에서『往生論(=無量壽經優波提舍願生偈)』을 비판 없이 인용하였다는 점을 들 수 있다. 憬興은 적어도 정토의 장엄을 설하는 부분에서 만큼은『往生論』에 대해『無量壽經』만큼의 권위를 인정하였다. 비록 정토의 장엄을 설한 부분에서만 인용되기는 하였지만,『往生論』에서 '五念門(禮拜門, 讚歎門, 作願門, 觀察門, 廻向門)'과 같이 自力的인 보살행을 정토왕생행으로서 제시한 것은『連義述文贊』의 다른 부분들을 고려해 볼 때, 憬興이『連義述文贊』을 저술한 태도와 일맥상통하는 것이라고 할 수 있을 것이다.

다섯째, 五惡 가운데 첫 번째 惡인 살생을 설한 부분에서 중생의 선악을 기록하는 존재가 神明이라는 주장에 대해서 吉藏은 神明을 同生同名神으로 보았으나 憬興은 이를 種子識이라고 보았다. 비록 憬興이 네 번째 惡인 망어를 설명할 때, 天神을 護世天으로 보고 중생이 惡을 지으면 護世天이 이를 기록하고 帝釋天에게 아뢰면 惡籍에 그 기록이 있게 된다는 언급을 한 것으로 보아 여전히 전통신앙의 영향 하에 있었음을 알 수 있다. 그러나 중생의 선악을 기록하는 것을 神明이 아니라 種子識에 있다고 본 것은 憬興이 유식사상의 입장에서 해석하려 하였음을 알 수 있다.477)

여섯째, 懷感의『釋淨土群疑論』을 인용한 점을 들 수 있다.

卷第七(大正藏45, 358下-374中) 참조)

477) 安啓賢, 앞의 책, 1987, 259-261쪽 참조.

憬興이 懷感의『釋淨土群疑論』을 인용한 곳은 크게 두 부분이다. 48원 가운데 제18원에 대한 다양한 주석서들의 입장을 반영할 때『釋淨土群疑論』에서 열거한 15가지 說을 참고하여 그 가운데 7가지 說을 인용하여 14가지 說로 정리한 부분과, 末法思想에 대한 다양한 불교경론의 해석이 있었음에도 불구하고『法住記』의 내용이 옳은 해석이라 하여 인용한 부분이다. 특히 후자는『釋淨土群疑論』에 인용된『法住記』의 내용과『連義述文贊』에 인용된 내용이 거의 일치한다.478)

憬興이 懷感의『釋淨土群疑論』을 신뢰하고 이를 인용하였던 것은 이 저술이 당대의 정토사상에 대한 의심을 풀어주기 위한 논서였기 때문이라고 생각된다. 더욱이 懷感은 善導의 제자로서 정토종에 속하는 승려였지만『釋淨土群疑論』은 상당부분 유식사상의 바탕에서 저술되었다. 憬興은 바로 그 점에 착안하여『釋淨土群疑論』의 내용을 인용하였을 것이라고 생각된다.

일곱째, 憬興은 삼배왕생에 대해 설한 부분을 비롯하여『連義述文贊』여러 곳에서 五性各別說을 기반으로 定性二乘과 不定二乘을 이해하고 있음이 드러난다. 憬興의 定性二乘에 대한 언급을 살펴보면, 하나같이 定性二乘은 정토왕생을 할 수 없으며, 대승으로 나아가는 것도 불가능하다고 주장하였다. 즉 定性二乘은 정토에 왕생할 수 없음을 가려내기 위한 것이라고 표현하거나, 定性二乘은 끝내 大乘法으로 돌아설 수 없다고 표현한 것, 또 정성 아나함(즉 定性二乘)은 절대로 정토에 왕생할 수 없

478) 본 논문 152쪽의 [표 13] 참고.

다는 표현들은 모두 五性各別說을 기반으로 하고 있다.[479] 반면 不定二乘에 대해서는 不定二乘으로 하여금 佛乘으로 나아가게 하려고 涅槃의 상태에서 滅度하는 모습을 보여준다[480]고 하는 표현에서 알 수 있듯이 정토왕생이나 깨달음을 얻는 것은 모두 定性二乘이 아닌 不定二乘이어야 함을 드러낸 것이다. 이와 같이 憬興의 二乘에 대한 시각은 모두 五性各別說을 기반으로 하는 것임을 알 수 있다.

이와 같이 憬興은 유식사상의 입장에서 『連義述文贊』을 저술하였음을 알 수 있다. 이밖에도 憬興이 보여준 사상적 특징이 있다. 憬興은 自利利他의 보살행을 강조하였다. 憬興이 전법대중 가운데 보살대중의 공덕을 찬탄한 부분에서 석가모니의 일대기를 담고 있는 『方廣大莊嚴經』의 釋迦八相이 보살이 갖추어야 할 德과 대동소이하다 하여 요약·인용하여 설명하였으며, 보살의 利自他行과 관련된 다양한 『無量壽經』 주석서의 의견들을 인용하여 보살의 수행과 그 성격, 그리고 구제대상에 대하여 자세하게 풀이한 것들도 모두 같은 맥락으로 보아야 한다.

憬興이 이와 같이 自利利他의 보살행을 강조한 것은 정토사상을 自力적으로 해석하고자 하는 의도를 갖고 있었기 때문이라고 생각한다. 憬興이 법상종의 사상적 배경을 갖고 있었기

479) 『無量壽經連義述文贊』卷下(大正藏37, 158下), "以簡定性不得生故"
『無量壽經連義述文贊』卷下(大正藏37, 159下), "簡定性終不向大故"
『無量壽經連義述文贊』卷下(大正藏37, 169上), "定性那含必不生淨土"

480) 『無量壽經連義述文贊』卷中(大正藏37, 144下), "菩薩欲引不定二乘令趣佛乘故於彼涅槃而現滅度"

때문에 당시 중국에서 유행하던 善導 계통의 他力적 성향이 짙은 정토사상에 대해 나름의 해석을 내놓을 필요가 있었을 것이다. 대승불교사상의 하나인 정토사상이 타력일변도로 흐르는 것을 경계하려는 의도가 있었던 것으로 보인다.

憬興의 이런 태도는 실상 『連義述文贊』을 저술한 의도(來意)를 밝힌 부분에서 이미 짐작할 수 있는 것이었다. 앞에서도 살펴본 바와 같이 憬興은 정토가 만들어지게 된 원인을 드러내고, 本願이 헛되지 않음을 분별해내고, 穢土의 고통과 번뇌를 보여주기 위해 『連義述文贊』을 지었다는 것이다. 이 세 가지 의미는 『連義述文贊』에서 각각 憬興의 菩薩觀, 誓願觀, 往生觀과 연결되어 드러난다는 점은 이미 살펴본 바와 같다.

또 憬興이 정토경전에 대한 주석서를 저술한 것은 시대적인 배경과도 무관하지는 않을 것이라고 생각된다. 그 당시 통일신라는 삼국통일이라는 큰 사건 아래 사상적인 통일의 도구로서 불교가 한몫을 하고 있었으며, 타력신앙적인 측면이 강조된 정토신앙이 힘을 얻을 수밖에 없었다. 그것이 阿彌陀信仰이든 彌勒信仰이든 觀音信仰이든 큰 차이를 인식하지 못한 채 대중들의 신앙의 대상으로 공존하였던 것 같다. 이와 같은 사회 분위기는 憬興으로 하여금 정토사상에 대한 自力的인 해석을 내놓아야 할 필요를 느끼게 하였을 것으로 생각된다.

이와 같이 自利利他의 보살행을 강조하는 특징은 유식사상을 토대로 하는 憬興의 사상적 배경과 결합하면서 『無量壽經』의 새로운 해석을 이끌어 냈던 것이다.

Ⅴ. 맺음말

정토사상의 교학적 연구와 신앙적인 대중화가 동시에 이루어졌던 통일신라시대는 우리나라 정토사상사의 입장에서는 황금기였음에 틀림없다. 다양한 교파의 승려들이 제각기 자신의 저술 안에 阿彌陀佛과 西方淨土에 대한 입장을 표명하거나 정토 관련 경전에 대한 주석서를 만들어냈다.

당시 승려들의 교학적인 연구가 이후 고려시대나 조선시대에까지 그 영향을 미쳤으리라 짐작되지만, 현존하는 저술이 얼마 되지 않아 좀 더 자세한 모습을 살펴볼 수 없다. 다만 憬興의 『無量壽經連義述文贊(이하 『連義述文贊』)』처럼 인용문을 많이 포함하는 저술이 현존하여 제한적이나마 통일신라시대 정토사상의 성격을 밝힐 수 있고, 그의 사상이 후대에 어떻게 계승되었는지 그 실마리를 마련할 수 있다는 점에서 다행이라고 하겠다.

본 논문의 연구대상인 憬興의 『連義述文贊』은 현존하는 『無量壽經』 주석서 가운데 가장 긴 저술이다. 제목에서 짐작할 수 있듯이 『無量壽經』의 문장을 의미 단락으로 나누고 주석을 다는 형태를 취하고 있다. 憬興은 『連義述文贊』을 저술하기 이전의 『無量壽經』 주석서를 두루 섭렵하였을 뿐만 아니라 다양한 불교경론들과 사전류까지 참고하였으며, 문제가 되는 의견을 인용한 후 비판하는 형식으로 상당히 면밀하게 연구한 것을 알 수 있었다.

이와 같은 저술방식은 『連義述文贊』이 방대한 양의 인용문을 포함하게 되는 결과를 낳았다. 따라서 憬興의 『連義述文贊』을 제대로 이해하기 위해서는 내용을 그대로 번역하는 것으로는 부족할 수밖에 없기 때문에, 한 걸음 더 나아가 인용된 문헌의 전거를 찾아보는 譯註研究의 형식을 취할 필요가 있었다. 따라서 본 논문은 『連義述文贊』을 역주연구하고 그 과정에서 밝혀진 인용문헌의 구성과 특징을 통해 憬興의 사상적 특징들을 정리해 보았다.

먼저 Ⅱ장에서는 憬興의 생애에 대한 기록과 저술목록을 개관하였으며, Ⅲ장에서는 『連義述文贊』을 문헌학적으로 검토하였다. 『連義述文贊』에 인용된 문헌들을 내용적인 측면으로 나누어 정토 관련 경론, 유식 관련 경론을 먼저 살펴보고, 여타의 경론, 그리고 불교경론에 속하지 않는 사전류 및 外典에서 인용한 것들을 차례로 살펴보았다.

인용문헌을 살펴보면, 『連義述文贊』이 『無量壽經』의 주석서인 만큼 정토관련 경론의 숫자가 가장 많은 비율을 차지하였으며, 두 번째로 인용문헌이 많은 것은 유식 관련 경론이었다. 이밖에 유식계통 경론으로 분류되지는 않았지만 법상종의 승려인 窺基의 『妙法蓮華經玄贊』과 慈恩寺의 번역승이었던 玄應의 『一切經音義』의 인용문이 많다는 사실은 시사하는 바가 크다고 할 수 있다.

이밖에 여타의 경론으로는 『般若經』, 『法華經』, 『華嚴經』, 『

維摩經』,『涅槃經』계통을 함께 묶고, 여기에도 속하지 않는 경론들은 기타로 묶어 분류하여 살펴보았는데, 이와 같은 구성은 憬興이 얼마나 다양한 사상을 섭렵하고 있었는지를 잘 보여주는 것이라고 할 수 있다. 이는『連義述文贊』이 憬興의 만년의 저술이기 때문에 드러나는 특징이라고 생각된다.

이와 같은『連義述文贊』에 인용된 인용문헌의 구성적 특징 외에 몇 가지 눈에 띄는 문제들이 있었다. 첫째, '有說'로 시작되는 인용문 중『無量壽經』을 주석한 내용이지만 그 전거를 찾지 못한 것은 현전하지 않는『無量壽經』주석서에서 인용한 것일 확률이 높다는 점이다.

둘째, 비록 인용한다는 언급 없이 인용하기는 했지만 梵語로 된 이름과 불교용어에 대한 해설에 공을 들인 이유는 인도에서 저술될 당시의 原義와는 상관없이 흘러가는 해석이 만연했기 때문에 그러한 상황을 바로잡고자 하는 의도가 있었을 것이라는 점이다.

셋째, 憬興이 梵語에 상당한 식견을 가지고 있었고, 불교경전 뿐만 아니라 유교경전과 같은 外典에도 밝은 사람이라는 선행연구의 주장은 보완되어야 한다. 왜냐하면 梵語 이름의 오류를 지적하거나 語義를 밝힌 부분은 모두 다른 경론이나 사전에서 인용한 것이며, 外典으로서 인용되었다고 제시된 약 20여종이나 되는 저술의 대부분이『一切經音義』에서 재인용된 것들이기 때문이다.

憬興이 위의 저술에 대해서 모두 다 알고 있었는지 확인할 수는 없지만,『一切經音義』라는 불교용어사전을 적극적으로 활용하여 저술하였다는 점은 확실하다고 볼 수 있다. 따라서 憬興에 대해서 梵語에 대한 해박한 지식을 가지고 있었다고 하거나 다양한 外典에 두루 밝았다고 표현하기보다는 불교용어사전을 비롯한 사전류를 적극적으로 활용하였던 문헌학적인 능력이 탁월한 사람이라고 표현하는 편이 보다 진실에 가깝다고 생각된다.

이와 같이 『連義述文贊』의 문헌학적 검토를 통해 알 수 있는 사실은 『連義述文贊』은 憬興이 만년에 집필한 저술인 만큼 다양한 불교사상을 섭렵한 후 저술되었으며, 불교용어사전을 적극적으로 활용하여 語義에 충실한 주석을 하려는 입장을 지니고 있었다는 점이다.

Ⅳ장에서는 Ⅲ장의 문헌학적 검토를 토대로 『連義述文贊』을 저술한 憬興의 사상적인 특징을 살펴보았다. Ⅳ장에서는 『連義述文贊』에서 비교적 자세하게 논의된 부분을 중심으로 그 내용을 『無量壽經』의 體裁에 대한 이해와 憬興의 菩薩觀·誓願觀·往生觀·末法思想으로 나누어 차례로 살펴보았다.

보살의 공덕과 수행, 그리고 구제대상으로 나누어 憬興의 보살관을 살펴보았고, 憬興의 서원관은 '53佛과 法藏의 지위' 그리고 '48원'에 대한 주석을 살펴봄으로써 알아보았다. '정토의 장엄'과 '정토왕생의 因果', 그리고 '佛智'와 '五惡, 五痛, 五燒'에 대해 살펴봄으로써 憬興의 왕생관을 밝혀보았고, 憬興의 말법사상은 『法住記』의 내용을 인용한 이유를 밝혀보는 것으로 대신하였다. 마지막으로 이렇게 고찰한 내용을 '憬興의 유식학적 입장'이라는 항목에서 정리하였다.

이와 같은 항목으로 살펴본 결과 憬興은 유식사상, 특히 중국 법상종의 사상적 토대에서 『無量壽經』을 해석하였다는 결론을 내릴 수 있었다. 그의 유식학적 입장이 드러난 부분들을 나열해 보면, 첫째, 『無量壽經』의 體裁와 五智說, 그리고 佛身佛土論의 근거가 되었던 『佛地經論』의 영향, 둘째, 전법대중에 대한 설명의 바탕이 되었던 窺基의 『妙法蓮華經玄贊』의 영향, 셋째, 48원 가운데 제18원의 해석에 드러난 『攝大乘論』의 別時意說의 영향, 넷째, 憬興이 정토의 장엄을 설하는 부분에서 『往生論(=無量壽經優波提舍願生偈)』을 비판 없이 인용하였던 점, 다섯째, 五惡 가운데 첫 번째 악인 살생을 설한 부분에서 중생의 선악을 기록하는 것을 種子識이라고 본 점, 여섯째, 제18원의 十念에 대한 다양한 해석과 末法思想의 正說에 대해 懷感의 『釋淨土群疑論』을 그대로 따른 점, 일곱째, 憬興은 五性各別說을 기반으로 定性二乘과 不定二乘을 이해한 점 등 일곱 가지 측면에서 유식사상의 영향을 볼 수 있었다.

이와 같은 유식사상의 영향 외에도 憬興이 보여준 사상적 특징이 있다. 憬興은 自利利他의 보살행을 강조하였다. 憬興이 보살대중의 공덕을 찬탄한 부분에서 석가모니의 일대기를 담고 있는 釋迦八相의 내용이 보살이 갖추어야 할 德과 대동소이하다고 보았다는 점과 보살의 利自他行의 성격을 자세하게 풀이한 것은 초기대승불교사상에서 보살행을 강조하는 것과 일맥상통하는 부분이다.

憬興이 自利利他의 보살행을 강조한 것은 정토사상을 自力的으로 해석하고자 하는 의도를 갖고 있었기 때문이라고 생각하며, 이는 『連義述文贊』의 來意에서 憬興이 이미 밝힌 바와 같은 내용임은 앞에서 살펴본 바와 같다. 憬興이 법상종의 사상적 배경을 갖고 있었기 때문에 당시 중국에서 유행하던 善導계통의 他力的 성향이 짙은 정토사상에 대해 나름의 해석을 내놓을 필요가 있었을 것이다. 대승불교사상의 하나인 정토사상이 타력일변도로 흐르는 것을 경계하고자 하였던 것으로 보인다.

憬興의 이와 같은 태도는 삼국의 통일이라는 시대적인 배경과도 관련이 있었을 것으로 보인다. 당시 他力信仰的인 측면이 강조된 정토신앙이 힘을 얻고 있었으며, 이와 같은 사회 분위기 때문에 憬興은 정토사상을 自力的으로 해석해야 할 필요를 느꼈을 것이다. 이와 같이 『無量壽經』을 자력적으로 해석하기 위해 自利利他의 보살행을 강조하는 특징은 유식사상을 토대로 하는 憬興의 사상적 배경과 결합하여 새로운 해석을 이끌어 낼 수 있었던 것이다.

통일신라시대 이후 정토신앙은 自力으로 수행하여 성불할 수 있다고 주장하는 다른 불교사상들의 보조적인 신앙행위인 '稱名念佛'로서 인식되거나, '念佛三昧'를 통해 성불이 가능하다는 주장처럼 정토신앙을 自力的으로 해석하려는 경향으로 정착되었다. 이와 같이 정토신앙을 自力的으로 해석하려는 경향은 거의 모든 불교종파에서 정토사상을 적극적으로 흡수할 수 있는 가능성을 열어 주었다고 생각된다.

다양한 불교사상과 함께 유입되었던 통일신라시대의 정토사상은 서로 다른 사상적 경향을 지닌 승려들에 의해 교학적으로 연구되었고, 이러한 연구를 통해 외래사상인 불교가 신앙적으로 대중화될 수 있었다. 이와 같은 정토사상의 토착화의 과정에서 憬興은 다양한 근기의 중생이 왕생할 수 있다는 해석을 이끌어 내기 위해서 자신의 사상적 토대였던 법상종의 사상을 적극적으로 끌어들여 해석하였다.

그 결과 自力을 강조하는 성향과 他力을 강조하는 성향이 공존하는 이중적 구조를 만들어내어 칭명염불과 같은 타력적 신앙행위를 적극적으로 받아들일 수 있는 가능성을 열었다고 본다. 신앙의 힘을 토대로 불교사상이 오늘날까지 끈질긴 생명력을 갖게 된 것도 정토사상의 토착화의 결과라고 해야 할 것이다.

부록

『無量壽經連義述文贊』 역주연구

1. 본 교정본은 韓國佛教全書에 수록된 것을 底本으로 지정하고, 대정신수대장경을 甲本으로, 대정신수대장경의 저본이었던 대정대 소장본을 乙本으로 대조 교정하는 것을 원칙으로 한다.
2. 저본, 갑본, 을본 가운데 서로 다른 곳이 있을 때는 반드시 각주로 표시한다.
3. 서로 다른 곳을 교정할 때는 전후의 맥락과 내용의 적합성을 기준으로 삼는다.
4. 서로 다른 한자가 이체자 관계일 때는 이체자임을 밝힌다.
5. 단순한 활자본과 판각본의 차이인 경우 표시하지 않는다.(용례를 구체적으로 정리하여 한꺼번에 표로 정리한다)

예) 善의 윗부분이 위로 삐침이 아닌 아래 삐침, 즉 八 모양으로 표기한 경우

無量壽經連義述文贊[1] 卷上

釋璟[2] 興撰

H2_18上, T37_131下

經曰佛說無量壽經上者。

經에서 말씀하시기를, "불설무량수경상"이란,

述云將講此經略作三門。一者來意二者釋名三解本文。初來意者略有三義。一者欲顯淨土之所因故。謂前經中雖言華座由法藏比丘願力所成而猶未說極樂依正二報莊嚴皆依法積本誓力成故。今更須廣說宿世四十八願以顯彼土今現之因。

풀어 말하자면, 장차 이 경을 풀이할 때 대략 세 가지 관점이 있다. 첫째, '[『連義述文贊』을] 저술한 의도(來意)', 둘째, '경의 이름(經名)을 풀이함(釋名)', 셋째, '본문을 풀이함(解本文)'이다. 첫 번째 저술한 의도에는 대략 세 가지 뜻이 있다. 첫째, 정토[가 만들어지게 된] 원인을 드러내기 위함이다. 이전의 經(『觀無量壽經』) 가운데 비록 華座[3]가 法藏比丘의 願力으로 이루어졌음을 말하고 있지만, 극락의 의보와 정보(依·正二報)의 장엄이 모두 법장비구[4]가 쌓은 본원력에 의지하여 이루어졌다는 것은 여전

1) 大正藏脚註(大正藏37, 131下), "【原】元祿十二年刊宗教大學藏本"
2) 憬興의 이름이 『大正新修大藏經』의 底本인 宗教大學藏本에는 璟興으로 적혀 있다. 이밖에 憬興의 이름을 璟興로 적고 있는 곳으로는 『東域傳燈目錄』과 『注進法相宗章疏』가 있다. 본 譯註研究에서는 宗教大學藏本 원문 그대로 쓰는 것을 원칙으로 하며, 원문의 교정이 필요한 경우 각주로 처리하였다.
3) 華座 : 붓다나 보살이 앉는 꽃방석.
4) 법장비구는 Dharmakara의 번역어로서 『大智度論』(大正藏25, 134中)에서

히 설하지 않았기 때문이다. 따라서 이제 다시 마땅히 숙세의 48원을 널리 설함으로써 저 정토가 지금 나타나게 된 원인을 드러내려는 것이다.

二者欲辨本誓之不虛故。謂一切佛雖發本願 本願亦有不能果遂。如般若中 所有衆生令得滅度。法積願力卽不如此故。今廣說依正功德嚴淨以顯宿願必有所辨使增行者往生之意。

둘째, 본서(=本願)의 헛되지 않음을 명백히 밝히기 위함이다. 말하자면, 모든 붓다가 본원을 세우지만 본원 또한 그 목적이 이루어지지 못하는 경우도 있다. 마치 『반야경』에서 존재하는 [모든] 중생으로 하여금 멸도할 수 있도록 한다고 말했던 것과 같다.[5] [그러나] 법장비구가 쌓은 願力은 곧 이와 같지 않다. 이제 依報와 正報를 공덕으로 장엄하고 깨끗하게 하였음을 널리 설함으로써 숙원(宿願=本願)이 반드시 이루어졌음을 명백히 밝히고 [왕생]행자가 왕생하고자 하는 뜻을 더하게 하기 위함이다.

三者欲示穢土之苦惱故。謂觀經中雖言未來一切衆生爲煩惱賊之所苦害 而衆生不聞痛惱之相 卽不能起欣厭之意 往生之業亦不得成故。今廣宣五惡痛燒以於苦害。令修行者厭此苦域欣彼樂方 修福觀行 速出娑婆而生淨土。如其次第卽所成所化之二也。以是三義故次觀經後說此經也。

셋째, 예토[6]의 고통과 번뇌를 보여주기 위함이다. 『관무량수경』 가운데서 비록 미래의 일체 중생이 번뇌인 적에게 고통의

는 法積比丘라고 부른다.

5) 『金剛般若波羅蜜經』(大正藏8, 772上), "所有一切衆生之類。若卵生若胎生若濕生若化生若有色若無色若有想若無想若非有想非無想。我皆令入無餘涅槃而滅度之"

6) 穢土 : 淨土의 반대 말로 중생이 거주하는 세계를 말한다.

해를 입는다고 말해 주었지만 중생은 고통스런 번뇌의 모습(相)을 알지 못하기 때문에 [정토의 깨끗함을] 기뻐하고 [예토의 고뇌를] 싫어하는 뜻을 일으키지 못하고 왕생의 업 또한 이룰 수가 없기 때문이다. 이제 널리 五惡, 五痛, 五燒[7]에 고통과 해를 입음을 설하여 수행자로 하여금 이 고통스러운 곳을 싫어하고, 저 즐거운 곳을 좋아하도록 하여 福과 觀行을 닦아 빨리 사바세계를 벗어나 정토에 태어나게 하려는 것이다. 차례대로 보면, 곧 이룬 것(정토)과 교화의 대상(중생) 두 가지이다. 이 세 가지 뜻으로 인해 『관무량수경』[을 설한] 다음에 이 경(『무량수경』)을 설한 것이다.

第二釋名者 觀乎歷代傳來經本。經本題名雖復多途 今且申三代經之首名也。魏時帛延顯無量清淨平等覺經之號。吳時支謙立諸佛阿彌陀三耶三佛薩樓佛檀過度人道經之稱亦名大阿彌陀。今西晉法護名無量壽經。故經之名雖復廣略其義大同。

둘째, 경의 이름(經名)을 풀이함(釋名). 역대 전래된 經本을 보면, 경본의 이름은 비록 또한 많지만, 여기서는 세 시대의 경본(三代經本)의 이름을 풀이하겠다. 위나라 때는 帛延 [이 번역] 『무량청정평등각경』이라는 이름으로 나타났으며, 오나라 때는 支謙이 『제불아미타삼야삼불살루불단과도인도경』[8]이라는 이름으로 [번역]하였는데, 『대아미타경』이라고도 한다. 이제 서진에

7) 痛燒 : 중생이 악을 지음으로써 현재 및 미래에 받는 과보를 가리킨다. 痛은 현재의 惡報이고, 燒는 미래의 惡報이다.

8) 憬興이 支謙本이라고 밝힌 『諸佛阿彌陀三耶三佛薩樓佛檀過度人道經』의 經名은 大正新修大藏經에 실린 경명 『佛說阿彌陀三耶三佛薩樓佛檀過度人道經』과 다르다. 또 『開元釋教錄』에는 『佛說諸佛阿彌陀三耶三佛薩樓佛檀過度人道經』이라고 실려 있다.

서 法護가『무량수경』이라는 이름으로 [번역]하였다. 따라서 경의 이름이 비록 다시 길거나 짧지만 그 뜻은 크게 보면 같다.

欲釋法護經本之名卽有四對。一總別相對。卽佛說及經名總無量壽名別故。二人法相對。卽佛者人餘名法故。三詮旨相對。卽無量壽名旨經者詮也說兼二故。四首尾相對。卽上者對下之言 下亦對上之詞。如次首尾故 委細之義如前釋

法護가 [번역한] 經本의 이름을 해석하고자 한다. 즉 [여기에는] 네 가지 짝을 이루는 [해석]이 있다. 첫째, 전체와 개별이 서로 짝을 이룬다(總別相對). 즉 '佛說' 및 '經'은 總(어느 경전에나 해당되는 것)이고, '無量壽'는 別(이 경전에만 해당되는 것)이다. 둘째, 사람과 법이 서로 짝을 이룬다(人法相對). 즉 '佛'은 사람(人)이고, 나머지 이름(즉, 說無量壽經)은 法이다. 셋째, 詮(설명하는 말)과 旨(설명에 담긴 뜻)가 서로 짝을 이룬다(詮旨相對). 즉 '無量壽'는 旨이고, '經'은 詮이며, '설'은 둘을 겸한다. 넷째, 시작(首)과 끝(尾)이 서로 짝을 이룬다(首尾相對). 즉 '上'은 '下'라는 말과 짝을 이루고, '下' 또한 '上'이라는 말과 짝을 이룬다. 다음과 같이 시작과 끝(首尾)[을 이루기] 때문이다. 상세한 뜻은 이전의 해석과 같다.[9)]

H2_18中, T37_132上

經曰我聞如是者。

經에서 말씀하시기를, "나는 이와 같이 들었다"란,

9) 憬興은 앞에서도 지적하였듯이("觀經後說此經也", 大正藏37, 131下)『觀無量壽經』에 대한 주석서를 먼저 저술하고,『無量壽經』의 주석서를 저술하였다. 따라서 이전의 해석이라면『觀無量壽經』의 주석서를 지칭하는 것일 것이다.

述云第三解本文。又[10]有第二直申彌陀宿成佛刹本願樂果以例衆生生之因果。此中有說此經大開十分。一從初至於一時來會已來名序說分。二時世尊諸根悅豫下是現相分。三尊者阿難承佛聖旨下是啓請分。四於是世尊告阿難曰下是敘興分

풀어 말하자면, 셋째, 본문을 풀이함(解本文). 또한 두 번째, 아미타불이 기필코 佛刹(=불국토)을 이룩하리라는 본원의 즐거운 과보(樂果)를 예로써 들어 중생이 왕생할 수 있는 인과를 바로 보여주는 것이다. 여기에 대해서 어떤 사람이 이 경전을 대개 열 부분으로 나누는 주장이 있다. 첫째, 처음부터 '一時來會'까지를 序說分이라 하고, 둘째, '時世尊諸根悅豫'부터는 現相分이라 하며, 셋째, '尊者阿難承佛聖旨'부터는 啓請分이라 하고, 넷째, '於是世尊告阿難曰' 부터는 敘興分이라 한다.

五阿難諦聽今爲汝說下是正說分。六彌勒菩薩白佛言下是生[11]生分。七佛語彌勒其有得聞下是勸信分。八爾時世尊說此經法下是說益分。九爾時三千大千下是勸請分。十佛說經已盡靡不歡喜下是畢喜分。逐申有此十分之意。然未盡理故不採錄

다섯째, '阿難諦聽今爲汝說'부터는 正說分이라 하며, 여섯째, '彌勒菩薩白佛言'부터는 往生分이라 하고, 일곱째, '佛語彌勒其有得聞'부터는 勸信分이라 한다. 여덟째, '爾時世尊說此經法'부터는 說益分이라 하며, 아홉째, '爾時三千大千'부터는 勸請分이라 하고, 열 번째, '佛說經已盡靡不歡喜'부터는 畢喜分이라 한다. 이렇게 열 부분으로 나누는 뜻을 드러내고 있지만, 이치가 미진한 까닭에 채록하지 않는다.

有何未盡者。如來現相將顯聖教。所說法門應名目。如何乃言現相分耶。若發所

10) 大正藏脚註(大正藏37, 132上), "冠註曰有下蓋有脫字"
11) 내용상 往의 誤記로 보임.

說非發起序者阿難證誰。證信序。若非證信必不可言序說分故。又自世尊諸根悅豫前都未有說序。何所說故作序說分之名也。不可以他兼發起名。序說分目單證信故。

어떤 미진함이 있는가? 여래가 相을 나타내는 것은 장차 성스러운 가르침을 드러내려는 것이므로, 마땅히 설해진 法門을 名目으로 삼아야 한다. 어찌하여 이에 現相分이라고 하였는가? 만약 설한 바를 드러낸 것을 發起序가 아니라고 한다면 아난이 증명한 것을 누가 證信序라 하겠는가? 만약 증신서가 아니라고 한다면 절대로 서설분이라고 말할 수가 없기 때문이다. 또한 '世尊諸根悅豫' 앞에는 도대체 '序'라고 할 만한 부분이 없는데 무엇을 설하였기에 서설분이라 부르는가? 다른 것으로 발기서라는 이름을 겸할 수가 없다. 왜냐하면 서설분이라는 항목은 단지 證信序일 뿐이기 때문이다.

又阿難申問於前。如來送答於後。卽顯所說之旨。有何所少諦聽已去乃名正說。正說與序旣不能別。後諸分意亦成乖角。若如所言每章段盡應作別分。分非唯十故。

또 아난이 질문을 하는 것이 앞에 나오고, 여래가 답하는 것이 뒤에 오는데 이는 곧 설한 취지를 드러낸다. 어찌하여 잠시 제청한 것에 그친 것을 정설이라 부르는가? 정설분과 서분을 이미 구별할 수 없게 되면 이후에 나오는 모든 分의 뜻 또한 어그러진다. 만약 말한 바대로 매 장과 단이 마땅히 다 서로 다른 分을 이룬다면, 分이 열 가지 뿐이겠는가!

有說此經文別有三。從初我聞至願樂欲聞是其由序。佛告阿難乃往過去下是正宗分。佛語彌勒若有得聞下是流通分。初由序有二。初我聞如是卽證信序。後一時佛下義旣兩兼。故對準證信爲發起序。於中有三。一辨化主二辨徒衆三如來現相阿難申請。

어떤 사람은 이 경의 본문은 세 부분으로 이루어져 있다고 주장한다. 처음 '我聞'부터 '願樂欲聞'까지가 由序라 하고, '佛告阿難乃往過去' 이후가 '正宗分'이고, '佛語彌勒若有得聞'부터는 流通分이라 한다. 첫 부분 유서에는 두 가지가 있다. 첫째, '我聞如是'는 곧 證信序이고, 뒤의 '一時佛'부터는 뜻이 이미 둘을 겸하고 있기 때문에 증신서와 대조하여 發起序로 삼는다. 그 가운데 세 가지가 있다. 첫째 교화의 주체(化主)[12]를 분명히 하고, 둘째 [설법을 듣는] 무리(徒衆)을 분명히 하며, 셋째 여래가 모습을 나타내고 아난이 [설법을] 청하는 것이라고 하였다.[13]

此亦不然。阿難申請若發起者佛答阿難應非正宗。若答正宗問必非序故。撿諸經論答名正說必兼其問。言問雖發起答是正宗無此例故。又時處等准證信我問[14]如是詎不然。發起若聞若佛皆說前有故。又時佛處辨其化主亦違佛地論總顯已聞等五義故。

이 또한 그렇지 않다. 아난이 일어나 법을 설하기를 청하는 것을 발기서라고 한다면 붓다가 아난에게 답하는 부분은 정종분일 수가 없다. 만약 대답하는 부분이 정종분이라면 질문은 결코 서분이 될 수가 없기 때문이다. 여러 경론을 검토해 보면

---

12) 化主 : 중생을 敎化 引導하는 아미타불이나 석가여래 같은 성인을 일컫는 말.

13) 『無量壽經義疏』(大正藏37, 92上-93上), "初至對曰願樂欲聞。是其由序。佛告阿難乃往過去久遠已下。是其正宗。佛語彌勒其有得聞彼佛名號歡喜已下。是其流通。…序中文義。雖復衆多。義要唯二。…文中初言如是我聞。是證信序。一時以下。義有兩兼。…對前一向證信序故。自下偏就發起以釋。於中有三。一明佛化主。二從與大比丘已下。辨其徒衆。三爾時世尊諸根悅下。如來現化而爲發起。阿難啓請"

14) 聞의 誤記로 보임

대답하는 부분을 정설이라 부를 때는 반드시 그 질문도 아울러 [정설이라고] 한다. 비록 질문은 발기서이지만 대답은 정종분이다라고 말하는 이와 같은 경우는 없다. 또한 때와 장소 등은 증신서인 '我聞如是'에 준한다고 하나 아마 그렇지 않을 것이다. 발기서의 '聞'과 '佛'은 모두 앞에서 설한 것이기 때문이다. 또 [법이 설해진] 때와 [법을 설한] 부처와 [법이 설해진] 장소는 그 교화의 주체(化主)를 분명하게 드러내는 것이므로 또한 『佛地經論』에서 '總顯已聞(내가 이미 들은 것을 전체적으로 드러냄)' 등의 다섯 가지 뜻을 드러내는 것[15]과는 다르다.

今觀此一部之經宜作三分。初從我聞至光顔巍巍已來名說經因起分。次自尊者阿難迨于略說之耳已來名問答廣說分。後始佛語彌勒盡於靡不歡喜已來名問[16]說喜行分。將釋有此三品之意還同佛地論。初又有二。初傳法勸信分後發起聖說序。初又有五。我聞如是此初傳法也。帛延支謙皆無此言。法護經存言順印度

지금 이 한 경전(『무량수경』)은 마땅히 세 부분으로 나누어 보아야 한다. 첫 번째는 '我聞'부터 '光顔巍巍'까지를 說經因起分이라고 한다. 두 번째 '尊者阿難'부터 '略說之耳'까지를 問答廣說分이라고 한다. 세 번째, '佛語彌勒'을 시작으로 '靡不歡喜'까지를 問說喜行分이라고 한다. 장차 경을 이 세 가지 뜻을 가지고 풀이하면 도리어 『불지경론』과 같다. 첫 번째에는 다시 두 가지가 있다. 첫째 傳法勸信分, 둘째 發起聖說序이다. 첫 번째

15) 『佛地經論』의 五義는 몇몇 경론에 인용되어 있는데, 그 중 하나를 인용하여 참조하고자 한다.
『華嚴經探玄記』卷第二(大正藏35, 125中), "又依佛地論分爲五。一總顯已聞。二教起時。三顯教主。四教起處。五教所被機"

16) 聞의 誤記로 보임. 하권의 해당분과에서는 '聞說喜行分'으로 나오며, 문맥상으로도 '問'보다는 '聞'이 적합함.

것에는 다시 다섯 가지가 있다. '我聞如是'는 그 첫 번째, 전하는 법(傳法)이다. 帛延本과 支謙本에는 모두 이 말(我聞如是)이 없다. 法護本에 이 말이 있는데, [이는] 인도 경전에 따른 것이다.

H2_19上, T37_132中

經曰一時者

經에서 말씀하시기를, "한 때"란,

述云此第二傳時也

풀어 말하기를, 이는 두 번째로, 전하는 때(傳時)이다.

經曰佛者。

經에서 말씀하시기를, "부처"란,

述云此第三傳主也

풀어 말하기를, 이것은 세 번째로, 전하는 주체(傳主)이다.

H2_19中, T37_132中

經曰王舍城耆闍崛山中者。

經에서 말씀하시기를, "왕사성 기사굴산 가운데"란,

述云此第四傳處也。若釋此四文。卽同前經故不勞再解

풀어서 말하기를, 이는 네 번째로, 전하는 장소(傳處)이다. 이 네 가지를 해석하면 곧 이전의 경전(『관무량수경』)과 같은 것이기 때문에 수고롭게 다시 해석하지 않는다.

H2_19中, T37_132中

經曰與大比丘者

經에서 말씀하시기를, "대비구와 함께"란,

述云第五傳機。經本不同。帛延備敘三衆。一聲聞衆卽與大弟子衆千二百五十人比丘尼五百人淸信士七千人淸信女五百人也。二菩薩衆卽菩薩七十[17]那衍[18]也。三諸天衆卽欲天子八十萬色天子七十萬遍淨天[19]子六十那衍[20]梵天一億也。支謙唯標聲聞之衆。卽摩訶比丘僧萬二千人也。

풀어 말하기를, 다섯 번째는 [법을] 전해 듣는 대중(傳機)이다. 경본에 따라 그 내용이 다르다. 백연본에는 세 가지 대중이 갖추어져 있다. 첫째, 성문의 무리, 즉 큰 제자의 무리 천 이백 오십 인, 비구니 오백 인, 청신사 칠천인, 청신녀 오백 인이다. 둘째, 보살의 무리, 즉 보살이 72那述이다. 셋째 諸天의 무리, 즉 욕계 천자 팔십 만, 색계 천자 칠십 만, 遍淨天子는 60那述, 梵天은 一億이다.[21] 支謙은 오직 성문의 무리만 드러냈다. 즉 큰 비구승만 이천 인이다.[22]

今法護經略擧比丘菩薩二衆餘皆無也。所以有此備闕者蓋翻家意樂互存廣略。異由此也。將釋傳機有二。初聲聞衆後菩薩衆。衆有此次第亦如前解。初又有五。此初標行也。卽法華論中云論[23]聲聞修小乘行依乞等自活故。威儀一定不同菩

---

17) 二가 빠진 듯

18) 術의 誤記로 보임

19) 遍淨天 : 色界 三禪天의 셋째 하늘. 맑고 깨끗함이 두루 가득하다고 한다.

20) 術의 誤記로 보임

21) 『佛說無量淸淨平等覺經』卷第一(大正藏12,2 279中), "與大弟子衆千二百五十人。菩薩七十二那術。比丘尼五百人。淸信士七千人。淸信女五百人。欲天子八十萬。色天子七十萬。遍淨天子六十那術。梵天一億"

22) 『佛說阿彌陀三耶三佛薩樓佛檀過度人道經』卷上(大正藏12, 300上), "時有摩訶比丘僧萬二千人"

23) 『妙法蓮華經憂波提舍』에서는 論이 아니라 諸로 되어 있고 의미상으로도

薩。故以比丘爲名也

이제 법호의 경에서는 대략 비구와 보살의 두 대중을 들뿐 나머지는 모두 없다. 이렇게 갖추거나 없거나 하는 차이가 생기는 것은 대개 번역자의 의도에 따라 자세하거나 소략한 것(廣略)이다. 다른 것은 바로 이 때문이다. 장차 전법대중을 해석해 보면 두 부류이다. 처음에 성문대중이 먼저 오고, 나중에 보살대중이 나온다. 대중의 이러한 순서는 또한 이전의 해석[24]과 같다. 첫 번째 것에는 다시 다섯 가지가 있다. 이것은 그 첫 번째, 行을 드러냄이다. 즉 『法華論』에서 말하기를 [모든] 성문은 소승행을 닦아 걸식 등에 의지하여 스스로 살아가기 때문에 위의가 일정한 것이 보살과는 같지 않다. 따라서 비구라고 부른다고 하였다.[25]

H2_19中, T37_132下

經曰萬二千人俱者

經에서 말씀하시기를, "만 이 천인이 모두 함께 하다"란,

述云此第二唱數也。彼論亦云數成就者謂大衆無數故總別雖異其義一焉。而帛延唱千二百五十人者略擧常衆。不盡之言故亦不違

諸가 타당함.

24) 憬興의 『觀無量壽經』 주석서. 본 역주연구 각주 7) 참조.

25) 『妙法蓮華經憂波提舍』卷上(大正藏26, 1中), "行成就者有四種。一者謂諸聲聞修小乘行。…四者謂出家聲聞威儀一定不同菩薩故"
『妙法蓮華經玄贊』卷第一(末)(大正藏34, 667上), "行成就中有四。一諸聲聞修小乘行依乞食等自活。以比丘等爲名…四出家人威儀一定不同菩薩。由此定故說爲比丘"
憬興은 『法華論(=妙法蓮華經憂波提舍)』이라고 하였으나 실제 인용문은 『法華論』 주석서인 『妙法蓮華經玄贊』에 가깝다.

풀어 말하기를, 이것은 그 두 번째, [대중의] 숫자를 주장함이다. 『법화론』에서 또한 말하기를 數成就는 대중이 무수히 많은 까닭에 전체로 볼 때와 개별적으로 볼 때가 비록 다르지만 그 뜻은 같다고 하였다.[26] 또 백연이 천이백오십 인이라고 주장한 것[27]은 간략하게 일반 대중(常衆)만을 제시한 것이다. 다 말하지는 않았지만 서로 다른 것은 아니다.

H2_19下, T37_132下

經曰一切大聖神通已達者

經에서 말씀하시기를, "모든 큰 성인과 이미 신통한 이들"이란,

述云此第三歎德也。一切者卽普及盡際之言。大聖者卽會理之德名聞凡聖故。論云心得自在到彼岸卽其大也。神通者。卽該六通之名無壅叵測之義也。已者竟也。達者卽作證義。皆於六通究竟作證故。

풀어 말하기를, 이것은 세 번째로, 덕을 찬탄하는 것이다. '一切'란 곧 널리 미쳐 경계에 이른다는 말이다. '大聖'이란 곧 이치를 이해하는 공덕 때문에 범부와 성인에게 이름이 알려진 자이다. 『법화론』에서 말하기를 마음이 자재함을 얻어 피안에 이르기 때문에[28] 크다고 하였다. '神通'이란 곧 육신통을 이르는 것으로 막힘이 없고 예측할 수 없다는 뜻이다. '已'는 마쳤다는

26) 『妙法蓮華經憂波提舍』卷上(大正藏26, 1中), "數成就者。諸大衆無數故"
『妙法蓮華經玄贊』卷第一(末)(大正藏34, 667上), "數成就者。謂大衆無數故。總談無數。論各別標。謂萬二千人等"

27) 『佛說無量淸淨平等覺經』卷第一(大正藏12, 279中), "與大弟子衆千二百五十人"

28) 『妙法蓮華經憂波提舍』卷上(大正藏26,, 1下), "大阿羅漢等者。心得自在到彼岸故"

말이다. '達'은 곧 作證, 즉 증거로 삼는다는 뜻이다. 모두 육신통이 구경에 달하였음을 증명하는 것이기 때문이다.

有說阿難既在學地位。雖未得通而有勝德亦名已達非也。阿難爲人非凡所知。其實卽經言迹雖初果初果亦伏欲障獲根本定。縱無漏盡既發五通。故從多言已達都無致怪

어떤 사람은 아난이 이미 '學'[29]의 지위에 있다[30]고 한다. 비록 통달하지는 못하였으나 수승한 공덕을 지녔기 때문에 또한 이미 통달하였다고 부르는 것이라고 하였으나 이는 잘못이다. 아난의 사람됨은 범부가 알 수 있는 수준이 아니다. 그 진실은 곧 경에서 말하기를 비록 初果[31]에 이르렀다 하더라도 초과 또한 탐욕의 장애를 조복 받아야 한다. 그러나 [초과라면 이미] 根本定[32]을 얻은 것이므로, 설사 번뇌를 다하지 못했다 하더라도 이미 五神通을 발한 것이므로 다수의 말에 따라서 이미 통달하였다고 해도 괴이할 것은 없는 것이다.

H2_19下, T37_132下

經曰其名曰尊者了本際至尊者阿難者

經에서 말씀하시기를, "그 이름은 존자 요본제부터 아난까지"란,

---

29) 學은 戒, 定, 慧 세 가지를 닦는 것으로서, 因位를 學이라 하고, 果上을 無學이라 한다.

30) 『摩訶般若波羅蜜經』卷第一(大正藏8, 217上), "唯阿難在學地得須陀洹"

31) 初果 : 聲聞四果의 하나. 欲界·色界·無色界의 見惑을 끊고 처음으로 성인의 무리에 참여하는 지위

32) 根本定 : 梵語 dhyāna-maula. 根本禪, 根本等至, 八定根本, 八根本定이라고도 한다. 略稱은 根本. 四靜慮(四禪)와 四無色定 등 여덟 가지를 이른다. 각각 根本定과 그 준비단계인 近分定의 두 가지가 있다.

述云此第四列名也。諸經列衆無定次第故。或有行德大小爲次第。如法華經迦葉在第二鶖子列在迦旃延上等。或有以出家前後爲次第。如報恩經初度五人次度耶舍門徒五十次度優樓頻螺門徒五百次度伽耶門徒三百次度那提門徒二百次度鶖子門徒一百次度目連門人一百。或有以德辨爲次第。如無垢稱以命問疾要假智辨方對揚故。今此經中卽同報恩入聖次第。

풀어 말하기를, 이것은 네 번째로, 이름을 열거함이다. 모든 경에서 대중을 열거할 때 정해진 순서가 없기 때문에 혹은 덕을 행하는데 크고 작은 데 따라 순서가 정해지기도 한다. 마치 『法華經』에서 가섭이 두 번째이고, 鶖子가 迦旃延보다 먼저 나오는 것과 같다. 혹은 출가한 순서가 그 차례가 되기도 한다. 마치 『報恩經』에서 처음에 출가한 다섯 사람이 나오고, 그 다음에 출가한 耶舍의 門徒 오십 명이 나오고, 다음으로 출가한 優樓頻螺의 문도 오백 명이, 그 다음에는 伽耶의 문도 삼백 명이, 또 그 다음에 출가한 那提의 문도 이백 명이, 다음으로 출가한 鶖子의 문도 백 명이, 다음으로 출가한 目連의 문인 백 명이 나오는 것과 같다. 혹은 덕으로써 그 순서를 따지는 경우도 있다. 마치 『無垢稱經』에서 병문안을 가라고 명령함으로써 거짓 지혜인지 분별하여 바야흐로 널리 알릴 필요가 있다고 한 것과 같다.[33] 이제 이 경에서는 곧 『보은경』에서 출가한 순서대로 나열하였던 것과 같이 하였다.

帛延列其三十六名。支謙法護皆標三十一。憍陳如爲其初故。帛謙幷曰賢者而法

33) 『妙法蓮華經玄贊』卷第一(末)(大正藏34, 669下-670上), "或有以出家前後爲次第。報恩經說。初度五人。次度耶舍門徒五十。次度優樓頻螺門徒五百。次度伽耶門徒三百。次度那提門人二百。次度鶖子門徒一百。次度目連門人一百。合擧大數成一千二百五十人。或有行德大小爲次第。如迦葉在第二列。鶖子在迦旃延上列等。隨應不定。無垢稱經弟子品以德辨爲次第。以命問疾要假智辨方堪對揚故"

護云尊者。皆嘆德之言。卽前大聖之義。了本際者卽支謙云[牛+句]隣也。梵云阿若多憍陳那。憍陳是婆羅門姓。那是男聲。阿若多是解義。初解淨居。亦言已解。因以爲初解。憍陳之姓乃亦衆多。以解標號以男簡女故復云那。今言本際者卽四諦眞性。了者卽解故言雖不同其義一也。

백연은 36명[34]의 이름을 나열하였다.[35] 지겸과 법호는 모두 31명의 이름을 들었다.[36] 교진여가 그 첫 번째이다. 백연과 지겸은 모두 賢者라고 하였고, 법호는 尊者라고 하였다. 모두 덕을 찬탄하는 말이다. 앞에 나온 큰 성인을 뜻한다. 了本際는 지겸본에서 후린([牛+句]隣)이라고 하였다.[37] 범어로는 阿若多憍陳

34) 『佛說無量淸淨平等覺經』에는 36명이 아니라 35명의 이름이 나온다.

35) 『佛說無量淸淨平等覺經』卷第一(大正藏12, 279中), "名曰知本際賢者。馬師賢者。大力賢者。安詳賢者。能讚賢者。滿願臂賢者。無塵賢者。氏聚迦葉賢者。牛呞賢者。上時迦葉賢者。治恒迦葉賢者。金杵坦迦葉賢者。舍利弗賢者。大目揵連賢者。大迦葉賢者。大迦旃延賢者。多睡賢者。大賈師賢者。大瘦短賢者。盈辨了賢者。不爭有無賢者。知宿命賢者。了深定賢者。善來賢者。離越賢者。癡王賢者。氏戒聚賢者。類親賢者。氏梵經賢者。多欲賢者。王宮生賢者。告來賢者。氏黑山賢者。經剎利賢者。博聞賢者"

36) 『佛說阿彌陀三耶三佛薩樓佛檀過度人道經』卷上(大正藏12, 300上), "賢者[牛+句]隣。賢者拔智致。賢者摩訶那彌。賢者合尸。賢者須滿日。賢者維末坻。賢者不迺。賢者迦爲拔坻。賢者憂爲迦葉。賢者那履迦葉。賢者那翼迦葉。賢者舍利弗。賢者摩訶目揵連。賢者摩訶迦葉。賢者摩訶迦旃延。賢者摩訶揭質。賢者摩訶拘私。賢者摩訶梵提。賢者邠提文陀弗。賢者阿難律。賢者難提。賢者[(瞟-示+土)*瓦]脾坻。賢者須楓。賢者蠡越。賢者摩訶羅倪。賢者摩訶波羅延。賢者波鳩蠡。賢者難持。賢者滿楓蠡。賢者蔡揭。賢者厲越"

『佛說無量壽經』卷上(大正藏12, 265下), "尊者了本際. 尊者正願. 尊者正語. 尊者大號. 尊者仁賢. 尊者離垢. 尊者名聞. 尊者善實. 尊者具足. 尊者牛王. 尊者優樓頻蠡迦葉. 尊者伽耶迦葉. 尊者那提迦葉. 尊者摩訶迦葉. 尊者舍利弗. 尊者大目揵連. 尊者劫賓那. 尊者大住. 尊者大淨志. 尊者摩訶周那. 尊者滿願子. 尊者離障閡. 尊者流灌. 尊者堅伏. 尊者面王. 尊者果乘. 尊者仁性. 尊者喜樂. 尊者善來. 尊者羅云. 尊者阿難"

37) 『佛說阿彌陀三耶三佛薩樓佛檀過度人道經』卷上(大正藏12, 300上), "賢者[牛+句]隣"

那라고 한다. 憍陳은 바라문의 성이다. 那는 남성을 나타내는 소리이다. 阿若多는 이해한다는 뜻이다. [석가모니의 가르침을] 가장 먼저 이해하였기 때문이고, 淨居天 등도 또한 말하기를 [교진여가] 이미 이해하였다고 말하였기 때문에, 이로 인해 初解라 하였다. 憍陳이라는 성[을 가진 자는] 또한 많다. 解로써 이름을 구별한 것이고, 남성임을 나타냄으로써 여성과 구별하기 위해 다시 那를 붙인 것이다.[38] 지금 本際라는 말은 곧 四諦의 참된 성질이다. 了는 곧 이해한다는 뜻이기 때문에 비록 말은 같지 않지만 뜻은 한 가지이다.

正願者卽謙云拔智致蓋是拔提之名也。有說馬師。因驅擯法發更不往他家之願遂得羅漢故。卽恐非也。准婆沙論馬師滿宿身顯龍相遂生其中。得羅漢果受畜生身無是處故。

正願[39]은 곧 지겸본에서 拔智致[40]라고 하였다. 대개 拔提는 이름이다. 어떤 사람은 馬師라고 한다. 驅擯法[41]으로 인해 다시는 남의 집에 가지 않는 원을 발하여서 드디어 아라한을 얻었기 때문이라고 하나 아마 이는 잘못일 것이다. 왜냐하면 『阿毘曇毘婆沙論』[42]에 준해서 보면 마사와 만숙은 [수명이 다한 후에] 용의 모습을 보여주는 몸으로 태어났다고 하나, 아라한과를

38) 『妙法蓮華經玄贊』卷第一(末)(大正藏34, 670上), "無量壽經云了本際者。卽阿若憍陳如。梵云阿若多憍陳那。憍陳是婆羅門姓。那是男聲。阿若多是解義。初悟解故。…淨居等天亦言已解。因以爲名名之爲解。憍陳之姓乃衆多。以解標名。那是男聲以男簡女。故復云那"

39) 正願: 梵名 Aśva-jit, 馬勝, 拔智致라고도 한다. 5비구의 한 사람.

40) 『佛說阿彌陀三耶三佛薩樓佛檀過度人道經』卷上(大正藏12, 300上), "賢者拔智致"

41) 驅擯法 : 승려가 잘못을 하고도 참회하지 못할 때 승려의 신분을 박탈하고 속세로 내쫓는 법

42) 『阿毘曇毘婆沙論』卷第三(大正藏28)

얻고도 축생의 몸을 받는 경우는 없기 때문에 [이는 잘못이다.]

有說正語卽畢陵伽婆差非也。其人卽惡性粗言。雖得羅漢餘習亦在。必不可言正語故。今卽論[43]云摩訶那彌此云正語蓋是摩男之名矣。卽帛延云賢者能讚也。

어떤 사람은 正語존자는 곧 畢陵伽婆差[44]라고 하나 이는 잘못이다. 그 사람은 곧 나쁜 성품에 입이 거친 사람이었다. 비록 아라한이 되었으나 습관(習)이 남아 있었다.[45] [따라서] 절대로 정어존자라고 할 수가 없다. 지금 곧 지겸본에서는 '摩訶那彌' 라고 하였고,[46] 『무량수경』에서는 '정어'라고 하였다. 대개 摩男의 이름이다. 즉 백연본에서는 현자 能讚이라고 하였다.[47]

大號者卽論[48]云賢者含屍。蓋爲離婆多也。其人持不妄語。因證鬼諍以屍代身遂居王位德名令聞諸方故。仁賢者卽謙云須滿曰[49]內懷賢善外申慈仁故因名之。

大號는 곧 지겸본에서 현자 含屍[50]라고 하였다.[51] 대개 離婆多[52]를 말한다. 그 사람은 不妄語戒를 지녔다. 귀신들의 싸움

---

43) 謙의 誤記로 보임.
44) 畢陵伽婆差 : 梵名 pilinda-vatsa 의 음사. 畢陵은 사위성의 바라문의 성이다.
45) 『妙法蓮華經玄贊』卷第一(末)(大正藏34, 670下), "此云餘習。言畢陵伽婆蹉訛也。五百生中爲婆羅門惡性麤言。今雖得果餘習尙在"
46) 『佛說阿彌陀三耶三佛薩樓佛檀過度人道經』卷上(大正藏12, 300上), "摩訶那彌"
47) 『佛說無量淸淨平等覺經』卷第一(大正藏12, 279中), "能讚賢者"
48) 謙의 誤記로 보임.
49) 日의 誤記로 보임
50) 『大正新修大藏經』에 실린 支謙本에는 賢者合尸로 되어 있고, 宋本, 明本, 元本에는 賢者含尸로 되어 있다.
51) 『佛說阿彌陀三耶三佛薩樓佛檀過度人道經』卷上(大正藏12, 300上), "賢者合尸"
52) 離婆多 : 梵名 revata 의 음사. 부처님의 제자의 하나. 舍利弗의 동생이다.

에서 [정직하게] 증명한 것 때문에 시체로 몸을 대신하게 되었지만 왕위에 올라 덕이 높다는 말이 만방에서 들리게 되었다. 仁賢은 곧 지겸본에서는 須満日이라고 하였다.[53] 이는 안으로 어질고 착한 생각을 품고 밖으로는 인자한 모습을 드러내기 때문에 이로 인해 이름을 지은 것이다.

離垢者卽謙云維末坻。蓋淨除是也。說本起云輪提陀。掃淨寺舍願令心無塵垢如寺故名淨除。淨除離垢言異義同故。

離垢란 곧 지겸본에선 維末坻라고 하였다.[54] 대개 깨끗하게 제거한다는 말이 이것이다. 『說本起經』에서는 輪提陀라고 하였다. 정사를 쓸고 깨끗하게 하면서 마음도 절과 마찬가지로 먼지와 때가 없기를 발원하였다. 따라서 淨除라고 이름하였다.[55] 정제와 이구는 말은 다르지만 뜻은 같은 것이기 때문이다.

名聞者有說長爪梵志。博達之名聞於十方故云名聞此恐非也。違說本起故。無有除此而可准故。今依彼經。夜耶尊者名爲名聞。梵行淨潔衆所見敬故。

名聞존자를 어떤 사람은 長爪梵志[56]라고 한다. 시방에서 두루 통달하였다는 이야기를 들었기 때문에 名聞이라고 하였다고 하나 이는 아마 잘못일 것이다. 『說本起經』에 어긋나기 때문이다. 『설본기경』을 제외하고 의거할 만한 [經이] 있을 수가 없다. 이제 저 경經(『설본기경』)에 의하면 夜耶 존자의 이름은 名聞이

53) 『佛說阿彌陀三耶三佛薩樓佛檀過度人道經』卷上(大正藏12, 300上), "須満日"

54) 『佛說阿彌陀三耶三佛薩樓佛檀過度人道經』卷上(大正藏12, 300上), "賢者維末坻"

55) 『佛五百弟子自說本起經』(大正藏4, 191上-中), "輪提陀品第四(淨除十七偈) …便掃彼寺舍…令我無垢塵 如此寺舍淨…我之所志願 使吾無垢塵"

56) 長爪梵志 : 梵名 Dīrgha-nakha, 舍利弗의 외삼촌으로 태어날 때부터 손톱이 길었다 한다. 후에 석가모니에게 출가하여 제자가 됨.

다. 梵行을 하여 정결하고, 대중의 존경을 받았기 때문이다.57)

善實者卽說本起長者凡耆名爲取善。供養維衛佛塔已來九十一劫常生人天遂得阿羅漢故。具足者卽應說本起樹提。尊者願得受大戒具足成沙門故。牛王者卽笈房鉢底此言牛相而言王者兼美而已。

善實이란 곧 『說本起經』에서 장자 凡耆로서 이름은 取善이다. 불탑에 공양하고 이를 유지하고 지킨 지 구십일 겁이 지나 항상 인천에 태어나서 마침내 아라한과를 얻었기 때문이다.58) 具足59)이란 즉 『說本起經』에서는 樹提이다. 존자가 大戒를 받을 수 있기를 바라고 이를 구족하여 사문이 되었기 때문이다.60) 牛王이란 곧 笈房鉢底61)이다. 이것은 소의 모습을 말하며,62) 왕이라고 한 것은 아름답다는 뜻을 겸한 것일 뿐이다.

梵云鄔盧頻螺此云木苽。當其胸前有一疴起如木苽故。今云優樓頻螺者訛也。伽耶者卽象頭山。逐處之名故。梵云捺地。莊嚴經云難提卽江名也。此三迦葉皆飮光種兄弟三人。帛延經中更有賢者氏聚迦葉。蓋說本起云承禪迦葉應云此中尊者

57) 『佛五百弟子自說本起經』(大正藏4, 193中-下), "夜耶品第十一(名聞二十六偈)…奉遵四梵行…爲衆所見敬"
58) 『佛五百弟子自說本起經』(大正藏4, 192上), "凡耆品第七(取善八偈)…見惟衛佛寺 供養而奉侍…見供養塔寺 而得生善處 常在天人間 所作得照見 過九十一劫 未曾歸惡道"
59) 具足 : 梵名 Purṇaka. 音譯하여 富蘭那迦라고 하며, 意譯하여 滿足・具足이라고 한다. 석가모니의 제자. 波羅奈城의 長者로서 耶舍長者・離垢・善實・牛王 등과 친구이다. 후에 耶舍가 석가모니에게 귀의하여 출가 수행한다는 말을 듣고 離垢 등과 더불어 석가모니에게 출가하여 결국 阿羅漢이 되었다. (『佛本行集經』卷三十六)
60) 『佛五百弟子自說本起經』(大正藏4, 195中-196上), "樹提衢品第十七(三十偈)…願得受大戒 卽時大智慧 佛者無等倫 說言比丘來 具足成沙門"
61) 笈房鉢底 : 석가모니의 제자. 율법 해석의 최고 권위자임. 憍梵波提, 伽梵波提, 憍桓鉢이라고도 함.
62) 『妙法蓮華經玄贊』卷第一(末)(大正藏34, 670下), "梵云笈房鉢底。此云牛相"

具足。覺經除氏聚後卽云牛飼故。旣無誠說且開二途取捨任意學者應知。

범어로 鄔盧頻螺를 여기(唐)에서는 木苽라고 한다. 그의 가슴 해당하는 곳에 이전에 병을 앓은 적이 있어서 마치 木苽처럼 그 흔적이 남았기 때문이다. 지금 優樓頻螺라고 하는 것은 잘못이다.[63] 伽耶는 곧 象頭山이다.[64] 장소를 좇아서 지은 이름이다. 범어로는 捺地이고,[65] 『장엄경』에서는 難提라고 하였다.[66] 곧 강의 이름이다.[67] 이 세 명의 가섭은 모두 飮光 종족의 형제 세 사람이다.[68] 帛延本 가운데는 다시 현자 氏聚迦葉이 있다고 하였다.[69] 대개 『설본기경』에서는 禪承迦葉[70]이라고 한 것이[71] 마땅히 여기(『無量壽經』)에서는 존자 具足을 말하는 것이다. 『무량청정평등각경』에서는 氏聚迦葉 다음에 곧 牛飼[72] [가 나온다고] 하였다. 이미 誠說은 없으며 또한 두 가지 길을 열었으니 취하고 버림을 임의로 하였음을 학자는 마땅히 알아야 한다.

梵云迦葉波此云飮光卽婆羅門姓。上古有仙身有光明飮蔽日月之光。迦葉是種。自亦有光能飮日月故襲性[73]之名。摩訶言大。旣大富長者之子亦爲大人所識故表

---

63) 『妙法蓮華經玄贊』卷第一(末)(大正藏34, 670中), "梵云鄔盧頻螺。言優樓訛也。此云木瓜。當其胸前有一癃起。猶如木瓜"

64) 『妙法蓮華經玄贊』卷第一(末)(大正藏34, 670中), "伽耶山名。卽象頭山"

65) 『妙法蓮華經玄贊』卷第一(末)(大正藏34, 670中),"梵云捺地迦。言那提訛也。此是河名"

66) 『方廣大莊嚴經』(大正藏3, 612中), "迦葉二弟。一名難提。二名伽耶"

67) 『翻梵語』卷第二(大正藏54, 994中), "那提迦葉(譯者曰因江名也)"

68) 『妙法蓮華經玄贊』卷第一(末)(大正藏34, 670中), "次三迦葉皆飮光種。兄弟三人"

69) 『佛說無量清淨平等覺經』卷第一(大正藏12, 279中), "氏聚迦葉賢者"

70) 『佛五百弟子自說本起經』에는 承禪迦葉이 아니라 禪承迦葉으로 나온다.

71) 『佛五百弟子自說本起經』(大正藏4, 197中), "禪承迦葉品第二十(十一偈)"

72) 法護本의 尊者牛王을 말한다.

大名以簡餘三。

범어로는 카사파이다. 여기(唐)에서는 飮光(빛을 먹는다)이라고 [번역]하였는데 [이는] 바라문의 성이다. 옛날에 신선이 있었는데, 몸에 빛이 있어 해와 달의 빛을 먹어 가리었다. 迦葉이 그 종족이다. 스스로 또한 빛이 있어 능히 해와 달의 빛을 먹을 수 있기 때문에 성을 가져다가 그대로 이름으로 삼았다. 摩訶는 크다는 말이다. 이미 크게 부유한 장자의 아들로서 또한 大人으로 알려져 있기 때문에 크다는 것을 이름에 나타냄으로써 나머지 셋(가섭 삼형제)과 구분한 것이다.[74]

梵云奢利弗怛羅。舍利云鶖卽百舌鳥亦曰春鸎。弗怛羅云子。以母才辯猶如鶖鳥。此是彼子因以名之故云鶖子。言舍利弗者訛也。

범어로는 奢利弗怛羅라고 한다. 舍利는 鶖, 즉 百舌鳥이고 또한 春鸎이라고도 한다. 弗怛羅는 아들을 말한다. 어머니의 말재주는 鶖鳥와 같았다. 이것이 그 아들의 이름을 鶖子라고 한 까닭이다. 舍利弗이라고 하는 것은 잘못이다.[75]

梵云摩訶沒特伽羅此云大採菽氏。上古有仙居山寂處常採菉豆以充所食因爲其姓。尊者之母是彼之族仍以名之。得大神通簡餘此姓故亦云大。言目連者音訛也。劫賓那者此云房宿。佛與同房宿化作老比丘爲之說法而悟道故。

---

73) 姓의 誤記로 보임

74) 『妙法蓮華經玄贊』卷第一(末)(大正藏34, 670上-中), "梵云摩訶迦葉波。摩訶大也。迦葉波者姓也。此云飮光。婆羅門姓。上古有仙身有光明飮蔽日月之光。迦葉是彼之種。迦葉身亦有光能飮日月。以姓爲名故名飮光。大富長者之子。…大人所識故標大名。簡餘迦葉"

75) 『妙法蓮華經玄贊』卷第一(末)(大正藏34, 670中), "梵云奢利弗呾羅。言舍利弗者訛也。舍利云鶖。卽百舌鳥亦曰春鸚。弗呾羅言子。以母才辨喻如鶖鳥。此是彼子。以母顯之故云鶖子"

범어로는 摩訶沒特伽羅이다. 여기(唐)에서는 大採菽氏라고 한다. 옛날에 신선이 있었는데 산의 고요한 곳에 살면서 항상 菉豆를 캐어 먹을 것을 충당하였다. 이로 인해 성이 만들어졌다. 존자의 어머니는 그 종족이어서 이에 [그의] 이름을 지었다. 대신통력을 얻었기 때문에 같은 성을 가진 나머지 사람들과 구분하기 위해 크다는 말을 붙였다. 目連이라고 부르는 것은 음역의 잘못이다.[76] 겁빈나를 여기(唐)에서는 房宿이라고 한다. 부처님과 같은 방에 머물게 되었을 때 부처님께서 노비구로 몸을 바꾸어 나타나 그를 위해 설하였더니 깨달음을 얻었다.[77]

梵云摩訶迦多衍那此云大剪剔種男卽婆羅門姓。上古多仙山中靜處。年旣掩久鬚髮稍長垂[78]人爲剔。婆羅門法行[79]剔髮故。一仙有子兄弟二人俱來覲父。小者乃爲諸仙剔髮諸仙願護。後成仙貴。爾來此種皆稱剪剔剔[80]者身是男子威德特尊。簡餘此種故云大剪剔種男。古迦旃延此云繩扇訛也。今云大住者亦襲昔之名。母戀此子不肯改嫁如繩繫扇可謂住故。

범어로 摩訶迦多衍那는 大剪剔 종족의 남자이다. 즉 바라문의 성이다. 옛날에 많은 신선들이 산중 고요한 곳에 있었다. 시간이 이미 오래 지나 수염과 머리는 점점 자라났지만 깎아 줄 사람이 없었다. 바라문법에서는 머리를 깎는 일을 천하게 여겼다. 한 신선에게 아들이 있었는데, 두 형제가 함께 아버지를 보

76) 『妙法蓮華經玄贊』 卷第一(末)(大正藏34, 670中), "梵云摩訶沒特伽羅。言大目乾連者訛也。此云大採菽氏。上古有仙居山寂處。常採菉豆而食。因以爲姓。尊者之母是彼之族。取母氏姓而爲其名。得大神通。簡餘此姓故云大"

77) 『妙法蓮華經玄贊』 卷第一(末)(大正藏34, 670下), "劫賓那者。 此云房宿。佛與同房宿。化作老比丘爲之說法。因而得道故云房宿"

78) 無의 誤記로 보임

79) 汚의 誤記로 보임

80) 尊의 誤記로 보임

러 왔다. 작은 아들이 이에 모든 신선들을 위하여 剔髮하니, 모든 신선들이 願護하였다. [이들은] 후에 신선이 되어 귀하게 여겨지게 되었다. 이후 이 종족을 모두 剪剔라고 불렀다. 존자는 몸이 남자이고 위덕이 특별히 높았으므로, 이 종족의 나머지 사람들과 구별하여 大剪剔種男이라고 불렀다.[81] 옛날에는 迦旃延이라고 불렀는데, [그를] 여기(唐)에서 繩扇라고 부르는 것은 잘못이다. 지금 [『무량수경』에서] 大住라고 부르는 것은 또한 옛 이름을 물려받은 것이다. 어머니가 이 아들을 그리워하여 개가하지 않는 것이 마치 새끼줄로 부채를 묶은 것과 같이[82] '住'라고 부를 만하였기 때문이다.

大淨志者卽說本起中賴吒和羅。更無所樂志於淸白法樂閑居第一故名大靜志。摩訶周那者卽周那般特。此云路生。路生有大小故摩訶以簡其小。

大淨志란 곧 『說本起經』에서는 賴吒和羅이다. 다시 즐기는 대상이 없고, 뜻이 맑고 깨끗한 法樂에 있어 閑居第一이라고 하였기 때문에[83] 大靜志라고 부른다. 摩訶周那는 곧 周那般特이다. 여기(唐)에서는 路生[84]을 말한다. 路生은 형과 아우가 있었기 때문에 摩訶로 아우와 구분하였다.[85]

---

81) 『妙法蓮華經玄贊』卷第一(末)(大正藏34, 670中-下), "梵云摩訶迦多衍那。云迦旃延亦訛也。大般若云大迦多衍那。此云大剪剃種男。剪剃種者是婆羅門姓。上古多仙山中靜處年歲既久鬚髮稍長。無人爲剃婆羅門法汚剃髮故。一仙有子兄弟二人俱來覲父。小者乃爲諸仙剃之。諸仙願護後成仙貴。爾來此種皆稱剪剃。尊者身是男子威德特尊。簡餘姓故云大剪剔種男"

82) 『妙法蓮華經玄贊』卷第一(末)(大正藏34, 670下), "古云繩扇。母戀此子不肯改嫁。如繩繫扇故名繩扇"

83) 『佛五百弟子自說本起經』(大正藏4, 196中-下), "賴吒和羅品第十八(二十六偈)…一心無所樂 志於淸白法…樂閑居第一"

84) 길에서 낳았다고 해서 路生이라는 이름이 붙었다.

85) 憬興은 摩訶周那(Mahā-cunda)와 周那般特(Cūḍapantbaka)을 같은 사람

梵云補賴拏梅怛利曳尼弗怛羅此云滿慈子。言富樓那彌多羅尼子者訛也。滿是其名慈是母姓。母姓[86]是慈。滿尊者是慈女之子故因名之。今言滿願子者訛也。梵云阿泥律陀此云無滅。佛之堂弟卽天眼第一。今言離障意亦此謂也。言阿㝹樓馱訛也。

범어로 補賴拏梅怛利曳尼弗怛羅인데, 여기(唐)에서는 滿慈子라고 한다. 富樓那彌多羅尼子라고도 하는데 이는 잘못이다. 滿은 그 이름이고, 慈는 어머니의 성이다. 어머니의 성품이 자애로웠기 때문이다. 滿尊者는 자애로운 여자의 아들이기 때문에[87] 이로 인해 이름을 지었다. 지금 滿願子라고 하는 것은 잘못이다. 범어로 阿泥律陀라고 하는데 여기(唐)에서는 無滅이라 한다. 부처님의 사촌동생으로 곧 天眼第一이다. 지금 장애를 떠난다는 뜻 또한 이를 말한다. 阿㝹樓馱라고 하는 것은 잘못이다.[88]

流灌者有說卽離婆多此云假和合故云流離此恐非也。旣非離字。謙亦云難提故。今卽說本起中名難提也。梵云孫達羅難陀此云艶喜。喜卽自名艶是妻號。欲簡牧牛難陀故因妻以表其名。卽佛親弟大聖王之所生也。維衛佛世施煖浴室故端正大勢。見之無厭。今言流灌者亦襲彼之名也。

流灌은 어떤 사람은 곧 離婆多라고 하는데 이를 임시로 화합하여 流離라고 한다 하나 이것은 아마 잘못일 것이다. 이미 離자가 잘못이다. 支謙本에서도 難提라고 하였다.[89] 이제 『說本

으로 보았으나 전혀 다른 사람이다. 摩訶周那는 舍利弗의 동생이며, 路生으로도 불리는 반다카 형제 가운데 동생이 周那般特이다.

86) 性의 誤記로 보임

87) 『妙法蓮華經玄贊』卷第一(末)(大正藏34, 671上), "梵云補剌拏梅呾利曳尼弗呾羅。此云滿慈子。云富樓那彌多羅尼子訛也。滿是其名。慈是母姓。母性其慈。今取母姓。此滿尊者是慈女之子。或滿及慈俱是母號名滿慈子"

88) 『妙法蓮華經玄贊』卷第一(末)(大正藏34, 670下), "梵云阿泥律陀。此云無滅。佛之黨弟。云阿㝹樓馱訛也"

起經』에서도 難提라고 한다. 범어로는 孫達羅難陀는 여기(唐)에서는 艶喜라고 한다. 喜는 곧 자기 이름이고, 艶는 妻의 號이다. 牧牛難陀와 구별하기 위해 처로 인해 그 이름을 나타낸 것이다. 즉 부처님의 친동생으로 大聖王의 소생[90]이다.[91] 維衛佛[92]의 세계에서 따뜻한 욕실을 베풀었기 때문에[93] 端正大勢이다. 보아도 질리지 않는다. 지금 流灌이라는 것 역시 그것을 따른 이름이다.

堅伏者卽應說本起中樹提。故彼經云堅精進定意無爲無動故。帛延亦云賢者了深定故。面王者卽支謙云賢者波鳩螺也。梵云薄矩羅此云善容。善容雖多以面爲先故義名面王。

堅伏[94]이란 곧 마땅히 『說本起經』에서는 樹提라고 한다. 따라서 저 經(『설본기경』)에서는 굳건하게 선정에 정진한다는 뜻으로 無爲無動이라고 한다.[95] 帛延本에서는 또한 현자 了深定이라고 한다.[96] 面王이란 곧 支謙本에서 현자 파구라라고 하였

---

89) 『佛說阿彌陀三耶三佛薩樓佛檀過度人道經』 卷上(大正藏12, 300上), "賢者難提"

90) 大勝生主(마하파자파티)의 所生

91) 『妙法蓮華經玄贊』 卷第一(末)(大正藏34, 671上), "梵云孫達羅難陀。此云艶喜。孫陀羅訛也。艶是妻號。…喜是自名。簡前牧牛難陀故言艶喜。艶之喜故。是佛親弟。…大勝生主之所生也"

92) 維衛佛은 七佛 가운데 하나. 七佛이란 維衛佛·式佛·隨葉佛·拘留秦佛·俱那含牟尼佛·迦葉佛·釋迦牟尼佛을 말한다.

93) 『佛五百弟子自說本起經』(大正藏4, 199中), "難提品第二十六(十四偈) 昔惟衛佛世 我施煖浴室"

94) 堅伏 : 梵名 Kampila. 석가모니의 제자. 大阿彌陀經에서는 甄脾坻, 『莊嚴經』에서는 緊鼻哩로 나옴.

95) 『佛五百弟子自說本起經』(大正藏4, 195中-196上), "樹提衢品第十七(三十偈) …以是無放逸 堅精進定意 遭遇甘露處 無爲興無動"

96) 『佛說無量淸淨平等覺經』 卷第一(大正藏12, 279中), "了深定賢者"

다.[97] 범어로는 薄矩羅라고 하는데,[98] 이는 善容이다.[99] 善容이라고 하는 경우가 비록 많으나 낯(面)을 우선으로 여기기 때문에 뜻을 따라서 面王이라고 부른다.

異乘者卽帛延云賢者氏戒聚。戒行穎萃故云異乘。仁性者卽應本起中尸利羅。故彼經云施與錢財救諸貧窮濟衆下劣故。

異乘[100]은 즉 帛延本에서 현자 氏戒聚이다.[101] 戒行 때문에 파리하고 초췌하여 異乘이라고 한다. 仁性은 곧『說本起經』가운데 尸利羅라고 한다. 따라서 저 經(『說本起經』)에서는 돈과 재산을 베풀어 모든 빈궁한 사람들을 구제하고 하열한 근기의 대중을 구제한다고 하였기 때문이다.[102]

嘉樂者卽本起中難陀名爲欣樂。支謙亦云難持。正音卽難陀此云嘉本乃是牧牛之人。因問佛牧牛十一事知佛具一切智獲阿羅漢。甚極聰明音聲絶妙故。今嘉樂者亦非正翻之名也。

嘉樂은『說本起經』가운데 難陀로서 欣樂이라는 이름으로 불렸다.[103] 支謙은 또한 難持라고 한다.[104] 바른 소리는 곧 難

97)『佛說阿彌陀三耶三佛薩樓佛檀過度人道經』卷上(大正藏12, 300上), "賢者波鳩螽"

98) 薄拘羅 : 梵名 Vakkula, Bakkula, Bakula, Vakula. 석가모니의 제자. 婆拘羅·波拘盧·縛矩羅·薄羅라고도 한다. 意譯하여 重姓·賣姓·善容이라고도 한다.

99)『妙法蓮華經玄贊』卷第一(末)(大正藏34, 670下), "梵云薄矩羅。此云善容"

100) 異乘 : 聲聞衆의 하나로서 大阿彌陀經에서는 摩訶波羅衍이라고 하였다.『莊嚴經』에서는 波囉野尼枳囊, 如來會에서는 住彼岸이라고 하였다.

101)『佛說無量淸淨平等覺經』卷第一(大正藏12, 279中), "氏戒聚賢者"

102)『佛五百弟子自說本起經』(大正藏4, 197中), "尸利羅品第十二(二十偈) …家中寧有寶 錢財及於物 我當以施與 救足諸貧窮 我與無厭僡 救濟衆下劣"

103)『佛五百弟子自說本起經』(大正藏4, 193上), "難陀品第十(欣樂十二偈)"

104)『佛說阿彌陀三耶三佛薩樓佛檀過度人道經』卷上(大正藏12, 300上), "賢者

陀이다. 여기에서는 嘉라고 하였는데 본래 소치는 사람이었다. 부처님께 소치는 열한 가지 일에 대해서 질문한 것에서 유래한 것이다. 부처님이 一切智를 갖추고 있음을 알아 阿羅漢[의 지위를] 얻었다. 대단히 총명하고 음성은 절묘하였다.[105] 지금 嘉樂이라고 한 것 또한 바르게 번역한 이름은 아니다.

善來者卽支謙云賢者蔡揭。本起亦云貨竭。傳[106]云梵音莎揭哆譯爲善來。來者歸也。來歸佛法有莫大利故云善來。善來雖通千二百五十人名卽總以立別號故無如來常衆。皆善來得戒善如大莊嚴經。

善來는 곧 支謙本에서 현자 蔡揭라고 한다.[107] 『說本起經』에서는 貨竭이라고 한다.[108] 『南海寄歸內法傳』에서 범어 소리로는 莎揭哆이고, 번역하면 善來가 된다고 하였다. 來는 歸依한다는 말이다. 불법에 귀의하는 일이 막대한 이익이 있는 일이기 때문에 '잘 왔다(善來)'고 한 것이다. 善來는 비록 천이백오십 인에 통하는 말이지만, 즉 [그것이] 이름이 되면 전체[를 나타내는 말]로써 개별의 호칭을 삼은 것이므로 여래의 常衆[을 의미하는 말]이 아니다. 모두 善來라고 하고 계율을 얻는 것이 『장엄경』에서와 같다.[109]

難持"

105) 『妙法蓮華經玄贊』卷第一(末)(大正藏34, 671上), "梵云難陀。此翻爲喜。根本乃是牧牛之人。因問佛。牧牛十一事。知佛具一切智。獲阿羅漢。甚極聰明音聲絶妙"

106) 『南海寄歸內法傳』卷第三(大正藏54, 223上), "昔大師在日。親爲教主。客苾芻至。自唱善來。又復西方寺衆。多爲制法。凡見新來。無論客舊及弟子門人舊人。卽須迎前唱莎揭哆。譯曰善來"

107) 『佛說阿彌陀三耶三佛薩樓佛檀過度人道經』卷上(大正藏12, 300上), "賢者蔡揭"

108) 『佛五百弟子自說本起經』(大正藏4, 192中), "貨竭品第九(善來二十一偈)"

109) 『方廣大莊嚴經』(大正藏3)

梵云羅怙羅此云執月[110] 今云羅云。延帛[111] 云王宮生皆訛之也。梵云阿難陀此云慶喜今云阿難帛延云博聞皆略列也。

범어로는 羅怙羅인데, 여기(唐)에서는 執日이라고 한다.[112] 이 [經에서는] 羅云이라고 한다. 帛延本에서는 王宮生 현자라고 하나[113] 모두 잘못이다. 범어로 阿難陀이고 여기(唐)에서는 慶喜라고 한다.[114] 이 [經에서는] 阿難이라고 하며, 帛延本에서는 博聞[115]이라고 한다. 모두 대략 배열한 것이다.

H2_21中, T37_134上

經曰皆如斯等上首者也者。

經에서 말씀하시기를, "모두 이들처럼 상수자이다"란,

述云第五略結也。

풀어 말하면, 다섯 번째 요약된 결말이다.

H2_21中, T37_134上

經曰又與大乘衆菩薩俱者。

經에서 말씀하시기를, "또한 대승의 무리 보살들과 더불어"란,

述云第二菩薩衆有四。此初標行也。卽法華論中菩薩修大行求覺利有情以薩埵爲目。又以神通力隨時示現能修行大乘。如拔陀婆羅等十六人具足菩薩不可思議事

---

110) 日의 誤記로 보임
111) 帛延의 誤記로 보임
112) 『妙法蓮華經玄贊』卷第一(末)(大正藏34, 671上), "梵云羅怙羅。此云執日"
113) 『佛說無量淸淨平等覺經』卷第一(大正藏12, 279中), "王宮生賢者"
114) 『妙法蓮華經玄贊』卷第一(末)(大正藏34, 671上), "梵云阿難陀。此云慶喜"
115) 『佛說無量淸淨平等覺經』卷第一(大正藏12, 279中), "博聞賢者"

示優婆塞等四衆之形說爲菩薩。准帛延菩薩七十116)那行117)。而今不說者略故使然。

풀어 말하자면, 두 번째는 보살 대중인데 여기에는 네 가지가 있다. 이것은 그 첫 번째, 行을 드러냄이다. 즉 『법화론』에서 보살은 큰 행(대승행)을 닦고 깨달음을 구하며 유정들을 이롭게 한다. [즉 깨달음과] 유정118)을 [이롭게 하는 것을] 그 목적으로 삼는다고 하였다. 또 신통력으로써 때에 따라 나타나서 능히 대승행을 닦는다. 拔陀婆羅 등 16인처럼 구족한 보살은 불가사의한 일을 우바새 등 사부대중의 형상으로 보여주며 보살을 위하여 설한다.119) 帛延本에 준하면 보살은 72那衍120)이다. 그리고 이제 설하지 않은 것은 생략한 것이니 그대로 내버려두자.

H2_21下, T37_134上

經曰普賢菩薩至一切菩薩者。

經에서 말씀하시기를, "보현보살 …일체보살"이란,

述云第二列名有二。此初賢劫菩薩也。普者普遍卽證眞之智。賢者賢善卽涉事之行。內德普遍外化賢善故名普賢。妙德者應云妙吉祥。吉祥者卽功德之義義名妙德。慈氏者卽於慈氏佛所初發菩提心亦生慈姓故云慈氏。梵云吠陀此云善故亦名善劫義如智論。而言賢者卽從今121)名也。劫之延促佛之多少廣如彌勒經述贊中

116) 二가 빠진 듯
117) 術의 誤記로 보임
118) 薩埵 : 有情, 즉 衆生을 말함.
119) 『妙法蓮華經玄贊』卷第一(末)(大正藏34, 667上), "行成就中有四。一諸聲聞修小乘行…二菩薩修大乘行求覺利有情。以菩提薩埵爲目。三菩薩以神通力隨時示現。能修行大乘。如跋陀婆羅等十六人。具足菩薩不可思議事由不定故。而能示現優婆塞等四衆之形說爲菩薩"
120) 『佛說無量清淨平等覺經』卷第一(大正藏12, 279中), "菩薩七十二那術"

解。

풀어 말하자면, 두 번째로, 이름을 열거함이다. 여기에는 두 가지가 있다. 이것은 그 첫 번째, 현겁보살이다. 普는 두루 미친다는 뜻으로, 곧 참된 것을 증득한 지혜를 말한다. 賢은 어질고 착함, 즉 涉事의 行을 말한다. 안으로 덕이 두루 하고, 밖으로 교화함에 어질고 착하므로 普賢이라고 부른다. 妙德은 마땅히 妙吉祥이라고 해야 한다. 吉祥은 곧 공덕을 뜻한다. 뜻을 따라 妙德이라고 부른다. 慈氏는 慈氏佛의 처소에서 처음으로 보리심을 발하였고 또한 자씨 성을 갖고 태어났기 때문에 慈氏라고 부른다. 범어로는 吠陀가 秦나라 말로는 善이기 때문에 또한 善劫[122]이라고도 한다. 뜻은 『大智度論』에서와 같다.[123] 賢이라고 한 것은 곧 사람의 이름을 따른 것이다. 劫의 길고 짧음이나 부처님의 많고 적음은 자세한 사항은 『彌勒經述贊』 가운데서 풀이한 바와 같다.

H2_21下, T37_134上

經曰又賢護等至解脫菩薩者。

經에서 말씀하시기를, "또 현호 등 …해탈보살"이란,

述云此後餘劫菩薩也。有說賢等十六正士者擧初括後以總標。善思議等者逐其所等以別列。此恐不然。若善思議等卽十六正士者應言十五正士。不爾標有相違故。設許此者亦違法華論云跋陀波羅等十六菩薩故。善思議等與無盡意經中十六菩薩名異必不可言善思議等卽十六正士。

---

121) 人으로 되어 있는 곳도 있음

122) 善劫 : 賢劫의 異名.

123) 『大智度論』卷三十八(大正藏25, 339下), "跋陀者秦言善。有千萬劫過去空無有佛。是一劫中有千佛興。諸淨居天歡喜故名爲善劫"

풀어 말하자면, 이것은 두 번째, 餘劫菩薩이다. 어떤 사람은 賢護 등 16正士(=보살)[124]는 첫 번째 것을 들어 궁구한 후 전체를 드러낸 것이라고 하고, 善思議 등은 그 장소에 따라 별도로 나열한 것이라고 하였으나,[125] 이는 아마 그렇지 않을 것이다. 만약 善思議 등이 곧 16正士라면 마땅히 15正士라고 해야 한다. 그렇지 않으면 서로 다름이 있다는 것이 드러난다. 설사 이를 허용한다고 해도 또한 『法華論』에서 跋陀婆羅 등 16보살이라고 한 것[126]에 위배된다. 善思議 등은 『無盡意經』의 16보살과 이름이 다르다. 절대로 善思議 등이 곧 16正士라고 해서는 안 된다.

有說賢護等卽二菩薩故遍十六士。內有賢仁之德故云賢士。外懷護物之意故云護意。此亦不然。跋陀婆羅此云賢護而分爲二必相違故。又普賢等各標一名。賢護應非二菩薩名故。

어떤 사람은 賢護 등은 곧 두 보살이기 때문에 두루 16士라고 한다. 안으로는 賢仁의 德이 있기 때문에 賢士이고, 밖으로는 중생을 수호하려는 뜻을 품고 있어서 護意라고 한다 하나 이 또한 그렇지 않다. 跋陀婆羅를 여기(唐)에서는 賢護라고 하므로 나누어 둘이 되면 반드시 서로 어긋나게 되기 때문이다. 또 賢護 등은 각각 하나의 이름을 드러내므로, 賢護는 마땅히 두 보살의 이름이 아닐 것이다.

有說雖標十六數而列十五名缺落。如敎法經云。有二菩薩一名賢護二名一切世間

124) 正士는 梵語로 菩薩이다. 바른 道를 구하는 대사라는 뜻이다.
125) 『無量壽經義疏』上卷(大正藏37, 94下), "賢護等十六正士。擧初格後。總以標列。善思議等。就其所等。隨別以列"
126) 『妙法蓮華經玄贊』卷第一(末)(大正藏34, 667上), "…如跋陀婆羅等十六人"

樂見。此亦不然。彼既唯二此有十六不可一列[127]故。不可諸經中菩薩若在賢護後者皆入十六數故。

어떤 사람은 비록 16이라는 수를 드러냈지만 15개의 이름을 나열하였으니 [한 보살의 이름이] 빠진 것이라고 한다. 마치 『菩薩教法經』[128]에서 두 보살이 있는데 첫 번째 보살의 이름은 賢護이고 두 번째 보살의 이름은 一切世間樂見이라고 했던 것과 같다고 하나 이 또한 그렇지 않다. 저 경우는 이미 오직 두 보살뿐이고 이 경우는 16명이 있으므로 같은 종류의 예라고 볼 수 없다. 모든 경에서 보살들이 만약 현호보살 후에 나온다고 해서 모두 16이라는 수에 들어가지는 않기 때문이다.

今卽餘劫菩薩自有二類故賢護等十六正士卽其一類也。有說十六大國各有其一故有十六非也。一國多菩薩理必應有。故國別唯有一無別所以故。今卽此十六願行相類。故聖教中處處皆標其十六數。備不思議事逐物現化故。廣如彌勒經述贊中解也。

이제 餘劫菩薩은 두 부류가 있다. 賢護 등 16정사는 곧 그 한 부류이다. 어떤 사람은 16대국[129]에 각각 하나의 보살이 있기 때문에 16[보살]이 있는 것이라고 하였으나 이는 잘못이다. 한 나라에 여러 보살이 있는 것이 이치상으로도 마땅하기 때문

---

127) 例의 誤記로 보임

128) 『菩薩教法經』은 목록에만 등장할 뿐 현존하지 않는 저술이다. 본 經이 등장하는 목록은 『出三藏記集』, 『衆經目錄』(隋), 『衆經目錄』(唐), 『大周刊定衆經目錄』, 『開元釋教錄』, 『貞元新定釋教目錄』 이다.

129) 十六大國 : 석가모니가 활약한 BC 6세기부터 BC 5세기 초에 걸쳐 인도에서 대국으로 꼽힌 16개국. 그 가운데에는 君主政體의 나라, 共和政體의 나라, 그리고 寡頭政治를 행하는 나라 등이 있었다. 16국의 명칭은 자료에 따라 다르나 보통 앙가·마가다·카시·코살라·브리지·말라·체티·바차·쿠루·판찰라·밤사·슈라세나·아슈바카·아반티·간다라·캄보자 등 제국을 이룬다. 그 중 마가다·코살라가 가장 강력하였다.

이다. 따라서 나라별로 오직 한 분씩만 계시다는 것은 그래야 할 이유가 전혀 없는 것이기 때문이다. 이제 곧 이 16은 願과 行의 모습을 분류한 것이다. 따라서 성스러운 가르침 가운데 곳곳에 모두 16이라는 수를 표시하고 있다. 不思議事를 갖추고 대상에 따라 나타나기 때문이다. 자세한 사항은 『彌勒經述贊』 가운데 풀어놓았던 것과 마찬가지이다.

善思議等十四菩薩卽其二類也。雖復十四略作七對。一思法信解對。卽善思議觀察敎法。信順敎授名信慧故。二證空涉有對。卽內證空理名爲空無。遊化諸有名神通化故。三大慈大智對。卽慈光炬英名爲光英。慧根無加名慧上故。

善思議 등 14보살은 곧 그 두 번째 부류이다. 비록 다시 14는 대략 일곱 쌍(七對)을 이룬다. 첫째, 法을 헤아림과 믿고 이해함이 쌍을 이룸(思法信解對)이다. 즉 善思議는 敎法을 관찰함이고, 가르침을 주는 것을 믿고 따르기 때문에 信慧라고 부른다. 둘째, 空을 증득함과 유행하면서 존재함(涉有)이 쌍을 이룸(證空涉有對)이다. 즉 안으로 空의 이치를 증득하였으므로 空無라고 부르고, 유행하면서 모든 유정들을 교화하므로 神通化라고 부른다. 셋째, 큰 자비와 큰 지혜가 쌍을 이룸(大慈大智對)이다. 즉 자비의 빛이 횃불처럼 뛰어나기 때문에 光英이라고 부르며, 지혜의 뿌리에 더할 것이 없으므로 慧上이라고 부른다.

四自利利他對。修菩提道名爲智幢。防護根門名寂根故。五法名喩名對。卽願慧者法香象者喩故。六福資智資對。卽備福資糧名爲寶英具智資糧名中住故。七修行除縛對。卽修聖行名爲制行滅除二縛名解脫故。

넷째, 스스로 이롭게 함과 남을 이롭게 함이 쌍을 이룸(自利利他對)이다. 菩提[즉, 깨달음을 얻을 수 있는] 道를 닦기 때문에

智幢이라 하고, 감각기관을 방호하기 때문에 寂根이라 한다. 다섯째, 法을 나타낸 이름과 비유로 지은 이름이 쌍을 이룸(法名喩名對)이다. 즉 願慧는 法이고, 香象은 喩(비유적으로 표현한 것)이다. 여섯째, 福을 이루는 바탕(福資糧)과 지혜를 이루는 바탕(智資糧)이 쌍을 이룸(福資智資對)이다. 즉 福資糧을 갖추었으므로 寶英이라 하고 智資糧을 갖추었으므로 中住라고 한다. 일곱째 修行과 번뇌를 제거함(除縛)이 쌍을 이룸(修行除縛對)이다. 즉 성스러운 수행을 하므로 制行이라 하고, 두 가지 번뇌를 멸하고 제거하므로 解脫이라고 부른다.

H2_22中, T37_134中

經曰皆遵普賢至功德之法者。

經에서 말씀하시기를, "모두 보현보살과 같이 …공덕의 법"이란,

述云此第二嘆德有二。初備權實之德後利自他之行。初又有三。初略歎次廣歎後結嘆。初又有二。此初嘆實德也。遵普賢之德者卽修上位之行。具菩薩行願者卽備下位之願。住功德之法者卽辨自住之法。

풀어 말하면, 이것은 두 번째로서 덕을 찬탄함인데 여기에는 두 가지가 있다. 첫째, 權實의 德을 갖춤, 둘째, 自他를 이롭게 하는 수행이다. 첫 번째 것에 다시 세 가지가 있다. 첫째, 略歎, 둘째, 廣歎, 셋째, 結嘆이다. 첫 번째 것에 다시 두 가지가 있다. 이것은 그 첫 번째 實德을 찬탄함이다. 보현보살의 덕을 따르는 것은 곧 上位의 행을 닦는 것이다. 보살의 행원을 갖춘다는 것은 下位의 서원을 갖추는 것이다. 공덕의 법에 머문다는 것은 스스로 머무를 법을 분별한 것이다.

遵者循也順也。普賢者卽依如如備諸德行居等覺之名也。故賢護等皆遵普賢大士之德。卽知位階法雲地也。行者卽瑜伽論中菩提分法諸波羅蜜成就有情神通之行。願者卽弘慧。

遵은 좇는다(循) 따른다(順)는 뜻이다. 普賢은 곧 如如함에 의지하여 모든 덕과 행을 갖추고 등각에 머무는 자의 이름이다. 따라서 현호보살 등은 모두 보현대사의 덕을 따른다고 한다. 즉 계위가 法雲地임을 알 수 있다. 行이란 곧 『瑜伽師地論』 가운데 보리분법과 모든 바라밀로 유정이 신통력을 성취하게 하는 행이다.[130] 願이란 곧 큰 지혜이다.

經中知一切法得般若舟値智慧風得善方便度一切人超大苦海得具足道登涅槃山入無爲舍得法性身十種之願。無願行沈沒苦海無行之願亦無所熟故備行願可謂菩提之道也。功謂功能。諸行皆有利國[131]之功故[132]卽善行家之德故名功德。有德斯成故云一切。成[133]圓備故云安住。

『觀世音十大願經』[134] 가운데 '一切法을 알고, 般若舟를 얻고, 智慧風을 만나고 善方便을 얻는다. 모든 사람을 제도하여 큰 고통 바다를 넘어서고 구족한 도를 얻어 열반산에 올라 무위사에 들어가면 법성신을 얻는 것[135]'을 열 가지 서원이라고 하였

---

130) 『瑜伽師地論』(大正藏30, 565下),"菩薩始從勝解行地。乃至最後到究竟地。於此一切菩薩地中。當知略有四菩薩行。何等爲四。一者波羅蜜多行。二者菩提分法行。三者神通行。四者成熟有情行"

131) 大正藏脚註(大正藏37, 134下), "國=益"

132) 大正藏脚註(大正藏37, 134下), "(此功)+卽?"

133) 大正藏脚註(大正藏37, 134下), "(德)+圓?"

134) 『法華義疏』에 인용된 내용에는 『弘猛海慧經』으로 나오는데 『開元釋教錄』의 설명에 의하면 『觀世音十大願經』의 원경명이 『大悲觀世音弘猛慧海十大願經』이라고 한다.

135) 『法華義疏』卷第十二(大正藏34, 628下), "初願得一切法。次願得波若船。三願値智慧風。四願得善方便。五願度一切人。六願使超苦海。七願得戒足。八願登涅槃山。九願會無爲舍。十願同法性身"

다. 願이 없는 行으로는 고해에 침몰하며, 行이 없는 願으로는 성숙할 수가 없기 때문에 행과 원을 모두 갖추어야 보리도라고 부를 수 있을 것이다. 功은 功能을 말한다. 諸行은 모두 이룹게 하는 功이 있기 때문에, 이 功은 곧 善行家의 德이기 때문에 功德이라고 한다. 공덕이 있어 이를 이루었기 때문에 一切라고 한다. 덕을 이루고 원만하게 갖추었기 때문에 '安住'라고 한다.136)

H2_22下, T37_134下

經曰遊步十方行權方便者。

經에서 말씀하시기를, "사방으로 나아가 방편을 행하다"란,

述云此後歎權德也。步者行也。身化無礙無感不應故云遊步十方。化行善巧無形不現故云行權方便。

풀어 말하기를, 이것은 두 번째 권덕을 찬탄함이다. 步는 行이다. 몸으로 화현함에 장애가 없어서 感하여 應하지 않는 경우는 없기 때문에 시방을 유행한다(遊步十方)고 한다. 화현행을 대상 근기에 맞춰 적절하게 잘 할 수 있기 때문에 형태 있는 것이라면 무엇으로든 나타날 수 있다. 따라서 權方便을 행한다고 한다.

H2_22下, T37_134下

經曰入佛法藏究竟彼岸者。

經에서 말씀하시기를, "불법으로 들어가 마침내 피안에 이르

136) 『無量壽經義疏』(大正藏37, 94下), "安住一切功德之法。成德圓備。德成無退。故曰安住。…此功是其善行家德。故名功德"

다”란,

述云第二廣歎有二。此初歎實德也。有說入佛法藏者中因上昇。究竟彼岸者彰果畢竟。如來藏中恒沙之法名佛法藏。證會名入。到涅槃岸名究竟故。此恐不然。如來藏卽佛性義。而言證會恒沙德法名因上昇者卽違經云見佛性時得無上覺故。若證佛性非菩提果至涅槃岸應非圓寂果故。

풀어 말하기를, 두 번째 널리 찬탄함이다. 여기에는 두 가지가 있다. 이것은 그 첫 번째 실덕을 찬탄함이다. 어떤 사람은 佛法藏에 들어가는 것은 上昇으로 인한 것임을 드러내는 것이라고 한다. 究竟彼岸이란 필경 도달해야 할 과보를 드러낸 것이고, 如來藏 가운데 갠지즈강 모래처럼 많은 법을 佛法藏이라고 부른다. 깨달아 이해하는 것을 들어간다고 부르며, 涅槃의 언덕에 도달한 것을 究竟이라고 부른다고 하나[137] 이것은 아마도 그렇지 않을 것이다. 如來藏은 곧 佛性을 뜻한다. 갠지즈강 모래처럼 많은 德法을 증득하고 이해하였기 때문에 이로 인해 上昇하였다고 한다면, 곧 『열반경』에서 ‘佛性을 보았을 때 無上覺을 얻는다’[138]고 한 것에 위배된다. 만약 불성을 증득하였으나 보리과는 아니라고 한다면 열반의 언덕에 이르렀더라도 마땅히 圓寂果는 아닐 것이기 때문이다.

今卽入者達解究竟證解。知如實自利及事利他故云入佛法藏。卽法華中善入佛慧通達大智也。彼岸者眞理。證此實性故云究竟。卽彼經中到於彼岸也。恒照二諦以利自他可謂實德故。

137) 『無量壽經義疏』(大正藏37, 94下), “實中初言。入佛法藏。證會名入。究竟彼岸。彰果畢竟。涅槃彼岸。到名究竟下”

138) 『大般涅槃經』卷第七(大正藏12, 405上), “因見佛性得成阿耨多羅三藐三菩提”

이제 곧 入이란 이해의 구경이라 할 수 있는 證解에 통달한 것이다. 스스로를 이롭게 하는 것을 如實하게 알고 남을 이롭게 하는 데 힘쓰기 때문에 佛法藏에 들어간다고 한다. 즉『法華經』가운데 부처님의 지혜에 제대로 들어가면 大智에 통달한다고 한다.139) 彼岸이란 진리이다. 이러한 實性을 증득하므로 究竟이라고 부른다. 즉 저 經(『法華經』)에서는 피안에 도달한다고 한다.140) 항상 二諦를 비춤으로써 나와 남을 이롭게 하므로 實德이라 이를 만하다.

H2_23上, T37_134下

經曰於無量世界現成等覺者。

經에서 말씀하시기를, "무량한 세계에서 깨달음을 이루어"란,

述云此後廣歎權德有二。此初總嘆也。有說諸菩薩各於一界成佛化生故云無量世界。此心141)不然。初地菩薩神通境界尙百佛世界。況亦法雲菩薩化物世界可得稱數。而言各於一界必非正理故。今卽一一菩薩各於無量世界現化故於無量世界現成等覺。

풀어 말하기를, 이것은 마지막으로 권덕을 널리 찬탄함이다. 여기에는 두 가지가 있다. 이것은 그 첫 번째, 전체적으로 찬탄함이다. 어떤 사람은 모든 보살이 각각 하나의 세계에서 성불하여 화현으로 태어나기 때문에 無量世界라고 한다. 이것은 아마 그렇지 않을 것이다. 初地菩薩의 신통한 境界는 오히려 百佛世界이다. 하물며 또한 法雲菩薩이 교화한 중생세계의 수를

139)『妙法蓮華經』卷第一(大正藏9, 2上), "善入佛慧通達大智也"

140)『妙法蓮華經』卷第一(大正藏9, 2上), "到於彼岸名稱普聞無量世界能度無數百千衆生"

141) 大正藏脚註(大正藏37, 135上), "心=必?"

헤아릴 수 있겠는가! 그래서 한 세계에 각각이라고 말한 것은 절대로 바른 이치는 아닐 것이다. 이제 곧 하나하나의 보살이 각각 한량없는 세계에서 화현으로 나타나기 때문에 한량없는 세계에서 등정각을 성취함을 나타낸 것이다.

H2_23上, T37_135上

經曰處兜率天弘宣正法者。

經에서 말씀하시기를, "도솔천에 계시면서 정법을 널리 베푸시다가"란,

述云此後別嘆有九。一捨此昇天二降神入胎三出胎異常四伎備解寬五效藝納妻六出俗從邪七伏魔成覺八法化普洽九歸眞利物。此初也。處兜率天者卽昇天也。弘宣正法者化備天衆。梵天[142]覩史多提婆此云喜足天。諸佛常行中道故諸菩薩皆生此天。

풀어 말하기를, 이것은 마지막 따로 찬탄함이다. 여기에는 아홉 가지가 있다. 첫째, 이곳을 버리고 도솔천에 승천함(捨此昇天), 둘째, 강림하여 태에 듦(降神入胎), 셋째, 태어나실 때의 異常함(出胎異常), 넷째, 재주를 갖추시고 두루 해박함(伎備解寬), 다섯째, 재주에 힘써 처를 맞아들임(效藝納妻), 여섯째, 세속을 떠나 삿된 것을 따름(出俗從邪), 일곱째, 마왕을 항복시키고 깨달음을 얻음(伏魔成覺), 여덟째, 법으로 교화함이 [중생을] 두루 윤택하게 함(法化普洽), 아홉째, 진리에 귀의하고 중생을 이롭게 함(歸眞利物)이다. 이것은 그 첫 번째이다. 도솔천에 계신다(處兜率天)는 말은 곧 昇天을 말한다. 정법을 널리 베푼다(弘宣正法)는 말은 天의 대중을 갖추어 교화한다(化備天衆)는 말이다. 범어로는 '覩史多提

142) 云의 誤記로 보임

婆'이며 이것을 '喜足天'143)이라고도 한다. 모든 부처님이 항상 中道를 행하므로 모든 보살이 모두 이 天에 태어난다.

卽莊嚴經云曾於百億那由他(牛+句)胝佛隨佛出家。曾於五十百億那由他(牛+句)胝佛所而行大施。已曾親近三百五十(牛+句)胝諸辟支佛。已曾敎化無量阿僧祇諸聲聞衆。皆令住正方便中。爲欲證無上覺乃趣一生補處。從此命終生兜率天爲彼天子名曰淨幢。諸天子等百千(牛+句)胝那由他數。大集法堂圍遶菩薩聽受所說無上大法斷諸煩惱生廣大心。

즉 『莊嚴經』에서 일찍이 백억 나유타 구지불의 처소에서 부처님을 따라 출가하였고, 일찍이 오십 백억 나유타 구지불의 처소에서 큰 보시를 행하였다. 이미 일찍이 삼백오십 구지의 모든 벽지불에게 친근하였고, 이미 일찍이 한량없는 아승지의 모든 성문의 무리들을 교화하였다. 모두 바른 방편 가운데 머물게 하고, 위없는 깨달음을 증득하기 위해서 이에 一生補處의 지위에 나아갔다. 이로부터 목숨이 다했을 때, 도솔천에 태어나 천자가 되었기 때문에 淨幢이라고 부른다.144) 백천 구지 나유타나 되는 모든 천자들이 법당에 크게 모여 보살의 주위를 돌고 설하신 위없이 큰 법을 듣고 받아 들여 모든 번뇌를 끊고 광대한 마음을 내었다.

H2_23中, T37_135上

經曰捨彼天宮降神母胎者。

---

143) 喜足天: 梵 Tuṣita. 音寫하여 兜率天 또는 覩史多天(提婆는 天의 음사)이라 한다. 喜足天은 의역이다.

144) 『方廣大莊嚴經』(大正藏3, 540下), "曾於四百億那由他拘胝佛所。隨佛出家。曾於五十百億那由他拘胝佛所。而行大施。已曾親近三百五十拘胝諸辟支佛。已曾敎化無量阿僧祇諸聲聞衆。皆令住於正方便中。爲欲證阿耨多羅三藐三菩提乃趣一生補處。從此命終生兜率天。爲彼天子名曰淨幢"

經에서 말씀하시기를, "저 천궁을 버리고 모태에 강림하시어"란,

述云此第二降神入胎也。欲使衆生生尊重心易受所說故捨天宮以下入胎。彼經云菩薩將欲降生十二年前有淨居天。下閻浮地作婆羅門說韋陀論。十二年後有一勝人。現白象形入於母胎具大人相。若出家者當得成佛。復有天子下閻浮提告辟支佛。應捨此土當有菩薩降神入胎。

풀어 말하기를, 이것은 두 번째 강림하여 태에 듦이다. 중생으로 하여금 존중심을 갖게 하여 설한 바를 쉽게 받아들이도록 하기 위해 천궁을 버리고 내려가 태에 들어가셨다. 저 經(『莊嚴經』)에서 말하기를 보살께서 장차 강림하여 태어나시기 12년 전에 淨居天에 계셨는데 염부제로 내려가 바라문이 되어 『韋陀論』을 설하였다. 12년 후에 한 뛰어난 사람이 있어 흰 코끼리의 형상으로 나타나 모태에 들어갔는데 大人相을 갖추었다. 만약 출가하면 마땅히 성불할 수 있을 것이라고 하였다. 다시 어떤 천자가 염부제로 내려가 辟支佛에게 고하기를, 마땅히 차토를 버리고 보살께서 강신하여 입태하셔야 한다고 하였다.[145)]

時王舍城尾盤山中有辟支佛名曰摩燈。聞是語已起踊在虛空高七多羅樹。化火焚身入於涅槃唯餘舍利。從空而下。波羅奈國五百辟支皆亦如是。菩薩處於天宮觀時方國族。

이때 王舍城의 尾盤山에는 벽지불이 있었는데, 이름은 摩燈

---

145) 『方廣大莊嚴經』(大正藏3, 541中-下), "菩薩將欲降生。十二年前有淨居天。下閻浮地作婆羅門。說圍陀論。彼論所載。十二年後。有一勝人現白象形入於母胎。其人具足三十二種大人之相。有二決定。若在家者當爲轉輪聖王。若出家者當得成佛。復有天子。下閻浮提。告辟支佛作如是言。仁者。應捨此土。何以故。十二年後當有菩薩降神入胎"

이었다. 이 이야기를 듣고 나서 일어나 허공의 七多羅樹 높이까지 뛰어 올랐다. 불로 화하여 몸을 불태워 열반에 들어 오직 사리만을 남기시고, 공중으로부터 내려오셨다. 波羅奈國[146]의 500명의 벽지불이 모두 또한 이와 같이 하였다. 보살이 천궁에 계시면서 때와 방향과 나라와 민족을 관하셨다.[147]

昇一大殿名曰高幢。縱廣正等六十四由旬。爲諸天衆說百八法門。謂從信法門終灌頂法門。從彼天宮下生入胎。

高幢이라고 부르는 一大殿에 올랐는데, 가로 세로 똑같이 64 유순이었다. 諸天衆을 위하여 백팔법문을 설하셨다. 信法門부터 말씀하시고, 灌頂法門으로 끝마치신 후 저 천궁으로부터 내려와 입태하셨다.[148]

有一天子名曰勝光。作如此說。圍陀論所說菩薩下生當作象形而入母胎。

한 천자가 있었는데 그의 이름은 勝光이었다. 이와 같이 설하였다. 『圍陀論』에서 설한 보살이 下生하여 마땅히 코끼리 형태를 하고 모태에 들어갔다.[149]

---

146) 波羅奈國 : 인도 바라나시를 중심으로 하는 고대 왕국.

147) 『方廣大莊嚴經』(大正藏3, 541下), "是時王舍城尾盤山中。有辟支佛名曰摩燈。聞是語已。自見其身猶如委土。從座而起。踊在虛空高七多羅樹。化火焚身入於涅槃。唯餘舍利從空而下。…以四種心而遍觀察。一者觀時。二者觀方。三者觀國。四者觀族"

148) 『方廣大莊嚴經』(大正藏3, 543下-545上), "爾時佛告諸比丘。菩薩如是觀種姓已。彼兜率天宮有一大殿。名曰高幢。縱廣正等六十四由旬。菩薩爾時昇此大殿。告天衆言。…我今亦當爲汝等說諸法明門。有一百八。何等名爲百八法門。信是法門意樂不斷故。…灌頂是法門。從兜率天下生。入胎初生出家苦行。

149) 『方廣大莊嚴經』(大正藏3, 546上), "爾時衆中有一天子。名曰勝光。昔在閻浮提中爲婆羅門。於無上菩提心不退轉。作如是言。圍陀論說。下生菩薩菩薩冬節過已於春分中毘舍佉月不寒不熱之氐宿合時白月圓淨弗沙星正與月合。其母受持淸淨齋戒安穩睡眠時。爲白象形六牙具足。其牙金色首有紅光。形相諸根悉皆圓滿。正念了知於母右脅降神而入。

보살은 겨울이 지나가고 춘분 중 毘舍佉月150)의 춥지도 않고 덥지도 않은 氐宿이 합하는 때가 되어 흰 달이 둥글고 맑으며 상서로운 별인 弗沙星이 바로 달과 더불어 맞아 떨어지는 때에 그 어머니가 청정한 계율을 받아 지니고 편안하게 잠을 자고 있을 때, 흰 코끼리의 모습이 되어 여섯 개의 어금니를 구족하고, 그 어금니는 금색이고, 머리에는 붉은 빛이 돌아 형상과 諸根이 모두 다 원만한 때에 바른 생각으로 제대로 알고 있는 상태로 어머니의 오른쪽 옆구리로 강신하여 들어갔다.151)

不應難言歎諸菩薩德如何將釋此九相文者。釋迦八相卽諸菩薩勝進行故。又現八相時諸菩薩一一現相相似衆生謂一。故引彼經釋尊莊嚴釋此菩薩九相之文有何乖角。但經文煩廣恐費言論。故今推義而約言稱經而備理。菩薩處胎莊嚴雖多略申三種。

모든 보살의 덕을 찬탄하여 말하는 것은 그리 어렵지 않지만, 장차 이 九相文을 어떻게 해석해야 하는가? 석가모니 부처님의 八相은 곧 모든 보살이 수승하게 행해 나아가는 바이다. 또 八相이 나타나는 때는 모든 보살이 하나하나 상을 드러냄이 서로 비슷하여 중생들은 [이를 보고] 한 가지라고 한다. 따라서

當作象形而入母胎"

150) 毘舍佉月 : 인도력으로 둘째 달 비샤캬 (Viśākha).

151) 『方廣大莊嚴經』(大正藏3, 548下), "佛告諸比丘。冬節過已。於春分中毘舍佉月。叢林花葉鮮澤可愛。不寒不熱。氐宿合時三界勝人。觀察天下白月圓淨。而弗沙星正與月合。菩薩是時從兜率天宮沒。入於母胎。爲白象形。六牙具足。其牙金色首有紅光。形相諸根悉皆圓滿。正念了知。於母右脅降神而入。聖后是時安隱睡眠。卽於夢中見如斯事"

저 經(『莊嚴經』)의 釋尊莊嚴을 인용하여 이 보살의 九相의 문장을 풀이함이 어찌 괴이하다 하겠는가? 다만 경문이 번잡하고 넓어 쓸데없이 말이 많아 질 것이 두려울 뿐이다. 따라서 이제 뜻을 미루어 말을 줄이고, 經을 헤아려 이치를 갖추고자 한다. 『보살처태경』과 『莊嚴經』에 비록 [그 내용이] 많으나 대략 세 가지로 펼 수 있으리라.

一者宮殿。卽欲界諸天各持妙宮至輸檀王。王亦爲菩薩造殿綺麗人間所無。菩薩威力故令諸宮中悉現摩耶聖后之身皆有菩薩右脅結坐。諸天自謂菩薩之母唯住我宮。

첫째, 궁전이다. 즉 욕계의 諸天이 각각 묘궁을 가지고 輸檀王에게 이르렀다. 왕은 또한 보살을 위하여 집을 지어 아름답게 꾸몄으니 인간에게는 없는 것이었다. 보살의 위신력으로 모든 궁전 안에 마야성후의 몸이 나타나고 모두에게 보살이 마야성후의 오른 쪽 옆구리에 결가부좌하고 있는 모습을 보여주었다. 諸天이 스스로 말하기를 菩薩의 어머니는 오직 내 궁에 머물 뿐이라고 하였다.152)

菩薩寶殿縱廣正等三百由旬。三重匝飾皆以牛頭栴檀天香所成。其香一分價直三千大千世界。欲界諸天宮皆現菩薩宮殿之中。一切將入胎時於母右脅。先有此殿然後從天降神入胎。於此殿中結跏趺坐。

보살의 궁전은 가로 세로 똑같이 삼백유순이었다. 삼중으로

---

152) 『方廣大莊嚴經』(大正藏3, 549下), "佛告諸比丘。是時欲界諸天子等。爲供養故。各各齎彼所有宮殿來至輸檀王宮。其王亦爲菩薩造妙宮殿。綺飾精麗人間所無。爾時菩薩以大嚴三昧威神力故。令彼一切諸宮殿中。悉現摩耶聖后之身。皆有菩薩。於母右脅結加趺坐。諸天子等各各自謂。菩薩之母惟住我宮"

둘레를 장식함에 모두 牛頭栴檀天香으로 만들어져 있는데, 그 향 한 조각의 가치는 삼천대천세계에 이른다.153) 욕계의 諸天의 궁은 모두 보살의 궁전 가운데 나타났다.154) 모든 보살은 장차 어머니의 오른쪽 옆구리로 入胎하려 할 때 먼저 이 궁전이 있은 연후에 도솔천으로부터 강신하여 태에 들어가며, 이 궁전 안에서 결가부좌하게 된다.155)

二者飮食。卽菩薩入胎之夜下從水際涌出蓮華穿過地輪上至梵世縱廣正等六十八洛叉由旬。唯除佛菩薩及大梵王無能見者。三千世界所有美味猶如甘露現此華中。大梵天王以毘琉璃器盛此淨妙甘露之味奉上菩薩。菩薩受食。唯除究竟後身菩薩無能食者。斯由長夜醫藥救病妙華侍156)聖福報所招。

둘째, 음식이다. 즉 보살이 입태한 밤, 아래로는 물가에서 연꽃이 용출하여 地輪157)을 뚫고 지나갔으며, 위로는 범천의 세계에까지 이르렀는데, [그 연꽃의 크기가] 가로 세로 똑같이 68 낙차158)유순이었다. 오직 부처님, 보살 및 대범천왕만이 [이를] 볼 수 있을 뿐, 능히 볼 수가 없었다. 삼천세계에는 마치 감로와 같이 아름다운 맛이 있어 이 꽃 가운데에 나타났다. 대범천왕이 毘琉璃로 된 그릇에 이 깨끗하고 오묘한 감로의 맛을 담아 보살께 바쳤다. 보살이 음식을 받지만 오직 究竟의 後身菩

153) 『方廣大莊嚴經』(大正藏3, 550上), "爾時梵王。卽持菩薩之殿置梵殿中。其梵殿量縱廣正等三百由旬。…其殿三重周匝瑩飾。皆以牛頭栴檀天香所成。其香一分價直三千大千世界"
154) 『方廣大莊嚴經』(大正藏3, 550上), "欲界一切諸天宮殿。悉現菩薩寶殿之中"
155) 『方廣大莊嚴經』(大正藏3, 550中), "一切菩薩將入胎時。於母右脅先有如是寶莊嚴殿。然後從兜率天宮降神入胎。於此殿中結加趺坐"
156) 供의 誤記로 보임
157) 地輪: 대지의 아래에 있으며, 허공 속에 세계를 받치고 있는 三輪의 하나. 수륜 위에 있다.
158) 洛叉 : 라크샤의 음역. 落叉라고도 함. 인도의 수량단위. 10만에 해당.

薩만이 능히 먹을 수가 있다. 이것은 오랫동안[159] 의약으로 병든 사람의 고통을 구제하였고, 오묘한 꽃으로서 성인을 공양한 것에서 말미암은 것으로 복의 보답으로 받게 된 것이다.[160]

三者化物。卽菩薩處胎身相光明普遍世界。四大天王夜叉大將與其眷屬釋提桓因與三十三天娑婆世界主大梵天王與無量梵衆。如其次第晨朝中時申時爲聽法故皆見菩薩。菩薩慰問爲其說法禮退而去。十方無量諸菩薩於日入時爲聽法故來互相問答。唯同行所見。摩耶不能見。

셋째, 化物이다. 즉 보살이 태에 계실 때 몸에서 광명이 비추어 세계에 두루 하다. 사대천왕, 야차대장과 그 권속, 석제환인과 삼십삼천, 사바세계의 우두머리인 大梵天王이 한량없는 梵衆과 함께 차례로 이른 아침, 정오, 申時에 법을 듣기 위해 모두 보살을 뵙는다. 보살께 문안드리면 그들을 위하여 설법을 하시고 나면 예를 갖추어 물러났다.[161] 시방의 한량없는 모든 보살들은 해가 질 무렵에 법을 듣기 위해서 와서 서로 묻고 답하였다. 오직 같은 行을 한 자만 볼 수 있으므로 마야부인은 볼 수 없었다.[162]

---

159) 長夜 : 凡夫가 生死流轉하는 동안을 긴 밤으로 비유적으로 나타낸 말.

160) 『方廣大莊嚴經』(大正藏3, 550上-中), "佛告諸比丘。菩薩入胎之夜。下從水際涌出蓮花。穿過地輪上至梵世。縱廣正等六十八洛叉由旬。如此蓮花無能見者。…如是施已然後自受。由斯福報感大梵王每持甘露之味而以奉獻於寶殿內。上妙衣服諸莊嚴具種種器物。菩薩本願力故隨意能現"

161) 『方廣大莊嚴經』(大正藏3, 550中-下), "爾時菩薩處母胎中。身相光明。猶如夜暗於山頂上然大火炬。亦如眞金在琉璃中。光明洞照普遍世界。四大天王二十八夜叉大將與其眷屬。每於晨朝恭敬供養。皆見菩薩安慰問訊。…每於中時恭敬供養。爲聽法故皆見菩薩安慰問訊。…每於申時與無量百千梵衆天子恭敬供養。爲聽法故皆見菩薩安慰問訊"

162) 『方廣大莊嚴經』(大正藏3, 550下), "東西南北四維上下。周遍十方無量百千諸菩薩衆。於日入時恭敬供養。爲聽法故而來至此。爾時菩薩化作莊嚴師子之座。令諸菩薩各坐其上。互相問答辯析上乘。此等諸來大菩薩衆。惟又准彼經。十方無量一生補處十方世界欲色天子皆至兜率供養菩薩。菩薩卽於兜率最勝天宮而便降生。時放身光照三千界六種震動有十八相而今無者蓋略而已。

또 저 經(『莊嚴經』)에 준하면 시방의 한량없는 일생보처보살과 시방세계의 욕계와 색계의 천자가 모두 도솔천에 이르러 보살에게 공양하였다. 보살은 곧 도솔천의 가장 뛰어난 천궁에서 바로 강생하셨다. 이때 몸에서 빛을 발함에 삼천계를 비추었고, 여섯 가지 진동은 18상을 갖추었다.[163] 지금 없는 것은 대개 생략한 것이다.

H2_24中, T37_135下

經曰從右脅生者。

經에서 말씀하시기를, "오른쪽 옆구리로부터 태어나"란,

述云第三出胎異常有三。此初生處異常也。有說摩耶十月已滿。乘雲母車往於林微尼園。攀無憂樹從右腋下而生者非也。撿莊嚴經都無此言故。今卽菩薩處胎十月旣滿將出胎時聖后卽知於初夜分請王欲詣彼龍毘園。王勅臣佐駕二萬象。色類白雲其形似仙[164]。備諸車兵執持器杖以諸妙寶瑩龍毘園如歡喜苑。

풀어 말하기를, 세 번째 태어나실 때의 異常함(出胎異常)이다. 여기에는 세 가지가 있다. 이것은 그 첫 번째, 태어난 곳이 다름(生處異常)이다. 어떤 사람은 마야부인이 십 개월이 되어 雲母

是同行同乘之所能睹摩耶聖后亦不能見"

163) 『方廣大莊嚴經』(大正藏3, 547下-548上), "佛告諸比丘。菩薩將下生時。東方有無量百千菩薩。皆是一生補處。來詣兜率天宮供養菩薩。南西北方四維上下一生補處。皆至兜率天宮供養菩薩。…六種震動有十八相。所謂搖動。極搖動。遍搖動。扣擊。極扣擊。遍扣擊。移轉。極移轉。遍移轉。涌覆。極涌覆。遍涌覆。出聲。極出聲。遍出聲。邊涌中沒。中涌邊沒。東涌西沒。西涌東沒。南涌北沒。北涌南沒"

164) 山의 誤記로 보임

車를 타고 林微尼園(=룸비니동산)으로 가서 無憂樹를 잡으니 오른쪽 겨드랑이 아래에서 태어났다고 하였으나 이는 잘못이다. 『莊嚴經』을 검토해 보면 도무지 이런 말은 없기 때문이다. 이제 곧 보살이 태에 계신 지 이미 십 개월이 다 되어 장차 태에서 나오려고 할 때 성후께서 곧 초야분에 아시고, 왕께 청하여 저 龍毘園(=룸비니동산)에 가고 싶다고 하였다. 왕은 신하에게 코끼리 이 만 마리에 멍에를 씌우되 색은 흰 구름과 같이 하고 모습은 산과 같이 하라고 명령하였다. 모든 수레와 병사, 그리고 도구를 갖추고 모든 오묘한 보옥으로 장엄하였기 때문에 龍毘園은 마치 歡喜苑[165])과 같았다.[166])

聖后昇寶乘世界六種動。帝釋淨路四王御車梵天前道除諸惡相。到園遊觀至彼寶樹。過法無量諸佛之母皆來坐此寶樹下。時百千淨居天亦至此樹下圍遶聖后喜禮而歎。后身放光仰觀於樹。卽以右手攀樹東枝頻呻欠呿端嚴而立。從母右脅安詳而生。時帝釋梵王曲躬而前。卽以兩手覆憍奢耶衣承捧菩薩。將菩薩殿還於梵宮。

성후께서 보배로 된 수레에 오르시니 세계는 여섯 가지로 진동하였다. 제석천은 길을 깨끗하게 하였고, 사천왕은 마차를 몰았으며, 범천은 앞길에 모든 나쁜 모습을 [하고 있는 것들을] 제거하였다.[167]) 룸비니동산에 이르러 노닐며 관찰하다가 저 보

---

165) 歡喜苑 : 도리천에 있는 정원의 이름. 환희와 열락으로 가득차 있는 곳이라고 한다.

166) 『方廣大莊嚴經』(大正藏3, 552上-552中), "爾時摩耶聖后。以菩薩威神力故。卽知菩薩將欲誕生。於夜初分詣輸檀王。而說偈言大王聽我今所請久思詣彼龍毘園…周匝彫瑩龍毘園又以珠寶幷綺繒校飾園中好林樹處處皆以名華散猶如帝釋歡喜園"

167) 『方廣大莊嚴經』(大正藏3, 552中), "聖后是時昇寶乘 三千世界六種動 帝釋淨除於道路 護世四王來御車 大梵天王爲前導 而以屛除諸惡相"

배나무에 이르게 되었다. 과거의 한량없는 모든 부처님의 어머니는 모두 이 보배나무 아래에 와서 앉았다. 이때 백 천 정거천 또한 이 나무 아래에 이르러 성후의 주위를 돌면서 기뻐하며 예를 갖추고 찬탄하였다. 성후의 몸은 빛을 발하였다. 나무를 우러러 보면서 곧 오른 손으로 나무의 동쪽 가지를 잡고 자주 신음하며 호흡을 내쉬었지만 단정하고 엄숙하게 서 계시었다. 이때 어머니의 오른쪽 옆구리로부터 편안하게 태어났다. 이때 제석천과 범천왕은 몸을 구부리며 앞으로 나아가, 곧 두 손에 憍奢耶衣(=비단으로 만든 옷)를 덮고 보살을 받들었다. [그 일을 마치고 나서 이들은] 보살이 [태에 있을 때 살던] 궁전을 가지고 범천궁으로 돌아갔다.168)

H2_24中, T37_136上

經曰現行七步至爲無上尊者。

經에서 말씀하시기를, "일곱 걸음을 걸어 …가장 존경스러운 분이 되다"란

述云此次示非常相也。菩薩生已不假扶持。卽於十方各行七步。下足之處皆生蓮華無有怖畏。欲示丈夫超于六道奮迅之力故行之七步。光照十方者卽身光利物故。彼經中菩薩放光無量異色滿三千界。衆生遇者心安樂遠貪恚癡離諸罪障。

풀어 말하기를, 이것은 두 번째 범상치 않은 모습을 보여줌

---

168) 『方廣大莊嚴經』(大正藏3, 552下-553上), "爾時聖后旣到園已。遊歷詳觀至波叉寶樹。…過去無量諸佛之母。亦皆來坐此寶樹下。是時百千淨居天子其心寂靜。…卽以右手攀樹東枝。頻申欠呿。端嚴而立。…從母右脅安詳而生。…是時帝釋及娑婆世界主梵天王。恭敬尊重曲躬而前。一心正念卽以兩手。覆憍奢耶衣。承捧菩薩其事已畢。卽將菩薩處胎之時所居寶殿還於梵宮"

이다. 보살이 태어나고 나서 부축 받지 않고 즉 시방으로 각각 일곱 걸음씩 걸었다. 발을 내딛은 그 아래에 모두 연화가 생겨났고 [걷는데] 두려움이 없었다.169) 육도를 초월하는 장부임을 보여주고자 한 것이다. 맹렬하게 분기하는 힘으로 일곱 걸음을 걸었다. 시방에 빛을 비춘다는 것은 곧 몸에서 나온 빛이 중생을 이롭게 하는 것이다. 저 經(『莊嚴經』) 가운데 보살이 한량없는 다른 색으로 빛을 발하여 삼천세계에 가득하며, 중생으로서 이를 만난 자는 마음이 편안하고 즐거우며 탐진치를 멀리하고 장애가 되는 모든 죄악을 여읜다고 하였다.170)

六種震動者欲使魔怯伏也。震者動也。准長阿含六動有三。一六時動。謂入胎出胎出家成道轉法輪入涅槃。今動者卽出胎時。二六方動。謂東涌西沒西涌東沒南涌北沒北涌南沒中涌邊沒邊涌中沒。三六相動。謂動涌震擊吼爆。搖颺不安爲動。鱗隴凹凸爲涌。隱隱有聲爲震。有所扣打爲擊。碎磕發響爲吼。出聲驚異爲爆。此各有三名十八相。謂動等極動。餘五皆爾。此中六動卽六相動。故莊嚴經云六動有十八相。

六種震動이란 마구니로 하여금 두려워 항복하게 하려는 것이다. 震은 움직임이다. 『장아함경』에 준하면 六動에는 세 가지가 있다고 한다. 첫째, 六時動이다. 말하자면, 入胎, 出胎, 出家, 成道, 轉法輪, 入涅槃이다. 이제 動이란 즉 태로부터 나올 때이다. 둘째, 六方動이다. 말하자면, 東涌西沒, 西涌東沒, 南涌北沒, 北涌南沒, 中涌邊沒, 邊涌中沒이다. 셋째 六相動이다. 말하자면,

---

169) 『方廣大莊嚴經』(大正藏3, 553上), "爾時菩薩旣誕生已觀察四方。…不假扶持卽便自能東行七步。所下足處皆生蓮華。菩薩是時無有怖畏"

170) 『方廣大莊嚴經』(大正藏3, 553中), "爾時菩薩放大光明。無量百千種種異色。遍滿三千大千世界。一切衆生遇斯光者。身心安隱快樂無極。一切日月諸大梵王帝釋護世及餘天人。所有光明皆悉不現是時一切衆生。遠貪恚癡憂悲驚恐。亦離不善諸惡罪障"

動, 涌, 震, 擊, 吼, 爆이다. 흔들려 편안치 않음(搖颺不安)을 動이라 하고, 鱗隴凹凸은 涌이 되며, 隱隱有聲은 震이고, 有所扣打는 擊이며, 砰磕發響은 吼이다. 出聲驚異은 爆이다. 이것은 각각 세 가지를 가지고 있어 十八相이라고 부른다. 말하자면, 動은 極動과 같고, 나머지 다섯 가지 모두 그러하다.171) 이 가운데 六動은 곧 六相動이다. 따라서 『莊嚴經』에서 말하기를 六動은 十八相을 가지고 있다고 하였다.

稱無上尊者卽自唱尊號令物歸趣也。若具言之。東方行言我得一切善法。當爲衆生說之。於南方言我於天人應受供養。於西方言我於世間最尊最勝。於北方言我當於一切衆生中爲無有上。於下方言我當降伏一切魔軍。於上方言我當爲一切衆生之所瞻仰。菩薩說是語時其聲普聞一切三千世界。

무상존이라고 부르는 것은 곧 스스로 존호를 불러 중생들로 하여금 귀의하도록 한 것이다. 만약 갖추어 말하자면 동쪽으로 간 뒤 말하기를 나는 일체의 선법을 얻었다. 마땅히 중생을 위하여 그것을 설하리라 하고, 남쪽으로 간 뒤 말하기를 나는 천인에게 마땅히 공양을 받아야 한다 하고, 서쪽으로 가서 말하기를 나는 세간에서 가장 높고 가장 뛰어나다 하고, 북쪽으로 가서 말하기를 나는 마땅히 일체중생 가운데 無有上이 되리라 하고, 아래쪽으로 가서 말하기를 나는 마땅히 일체의 마군을

---

171) 『妙法蓮華經玄贊』卷第二(本)(大正藏34, 679下-680上), "震者動也起也。六動有三。長阿含說。一六時動。謂入胎．出胎．出家．成道．轉法輪．入涅槃．今時動者轉法輪時。二六方動。大般若經第八袟說。謂東涌西沒。西涌東沒．南涌北沒．北涌南沒．中涌邊沒．邊涌中沒．今或是此。三六相動。大般若說。謂動．涌．震．擊．吼．爆。搖颺不安爲動。鱗隴凹凸爲涌。或六方出沒名涌。隱隱有聲爲震。舊云自下昇高爲起。今云有所扣打爲擊。砰磕發響爲吼。舊云令生覺悟爲覺。今云出聲驚異爲爆。此各有三名十八相動。般若經云。謂動．等動．等極動。乃至爆．等爆．等極爆"

항복시키리라 하고, 위쪽으로 가서 말하기를 나는 마땅히 일체 중생들이 우러러보는 대상이 되리라 하셨다. 보살께서 이러한 말씀을 설하셨을 때 그 소리가 두루 모든 삼천세계에서 들렸다.172)

雖有此異莫非。世尊之所爲故總云無上尊。如彼經云。菩薩於阿僧祇百千(牛+句)胝那由他劫修精進力故初生之時卽能十方各行七步。一切諸佛威加此地化爲金剛菩薩遊踐得無陷裂。

비록 이렇게 다른 부분이 있지만 잘못은 아니다. 世尊께서 하신 일이기 때문이다. 전체적으로 말하고자 하는 것은 [석가모니가] 無上尊이라는 점이다. 저 經(『莊嚴經』)에서 [다음과 같이] 말했던 것과 같다. 보살이 아승지 백천 구지 나유타겁 동안 정진하여 닦은 힘 때문에 처음 태어났을 때 바로 능히 시방으로 각각 일곱 걸음씩 걸을 수 있었던 것이다. 일체제불이 이 땅에 힘을 더하여 변화시켜 금강이 되게 하여 보살께서 발걸음을 내딛을 때 허물어지거나 밑이 빠지는 일이 없었다.173)

H2_25上, T37_136中

經曰釋梵奉侍天人歸仰者。

---

172) 『方廣大莊嚴經』(大正藏3, 553上-553中), "東行七步。…作如是言。我得一切善法。當爲衆生說之又於南方而行七步。作如是言。我於天人應受供養又於西方而行七步。作如是言。我於世間最尊最勝。…又於北方而行七步。作如是言。我當於一切衆生中。爲無上上又於下方而行七步。作如是言。我當降伏一切魔軍…又於上方而行七步。作如是言。我當爲一切衆生之所瞻仰。菩薩說是語時。其聲普聞一切三千大千世界"

173) 『方廣大莊嚴經』(大正藏3, 553中), "菩薩於阿僧祇百千拘胝那由他劫。修諸善行精進力故。初生之時卽能十方各行七步。一切諸佛如來威加此。地化爲金剛。菩薩遊踐得無陷裂"

經에서 말씀하시기를, "제석천과 범천이 받들어 모시고 천인들은 귀의하고 우러른다"란,

述云此明天人侍歸也。菩薩生已於龍毘尼園七日七夜人天擊奏種種微妙音樂以供尊顏。三萬二千名聞勝智諸婆羅門。隨其所須皆令滿足。梵王帝釋化作端正摩那婆身。於衆會中坐第一座而演吉祥微妙讚嘆。摩醯首羅與淨居天設大供養宣說。此菩薩定得作佛。還歸本處。

풀어 말하기를, 이것은 천인이 모시고 귀의함을 밝힘이다. 보살이 태어난 후 룸비니동산에서는 칠일 낮 칠일 밤 동안 인천이 갖가지 미묘한 음악을 연주함으로써 尊顏에 공양하였다. 3만2천 명의 수승한 지혜로 잘 알려진 모든 婆羅門이 그 바라는 바를 따라 모두 만족하게 하였다. 범천왕과 제석천은 단정한 어린아이[174]의 몸으로 변화하여 대중이 모인 가운데 第一座에 앉아 吉祥을 보여주는 미묘한 찬탄을 하였다. 摩醯首羅와 더불어 淨居天은 大供養을 시설하고 이 보살은 반드시 부처님이 될 것이라고 宣說하고 본래 있던 곳으로 돌아갔다.[175]

生滿七日已摩那[176]聖后卽使[177]命終生三十三天。過七日已還迦毘羅。儀式莊嚴殊勝倍過聖后往龍毘尼園。五百釋種各造宮殿請王而言善哉一切成利願天中天幸

174) 摩那婆: 梵語로 māṇava 또는 māṇavaka이다. 摩納縛迦, 摩納, 摩納婆 등으로 漢譯되며, 儒童, 少年, 仁童子, 年少, 年少淨行, 淨持로 의역된다. 즉 소년, 청년을 뜻한다.

175) 『方廣大莊嚴經』(大正藏3, 555中-下), "菩薩生已於龍毘尼園。七日七夜。人天擊奏種種微妙音樂。而以供養尊重讚歎…供養三萬二千名聞勝智諸婆羅門。隨其所須皆令滿足。梵王帝釋。化作端正摩那婆身。於衆會中坐第一座。而演吉祥微妙讚歎…摩醯首羅與淨居天子。設大供養。宣說菩薩定得作佛。還歸本處"

176) 耶의 誤記로 보임

177) 大正藏脚註(大正藏37, 136中), "使=便?"

我宮殿。以是成利因緣故名菩薩爲薩婆悉達多。王哀諸釋。卽將菩薩入諸釋宮。

태어난 지 만 7일이 지나자 마야성후께서 바로 돌아가시고 33천에 태어났다. 칠일이 지난 후 가비라성으로 돌아왔다. 의식은 장엄하고 수승하여 聖后께서 룸비니동산으로 가실 때의 배가 되었다.178) 오백 명의 석가족은 각자 궁전을 만들어 왕께 청하면서 말하기를 "좋습니다! 모든 것이 뜻하는 대로 이루어질 것입니다! 원컨대 천중천이시여, 저의 궁전을 복되게 해주소서!"라고 하였다. 이렇게 모든 것이 이루어지리라는 찬탄 받은 인연으로 보살을 薩婆悉達多179)라고 부르게 되었다. 왕께서 모든 석가족을 불쌍히 여기시고, 곧 보살과 함께 모든 석가족의 궁전에 들어갔다.180)

經於四月方得周遍。乃將菩薩歸於自宮。自宮之中有一大殿名寶莊嚴。菩薩居已。王召諸親族長德耆年請摩訶婆闍波提爲養育主。王躬抱付於姨母。姨母遂命三十二養育母養育菩薩。譬如白月從初一日至十五日淸淨圓滿也。

四月이 지나 바야흐로 周遍할 수 있게 되자, 이에 보살을 데리고 자신의 궁으로 돌아갔다. 그 궁 가운데 하나의 큰 전이 있는데 그 이름이 寶莊嚴이다.181) 보살이 [그 전에] 머문 다음

178) 『方廣大莊嚴經』(大正藏3, 555下), "佛告諸比丘。菩薩初生滿七日已。摩耶聖后。卽便命終。生三十三天。過七日已。菩薩還迦毘羅城。所有儀式莊嚴殊勝。倍過聖后。往龍毘尼園"

179) 薩婆는 범어로 sarva, 모든 것이라는 뜻이고, 悉達多는 범어로 Siddhārtha, 뜻대로 성취한다는 뜻이다.

180) 『方廣大莊嚴經』(大正藏3, 556上), "五百釋種。各造宮殿合掌恭敬。稽首請輸檀王言。善哉善哉。一切成利。願天中天幸我宮殿。…由是讚歎成利因緣故。名菩薩爲薩婆悉達多於是輸檀王愍諸釋意。卽將菩薩入諸釋宮"

181) 『方廣大莊嚴經』(大正藏3, 556上), "經於四月。方得周遍。然後乃將菩薩歸於自宮。於自宮中有一大殿。名寶莊嚴"

왕이 모든 친척을 불러 어르신들이 摩訶婆闍波提에게 청하여 양육을 책임지게 하였다. 왕이 몸소 이모에게 아이를 품에 안겨주었다. 이모는 명을 따라 30년 동안 養育母로서 보살을 양육하였다. 비유컨대 마치 白月이 초하루부터 15일에 이르게 되면 청정하고 원만해지는 것과 같다.182)

H2_25中, T37_136中

經曰示現算計至貫練群籍者。

經에서 말씀하시기를, "장성함에 따라 산수 …모든 학문에 통달하다"란,

述云此第四伎備解寬也。算計者數文者卽詩書藝者禮樂射者射術御者卽御車。是謂六藝。六藝久達遂且示學故云示現。綜子送反習也。陸法言切韻云機縷也。音並同也。非此中義。道術者卽神仙之方世俗異典名爲群籍。

풀어 말하기를, 이것은 네 번째, 재주를 갖추시고 두루 해박함(伎備解寬)이다. 算計란 산수이고, 文이란 곧 詩와 書를 말하며, 藝란 禮와 樂을 말한다. 射란 射術을 말하고, 御란 곧 말을 모는 것을 말한다. 이것은 六藝를 말한다. 六藝를 오래전에 통달하여 이루었다. 또 학문을 보여주므로 示現이라고 한다. 綜(子送反)은 익힌다는 뜻이다. 陸法言이 지은 『切韻』에서는 機縷라고 하였다.183) 소리는 아울러 같다. 이 가운데 뜻은 없다. 道術이란 곧 神仙의 방술이요, 세속의 異典을 일러 群籍이라고 하였

182) 『方廣大莊嚴經』(大正藏3, 556上-中), "菩薩居彼殿已。時輸檀王召諸親族長德耆年。…請摩訶波闍波提。爲養育主。時輸檀王躬抱菩薩。付於姨母…摩訶波闍波提奉王敕已。命三十二養育之母。…譬如白月從初一日至十五日淸淨圓滿"

183) 『一切經音義』(高麗藏 32 163上), "子送反。綜習也理也。說文綜機縷也"

다.

仙道祕術無不溫習故云廣綜。貫者通也練者委也。世俗異教亦皆通委故云貫練。即彼經中菩薩年始七歲備吉祥之儀。諸天人八部一切釋種隨輸檀王而將菩薩詣於學堂。時有博士毘奢蜜多。見菩薩來威生大慚懼迷悶躃地知足天子名曰妙身。扶之令起。

仙道와 祕術은 익히지 못한 것이 없는 까닭에 廣綜이라고 하였다. 貫이란 통한다는 말이고, 練이란 맡긴다는 말이다. 세속의 다른 가르침은 또한 모두 통하여 맡길 수 있기 때문에 貫練이라고 한다. 즉 저 經(『莊嚴經』) 가운데서는 보살의 나이가 비로소 일곱 살이 되었을 때 길상의 위의를 갖추었다고 한다. 모든 천인과 팔부와 모든 석가족이 슛도다나왕을 따라 보살과 함께 학당에 이르렀다. 이때 毘奢蜜多 박사가 있어 菩薩이 오는 것을 보고 위덕이 [뛰어난 것을 보고] 크게 부끄럽고 두려운 마음을 내었다. 미혹하고 답답한 마음에 땅에 앉은뱅이처럼 주저앉았다. 知足天子의 이름은 妙身이었는데, 그를 도와 일어나게 하였다.[184]

王還本宮。菩薩手執天書栴檀之簡塗以天香摩尼明璣以爲嚴飾以問師云有六十五書欲以何書而相教乎。時毘奢蜜多聞所未聞喜去高心以嘆菩薩世間無二。十千童子與菩薩俱居學堂時日[185]唱字母演出無量法門之聲。令三萬二千童男三萬二千童女皆發無上正等覺心故示現入於學堂也。

---

184) 『方廣大莊嚴經』(大正藏3, 559上), “佛告諸比丘。菩薩年始七歲。是時以備百千吉祥威儀之事。…一切釋種前後圍遶。隨輸檀王。而將菩薩詣於學堂。爾時菩薩將昇學堂。博士毘奢蜜多。見菩薩來威德無上。自顧不任爲菩薩師。生大慚懼迷悶[跳-兆+辟]地。時兜率天子名曰妙身。扶之令起安置座上”

185) 同의 誤記로 보임

왕이 본궁으로 돌아가고, 보살은 天書를 집어 들었다. 梅檀으로 만든 책으로 天香을 바르고 摩尼珠 밝은 구슬로 장엄하고 꾸며져 있었다. 스승에게 질문하여 말하기를 “65가지 책이 있는데 어떤 책으로 [겉모습에 치중하여] 가르치시겠습니까?” 이때 毘奢蜜多가 아직 듣지 못한 바를 듣고, 기뻐하면서 高心을 버리고 세상에 둘도 없을 보살을 찬탄하였다.[186] 十千童子가 菩薩과 함께 학당에 살았다. 이때 함께 字母를 노래로 불러 무량한 법문의 소리를 냈다. 삼만 이천 명의 남자 아이들과 삼만 이천 명의 여자 아이들로 하여금 모두 무상정등각을 얻고자 하는 마음을 내도록 만들었기 때문에 학당에 들어간 것을 보여주었던 것이다.[187]

H2_25下, T37_136下

經曰遊於後園至色味之間者。

經에서 말씀하시기를, “후원에서 노닐면서 …부인을 얻어 사신다”란,

述云此第五效藝納妻也。講武試藝者卽娉[188]妻之前事。處色味間者卽納妻之後事。有人引本起云擲象角力名爲講武。共射金鼓說爲試藝。猶有未盡故。今卽菩薩年旣長大。王問堪爲太子之妃。執杖之女名耶輪陀羅。端嚴第一。王勅國師往

186) 『方廣大莊嚴經』(大正藏3, 559中-下), “王還本宮。菩薩爾時手執天書梅檀之簡。塗以天香摩尼明璣以爲嚴飾。而問師言…如上所說六十四書。欲以何書而相敎乎。是時毘奢蜜多聞所未聞。歡喜踊躍自去貢高。…徒聽書名實未知　是爲最上天中天　於世間中無有二”

187) 『方廣大莊嚴經』(大正藏3, 560中), “菩薩與諸童子居學堂時。同唱字母。演出無量百千法門之聲。令三萬中二千童男三萬二千童女。皆發阿耨多羅三藐三菩提心。以是因緣。示現入於學堂”

188) 娉 혹은 聘의 誤記로 보임

陳執杖。執杖報云自我家法積代相承技能過人以女妻之。王聞此言憂愁不樂。

풀어 말하기를, 이는 다섯 번째, 재주에 힘써 처를 맞아들임(效藝納妻)이다. 講武試藝란 곧 아내를 맞아들이기 이전의 이야기이다. 處色味間이란 곧 처를 맞아들인 후의 이야기이다. 어떤 사람이 『설본기경』을 인용하여 擲象角力을 무예를 닦는 것(講武)이라 하고, 共射金鼓를 재주를 시험하는 것(試藝)이라고 설하였으나,189) 여전히 미진함이 있다. 이제 곧 보살의 나이가 이미 장대하자, 왕이 [신하에게] 태자의 妃가 될 만한 자[가 있는지] 물어 보았다. 執杖190)의 딸의 이름은 耶輪陀羅였는데 가장 단정하고 위엄이 있었다. 왕이 국사에게 명령하여 가서 執杖에게 뜻을 전하게 하였다. 執杖이 대답하여 말하기를 우리 가문의 대대로 이어져 내려오는 법도에 의하면 기능이 뛰어난 사람에게 딸을 시집보낸다고 하였다. 왕이 이 말을 듣고 근심하며 즐거워하지 않았다.191)

菩薩白王召有異術現我技藝。王於城外爲一試場遍告天下集善技術。至第七日五百釋子菩薩爲首當共出往試場所

보살이 왕께 아뢰기를 異術을 가지고 있는 자들을 불러서 저의 技藝를 보일 수 있게 해 달라고 하였다. 왕이 성 밖에서

189) 『無量壽經義疏』(大正藏37, 95中-下), “講武試藝。娉妻前事。如本起說。槃馬筋力。名爲講武。共射金鼓。說爲試藝。現處宮中。色味之間。娉妻後事”

190) 執杖 : Daṇḍapāṇi. 성씨의 하나.

191) 『方廣大莊嚴經』(大正藏3, 561上-562中), “佛告諸比丘。爾時菩薩年旣長大…堪爲太子之妃。端正姝妙色相第一…到執杖家具陳是事。爾時執杖報國師言。自我家法積代相承。若有伎能過於人者。以女妻之…王聞此言。愁憂不樂”

시험장을 하나 만들고 두루 천하에 고하여 기예에 뛰어난 자를 불러 모았다. 칠 일째에 이르자 오 백 명의 석가족의 자제들이 보살을 우두머리로 하여 함께 시험장에 나타났다.192)

王遣白象以迎菩薩。提婆先至生嫉妬心。前執象鼻以手搏而死。難陀續至欲出城門見彼白象當路而斃。以手倒曳到於路側。菩薩尋至。坐於寶輅以左足指持彼白象徐擲虛空。越七重城過一拘盧舍其象墮處便爲大抗。爾後衆人號爲象抗

왕이 흰 코끼리를 보내어 보살을 맞이하게 하였다. 제바가 먼저 도착하였는데 이를 보고 질투심이 생겨났다. [그래서] 미리 코끼리의 코를 잡아서 손으로 쳐서 죽였다. 난다가 곧이어 도착하여 성문 밖으로 나가고자 할 때 그 흰 코끼리가 마침 길에 넘어져 죽어 있는 것을 보고, 손으로 넘어뜨려 길가로 끌고 갔다. 보살이 이윽고 도착하였다. [말 모는 자에게 전후 사정을 듣고] 보배 수레에 앉아 왼쪽 발가락으로 그 흰 코끼리를 잡아 천천히 허공에 던졌다. 그러자 일곱 겹의 성을 넘어 1구로사193)를 지나 그 코끼리가 떨어진 곳에 바로 큰 구덩이가 생겼다. 그 후 사람들이 그곳을 象抗이라고 불렀다.194)

---

192) 『方廣大莊嚴經』(大正藏3, 562中), "菩薩答言。大王。但當速召有異術人。我能於前現衆伎藝。時輸檀王於迦毘羅城外。爲一試場。遍告天下。過七日後。若有善於伎術。皆集此場。共觀太子現諸伎藝。至第七日。五百釋子菩薩爲首。當共出城往試場所"

193) 梵語 krośa, 巴利語 kosa. 인도 고대의 척도 이름. 또 俱盧舍, 拘摟賖라고도 한다. 의역하여 聲鳴喚이라고도 한다. 즉 큰 소가 울며 부르거나 혹은 북을 두들기는 소리가 들릴만한 거리.

194) 『方廣大莊嚴經』(大正藏3, 562中-下), "時輸檀王遣將最勝白象以迎菩薩。提婆達多先至城門…生嫉妒心恃力憍慢。前執象鼻以手搏之。於是而死。難陀續到欲出城門。見彼白象當路而斃…爾時菩薩坐於寶輅。以左足指持彼白象。徐擲虛空越七重城。過一拘盧舍其象墮處便爲大坑。爾後衆人號爲象坑"

五百釋種皆至此場。請毘奢蜜多爲試藝師 語言應觀 諸釋種中 誰最工書。毘奢蜜多微笑而言天上人間所有文字太子究之。

오백 명의 석가족의 사람들이 모두 이곳에 이르렀다. 毘奢蜜多에게 試藝師가 되어 달라고 청하였다. 모든 석가족 사람들 가운데 누가 가장 솜씨 있게 글씨를 잘 쓰는가 하고 살펴보았다. 毘奢蜜多가 미소를 지으면서 말하기를 "天上의 인간이나 가질 수 있는 문자를 태자께서 추구하고 계십니다" 하였다.[195]

王亦語頞順那觀諸童子誰優算數。時菩薩自唱數令諸童子次第下籌無能及者。諸童子等次第擧數菩薩運籌唱不能及。五百童子一時俱唱亦不雜亂頞順那心生希有歎心智奇敏捷釋種無及。諸釋人天皆歎第一。

왕이 또 頞順那에게 말하여 모든 동자들 가운데 누가 算數를 잘 하는가 살펴보라고 하였다. 이때 菩薩이 스스로 수를 불러 모든 童子로 하여금 차례로 계산하게 하였으나 이에 미칠 자가 없었다. 모든 동자들이 차례로 수를 들었으나 보살이 수를 계산하고 부르는 것에는 미칠 수가 없었다. 오백 명의 동자들이 일시에 함께 소리 높여 수를 부르는데도 또한 섞여 어지럽지 않았다. 頞順那의 마음에 희유하다는 생각을 하고 지혜가 뛰어나고 민첩하다고 찬탄하면서 석가족의 사람들은 미칠 수가 없었다고 하였다. 모든 석가족 사람들과 인천들도 모두 [석가모니가] 제일이라고 찬탄하였다.[196]

---

195) 『方廣大莊嚴經』(大正藏3, 562下), "五百釋種童子皆至此場。時諸釋種。請毘奢蜜多爲試藝師。語毘奢蜜多言。應觀我等諸童子中。誰最工書誰學優贍。而毘奢蜜多。先知菩薩解一切書無能踰者。於是微笑向諸童子。而說頌曰 天上人間 所有文字 太子究之"

196) 『方廣大莊嚴經』(大正藏3, 562下-563上), "輸檀王語頞順那言。汝宜觀諸童子。於算數中誰最爲優。爾時菩薩自與唱數。令諸童子次第下籌。隨菩薩五百釋子角力相撲分爲三十二朋。難陀就前騁其剛勇。菩薩擧手纔觸其身威力所加應時而倒。提婆出衆欲挫菩薩。菩薩安祥待右手徐投飄然擎擧摧其我慢三擲空中。以慈悲故使無傷損。諸釋種子俱生瞋忿銳意齊奔。菩薩指之無不顚仆。

오백 명의 석가족 자제들이 32쌍으로 나누어 씨름[197]을 하였는데, 難陀가 앞으로 나아가 그 굳세고 용맹함을 폈으나, 보살이 손을 들어 겨우 그 몸에 닿았을 뿐인데 위력이 가해져 바로 넘어졌다. 제바가 대중으로부터 나와 보살을 꺾고자 하였으나, 보살이 편안하게 기다리다가 오른 손을 천천히 내밀어 표연히 들어 올려 그 아만심을 꺾어 세 번 공중에 던져 버렸다. [그러나] 자비로써 상처입지 않도록 하였다. 모든 석가족의 자제들이 한꺼번에 눈을 부릅뜨고 성을 내며 재빠르게 달려들었으나 모두 패하였다. 보살은 이를 가리켜 전도되지 않음이 없다고 하였다.[198]

執杖大臣今可試射。阿難陀曰可置鐵鼓二拘慮舍。提婆達多曰可置鐵鼓四拘盧舍。孫陀羅難陀曰可置鐵鼓六拘盧舍。執杖大臣曰可置鐵鼓八拘盧舍。菩薩言可將鐵鼓置十拘盧舍。菩薩七鐵楯及七鐵多羅樹置十拘盧舍外。阿難提婆難陀執杖唯及自限皆不能越。菩薩引弓。弓及以弦一時俱斷。

執杖大臣은 이제 활쏘기를 시험하려고 하자, 아난다가 말하

唱計不能及…諸童子等次第擧數。菩薩運籌唱不能及。都無錯謬。乃至五百童子一時俱唱。亦不雜亂。時頞順那心生希有。以偈讚曰善哉心智奇敏捷五百釋種無能及…時諸釋種及一切人天同聲唱言。善哉善哉。太子於算計中亦復第一"

197) 角力 : 씨름

198) 『方廣大莊嚴經』(大正藏3, 564上), "是時五百童子角力相撲。分爲三十二朋難陀就前騁其剛勇。菩薩擧手纔觸其身。威力所加應時而倒。提婆達多常懷我慢陵侮菩薩。謂己威力與菩薩等。挺然出衆巡彼試場。疾走而來欲挫菩薩。爾時菩薩不急不緩。亦無瞋忿安詳待之。右手徐捉飄然擎擧。摧其我慢。三擲空中。以慈悲故使無傷損告諸釋種。汝宜盡來與我相撲。俱生瞋忿銳意齊奔。菩薩指之悉皆顚仆"

기를 2구로사 떨어진 곳에 쇠북을 두자고 하였다. 提婆達多가 말하기를 4구로사 떨어진 곳에 쇠북을 두자고 하였다. 孫陀羅難陀가 말하기를 6구로사 떨어진 곳에 쇠북을 두자고 하였다. 執杖大臣이 말하기를 8구로사 떨어진 곳에 쇠북을 두자고 하였다. 菩薩이 말하기를 10구로사 떨어진 곳에 쇠북을 두자고 하였다. 은 일곱 개의 쇠로 된 방패 및 일곱 개의 쇠로 된 多羅樹를 10구로사 밖에 두었다. 阿難과 提婆와 難陀와 執杖이 오직 자신의 한계에 미칠 수 있을 뿐 모두 능히 보살을 초월하지 못하였다. 보살이 활을 잡아당기자, 활이 활시위에 미치자 일시에 함께 끊어졌다.199)

更求良弓取先王弓與釋子。釋子皆不能張授與菩薩。菩薩安穩而坐。左手執弓右指上弦忽然而張。似不加力。迪弓之響遍迦毘城人皆驚怖。然後控弦射諸鐵鼓悉皆穿過。鐵楯鐵樹無不貫達。箭沒於地因而成井。爾後衆人號爲箭井。人天唱言太子生年未曾習學備此技藝。於是執杖以女爲妃故今言講武者卽角力射鼓也。試藝者卽試書運籌也。

다시 좋은 활을 구하여 先王의 활을 석가족의 자제들과 더불어 취하였다. 석가족의 자제들은 모두 활을 잡아당길 수가 없어서 보살에게 주었다. 보살은 편안하게 앉아서 왼손으로 활을 들고 오른 손으로 활시위의 윗부분을 잡고 홀연히 잡아당겼다. 힘을 가한 것 같지도 않은데 화살이 날아가는 소리가 [너무

199) 『方廣大莊嚴經』(大正藏3, 564中), "爾時執杖大臣告諸釋子言。我已觀見種種伎藝。今可試射誰最爲優。於是共射鐵鼓。阿難陀曰。可置鐵鼓二拘盧舍。提婆達多曰。可置鐵鼓四拘盧舍。孫陀羅難陀曰。可置鐵鼓六拘盧舍。執杖大臣曰。可置鐵鼓八拘盧舍。菩薩言。可將鐵鼓置十拘盧舍。并七鐵豬及七鐵多羅樹置十拘盧舍外…爾時菩薩引弓將射。其弓及弦一時俱斷"

커서] 가비라성에 있는 사람들이 모두 놀라 두려워하였다.200) 그런 후 활이 날아가면서 모든 쇠북을 쏘아 모두 다 뚫고 지나갔다. 쇠로 만든 방패건 쇠로 만든 나무건 꿰뚫지 못하는 것이 없었다. 화살이 땅에 떨어지자 그로 인해 우물이 생겼다. 이후 사람들이 箭井이라고 불렀다. 인천人天이 노래하여 말하기를 태자가 태어난 후 일찍이 아직 배우지 않았는데도 이러한 技藝를 갖추었다고 하였다. 이에 執杖은 딸을 태자비가 되게 하였다.201) 따라서 지금 講武라고 한 것은 곧 씨름과 북을 쏘아 맞춘 것을 말하는 것이다. 試藝란 곧 書와 運籌를 시험한 것이다.

後園者卽城外之苑也。現處者難陀愛欲遂宜示處。故卽彼經云爾時菩薩隨順世法現處宮中八萬四千婇女娛樂而住。耶輪陀羅爲第一妃。處王宮時能令八萬四千諸婇等發無上覺心。無量諸天皆於無上正等菩提得不退轉。說微妙偈勸請菩薩速疾出家。

後園이란 곧 성 밖의 정원이다. 現處란 난타의 애욕이 드디어 밖으로 드러난 것이다. 따라서 곧 저 經(『莊嚴經』)에서 말하기를 "이때 보살께서 세속의 법에 따라서 처를 맞이하여 궁중에서 팔만사천 채녀와 즐기면서 머물렀는데, 耶輪陀羅를 제일비로 삼았다.202) 왕궁에 있을 때 능히 모든 팔만사천 채녀들로

---

200) 『方廣大莊嚴經』(大正藏3, 564中), "菩薩顧視更覓良弓。時輸檀王心甚歡喜。報菩薩言。先王有弓在於天廟。常以香花供養其弓。勁强無人能張。菩薩言。試遣將來。王卽遣使取先王弓箭。持授與諸釋種子。是諸釋種皆不能張。然後將弓授與菩薩。爾時菩薩安隱而坐。左手執弓右指上弦。忽然而張似不加力。彈弓之響遍迦毘羅城。城中居人咸皆驚怖"

201) 『方廣大莊嚴經』(大正藏3, 564中-下), "然後控弦射諸鐵鼓悉皆穿過。鐵豬鐵樹無不貫達。箭沒於地因而成井。爾後衆人號爲箭井。時諸人天同聲唱言。善哉善哉。太子生年未曾習學。乃能具有如斯伎藝…我今以女爲太子妃"

202) 『方廣大莊嚴經』(大正藏3, 564下-565上), "爾時菩薩。隨順世法現處宮中。

하여금 無上覺心을 내도록 만들었다. 한량없는 諸天이 모두 위없이 바르고 평등한 깨달음(無上正等菩提)에 대한 가르침을 듣고, 不退轉의 지위를 얻고 나서 미묘한 게송을 설하여 보살에게 빨리 출가하도록 권청하였다"203) 고 하였다.

H2_26中, T37_137中

經曰見老病死入山學道者。

經에서 말씀하시기를, "누구나 늙고 병들고 죽는 것을 보고 산으로 들어가 도를 배웠다"란,

述云第六出俗從邪。有三此初出俗塵也。棄國財位者卽所棄也。諸天勸發菩薩已將諸官屬出城東門。見淨居天所化老人愁憂還宮。出城南門亦見病人不樂還宮。從西門出復見死人迴駕還入。故今言見老病死者卽淨居天所化可厭之相也。凡有生者不問貴賤皆有老病必歸於死。而生可欣故示令見。

풀어 말하기를, 여섯 번째, 세속을 떠나 삿된 것을 따름(出俗從邪)이다. 여기에는 세 가지가 있다. 이것은 그 첫 번째, 세속의 번잡스러운 일들을 벗어남이다. 棄國財位란 곧 버린 것이다. 諸天이 권하여 보살께서 몸소 모든 관속을 거느리고 성의 東門을 나섰다. 정거천이 노인으로 화하여 나타난 것을 보고 근심걱정에 싸여 궁으로 돌아갔다. 성의 南門으로 나아가서 또 병든 사람을 보고 즐겁지 않은 상태로 궁으로 돌아왔다. 西門으로 나가서는 또 죽은 사람을 보고 수레를 돌려 돌아왔다. 따라서 지금 늙고 병들고 죽는 모습을 보았다고 한 것은 곧 정거천의 화

八萬四千婇女娛樂而住。耶輸陀羅爲第一妃"

203) 『方廣大莊嚴經』(大正藏3, 569中-下), "菩薩處王宮時。能令八萬四千諸婇女等。發阿耨多羅三藐三菩提心。復有無量百千諸天聞如是法。於阿耨多羅三藐三菩提得不退轉。說微妙偈勸請菩薩。速疾出家"

현으로 싫어할 만한 모습이다. 무릇 태어난 것은 귀천을 불문하고 모두 늙고 병들고 반드시 죽게 되어 있다. 태어남을 기뻐할 만하므로 [그 뒤에 따르는 고통을] 보게 하려고 보여 준 것이다.

悟世非常者如經云三界煩惱猶如猛火迷惑不離恒爲所燒。猶如浮雲須臾而滅。合已還散如聚戲場。故云非常。棄國財位者如頌云有爲諸法悉無常。五欲財位皆不定。爲苦所逼。諸衆生願速出家救濟之。棄財者如經云染著五欲如被網禽。欲如怨賊甚可怖畏。處五欲者猶如履刃。著五欲者如抱毒樹。聖人捨之如棄涕唾也。

세상이 한결같지 않음을 깨달음(悟世非常)이란 『장엄경』에서 "삼계의 번뇌는 마치 맹렬한 불길과 같아서 미혹함을 떠나지 않으니 항상 모두 타버리며, 마치 뜬 구름과 같아서 잠시 머물다 없어진다. 모였다가 흩어지는 것이 마치 극장에 모이는 무리와 같다"[204]고 하였다. 따라서 非常이라고 한 것이다. 나라와 재산과 지위를 버림(棄國財位)이란 게송에서 "유위제법은 모두 무상한 것이며, 오욕락과 재산과 지위는 모두 결정적인 것이 아니다. 고통으로 위협받는 모든 중생을 위해서, 원컨대 속히 출가하여 이를 구제하리라"라고 한 것과 같다.[205] 棄財는 『莊嚴經』에서 "오욕락에 탐착함은 그물에 걸린 새와 같고, 탐욕은 怨賊과 같아서 심히 두려워할 만하다. 五欲樂에 처한다는 것은 마치 칼을 밟고 있는 것과 같다. 오욕락에 집착하는 것은 독이 든 나무를 안고 있는 것과 같다. 聖人은 그것을 버리기를 침을 뱉듯이 한다"라고 한 것과 같다.[206]

---

204) 『方廣大莊嚴經』(大正藏3, 567中), "三界煩惱 猶如猛火 迷惑不離 恒爲所燒 猶如浮雲 須臾而滅 合已還散 如聚戲場"

205) 『方廣大莊嚴經』(大正藏3, 567中), "有爲諸法悉無常 五欲王位皆不定 爲苦所逼諸衆生 願速出家救濟之"

入山學道者卽所學也。太子出北門見出家人卽下車問。夫出家者何所利益。比丘答言處於空間修習聖道。調伏諸根護念衆生。不染世間永得解脫。菩薩喜歎天人之中唯此爲上我定修學。如經云如昔諸佛處山林門[207]得一切智廣雨法雨今宜出家也。

산으로 들어가 도를 배운다(入山學道)란 곧 배운 것이다. 태자가 北門으로 나가 출가인을 보고 곧 마차에서 내려 묻기를 "대저 출가자에게는 어떤 이익이 있습니까?" 비구가 답하여 말하기를 "한적한 공간에 거처하면서 성스러운 도를 닦습니다. 모든 감각기관을 다스리고 중생을 護念합니다. 세간에 물들지 않고 영원히 해탈을 얻습니다"라고 하였다. 보살은 기뻐하며 찬탄하기를 "천인 가운데 오직 이것이 최고이다. 나는 마땅히 배우고 닦아야 한다"고 하였다.[208] 마치 『장엄경』에서 "예전의 모든 부처님이 출가하여 숲속에 살면서 一切智를 얻어 널리 法雨를 내렸다. 나도 이제 마땅히 출가하리라"한 것과 같다.[209]

H2_26下, T37_137中

經曰服乘白馬至剃除鬚髮者。

經에서 말씀하시기를, "타고 온 백마와 …머리를 깎고"란,

述云此次入道類也。寶冠瓔珞遣之令還捨珍妙衣卽所捨也。有說服乘卽乘之別目非也。不應乘寶冠及瓔珞故。今卽服者著也乘者騎也。白馬者卽乾涉也。寶冠瓔

206) 『方廣大莊嚴經』(大正藏3, 567中-下), "染著五欲 如被網禽 欲如怨賊 甚可怖畏 處五欲者 猶如履刃 著五欲者 如抱毒樹…聖人捨之 如棄涕唾"

207) 大正藏脚註(大正藏37, 137中), "門=間?"

208) 『方廣大莊嚴經』(大正藏3, 571上), "爾時太子與諸官屬。前後導從出城北門。…下車作禮因而問之。夫出家者何所利益。比丘答言。…我所修習無漏聖道。…天人之中唯此爲上。我當決定修學此道"

209) 『方廣大莊嚴經』(大正藏3, 566上), "如昔諸佛所行行 獨處空山林野間 證得如來一切智 見諸貧乏施財寶 尊昔已行於大施 一切財寶皆能捨 爲諸衆生雨法雨 今正是時宜出家"

珞者卽諸莊嚴具也。

풀어 말하기를, 이것은 그 두 번째, 도의 무리에 들어감이다. 보배관과 구슬목걸이를 보내어 돌아가게 하였다. 珍妙衣를 버린다는 것은 버린 물건이다.[210] 어떤 사람은 服乘이란 곧 색다른 타는 방식이라고 하였으나 이는 잘못이다. 마땅히 보배로 만든 관 및 구슬목걸이를 탈 수는 없기 때문이다. 이제 곧 服이란 옷을 입는 것이다. 乘이란 말을 탄 것이다. 白馬는 곧 乾涉이다. 寶冠瓔珞이란 곧 모든 장신구이다.

菩薩思惟私自出家卽違法教不順俗理詣王所言今願出家唯垂哀許。王勅釋種於城四面各有五百警無暫休。

보살이 '내 스스로 집을 떠나는 것은 곧 법의 가르침에 어긋나는 것이며, 세속의 이치를 따르지 않은 것이다'라고 생각하고, 왕의 처소에 이르러 말하기를 "이제 출가코자 하오니 오직 허락해 주시기를 애원합니다" 하였다. 왕은 석가족에게 명령하여 성의 4면에 각각 오백 명을 두어 잠시도 쉬지 말고 지키도록 하였다.[211]

菩薩語車匿我欲須乾涉。匿聞天勅卽取最上金勒寶鞍諸莊嚴具用被馬王持以奉進。時靜慧天令城人民皆悉昏睡。嚴慧天子於虛空中化爲寶路。菩薩乘已初學步時昇虛而行。四王捧承馬足梵釋示開寶路。去迦毘羅城至彌尼園[212]。其夜已曉所

210) 『無量壽經義疏』(大正藏37, 95下), "服乘白馬。寶冠瓔珞。遣之令還。捨珍妙衣。是第三句。重明所捨"

211) 『方廣大莊嚴經』(大正藏3, 572上-下), "菩薩於靜夜中作是思惟。我若不啓父王私自出家。有二種過。一者違於法教。二者不順俗理。旣思惟已從其所住詣父王宮。…今者願出家　唯垂見哀許 …於迦毘羅城東門之外。置五百釋種童子。…南西北門各有五百。…於城四面晝夜巡警無暫休息"

212) 國인 듯

行道路過六由旬。諸天八部事畢不現。菩薩遂行至往仙人苦行林中。

보살이 찬익에게 “나는 乾涉이 필요하다”고 말하였다.[213] 찬익이 天의 명령을 듣고, 최상의 금 제갈과 보배 안장을 취하고 모든 장엄구를 써서 말에 둘러씌움으로써 받들어 나아갔다.[214] 이때 靜慧天이 성안에 있는 사람들로 하여금 모두 다 잠들게 하였으며,[215] 嚴慧天子가 허공중에 환화로 寶路를 만들었다.[216] 보살이 말을 타고 나서 첫 번째 걸음을 내디딜 때 허공에 올라갔다. 四王이 말의 발을 받들고, 범천과 제석천이 寶路를 열어 보였다.[217] 카필라성을 떠나 彌尼園에 이르렀다. 그날 밤이 지나 새벽에 간 길이 6유순이 넘는다. 諸天과 八部는 일이 끝나자 모습을 나타내지 않았다. 菩薩이 이윽고 나아가 선인이 고행중인 숲 가운데에 이르렀다.[218]

下馬歎匿我旣至間[219]處汝將乾涉還卽自解髻取摩尼寶以付車匿還奉大王。脫身瓔珞奉大聖主。餘嚴具與耶輸陀言。人生世間愛必別離。今爲斷此苦故出家學道。匿聞菩薩語擧聲大哭。馬前屈雙脚舐菩薩足淚下悲鳴。菩薩卽從車匿取摩尼劍卽

213) 『方廣大莊嚴經』(大正藏3, 574下), “菩薩作是思惟。於今夜靜出家時到。卽就車匿。而語之言。車匿汝宜爲我被乾陟來”

214) 『方廣大莊嚴經』(大正藏3, 575下), “車匿聞此語已。…卽取最上金勒寶鞍諸莊嚴具用被馬王。悲泣流淚持以奉進”

215) 『方廣大莊嚴經』(大正藏3, 575下), “於是靜慧天子及莊嚴遊戲天子。於迦毘羅城令一切人民皆悉惛睡”

216) 『方廣大莊嚴經』(大正藏3, 573上), “復有嚴慧天子。作如是言。我當從彼於虛空中化爲寶路”

217) 『方廣大莊嚴經』(大正藏3, 575下), “菩薩於此乘馬王已。初擧步時。十方大地六種震動。昇虛而行。四天大王捧承馬足。梵王帝釋開示寶路”

218) 『方廣大莊嚴經』(大正藏3, 576上), “爾時菩薩去迦毘羅城。至彌尼國其夜已曉。所行道路過六由旬。彼諸天龍夜叉乾闥婆等扈從至此。所爲事畢忽然不現。菩薩旣行至彼往古仙人苦行林中”

219) 閑의 誤記로 보임

自剃髻擲致空中。釋天承取還禮供養。

말에서 내려 찬익을 찬탄하고 “나는 이미 한적한 곳에 이르렀으니 너는 乾涉과 함께 돌아가라”고 하였다. 곧 스스로 머리를 풀고 摩尼寶를 취하여 찬익에게 주면서 대왕께 바치라고 하였으며,[220] 몸에 있는 구슬 장식을 떼어내어 大聖主(摩訶波闍波提)께 바치라고 하였다. 나머지 장엄구는 耶輸陀에게 주라고 하면서 말하기를 “인생에서 세간의 애욕은 반드시 여의어야 할 것이다. 이제 이와 같은 고통을 끊기 위하여 출가하여 도를 배우리라” 하였다. 찬익은 보살의 말을 듣고 소리 높여 큰소리로 울었으며, 말이 앞다리를 굽혀 보살의 발을 핥으면서 눈물을 흘리며 슬픈 울음소리를 냈다.[221] 보살은 곧 찬익으로부터 摩尼劍을 취하여 곧 스스로 머리를 깎아 허공에 던졌다. 제석천은 이를 받들어 취하여 돌아와 예로써 공양하였다.[222]

菩薩自觀身著寶衣卽念不當。時淨居天化作獵師身著袈裟於菩薩前默然而住。菩薩語言汝所著者乃是往古諸佛之服。汝若與我我當與汝憍奢耶衣。獵師卽應忽復本形上至梵天。於是菩薩剃鬚髮身著袈裟言眞出家。發遣車匿將乾涉還。徐步往彼跋樂[223]仙人苦行林中。大王敎五人入山求侍。而不能及遂遁山林。

보살이 스스로 자신의 몸을 보고 보배 옷을 입은 것이 부당

220) 『方廣大莊嚴經』(大正藏3, 576上), “卽便下馬慰喩車匿。善哉車匿。…我今既得至閑曠處。汝便可將乾陟俱還。卽自解髻取摩尼寶以付車匿。告言。車匿。汝持此寶還於宮內。奉上大王”

221) 『方廣大莊嚴經』(大正藏3, 576中), “又復脫身所著瓔珞以授車匿。汝可持此奉摩訶波闍波提道。…又脫諸餘嚴身之具與耶輸陀羅語言。人生於世愛必別離。我今爲斷此諸苦故出家學道。…於是車匿。從地而起擧聲大哭。乾陟低頭前屈雙脚。舐菩薩足淚下悲鳴”

222) 『方廣大莊嚴經』(大正藏3, 576下), “乃從車匿取摩尼劍。卽自剃髮。旣剃髮已擲置空中。時天帝釋…承取。還三十三天禮事供養”

223) 大正藏脚註(大正藏37, 137下), “樂＝渠?”

하다고 생각하였다. 이때 淨居天이 사냥꾼으로 화하여 몸에 袈裟를 입고 보살 앞에 묵연히 나타나 머물렀다. 보살이 말하기를 "당신이 입은 옷은 바로 옛날 모든 부처님들께서 입으셨던 것이다. 당신이 나에게 그 옷을 주면 내 마땅히 당신에게 憍奢耶衣[224]를 주리라"고 하였다. 사냥꾼은 곧 이에 응하고 홀연히 다시 원래 모습으로 돌아가 범천에 올라갔다. 이에 보살이 머리를 깎고 몸에 가사를 입고 말하기를 "진정한 출가로다"하였다. 찬익에게 할일을 맡겨서 乾涉과 함께 돌려보내고, [보살은] 천천히 걸어 선인들이 고행중인 숲으로 갔다.[225] 대왕이 다섯 사람으로 하여금 산으로 들어가 [석가모니의] 시중을 들도록 하였으나 미치지 못하자 [다섯 사람은] 결국 山林에 숨었다.[226]

菩薩行詣鞞留苦行女人所受彼請已。往波頭摩苦行女人所亦受請已。往利婆陀梵行仙人所旣受請已。後[227]往光明調伏二仙人所受明日齋。遂至毘舍離城。城傍有仙名阿羅邏。將三百弟子常爲其說無所有所[228]定。聞仙所說勸[229]修不倦住於小時。皆已得證更無所修非能盡苦。卽出彼城往王舍城入靈鷲山獨住一處。諸天守護。旦著衣持砵從溫泉門入王舍城次第乞食。

---

224) 憍奢耶衣 : 絹衣. kauśeya.

225) 『方廣大莊嚴經』(大正藏3, 576下), "爾時菩薩剃鬚髮已。自觀身上猶著寶衣。卽復念言。出家之服不當如是。時淨居天化作獵師。身著袈裟手持弓箭。於菩薩前默然而住。菩薩語獵師言。汝所著者乃是往古諸佛之服。…汝若與我我當與汝憍奢耶衣。…卽取袈裟授與菩薩。…忽復本形飛上虛空。如一念頃還至梵天。…于時菩薩剃除鬚髮。身著袈裟儀容改變。作如是言。我今始名眞出家也。於是發遣車匿將乾陟還。…安詳徐步。經彼跋渠仙人苦行林中"

226) 『方廣大莊嚴經』(大正藏3, 578中-下), "大臣奉敕卽簡五人。入山求侍。是時五人追不能及。…於是五跋陀羅遁於山林"

227) 復의 誤記로 보임

228) 處의 誤記로 보임

229) 勤의 誤記로 보임

보살이 가서 鞞留苦行을 하는 여인의 처소에 이르자 [다음날 재를 지내달라는] 청을 받는다. 그리고 나서 波頭摩苦行을 하는 여인의 처소에 가자 또한 [재를 지내달라는] 청을 받았으며 그 다음에는 利婆陀梵行을 하는 仙人의 처소에 나아가서도 이미 청을 받았다. 후에 나아가 光明과 調伏이라는 두 仙人의 처소에 가서도 다음날 재를 지내달라는 청을 받았다. [이렇게 하여] 드디어 毘舍離城에 이르렀다. 성 옆에 어떤 선인이 살고 있었는데 이름은 阿羅邏였다. 300명의 제자를 거느리고 항상 無所有處定을 설하였다.[230] 선인이 설한 바를 듣고 부지런히 수행하고 게을리 하지 않았는데, 짧은 시간 머무르고도 이미 모두 증득하게 되었다. [그러나] 다시 닦을 바가 없었는데도 고통을 다할 수는 없었다. 곧 그 성을 떠나 王舍城으로 가서 靈鷲山에 들어가 한 곳에서 홀로 머무르자 諸天이 守護하였다. 아침에 옷을 입고 발우를 들고 온천문으로부터 王舍城에 들어가 차례로 걸식을 하였다.[231]

王傳聞嘆自涉高樓觀菩薩身。因勅左右奉上飲食令發所住。詣菩薩所願大慈悲於此國境證佛菩提使不我遠。禮已還宮。而智論云去城十二由旬至跋伽仙人所者蓋說剃髮之所故亦不違過六由旬。今言珍妙衣者卽與持擧嚴身之具。著法服者卽求

---

230) 『方廣大莊嚴經』(大正藏3, 578下), “於是詣鞞留梵志苦行女人所。…旣受請已。次往波頭摩梵志苦行女人所。…旣受請已。復往利婆陀梵行仙人所。…旣受請已。復往光明調伏二仙人所。其仙亦請菩薩明日設齋。諸比丘菩薩。次第至毘舍離城。城傍有仙。名阿羅邏。與三百弟子俱。常爲弟子說無所有處定”

231) 『方廣大莊嚴經』(大正藏3, 578下-579上), “我聞仙人所說。…於是精勤修習心不厭倦。經於少時皆已得證。…非能盡苦。何法能爲離苦之因。卽於彼時出毘舍離城漸次遊行。往摩伽陀國王舍大城。入靈鷲山獨住一處。常爲無量百千諸天之所守護。晨旦著衣執持應器。從溫泉門入王舍城次第乞食”

獵師毁形之衣。若著此衣必離塵垢故云法服。

왕이 전하여 듣고 탄식하며 스스로 고루에 나와 보살을 보았다. 왕명으로 좌우에서 음식을 바치게 하고 머물던 곳을 찾게 하였다. 보살이 계신 곳에 이르러 "원컨대 대자비로서 이 나라 안에서 깨달음을 얻으시고 저를 멀리하지 마십시오"라고 하면서 예를 갖추고 궁으로 돌아왔다.[232] 『大智度論』에서 '성을 떠나 12유순을 지나 이른 곳은 跋伽仙人의 처소'[233]라고 하였는데, 이곳은 바로 머리를 깎았던 장소이다. 따라서 또한 6유순이 넘는다는 말과 다른 것이 아니다. 이제 珍妙衣를 버렸다고 한 것은 곧 몸을 장엄하는 도구를 주어 가지게 한 것을 말한다. 법복을 입었다(著法服)는 것은 곧 사냥꾼에게서 구한 형태를 알아보기 어려운 옷을 말한다. 만약 이 옷을 입으면 반드시 먼지와 때를 여의어야 하기 때문에 法服이라고 한 것이다.

H2_27下, T37_138上

經曰端坐樹下至行如所應者。

經에서 말씀하시기를, "나무 아래 단정히 앉아 …법다운 고행을 하신다"란,

述云此後行從邪也。菩薩受王請欲往尼連河。王舍城邊有一仙人摩羅羅子名烏特迦。與七百弟子常說無想定。至仙人所受彼說已於一靜處專精修學。卽得世間百

---

232) 『方廣大莊嚴經』(大正藏3, 579中-580上), "時王聞此語 心生大喜悅 自陟高樓上 遙觀菩薩身…王因勅左右 奉獻菩薩食 并遣尋所住…唯願大慈悲 哀愍捨我過 當於此境界 證得佛菩提 願使不我遺…頂禮菩薩足 百千衆圍遶還返於自宮"

233) 『大智度論』卷第一(大正藏25, 58上), "夜半踰城行十二由旬。到跋伽婆仙人所住林中。以刀剃髮"

千三昧。隨彼諸定種種行相皆現在前。起定問仙更無餘法亦非沙門之法。五跋陀羅便捨仙人還從菩薩。

풀어 말하기를, 이것은 마지막, 삿됨(外道)을 따라서 행함이다. 보살이 왕의 청을 받아 들여 尼連河로 가고자 하였다. 王舍城의 주변에는 한 선인 摩羅羅에게 아들이 있었는데 이름은 烏特迦였다. 700명의 제자와 더불어 항상 無想定을 설하였다. 선인이 있는 곳에 이르러 그 설을 듣고 나서 고요한 곳에서 오로지 배운 것을 정성스레 닦자 곧 세간의 백천 삼매를 얻었다. 그 모든 定을 따라 갖가지 行相이 모두 나타났다. 선정상태에서 깨어나 선인에게 물었으나 다시 더 배워야 할 법이 남아 있지 않다고 대답하였다. 이 또한 사문의 법이 아니라고 [보살이] 말하였다. 五跋陀羅는 곧 仙人을 버리고 돌아와 보살을 따라가게 되었다.[234]

菩薩出王舍城與五跋陀羅[235]向尼連河至伽耶山思惟離貪。身心寂靜勤修苦行卽能證得出世勝智。出彼山已行至優樓頻螺池側東西[236]而視見尼連河。其水淸冷涯岸平正。河邊村邑棟宇相接人民殷盛。漸至一處寂靜閒曠。卽作是念。往古已來修聖行者之所多住。

보살께서 왕사성을 나와 다섯 跋陀羅와 더불어 尼連河로 향하여 伽耶山에 이르러 탐욕을 떠남에 대해 사유하였다. 몸과

234) 『方廣大莊嚴經』(大正藏3, 580上-中), "佛告諸比丘。王舍城邊有一仙人。摩羅之子名烏特迦。與七百弟子俱。常說非想非非想定。…爾時菩薩受彼敎已。於一靜處專精修學。由昔慣習定慧因緣。卽得世間百千三昧。隨彼諸定。所有差別種種行相皆現在前。是時菩薩。復從定起謂仙人言。過此定已更有何法。仙言。此最爲勝更無餘法。…時五跋陀羅…卽捨仙人還從菩薩"

235) 跋陀羅 : Bhadra

236) 大正藏脚註(大正藏37, 137下), "西＝面?"

마음이 고요하고 깨끗하며 부지런히 고행을 닦으면 곧 능히 출세간의 뛰어난 지혜를 증득할 것이다.237) 저 산을 나와서 優樓頻螺 연못가의 동쪽에 이르렀다. 이곳에서는 尼連河를 볼 수 있었다. 그 물은 맑고 차갑고, 물가는 평평하고 바른 곳이었다. 니련하 주변 마을에는 집이 즐비하고 번화하여 사람들이 많았다. 점차 고요하고 깨끗하며 한적하고 넓은 한 장소에 이르자, 곧 이런 생각을 하였다. 예부터 성스러운 수행을 한 자들은 많이 머문 곳이다.238)

見諸外道著我見者修習苦行。爲欲摧伏故極苦行。經於六年曾不失壞。入第四禪名爲阿婆婆定常爲天龍鬼神之所供養。能令十二洛叉天人住三乘路。波旬常隨伺求其過而不能得生厭倦心怡239)然而退。

[보살께서는] 모든 외도들이 아견에 집착하여 고행을 닦는 것을 보고 탐욕을 꺾고 항복시키기 위하여 극심한 고행을 하였다. 6년이 지났으나 일찍이 고행을 그만둔 적이 없었다.240) 제4선에 들어가는 것을 일러 阿婆婆定241)이라고 한다. 항상 天龍과 鬼神의 공양을 받았으며, 능히 12洛叉의 天人으로 하여금

237) 『方廣大莊嚴經』(大正藏3, 580中-下), "爾時菩薩出王舍城。與五跋陀羅次第遊歷。向尼連河次伽耶山。…身心寂靜勤修苦行。卽能證得出世勝智"

238) 『方廣大莊嚴經』(大正藏3, 580下), "佛告諸比丘。菩薩出伽耶山已。次第巡行至優樓頻螺池側東面。而視見尼連河。其水淸冷湍洄皎潔。涯岸平正林木扶疏。種種花果鮮榮可愛。河邊村邑處處豐饒。棟宇相接人民殷盛。爾時菩薩漸至一處。寂靜閑曠無有丘墟。非近非遠不高不下。卽作是念。今止此地易可安神。往古已來修聖行者多於此住"

239) 문맥상 悒의 誤記로 보임

240) 『方廣大莊嚴經』(大正藏3, 580下-下), "見彼下劣衆生諸外道等。著我見者修諸苦行…菩薩爾時復作是念。我今爲欲摧伏外道現希有事…菩薩六年苦行之時。於四威儀曾不失壞"

241) 『方廣大莊嚴經』에서는 阿娑婆那라고 하였다.

三乘의 길에 머물게 하였다.242) 파순이 항상 따라 다니면서 과실을 저지르는지 엿보았으나 허물을 찾을 수 없자 싫증을 내고 근심하면서 물러났다.243)

行如所應者有說反邪學正道。即其所應修學愼而行故。若爾此文應屬成道如何自許是出家相。有說行應前聖之所行故云如所應此亦不然。前聖未必修苦行故。

行如所應이란 어떤 사람은 삿됨을 돌이켜 바른 도를 배운다는 뜻이라고 하였다. 즉 마땅히 닦고 배워야 할 것을 삼가 행하기 때문이다.244) 만약 그러하다면 이 문장은 마땅히 成道를 묘사한 부분에 속하는 것이다. 어찌하여 출가상이라고 스스로 인정하였는가! 어떤 사람은 行이란 마땅히 이전의 성인들이 행했던 바이기 때문에 이에 如所應이라고 했다 하나 이 또한 그렇지 않다. 이전의 성인들은 고행을 닦지 않았기 때문이다.

今即行如所應者簡虛設劬勞減劣漂溺非方便行。即瑜伽論引頌而言。如如我劬勞如是如是劣如如我劣如如也如如是是住我住已如是漂。

이제 곧 行如所應이란 본래 없는 것을 가려내어 힘들여 수고하고도 수준 낮은 곳에 떠돌다 빠져 버리는 것을 줄여주려는 것이니 방편행이 아니다. 즉 『瑜伽師地論』에서 게송을 인용하여 말하기를, "그와 같이 내가 수고했다면, 이와 같이 용렬한

---

242) 『方廣大莊嚴經』(大正藏3, 581中-下), "入第四禪遠離喜樂。遣於分別無有飄動。猶如虛空遍於一切無能變異。此定名爲阿娑婆那…常爲天龍鬼神之所供養。能令十二絡叉天人住三乘路。

243) 『方廣大莊嚴經』(大正藏3, 582中), "佛告諸比丘。爾時菩薩六年苦行。魔王波旬常隨菩薩。伺求其過而不能得。生厭倦心悒然而退"

244) 『無量壽經義疏』(大正藏37, 95下), "行如所應。翻邪學。正道是其所應修學。順而行之"

것이리라. 이와 같이 내가 용렬하다면 이와 같이 머물 것이며 그와 같이 내가 머물렀다면 이와 같이 표류하리라" 하였다.245)

此中修苦行時非方便攝。勇猛精進名曰劬勞。行邪方便善法退失名爲減劣。旣知退失諸善法已息邪方便說名正246)住。捨諸苦行更求餘師。遂於嗢達洛迦阿荼等邪所執處隨順觀察故名漂溺。

이 가운데 苦行을 닦을 때에 그릇된 방편에 속하는 용맹정진을 劬勞라고 하고, 삿된 방편을 행하여 善法이 물러나 잃어버리는 것을 減劣이라고 하였다. 곧 모든 善法을 잃어버리는 것을 알고 난 후 삿된 방편을 쉬게 된 것을 止住라고 부르고, 모든 고행을 버리고 다시 남은 스승을 구하여, 이윽고 嗢達洛迦와 阿邏荼 등이 삿되게 집착하는 바를 차례로 관찰하였으므로 漂溺이라고 하였다.247)

由此言之。菩薩雖復修諸苦行卽趣正行之方便故云如所應。而修苦行已於餘師隨順觀察者却觀前已所修二定故不違經義。

이로 말미암아 말하자면 보살이 비록 다시 모든 고행을 닦았으나 곧 바르게 나아가기 위한 방편으로써 취하였기 때문에 如所應이라고 한 것이다. 고행을 닦고 나서 남아 있는 다른 스승에 대해 차례로 관찰하였다(修苦行已於餘師隨順觀察)는 것은 도리어 이전에 이미 닦았던 두 가지 定을 관한 것이므로 經(『무량수

---

245) 『瑜伽師地論』(大正藏30, 378上), "如如我劬勞 如是如是劣 如如我劣已 如是如是住 如如我住已 如是如是漂"

246) 大正藏脚註(大正藏37, 138中), "正＝止?"

247) 『瑜伽師地論』(大正藏30, 378上), "此中顯示修苦行時非方便攝勇猛精進。名曰劬勞。行邪方便善法退失。名爲減劣。旣知退失諸善法已息邪方便。說名止住。捨諸苦行更求餘師。遂於嗢達洛迦。阿邏荼等邪所執處。隨順觀察故名漂溺"

경』)의 뜻과 다른 것은 아니다.

H2_28上, T37_138中

經曰現五濁刹至得攀出池者。

經에서 말씀하시기를, "오탁세계에 나타나서 …나뭇가지를 붙잡고 연못으로부터 나오다"란,

述云第七伏魔成道。有五。此初沐蕩形垢也。刹者土也。菩薩旣知苦行非菩提因亦念。於昔父王園中閻浮樹下修得四禪是菩提因。應受美食令身有力方能往詣菩提之場。五跋陀羅便捨菩薩詣波羅奈仙人墮處。

풀어 말하기를, 일곱 번째, 마왕을 항복시키고 도를 이룸(伏魔成道)이다. 여기에는 다섯 가지가 있다. 이것은 그 첫 번째 목욕하여 때를 씻어 버림이다. 刹은 국토이다. 보살은 이미 고행이 깨달음의 因이 되지 못함을 알고 계셨으며 또한 예전에 부왕의 정원 가운데 보리수 아래에서 닦아 얻은 四禪이 菩提因이라고 생각하셨다. 마땅히 美食을 받아 몸이 기운을 차리도록 하시고, 바야흐로 나아가 능히 菩提之場에 이르셨다. 다섯 跋陀羅는 바로 보살을 버리고 파라라선인의 墮處에 이르렀다.248)

菩薩苦行已來優樓頻螺聚落。主名斯那硃底。有十童女。昔與五跋陀羅常以麻麥供養菩薩。知捨苦行卽作種種飮食奉上。未經多日色相光悅。於尸林下見有故破糞掃之衣。自手取持欲代。

보살이 고행을 한 이래로 우루빈나 마을의 주인 斯那硃底라

248) 『方廣大莊嚴經』(大正藏3, 582下), "我昔於父王園中閻浮樹下修得初禪。我於爾時身心悅樂。如是乃至證得四禪。思惟往昔曾證得者。是菩提因…應受美食令身有力。方能往詣菩提之場。…便捨菩薩詣波羅奈仙人墮處鹿野苑中"

고 하는 사람에게 열 명의 소녀가 있었다. 예전에 다섯 跋陀羅와 더불어 항상 麻麥으로 보살에게 공양하였다. [이 소녀들은 부처님께서] 고행을 그만 두었다는 것을 알고 곧 여러 가지 음식을 바쳤다. 여러 날이 지나지 않아 얼굴과 모습에 기쁨의 빛을 띠었다. 시체 처리장 아래에서 떨어진 糞掃衣를 보고 스스로의 손으로 그것을 취하여 갈아입고자 하였다.249)

苦行弊壞衣服言何處有水。時有一天。於菩薩前以手指地便成一池。後250)更思惟何處有石。釋提桓因卽以方石安處池中。菩薩見石持用浣衣。浣衣已訖入池澡浴。

고행으로 인해 옷이 닳아빠진 상태였으므로 말하기를 "물이 어느 곳에 있는가" 하였다. 이때 한 天이 있어서 보살 앞에 손으로 땅을 가리키니 곧 연못이 하나 생겼다. 그리고 나서 [보살이] 다시 생각하기를 '돌은 어느 곳에 있는가' 하였다. 석제환인이 곧 연못 가운데 네모난 돌을 편안하게 자리 잡게 하였다. 보살은 돌을 보고 그것으로 옷을 빨았다. 옷을 다 빨고 나서 연못에 들어가 목욕을 하였다.251)

時魔波旬變其池岸極令高峻。池邊有樹名阿斯那。樹神按枝令低。菩薩攀枝得上

---

249) 『方廣大莊嚴經』(大正藏3, 583上-中), "佛告諸比丘。菩薩苦行已來優婁頻螺聚落主。名曰斯那缽底。有十童女。昔與五跋陀羅常以麻麥供養菩薩。爾時諸女旣知菩薩捨置苦行。卽作種種飮食奉獻。未經多日色相光悅。… 於屍陀林下見有故破糞掃之衣將欲取之"

250) 大正藏脚註(大正藏37, 138中), "後=復?"

251) 『方廣大莊嚴經』(大正藏3, 583中), "爾時菩薩手持故衣作如是言。何處有水洗浣是衣。時有一天於菩薩前。以手指地便成一池。爾時菩薩復更思惟。何處有石可以洗是糞掃之衣。時釋提桓因卽以方石安處池中。菩薩見石持用浣衣。…浣衣已訖入池澡浴"

池岸。於彼樹下自納故衣。淨居天子名無垢光。將沙門應量袈裟供養菩薩。

이때 마왕 파순이 그 연못가를 지극히 높고 험준하게 만들었다. 연못가에 나무가 있었는데 그 이름은 阿斯那였다. 나무의 신이 가지를 당겨 아래로 숙였으므로 보살이 가지를 붙잡고 연못가로 올라올 수가 있었다. 그 나무 아래에서 스스로 오래된 옷을 거두어 들였다. 정거천의 아들의 이름은 無垢光이었다. 장차 사문이 마땅히 치수를 재어 가사를 보살께 공양하였다.[252)]

菩薩受已於晨朝時著僧伽梨入村乞食。有善生女。聞樹神勸卽聚千牸牛而搆其乳七度煎煮。唯取其上極精純者置新器內。用香粳米煮以爲糜。當煮之時於乳糜上現千輻輪波頭摩等吉祥之相。

보살은 그것을 받고 나서 새벽녘에 승가리를 입고 마을로 들어가 걸식을 하였다. 善生女(수자타)[253)]가 있었는데, 나무신이 권하는 것을 듣고 곧 千牸牛를 모아 그 우유를 짜서 일곱 번 달이고 끓였다. 오직 그 윗부분의 지극히 깨끗하고 순수한 부분만을 취하여 새 그릇 안에 담았다. 향기로운 쌀을 써서 끓여서 죽을 만들었다. 끓일 때 우유죽 위에 천개의 輻輪과 波頭摩 등의 상서로운 모습이 나타났다.[254)]

有仙人語若有食者得菩提。善生煮已告優多必往請梵志。向四方行唯見菩薩。歸

252) 『方廣大莊嚴經』(大正藏3, 583中), "是時魔王波旬變其池岸極令高峻。池邊有樹名阿斯那。是時樹神按樹令低。菩薩攀枝得上池岸。於彼樹下自納故衣。時淨居天子名無垢光。將沙門應量袈裟供養菩薩"

253) 善生女 : 수자타

254) 『方廣大莊嚴經』(大正藏3, 583中-下), "爾時菩薩受袈裟已。於晨朝時著僧伽梨入村乞食。…時善生女聞神語已。卽取千頭牸牛而[(榖-一)/牛]其乳七度煎煮。唯取其上極精純者置新器內。用香粳米煮以爲糜。當煮之時於乳糜上。現千輻輪波頭摩等吉祥之相"

白善生不見梵志唯有沙門瞿曇。善生速令延請。菩薩至尋受乳糜已擎乳糜砵。出優樓頻螺聚落往尼連河。置砵岸上剃除鬚髮入河而浴。浴竟坐河龍妃所奉之寶座食彼乳糜。體相如本。

어떤 선인이 있어 말하기를 만약 이를 먹는다면 깨달음을 얻을 수 있으리라고 하였다. 善生이 죽을 끓이고 나서 優多에게 고하여 반드시 가서 梵志를 청하도록 하였다. 우다는 사방을 향하여 갔으나 오직 보살만이 보였다. 돌아와 善生女에게 아뢰기를 梵志는 보지 못하였고, 오직 사문 瞿曇만을 보았다고 하자, 善生女는 재빨리 가서 보살을 다시 한 번 청하도록 하였다. 보살은 그곳에 이르러 유미죽을 받고 나서 유미죽 그릇을 들어 올렸다. 우루빈나 마을을 나와 尼連河에 머물렀으며, 연못가에서 발우를 두고 머리를 깎고 물로 들어가 목욕하였다. 목욕을 마치고 물속에 앉아 龍妃가 바친 寶座에서 그 유미죽을 먹자, [곧] 몸의 모습이 처음과 같아졌다.255)

以砵擲河龍王收取宮中供養。釋天變形爲金翅鳥奪取金砵將還本宮起塔供養。由菩薩福慧力故食乳糜已相好圓光轉增赫奕。

발우를 물속으로 던지자 용왕이 거두어 궁중에서 공양하였다. 제석천이 모습을 변하여 金翅鳥가 되어 금으로 된 발우를 취하여 본궁으로 돌아가 탑을 세우고 공양하였다. 보살의 복과 지혜의 힘으로 말미암았으므로 유미죽을 먹고 나서 상호는 원만하게 빛나고 점차로 빛나고 아름다워졌다.256)

255) 『方廣大莊嚴經』(大正藏3, 583下-584上), "時有仙人語善生言。如此乳糜若有食者。必當得成無上菩提。是時善生煮乳糜已。…歸白善生言。我所去處唯見沙門瞿曇。不復見有諸餘梵志。…爾時菩薩擎彼乳糜。出優婁頻螺聚落。往尼連河置鉢岸上。剃除鬚髮入河而浴 …河中龍妃即持賢座從地涌出。敷置淨處請菩薩坐。菩薩坐已食彼乳糜身體相好平復如本"

總而言之。佛現化相處濁惡土。隨順衆生示有塵垢。沐浴令淨故云現示。而沐浴金河天按樹枝者金河卽尼連河。按枝卽池岸樹。前後互擧故不相違。神亦名天故。

전체적으로 말하자면 부처님께서 혼탁하고 악한 곳에 모습을 나투신 것이다. 중생을 따라서 먼지와 때가 있음을 보이신 것이다. 목욕으로 깨끗해졌기 때문에 現示라고 한다. 金河에서 목욕하니 天이 나뭇가지를 끌어당긴다(沐浴金河天按樹枝)는 말에서 金河는 곧 尼連河이다. 按枝는 곧 연못가의 나무이다. 앞뒤가 서로 뒷받침해주므로 서로 다른 것이 아니다. 신을 또한 천이라고 불렀다.

H2_28下, T37_138下

經曰靈禽翼從往詣道場者。

經에서 말씀하시기를, "아름다운 새들이 도량까지 따라온다"란,

述云第二行詣道場也。菩薩澡浴身體後食乳糜氣力平全。正念向彼菩提之樹。從尼連河至菩提樹掃灑令淨。三千世界諸樹諸山若大若小無不低枝低峰同[257]菩提樹。欲界諸天各化七寶多羅之樹。二間有七寶池。池之四邊七寶階道。卽有迦陵頻伽鳧鴈鴛鴦命命諸鳥出和雅音。

풀어 말하면, 두 번째, 가서 도량에 이르는 것이다. 보살은 목욕을 한 후 유미죽을 먹고 기력을 회복하였다. 바른 생각으로 저 보리수를 향하였다. 니련하로부터 보리수가 있는 곳에

---

256) 『方廣大莊嚴經』(大正藏3, 584上), "卽以金鉢擲置河中。是時龍王生大歡喜。收取金鉢宮中供養。時釋提桓因卽變其形。爲金翅鳥從彼龍王奪取金鉢將還本宮起塔供養。…由菩薩福慧力故。食乳糜已。三十二相八十種好圓光一尋轉增赫奕"

257) 向의 誤記로 보임

이르기까지 [風天과 雨天이] 쓸고 물을 뿌려 깨끗하게 하였다. 삼천세계의 모든 나무와 모든 산이 크든 작든 가지와 봉우리를 낮추어 보리수를 향하지 않는 것이 없었다. 욕계의 제천이 각각 칠보로 된 다라나무로 化하였고, 이 둘 사이에는 칠보로 이루어진 연못이 있으며, 연못가 네 변에는 칠보로 된 계단 길이 있었다. 곧 [그 길에는] 가릉빈가, 오리, 기러기, 원앙, 명명새 등 모든 새들이 아름다운 소리를 조화롭게 내고 있었다.258)

詣菩提樹時其身普放無量光明。又有無量鸚鵡舍利拘只羅鳥259)迦陵頻伽鳧雁鴛鴦孔雀翡翠共命諸鳥。翻翔圍遶出和雅音。菩薩欲坐菩提座夜。大梵天王以神通力令三千界除諸砂鹵瓦礫荊棘地平如掌無有丘墟。皆以七寶而嚴飾之。

보리수에 이르렀을 때 보살의 몸에서 두루 무량한 광명을 내비추었다. 또 무량한 앵무사리와 구지라조와 가릉빈가와 물오리, 기러기, 원앙, 공작, 비취와 공명 등의 모든 새가 함께 울고, 날개를 퍼드덕거리며 주위를 돌면서 조화롭게 아름다운 소리를 냈다.260) 보살은 보리수 아래 자리에 앉고자 하였다. 대범천왕은 신통력으로 삼천 세계에 있는 모든 모래와 소금과 기왓장과 자갈, 가시나무를 제거하고 땅을 손바닥처럼 평평하게 언

258) 『方廣大莊嚴經』(大正藏3, 584中-下), "菩薩澡浴身體。復食乳糜氣力平全。…正念向彼菩提之樹直視行。…從尼連河至菩提樹。周遍掃灑盡令嚴淨。又雨無量殊勝香華遍覆其地。於三千大千世界。所有大小諸樹皆悉低枝向菩提樹。三千大千世界須彌山等。大小諸山皆悉低峰向菩提樹。欲界諸天子等。…其樹兩間有七寶池。…其池四邊七寶階道。周匝莊嚴。於其階道則有迦陵頻伽。鳧鴈鴛鴦命命諸鳥出和雅音"

259) kokila. 拘只羅鳥 ; 아름다운 소리로 노래하는 새

260) 『方廣大莊嚴經』(大正藏3, 584下), "菩薩詣菩提樹時。其身普放無量光明。…又有無量鸚鵡舍利拘[打-丁+只]羅鳥。迦陵頻伽。鳧鴈鴛鴦孔雀翡翠共命諸鳥。翻翔圍繞出和雅音"

덕이 없도록 만들고, 모두 칠보로써 장엄하였다.[261)]

有十六天子所謂轉進無勝施與受欲[262)]等。守護菩提場皆證無生忍。復有四神護菩提樹。毘留薄瞿蘇摩那等。各以神力變菩提樹。高廣莊嚴姝好各長八十多羅之樹。菩薩爲欲降伏魔怨故以大人相西面而行詣菩提場也。

16천자가 있어 이른바 轉進천자, 無勝천자, 施與천자, 受欲천자 等이 보리도량을 수호하였으므로 모두 無生忍을 증득하였다. 다시 四神이 있어 보리수를 지켰다. 毘留薄瞿, 蘇摩那 등 각각 神力으로써 변하여 菩提樹가 되었다. 높고 넓게 장엄하여 예쁘고 좋았으며 각각 높이가 80多羅樹가 되었다.[263)] 보살은 魔怨을 항복시키기 위하여 大人相으로 서쪽을 향하여 가서[264)] 보리도량에 이른 것이다.

有說如經云。五百青雀隨從佛後故名禽翼從。皆神鳥故亦云靈。此必不盡。非唯青雀如前引故。今卽翼亦從。從者隨也。寄表而言天按樹者卽表衆生感旣發也。攀出池者卽表佛應赴于機也。靈禽者卽表同行眷屬。不爾便違無垢稱云所有進止施爲皆是佛事故。

어떤 사람은 經에서 오백 마리의 푸른 참새가 부처님을 따

---

261) 『方廣大莊嚴經』(大正藏3, 585上-中), "菩薩將欲坐菩提座。…時大梵天王爲供養菩薩故。以神通力令三千大千世界皆悉清淨。除諸砂鹵瓦礫荊棘。地平如掌無有丘墟。以金銀琉璃硨磲馬瑙珊瑚虎魄眞珠等寶而嚴飾之"

262) 大正藏脚註(大正藏37, 139上), "受欲=愛敬?"

263) 『方廣大莊嚴經』(大正藏3, 585下), "有十六天子。守護此菩提之場。是諸天子皆證無生法忍及得阿惟越致。其名曰轉進天子。無勝天子。施與天子。愛敬天子。勇力天子。善住天子。持地天子。作光天子。無垢天子。法自在天子。法幢天子。所行吉祥天子。無障礙天子。大莊嚴天子。清淨戒香天子。蓮花光明天子。如是等天子。…復有四護菩提樹神。一名毘留薄瞿。二名蘇摩那。三名烏珠缽底。四名帝珠。各以神力變菩提樹。高廣嚴好各長八十多羅之樹"

264) 『方廣大莊嚴經』(大正藏3, 584中), "爲欲降伏彼魔怨故。以大人相西面而行"

라간 후이므로 禽翼從이라 하였으며, 모두 神鳥인 까닭에 또한 신령하다고 한 것과 같다고 하였으나[265] 이 또한 절대로 다 말한 것이 아니다. 앞에서 인용한 바와 같이 오직 푸른 참새만 있는 것은 아니기 때문이다. 이제 곧 翼 또한 從이다. 從이란 따른다는 뜻이다. 드러난 바를 가지고 말해보자면, 天按樹란 곧 중생의 감응이 이미 나타나기 시작했음을 드러낸 것이다. 攀出池란 즉 부처님께서 마땅한 기회에 나아감을 나타낸 것이다. 靈禽이란 곧 함께 가는 권속들을 드러낸 것이다. 그렇지 않다면 바로 『무구칭경』에서 "나아가고 멈추는 바가 모두를 위하여 베푸는 것이 바로 佛事이다"라고 한 것에 어긋나게 된다.[266]

H2_29中, T37_139上

結曰吉祥感微[267]至跏趺而坐者。

經에서 말씀하시기를, "길상동자가 길상초를 바치니 …가부좌를 하신다"란,

述云此第三瑞草應聖也。菩薩卽知過去諸佛皆坐淨草而成正覺。時釋天變其身爲刈草人在菩薩右持草而立。其草青紺如孔雀尾。漸問名答曰吉祥。便作是念。欲求利自他吉祥立我前定證菩提。

풀어 말하기를, 이것은 세 번째, 상서로운 풀이 마땅히 성스러움이다. 보살은 곧 과거의 모든 부처님께서 모두 깨끗한 풀 위에 앉아서 바른 깨달음을 얻었음을 아셨다. 이때 제석천이

---

265) 『無量壽經義疏』(大正藏37, 95下), "如經中說。五百青雀隨從佛後名禽翼從。此皆神鳥故曰靈禽"

266) 『說無垢稱經』卷第五(大正藏14, 582上), "以要言之。諸佛所有威儀進止受用施爲。皆令所化有情調伏。是故一切皆名佛事"

267) 大正藏脚註(大正藏37, 139上), "微=徵?"

그 몸을 변화시켜 풀 베는 사람이 되어 보살의 오른쪽에 나타나 풀을 들고 섰다. 그 풀은 青紺으로서 공작의 꼬리와도 같았다. 나아가 이름을 묻자 길상이라 답하였다. 그러자 문득 이런 생각을 하였다. '나와 남을 이롭게 하려고 하니 내 앞에 길상이 서 있구나. 반드시 깨달음을 얻어야겠다.'[268]

故說頌曰吉祥汝今時宜速施淨草。我當坐是草降伏魔[269]軍。若證寂滅時卽問無上道。吉祥聞此言手持淨妙草住於菩薩前。幸先授菩提然後受淨草。菩薩報吉祥。非唯坐淨草卽護大菩提應修無量德方蒙諸佛記。吉祥汝應知。我證菩提已分布諸世間。汝當於我所聽受甘露法。

따라서 게송으로 설하기를, "길상동자여, 너는 이제 마땅히 깨끗한 풀을 베풀어야 하리. 나는 마땅히 이 풀에 앉아 저 마군을 항복받아야 한다. 만약 적멸을 증득했을 때 곧 무상도를 물어볼 수 있으리라" 하였다. 길상동자가 이 말을 듣고 깨끗하고도 오묘한 풀을 손에 들고 보살의 앞에 머물며 [말하기를] "바라옵건대 깨달은 바를 먼저 알려주시고 연후에 깨끗한 풀을 받으십시오" 하니, 보살이 길상동자에게 대답하기를 "깨끗한 풀에 앉는 것만으로 곧 큰 깨달음을 보호하는 것은 아니다.[270] 마땅히 한량없는 공덕을 닦아야 바야흐로 모든 부처님의 수기

268) 『方廣大莊嚴經』(大正藏3, 587上-中), "卽知過去諸佛皆坐淨草而成正覺。…時釋提桓因卽變其身。爲刈草人在菩薩右。不近不遠持草而立。其草青紺如孔雀尾柔軟可愛。…漸向其所。徐而問之。汝名字誰。其人答曰。我名吉祥。菩薩思惟我今欲求自身吉祥。復欲令他而得吉祥。人名吉祥於我前立。我今定證阿耨多羅三藐三菩提"

269) 魔 앞에 彼가 빠진 듯하다.

270) 이 부분은 憬興이 『莊嚴經』의 내용을 요약 정리하면서 글자를 바꾼 것이다. 본래는 '깨끗한 풀을 주는 것만으로 큰 깨달음을 얻을 수는 없다(非唯施淨草 卽獲大菩提)'이다.

를 받을 수 있을 것이다. 길상동자 그대는 마땅히 알라. 내가 깨달음을 증득하고 나서 모든 세간에 나눌 것이니, 그대는 마땅히 나에게 와서 감로법을 듣고 받아야 할 것이다"[271]

菩薩取草周遍敷設。將證菩提而面向東。於淨草上結跏趺坐。發大誓言我今若不得無上大菩提寧可碎是身終不起座。

보살이 풀을 취하여 두루 흩어 자리를 만들었다. 장차 깨달음을 얻기 위해 동쪽을 향하여 깨끗한 풀 위에 가부좌를 하였다. 큰 서원을 발하고 말하기를 내가 지금 만약 위없는 큰 깨달음을 얻지 못한다면 차라리 이 몸이 부서지는 한이 있어도 앉은 자리에서 일어나지 않으리라.[272]

總而言之。佛將成道感此吉祥而爲瑞。知必成覺而普利故云吉祥感徵。徵瑞也。卽以此瑞示當所成功果福祚故云表章功祚。祚之阿反福也助也。章亦顯也。受草之意證大菩提而利衆生故云哀受施草。寄樹成覺故云佛樹。卽三千界之中心也。

전체적으로 말하자면 부처님이 장차 깨달음을 얻게 되므로 이와 같은 길상을 느끼는 것을 상서로움이라 한다. 반드시 깨달음을 얻어 두루 이롭게 할 것을 알기 때문에 吉祥感徵이라고 한 것이다. 徵은 상서롭다는 뜻이다. 곧 이러한 상서로움으로써 마땅히 이루게 될 공덕이 결과적으로 福祚가 됨을 보여주는 것이므로 表章功祚라고 한 것이다. 祚(之阿反)는 福이고, 돕는다는

271) 『方廣大莊嚴經』(大正藏3, 587中-下), "於是頌曰 吉祥汝今時 宜速施淨草 我當坐是草 降伏彼魔軍 若證寂滅法 卽得無上道…幸先授菩提 然後受淨草 菩薩報吉祥 非唯施淨草 卽獲大菩提 應修無量德 方蒙諸佛記 吉祥汝應知 …我證菩提已 分布諸世間 汝當於我所 聽受甘露法"

272) 『方廣大莊嚴經』(大正藏3, 588上), "爾時菩薩示現取草周遍敷設…將證菩提而面向東。於淨草上結加趺坐。端身正念發大誓言 我今若不證 無上大菩提 寧可碎是身 終不起此座"

뜻이다.[273] 章 또한 나타낸다는 뜻이다. 풀을 받는 뜻은 큰 깨달음을 증득하여 중생을 이롭게 하기 위한 것이다. 따라서 哀受施草라고 하였다. 나무에 기대어 깨달음을 이루었기 때문에 佛樹라고 부른다. 곧 三千界의 중심이다.

衆生宜見旣有萬品故佛應示座亦不定。聖敎[274]而同意在此也。結跏趺者卽伏魔之坐。坐有二相。一降伏坐以左押右。二吉祥坐以右押左。我今雖伏魔意想成佛故作吉祥坐。加者重也。卽交置足而坐。有爲跏者不知所從。

衆生은 대개 여러 부류가 있음을 이미 보았기 때문에 부처님께서 마땅히 어떤 자세로 앉아계실지 보여주는 것 또한 확정된 것은 아니다. 성스러운 가르침이 뜻을 같이 함이 여기에 있다. 結跏趺는 곧 마왕에게 항복받는 앉음새이다. 앉는 데는 두 가지 모습이 있다. 첫째, 降伏坐로서 왼쪽으로 오른쪽을 누른 모습이다. 둘째, 祥坐로서 오른쪽으로 왼쪽을 누른 것이다. 내가 이제 비록 마군을 항복받았으나 성불하였기 때문에 吉祥坐를 하고 있다. 加는 포갠다는 뜻이다. 즉 발을 교차하여 두고 앉는다는 말이다. 가부좌를 하는 이들은 있으나 그 유래는 알지 못하고 하는 것이다.

H2_29下, T37_139中

經曰奮大光明至皆令降伏者。

經에서 말씀하시기를, "대광명을 놓으니 …모두 항복하게 만들었다"란,

---

273) 『無量壽經記』卷上(韓佛全2, 243上), "祚(音之阿文實福也助也)" (文은 反의 誤記로 보임)

274) 大正藏脚註(大正藏37, 139中), "冠註曰聖敎下恐有脫誤"

述云第四智力降魔也。有說此魔義通八種。無爲四倒近壞正解遠障眞德。雖非聲聞之患亦是菩薩之怨名爲魔故。此必不然。諸有往來卽應天魔故。又示作相必非常等故 今卽魔雖多種而此所伏正是天魔。

풀어 말하기를, 네 번째, 지혜의 힘으로 마군을 항복시킴이다. 어떤 사람은 이 魔의 뜻이 전부 여덟 가지라고 하였다. 無爲의 네 가지 전도됨은 가깝게는 바른 이해를 허무는 것이고, 멀게는 참된 덕에 장애가 됨이다. 비록 성문에게는 과실이 되지 않지만 또한 보살에게는 싫어하는 일이라서 魔라고 부른다고 하나275) 이는 절대로 그렇지 않다. 모든 존재의 가고 옴이 항상 똑같지 않듯이 천마도 마찬가지이다. 모습을 만들어 보이는 것 또한 절대로 항상 같을 수가 없다. 이제 곧 魔는 비록 여러 종류이나 여기서 항복받은 대상은 바로 天魔이다.

故菩薩坐菩提座已今當成正覺。魔王波旬應召降伏令發菩提心。卽放白毫相光遍照三千世界傍耀波旬之宮。魔王聞光中偈。世有最勝淸淨人經歷多時修行滿。是彼釋種捨王位今現坐於菩提場。汝自276)稱有大勇猛。當往樹下共相校。

따라서 菩薩은 보리좌에 앉고 나서 [생각하기를] '이제 마땅히 바른 깨달음을 성취하리라. 마왕파순은 마땅히 항복시켜 菩提心을 발하게 만들 것이다.' 곧 백호상으로부터 빛을 발하여 두루 삼천세계에 비추어 곁에서 마왕 파순의 궁을 비추니, 魔王은 빛 가운데서 게송을 들었다. "세상에 가장 뛰어나고 청정한 사람이 있으니, 오랜 시간에 걸쳐 행을 닦음이 원만하네. 바

275) 『無量壽經義疏』(大正藏37, 96上), "言其八者。前四種上。更加無爲四倒之心。於佛眞德。常計無常。樂計爲苦。我計無我。淨計不淨。以此四種。近壞正解。遠障眞德。故名爲魔。此後四種。小乘法中。未以爲患。不說爲魔。大乘爲過。故說爲魔。通論此八"

276) 身의 誤記로 보임

로 저 석가족의 가문에서 왕위조차 버리고, 이제 보리도량에 앉았으니. 그대의 몸은 큰 용맹이 있다고 하니, 나무 아래로 나아가서 서로 겨루어 보라"277)

波旬聞此偈已夢見其宮殿。皆黑闇震動不安。寤已遍體單慄心懷懼恐。魔有千子。五百在魔王右歸依菩薩。五百在魔王左贊助魔王。魔王語諸子以何方計能摧伏彼。右面魔子名曰有信。白波旬言假使力碎三千界。如是大力滿恒沙不動菩薩之一毛。何足能傷智慧者。左面魔子名曰百臂。復白波旬言我今身有百臂。一一皆能放百箭。大王但去不假憂。如此沙羅278)何足害。諸子慰諫不可備引。

파순이 이 게송을 듣고 나서 꿈에 자신의 궁전이 모두 암흑에 빠져 있었으며 진동하여 불안한 것을 보았다. 잠에서 깨어나서 몸 전체가 전율을 느끼면서 마음에 두려운 마음을 품었다.279) 마왕에게는 천 명의 아들이 있었다. 오백 명은 마왕의 오른쪽에 있었는데 보살에게 귀의하였고, 오백 명은 마왕의 왼쪽에 있었는데 마왕을 도왔다. 마왕은 모든 아들에게 말하기를 "어떤 방법이나 계략을 쓰더라도 보살을 꺾어 항복시키라"고 하였다. 오른쪽에 있는 마왕의 아들은 이름이 有信이라고 하는데, 파순에게 아뢰어 말하기를 "설사 힘이 삼천계를 부수어 이와 같은 큰 힘이 항하수의 모래처럼 가득하다 해도 보살의 털

---

277) 『方廣大莊嚴經』(大正藏3, 590中), "菩薩坐菩提座已作是思惟。我於今者當成正覺。魔王波旬居欲界中最尊最勝。應召來此而降伏之。…發阿耨多羅三藐三菩提心。作是念已放眉間白毫相光。其光名爲降伏魔怨。遍照三千大千世界傍耀魔宮。魔王波旬於光明中。聞如是偈 世有最勝淸淨人 經歷多時修行滿 是彼釋種捨王位 今現坐於菩提場 汝身稱有大勇猛 當往樹下共相挍"

278) 大正藏脚註(大正藏37, 139下), "羅=門?"

279) 『方廣大莊嚴經』(大正藏3, 590中-下), "時魔波旬聞是偈已。復於夢中見三十二不祥之相。…自見其宮震動不安佛告諸比丘。魔王波旬從夢寤已。遍體戰慄心懷恐懼"

하나도 움직일 수는 없을 것입니다. 무엇이 지혜를 상하게 할 수 있겠습니까?" 하였고, 왼쪽에 있는 마왕의 아들은 이름이 百臂라고 하는데, 다시 파순에게 아뢰어 말하기를 "제가 지금 몸에 백 개의 팔이 있는데 그 하나하나가 모두 능히 백 개의 화살을 쏠 수 있습니다. 대왕께서는 단지 이와 같은 사문이 어떻게 해할 수 있는가 하는 쓸데없는 걱정을 하지 마십시오."280) 모든 아들이 위로하기도 하고 헐뜯기도 하였으나 [그 내용을] 모두 다 인용하지는 않았다.

魔王又命諸女。汝等往彼菩提樹下誘此釋子壞其淨行。放諸魔女詣菩薩前。綺言妖姿三十二種媚惑菩薩。復說頌曰初春和暖好時節。衆草林木盡敷榮。大夫爲樂宜及時。一棄盛年難可再。仁雖端正美顏色。世間五欲亦難求。對斯勝境可歡娛。何爲樂彼菩提法。

마왕은 또한 모든 딸들에게 명령하였다. "너희들은 저 보리수 아래로 가서 이 석가족의 아들을 유혹하여 그 청정한 행을 무너뜨려라." 모든 마왕의 딸을 풀어 보살 앞에 이르게 하였다. 아름다운 말과 요염한 자태로 서른두 가지 아양을 떨어 보살을 미혹하려 하였다. 다시 게송으로 말하기를 "초봄의 따뜻한 기운이 좋은 시절에, 뭇 풀과 숲과 나무는 모두 다 무성하네. 대장부로서의 즐거움을 누릴 마땅한 때가 되었으니, 한 번 무성

280) 『方廣大莊嚴經』(大正藏3, 591中-下), "是時波旬聞彼大臣如是偈已其心悶亂。復召千子。其五百子淸白之部。在魔王右歸依菩薩。其五百子冥黑之部。在魔王左贊助魔王。於是波旬告語諸子。汝等宜應一心籌量。以何方計能摧伏彼。…左面魔子名曰百臂。復向波旬而說偈言　我今一身有百臂　一一皆能放百箭　大王但去不假憂　如此沙門何足害　…右面魔子名曰有信。復向波旬而說偈言　假使力碎三千界　如是大力滿恒沙　不動菩薩之一毛　何足能傷智慧者"

한 시기를 버리면 다시 얻기 어렵다네. 그대 비록 단정하고 아름다운 얼굴빛을 하고 있지만, 세간의 오욕락은 또한 구하기 어렵고 이 수승한 경계에서 즐겨 놀 수 있는데, 어찌 저 보리법을 즐거워하는가."281)

菩薩聞已心生哀愍。卽以妙偈云我閱五欲多過患。由是煩惱失神通。譬如火坑及毒蜃。衆生赴之而不覺。是身虛妄從業生。四大五蘊假合成。筋骨相纏而暫有。智者誰應耽著此。凡夫迷故生欲心。我已解脫於世間。如空中風難可繫。革囊盛糞非淨物。我今不喜應疾去。

보살이 듣고 나서 마음에 불쌍히 여기는 마음이 일어났다. 곧 오묘한 게송으로서 말하기를 "나는 오욕락에 많은 허물이 있음을 보았으니, 이러한 번뇌로 말미암아 신통력을 잃어버리게 된다. 비유컨대 불구덩이와 독을 담은 그릇에 중생이 다가가면서도 알지 못하는 것과 같다. 이 몸은 허망하여 업을 따라서 생기는 것이니, 사대오온이 임시로 합하여 진 것이다. 힘줄과 뼈가 서로 지탱하고 있지만 잠시 있을 뿐이니, 지혜로운 자가 누구라도 마땅히 여기에 집착하겠는가! 범부가 미혹하여 탐욕심을 내지만, 나는 이미 세간으로부터 해탈하였다. 허공중에 바람을 잡아 맬 수 없는 것과 같다. 가죽 주머니에 똥을 담아 놓은 깨끗하지 못한 것이 [와서 무엇을 하려는가!] 나는 이제 기뻐하지 않으니 마땅히 빨리 떠나거라."282)

281) 『方廣大莊嚴經』(大正藏3, 592中-下), "魔王爾時又命諸女作如是言。汝等諸女。可共往彼菩提樹下。誘此釋子壞其淨行。於是魔女詣菩提樹。在菩薩前。綺言妖姿三十二種媚惑菩薩。…而說偈曰初春和暖好時節 衆草林木盡敷榮 丈夫爲樂宜及時 一棄盛年難可再 仁雖端正美顏色 世間五欲亦難求 對斯勝境可歡娛 何爲樂彼菩提法"

282) 『方廣大莊嚴經』(大正藏3, 592下-593上), "爾時菩薩聞彼妖惑之言。心生哀愍卽以妙偈化其魔女 我觀五欲多過患 由是煩惱失神通 譬如火抗及毒奩諸女不能得。卽以華散菩薩上右遶三匝作禮去。白魔王言我等昔來未曾見有如是之士於欲界中覩我姿容而心不動。唯願大王勿與此人共爲嫌障。283)

모든 마왕의 딸들이 능히 얻지 못하자 곧 꽃을 보살의 머리 위에 뿌리고, 오른 쪽으로 세 번 돌아 예를 갖추고 떠났다. 마왕께 아뢰어 말하기를 "저희들이 옛날부터 일찍이 욕계에서 이와 같은 자는 보지 못하였습니다. 저의 자태와 얼굴을 보고도 마음을 움직이지 않았습니다. 오직 원컨대 대왕이시여, 이 사람과 더불어 함께 미워하여 틈을 만들지 마십시오."284)

時波旬詣菩提樹告菩薩言。汝應速必起得輪王。菩提難得勿自勞形。菩薩報云我不樂五欲如旣吐食。旣坐金剛座勿得菩提。汝不應作此說而宜疾去。波旬瞋恨。卽發兵衆無量無邊百千萬億。側塞塡咀菩提樹邊。皆不能害。波旬欲近菩薩亦不能進。

이때 파순은 보리수에 가서 보살에게 고하여 말하였다. "그대는 마땅히 빨리 일어나 반드시 전륜성왕이 되어야 한다. 보리는 얻기 어려우니 스스로 힘들어 만들려고 하지 말라." 보살이 대답하여 말하기를 "나는 오욕락을 즐거워하지 않으니, 이미 토한 음식과도 같기 때문이다. 내 이미 金剛座에 앉았는데 보리를 얻지 말라 하니 그대는 마땅히 이러한 말을 해서는 안 된다. 그러므로 마땅히 빨리 떠나가라"고 하자, 파순은 눈을 부

衆生赴之而不覺…是身虛妄從業生 四大五蘊假合成 筋骨相纏而暫有 智者誰應耽著此 凡夫迷故生欲心…我已解脫於世間 如空中風難可繫…革囊盛糞非淸淨物。而來何爲。去吾不喜"

283) 障은 隙의 誤記로 보임

284) 『方廣大莊嚴經』(大正藏3, 593上), "其諸魔女媚惑菩薩旣不能得。卽以建尼迦花及詹波花散菩薩上。右遶三匝作禮而去。歸魔王所告魔王言。大王。我等昔來未曾見有如是之士。於欲界中睹我姿容而心不動。…惟願大王。莫與此人共爲嫌隙"

릅뜨고 원통해 하였다.[285] 곧 한량없고 가없는 백천만억을 헤아리는 병사의 무리가 보리수 주변의 곁을 막고 에워쌌으나 모두 능히 해를 입힐 수는 없었다. 파순은 보살에게 가까이 가려고 하였으나 또한 능히 나아갈 수가 없었다.[286]

菩薩語言汝以微善今獲天報。我無量劫修習聖行當得菩提。手指大地。地神卽於菩薩前出自我爲證。作此語時大千震動出大音聲。魔衆皆散魔亦還宮。總而言之。大明者卽眉間白毫之光遍大千界故復云大。使魔知者卽夢所見不吉祥之相。來逼試者卽將諸兵衆欲近菩薩之時。魔者魔羅。此云弊惡亦名殺者。

보살이 말하기를 "그대는 작은 선을 가지고 지금 天[이 되는] 과보를 얻었지만, 나는 무량겁 동안 성스러운 행을 닦아 마땅히 보리를 얻으려는 것이다." 손으로 대지를 가리키니 지신이 곧 보살 앞에 나타나서 "제가 증명하겠습니다"라고 하였다. 이 말을 했을 때 대천세계가 진동하며 큰 소리가 났다. 마왕의 무리들은 모두 흩어지고 마왕 또한 궁으로 돌아갔다.[287] 전체적으로 말하자면 大明이란 곧 미간 백호로부터 나오는 빛이 두루 대천세계를 비추기 때문에 다시 크다고 하는 것이다. 마왕으로 하여금 알게 한다는 것은 곧 마왕의 꿈에 불길하고 상서롭지 못한 모습을 보게 한 것을 말한다. 來逼試란 곧 장차 모

285) 『方廣大莊嚴經』(大正藏3, 593中-下), "是時魔王波旬不受子諫。詣菩提樹告菩薩言。汝應速起離於此處。必定當得轉輪聖王。…菩提難得徒自勞形。…譬如有人旣吐食已。…我今已坐金剛之座當證菩提。汝宜速去。於是波旬瞋目發憤"

286) 『方廣大莊嚴經』(大正藏3, 594上-中), "如是兵衆無量無邊百千萬億。叟塞塡咽菩提樹邊。…欲近菩薩不能前進"

287) 『方廣大莊嚴經』(大正藏3, 594下-595上), "汝以微善今獲天報。我於往昔無量劫來修習聖行。今者當得阿耨多羅三藐三菩提。…於菩薩前從地踊出。…作是語時三千大千世界六種震動。出大音聲有十八相爾時魔衆皆悉退散憒亂失據顚倒狼藉縱橫而走"

든 병사들이 보살에게 가까이 가려고 할 때이다. 魔란 魔羅이다. 이것은 弊惡을 말하며, 殺者라고도 부른다.

有說智力者卽十力智令魔降伏。若爾如何亦云降魔。是慈定力故。今卽智者菩薩之道。力者威神之力。欲壞自利卽智能伏。若破利他卽神力伏。隨善一種義卽闕焉故兼之也。神力必由慈定發故云智力皆令降伏。卽智論云由得菩薩道。餘經亦云由慈三昧是也。

어떤 사람은 智力이란 곧 十力智[288]로써 마왕으로 하여금 항복하게 한 것이라고 한다. 만약 그러하다면 어찌하여 또한 마군을 항복받는 것을 慈定力[289] 때문이라고 하였는가? 이제 곧 智란 보살의 길이다. 力이란 위신력이다. 자신의 이익을 무너뜨리고자 하므로 곧 智가 능히 항복시키는 것이다. 만약 남을 이롭게 하는 것을 깨뜨리려고 하였다면 곧 神力이 항복시켰을 것이다. 선을 따르는 한 가지 뜻인 즉 이지러지므로 이를 겸하는 것이다. 神力은 반드시 慈定力으로부터 말미암아 생기는 것이기 때문에 智力이 모두 항복시킬 수 있다고 하는 것이다. 즉『대지도론』에서 말하기를 菩薩道를 얻음으로 말미암는

---

288) 十力智 : 十力(daśa-bala)은 부처가 지닌 열 가지 힘으로서 18불공법의 일부이다. 곧 열 가지 지혜의 힘이란, ①處非處智力(바른 도리와 그렇지 않은 도리를 변별하는 지력), ②業異熟智力(선악업과 그 과보를 여실하게 아는 지력), ③禪定解脫智力(四禪·八解脫·三三昧·八等持 등을 여실히 아는 지력), ④根上下智力(중생 근기의 고하 우열을 여실히 아는 지력), ⑤種種勝解智力(중생의 여러 가지 의욕경향을 여실히 아는 지력), ⑥種種界智力(중생계와 그 성류(性類)를 여실히 아는 지력), ⑦遍趣行智力(어떤 수행에 의해 어떤 도에 나가는 가를 여실히 아는 지력), ⑧宿住隨念智力(중생의 숙명을 여실히 아는 지력, 즉 宿命通), ⑨死生智力(중생의 미래를 여실히 아는 지력, 즉 天眼通), ⑩漏盡智力(일체의 번뇌(漏)가 다한 것을 여실히 아는 지력, 즉 漏盡通)

289) 慈定力 : 慈定(일체중생에 대한 자비의 마음으로 머무는 선정)의 힘.

다고 하였다.[290] 나머지 經에서도 또한 慈三昧로 말미암는다고 한 것이 이것이다.

H2_30下, T37_140上

經曰得微妙法成寂[291]正覺者。

經에서 말씀하시기를, "미묘한 법을 얻어 정각을 이룬다"란,

述云此第五覺果斯成也。有說妙法是理。有說涅槃滅皆非也。不可唯言得理得滅成正覺故。今卽菩薩降伏魔怨建立法幢遊入四禪無有動搖。至初夜分得智得明攝持一心發天眼通。於中夜分得宿命通皆憶自他過去之事。便觀一切衆生老死因生故有。乃至行亦因無明有。

풀어 말하기를, 이것은 다섯 번째, 깨달음의 결과 이것을 이룸이다. 어떤 사람은 妙法이 理라 하였고,[292] 어떤 사람은 涅槃은 滅이라고[293] 하였으나 모두 잘못이다. 오직 理를 얻거나 滅을 얻은 것을 정각을 이룬 것이라고 할 수는 없기 때문이다. 이제 곧 보살이 魔怨에게 항복받고 法幢을 세워 四禪에 들어가 동요함이 없었다. 初夜分에 이르러 智를 얻고 明을 얻어 一心을 포섭하여 天眼通을 얻었다.[294] 中夜分에는 宿命通을 얻어 나와 남의 과거 일들을 모두 기억하였다. 곧 一切衆生이 늙고 죽는 것은 태어남으로 인한 것이라고 관하였기 때문에 有라고

290) 『大智度論』卷第五(大正藏25, 99中), "是諸菩薩得菩薩道故。破煩惱魔得法身故。破陰魔得道得法性身故。破死魔常一心故。一切處心不著故。入不動三昧故。破他化自在天子魔。以是故說過諸魔事"

291) 大正藏脚註(大正藏37, 140上), "寂＝最?"

292) 『無量壽經義疏』(大正藏37, 96中), "理是妙法"

293) 『大般涅槃經義記』卷第二(大正藏37, 647下), "涅槃是滅"

294) 『方廣大莊嚴經』(大正藏3, 595上), "佛告諸比丘。爾時菩薩降伏魔怨。滅其毒刺建立法幢。…入第四禪 爾時菩薩住於正定。其心淸白光明無染。離隨煩惱。柔軟調和無有搖動。至初夜分得智得明攝持一心獲天眼通"

하였다. 내지 行은 또한 無明으로 인하여 존재한다.[295]

復更思惟因何滅故老死滅。即無明滅故行滅。乃至生滅故老死滅。復更思惟此色[296]無明。此無明因。此無明滅。此滅無明道。乃至老死憂悲苦惱。皆亦如是。於後夜分明星出時調御聖智所應知所應悟所應見所應證。彼一切一念相應慧證無上覺。備足三明。

다시 무엇이 멸하면 老死가 멸하는지 그 원인을 사유하였다. 곧 無明이 滅하였으므로 行이 滅하였으며, 내지 生이 滅하였으므로 老死가 滅한다고 사유하였다. 다시 사유하기를 이것이 바로 무명이며, 이것이 바로 무명의 因이며, 이것이 바로 무명의 滅함이며, 이것이 바로 무명을 滅하게 하는 道이며, [다시 다른 것은 없다]. 내지 늙어 죽고, 근심과 슬픔과 괴로움 또한 모두 이와 같[다고 알아야 한]다.[297] 後夜分에 샛별이 나올 때 조어장부로서의 성스러운 지혜로 마땅히 알아야 할 것과 마땅히 깨달아야 할 것과 마땅히 보아야 할 것과 마땅히 증득해야 할 그 온갖 것과 한 생각에 상응하는 지혜로 無上覺을 증득하고 三明을 완전히 갖추었다.[298]

---

295) 『方廣大莊嚴經』(大正藏3, 595中), "於中夜分攝持一心。證得憶念過去宿命智。通觀過去自他所受生事。…此老病死從何而有。即時能知因生故有。…如是行者復因何有。即時能知因無明有"

296) 是의 誤記로 보임

297) 『方廣大莊嚴經』(大正藏3, 595下), "復更思惟。因何無故老死無因何滅故老死滅。即時能知。無明滅故即行滅。…生滅故即老死滅。老死滅故即憂悲苦惱滅。復更思惟。此是無明。此是無明因。此是無明滅。此是滅無明道。…憂悲苦惱。如是大苦蘊生乃至滅。如是應知"

298) 『方廣大莊嚴經』(大正藏3, 595下), "菩薩於後夜分明星出時。佛世尊調御丈夫聖智。所應知。所應得。所應悟。所應見。所應證。彼一切一念相應慧證阿耨多羅三藐三菩提。成等正覺。具足三明"

爲諸天子現成佛瑞。上昇虛空高七多羅。以頌而言煩惱悉已斷諸漏皆空渴更不復受生是名盡苦際。諸天生喜天華散佛積至于膝故。

諸天子를 위하여 成佛의 상서로움을 나타내었다. 허공에 높이 七多羅 만큼 위로 올라갔다. 게송으로써 말하기를 "번뇌는 이미 모두 끊어지고, 모든 샘(漏:번뇌)은 모두 비어 말라 버렸네. 다시 또 태어나는 일은 없으리니, 이것을 [일러] 괴로움의 끝을 다하였다고 한다." 제천이 기뻐하며 부처님께 천상의 꽃을 흩뿌리니 [그 꽃이] 쌓여 무릎까지 이르렀다.[299]

微妙法者卽攝所證果德悉盡之言。卽瑜伽論云復於後時坐菩提座棄捨一切非方便攝勇猛精進所有善法遂得增長。於所修斷轉求勝妙遂不更求餘外道師。無師自然修三十七菩提分法證得無上正等菩提名大覺者是也。

微妙法이란 곧 깨달은 바와 그 과보로서의 공덕까지 다 포함하는 말이다. 즉 『瑜伽師地論』에서 "다시 그 후에 보리좌에 앉아 일체 방편 아닌 것들을 버리고, 용맹정진하여 얻은 선법을 드디어 증장하였다. 끊음을 닦아 승묘한 도리를 구하였으나 마침내 나머지 외도에게서는 스승을 찾을 수 없었다. 스승 없이 자연히 37菩提分法을 닦아 無上正等菩提를 증득하니 이를 큰 깨달음이라고 불렀다"[300]는 것이 바로 이것이다.

---

299) 『方廣大莊嚴經』(大正藏3, 596上), "如來知彼天子思見瑞相。上昇虛空高七多羅樹。如佛所證以偈頌曰 煩惱悉已斷 諸漏皆空竭 更不復受生 是名盡苦際 爾時彼諸天子心生歡喜。以微妙天花遍散佛上。當於是時香花彌布積至于膝"

300) 『瑜伽師地論』(大正藏30, 378上-中), "復於後時坐菩提座。棄捨一切非方便攝勇猛精進。所有善法遂得增長。…於所修斷展轉尋求勝上微妙。旣由如是不知足故。遂不更求餘外道師。無師自然修三十七菩提分法。證得無上正等菩提。名大覺者"

H2_31上, T37_140上

經曰釋梵祈勸請轉法輪者。

經에서 말씀하시기를, "제석천과 범천이 바라고 권하여 법륜을 굴리도록 청하였다"란,

述云第八法化普洽有二。初加威祈請後因請起說。此初也。初成正覺。諸天嘆已住喜悅定。觀菩提樹目不暫捨。禪悅爲食不起于座。經於七日爲居此處除諸苦故。第二七日周匝經行大千爲限。第三七日觀菩提場。亦爲居此得大覺故。第四七日隨近經行大海爲邊。

풀어 말하기를, 여덟 번째 법으로 교화함이 [중생을] 두루 윤택하게 함(法化普洽)이다. 여기에는 두 가지가 있다. 첫째, 위력을 가하여 바라고 청함, 둘째 청함으로 인해 설법을 함이다. 이것은 그 첫 번째이다. 처음 정각을 이루자 諸天이 찬탄하였다. 喜悅定에 머물러 菩提樹를 자세히 살피며 눈을 잠시도 떼지 않았으며, 선정의 기쁨으로 음식을 삼았다. 자리에서 일어나지 않은 채 7일이 지났다.301) 이곳에서 모든 고통을 없애기 위함이었다. 두 번째 7일에는 삼천대천세계의 끝까지 두루 돌면서 경행하였다. 세 번째 7일은 보리도량을 관한 것은 또한 이곳에 머물면서 大覺을 얻기 위함이었다. 네 번째 7일은 근처의 대해의 끝까지 經行하였다.302)

時魔王請曠劫苦行方得成佛。唯願善逝入於涅槃。佛報波旬求大菩提欲利衆生。

---

301) 『方廣大莊嚴經』(大正藏3, 599中), "世尊初成正覺。無量諸天皆悉稱讚如來功德。爾時世尊觀菩提樹王目不暫捨。禪悅爲食無餘食想。不起于坐經於七日"

302) 『方廣大莊嚴經』(大正藏3, 600下-601上), "至第二七日周匝經行。三千大千世界以爲邊際。至第三七日觀菩提場目不暫捨。亦爲居此斷除生死。得阿耨多羅三藐三菩提。至第四七日如來隨近經行。以大海爲邊際"

而我法中未獲義利三寶未備未說妙法云何涅槃。

이때 마왕이 청하기를 "曠劫 동안 苦行을 하여 드디어 성불하셨으니 오직 원컨대 善逝[303]께서는 열반에 들어 주십시오" 하였다. 부처님이 파순에게 대답하기를 "큰 깨달음을 구하여 중생을 이롭게 하고자 한다. [중생이] 내 법 가운데서 아직 이치와 이익을 얻지 못하였으며, 三寶가 아직 갖추어져 있지 않았으며, 아직 묘법을 설하지 않았는데 무슨 열반을 운운하는가!"하였다.[304]

波旬聞已心生憂惱。時彼三女見父愁苦更變其形。一爲少婦之形一爲中婦之形來至佛所。以神通力皆成老母。還至父所言我復爲變化惑亂彼沙門。仍以大神通化我爲老母。願王以威力令得如本形。魔報諸女汝可自往懺悔前罪。彼攝神力方得復本。諸女至佛言我今極生悔冀得罪銷滅。唯願慈悲力令復於本形。佛以慈悲故攝神通令復如本。

파순이 이를 듣고 나서 마음에 근심과 괴로움이 생겨났다. 이때 마왕의 세 딸이 아버지가 근심하고 괴로워하는 모습을 보고 다시 그 모습을 변화하여 하나는 작은 부인의 모습이 되고, 다른 하나는 가운데 부인의 모습이 되어 부처님이 계신 곳에 이르렀다. [부처님은] 신통력으로써 모두 늙은 어머니의 모습으로 만들었다. [마왕의 딸들은] 아버지가 있는 곳으로 돌아와 말하기를 "저희가 다시 변화하여 저 사문을 미혹하여 어지럽히려 하였으나, 오히려 대신통력을 써서 저를 변화시켜 늙은 어머니

303) 부처의 열 가지 호칭 가운데 하나. 깨달음의 彼岸으로 간 채 迷妄의 세계로 다시 돌아오지 않음을 뜻함.

304) 『方廣大莊嚴經』(大正藏3, 601上), "爾時魔王至世尊所。作如是言。世尊。無量劫來精勤苦行。方得成佛入般涅槃。今正是時。惟願如來入於涅槃。…三寶未具衆生未調。未現神通未說妙法。無量菩薩未發阿耨多羅三藐三菩提心。云何令我入於涅槃"

의 모습으로 만들어 버렸습니다. 원컨대 마왕이시여, 위력으로 원래의 모습으로 돌아가게 해주십시오”라고 하였다. 마왕이 딸들에게 대답하기를 “너희들이 스스로 가서 이전의 죄를 참회하여라. 그가 신통력을 거두어 들여야 바야흐로 본래대로 돌아갈 것이다” 하였다. 모든 딸들이 부처님에게 가서 말하기를 “저희가 이제 지극히 참회의 마음을 내고 있습니다. 바라옵건대 죄를 소멸해 주십시오. 오직 원컨대 자비력으로 본래의 모습으로 돌아갈 수 있게 해 주십시오”라고 하였다. 부처님께서는 자비로써 신통력을 거두어 처음처럼 되돌려 주었다.305)

第五七日住目眞鄰陀龍王所居龍神守護。第六七日往尼俱陀樹下近尼連河。有多外道皆來慰問。第七七日至多演林中觀諸衆生爲生老病死所逼迫。

다섯 번째 7일에는 目眞鄰陀 龍王이 살고 있는 곳에 머물렀는데 용신이 [나쁜 것으로부터 부처님을] 수호하였다. 여섯 번째 7일에는 尼連河 근처에 있는 尼俱陀 나무 아래에 갔다. 많은 외도들이 모두 와서 위문하였다. 일곱 번째 7일에는 多演林 가운데 이르러 모든 중생이 生老病死에 핍박당하는 것을 관하였다.306)

---

305) 『方廣大莊嚴經』(大正藏3, 601上-中), “爾時魔王聞是語…心生憂惱。是時魔王三女見父愁苦。…於是三女更變其形。一爲童女之形。一爲少婦之形。一爲中婦之形來至佛所。爾時世尊以神通力令彼三女皆成老母。於是三女還至其父所。…我今極生悔 冀得罪銷滅 惟願慈悲力 令復於本形 爾時如來以慈悲故。卽攝神通。令彼魔女還復如本”

306) 『方廣大莊嚴經』(大正藏3, 601中-下), “於第五七日住目眞鄰陀龍王所居之處。…於第六七日。往尼俱陀樹下近尼連河。是處多諸外道。彼外道衆皆來親覲。慰問世尊…第七七日。至多演林中在一樹下。結跏趺坐觀察衆生。爲生老病死之所逼迫”

時北天竺兄弟二人。爲衆商之主。一名帝履富婆一名婆履。以五百乘車載其珍寶還歸本國。有二調牛。一名善生二號名稱。巧識前路止不能進。心懷恐懼。林神忽語勿懷恐汝得大利。有佛出世初成正覺住此林中。不食已來四十九日。汝等應將種種飮食而以上之。

이때 북천축에 형제 두 사람이 있었다. 이들은 상인 무리의 우두머리였다. 하나는 이름이 帝履富婆이며, 다른 하나는 이름이 婆履였다. 이들은 500대의 수레에 진귀한 보물을 싣고 본국으로 돌아가고 있었다. 이들에게는 길들여진 두 마리의 소가 있었다. 하나는 이름이 善生이고, 다른 하나는 號名稱이었는데 앞길을 잘 [알고 안전한지 위험한지를 잘] 알고 있었다. [두 소가 갑자기] 멈추며 나아갈 수가 없자 두려운 마음을 품었다. [이때] 숲의 신이 문득 말하기를 "두려워하지 말라. 너희들은 큰 이익을 얻을 것이다. 부처님이 세상에 나와 처음으로 정각을 이루어 지금 이 숲 가운데 머물고 있느니라. 음식을 먹지 않은 지 49일이 되었으니, 너희들은 마땅히 갖가지 음식을 가지고 가서 바쳐야 할 것이다"307)

時二調牛便向佛行。故諸商人隨調牛而往。遙睹如來相好光如日出。生希有心以爲天神。佛擧袈裟卽知如來。辨諸美味蘇蜜甘蔗乳糜豆308)屬乃時奉施。右遶三匝卻住一面白佛。哀愍受我微供。佛作是思。以何器受。時四天王各上金砵。佛言出家不合汝砵。

307) 『方廣大莊嚴經』(大正藏3, 601下), "時北天竺國兄弟二人爲衆商之主。一名帝履富婆。一名婆履。…以五百乘車載其珍寶還歸本國。是諸商侶有二調牛。一名善生。一號名稱。巧識前路…二牛爲導亦不得進。加諸杖捶亦不能前。時諸商人心懷恐懼。…林神忽現其形語商人言。汝諸商人勿懷恐懼。汝於長夜流轉生死今得大利。所以者何。有佛世尊出現於世。初成正覺住此林中。不食已來四十九日。汝等應將種種飮食而以上之"

308) 之의 誤記로 보임

이때 두 마리의 소는 곧장 부처님을 향하여 나아갔다. 따라서 모든 상인이 소를 따라서 갔다. 멀리서 여래의 상호가 해가 뜬 것처럼 빛나는 것을 보고 희유심을 내며 天神이라고 여겼다. 부처님께서 가사를 들었으므로 곧 여래임을 알게 되었다. 온갖 맛난 것들을 가려내어 차조기(蘇), 꿀(蜜), 사탕수수(甘蔗)와 유미죽(乳糜)과 같은 것들을 [마련해두었다가 음식을 먹을 적당한] 때가 되었을 때 바쳤다. 오른쪽으로 세 번 돌고 한 쪽에 서서 부처님께 아뢰기를 "저희를 불쌍하게 여기시어 저희들의 작은 공양물을 받아 주십시오" 하였다. [이때] 부처님께서 이런 생각을 하였다. '어떤 그릇으로 받을 것인가' 이때 사천왕이 각각 금으로 된 발우를 바쳤다. 부처님께서 "출가한 자에게는 너희들이 바친 발우가 합당치 않다"고 말씀하셨다.[309]

北方天王語餘天言昔青身天將白石砵來與我等欲施石砵。今正是時。各還自宮持彼破[310]砵以上如來。佛各受四天王之砵次第相重安置右手按之合成一器四際分明。時商衆於晨朝時牧人搩乳。凡所搩者化爲醍醐。心生希有選上粳米煮以爲糜。和好合密[311]盛栴檀砵以上如來。

북방천왕이 나머지 천왕들에게 말하기를 "예전에 青身天이 흰 돌로 만들어진 발우를 가지고 와서 우리에게 준 일이 있다.

---

309) 『方廣大莊嚴經』(大正藏3, 601下-602上), "時二調牛便向佛行。而諸商人隨牛而往。行路不遠遙睹如來三十二相八十種好。身光赫然如日初出。旣見佛已咸生希有恭敬之心。皆作是言。此爲梵王。爲是帝釋。爲是四天王 爲是日月天。爲是山神。爲是河神世尊 爾時微擧袈裟示彼商人。商人見已卽知如來。…辨諸美味酥蜜甘蔗乳糜之屬及時奉施。…右遶三匝卻住一面。作如是言。世尊。哀愍我故受是微供…時四天王各持金缽奉上如來。…爾時世尊告四天王言。出家之法不合受汝如是金缽"

310) 石의 誤記로 보임

311) 合密이 『方廣大莊嚴經』에는 香蜜로 되어 있다.

돌로 만든 발우를 베풀고자 한다면 지금이 바로 마땅한 때이다.” 각각 자기의 궁으로 돌아가 그 돌로 만든 발우를 가지고 와서 여래에게 바쳤다. 부처님께서는 각각 사천왕의 발우를 받으셨다. 차례로 서로 포개어 편안하게 놓고 오른 손으로 누르자 하나의 그릇이 되었고, 네 귀퉁이가 분명해졌다. 이때 상인의 무리가 새벽에 소를 치는 사람이 젖을 짜는 것을 보았는데 무릇 짠 것마다 醍醐가 되니, 희유심을 내어 가장 좋은 쌀을 골라 넣고 끓여 죽을 만들었으며, 향기로운 꿀과 함께 잘 조화시켜 전단수로 만든 발우에 담아서 여래께 바쳤다.[312]

如來受已砵擲空中。梵王接還自宮起塔供養。佛自呪願而授記莂。入深禪定觀諸世間便作思惟。所證之法非心言境恐無利[313]應。默然住而說偈言我得甘露無爲法。甚深寂靜離塵垢。梵王若來勸請我。或[314]當爲轉微妙法。

여래께서 [공양을] 받으신 후 발우를 허공에 던졌다. 범천왕이 발우를 받아가지고 자기의 궁으로 돌아가 탑을 세우고 공양하였다. 부처님께서 [상인들을 위하여] 스스로 주문을 외우고 축원하였으며 [상인들에게] 授記를 주었다.[315] 깊은 선정에 들

312) 『方廣大莊嚴經』(大正藏3, 602上-下), “是時北方毘沙門天王告餘天王言。我念昔者有靑身天。將四石鉢來與我等。復有一天。名曰遍光。來白我言。愼勿用此石鉢宜應供養而作塔想。何以故。未來有佛出興於世。名釋迦牟尼。當以此鉢奉上彼佛爾時毘沙門天王語餘天王言。欲施石鉢今正是時。四天王各還自宮。與諸眷屬持彼石鉢。盛滿天花以香塗之。奏諸天樂供養石鉢。來詣佛所各各以鉢奉上如來。…爾時世尊受四天王鉢已。如是次第相重安置右手按之。合成一器四際分明。…時彼商衆驅大群牛循路而行。於晨朝時牧人[(轂-一)/牛]乳。凡所[(轂-一)/牛]者化爲醍醐。心生希有…選上粳米煮以爲糜。和好香蜜盛以栴檀之鉢。詣多演林奉上如來”

313) 大正藏脚註(大正藏37, 140下), “利+(益)?”

314) 『方廣大莊嚴經』의 餘本에 ‘我’로 되어 있는 곳이 있으며, 문맥상 ‘我’의 誤記로 보인다.

어가 모든 세간을 관하고 바로 생각을 하였다. '내가 증득한 법은 마음으로 헤아리거나 말로 설할 수 없는 경계이다. [법을 설하는 것이] 아무런 이익을 없을까 두렵도다' 하고 잠자코 머물러 있다가 게송으로 설하기를 "나는 감로무위법을 얻었다. 대단히 깊고 고요하여 티끌과 먼지조차 여의었다. 범왕이 만약 와서 나에게 권하여 청한다면, 나는 미묘한 법을 전해주리라" 하셨다.316)

螺髻梵王以佛威神卽知如來默然之旨。與六十八拘胝梵衆來白佛言。世尊多有衆生堪能悟入甚深之法。唯願說之。而佛默然。

螺髻梵王이 부처님의 위신력으로 인해 곧 如來가 침묵하시는 뜻을 알게 되었다. 68구지의 범천왕의 대중과 더불어 와서 부처님께 아뢰어 말하기를 "세존이시여 대단히 깊은 법을 능히 깨달을 수 있는 중생이 많이 있습니다. 오직 원컨대 설하여주십시오."라고 하였으나 부처님께서는 여전히 묵묵히 계셨다.317)

---

315) 『方廣大莊嚴經』(大正藏3, 602下), "爾時世尊受商人食已。持彼梅檀之鉢擲置空中。…梵天。名曰善梵。接梅檀鉢還於梵宮起塔供養。…世尊呪願…而授記莂時。諸商人聞受記已得未曾有。皆悉合掌作如是言。我從今者歸依如來"

316) 『方廣大莊嚴經』(大正藏3, 603上), "入深禪定觀察世間。作是思惟。我證甚深微妙之法。…非心所計。非言能說…無所利益。是故我應默然而住。爾時世尊而說偈言 我得甘露無爲法 甚深寂靜離塵垢…梵王若來勸請我 或當爲轉微妙法"

317) 『方廣大莊嚴經』(大正藏3, 603上-中), "佛告諸比丘。如來說是偈已。眉間白毫放大光明。遍照三千大千世界。爾時娑婆世界主螺髻梵王以佛威神。卽知如來默然之旨。…與六十八拘胝梵衆。來詣佛所。頂禮佛足右遶三匝卻住一面。而白佛言。世尊。…多有衆生堪能悟入甚深之法。惟願世尊轉于法輪。…爾時世尊默然而住"

梵王亦知默然之旨。卽與釋天乃至阿迦尼吒天於夜分中至多演林禮已右遶。釋天白佛請轉法輪。佛猶默然。大梵重請佛說二偈。我證逆流道甚深難可見。盲者莫能覩故默而不說。世間諸衆生著彼五塵境不能解我法。是故今默然。梵釋諸天聞已憂惱忽然不現。

범왕이 또한 부처님께서 침묵하시는 뜻을 알고, 곧 제석천 내지 阿迦尼吒天과 더불어 밤중에 多演林에 이르러 예를 갖추어 오른 쪽으로 돌았다. 제석천이 부처님께 법륜을 굴려주시기를 청하였다. 부처님은 여전히 묵묵히 계셨다. 大梵이 거듭 청하자 부처님께서는 두 개의 게송을 설하였다. “나는 逆流의 道를 증득하였다. 이는 대단히 깊어 알기 어렵다. 눈이 먼 자가 볼 수 없을 것이라. 따라서 잠자코 설하지 않는 것이다. 세간의 모든 중생들은 저 오욕락의 경계에 집착하여, 나의 법을 이해할 수 없을 것이다. 이런 까닭에 지금 잠자코 있는 것이다” 범천과 제석천과 모든 천들이 이를 듣고 나서 근심하고 괴로워하면서 갑자기 사라졌다.[318]

復於一時大梵天王歎摩伽陀國諸外道等封著邪見詣佛偈請。摩伽陀國多諸異道。因邪見故種種籌量。唯願牟尼爲開甘露最淸淨法令其得聞。世尊以佛眼觀諸衆生上中下根及以三聚告梵王言。我今爲汝請當雨於甘露。一切諸世間天人龍神等若有淨信者聽受如是法。梵王聞已喜歎不現。

다시 한 때 대범천왕이 마가다국의 모든 외도들이 사견에

318) 『方廣大莊嚴經』(大正藏3, 603下-604中), “爾時大梵天王以佛威神。復知如來默然之旨。…乃至阿迦尼吒天。光明照耀。於夜分中至多演林頂禮佛已。右遶三匝卻住一面。爾時釋提桓因合掌向佛卽以偈頌。而請如來轉于法輪…如來爾時猶故默然。…於是大梵天王卽從座起。遍袒右肩右膝著地合掌向佛。以偈請曰…二偈頌 我證逆流道 甚深難可見 盲者莫能睹 故默而不說 世間諸衆生 著彼五塵境 不能解我法 是故今默然 爾時梵王帝釋及諸天衆。聞如是偈心大憂惱。卽於是處忽然不現”

집착함을 한탄하며 부처님께 이르러 게송으로 청하기를 "마가다국의 많은 다른 의견을 지닌 외도들은 삿된 견해로 인해 갖가지 헤아림을 하고 있습니다. 오직 원컨대 석가모니시여, 감로법을 베풀어 그들로 하여금 가장 청정한 법을 들을 수 있게 해주십시오" 하였다.[319] 세존께서 佛眼으로 모든 중생의 상, 중, 하근기 및 三聚를 관하시고 梵王에게 고하여 말씀하시기를 "내가 이제 너의 청으로 인해 마땅히 감로의 비를 내리리라. 일체의 모든 세간과 천인, 용, 신 등이여! 만약 깨끗한 믿음을 지닌 자는 이와 같은 법을 듣고 받아들이라"라고 하셨다. 梵王이 이를 듣고 나서 기뻐하고 나타나지 않았다.[320]

神唱言如來今受梵王勸請。於一念頃虛空神聞展轉傳至阿迦吒天。而今言梵釋祈請者略擧。不盡之言也。祈巨衣反作蕲求福也。轉者卽通自他轉。自卽如來三道轉滿。他卽轉所得法。至他相續法。轉者卽不定義。以移轉故。佛雖旣自轉而未有他轉故次請轉。

지신이 큰소리로 말하기를 "여래께서 지금 범천왕의 권청을 받아들이셨다" 하였다. 한 생각을 할 사이에 허공신이 이를 듣고 전하고 또 전하여 阿迦吒天에게까지 전해졌다.[321] 지금 [여기서] 범천왕과 제석천이 바라고 청하였다(梵釋祈請)고 하는 것

319) 『方廣大莊嚴經』(大正藏3, 604中), "復於一時大梵天王。觀摩伽陀國多諸外道等。…封著邪見…復詣佛所頭面禮足。圍遶三匝右膝著地合掌恭敬。以偈請曰 摩伽陀國 多諸異道 因邪見故 種種籌量 惟願牟尼 爲開甘露 最淸淨法 令其得聞"

320) 『方廣大莊嚴經』(大正藏3, 604下-605上), "世尊以佛眼觀見諸衆生上中下根。或邪定聚。或正定聚。或不定聚。…告梵王言 我今爲汝請 當雨於甘露 一切諸世間 天人龍神等 若有淨信者 聽受如是法。爾時大梵天王聞是偈已歡喜踊躍得未曾有頂禮佛足遶無數匝。卽於佛前忽然不現"

321) 『方廣大莊嚴經』(大正藏3, 605上), "爾時地神告虛空神。唱如是言。如來今受梵王勸請欲轉法輪。…於一念頃虛空神聞展轉傳至阿迦尼吒天"

은 간략하게 든 것이지 다 말한 것이 아니다. 祈(巨衣反)는 바람을 갖는 것, 복을 구하는 것이다.[322] 轉이란 곧 自를 통하여 他를 전달하는 것이다. 自란 곧 如來의 三道[323]를 원만하게 전달하는 것이고, 他란 곧 증득한 법을 전하는 것, 즉 타인에게 이르러 법을 상속하는 것이다. 轉이란 곧 고정된 것이 아니라는 뜻이다. 移轉하기 때문이다. 부처님께서 비록 이미 스스로 법을 굴리고 계시지만, 아직 남에게 전달하지 못하였기 때문에 다음에서 전해주기를 청한 것이다.

H2_32中, T37_141上

經曰以佛遊步佛吼而吼者。

經에서 말씀하시기를, "부처님은 모든 곳을 다니시면서 사자후의 법을 설하신다"란,

述云第二因請起說有二。初身口略化後身口廣利。初又有三。初文請警物也。佛遊者卽身業化。現佛威儀遊化物故。如來所作已辨無德不備。五眼清淨觀諸世間堪受法者。卽念羅摩子三垢微薄聞法得證。以佛眼觀命終七日。有天亦曰死經七日。後觀外道阿羅邏仙死經三日。空中天言死亦三日。

풀어 말하기를, 두 번째 청함으로 인해 법을 설함이다. 여기에는 두 가지가 있다. 첫째, 신업과 구업으로 간략하게 교화함이고, 둘째, 신업과 구업으로 널리 이롭게 함이다. 첫 번째 것에는 다시 세 가지가 있다. 첫째, 文請警物이다. 佛遊란 곧 身業化이다. 부처님의 위의를 드러냄으로써 중생을 교화함이다. 여래가 해야 할 바를 하고 나서 갖추지 않은 덕이 없음을 분별

322) 『一切經音義』(高麗藏 32 291中), "所祈巨衣反。字林祈求福也"
323) 三道 : 깨달음에 이르는 세 가지 수행단계(見道, 修道, 無學道)

함이다. 五眼[324]이 淸淨하여 모든 세간에서 법을 감당하여 받아들일 수 있는 자를 관하였다. 곧 羅摩의 아들은 三垢가 적고 얕아서 법을 들으면 증득할 수 있다고 생각하였다. 佛眼으로써 보니 수명이 다한 지 7일이 지났다. 어떤 天도 말하기를 또한 죽은 지 7일이 지났다고 하였다. 후에 외도인 阿羅邏仙人을 관하여 보니 죽은 지 3일이 지났다. 허공중의 天이 말하기를 죽은 지 또한 삼일이라고 하였다.[325]

後作是念五跋陀羅根性已熟若聞開悟。以佛眼觀。在鹿野苑中。從菩提樹向迦毘羅國波羅奈城振動大千。伽耶城傍有一外道名阿字婆。問佛所師及以所住。如來備答。

후에 이런 생각을 하였다. 다섯 발타라의 근기는 이미 성숙하여 만약 내 법을 듣는다면 깨달음을 열 수 있으리라. 佛眼으로 관하여 보니, 녹야원에 있었다. 보리수로부터 일어나 迦毘羅國의 波羅奈城을 향하자 대천이 진동하였다. 伽耶城의 곁에 한 외도가 있었는데 이름은 阿字婆였다. 부처님께 스승이 누구이며, 어디에 머무는 지를 물었다. 如來께서 갖추어 대답하셨

324) 五眼 : 수행에 따라 도를 이루어 가는 순서를 보인 다섯 가지 眼力. 가시적인 물질인 色만을 보는 肉眼, 인연과 인과의 원리에 따라 이루어진 현상적인 차별만을 볼 뿐 실체를 보지 못하는 天眼, 空의 원리는 보지만 중생을 이롭게 하는 도리는 보지 못하는 慧眼, 다른 이를 깨달음에 이르게 하지만 加行道를 알지 못하는 法眼, 그리고 모든 것을 보고 모든 것을 다 아는 佛眼을 이른다.

325) 『方廣大莊嚴經』(大正藏3, 605中-下), "如來所作已辦。…無不具足。五眼淸淨觀察世間。作是思惟。誰應最初堪受我法。…羅摩之子聰明有智。雖具煩惱三垢微薄。若聞我法速能證知。…以佛眼觀見其命終已經七日。時有諸天頂禮我足而白我言。世尊。彼人命終經於七日。…觀彼外道阿羅邏仙人…以佛眼觀見其命終已經三日。又於是時虛空諸天作如是言。彼仙命終經於三日"

다.[326)]

卽北遊經伽耶城。城中有龍名曰善見。明日設齋。如來受訖往盧醯多婆蘇都村。次至多羅聚落次經婆羅村。如是遊歷皆受長者居士飮食。次第而行至恒河邊。河水瀑集平流彌岸。飛騰虛空達于彼岸至波羅奈城。於晨朝時著衣持砵入城乞食請[327)]鹿園中。

곧 북쪽으로 가고 있고 伽耶城을 지나고 있다. 성 안에는 龍이 있는데 이름은 善見이다. 다음날 재를 지내려고 하였다. 여래가 [공양] 받기를 마치고 盧醯多의 婆蘇都村으로 갔다. 다음으로는 多羅聚落에 이르렀고, 다음에는 婆羅村을 지나갔다. 이와 같이 遊歷하며, 모두 長者와 居士가 飮食을 바쳤다. 차례로 나아가 恒河의 물가에 이르렀다. 강물은 크게 불어 고르게 흐르는 물이 언덕에까지 찼다. 허공으로 날아올라 건너편 언덕에 도달하여 波羅奈城에 이르렀다. 새벽녘에 옷을 입고 발우를 들고 성에 들어가 걸식을 하여 녹야원 가운데 이르렀다.[328)]

五跋陀羅遙見世尊共相謂言不須承事。唯憍陳如不同衆心。佛近五人皆違本要無不起迎。皆言善來長老請坐。世尊坐已語五人言我備種智不得稱呼爲長老也。五

326) 『方廣大莊嚴經』(大正藏3, 605下-606上), “爾時世尊復作是念。…觀見五跋陀羅。根性已熟易可調柔。於所聞法必能開悟。…卽以佛眼觀見五跋陀羅。在波羅奈鹿野苑中 佛告諸比丘。爾時如來作是念已。從菩提樹向迦尸國波羅奈城。振動三千大千世界。是時伽耶城傍有一外道。名阿字婆。遙見世尊卽前問訊。在一面立而白佛言。…師爲是誰從誰出家。…如來答言…無上勝法輪”

327) 大正藏脚註(大正藏37, 141上), “請＝詣?”

328) 『方廣大莊嚴經』(大正藏3, 606上-中), “如來北逝經伽耶城。城中有龍名曰善見。明日設齋奉請如來。如來食訖往盧醯多婆蘇都村。次復至多羅聚落次復經娑羅村。如是遊歷。皆爲長者居士奉獻飮食。次第而行至恒河邊。是時河水瀑集平流彌岸。…飛騰虛空達于彼岸。…至波羅奈。於晨朝時著衣持缽。入城乞食還至本處。飯食訖詣鹿野苑中”

跋陀羅請爲沙門。佛言善來便成沙門。鬚髮長短如剃。經七日威儀整肅如百(月+葛)[329]此丘。

다섯 발타라는 멀리서 세존을 보고 함께 서로 이야기하기를 모름지기 받들어 섬기지 말자고 하였다. 오직 교진여만이 대중의 마음과 달랐다. 부처님께서 다섯 사람 가까이에 가자 모두 원래 했던 약속과는 달리 일어나 맞이하지 않을 수가 없었다. 모두 말하기를 “잘 오셨습니다. 장로시여, 청컨대 앉으십시오” 하였다. 세존께서 자리에 앉고 나서 다섯 사람에게 말하기를 “나는 一切種智를 갖추었으니 장로라고 부르지 말라” 하였다. 다섯 발타라는 사문이 되기를 청하였다. 부처님께서 말씀하시기를 “잘 왔다. 곧 사문이 되어라” 하며 긴 머리를 털처럼 짧게 깎았다. 7일이 지나자 위의가 정제되어 출가한 지 백년이 된 비구와 같아졌다.[330]

世尊入池澡浴已訖思過去佛坐於何座而轉法輪。忽有千寶座從池[331]涌出。卽起恭遶初三高座。至第四座結跏趺坐。時五跋陀羅坐於佛前。佛放大光照大千界召人天衆。地神神力令此道場縱廣正等七百由旬。欲色諸天將八萬四千寶師子座置道場中各請。世尊哀坐我座轉正法輪。

세존께서 연못에 들어가 목욕을 하고 나서 과거불이 어떤 자리에 앉아서 법륜을 굴렸을까를 생각하였다. 문득 천 개의

329) 臘의 誤記로 보임

330) 『方廣大莊嚴經』(大正藏3, 606中-下), “時五跋陀羅遙見世尊共相謂言。… 不須敬問。…唯阿若憍陳如不同衆心。爾時世尊漸近五人…皆違本要。不覺忽然俱起迎佛。…皆言善來長老瞿曇。請坐勝座。爾時世尊坐彼座已。…汝等不應稱喚如來爲長老也。…五跋陀羅俱白佛言。世尊我今願得於佛法中而爲沙門。佛言。善來比丘。鬚髮自落法服著身便成沙門。鬚髮長短如剃經七日。威儀整肅如百臘比丘”

331) 大正藏脚註(大正藏37, 141中), “池=地?”

보좌가 땅에서 솟아올랐다. 곧 일어나 조심스럽게 첫 번째 세 개의 높은 자리를 돌아 네 번째 자리에 이르러 가부좌를 하였다. 이때 다섯 발타라가 부처님 앞에 앉았다. 부처님께서 큰 빛을 발하여 대천세계를 비추고 人天의 무리들을 불렀다. 地神이 신통력으로 이 도량으로 하여금 가로 세로 똑같이 7백 유순이 되게 하였다. 욕계와 색계의 모든 천들이 팔만사천 보배를 가지고 師子座를 도량 가운데 두고 각각 청하기를, "세존이시여! [저희를] 불쌍히 여기시어 이 자리에 앉아서 바른 법의 바퀴를 굴려주소서" 하였다.[332]

十方無量拘胝菩薩十方三千世界釋梵護世諸天皆至佛所請轉法輪。愍衆生故雨大法雨建大法幢吹大法螺擊大法鼓。

시방의 한량없는 구지의 보살과 시방의 삼천세계의 제석천과 범천과 세상을 수호하는 모든 천들이 모두 부처님이 계신 곳에 이르러 법륜을 굴리시기를 청하면서, "중생을 가엽게 여겨 큰 법의 비를 내리고, 큰 법의 깃발을 세우고, 큰 법의 나팔을 불고, 큰 법고를 치소서"라고 말하였다.[333]

---

332) 『方廣大莊嚴經』(大正藏3, 606下-607上), "世尊入池澡浴。浴訖復於一處靜坐思惟過去諸佛當於何座而轉法輪。作是念時。忽於是處有千寶座從地涌出。如來爾時從本座起恭敬圍遶。初三高座至第四座結加趺坐。時五跋陀羅頂禮佛足坐於佛前。諸比丘。爾時世尊放大光明。其光遍照三千大千世界。…地神以神通力。令此道場縱廣正等七百由旬。…欲界色界諸天子等。將八萬四千寶師子座置道場中。各自請言。世尊哀愍我故爲坐此座轉正法輪"

333) 『方廣大莊嚴經』(大正藏3, 607上), "諸比丘。爾時東西南北四維上下十方刹土。無量拘胝諸菩薩衆。宿植德本來至佛所。…十方三千大千世界。所有釋梵護世及餘無量諸天子衆。…勸請如來轉于法輪。…利益安樂愍念諸衆生故。雨大法雨。建大法幢。吹大法螺。擊大法鼓"

時有菩薩名曰轉法。持衆寶輪備有千輪[334]莊嚴綺麗。放千光明過去諸佛皆有此輪。然後轉法奉上如來。如來於初夜默然而過。於中夜分安慰大衆。喚五跋陀羅言出家之人有二種障。

이때 轉法이라는 이름의 보살이 지닌 여러 보배 바퀴는 천 개의 바큇살이 갖추어져 있었으며 아름답게 장엄되어 있어 천 개의 광명을 내비추었다. 과거의 모든 부처님께서도 모두 이 바퀴를 갖고 계신 후에 법을 전하였다. [이때 전법보살이 이 보배 바퀴를] 여래께 바쳤다. 여래께서 초저녁을 잠자코 말없이 보내셨고, 한 밤중에 편안히 대중을 위로하고 다섯 발타라를 불러 출가한 사람에게는 두 가지 장애가 있음을 말씀하셨다.[335]

一心著欲境而不能離。二不正思惟自苦其身。而求出離當捨此二邊。今聖教是佛吼故云佛吼。吼卽違彼經先稱德號。略說中道故。今卽略申二障。總說中道故云佛吼。吼亦轉也。

첫째, 마음이 탐욕의 대상에 집착하여 이를 능히 여의지 못하는 것, 둘째, 바르게 사유하지 않아 스스로 그 몸을 고통스럽게 하는 것이다. 그러므로 이로부터 벗어나고 싶다면 이 두 가지 극단을 버려야 한다.[336] 여기서 성스러운 가르침이란 부처님의 사자후이기 때문에 佛吼라고 하였다. 吼를 곧 저 經(『莊嚴經』)에서 앞의 吼는 德號라고 했던 것과는 다르다. 中道를 간략

334) 輻의 誤記로 보임

335) 『方廣大莊嚴經』(大正藏3, 607上-中), "佛告諸比丘。爾時衆中有一菩薩。名曰轉法。持衆寶輪備有千輻。莊嚴綺麗不可稱比。放千光明。…過去諸佛。皆有此輪然後轉法。…如來於初夜時默然而過於中夜分安慰大衆…喚五跋陀羅而告之言。汝等應知。出家之人有二種障"

336) 『方廣大莊嚴經』(大正藏3, 607中), "何等爲二。一者心著欲境而不能離。…二者不正思惟自苦其身而求出離。…當捨如是二邊"

하게 설한 것이기 때문이다. 이제 대략 두 가지 장애에 대해서 말하고, 전체적으로 中道를 설하였기 때문에 佛吼라고 하였다. 吼는 또한 [법을] 전하는 것이기도 하다.

H2_33上, T37_141中

經曰扣法鼓至演法施者。

經에서 말씀하시기를, “법의 북을 치고 …법을 베푼다”란,

述云此別申法化也。有說欲使有緣普得聞故扣法鼓。法鼓者令遠聞故。吹法螺卽欲改號令。改邪從正也。欲斷障故執法劍。表勝出故建法幢。欲動執故振法雷。欲亡暗故曜法電。欲潤衆生故澍法雨。欲布藥故演法施。此有虛言皆無可採。違世親論亦違正理故。

풀어 말하기를, 이것은 법으로 교화함을 따로 폄이다. 어떤 사람은 인연 있는 자들로 하여금 두루 들을 수 있게 하려고 法鼓를 두들긴 것이다. 법고는 먼 곳에서도 듣게 하려는 것이다. 법의 나팔을 불었다는 것은 곧 호령하여 고치게 하려는 것이다. 삿된 것을 고치고, 바른 것을 따르는 것이다. 장애를 끊게 하려고 법의 검을 잡은 것이다. 뛰어남을 드러내는 것이므로 법의 깃발을 세우는 것이다. 집착을 흔들어 놓으려고 하므로 법의 우뢰가 흔든다고 한다. 어둠을 물리치려고 하기 때문에 법의 번개가 빛나는 것이다. 중생을 윤택하게 하고자 하므로 법우를 내린다고 한다. 약을 베풀고자 하므로 법시를 베푼다고 하였으나, 여기에는 虛言이 있어 모두 다 채용할 만하지는 않다. 세친의 『왕생론』과도 다르고 또한 바른 이치에도 어긋나기 때문이다.

有說扣法鼓者說聞慧法。吹法螺者說思慧法。執法劍者說修慧法。建法幢者宣證慧法。振法雷者法無礙化。曜法電者義無礙利。澍法雨者詞無礙說。演法施者樂說無礙利衆生也此亦不然。三慧皆覺證慧法故。三慧所學亦無異故。四辨所說亦卽三慧法故。

어떤 사람은 扣法鼓가 聞慧法을 설한 것이라 하고, 吹法螺가 思慧法을 설한 것이라 하고, 執法劍이 修慧法을 설한 것이라 하며, 建法幢이 마땅히 慧法을 증득한 것이라고 하고, 振法雷가 法의 걸림 없이 교화함(無礙化)이라 하고, 曜法電은 義가 걸림 없이 이롭게 함(無礙利)이라 하고, 澍法雨가 詞의 걸림 없이 설함(無礙說)이라 하고, 演法施가 기쁘게 설하여 장애 없이 중생을 이롭게 한 것이라고 하나337) 이 또한 그렇지 않다. 三慧는 모두 깨달아 증득한 慧法이고, 三慧도 배워야 하는 것이라는 점 또한 다름이 없기 때문이다. 네 가지 분별로 설한 바 또한 三慧法이기 때문이다.

今卽如來說中道已。爲陳如等說四諦法及十二緣流轉還滅二門修行。三轉十二行法輪已。陳如皆達諸法因緣成阿羅漢。卽三寶出。婆伽婆爲佛三轉十二行法輪爲法五跋陀羅爲僧。轉法輪聲遍十方佛土。土別諸佛默不說法。

이제 곧 여래께서 중도를 설하신 후 교진여 등을 위하여 四諦法 및 十二因緣의 流轉門과 還滅門의 修行을 설하셨다. 십이인연의 法의 바퀴를 세 번 굴리시자 교진여 등은 모두 諸法因緣에 통달하여 아라한이 되었다. 곧 삼보가 완성된 것이다. 석가모니(=婆伽婆)338)가 佛寶가 되고, 三轉十二行法輪이 法寶가 되

337) 『無量壽經義疏』(大正藏37, 96中-下), "扣法鼓者。說聞慧法。益衆生也。嚴鼓誡兵。說教誡人。吹法螺者。說思慧法。…執法劍者。說修慧法。…建法幢者。宣說證法。…震法雷者。法無礙智化…曜法電者。義無礙智益…澍法雨者。辭無礙智化…演法施者。樂說無礙利衆生也"

고, 다섯 발타라가 僧寶가 되었다. 법륜을 굴리는 소리가 시방 불토에 두루 하였다. [이때] 국토마다 계시는 모든 부처님들께서 묵연히 법을 설하지 않았다.339)

化五人竟至優樓頻螺迦葉所。寄止石室降伏毒龍。迦葉見佛神力難當。與五百資請爲沙門。佛言善來皆成沙門 迦葉二弟難提伽耶各有二百五十弟子。見事火物遂水下流。卽與五百人泝流而上。聞迦葉歎佛道神化求爲沙門。佛言善來皆成沙門。

다섯 사람의 교화를 마치고 우루빈나 가섭이 있는 곳에 이르렀다. [부처님께서는] 石室에서 하룻밤을 지내면서 毒龍을 항복시켰다. 迦葉이 부처님의 신통력은 감당하기가 어렵다는 것을 알고, 오백 명의 제자들과 더불어 사문이 되기를 청하였다. 부처님께서 말씀하시기를 "잘 왔도다. 모두 사문이 되어라"하고 말씀하셨다.340) 迦葉 가문의 두 명의 아우 難提와 伽耶에게는 각각 250명의 제자가 있었다. 불을 섬기는 도구들이 물을 따라 아래로 흘러 내려오는 것을 보고, 곧 오백 명의 제자들과 더불어 물을 거슬러 올라가다가 [형과 그 제자들이 모두 사문이 되어 있는 것을 보고 그 이유를 물었다.] 가섭이 부처님의 도와 신통력을 찬탄하는 것을 듣고 사문이 되기를 원하였다. 부처님께서 말씀하시기를 "잘 왔다. 모두 사문이 되어라" 하고 말씀하

338) 석가모니의 다른 이름

339) 『方廣大莊嚴經』(大正藏3, 608上-中), "爾時世尊爲憍陳如。三轉十二行法輪已。憍陳如等悉了達諸法因緣。漏盡意解成阿羅漢。卽於是時三寶出現。婆伽婆爲佛寶。三轉十二行法輪爲法寶。五跋陀羅爲僧寶。…如來以妙梵之音轉于法輪。其聲遍至十方佛土。…十方諸佛皆悉默然而不說法"

340) 『方廣大莊嚴經』(大正藏3, 611中-612中), "爾時佛告諸比丘。如來化五人竟。作是念言。優樓頻螺迦葉 …欲寄石室止住一宿。…制伏毒龍…我及弟子。於聖法中願爲沙門。佛言。善來比丘。鬚髮自落法服著身皆成沙門"

셨다.[341]

佛與千比丘往波羅奈。於林下種種教化盡成應供。卽從波羅奈與兄弟三人及千羅漢至摩訶陀國。頻婆娑王大臣百官前後道從千乘萬騎出城迎佛。佛近王舍在遮越林。王下車禮佛。佛卽慰問以說云五蘊無常苦空。三界不實一切無常。問王有此國來幾時。王答七百餘代。而王領者唯知五文[342]。佛言世間須臾唯道可恃。應修來福無爲空過。遂說緣起轉還之義。王得法眼淨受五戒。

부처님과 더불어 천명의 비구가 波羅奈에 갔다. 숲 아래에서 여러 가지로 교화하여 다 應供을 이루었다.[343] 곧 波羅奈로부터 형제 세 사람 및 천 명의 아라한과 더불어 摩訶陀國에 이르렀다. 頻婆娑王과 大臣과 百官이 앞뒤로 길을 따라 천 개의 수레와 만 명이 말을 타고 부처님을 맞이하기 위하여 성으로부터 나왔다. 부처님이 왕사성 근처의 遮越林에 계실 때 왕이 수레에서 내려 부처님께 예를 갖추었다. 부처님은 곧 위문하기 위해 설하기를 "五蘊은 無常이며, 苦이며, 空입니다. 三界가 고정적인 실체가 아니어서 모든 것은 무상합니다." 하고 왕에게 물으시기를 "이 나라가 있어 온 지 얼마나 되었습니까?" 하니, 왕이 답하기를 "七百餘代입니다"라고 하였다. [다시 부처님께서 물으시기를] "왕으로서 [백성을] 다스렸던 자를 [모두] 아십니까?"하자, "오직 나의 아버지를 알고 있을 뿐입니다" 하고 대답하였다. 부처님께서 말씀하시기를 "세간은 잠깐 동안이고 오직

341) 『方廣大莊嚴經』(大正藏3, 612中-下), "迦葉二弟。一名難提。二名伽耶。各有二百五十弟子。先住水邊。見諸梵志衣帔什物事火之具隨水下流。… 卽與五百弟子泝流而上。…求爲沙門。佛言。善來比丘。鬚髮自落法服著身皆成沙門"

342) 大正藏脚註(大正藏37, 141中), "五文=吾父?"

343) 應供 : 원래는 부처님을 이르는 열 가지 호칭 가운데 하나였으나, 후에 불제자가 이르는 최고의 경지를 뜻하는 말로도 쓴다. 아라한의 다른 말.

道만이 믿을 수 있습니다. 복이 오도록 마땅히 도를 닦아야 하며, 헛되이 시간을 보내는 일이 없어야 합니다." 하셨다. 이윽고 緣起法이 어떻게 유전하는지 그 뜻을 설하시자, 왕은 곧 法眼을 얻어 청정해졌으며 五戒를 받았다.344)

有長者迦蘭陀。以好竹園奉上如來。如來呪願而受。恒與聖衆遊處其內。佛有弟子名舍婆者。入城乞食。時舍利弗問沙門師。以聞佛德將諸弟子至如來所請爲沙門。佛言善來便成沙門。亦爲說法成阿羅漢。入王舍城訪目連。目連見舍利弗形狀變改問所得法。共詣佛所願爲沙門。佛言善來便成沙門。亦爲說法得阿羅漢。

어떤 迦蘭陀라는 장자가 있었는데, 좋은 대나무 정원을 여래에게 바쳤다. 여래께서 주문을 외우면서 기원하고 이를 받으셨다. 항상 聖衆과 더불어 그 안에서 유행하면서 지내셨다.345) 부처님에게는 舍婆者라는 이름의 제자가 있었는데 [그가] 성에 들어가 걸식할 때 舍利弗이 스승이 누구인가를 물었다. 부처님의 덕에 대해서 듣고 나서 모든 제자들과 함께 여래가 계신 곳에 이르러 사문이 되려고 청하였다. 부처님께서 말씀하셨다. "잘 왔도다. 곧 사문이 되어라" 하셨다. 또한 그들을 위하여 법을 설하시니 아라한을 이루었다.346) 사리불은 왕사성에 들어가

---

344) 『方廣大莊嚴經』(大正藏3, 612下-613中), "爾時如來與千比丘俱。往波羅奈國在於林下。…盡成羅漢 爾時世尊從波羅奈國與優婁頻螺迦葉兄弟三人及千羅漢。至摩伽陀國。時頻婆娑羅王…大臣百官前後導從。千乘萬騎出城迎佛。爾時世尊近王舍城在遮越林…王心歡喜下車步進。去五威儀稽首禮佛。…如來卽以梵音慰問王言。…大王。色是無常苦空無我。…三界不實一切無常。大王。有此國來爲幾何時。王言。有此國來七百餘代。所領之王盡識以不。答曰。知吾父耳。佛言。世間須臾惟道可恃。應修來福無爲空過。…王得法眼淨。欣然請佛願受五戒"

345) 『方廣大莊嚴經』(大正藏3, 613中-下), "時摩伽陀國有一長者。名迦蘭陀。見佛入國未有精舍。以好竹園奉上如來。…佛時咒願而爲受之。恒與聖衆遊處其內"

목련을 찾아갔다. 목련은 사리불의 모습이 변한 것을 보고 어떤 법을 증득하였는지 물었다. 그리하여 함께 부처님이 계신 곳에 이르러 사문이 되기를 원하였다. 부처님께서는 "잘 왔도다. 곧 사문이 되어라" 하셨다. 또한 그들을 위하여 법을 설하시니 아라한을 이루었다.347)

時輸頭檀王聞子得道已經六年飮348)渴彌積。語優陀夷言可往請佛。離別已來十有二載夙夜悲感349)不能自已。得一相見還如更生。受王敎已詣佛具述願爲沙門。佛言善來便成沙門得阿羅漢。

이때 숫도다나왕께서 아들이 도를 이루었다는 소식을 들은 지 6년이 지나 보고 싶은 갈증은 더욱 쌓여갔다. 優陀夷에게 말하기를 "가서 부처님께 오시도록 청할 수 있겠는가? 헤어진 후 12년이나 되었으나 밤낮으로 슬픈 감정을 스스로 그칠 수가 없었다. 한 번이라도 그 모습을 볼 수 있으면 다시 태어난 것 같으리라" 하였다. 왕의 명령을 받고 나서 부처님께 이르러 모두 말하고 사문이 될 것을 원하였다. 부처님께서 말씀하시기를 "잘 왔도다. 곧 사문이 되어라"하셨다. 곧 아라한을 얻었다.350)

---

346) 『方廣大莊嚴經』(大正藏3, 613下-614上), "佛有弟子名舍婆耆。 入城分衛…時舍利弗卽問比丘。汝師是誰願聞其志。…時舍利弗聞此語已。…將諸弟子至如來所。…得爲沙門成就禁戒。佛言。善來比丘。鬚髮自落法服著身便成沙門。佛爲說法漏盡意解得阿羅漢"

347) 『方廣大莊嚴經』(大正藏3, 614上), "時舍利弗入王舍城訪目揵連。…目連睹舍利弗形狀變改逆而問之。…隨舍利弗往詣佛所。…願爲沙門。…佛言。善來。鬚髮自落法服著身便成沙門。佛爲說法漏盡意解得阿羅漢"

348) 大正藏脚註(大正藏37, 142上), "飮＝欽?"

349) 大正藏脚註(大正藏37, 142上), "感＝慼?"

350) 『方廣大莊嚴經』(大正藏3, 614上), "爾時輸檀王聞子得道已經六年。中心欣喜欽渴彌積。語優陀夷言。汝今可往請佛還國問訊起居。離別已來十有二載。夙夜悲慼不能自已。得一相見還如更生。憂陀夷受王敎已。往詣佛所。…願爲沙門。佛言。善來。鬚髮自落法服著身便成沙門。得阿羅漢道"

卽遣優陀夷。七日當至。至七日已佛將諸弟子向迦毘羅城。父王出城四十里外以迎如來。便勅國內豪種端正選五百人度爲沙門侍佛左右佛弟難陀亦爲沙門。難陀所使名優婆離請佛救度。佛言善來便成沙門。爲王說法卽時得道。

곧 優陀夷를 [성으로 먼저] 보냈다. [부처님이 오시는지 묻자 優陀夷는] "7일이 지난 후 도착하십니다"라고 대답하였다. 7일이 지나자 부처님이 제자들과 함께 카필라성을 향하였다. 父王은 성으로부터 40리 밖에까지 나와 여래를 맞이하였다. 곧 나라 안에 명령을 내려 귀족 가문의 단정한 사람 오백 인을 선발하여 사문이 되게 하고 부처님의 좌우에서 모시도록 하였다.[351] 부처님의 아우 난타 또한 사문이 되었다. 난타의 하인 優婆離가 부처님께 출가하고 싶다고 청하였다. 부처님께서 말씀하시기를 "잘 왔도다. 곧 사문이 되어라" 하셨다. 왕을 위하여 법을 설하자 즉시 도를 얻었다.[352]

總而言之卽八句中執法劍澍法雨。故依法華論以義推之。應言執法劍澍法雨扣法鼓震法雷建法幢耀法電吹法螺演法施。故彼論云疑者斷疑法欲說大法。卽今執法劍。欲斷外凡疑令進修故。已斷疑者增長淳熟智身故雨大法雨。卽今澍法雨。旣入內凡而無疑者滋善萌牙令入聖位故。

전체적으로 말하자면 곧 여덟 구절 가운데 執法劍과 澍法雨에 해당하는 내용이다. 따라서 『法華論』에 의지하여 뜻을 미루어 보면, 마땅히 執法劍, 澍法雨, 扣法鼓, 震法雷, 建法幢, 耀法電, 吹法螺, 演法施라고 해야 한다. 따라서 『法華論』에서 의심

351) 『方廣大莊嚴經』(大正藏3, 615中-下), "卻後七日如來當至…我當出城四十里外奉迎如來。…到七日已。與諸弟子整持衣缽。威儀詳序向迦毘羅城。…便敕國內豪貴釋種顏貌端正。選五百人度爲沙門侍佛左右"

352) 『方廣大莊嚴經』(大正藏3, 615下-616上), "佛弟難陀亦爲沙門。難陀所使名優波離。…願見救度許爲沙門。佛言。善來比丘。鬚髮自落法服著身便成沙門。…爲王說法。卽時得道"

하는 마음을 품고 있는 자가 법에 대한 의심을 끊을 수 있도록 큰 법을 설하고자 했던 것이다. 즉 이제 법의 검을 잡고 외도들의 뭇 의심을 끊어내어 그들로 하여금 나아가 수행하도록 만들기 위함이다. 이미 의심을 끊은 자는 지혜의 몸을 증장시키고 순숙하여야 하므로 큰 법의 비를 내린다고 하였다. 즉 이제 법의 비를 뿌린다는 말은 이미 內凡[353]의 경지에 들어 의심이 없는 자의 선의 싹이 더욱 늘어나 성스러운 지위에 들어가게 하려는 것이다.[354]

已根熟者爲說二種密境界。謂聲聞菩薩密境界。二句示現卽擊大法鼓不斷大法鼓。以遠聞故 卽今扣法鼓振法雷。法雷與鼓義相涉故開往聲聞乘爲權密境。顯今所說菩薩乘爲實密境名二密境。今[355]根熟者捨權取實故。

이미 근기가 성숙한 자를 위해서는 두 가지 은밀한 경계를 설하셨다. 말하자면, 성문과 보살의 은밀한 경계는 두 구절에서 나타내 보여준다. 즉 큰 법의 북을 두들기는 것은 끊임없이 큰 법의 북을 두들겨서 멀리서도 듣게 하기 위함이다.[356] 곧 이제 법의 북을 두들기고 법의 우레가 진동하는 것이다. 법의 우레와 [법의] 북의 뜻은 서로 관계가 있다. 성문승으로 가는 길을 여는 것이 방편으로서의 은밀한 경계라면, 지금 설하는 보살승

353) 內凡 : 佛敎의 敎理를 깨닫지 못한 사람 가운데 조금의 理解는 가진 사람. 곧, 佛敎敎理 안에 있는 범부를 가리킴.

354) 『妙法蓮華經玄贊』卷第二(末)(大正藏34, 688下), "論云疑者斷疑。卽欲說大法。欲破先疑住外凡位令進修故。已斷疑者增長淳熟彼智身故。卽雨大法雨。先住內凡而無疑者。滋善萌芽令入聖位"

355) 令의 誤記로 보임

356) 『妙法蓮華經玄贊』卷第二(末)(大正藏34, 688下), "論云根熟者。爲說二種密境界。謂聲聞菩薩二密境界。二句示現。卽擊大法鼓. 不斷大法鼓。以遠聞故"

은 참된 은밀한 경계임을 드러낸 것이다. 이를 두 가지 은밀한 경계라 한다. 근기가 성숙한 자로 하여금 방편을 버리고 진실한 것을 취하게 하기 위함이다.357)

入密境界者令進取上上淸淨義故。卽建大法幢。菩提妙智極高顯然猶如大幢。由知權實有捨有取。行大乘行得菩提智離淸358)淨故。進取上上淸淨義者進取一切智現故。燃大法炬卽今耀法電也。旣得眞智建立菩提照於眞境證涅槃故。取一切智現者爲一切法建立名字章句義故。

은밀한 경계에 들어간 자로 하여금 더욱 높고 청정한 뜻을 취하도록 하기 위해, 곧 큰 법의 깃발을 세운다고 하였다. 깨달음의 오묘한 뜻은 지극히 높아 마치 큰 깃발과도 같다. 방편과 진실을 알기 때문에 버리기도 하고 취하기도 하는 것이다. 대승의 행을 하고 깨달음으로 인해 얻은 지혜는 장애를 떠나 청정하기 때문이다.359) 지극히 높고 청정한 뜻에 나아가 취한 자는 一切智에 나아가 취한 것이 드러나기 때문에 큰 법의 횃불을 밝힌다고 한다.360) 즉 지금 법의 번개가 빛나는 것이다. 이미 참된 지혜를 얻은 자는 깨달음을 건립하고 참된 경계를 비추어 열반을 증득하기 때문이다. 일체지가 나타난 것을 취한 자는 일체법을 위하여 이름과 글자와 문장과 글귀(名字章句)의 뜻을 건립하였다.361)

357) 『妙法蓮華經玄贊』卷第二(末)(大正藏34, 688下), "開往聲聞乘爲權密境界。顯今所說菩薩乘爲實密境界名二密境界。令根熟者捨權取實"

358) 障의 誤記로 보임

359) 『妙法蓮華經玄贊』卷第二(末)(大正藏34, 688下), "論云入密境界者。令進取上上淸淨義故。卽建大法幢。建立菩提妙智極高顯故。猶如於幢由知權實有捨有取。行大乘行得菩提智離障淨故"

360) 『妙法蓮華經玄贊』卷第二(末)(大正藏34, 688下), "論云進取上上淸淨義者。進取一切智現見故。卽然大法炬"

361) 『妙法蓮華經玄贊』卷第二(末)(大正藏34, 688下), "旣得眞智建立菩提。照於卽吹大法螺。旣得眞境必須說敎義詮一切法故名爲一切法建立名字等。如俗作樂曲洛滿位吹大螺吼。今旣得果事圓滿位爲他證法亦復如是。卽涅槃云吹貝知時。建立名字章句義者令入不可說證故轉法義令演法施也。說於敎者令所應度入於證故。求轉法輪摧於煩惱故。

곧 큰 법의 나팔을 분다. 이미 참된 경계를 얻은 자는 반드시 가르침을 설해야 하는데, 이는 일체법을 설명하는 까닭에 일체법이 名字 등을 건립한다고 하는 것이다. 마치 세속에서 음악을 만들 때 곡조가 떨어짐이 滿位일 때 큰 나팔을 불어 크게 소리를 내는 것과 같다. 이제 이미 果를 얻어 圓滿位에 종사하면 남을 위해 법을 증명하는 것 또한 이와 같다. 즉 『涅槃經』에서 소라를 불되 [불어야 할 마땅한] 때를 아는 것[362]이라고 했던 것이다.[363] 名字章句의 뜻을 건립한 자들로 하여금 설할 수 없는 것을 증득한 경지에 들게 하기 때문에 법의 뜻을 굴림으로써 법을 베푸는 것이다. 가르침에 대해서 설하는 자로 하여금 마땅히 증득해야 할 바를 득도하게 하기 때문이다. 법의 수레바퀴를 굴리시기를 구하고 번뇌를 꺾기 때문이다.[364]

散糧已說應於四對。一破惡進善對卽初二也。二開權顯實對卽次二也。三得智證眞對卽次二也。四說法利生對卽後二也八句之義有此循環名爲法輪。自旣得果欲令衆生證聖眞智破滅煩惱故亦云轉。然此釋八相之義聊依牟尼 旣往之化以例諸菩薩當現之相。未必皆有。智者察矣。

眞境證涅槃故。…取一切智現見者爲一切法建立名字章句義故”

362) 『大般涅槃經』卷第十三(大正藏12, 443中), “吹貝知時”

363) 『妙法蓮華經玄贊』卷第二(末)(大正藏34, 688下), “卽吹大法蠡。旣得眞境必須說敎義。敎詮一切法故。名爲一切法建立名字等。如俗作樂。曲終滿位吹大螺吼。今旣得果事圓滿位。爲他說法亦復如是。故涅槃說吹貝知時”

364) 『妙法蓮華經玄贊』卷第二(末)(大正藏34, 689上), “論云建立名字章句義者令入不可說證智轉法輪故。卽演大法義。說於敎者。令所應度入於證智。成轉法輪摧於煩惱”

내용을 다 풀어 놓은 다음에는 마땅히 四對에 대해서 설해야 하리라. 첫째, 악을 깨뜨리고 선으로 나아가는 對(破惡進善對), 즉 첫 번째 두 가지이다. 둘째, 방편법을 열어 진실법을 드러내는 對(開權顯實對), 즉 두 번째 두 가지이다. 셋째, 지혜를 얻어 진리를 증득하는 對(得智證眞對), 즉 세 번째 두 가지이다. 넷째, 법을 설하여 중생을 이롭게 하는 對(說法利生對), 즉 마지막 두 가지이다.365) 여덟 구절의 뜻은 이렇게 순환하므로 法輪으로 여겼다. 스스로 이미 과보를 얻고, 중생으로 하여금 성스럽고 참된 지혜를 증득케 하고, 번뇌를 깨뜨려 없애려 하기 때문에366) 또한 '굴린다(轉)'고도 한다. 그러나 이렇게 八相의 뜻을 해석하는 것은 부족하기는 해도 석가모니의 [八相]에 의지한 것이다. 기왕의 교화로써 모든 보살이 보여 주어야 할 모습을 예로 들었으나, 모두 [그런 모습을] 가지고 있는 것은 아니다. 지혜로운 자는 살펴 알아야 할 것이다.

H2_34中, T37_142中

經曰常以法音覺諸世間者。

經에서 말씀하시기를, "항상 법음으로 모든 세계를 깨닫게 하신다"란,

述云此後略結口化也。

풀어 말하기를, 이것은 마지막 간략하게 말로 교화함을 끝맺

---

365) 『妙法蓮華經玄贊』卷第二(末)(大正藏34, 689上), "此八句中分爲四對。一破惡進善對。二開權顯實對。三得智證眞對。四說法利生對"

366) 『妙法蓮華經玄贊』卷第二(末)(大正藏34, 689上), "如是循環名爲法輪。自既得果。欲令有情證聖眞智破滅煩惱"

음이다.

H2_34中, T37_142中

經曰光明普照至六種振動者。

經에서 말씀하시기를, "광명은 두루 비치고 …여섯 가지로 진동하며"란,

述云第二身語廣利有四。一伏魔令離邪。二破邪以弘正。三受供以生福。四說法令修道。初又有二。此初總標伏魔也。

풀어 말하기를, 두 번째 몸과 말로써 널리 이롭게 함이다. 여기에는 네 가지가 있다. 첫째, 마군을 항복시키고 삿됨을 여의게 한다. 둘째, 삿됨을 깨뜨림으로써 바른 것을 넓힘이다. 셋째, 공양을 받음으로써 복을 짓게 함이다. 넷째, 설법을 하여 도를 닦게 함이다. 첫 번째 것에는 다시 두 가지가 있다. 이것은 그 첫 번째, 마군을 항복받은 것을 전체적으로 드러냄이다.

H2_34中, T37_142中

經曰總攝魔界至莫不歸伏者。

經에서 말씀하시기를, "마군의 세계에 모두 포섭하여 …복종하지 않을 수 없었다"란,

述云此後別釋伏魔也。由放光故總攝魔界莫不歸伏。由動震故動魔宮殿無非慴怖。慴(倚葉反)畏也攝身之貌也。

풀어 말하자면, 이것은 두 번째 마군을 항복시킨 것을 따로 해석함이다. 빛을 발함으로 말미암기 때문에 마군의 세계를 모두 포섭하여 귀의하고 항복하지 않을 수 없게 하였다. 진동함

으로 말미암기 때문에 마왕의 궁전을 뒤흔들어 두려워하지 않을 수 없게 하였다. 慴은 두렵다는 뜻이다. 몸의 모습에 속하는 것이다.

H2_34中, T37_142中

經曰摑裂邪網消滅諸見者。

經에서 말씀하시기를, "삿된 그물을 찢어 없애고 나쁜 생각을 소멸하여"란,

述云第二破邪弘正有四。此初序破邪又有二。初除見品之邪也。邪網者卽邪法也。諸見者卽邪執也。邪見必依邪法起故皆破之。摑(古惡反)亦裂也。足踰口裂也[367]。亦折也。裂(呂蘗反)陸法言切韻云破也。

풀어 말하기를, 두 번째 삿됨을 깨뜨리고 바른 것을 넓히는 것이다. 여기에는 네 가지가 있다. 이것은 그 첫 번째 삿됨을 깨뜨림이다. 여기에는 다시 두 가지가 있다. 첫째, 삿된 견해를 제거함이다. 삿된 그물이란 곧 삿된 법이다. 모든 견해는 곧 삿된 집착이다. 삿된 견해는 반드시 삿된 법에 의지하여 일어나기 때문에 모두 깨뜨려야 한다. 摑 또한 裂이다. 발로 밟고 입을 찢는 것이다. 또한 꺾는다는 뜻이기도 하다. 裂은 陸法言이 지은 『切韻』에서는 破라고 한다.

H2_34下, T37_142中

經曰散諸塵勞壞諸欲塹者。

經에서 말씀하시기를, "모든 번뇌의 티끌을 털어버리고 모든 탐욕의 구덩이를 무너뜨려"란,

367) 大正藏脚註(大正藏37, 142中), "原本冠註曰足踰口裂也有脫誤乎"

述云此後除愛品之邪也。塵勞者卽五欲境坌亂衆生故云塵勞。說空以進故云散。欲塹者卽愛欲之心。依境愛起境垢衆生故云塵勞。貪深而難越可謂塹故。旣觀境空愛欲斯息故亦云壞。

풀어 말하기를, 이것은 두 번째 삿된 애욕을 제거함이다. 塵勞란 곧 五欲의 境坌이다. 중생을 어지럽히기 때문에 塵勞라고 한다. 空을 설함으로써 나아가기 때문에 散이라고 한다.368) 欲塹이란 곧 愛欲의 마음이다. 경계에 의지하여 애욕을 일으키고, 경계가 중생을 더럽히기 때문에 塵勞라고 한다. 탐욕은 뿌리 깊어 뛰어넘기 어렵기 때문에 塹이라 할 만하다. 즉 경계가 공함을 관하면 애욕을 떠나 쉬기 때문에 또한 壞라 한다.

H2_34下, T37_142下

經曰嚴護法城開闡法門者。

經에서 말씀하시기를, "법의 성을 엄중히 보호하여 법문을 여신다"란,

述云此第二弘正也。有說法能遮防故名城。法有通入趣入義故名門非也。法法若一必有重言過故。今卽法城者卽智斷之果。法門者卽定慧之因。果必殺賊故名城。因能納德故云門。嘆善故嚴止謗故護。爲演故開令進故闡。

풀어 말하기를, 이것은 두 번째 바른 것을 넓힘이다. 어떤 사람은 법이 능히 방어할 수 있기 때문에 城이라고 부른다 하였다. 법이 통하여 들어갈 수 있고, 나아가 들어간다는 뜻이므로 門이라고 하였으나369) 이는 잘못이다. 법이 만약 한 가지라

368) 『無量壽經義疏』(大正藏37, 96下), "五欲境界。有能塵坌。勞亂衆生。名曰塵勞。說空破遣。目之爲散"

369) 『無量壽經義疏』(大正藏37, 96下), "法能遮防。說之爲城。讚善息謗。名嚴名護。開闡法門。聞說正敎。總法有通入趣入之義。故名爲門。披演令

면 반드시 거듭 말하는 과실이 생길 것이다. 이제 곧 法城이란 곧 지혜로서 번뇌를 끊음의 果이다. 法門이란 곧 선정과 지혜의 因이 된다. 果는 반드시 적을 죽이기 때문에 城이라고 하며, 因은 능히 덕을 들이기 때문에 門이라고 한다. 善을 찬탄하기 때문에 嚴이라 하고, 방해가 되는 것을 그치게 하므로 護라 한다. 넓게 펴기 때문에 開라 하고, 나아가게 만들기 때문에 闡이라고 한다.

H2_34下, T37_142下

經曰洗濯垢汚者。

經에서 말씀하시기를, "더러움을 씻어 깨끗하게 하고"란,

述云此第三結破邪也。垢汚者卽該見愛之通言。從敎以除故云洗濯 濯亦浴也。

풀어 말하기를, 이것은 세 번째, 삿됨을 깨뜨림의 끝맺음이다. 垢汚란 곧 見愛[370]와 통하는 말에 해당된다. 가르침을 따름으로써 제거하기 때문에 洗濯이라고 한다. 濯 또한 목욕한다는 뜻이다.

H2_35上, T37_142下

經曰顯明淸白至宣流正化者。

經에서 말씀하시기를, "밝고 맑고 흰 모습을 드러내어 …바른 교화를 베푸신다"란,

述云此第四結弘正也。除邪顯正故云顯明。超諸毁傍[371]故云淸白。卽嚴護法城

入。名開名闡"

370) 見愛 : 見惑과 思惑.

也。光廣也融通也。廣通聖行故云光融佛法。導化不絶故云宣流。法化卽開闡法門也。總而言之。嚴法城故顯明護法城故淸白。開法門故光融闡法門故宣流。

풀어 말하기를, 이것은 네 번째 바른 것을 넓히는 것을 끝맺는 것이다. 삿된 것을 제거하고 바른 것을 드러내기 때문에 顯明이라고 한다. 모든 헐뜯음과 비방을 초월하기 때문에 淸白이라고 한다. 곧 法의 城을 嚴護함이다. 光은 廣이다. 融은 通이다. 성스러운 수행을 널리 알리기 때문에 光融佛法이라고 한다. 끊임없이 교화하여 이끌어 주기 때문에 宣流라고 한다. 法化는 곧 법문을 열어 알림(開闡法門)이다. 종합하여 말하자면, 法城을 장엄하기 때문에 顯明이며, 法城을 수호하기 때문에 淸白이다. 法門을 열기 때문에 光融이고, 法門을 밝히기 때문에 宣流이다.

H2_35上, T37_142下

經曰入國分衛至示福田者。

經에서 말씀하시기를, "여러 나라에 들어가 걸식[372]하실 때…복전으로 나타나신다"란,

述云此第三受供生福也。梵云賓荼波陀此云乞食。今言分衛訛也。分衛豐饍者卽受供也。貯德示田者卽生福也。貯(竹與反)盛受曰貯。貯亦積也。積德旣廣。現受世供以生福利可譬田故。

풀어 말하기를, 이것은 세 번째 공양을 받음으로써 복을 짓게 하는 것이다. 범어로 賓荼波陀라고 하는데 여기(唐)에서는 乞食을 말한다.[373] 이제 分衛라고 하는 것은 와전된 것이다. 分

371) 大正藏脚註(大正藏37, 142下), "傍=謗?"
372) 分衛 : 수도자가 남의 집 문 앞에 가서 옷과 음식을 얻는 일
373) 『翻梵語』卷第三(大正藏54, 1003中), "分衛(應云賓荼波陀　譯曰乞食)　增

衛豐饍이란 곧 공양을 받는 것이다. 덕을 쌓아 놓은 밭을 보여줌(貯德示田)이란 곧 福을 생하는 것이다. 많이 받는 것을 貯(竹與反)라고 한다. 貯는 또한 쌓는 것이다. 덕을 쌓아 이미 넓어진 것이다. 세간의 공양을 받음으로써 복이 생기는 이득을 드러내므로 밭에 비유할 수 있을 것이다.

H2_35上, T37_142下

欲宣法現欣咲**者**。

經에서 말씀하시기를, "법을 베풀고자 하실 때는 인자한 미소를 나투시어"란,

述云第四說法令修道有二。此初標將說之相。義同下文也

풀어 말하기를, 네 번째 설법하여 도를 닦게 함이다. 여기에는 두 가지가 있다. 이것은 그 첫 번째 장차 설하는 모습을 드러냄이다. 뜻은 아래 문장과 같다.

H2_35上, T37_142下

經曰以諸法藥救療三苦者。

經에서 말씀하시기를, "모든 법의 약으로 삼고를 치료하여 구제하신다"란,

述云此後正申道敎有二。初救苦之敎後入道之敎此初也。三苦者卽苦苦壞苦行苦。如其次第三受之也。敎有除苦之用故云法藥。如敎而行必度二死故云救療

풀어 말하기를, 이것은 마지막 도의 가르침을 바로 폄이다. 여기에는 두 가지가 있다. 첫째, 고통을 구제하는 가르침, 둘째,

---

一阿含第一卷"

도에 들어가는 가르침이다. 이것은 그 첫 번째이다. 三苦는 곧 苦苦, 壞苦, 行苦이다. 그 순서대로 세 가지를 받는 것이다. 고통을 제거하는 효용이 있는 것을 가르치기 때문에 法藥이라고 한다. 가르침대로 행하면 반드시 生死[374]로부터 벗어날 수 있기 때문에 救療라고 한다.

無量壽經連義述文贊 卷上

---

374) 二死는 生死를 의미한다.

無量壽經連義述文贊 卷中

釋璟 興撰

H2_35下, T37_143上

經曰顯現道意無量功德者。

經에서 말씀하시기를, "도의 뜻과 무량한 공덕을 드러내어"란,

述云第二申入道之敎有二。此初修因之敎也。顯菩薩發菩提心之意令得發心。難[375]無量德使修行故。

풀어 말하자면, 두 번째 도에 들어가는 가르침을 드러낸 것이다. 여기에는 두 가지가 있다. 이것이 그 첫 번째, 因을 닦는 가르침이다. 보살이 發菩提心한 뜻을 드러내어 중생들로 하여금 발심할 수 있게 하려는 것이다. 한량없는 덕을 찬탄하고 수행하게 하려는 것이다.

H2_35下, T37_143上

經曰授菩薩記成等正覺者。

經에서 말씀하시기를, "보살에게 수기를 주니 등정각을 이룬다"란,

述云此後獲果之敎也。授菩薩記者卽論云令得決定心故。記者識也別也。授者與也。聖說當果令識因利故云授記。成等覺者卽所記之果也

375) 大正藏脚註(大正藏37, 143上), "難＝歎"

풀어 말하자면, 이것은 두 번째 과보를 얻는 가르침이다. 보살에게 記를 주는 것은 곧 『법화론』에서 말하기를 결정심을 얻게 하기 위함[376]이라고 한다.[377] 記란 표식이며, 분별이다. 授는 준다는 뜻이다. 성인이 설하시기를 마땅한 과보는 원인을 표시하게 함이 이롭다고 하였기 때문에 記를 주는 것이다. 등각을 이룬다는 것은 곧 授記의 과보이다.

H2_35下, T37_143上

經曰示現滅度至殖衆德本者。

經에서 말씀하시기를, "멸도[378]를 드러내 보이며 …뭇 덕의 근본이 번성하리라"란,

述云此第九歸眞利物也。如攝論化身滅度有六意。一事究竟故二爲除樂倒故三令捨輕慢故四爲生渴仰[379]故五爲身精進故六欲速成就故。今示滅度意亦在此。拯濟無極者卽益廣也。極已也。除漏殖本者卽利備也。漏謂三漏注泄爲義卽生死之因。德謂福智潤益爲功。卽涅槃之因。本亦因也。因佛現滅衆生厭有除生死因忻寂以修涅槃之因。可謂利備故。

풀어 말하자면, 이것은 아홉 번째, 참됨으로 돌아가 중생을 이롭게 함을 말한다. 『섭대승론』에서 화신이 멸도하는 이유로서 여섯 가지를 들었던 것과 같다. 첫째, 궁극적인 것을 추구하기 위하여, 둘째, [열반의] 즐거움 때문에 전도되는 것을 제거

376) 『妙法蓮華經憂波提舍』卷下(大正藏26, 8下), "彼聲聞等得授記者。得決定心"

377) 이 부분은 聲聞에게 수기를 주는 까닭을 설명한 것이지 보살에게 수기를 주는 까닭을 설명한 내용이 아니다. 이 부분은 '[法華]論云'으로 시작하여 다른 법화경 계통 논서에서도 인용되고 있다.

378) 滅度 : 모든 煩惱의 속박에서 벗어나고, 眞理를 깨달아 不生不滅의 법을 體得한 경지

379) 渴仰 : 목마른 사람이 물을 생각하듯 깊이 佛道를 숭상하는 일.

하기 위하여, 셋째, 가볍고 오만한 태도를 버리게 하기 위하여, 넷째, [깨달음을 향한] 갈앙이 생기도록 하기 위하여, 다섯째, 몸으로 정진하도록 하기 위하여, 여섯째, 빠르게 성취하도록 하기 위해서이다.[380] 지금 멸도를 보여주는 뜻이 또한 여기에 있다. 구제함에 끝이 없다는 것은 곧 이익이 널리 미침을 말한다. 極은 已를 뜻한다. 번뇌를 없애고 근본을 번성시키는 것은 곧 이익이 갖추어져 있음이다. 漏란, 漏(물 따위가 새다), 注(물이 쏟아지거나 물을 대다), 泄(물 따위가 틈이나 구멍으로 흘러나옴) 세 가지를 그 뜻으로 한다. 곧 생사의 원인이 된다. 덕이란 福과 智가 [중생을] 윤택하게 하고 이익을 주는 것을 功으로 삼는다. 곧 열반의 원인이 된다. 本 또한 [원]인을 뜻한다. 부처님께서 멸도하심을 보여주심으로 인하여 중생이 有를 싫어하게 되고, 생사의 因을 없애고 기꺼이 고요해짐으로써 열반의 因을 닦으니 이익이 갖추어졌다고 말할 수 있는 것이다.

H2_36上, T37_143上

經曰具足功德至普現道教者。

經에서 말씀하시기를, "공덕을 구족하시어 …도의 가르침을 두루 나타낸다"란,

述云此第三雙結也。具德難量者結其實德。遊國顯教者結權德故。

풀어 말하자면, 이것은 그 세 번째, 쌍으로 끝맺음이다. 덕을 갖춤에 헤아리기 어렵다는 것(具德難量)은 그 실질적인 공덕(實

380) 『攝大乘論』卷下(大正藏31, 132中), "此中說偈。由正事究竟 爲除樂涅槃 令捨輕慢佛 發起渴仰心 令向身精進 及爲速成熟 諸佛於化身 許非一向住"

德)[381]을 끝맺음이고, 국토를 유행함에 가르침을 드러내는 것(遊國顯敎)은 방편으로서의 공덕(權德)[382]을 끝맺음이다.

H2_36上, T37_143上

經曰其所修行淸淨無穢者。

經에서 말씀하시기를, "그 수행하는 바가 청정하여 더러움이 없다"란,

述云第二就實以歎二利有二。初略歎後廣讚。初又有二。此初別歎又有四。初歎自行淨也。

풀어 말하자면, 두 번째, [보살의] 實德에 대하여 두 가지 이익을 찬탄함이다. 여기에는 두 가지가 있다. 먼저 대략 찬탄하고, 그 후에 널리 찬탄하는 것이다. 그 첫 번째 것에 다시 두 가지가 있다. 이것은 그 첫 번째, 각각 별도의 찬탄을 함이다. 여기에는 또한 네 가지가 있다. 첫 번째 自利行[383]의 청정함을 찬탄함이다.

H2_36上, T37_143中

經曰譬如幻師至在意所爲者。

經에서 말씀하시기를, "마치 환사에 비유하는 것처럼 …뜻하는 대로 일이 이루어진다"란,

述云此第二歎化善巧有二。此初喩也。菩薩顯化巧順物宜可云幻師。所起化相如顯衆像起化之德如本學明。化法卽以習學爲本故云本。學之委善故云學明了。學

---

381) 實德 : 실질적인 공덕
382) 權德 : 방편으로서의 덕
383) 自行 : 自利行

成起化任意所爲故云在意所爲。遠法師云學成起用成在於心故云在意。任意化故云所爲此恐非也。學未成亦在心故今不存也。

풀어 말하자면, 이것은 그 두 번째, 제대로 교화함384)을 찬탄하는 것으로 여기에는 두 가지가 있다. 이것이 그 첫 번째, 비유이다. 보살이 교화를 할 때 솜씨 좋게 사물의 마땅함을 따라서 하므로 환사라 부를 만하다. [환술로써] 생겨난 모습이 마치 [실제의] 여러 가지 모습이 나타난 것처럼 보이듯이, 교화를 일으키는 공덕도 배움(學)이 명료한 것을 근본으로 하는 것과 같다. 교화하여 인도하는 법이 곧 익히고 배우는 것을 근본으로 하는 까닭에 本이라고 하며, 배움은 委善에 좌우되는 것이기 때문에 배움이 명료하다고 말하는 것이다. 學이 교화를 뜻에 따라 할 수 있게 만들기 때문에 在意所爲라고 한 것이다. 遠法師(혜원)가 말하기를 "배움이 [뭔가를] 만들어내어 쓸 때는 마음에서 그것이 이루어지기 때문에 在意라고 하고, 마음대로 교화하기 때문에 所爲라고 하였다"385)고 하나, 이것은 아마 그렇지 않을 것이다. 아직 배움을 이루지 못하였을 때도 또한 마음에 있는 것이기 때문에 지금 존재하지 않는 것이 되기 때문이다.

H2_36上, T37_143中

經曰此諸菩薩至皆悉普現者。

經에서 말씀하시기를, "이 모든 보살은 …모두 다 널리 나타난다"란,

---

384) 善巧 : 부처가 사람을 濟度할 때, 巧妙한 方法으로 사람에게 利益을 줌

385) 『無量壽經義疏』(大正藏37, 97中), "學成起用。成在於心。故名在意。任意爲化。故曰所爲"

述云此後合也。諸菩薩者卽合幻師也。修學一切化物之法故云學一切法。卽合本學也。貫通也綜集也縷詮也練陶也。卽通穿群典集括事理詮表玄旨陶委衆疑故云貫綜縷練。卽合明了也。

풀어 말하자면, 이것은 그 두 번째, 合이다. 모든 보살이란 곧 환사와 마찬가지다. 중생을 교화하는 모든 법을 닦고 배우기 때문에 일체법을 배운다고 한다. 즉 배움을 근본으로 하는 것이 일치하는 것이다. 貫은 꿰뚫는다(通)는 뜻이고, 綜은 모은다(集)는 뜻이고, 縷는 사리를 갖추어 설명한다(詮)는 뜻이고, 練은 도야한다(陶)는 뜻이다. 즉 싹을 관통하여 여러 가지 전적을 모으고, 사리로 총괄하여 현묘한 뜻을 사리를 갖추어 드러내고 뭇 의심을 마음대로 닦는 까닭에 貫綜縷練[386]이라고 한다. 즉 밝게 요달함과 일치한다.

智悲之境是權術所遊故云所住。解心安境無錯忘故術安諦。卽合在意也。靡無也致運也。於諸感處無不運化故言靡不致化。又致卽感致。令一切衆無不感化故。

悲를 아는 경계는 權術의 활동무대(所遊)인 까닭에 머무는 곳(所住)이라고 한다. 마음을 풀어 편안한 경계에 있어 어지러이 잊어버림이 없기 때문에 권술로서 진리를 편안케 한다(術安諦)고 하는 것이다. 즉 뜻이 있는 곳과 일치한다. 靡는 없다는 뜻이고, 致는 운용하다는 뜻이다. 모든 감화처에 이르지 않는 곳이 없기 때문에 감화가 이르지 않는 곳이 없다(靡不致化)고 한다. 또 이른다는 것은 곧 감화가 이른다는 것이다. 일체 중생으로 하여금 감화되지 않음이 없게 하는 까닭이다.

---

386) 貫綜縷練 : 이치를 자세하게 배우고 연마하는 것. 또는 높은 경지에 도달하였음을 나타내는 말이기도 하다. 누련은 삼이나 닥나무껍질을 잿물에 삶아 부드럽게 단련시키는 것을 의미한다.

有經本云靡不感化其義無違。卽合所爲也。物宜旣萬品無相不現。故無數佛土皆悉普現。卽卻合現衆異像也。

어떤 經本(『無量壽經』 康僧鎧譯本)에서 말하기를 감화되지 않음이 없다387)는 말과 그 뜻이 다름이 없는 것이다. 즉 행한 바와 일치하는 것이다. 사물은 마땅히 이미 무수히 많아 나타나지 않는 상이 없다. 따라서 무수한 불토가 모두 다 두루 나타나는 것이다. 즉 도리어 서로 다른 많은 상들이 나타나는 것과 일치하는 것이다.

H2_36中, T37_143中

經曰未曾慢恣者。

經에서 말씀하시기를, "일찍이 자만하거나 방자하지 않았다"란,

述云此第三結自行淨也。於所修行生恭敬故無慢。亦無間故無恣。

풀어 말하자면, 이것은 세 번째 自利行이 깨끗함을 완성하는 것이다. 수행하는 데서 공경심이 생기기 때문에 자만심이 없는 것이다. 또한 쉼이 없기 때문에 방자하지 않은 것이다.

H2_36中, T37_143中

經曰愍傷衆生者。

經에서 말씀하시기를, "중생들을 가엽고 불쌍하게 여기셨다"란,

述云此第四結化善巧也。愍謂慈愍傷謂悲傷。傷愍衆生故無相不現。

---

387) 『佛說無量壽經』卷上(大正藏12, 266上), "靡不感化"

풀어 말하자면, 이것은 네 번째 제대로 교화함을 끝맺음이다. 愍은 자애로써 불쌍하게 여기는 것을 말하고, 傷은 [중생이] 상함을 슬퍼하는 것을 말한다. 중생을 사랑하고 상함을 슬퍼하는 까닭에 나타나지 않는 모습(相)이 없는 것이다.

H2_36中, T37_143中

經曰如是之法一切具足者。

經에서 말씀하시기를, "이와 같은 법은 모든 것을 갖춘 것이다"란,

述云此後總結也。

풀어 말하자면, 이것은 두 번째, 전체적으로 마무리함이다.

H2_36中, T37_143中

經曰菩薩經典至導御十方者。

經에서 말씀하시기를, "보살은 경전을 …시방을 다스려 인도한다"란,

述云第二廣歎有四。一依菩薩法修自分行。二依如來法修勝分行。三自分成德。四勝進成德。此初也。典常也究盡也暢申也通也要要道妙妙法也。於自分法究盡要道通申妙旨故云究暢要妙。卽自利也。殊德在懷嘉響 外流無物不歎 故云名稱普至。導御卽利他也。

풀어 말하자면, 두 번째, 널리 찬탄함이다. 여기에는 네 가지가 있다. 첫째, 보살의 법에 의지하여 스스로를 닦는 행, 둘째, 여래의 법에 의지하여 빼어난 도리를 닦는 행, 셋째, 스스로 덕을 이루는 것, 넷째, 뛰어나게 정진하여 덕을 이루는 것. 이것

이 그 첫 번째이다. 典은 불변의 법(常)이고, 究는 다함(盡)이고, 暢은 폄(申)이고, 통하는 것(通)이다. 要는 중요한 도리(要道)요, 妙는 오묘한 법(妙法)이다. 스스로의 법에 긴요한 도리를 다하여 오묘한 뜻을 펴기 때문에 긴요하고 오묘한 도리를 구극하여 드날린다(究暢要妙)고 한다. 즉 스스로를 이롭게 하는 것이다. 수승한 덕은 아름다운 영향력을 품고 있기 마련이다. [그것이] 밖으로 흘러나와 찬탄하지 않는 중생이 없는 것이다. 따라서 칭찬하기를 두루 이른다고 하는 것이다. 다스려서 인도한다는 말은 중생을 이롭게 하는 것이다.

H2_36下, T37_143下

經曰無量諸佛至而皆已立者。

經에서 말씀하시기를, "무량한 모든 부처님은 …모두 이미 세웠다"란,

述云第二修勝分行有二。此初修內德也。行入佛境故共護念。念善令生長 護惡使殄滅故。有說所住卽眞法界。攝論所說十法界也。所立卽神通力。涅槃云能建大義也。此恐不然。能建大義旣大涅槃利物之義必非自利故。

풀어 말하자면, 두 번째 수승한 도리를 닦는 행에는 두 가지가 있다. 이것이 그 첫 번째, 內德을 닦는 것이다. 수행을 통하여 부처의 경지에 들어가기 때문에 [諸佛이] 함께 호념한다.[388] 선이 더욱 늘어나도록 念하는 반면, 악은 모두 다 없어지도록 보호하기 때문이다. 어떤 사람은 머무는 곳이 곧 진법계라고 한다. 즉 『섭대승론』에서 설한 십법계를 말한다. 세워야 할 바는 신통력이다. 즉 『열반경』에서 능히 큰 뜻을 세운다고 한 것

388) 護念 : 불보살이 선행을 닦는 중생을 늘 잊지 않고 보살펴 주는 일.

과 같다 하나,389) 이것은 아마 그렇지 않을 것이다. 능히 큰 뜻을 세운다는 것은 이미 대열반을 의미하므로, 중생을 이롭게 하려는 뜻이지 스스로를 이롭게 하는 것이라고 해서는 안 된다.

有說所住卽空無相理所立卽十二分敎。此亦不然。世俗之事應如勝義亦佛所住故。有說所住卽證行所立卽敎行。法界諸度是佛所立故此亦不然。違法華佛自住大乘義故。大乘必通敎理行果。諸度旣行應非所立故。

어떤 사람은 머물러야 할 곳이 곧 空과 無相의 이치이며, 세워야 할 바가 곧 십이분교라고 하였으나,390) 이 또한 그렇지 않다. 세속의 일(世俗諦)도 마땅히 勝義諦와 마찬가지로 또한 부처가 머물러야 할 곳이기 때문이다. 어떤 사람은 머물러야 할 곳은 곧 證行391)이고, 세워야 할 바는 곧 敎行이다. 법계의 모든 濟度는 부처가 세워야 할 바이기 때문이라고 하였으나,392) 이 또한 그렇지 않다. 『법화경』에서 '부처님은 스스로 대승에 머문다'393)고 했던 뜻에 위배되기 때문이다. 대승은 반드시 가르침의 이치에 통달하여 그 수행의 결과로서 모두 제도하게 되는 것이니 이는 이미 행해진 것이지 마땅히 세워야 할 바가 아니기 때문이다.

今卽佛所住者卽二諦之旨。菩薩逐佛而旣悟故云已得住。大聖立者卽三藏之詮。

389) 『大般涅槃經』卷第四(大正藏12, 388上), "善男子。是大涅槃能建大義"

390) 『無量壽經義疏[復元]』卷上(韓佛全2, 10中), "佛住空無相理。大士亦皆齊住。乃至佛能立十二部經。大士亦能隨分。立敎化生。[無量壽經鈔二]"

391) 證行 : 언어로 된 가르침에 기반하여 실천하는 것을 敎行이라고 하고, 깨달음의 경지에서 얻을 수 있는 진리를 실천하는 것을 證行이라 한다.

392) 『無量壽經義疏』(大正藏37, 97中-下), "言佛所住者皆已得住。證行同佛。…大聖所立…敎行同佛。…法界諸度。是佛所立。菩薩同立"

393) 『妙法蓮華經』卷第一(大正藏9, 8上), "佛自住大乘"

大士亦達詮之意趣故云皆已立。佛與大聖卽言異體同故互稱而已。

이제 부처가 머물러야 하는 곳은 곧 二諦의 뜻이다. 보살이 마침내 부처가 되어 이미 깨달음을 얻은 까닭에 이미 머무름을 얻었다고 하는 것이다. 대성인이 세운 것은 곧 [경, 율, 론] 三藏의 말씀이다. 대사 또한 그 말씀의 의취에 통달하였기 때문에 모두 이미 세웠다고 하는 것이다. '佛'과 '大聖'은 곧 말은 달라도 그 실체는 같은 까닭에 서로 부르는 것(互稱) 뿐이다.

H2_36下, T37_143下

經曰如來道化至開導衆人者。

經에서 말씀하시기를, "여래의 교화는 …중생을 인도하며"란,

述云此後歎外化有二。此初化相也。菩薩普爲影響助揚佛事故。道化能宣卽說法同佛也。示[394]行佛化故爲菩薩師。卽化物同佛也。深禪慧者卽化行同佛。禪止慧觀行雖衆多要在此二故。開導衆人者卽利物同佛。開者令始學導者令終熟故。

풀어 말하자면, 이것은 그 두 번째, 밖으로 교화함을 찬탄하는 것으로 여기에는 두 가지가 있다. 이 가운데 첫 번째는 교화하는 모습이다. 보살은 두루 영향력을 미쳐 佛事를 助揚한다. 道로써 교화하고 능히 선양하므로 곧 부처님과 같은 법을 설하신다. 또 부처님의 교화를 행하므로 보살은 스승이 된다. 곧 중생(物)을 교화하는 것은 부처와 같다. 깊은 선정과 지혜란 곧 부처님과 같은 교화행을 말한다. 禪止慧觀의 證行이 비록 많다 해도 요지는 이 두 가지에 있기 때문이다. 중생에게 길을 열어 인도한다는 것은 곧 중생을 이롭게 하는 것으로 부처님과 마찬가지이다. 연다는 것은 배움을 시작하게 한다는 것이고, 인도한

394) 大正藏脚註(大正藏37, 143下), "示=亦?"

다는 것은 마침내 무르익게 하는 것이다.

H2_37上, T37_143下

經曰通諸法性至明了諸國者。

經에서 말씀하시기를, "모든 법의 성질을 통달하여 …모든 국토[의 사정]을 잘 알고 계신다"란,

述云此後化德也。有說通諸法性者通法空理。達衆生相者達人空生眞。明了諸國者達器界空非也。離人法空更無別空故。若有別者亦離二智。應有別智故。

풀어 말하자면, 이것은 그 마지막, 교화의 덕이다. 어떤 사람은 모든 법성에 통달하였다는 것은 諸法이 空한 이치에 통달한 것이며, 중생의 특성에 통달하였다는 것은 人이 空함(人空生眞)에 통달하였다는 말이고, 모든 국토[의 사정]을 잘 알고 있다는 것은 器世界가 空함을 통달하였다는 뜻이라고 하였으나 이는 그렇지 않다. 人과 法이 空하다는 것을 떠나 다시 따로 공한 것이 없는 까닭이다. 만약 따로 공한 것이 있다면 또한 두 가지 智를 떠난 것이 되므로, 마땅히 따로 智가 있어야 하기 때문이다.

有說通諸法性是智正覺自在行。通達二諦法性故。達衆生相是衆生世間自在行。衆生種種體狀皆了達故。明了諸國是器世間自在行。初云通次言達後言明。言之左右。此亦不然。衆生外器應非世俗故。若世俗者通二諦已更無所知故。

어떤 사람은 모든 법성에 통달하였다는 것은 정각을 깨달아 자재하게 행한다는 뜻이다. 두 가지 진리의 법성에 통달하였기 때문이다. 중생상에 통달하였다는 것은 중생세간에서 자재하게 행한다는 것이다. 중생의 갖가지 체상에 대해 모두 요달하였기

때문이다. 모든 국토의 사정을 잘 안다는 것은 기세간에서 자재하게 행한다는 것을 말한다. 처음에는 통했다 하고 다음에는 요달했다 하고 그 후에는 밝다고 말한다. 이는 그 순서를 말한 것이다.[395] 이 또한 그렇지 않다. 중생 외의 기세간은 마땅히 세속이 아니기 때문이다. 만약 세속이라면 두 가지 진리에 통달하고 난 후 더 이상 알아야 할 것이 없기 때문이다.

今卽通法性者卽法界無量行。達衆生相者卽衆生界無量行。明了諸國者卽世界無量行。所調伏界無量不攝無種姓故。略不說調伏。方便無量卽前善巧故不亦說。

이제 곧 법성에 통달하였다는 것은 곧 법계의 무량행이고, 중생상에 통달하였다는 것은 곧 중생계의 무량행이며, 모든 국토의 사정을 잘 안다는 것은 세계의 무량행을 말한다. 조복계 무량행에 대해서는 無種姓을 포섭하지 않기 때문에 조복[계무량행]을 생략하고 설하지 않은 것이다. 방편 무량행은 곧 앞(調伏界)의 선교방편이기 때문에 다시 설하지 않은 것이다.[396]

---

395) 『無量壽經義疏』(大正藏37, 97下), "通諸法性。是智正覺自在行也。謂能通達二諦法性。達衆生相衆生世間自在行也。…明了諸國。是器世間自在行也。初句云通。第二言達。第三說明。語左右耳"

396) 憬興이 주장하는 五無量行은 曇無讖 譯本인 『菩薩地持經』에서 찾아 볼 수 있다. 같은 내용이 求那跋摩의 譯本 가운데 1권본인 『菩薩善戒經』과 『瑜伽師地論』의 本地分에도 나온다. 『大乘義章』과 『華嚴經探玄記』에도 같은 내용이 등장하는데 조금 더 자세한 설명이 붙어 있다.

『菩薩地持經』(大正藏30, 936下), "菩薩有五種無量生一切巧便行。一者衆生界無量。二者世界無量。三者法界無量。四者調伏界無量。五者調伏方便無量"

『菩薩善戒經』(大正藏30, 999中), "菩薩摩訶薩觀一切方便有五無量。一者衆生界無量。二者世界無量。三者法界無量。四者調伏界無量。五者調伏方便無量"

『瑜伽師地論』卷第十三(大正藏30, 345下), "復有五無量想。謂有情界無量想。世界無量想。法界無量想。所調伏界無量想。調伏方便界無量想"

H2_37上, T37_144上

經曰供養諸佛至幻化之法者。

經에서 말씀하시기를, "제불에 공양하여 …幻化의 법이다"란,

述云第三自分成德有四。一修之方便二修之成德三重辨起修四重申成德。初又有四。此初自利修也。供養諸佛化如電光者卽福行也。善學無畏曉幻化者卽智行也。

풀어 말하자면, 세 번째 스스로 덕을 이룸에 네 가지가 있다. 첫째, 수행의 방편, 둘째, 수행으로 이룬 덕, 셋째, 거듭 분별하여 수행을 일으킴, 넷째, 덕을 이룸을 거듭 폄이다. 첫 번째 것에는 다시 네 가지가 있다. 이것은 그 첫 번째, 스스로를 이롭게 하는 수행이다. 모든 부처님께 공양할 때 몸을 나투기를 번갯불처럼 하는 것이 곧 福行이다. 두려움이 없는 지혜를 잘 배워서 諸法의 空한 실체(幻化)[397]를 제대로 아는 것이 곧 智行이

『大乘義章』(大正藏44, 704中), "五無量者。是化他智。名字是何。一衆生界無量。二世界無量。三法界無量。四調伏界無量。五調伏方便界無量。善知所化衆生差別名衆生無量。善知衆生住處不同名世界無量。知諸衆生心心所起善惡等法用之敎化名法界無量。知諸衆生根性差別名調伏無量。然此非直知調伏心。亦知不調。以調爲主。故偏言耳。知度生法名調伏方便。度生法中行修善巧名爲方便。用此授人調令起行名調伏方便。又復令他起行善巧亦名方便"

『華嚴經探玄記』(大正藏35, 355中), "第二是菩薩住七地下明彼障對治有二種相。一修行無量者。前樂對治。有量爲障故。修無量以爲對治。…後明佛德業無量。或要攝爲五。初一衆生界無量。二世界無量。三有兩對明法界無量。四有三對明調伏界無量。五後三對明調伏方便界無量"

397) 幻化 : ① 환술사의 변화로 나타나는 실체가 없는 물건. 보통 비유로 쓰인다. 모든 법이 인연으로 말미암아 화합하여 생겨나는 것이나 그 실체는 공한 것이라 假有라고 할 수 있는데 이때 幻化之物相이라고 비유한다. ② 幻과 化. 空法十喩 가운데 두 가지. 幻은 환술사가 만든 것, 化는 보살 등의 신통력으로 이룬 변화.

다.

有說欲供諸佛化現其身。一念遍至疾如電光。簡邪取正故云善學。達正過邪故云無畏。統攝諸法故云網。卽智方便也。亦見諸法非定有無其性如幻故云曉幻化。卽智成就也。又於人不怯故學無畏。於法能知故曉幻化。

어떤 사람은 모든 부처님께 공양을 하고자 하면 그 몸을 나타내기를 한 생각에 어떤 곳이고 빠르게 이르기를 마치 번개처럼 하였으며, 삿된 것을 가려내고 바른 것을 취하는 까닭에 잘 배운다고 하였다. 바른 것에 통달하고 삿된 것으로부터는 벗어나 있으므로 두려움이 없다고 하였으며, 모든 법을 도맡아 조절할 줄 아는 것을 網이라고 하였다. 곧 지혜로움이 바탕이 된 방편이다. 또한 모든 법의 유무가 고정적인 것이 아니므로 그 성질이 마치 꿈과 같음을 볼 줄 알기 때문에 [세상 만물의 실체가] 환상임을 깨달아 안다고 하였다. 즉 지혜로 인해 성취된 것이다. 또 사람에 대해서 두려워하지 않는 까닭에 두려움 없음을 배운다고 하였고, 법에 대해 능히 잘 알기 때문에 幻化에 대해서 깨달아 안다고 하였다.[398]

有說諸法雖非無而非有故不見一法可畏。攝物不捨故云學無畏網。雖復非有而非無離有離無故云幻化。有說如觀世音以無畏施網攝衆生故云無畏網。三俱不然。善學若方便未達邪正。應非無畏故。諸法非有不見可畏。旣亦非無。可畏故。

어떤 사람은 모든 법이 비록 없는 것도 아니고 있는 것도

398) 『無量壽經義疏』(大正藏37, 97下-98上), "供養諸佛。化現其身猶如電光…化身如電。起行疾也。一念之間。化身遍至…善學無畏。修習智方便。曉了幻化。智行成就。又學無畏。於人不怯。曉了幻化。於法能知簡邪取正。名爲善98.1學。達正過邪。所以無畏。以無畏智統攝諸。法故名爲網…明見諸法離有無性。猶如幻化非有非無。名爲曉了幻化法矣。法若定有。不名幻有。法若定無。不名幻無"

아닌 까닭에 어떤 법도 두려워할 만한 것이라고 보지 않는다. 중생(物)을 포섭하고 버리지 않는 까닭에 두려움 없는 網을 배운다고 하는 것이다. 비록 다시 있는 것도 아니고 없는 것도 아니며, 有도 떠나고 無도 떠나는 까닭에 환상으로써 만들어진 것(幻化)이라고 하는 것이다. 어떤 사람은 관세음보살이 두려움을 없애 주는 베풂399)의 망을 가지고 중생을 포섭하는 것과 마찬가지이므로 두려움을 없애주는 망이라고 하였다고 하나, 세 가지가 모두 그렇지 않다. 잘 배웠다는 것(善學)은 방편으로는 삿됨과 바름을 아직 통달하지 못하는 것과 같기 때문에 마땅히 두려움이 없는 것은 아니기 때문이다. 모든 법이 [고정적인 실체가] 있는 것이 아니므로 두려워 할 만하다고 보지 않지만, 이미 또한 없는 것도 아니기 때문에 두려워 할 만하다고 하는 것이다.

如其次第。今卽現化供佛雖忽遍至而不住故如其電光。學無畏網者卽達詮之智。曉幻化法者卽悟旨之智。網者教也。卽佛備四無畏故云無畏。若理若事無不如幻故云幻化。菩薩稱佛教之意以達諸法言說自性不可得故云善學曉了。

차례대로 보자면, 이제 곧 몸을 나타내어 부처님께 공양함에 비록 문득 두루 이르러 나타나기는 하지만 머물지 않기 때문에 번개와 같다고 하는 것이고, 두려움 없는 망을 배운다는 것은 가르침(詮)에 통달하여 얻은 지혜이며, 幻化法을 깨달아 안다고 하는 것은 곧 [가르침에 담긴] 뜻(旨)를 깨달아 얻은 지혜이며, 網이란 가르침이다. 곧 부처님이 네 가지 두려움 없음(四無畏)을 갖추신 까닭에 無畏라고 하는 것이다. 理든 事든 허깨비 같지

399) 無畏施 : 三施(財施, 法施, 無畏施) 가운데 하나.

않은 것은 없기 때문에 幻化라고 한다. 보살이 말하는 부처님의 가르침의 뜻은 諸法의 言說自性을 통달함으로써 얻을 수 있는 것이 아니기 때문에 '잘 배우고 깨달아 알아야 한다(善學曉了)'고 하는 것이다.

H2_37中, T37_144中

經曰壞裂魔網解諸纏縛者。

經에서 말씀하시기를, "마군의 그물을 찢어 버리고, 모든 번뇌의 속박을 풀어 …"란,

述云此第二利他修也。魔網者卽天魔之敎。纏縛者卽八纏三縛。有說十纏四縛。於小乘宗雖有此義非大乘故。卽壞魔網令雖惡業。解纏縛而使絶煩惱故。

풀어 말하자면, 이것은 두 번째, 남을 이롭게 하는 수행이다. 마군의 그물이란 곧 천마의 가르침이다. 纏縛[400]이란 곧 여덟 가지 얽매임(纏)과 세 가지 묶임(縛)이다.[401] 어떤 사람은 열 가지 얽매임과 네 가지 묶임이라고도 한다. 소승종에 비록 이런 뜻이 있기는 하지만 대승의 가르침에는 없다. 곧 마군의 그물을 찢어 버린다 함은 비록 악업이라 하더라도 그로 하여금 속박을 풀고 번뇌를 끊게 하기 때문이다.[402]

400) 纏縛 : 煩惱를 달리 이르는 말. 번뇌가 중생의 몸과 마음을 얽어 묶어 자유롭지 못하게 한다는 뜻에서 유래한다.

401) 八纏三縛 : 八纏은 無慚, 無愧, 嫉, 慳, 惡作, 睡眠, 掉擧, 惛沈이고, 三縛은 貪, 瞋, 癡이다.

402) 『無量壽經義疏』(大正藏37, 98上), "壞裂魔網。令離邪業。解諸纏縛。令離煩惱。纏謂十纏。無慚。無愧。睡。悔。慳。嫉。掉。恨。忿。及覆。是其十也。纏衆生故。纏縛心故。名之爲纏。縛謂四縛。欲縛。有縛。無明縛。見縛。是其四也。欲界諸結。除無明見。名爲欲縛"

H2_37下, T37_144中

經曰超越聲聞至無願三昧者。

經에서 말씀하시기를, "성문의 지위를 초월하여 …무원삼매[403]를 얻는다"란,

述云此第三重辨自利也。超二乘地者卽對餘乘以顯勝。得空無相無願者卽直申行勝。初發大心尙過二乘況亦久行。故云超越。欲入大涅槃必三三昧爲門故偏說此三。如瑜伽論云。我法無故空。空故無相。無相故不可願求。而有處云空無願無相者卽共二乘行故。相違。

풀어 말하자면, 이것은 세 번째 스스로 이롭게 하는 수행에 대해서 거듭 분별함이다. 이승의 지위를 초월한다는 것은 곧 다른 승과 대비시킴으로써 뛰어남을 드러내려는 것이다. 공, 무상, 무원[삼매]를 얻었다는 것은 곧 바로 행의 수승함을 이야기하는 것이다. 처음 큰마음을 발한 사람도 오히려 이승을 뛰어넘는데 하물며 또한 오랫동안 행을 한 사람[404]이[야 당연하지 않]겠는가! 따라서 초월이라고 하는 것이다. 대열반에 들고자 하면 반드시 세 가지 삼매를 [통과해야 할] 문으로 삼는 까닭에 두루 이 세 가지를 설하는 것이다. 『섭대승론석』[405]에서 "我와 法이 없는 까닭에 空하다고 하며, 空한 까닭에 相이 없다고 하며, 相이 없는 까닭에 바라고 구하지 않는 것이다"라고 한 것과 같다.[406] 그리고 어떤 곳에서는 空, 無願, 無相이 이승

403) 無願三昧 : 구하고 원할 것이 없음을 관찰하는 삼매.

404) 久行 : 처음 발심하여 수행을 시작한 지 얼마 되지 않는 사람을 始行人이라하고 이미 발심하여 수행한 지 오래된 사람을 일컬어 久行人이라 한다. 이를 줄여 久行이라고도 부른다.

405) 『瑜伽論』으로 되어 있으나 『攝大乘論釋』에서 인용한 것으로 보인다.

406) 『攝大乘論釋』卷第十五(大正藏31, 264上), "釋曰。於大乘中三解脫門。一體由無性故空。空故無相。無相故無願。若至此門得入淨土。此句明門圓

행과 공통된 것이라고 하는 경우가 있는데 [이는] 서로 다른 것이다.

有說前教行此證行故有不同非也。學無畏網雖可教行而曉幻化應言證故。今即前是菩提之道後是涅槃之門。故須再解。

어떤 사람은 앞의 것은 敎行이고, 이것은 證行이므로[407] 같지 않은 점이 있다고 하는데 이는 잘못이다. 두려움 없는 망을 배우는 것은 비록 가르칠 수 있는 行이지만, 幻化를 깨달아 안다는 것은 마땅히 증득해야 하는 것이기 때문이다. 이제 바로 전자가 깨달음으로 [나아가는] 길을 말한 것이라면, 후자는 열반으로 [들어가는] 문을 말한 것이다. 따라서 마땅히 거듭 풀었던 것이다.

H2_37下, T37_144中

經曰善立方便至而現滅度者。

經에서 말씀하시기를, "능히 방편을 세워 …멸도를 보이신다"란,

述云此第四復辨利他也。方便雖多此中方便即巧權之名。有說善方便即意方便。示現三乘而滅度者即口方便。善立三乘隨便度物名善方便。說三乘因及滅度果名顯示現滅故。此必不然。於下中乘而現滅度既應化相。必不可言說二乘果。不爾如何言現滅度。而不言說故。

풀어 말하자면, 이것은 네 번째, 남을 이롭게 함을 다시 분별함이다. 방편은 비록 많으나 여기서 방편이란 곧 巧權[408](선

淨"

407) 『無量壽經義疏』(大正藏37, 97下), "初段自利。明修教行。第二利他。教人離過。第三自利。明修證行"

교방편)을 이른 것이다. 어떤 사람은 善方便이란 意方便이고, 삼승을 드러내 보여주고 멸도한 것은 곧 口方便이라고 한다. 삼승을 잘 세워 교묘한 방편으로 대상을 제도하므로 이름하여 善方便이라고 한다. 三乘因 및 滅度果를 설하므로 멸도를 드러내 보여주는 것이라고 하나,409) 이는 절대로 그렇지 않다. 하승과 중승에게 멸도를 드러내는 것은 이미 [중생의 근기에 대응하여] 나타난 모습이므로 이승과를 설하였다고 해서는 안 된다. 그렇지 않다면 어찌하여 멸도를 나타낸다고 하였겠는가? [왜냐하면] 말로 할 수 없기 때문이다.

有說善立方便是口方便。示中下乘而現中下滅皆身方便。此亦不然。示現三乘義已具足。亦言現滅度應無用故。不爾三乘有何不攝亦說中下耶。

어떤 사람은 방편을 잘 세우는 것을 바로 口方便이라고 하며, 중승과 하승에게 보여줄 때는 중, 하승의 몸이 멸하는 것을 보여주어야 하기 때문에 모두 身方便이라고 하나, 이 또한 그렇지 않다. 삼승에게 보여준다는 말에 뜻이 이미 갖추어져 있으므로, 또한 멸도를 나타낸다고 말하는 것은 마땅히 필요 없는 것이다. 그렇지 않다면 어찌 삼승에 속하지 않는 것을 중승과 하승에게 설할 수 있겠는가!

故今卽善立方便卽意方便。隨順諸佛尋三乘化故。顯示三乘卽口方便。分別一乘

408) 巧權 : 梵 upāya-kauśalya. 善巧方便의 약칭. 즉 불보살이 중생을 교화할 때 쓰는 방편을 이르는 말. 權은 방편의 다른 말.

409) 『無量壽經義疏』(大正藏37, 98下), "今此所論。是其權中意業方便。善立三業。巧便度物。故曰方便。顯示三下。是化他行。顯示三乘。說三乘因。就大分小。名示三乘。於此中下而現滅度。說小乘果。緣覺名中。聲聞名下。於此二中說有涅槃。名現滅度。此等卽是口業方便"

而說三乘。三乘亦卽佛方便故。中下滅度卽身方便。緣覺名中聲聞名下。卽同法華中無二三之義。菩薩欲引不定二乘令趣佛乘故於彼涅槃而現滅度。卽同攝論變化故云意。佛地經曰成所作智起三乘化作四記論卽其事也。

따라서 이제 곧 방편을 잘 세운다는 것은 意方便을 말하는 것이다. 모든 부처님을 따라서 삼승을 찾아 교화하기 때문이다. 삼승을 나타내 보여주는 것은 곧 口方便이다. 일승을 분별하고 삼승을 설한다. 삼승 또한 곧 부처님의 방편인 까닭이다. 중·하승의 멸도는 곧 身方便이다. 연각을 중승이라 이름하고, 성문을 하승이라 부른다. 곧 『법화경』 중에 이승, 삼승이 없다고 하는 것과 같은 뜻이다. 보살은 不定二乘을 이끌어 이들로 하여금 佛乘으로 나아가게 하려는 까닭에 그 열반의 상태에서 멸도하는 모습을 보여주는 것이다. 즉 『섭대승론』에 나오는 변화와 같은 것이므로 意[방편]이라고 한다. 『佛地經論』에서는 成所作智[410]가 삼승을 일으켜 교화하고 四記論[411]을 짓게 했다는 것[412]이 바로 그 일이다.

H2_144下, T37_38上

經曰亦無所作至得平等法者。

經에서 말씀하시기를, "또한 지은 것도 없고 …평등한 법을

410) 成所作智 : 梵 kṛtyānuṣṭhāna-jñāna. 作事智라고도 한다. 前五識이 轉하여 얻는 智. 自證利他의 두 가지 이익이 있기 때문에 所作이라 하고, 대비로서 중생의 종류에 따라 제도하는 妙業을 반드시 성취하기 때문에 '成'이라 한다.

411) 四記論 : 질문에 따라 대답하는 방식을 네 가지로 나눈 것. 四記, 四答, 四記答, 四種問答 등으로 부르기도 한다. 그 네 가지는 一向記, 分別記, 反問記, 捨置記이다.

412) 『佛地經論』卷第三(大正藏26, 303上), "成所作智起作三業諸變化事。…作四記論"

얻었다"란,

述云第二修之成德有二。初自利之德後利他之德。初又有四。此初所得平等也。有說三乘性空故無所作。不見別證三乘之果故無所有。達無性眞以解諸法不生滅故不起不滅。非也。決定二乘旣入無餘。不可定言卽無別證故。又顯三乘故非無所作。現滅度故非無所有故。

풀어 말하자면, 두 번째 수행으로 이룬 덕에는 두 가지가 있다. 먼저 스스로를 이롭게 하는 덕과 두 번째는 남을 이롭게 하는 덕이다. 첫 번째 것에 다시 네 가지가 있다. 이것은 그 첫 번째로 얻은 바가 평등함이다. 어떤 사람은 三乘의 本性이 空하기 때문에 無所作이라고 하고, 삼승의 과보를 따로 증득해야 한다고 보지 않는 까닭에 無所有라고 한다. [諸法이] 無性이라는 진리에 통달함으로써 諸法이 생하는 것도 멸하는 것도 아님을 이해하였기 때문에 不起不滅이라고 하는데 이는 잘못이다. 결정이승[413](=定性二乘)이 이미 무여열반[414]에 들어갔다면, 확정적으로 말할 수가 없으므로 곧 따로 증득할 것도 없기 때문이다. 또 삼승을 드러내기 때문에 無所作이 아니며, 멸도를 나타내기 때문에 無所有가 아니다.

有說無因可作故無所作。無果可有故無所有。無淨可起無染可滅故云平等此亦不然。因有功能故非無所作。果藉緣有故非無所有故。

어떤 사람은 원인 없이 만들 수 있기 때문에 무소작이라고 하고, 결과가 없이 존재하는 까닭에 무소유라 하였고, 깨끗하지 않은데도 생겨날 수 있고, 더러움 없이 멸할 수 있기 때문에

413) 決定二乘 : 決定種性二乘, 定性二乘이라고도 한다.
414) 無餘 : 無餘涅槃. 모든 번뇌를 끊고 分別의 지혜를 떠나 몸까지 없애고 寂靜에 돌아간 경지. 죽은 후에 들어가는 열반을 이른다.

평등이라고 하였으나415) 이 또한 그렇지 않다. 원인에는 [일정한] 작용(功能)이 있기 때문에 무소작이 아니며, 결과는 연을 바탕으로 존재하는 것이기 때문에 무소유가 아닌 것이다.

今卽無作無有者卽事平等也。不起不滅者理平等也。無實作用故無所作。不能自生故無所有。淨法雖增眞不隨增故云無起。染法雖滅如不隨滅故云不滅。諸法一相所謂無相故云平等。於是證會故亦云得。

이제 곧 지은 바도 없고, 존재하는 바도 없다면 事가 평등한 것이다. 일어나지도 않고, 멸하지도 않는다면 理가 평등한 것이다. 실제로 작용이 없는 까닭에 무소작이고, 스스로 능히 생겨날 수 없으므로 무소유이고, 깨끗한 법이 비록 늘어난다 해도 진실로 늘어나는 것이 아니기 때문에 無起라고 한다. 오염된 법이 비록 멸한다 해도 따라서 멸하는 것이 아니므로 멸하지 않는다고 한다. 모든 法은 한 모습이지만, 이른 바 고정적인 실체가 없는 까닭에 평등하다고 한다. 이에 깨달아 이해하므로 얻는다고 한다.

H2_38中, T37_144下

經曰具足成就至諸根智慧者。

經에서 말씀하시기를, "구족하여 성취하시고 …중생의 근기를 다 아는 지혜"란,

述云第二所成衆多也。有說初習名三昧成就名總持非也。佛地應無三昧。卽違諸敎故。今卽總持雖通定慧正是慧性故。百千三昧卽總持所依。廣如地經。

415) 『無量壽經義疏』(大正藏37, 98下), "亦無所作。無因可作。亦無所有。無果可有。言不起者。無淨可起。言無滅者。無染可滅。此學道理。得平等法"

풀어 말하자면, 두 번째 이른 것이 많음이다. 어떤 사람은 처음에 익히는 것을 삼매라 하고 [이를 통해] 성취한 것을 總持416)라고 하는데 이는 잘못이다. 부처님의 경지가 마땅히 삼매가 없는 것이 되기 때문에 곧 모든 가르침에 위배되기 때문이다. 이제 곧 총지란 비록 선정과 지혜에 통하는 것이나 바로 이것이 지혜의 성품이기 때문이다. 백천 삼매란 곧 총지가 의지하는 바다. 넓게 보면 地經417)에서 설하는 것과 같다.

有說諸根通卽一切善法別卽信精進念定非也。汎言善法皆通有爲諸法。有爲善中雖有名根無爲必非故。又信精進等名諸根者不應別說智慧故。既說三昧卽定別目。而有何因亦說定根故。

어떤 사람은 모든 근기를 전체적으로 말하자면 곧 일체선법이고, 개별적으로 말하자면 信, 精進, 念, 定이라고 하는데418) 이는 잘못이다. 무릇 선법이란 모두 有爲의 諸法에 통하는 것이다. 有爲의 善法 가운데는 비록 근기라는 이름이 존재하지만 無爲法에서는 그렇지 않기 때문이다. 또 信, 精進 등을 모든 根機라고 불렀기 때문에 마땅히 따로 지혜를 설하지 않은 것이다. 이미 삼매를 설하였으니 定이 별개의 항목인 셈인데, 무슨 이유로 또한 [지혜는 설하지 않으면서] 定의 근기를 설하는 것인가?

今卽諸根者六根淸淨。此諸菩薩位階十地已。得自在六根互用故。總持雖慧慧未

---

416) 總持 : 梵 dhāraṇī 의 意譯. 音譯은 陀羅尼.

417) 地經이 무엇을 의미하는 지 알 수가 없다. '他經'의 誤記인지 의심이 가므로 필사본을 확인해 볼 필요가 있겠다.

418) 『無量壽經義疏』(大正藏37, 98下), "信進念等。名爲諸根。若通論之。一切善法。悉名諸根"

必持故。引導衆行故須別說。

이제 곧 모든 근기라 함은 육근이 청정함을 말하는 것이다. 여기에서 모든 보살의 계위는 십지일 뿐이다. 육근의 자재함을 얻어 서로 통하여 쓰기 때문이다. 총지는 비록 지혜이나 지혜가 반드시 총지는 아니기 때문에 뭇 행을 인도하는 [지혜를] 모름지기 따로 설한 것이다.

H2_38下, T37_145上

經曰廣普寂定至菩薩法藏者。

經에서 말씀하시기를, "넓고 두루하는 선정으로 …보살의 법에 머물러"란,

述云此第三所證廣也。法藏者卽十萬法蘊。簡二乘藏故云菩薩。卽所證深也。有說普定能證廣。一切法中不起妄想故。藏所證深。於眞法藏能深入故。若爾卽違自許所證深廣名義也。

풀어 말하자면, 이것은 세 번째 증득한 것의 넓음이다. 法藏이란 곧 십만 法蘊이다. 二乘의 가르침을 가려낸 것이기 때문에 菩薩藏이라고 한다. 증득한 바가 깊기 때문이다. 어떤 사람은 두루 定에 들어 능히 널리 증득할 수 있다고 한다. 一切法 가운데서 망상을 일으키지 않기 때문이고, 증득한 바가 깊어 참된 법에 대해 능히 깊이 들어가기 때문이라고 한다.[419] 만약 그렇다면 스스로 증득한 바가 깊고 넓음을 인정하는 것이 되어 이름의 뜻과 어긋나게 된다.

419) 『無量壽經義疏』(大正藏37, 98下), "廣普寂定。所證廣也。一切法中不起妄想。名廣寂定。深入法藏。所證深也。於眞法藏能深入矣"

H2_38下, T37_145上

經曰得佛華嚴三昧者。

經에서 말씀하시기를, "부처님의 화엄삼매를 얻고"란,

述云此第四所成奇勝也。佛地功德能嚴佛身故云佛華嚴。入此三昧現見諸方佛及佛土故亦言得。卽華嚴云彼一三昧該[420]攝法界一切佛法悉入其中也。

풀어 말하자면, 이것은 네 번째 이룬 것이 대단히 뛰어남이다. 佛地의 공덕으로 능히 佛身을 장엄할 수 있기 때문에 佛華嚴이라고 하였다. 이 삼매에 들어가면 여러 방향에 계시는 부처님과 불토를 볼 수 있기 때문에 또한 얻는다고 하였다. 곧 『화엄경』에서 저 하나의 삼매는 법계를 모두 포섭하여 일체의 불법이 다 그 안에 들어가게 된다고 하였던 것이다.[421]

H2_38下, T37_145上

經曰宣揚演說一切經典者。

經에서 말씀하시기를, "모든 경전을 선양하고 연설하신다"란,

述云此第二利他之德也。助佛揚化故云宣揚。卽簡如來。如來自演說故。

풀어 말하자면, 이것은 두 번째 남을 이롭게 하는 공덕이다. 부처님을 도와 불법을 드날리고 교화하는 까닭에 선양이라고 하였다. 즉 여래[의 가르침]을 가려내니 여래가 스스로 연설한다.

420) 統의 誤記일 가능성을 배제할 수 없음

421) 『無量壽經義疏』(大正藏37, 98下), "如華嚴說。彼一三昧。統攝法界。一切佛法悉入其中"

H2_38下, T37_145上

經曰住深定門至無不周遍者。

經에서 말씀하시기를, "깊은 선정에 머물러 …두루하지 않음이 없다"란,

述云第三重辨起修有二。此初起自利修也。有說深定者起通所依理定。有說一念周遍者入定觀衆生。二俱不然。通旣事德。所依之定必非理定故。睹無量佛應非一念故。

풀어 말하자면, 세 번째 거듭 분별하여 수행을 일으킴이다. 여기에는 두 가지가 있다. 이것은 그 첫 번째, 자기를 이롭게 하는 닦음이다. 어떤 사람은 깊은 선정이란 의지해야 할 理定[422]을 통하여 일어나는 것이라고 하였고, 어떤 사람은 一念周遍이란 선정에 들어 중생을 관하는 것이라고 하였다. 이 두 가지 모두 그렇지 않다. 이미 事德에 통달하였다면 의지하는 대상으로서의 선정이 반드시 理定이어야 할 필요는 없기 때문이고, 한량없는 부처님을 一念에 보는 것은 아니기 때문이다.

如其次第今卽通所依定無境不觀故云深定。睹諸佛者卽天眼通。一念遍者卽神境通。依此深定以發天眼能見諸佛故攝行廣。亦起神通一念遍至所睹佛土攝福生智故起行疾。

차례로 보면 곧 의지해야 할 선정을 통해 볼 수 없는 대상(경계)이 없기 때문에 깊은 선정이라고 한 것이다. 모든 부처님을 본다는 것은 곧 천안통이다. 일념에 두루 한다는 것은 [원하는 대로 어디든 갈 수 있는] 神足通(=神境通)이다. 이러한 깊은 선정에 의지함으로써 천안통을 발하기 때문에 능히 모든 부처

422) 理定 : 理禪이라고도 한다. 번뇌망상을 모두 여읜 無漏의 선정을 말한다.

님을 볼 수 있으므로 섭행이 넓다고 하는 것이다. 또한 신통력을 일으켜 일념에 두루 보아야 할 불토에 이르러 복을 포섭하고 지혜를 낳는 까닭에 [신통력 등을] 일으켜 빨리 간다고 하는 것이다.423)

H2_39上, T37_145上

經曰濟諸劇難至開化一切者。

經에서 말씀하시기를, "모든 고통으로부터 구제하시고 …모든 중생을 제도하며"란,

述云此後起利他修也。有說二乘於救生卽閑菩薩卽不閑。凡夫於修卽閑菩薩不閑。二乘凡夫於無上道卽閑菩薩卽不閑。此皆不然。若如所言應說懈怠精進故。閑卽閑處必非嬾惰故。

풀어 말하자면, 이것은 그 두 번째, 남을 이롭게 하는 수행을 일으킴이다. 어떤 사람은 이승이 중생을 구하는 것은 게으르고, 보살은 게으르지 않으며, 범부는 수행에 게으르고, 보살은 게으르지 않다. [다시 말해] 이승과 범부는 무상도[를 구하는 일]에 게으르지만 보살은 게으르지 않다고 하나,424) 이는 모두 그렇지 않다. 만약 말하는 바와 같다면 마땅히 해태함이나 정진함을 설해야 할 것이다. 閑이란 한적한 곳을 뜻하는 말로 게으르다는 뜻은 아니기 때문이다.

423) 『無量壽經義疏』(大正藏37, 98下-99上), "悉睹現在無量諸佛。攝行寬廣。由見多佛。供養生福。受法生智。一念之頃無不周遍。起行速疾"

424) 『無量壽經義疏[復元]』卷上(韓佛全2, 10中), "濟諸劇難。諸閑不閑。[法位云]二乘於救生閑。大士則不閑。凡夫於修閑。大士則不閑。又二乘凡夫。於無上菩提閑。大士則不閑。[無量壽經鈔二]"

有說劇難有八。惡趣有三卽三惡趣也。人間有四。一盲聾瘖啞二世智辯聰三佛前佛後四北俱盧洲。天上有一謂無想天。故八難中三塗爲劇菩薩濟之。人天苦微故云諸閑。菩薩勤化故云不閑此亦不然。天上有一。卽違餘經說非想天爲第八難故。又人天難言諸閑者有諸人天非難所攝。應非菩薩之所化故。

어떤 사람은 [부처님을 만나기가] 지극한 어려운 상황에 여덟 가지[425]가 있다고 한다. 악취는 세 가지이니 곧 삼악취이다. 인간에는 네 가지가 있으니, 첫째, 맹인, 농아, 벙어리(감각기관의 결함 때문에), 둘째, 세속적인 지혜가 있고 말 잘하고 총명해서(佛法을 따르려고 하지 않기 때문에), 셋째, 부처님 이전과 이후(부처님이 계시지 않은 때라서), 넷째, 북구로주[426](辺地)이다. 천상에는 하나가 있는데 무상천[427]이라고 한다. 따라서 팔난 가운데 삼악도가 힘든 곳이므로 보살이 이들을 구제하신다. 인천의 고통은 약한 까닭에 모두 등한시 하며, 보살이 [삼악도를] 부지런히 교화하는 까닭에 등한시 하지 않는다고 하나,[428] 이 또한 그렇지 않다. 천에는 하나가 있다고 한다면 다른 경전에서 비상천[429]

---

425) 八難 :『大乘義章』卷第八(大正藏44, 628下-629上), “言八難者。一是地獄。二是畜生。三是餓鬼。四盲聾瘖瘂五世智辯聰。六佛前佛後。七鬱單越國。八長壽天。初三後一。就趣彰名。於中初三。全攝三趣。是故直言地獄畜生餓鬼難也。第八一難。不盡天趣。長壽別之。是故名爲長壽天難。盲聾瘖瘂世智辯聰。當體立稱。正用盲聾世智辯聰以爲難故。佛前佛後。就時彰目。鬱單一難。處別爲號。此之八種。能礙聖道。故名爲難”

426) 北俱盧洲 : Uttara-Kuru. 북쪽에 있는 대륙. 이곳은 즐거움이 지나치게 많은 곳으로 辺地라고도 한다.

427) 無想天 : 無想有情天, 少廣天, 福德天이라고도 한다. 無想定을 닦아서 도달할 수 있는 경지. 외도는 이것을 최고의 니르바나 경지라고 간주한다.

428) 『無量壽經義疏』(大正藏37, 99上), “難別有八。三塗爲三。人中有四。一盲聾喑啞。二世智辨聰。三佛前佛後。四鬱單越界。天中有一。謂色界中長壽天離。此八難中。三塗爲劇。菩薩濟之。人天苦微。名曰諸閑。菩薩勸化。故曰不閑”

429) 非想天 : 非想非非想天의 준말. 有頂天이라고도 한다. 無色界의 제4천으로 가장 높은 곳. 표상이 있는 것도 아니고 없는 것도 아닌 삼매의 경

이 여덟 번째 어려움이 된다고 하는 설과 어긋나기 때문이다. 또 인천의 어려움을 모두 등한시 한다고 하는 것은 모든 인천이 어려움에 포함되지 않는다는 뜻이 되므로 마땅히 보살의 교화대상이 되지 못하기 때문이다.

有說劇難者卽八難也。此中阿鼻受苦無間故言不閑。餘七名閑菩薩以能救名濟。此亦不然。應說餘七。說何名七。若說後七難名閑者卽七地獄應非不閑。閑所攝故。若說七地獄名閑者卽八寒獄亦非二攝。菩薩救濟應非遍故。

어떤 사람은 극난이 여덟 가지 난(八地獄)이라고 한다. 이 가운데 아비지옥에서 끊임없이 고통을 받기 때문에 쉴 틈이 없다(不閑)고 하며,430) 나머지 일곱 지옥에는 쉴 틈이 있다(閑)고 한다. [모두] 보살이 능히 구원할 수 있기 때문에 구제한다(濟)고 하였으나, 이 또한 그렇지 않다. 마땅히 나머지 일곱을 설해야 한다. 어떤 것을 일곱이라 하는가. 만약 뒤의 일곱 가지 難을 쉴 틈이 있다(閑)고 한다면 곧 일곱 지옥은 마땅히 쉴 틈이 없어서는 안 된다. 쉴 틈이 있는 것에 속하는 것이기 때문이다. 만약 일곱 지옥에 쉴 틈이 있다(閑)고 한다면 곧 여덟 가지 추운 지옥 또한 두 군데 속할 수 없다. 보살이 구제함이 마땅히 두루 하지 못한 것이 되기 때문이다.

今卽八難名爲劇難兼非想天。更有業惑二種障者名爲不閑。若非八難及無二障皆曰閑。菩薩大悲皆能拔除故亦云濟。眞實際者卽所證也。二空眞如更無過者故云

지. 一切無所有想을 초월하여 상이 있는 것도 아니고, 없는 것도 아닌 경계.

430) 『佛說觀佛三昧海經』卷第五(大正藏15, 668中-下), "佛告阿難。云何名阿鼻地獄。阿言無。鼻言遮。阿言無。鼻言救。阿言無間。鼻言無動。阿言極熱。鼻言極惱。阿言不閑。鼻言不住不閑不住名阿鼻地獄"

實際。

이제 곧 여덟 가지 난은 이름이 극난인데 비상천을 겸한다. 다시 업의 미혹함 때문에 두 가지 장애가 있는 것을 일러 한가롭지 않다(不閑)고 한다. 만약 여덟 가지 어려움 및 두 가지 장애가 없다면 모두 한가롭다(閑)고 할 것이다. 보살이 큰 자비로서 모두 능히 [이 어려움과 장애를] 제거할 수 있기 때문에 구제한다(濟)고 한다. 眞實際란 증득한 바이다. 두 가지 空과 眞如는 다시 과실이 없는 것이므로 實際라고 한다.

菩薩大慈分別其詮開示其旨令證入故云分別顯示。辯才智者卽發說之解。以得如來四無礙智解諸義故。入衆言音者卽起說之言。以得解語言三昧起諸說故。入者解也。辯才充內巧言外發無物不化故云開化一切。

보살의 큰 자비는 [보살이] 깨달은 바를 분별하여 그 뜻을 열어 보이고 증득하게 하는 까닭에 分別顯示한다고 하였다. 변재지[431]란 법을 설하여 풀어주는 것으로서, 如來의 四無礙智[432]를 얻음으로써 모든 뜻을 풀어준다. 중생의 뭇 언어에 통달한다(入衆言音)는 것은 법을 설한다는 뜻이다. 언어를 이해하는 삼매(語言三昧)[433]를 얻음으로써 모든 법을 설하였기 때문이다. 入은 이해했다는 말이다. 변재로 안을 채우고, 교언을 밖으로 드러내면, 교화하지 못하는 중생이 없기 때문에 모두를 교화한다고 하는 것이다.

---

431) 辯才智 : 사물을 분별하는 智. 自在無礙한 智.

432) 四無礙智 : 四無礙辯, 四無礙解라고도 한다. 네 가지 장애가 없는 이해 표현능력. 法無礙, 義無礙, 辭(詞)無礙, 樂說無礙의 네 가지.

433) 語言三昧 : 말을 자유자재로 하거나 글을 쓰거나 하면서도 그 말에 얽매이지 않는 경지.

H2_39中, T37_145中

經曰超過世間至度世之道者。

經에서 말씀하시기를, "세간을 초월하여 …세상을 구제하는 도리"란,

述云第四重申所成有二。此初成自德也。過世間者申斷德成過二死故。卽對法云過世間者總顯煩惱解脫義也。住度世道者標智德成幷二智故。卽唯識云法駛流中任運轉故。諦者安也度者出也。卽出世道之別名故。

풀어 말하자면, 네 번째 거듭 이룬 바를 펴는 것이다. 여기에는 두 가지가 있다. 이것은 그 첫 번째, 스스로[를 이롭게 하는] 덕을 이룸이다. 세간을 초월한다는 말은 끊음의 공덕이 二死를 초월할 수 있게 함을 드러낸 것이다. 즉 법에 대응하여 말하자면, 세간을 초월한다는 말은 번뇌로부터 벗어났다는 뜻을 전체적으로 나타낸 것이다. 세상을 구제하는 도리에 머문다는 것은 智와 德이 두 가지 智를 아울러 이루는 것을 드러낸 것이다. 즉 『성유식론』에서 법의 빠른 흐름 속에 마음대로 움직일 수가 있기 때문이라고 하였다.[434] 諦는 편안하다는 말이다. 度는 벗어난다는 말이다. 곧 세속을 벗어난 도리의 다른 이름이다.

H2_39中, T37_145下

經曰於一切萬物至爲重擔者。

經에서 말씀하시기를, "일체 만물에 …중생을 제도해야 할 의무를 짊어지신다"란,

---

434) 『成唯識論』卷第三(大正藏31, 13中), "法駛流中任運轉故"

述云此後成化德也。由成智斷遍於萬物。若變若化皆任意故名爲自在。庶者凡庶類者品類卽衆生之總名。故有經本云衆生類也。宿無道根現無信樂不知感聖故云不請。於是尙接引況亦有請者故云不請友。卽經云不待時義也。

풀어 말하자면, 이것은 두 번째 교화의 덕을 이룸이다. 지혜를 완성함으로써 [삿된 것들을] 끊음이 두루 만물에 걸쳐 있다. 변화함을 모두 뜻대로 하는 까닭에 自在하다고 한다. 庶는 무릇 많다는 뜻이고, 類는 품류라는 말인 즉, 중생을 통틀어 부르는 말이다. 따라서 어떤 經本(康僧鎧譯本)에서는 중생류라고 하였다.[435] 도의 근기가 없는 곳에 머물며, 믿고 즐거워함이 없음을 드러내며, 성스러운 것을 알지도 느끼지도 못하는 까닭에 청하지 않았다(不請)고 한다. 이러한데도 오히려 접하고 이끌려고 하는데 하물며 또한 청한 자들은 어떠하겠는가! 따라서 청하지 않았는데도 친구가 된다고 한 것이다. 즉 經에서 [적당한] 때를 기다리지 않는다고 하였다.

群生者卽勝鬘中四種衆生。所謂無聞非法及求三乘者。有說於四群中初非法人無感聖善故云不請非也。後三乘種未必皆有感佛善故。初無聞人亦應有感聖世善故。華嚴瑜伽皆有此四。而後三種通定不定。初之一種無性有情。故人天善根應成就。菩薩荷此四群生爲自重擔而成就故云荷負。作不請友皆該四群也。

群生이란 곧 『勝鬘經』에 나오는 사종중생이다. 이른바 無聞非法 및 삼승을 구하는 자이다.[436] 어떤 사람은 네 가지 군생 가운데 첫 번째인 非法人은 聖善을 느낄 수 없기 때문에 청하지 않는다고 했으나, 이는 그렇지 않다. 나중에 나오는 삼승을

---

435) 『佛說無量壽經』卷上(大正藏12, 266中), "於一切萬物隨意自在。爲衆生類作不請之友。荷負群生爲之重任"

436) 『勝鬘師子吼一乘大方便方廣經』(大正藏12, 218中), "何等爲四。謂離善知識無聞非法衆生。以人天善根而成熟之。求聲聞者授聲聞乘。求緣覺者授緣覺乘。求大乘者授以大乘"

[구하는] 종성이라고 해서 반드시 모두 佛善을 느끼는 것은 아니기 때문이고, 첫 번째 나오는 無聞人도 마땅히 聖善과 世善을 느낄 수 있기 때문이다. 『화엄경』과 『유가사지론』에서 모두 이 네 가지 중생이 있다고 한다. 뒤의 세 가지 종성은 결정되어 있기도 하고 결정되어 있지 않기도 하지만, 첫 번째 한 종류는 無性有情437)이므로, [무상보리는 얻지 못하지만] 人天의 善根을 성취할 수 있다. 보살은 이 네 가지 군생을 책임지고 스스로 거듭 짊어지고 이를 성취하므로 짐을 진다고 한다. 청하지 않는데도 친구가 된다는 말은 이 네 가지 군생에 모두 해당된다.

H2_39下, T37_145下

經曰受持如來至常使不絶者。

經에서 말씀하시기를, "여래의 …를 받아지녀 …항상 끊임이 없게 한다"란,

述云第四重辨勝分修成德有二。初辨所修行後申所成德。初又有二。此初自利修也。有說甚深法藏卽如來藏。暗障旣除顯在己心故云受持。法界諸度卽佛種性。護使離障起善無間名常不絶。此恐不然。

풀어 말하자면, 네 번째 뛰어난 수행과 덕을 이룸을 거듭 분별함이다. 여기에는 두 가지가 있다. 첫째, 수행한 바를 분별함, 둘째, 이룬 덕을 드러냄이다. 첫 번째 것에 다시 두 가지가 있다. 이것은 그 첫 번째, 스스로를 이롭게 하는 수행이다. 어떤

437) 無性有情 : 오직 人天의 有漏種子만 가지고 있을 뿐 三乘의 無漏種子는 갖고 있지 않은 有情이다. 法相宗이 세운 五性各別의 다섯 번째 無佛性種姓이다.

사람은 甚深法藏은 如來藏이라고 한다. 어두운 장애는 이미 제거하였고, 자기의 마음을 드러내기 때문에 수지한다고 한다. 법계의 모든 구제는 부처님의 종성[을 위한 것]이다. 장애를 떠나도록 보호하고, 끊임없이 선을 일으키게 하는 것을 항상 끊임이 없다(常不絶)고 하였으나,[438] 이는 아마 그렇지 않을 것이다.

如來藏性旣是眞體。必不可言受持法藏故。旣言法藏亦云受持。卽知敎法非佛性也。今卽受持佛敎令久住世有性之屬依之殖善故常使不絶。卽同上生云汝善受持莫斷佛種也。

여래장성은 이미 眞體이므로 법장을 수지한다고 말해서는 안 된다. 이미 법장이라고 하면서 또한 수지한다고 하므로 곧 敎法이지 佛性이 아닌 것을 알 수 있다. 이제 곧 부처님의 가르침을 수지하여 오래도록 불성이 있는 무리들을 세상에 머물게 하여 이에 의지하여 선을 심는 까닭에 항상 끊임이 없게 한다는 것이다. 즉 『미륵상생경』에서 말하기를 "그대는 잘 수지하여 불종성을 끊어지게 하지 말라"고 한 것과 같다.[439]

H2_40上, T37_145下

經曰興大悲至施諸黎庶者。

經에서 말씀하시기를, "대비를 홍하게 하고 …모든 중생에게 베푼다"란,

---

438) 『無量壽經義疏』(大正藏37, 99中), "如來藏性。是佛如來甚深法藏。闇障旣除。明現已心。故曰受持。…法界諸度。是佛種性。護使離障。起善無間。名常不絶"

439) 『佛說觀彌勒菩薩上生兜率天經』(大正藏14, 420下), "汝持佛語愼勿忘失爲未來世開生天路示菩提相莫斷佛種"

述云此後利他修有三。此初法也。大悲愍衆生者卽拔苦行。演慈辯授法眼者卽與樂行。辯者卽樂說之辯。以慈定心而說法故云演慈辯。如說而行必入聖地得法眼淨故云授法眼。法眼者卽慧眼邃體之名也。悲定說法以拔三塗之苦故云杜三趣。杜者塞也。演慈辯而令修人天業故云開善門。[440]

풀어 말하자면, 이것은 두 번째 남을 이롭게 하는 수행으로서 여기에는 세 가지가 있다. 이것은 그 첫 번째, 법이다. 큰 자비로 중생을 불쌍하게 여긴다는 것은 즉 고통을 없애주는 행이다. 자비로운 변재로 법안을 뜨게 해준다는 것은 즐거움을 주는 행이다. 변재란 법을 잘 설하는 능력이다. 慈定心[441]으로 설법을 하므로 演慈辯이라고 한다. 설한대로 행하면 반드시 성스러운 지위에 들어가서 법안의 깨끗함을 얻는 까닭에 법안을 얻게 한다는 것이다. 법안이란 혜안으로서 體에 통달함을 이른다. 자비로써 결정코 법을 설하여 삼악도의 고통을 없애주는 까닭에 삼취[로 나아가는 것]을 막는다고 한다. 杜는 막는다는 뜻이다. 자비로써 자유자재로 설법을 하여 [중생으로 하여금] 인천의 업을 닦게 하니 善門을 열어 준다고 하는 것이다.

施諸黎庶事父唯敬於母亦愛。故慈若敬父樂可尊故。悲如愛母苦可愛故。於諸衆生視若自己者此後合也。若己者意在如自一子。卽涅槃云視諸衆生猶如一子是也。慈悲怜傷皆如己子故。

모든 중생에게 베풀기를, 아버지를 오직 敬으로써 섬기고 어머니를 또한 사랑으로 섬기는 것과 같이 한다. 따라서 慈는 아버지를 공경하는 것과 같아서 기꺼이 존중할 수 있는 것이다.

440) 大正藏脚註(大正藏37, 146上), "冠註曰施諸黎庶上蓋有脫文"
이 자리에 빠진 문장이 있을 것이라는 주석이 붙어 있다. 아마도 다음과 같은 문장이 빠져있을 것이다. "經曰如純孝之至視若自己".

441) 慈定心 : 四無量心 가운데 하나.

悲는 어머니를 사랑하는 것과 같아서 고통까지도 사랑할 수 있는 것이다. 모든 중생에게 보이기를 자기 스스로에게 하는 것과 같이 한다는 것은 그 두 번째, 合이다. 己라고 한 것은 뜻이 자신의 외아들에게 가 있는 것처럼 한다는 말이다. 즉 『열반경』에서 말하기를 모든 중생에게 보여주기를 외아들에게 하는 것과 같이 한다는 말[442]이 이 말이다. 자비로서 [중생이] 상처받은 것을 보고 불쌍히 여기는 것이 모두 자기 자식에게 하는 것처럼 하는 까닭이다.

H2_40上, T37_146上

經曰一切善本至不可思議者。

經에서 말씀하시기를, "일체의 선근을 심어 …불가사의하다"란,

述云此第二所成之德也。善本者卽福智之因。度者至也。福智之行皆至菩提涅槃彼岸故卽因成也。獲佛功德者卽福德莊嚴。智慧聖明不可思議者卽智慧莊嚴果成是也。

풀어 말하자면, 이것은 두 번째 이룬 바 덕이다. 선본이란 복덕과 지혜의 원인이다. 度는 이른다는 뜻이다. 福智의 행은 모두 보리, 열반, 피안에 이르게 하는 까닭에 곧 성취의 원인이 된다. 부처님의 공덕을 갖춘다는 말은 福德으로 장엄을 한다는 뜻이다. 지혜가 성스럽고 밝아 불가사의하다는 것은 지혜로 장엄한 결과가 이룬 바가 바로 이것이다.

H2_40上, T37_146上

442) 『大般涅槃經』卷第二十六(大正藏12, 520下), "視諸衆生猶如一子"

經曰如是之等至一時來會者。

經에서 말씀하시기를, "이렇듯 …일시에 와서 모였다"란,

述云此第四總結也。

풀어 말하자면, 이것은 네 번째 전체를 끝맺음이다.

H2_40中, T37_146上

經曰爾時世尊至光顔巍巍。

經에서 말씀하시기를, "이때 세존께서…낯빛이 엄숙하셨다"란,

述云此第二說經因起序也。諸根悅豫者是喜悅相。有色五根皆顯喜悅以表淨土快樂無間故。豫亦作悆也。姿色淸淨者是無憂惱。色無慘慼以表佛土無衆苦故。巍巍者卽高大之稱。光顔者卽該根色之總言。故重表彼土有樂無苦。姿者妙也。卽帛謙皆云面有九色光數千百變。光色甚大明也。

풀어 말하자면, 이것은 두 번째 說經因起序이다. 온 몸에 기쁨이 넘친다(諸根悅豫)는 것은 기뻐하는 모습이다. 감각기관이 모두 기쁘고 즐거운 기색을 가지고 있으므로 정토의 즐거움이 끊임이 없다는 것을 나타내는 것이다. 豫는 또한 悆로도 쓴다. 기색이 청정하다(姿色淸淨)는 것은 걱정과 번뇌가 없다는 뜻이다. 기색이 비참하거나 수척한 기운이 없는 것은 佛土에 뭇 고통이 없는 것을 드러내는 것이다. 巍巍는 높고 큰 것을 가리킨다. 光顔이란 곧 감각기관과 얼굴 모습을 총칭하는 말에 해당한다. 따라서 정토에 즐거움은 있고, 괴로움이 없음을 거듭 드러내는 것이다. 姿는 묘한 것이다. 즉 帛延과 支謙 모두 말하기를 얼굴에는 아홉 가지 색이 있는데, 그 빛의 수가 천백 개로 변한다.

이는 빛의 색이 대단히 밝은 것이다.443)

有說佛無有不定心。備諸根相好身相復有。何時不悅。但欲加444)來問故因此表所說非也。佛雖無憂喜而顯欣咲。詎備諸相好無顯喜悅。故今世尊 顯喜悅者 彼佛所成 行德可慶 故衆生獲利時將至故。

어떤 사람은 부처님에게는 不定心이 있을 수가 없다445)고 한다. 모든 감각기관과 상호를 갖추셨으며, 신체의 모습 또한 갖고 계신다. 어찌 기쁘지 않은 때가 있겠는가? 다만 여래께 질문하고자 하는 까닭에 이로 인해 설해야 할 바를 표한 것이라고 하나, 이는 잘못이다. 부처님이 비록 근심도 기쁨도 없지만, 기쁨을 드러낸다. 어찌 모든 상호를 갖추고도 기쁨을 나타내지 않겠는가! 따라서 이제 세존께서 기쁨을 나타내신 것은 저 부처님이 이룬 바 행과 덕이 가히 기뻐할 만하기 때문이다. 따라서 중생이 이익을 얻을 때가 장차 도래한 것이다.

H2_40中, T37_146上

經曰尊者阿難至長跪合掌者。

經에서 말씀하시기를, "아난존자는 …무릎을 꿇고 합장하여"란,

述云第二問答廣說分有六。一問佛顯相二審問所以三彰問自請四歎問勅許五阿難欲聞六如來廣說。初又有二。此初申請問之儀也。聖旨者卽如來顯相之旨。以密

443) 『佛說無量清淨平等覺經』卷第一(大正藏12, 279下), "面有九色光。數千百變光甚大明"
『佛說阿彌陀三耶三佛薩樓佛檀過度人道經』卷上(大正藏12, 300上), "面有九色光。數千百變光。色甚大明"

444) 문맥상 如의 誤記로 보임.

445) 『佛地經論』卷第三(大正藏26, 304上), "如來無有不定心故"

加威故云承旨。長跪者卽雙膝著地之號也。

풀어 말하자면, 두 번째 묻고 대답함을 널리 설하는 부분에 여섯 가지가 있다. 첫째, 부처님께 물으니 상을 드러내심, 둘째, 그 까닭을 자세히 물어봄, 셋째, 질문을 드러내어 스스로 청함, 넷째, 질문을 찬탄하고 대답하기를 허락함, 다섯째, 아난이 듣고자 함, 여섯째, 여래가 널리 설함이다. 첫 번째에는 다시 두 가지가 있다. 이것은 그 첫 번째, 질문을 하는 의식을 드러냄이다. 聖旨란 곧 여래가 상을 드러내는 뜻이다. 은밀하게 위력을 더하는 까닭에 뜻을 받든다고 한다. 長跪는 곧 두 무릎이 땅에 닿은 모습의 이름이다.

H2_40中, T37_146中

經曰而白佛言至殊妙如今者。

經에서 말씀하시기를, "그리고 부처님께 고하여 말하기를 … 지금과 같이 수승하고 오묘한 것은 …"이란,

述云此後正問顯相意有三。初申所見次唱所念後徵所爲此初也。鏡光外照名爲影表。卽同佛身光明外舒。外照之光顯影暢在鏡內名爲影裹。亦同所放之光還曜佛顔故云表裹。卽擧己所見也。未曾瞻者怪今異昔。瞻亦見也。

풀어 말하자면, 그 두 번째는 바로 모습을 나타내신 뜻을 묻는 것으로 [여기에는] 세 가지가 있다. 먼저 본 것을 드러냄, 다음으로는 생각한 바를 게송으로 노래함, 마지막으로 행한 바를 드러냄이다. 이것은 그 첫 번째이다. 거울 빛이 밖으로 비추는 것을 일러 겉으로 비춘다(影表)고 한다. 즉 佛身의 광명이 밖으로 널리 퍼지는 것과 마찬가지이다. 밖에서 비치는 빛이 거울 안에도 비쳐 나타나는 것을 안으로 비춘다(影裹)라고 한다.

이 또한 펴져나가는 빛이 다시 부처님의 얼굴에서 빛나는 것과 같이 안과 밖에서 함께 빛난다(表裏)고 한다. 즉 모두 자기가 본 것을 든 것이다. 일찍이 본 적이 없다(未曾瞻)는 것은 지금이 과거와 다름을 괴이하게 여기는 것이다. 瞻 또한 본다는 뜻이다.

H2_40下, T37_146中

經曰唯然大聖至奇特之法者。

經에서 말씀하시기를, "네 그러하옵니다. 대성이시여! …위없는 법"이란,

述云此第二彰己所念也。遠法師云雖有五念初卽總表後四別申。故唯有四意。卽後四所念在世所無故云奇特。此恐不然。佛所住法非此五念之所盡念況亦四念。故不可總五而言四。若言奇特故知總句者如來之德亦無別指故應非別念故。卽今阿難略申五念各有所標。此初念也。

풀어 말하자면, 이것은 두 번째, 생각한 것을 드러내는 것이다. 혜원이 말하기를 비록 五念이 있다고 해도 첫 번째 것이 전체를 대표하는 것이고 나머지 네 가지가 각각을 따로 펴낸 것이기 때문에 오직 네 가지 뜻만 있는 것이다. 즉 뒤의 네 가지 생각은 세상에 없는 것이기 때문에 기특하다고 하였으나,446) 이는 아마 그렇지 않을 것이다. 부처님이 머무는 법은 이 五念으로도 다 念하지 못하는데 하물며 四念으로 가능하겠는가! 따라서 전체가 다섯이지만 [실제로는] 넷을 말하는 것이라고 할 수는 없을 것이다. 만약 기특하다고 말하였으므로 總句라는 것을 알 수 있다고 한다면 여래의 덕은 또한 따로 지칭

---

446) 『無量壽經義疏』(大正藏37, 99下), "初句是總。餘四是別。…在世所無。故云奇特"

할 수 없게 되므로 마땅히 別念은 아닌 것이다. 즉 이제 아난이 대략 五念이 각각 나타내는 바를 펴는 것이다. 이것이 그 첫 번째 念이다.

有說唯者卽專義唱[447]己專念故非也。違諸世典應對之儀故。今卽唯然者應上之言也。汎言今日者卽簡往來之言。依神通輪所現之相非唯異常亦無等者故云奇特。卽立世尊名之所以也。

어떤 사람은 唯가 곧 [오직] 뜻에 전념하고 자기가 전념하는 것을 드러내는 것이라고 하는데[448] 이는 잘못이다. 많은 세상의 경전들에서 응대하는 방식에 어긋나는 것이다. 이제 곧 唯然이란 윗사람에게 응대하는 말이다. 보통 오늘이라는 말은 서로 주고받는 말임을 가릴 수 있게 해주는 것이다. 神通輪[449]에 의지해 나타나는 모습은 일상적인 것과는 다를 뿐만이 아니라 또한 대적할 수 있는 것도 아니기 때문에 奇特하다고 한다. 즉 세존이라는 이름을 세우는 까닭이다.

H2_40下, T37_146中

經曰今日世雄住諸佛所住者。

經에서 말씀하시기를, "오늘 世雄(=부처님)[450]께서는 모든 부처님의 경계에 머무르시고"이란,

述云此第二念也。有說所住者卽大涅槃諸佛同住故。佛於世間最爲雄猛故云世雄

---

447) 大正藏脚註(大正藏37, 146上), "唱=彰?"
448) 『無量壽經義疏』(大正藏37, 99下), "唯是專義。彰己專念"
449) 神通輪 : 三輪(神通輪, 記心輪, 教誡輪)의 하나. 佛이 지닌 身, 口, 意 三業으로 중생의 혹업을 타파하므로 三輪이라 부른다.
450) 世雄 : 세상의 영웅. 즉 부처님.

非也。佛常住涅槃非今日住故。今卽如來住諸佛平等三昧能制衆魔雄健之天故住佛住。爲世雄名之因也。

풀어 말하자면, 이것은 두 번째 念이다. 어떤 사람은 머물러야 할 곳이 곧 대열반으로 모든 부처님이 함께 머무른다고 하며, 부처님이 세간에서 가장 굳세고 사나운 까닭에 세웅이라고 하는데[451] 이는 잘못이다. 부처님은 항상 열반에 머무르시는 것이지 비단 오늘 머무르게 된 것이 아니기 때문이다. 지금 여래께서 모든 부처님의 평등삼매의 상태에서 능히 뭇 마군을 제압하여 웅장하고 튼튼한 천에 머무시는 까닭에 부처님이 머물러야 할 곳에 머무른다고 한다. 세웅이라는 이름을 갖게 된 원인이다.

H2_41上, T37_146中

經曰今日世眼住導師之行者。

經에서 말씀하시기를, "오늘 世眼(=부처님)[452]은 [중생을] 제도하는 스승의 행에 머무시고"란,

述云此第三念也。有說四攝法是佛導師攝化之行。佛住此行能開世人令見正路故名世眼此亦非也。四攝之行雖復化物而非眼義故。今卽五眼名導師行。佛住五眼引導衆生更無過者故。以導師行以釋世眼之義也。

풀어 말하자면, 이것은 세 번째 念이다. 어떤 사람은 四攝法[453]이 부처님께서 [중생을] 인도하는 스승으로서 [중생을] 포

451) 『無量壽經義疏』(大正藏37, 100上), "佛於世間最爲雄猛。 故曰世雄。住佛住者。涅槃常果。諸佛同住。今日世雄住彼所住。住大涅槃"

452) 世眼 : 세상의 안목이 되는 사람. 즉 부처님.

453) 四攝法 : 보살이 중생을 濟度할 때에 취하는 네 가지 기본적인 태도. 四攝事라고도 한다. ①布施:진리를 가르쳐 주고(法施), 재물을 기꺼이 베풀어 주는 일(財施), ②愛語:사람들에게 항상 따뜻한 얼굴로 대하고 부

섭하고 교화하는 행이라고 한다. 부처님이 이러한 행에 머물러 능히 세간의 중생들에게 길을 열어 바른 길을 볼 수 있게 하는 까닭에 세안이라고 한다[454] 하나, 이 또한 그렇지 않다. 네 가지 섭행이 비록 다시 중생을 교화하기는 하지만 눈이라는 뜻은 아니기 때문이다. 이제 곧 다섯 가지 눈(五眼)은 [중생을] 이끄는 스승의 행이다. 부처님이 五眼에 머물러 중생을 이끌어 인도하니 다시 과실이 없는 것이다. [중생을] 인도하는 스승의 行으로써 世眼의 뜻을 풀어야 한다.

H2_41上, T37_146下

經曰今日世英住最勝道者。

經에서 말씀하시기를, "오늘 世英(=부처님)[455]은 가장 수승한 도에 머무십니다"란,

此第四念也。最勝道者卽大菩提四智心品。佛住四智獨秀無匹故從最勝道立世英之名也。

이것은 네 번째 念이다. 가장 수승한 도란 부처님의 지혜[456]인 四智[457]를 갖추는 것이다. 부처님이 四智에 머무르니 홀로

드러운 말을 하는 일, ③利行:身業, 口業, 意業의 3업에 의한 선행으로 사람들에게 이익을 주는 일, ④同事:自他가 일심동체가 되어 협력하는 일, 즉 형체를 바꾸어 중생에 접근함으로써, 중생과 사업을 같이 하여 제도하는 일이다. 원시불교의 중요한 수행과 실천 덕목인 37覺支의 일부이다.

454) 『無量壽經義疏』(大正藏37, 100上), "能開世人眼。令見正道。故名世眼。住導師行者。四攝法等。是佛導師化人之行。今佛住之。由住此行"

455) 世英 : 세상에서 가장 훌륭한 지혜가 있는 사람. 즉 부처님.

456) 大菩提 : 부처님의 지혜.

457) 四智 : 부처님의 지혜로서 大圓鏡智, 平等性智, 妙觀察智, 成所作智를 말한다. 유식의 이치에 들어가기 위한 네 가지 지혜.

뛰어남에 대적할 자가 없다. 가장 수승한 도로부터 世英이라는 이름이 성립되는 것이다.

H2_41上, T37_146下

經曰今日天尊行如來德者。

經에서 말씀하시기를, "오늘 천존(=부처님)458)께서 여래의 덕을 행하십니다"란,

述云此第五念也。天尊者卽第一義天以解佛性不空義故。卽唯佛所有不共佛法名如來德。餘聖所無故以如來德釋天尊之名。雖遠法師名德別解今卽以德釋名者觀此經文順標釋義故。名者世尊世雄等。德者卽奇特所住等。

풀어 말하자면, 이것은 다섯 번째 念이다. 천존이란 제일의 천459)으로서 불성이 空하지 않다는 뜻으로 이해한 것이다.460) 즉 오직 부처님만이 가질 수 있는 바, 함께 가질 수 없는(不共) 부처님의 法을 如來의 德이라고 이름하였다. 다른 성스러운 곳은 없기 때문에 여래의 덕으로 천존이라는 이름을 해석한 것이다. 비록 慧遠이 德에 이름을 붙이고, 별도의 해석을 가하였으나, 이제 곧 덕으로 이름을 해석하는 것은 이 경(『無量壽經』)의 문장의 순서가 드러내는 뜻을 해석한 것으로 보아야 한다. 이름이란 세존, 세웅과 같은 것들이다. 덕이란 곧 奇特하여 머물러야 하는 곳과 같은 것들이다.

458) 天尊 : 하늘 가운데 가장 존귀한 사람. 즉 부처님.

459) 第一義天 : 第一義 空의 이치를 天에 비유한 것. 부처님은 이 진리 안에서 머물기 때문에 이 말은 부처님을 가리킨다. 모든 天 가운데 으뜸.

460) 『無量壽經義疏』(大正藏37, 100上), "五者第一義天。謂佛如來。解知佛性不空義故。佛於如是五天中上。故曰天尊"

H2_41中, T37_146下

經曰去來現佛至念諸佛耶者。

經에서 말씀하시기를, "과거, 미래, 현재의 부처님이 …모든 부처님을 생각 하시나요"란,

述云第三徵所爲有二。此初念所爲也。有說去來現佛者三世佛相念。佛佛相念者十方佛相念非也。離於三世更無十方佛亦不然故。今卽擧三世佛相念類此得無今如來念諸佛耶。耶者卽不定之言 。測此佛念諸佛未聽敢專決故。

풀어 말하자면, 이것은 세 번째 한 바를 드러낸 것으로, 여기에는 두 가지가 있다. 이것은 그 첫 번째, 한 바를 생각함이다. 어떤 사람은 '去來現佛'이란 [과거, 미래, 현재의] 삼세의 부처님이 서로 생각하는 것이라 하고, '佛佛相念'이란 시방의 부처님이 서로 생각하는 것이라고 하였는데 이는 잘못이다. 삼세를 떠나서 다시 시방불은 있을 수 없다고 한 것 또한 그렇지 않다. 이제 삼세의 부처님이 서로 생각한다(三世佛相念)는 문장을 든 것은 '지금 여래께서 모든 부처님을 생각하고 계신 것이 아니겠는가(得無今如來念諸佛耶)'라고 하는 문장과 유사하기 때문이다. 耶는 정해지지 않았다는 말이다. 이 부처님이 여러 부처님을 생각하고 있다고 추측하고 아직 자세히 들어보지도 않고 감히 마음대로 결정하였기 때문이다.461)

H2_41中, T37_146下

經曰何故威神光光乃爾者。

經에서 말씀하시기를, "왜냐하면 [부처님께서] 위엄이 넘치시

461) 『無量壽經義疏』(大正藏37, 100上), "去來現佛佛佛相念。擧餘類此得無今佛念諸佛耶。測此念餘。耶者。是其不定之辭。以理測度。未敢專決"

고 신비스런 광명이 빛나고 있기 때문입니다”란,

述云此後徵所爲也。光光者卽顯曜之狀也。

풀어 말하자면, 이것은 두 번째 한 바를 드러냄이다. 光光이란 곧 빛이 나는 모양이다.

H2_41中, T37_146下

經曰於是世尊至問威顔乎者。

經에서 말씀하시기를, “이에 부처님께서 …장엄한 기색을 묻는 것이냐”란,

述云第二佛審問所以也。

풀어 말하자면, 이것은 두 번째 부처님이 질문을 하는 까닭을 살핌이다.

H2_41中, T37_146下

經曰阿難白佛至問斯義耳者。

經에서 말씀하시기를, “아난이 부처님께 아뢰기를 …이 뜻을 여쭐 뿐입니다”란,

述云此第三阿難唱問所以也。理實雖承如來加力而對諸天故云自問。

풀어 말하자면, 이것은 세 번째 아난이 질문을 하는 까닭이다. 이치로 따지자면 실제로는 비록 여래를 받들어 힘을 더하였으나 모든 天에 대해서 [물었기] 때문에 스스로[의 소견으로] 질문한다고 한 것이다.

H2_41中, T37_146下

經曰佛言善哉至所問甚快者。

經에서 말씀하시기를, "부처님께서 말씀하셨다 잘했다! …기특한 질문이다"란,

述云第四歎問勅許有二。初歎其所問後擧德勅許。初又有三。此初總歎也。阿難所問稱機及法而合時宜故云甚快。

풀어 말하자면, 네 번째는 질문을 찬탄하고 허락함이다. 여기에는 두 가지가 있다. 먼저 그 질문을 찬탄하고 나서 나중에 덕을 들어 허락하는 것이다. 첫 번째 것에는 다시 세 가지가 있다. 이것은 그 첫 번째, 전체적으로 찬탄함이다. 아난의 질문이 일컫는 근기 및 법이 시의적절한 까닭에 대단히 기쁘다고 하는 것이다.

H2_41中, T37_147上

經曰發深智慧至問斯慧義者。

經에서 말씀하시기를, "깊은 지혜를 내고 …이렇게 지혜로운 질문을 하는구나"란,

述云此次別歎其問也。發深智慧者歎問之智。眞妙辯才者歎問之言。愍念衆生者歎問之意。有說念佛五德故發深智慧。歎佛住於五德故云眞妙辯才。此恐不然。念佛五德歎佛五住義無別故。念若不歎歎若不念皆非正理故。

풀어 말하자면, 이것은 두 번째 그 질문을 따로 찬탄하는 것이다. 깊은 지혜를 발하였다(發深智慧)는 질문을 하는 지혜를 찬탄하는 것, 참되고 오묘하게 말을 잘하는 재주(眞妙辯才)는 질문하는 말을 찬탄하는 것, 중생을 불쌍하게 생각함(愍念衆生)은 질

문하는 의도를 찬탄하는 것이다. 어떤 사람은 부처님의 다섯 가지 공덕에 대해 생각하기 때문에 깊은 지혜를 발하는 것이며, 부처님이 다섯 가지 공덕에 머무는 것을 찬탄하여 참되고 오묘하게 말을 잘하는 재주라고 한다고 하였으나,[462] 이는 아마 그렇지 않을 것이다. 부처님의 五德을 생각하는 것과 부처님이 五德에 머무는 것을 찬탄하는 것에는 의미상 별 차이가 없다. 생각하면서 찬탄하지 않는다거나, 찬탄하면서 생각하지 않는 것은 모두 바른 이치가 아니기 때문이다.

今卽稱佛之五號故發深智慧。將五住之德歎五號之義故眞妙辯才。雖問五德五德皆以智爲主故云問慧義。

지금 부처님의 다섯 가지 이름을 칭탄하는 까닭에 깊은 지혜를 발했다고 하는 것이다. 장차 다섯 가지 덕에 머물고, 다섯 가지 이름의 뜻을 찬탄하는 까닭에 '眞妙辯才'라 하였다. 비록 오덕에 대해서 묻고 있으나 오덕이 모두 지혜를 주로 삼고 있기 때문에 지혜의 뜻을 묻는다(問慧義)고 한 것이다.

H2_41下, T37_147上

經曰如來以無蓋大悲矜哀三界者。

經에서 말씀하시기를, "여래가 한량없는 대비로 삼계(욕계, 색계, 무색계)의 중생들을 불쌍히 여긴다"란,

述云此後別歎問利有四。此初彰佛悲憐也。有經本云無盡大悲。有人釋此依內無盡法而生故。今卽佛之大悲更無覆蓋故名無蓋。無蓋是正不可須治。矜亦憐也。

---

462) 『無量壽經義疏』(大正藏37, 100中), "發深智慧。歎其問智。向前念佛五種功德。名發深智。眞妙辯才。歎其問辭。向前歎佛住於五德。名眞妙才辯"

풀어 말하자면, 이것은 두 번째 질문의 이익을 따로 찬탄함이다. 여기에는 네 가지가 있다. 이것은 그 첫 번째, 부처님이 [중생을] 불쌍히 여기는 것을 드러냄이다. 어떤 經本(康僧鎧譯本)에서는 다함없는 대비(無盡大悲)라고463) 하였다. 어떤 사람이 해석하기를 이는 안으로 다함없는 법에 의지하여 생겨나기 때문이라고 하였으나, 이제 곧 부처님의 대비가 다시 [덮을 수 있는] 덮개가 없는 것과 같으므로 無蓋라고 한 것이므로, 덮개가 없다(無蓋)고 하였는데 이는 옳은 것이다. 다스릴 수 없는 것을 말하는 것이다. 矜은 불쌍히 여긴다는 뜻이다.

H2_41下, T37_147上

經曰所以出興至眞實之利者。

經에서 말씀하시기를, "세상에 나오게 된 까닭 …진실한 이익을…"이란,

述云此第二彰佛利物也。光闡道敎欲拯群萌者辨敎利物。光者廣也闡者申也。慧464)以眞實之利者卽理利物。慧者施也。有別本云普令群萌獲眞法利義亦無違。如來所以出於世者欲以敎理利衆生故。

풀어 말하자면, 이것은 두 번째 부처님이 중생을 이롭게 하는 것을 드러냄이다. 부처님의 가르침을 널리 펴서 중생(깨달음의 싹을 지닌 중생)을 구제하고자 함(光闡道敎欲拯群萌)이란 가르침을 분별하여 중생을 이롭게 한다는 말이다. 光은 넓다는 뜻이고, 闡은 편다는 뜻이다. 진실한 이익을 베푼다는 것은 진리가 중생을 이롭게 한다는 뜻이다. 慧란 베푼다는 뜻이다. 어떤 다른

463)『佛說無量壽經』卷上(大正藏12, 266下), "如來以無盡大悲矜哀三界"
464) 大正藏脚註(大正藏37, 147上), "慧=惠?"

經本(康僧鎧譯本)에서는 두루 여러 싹으로 하여금 참된 법과 이치의 뜻을 얻게 한다고도 하였는데[465] 이 또한 뜻에는 잘못이 없다. 여래가 세상에 나온 이유는 진리를 가르쳐 중생을 이롭게 하고자 하는 데에 있기 때문이다.

H2_42上, T37_147上

經曰無量億劫至時時乃出者。

經에서 말씀하시기를, "한량없는 억겁부터 가끔 나오는 것과 같다"란,

述云此第三辨佛難値也。帛謙皆云如世間有優曇樹但有實無有華也。天下有佛乃有華出耳。今言靈瑞華者卽存震旦之名。時時者卽希出之義。以善時出故。

풀어 말하자면, 이것은 세 번째 부처님을 만나기 어려움을 분별한 것이다. 帛延과 支謙이 모두 말하기를 세간에 우담바라 나무가 있는데, 열매만 있고 꽃이 없는 것과 같다고 하였다. 세상에 부처님이 계시면 이에 꽃이 피는 것일 뿐이다.[466] 여기서 영단화란 중국[467]에서 쓰는 말이다. 時時란 드물게 나온다는 뜻이다. [여러 가지 조건이 맞아 떨어지는] 좋은 때에 나오기 때문이다.

H2_42上, T37_147上

465) 『佛說無量壽經』卷上(大正藏12, 266下), "普令群萌獲眞法利"

466) 『佛說無量淸淨平等覺經』卷第一(大正藏12, 279下),"如世間有優曇鉢樹。但有實無有華。天下有佛。乃有華出耳"
『佛說阿彌陀三耶三佛薩樓佛檀過度人道經』卷上(大正藏12, 300中), "如世間有優曇樹。但有實無有華也。天下有佛。乃有華出耳"

467) 震旦 : 고대 인도인들이 중국을 가리켜 부르던 말.

經曰今所問者至諸天人民者。

經에서 말씀하시기를, "이제 질문한 바는 …제천인민이다"란,

述云此第四正申問益也。卽帛謙云若問佛者勝於供養一天阿羅漢辟支佛布施諸天人民及蜎飛蠕動之類累劫百千萬億倍矣。

풀어 말하자면, 이것은 네 번째 질문의 이익을 바로 드러냄이다. 즉 帛延과 支謙도 부처님께 질문한 것은 일천 아라한과 벽지불에게 공양한 것보다, 그리고 모든 天의 人民 및 날아다니는 새와 꿈틀대는 동물들에게 보시한 것보다 누겁 백천만억배 뛰어난 것이라고 하였다.468)

H2_42上, T37_147中

經曰阿難當知至無能遏絶者。

經에서 말씀하시기를, "아난아 마땅히 알라 …막아 끊을 수가 없다"란,

述云第二擧德勅許有二。初擧佛德以述成後勅許以答所問。初又有二。初直述果勝後將因顯勝。初又有二。此初述阿難所念也。如來正覺者卽奇特之法。其智難量者卽平等三昧。發勝妙智故以智難量述住佛住。多所導御者卽述導師行。

풀어 말하자면, 이것은 두 번째 덕을 들어 허락함이다. 여기에는 두 가지가 있다. 먼저 부처님의 덕을 들어 이룬 바를 말

468) 『佛說無量淸淨平等覺經』卷第一(大正藏12, 279下), "若問佛者。勝於供養一天下阿羅漢辟支佛。布施諸天人民。及蜎飛蠕動之類累劫。百千萬億倍矣"

『佛說阿彌陀三耶三佛薩樓佛檀過度人道經』卷上(大正藏12, 300中), "若問佛者。勝於供養一天下阿羅漢辟支佛。布施諸天人民及蜎飛蠕動之類。累劫百千億萬倍也"

하였고, 그 후 질문에 답함으로써 허락함이다. 첫 번째에는 두 가지가 있다. 먼저 직접 과보의 수승함에 대해서 서술하고, 나중에는 장차 원인이 뛰어남을 드러낸다. 여기에는 다시 두 가지가 있다. 이것은 그 첫 번째, 아난이 생각한 바를 서술함이다. 여래의 바른 깨달음이란 곧 특별한 법이다. 그 지혜의 헤아리기 어려움이란 곧 평등삼매임을 의미한다. 수승하고 오묘한 지혜를 발하는 까닭에 지혜로써 헤아리기 어렵기 때문에 부처님이 머물러야 할 곳에 머문다고 말하는 것이다. 인도하여 이끈 대상이 많다(多所導御)란 곧 [중생을] 인도하여 이끄는 스승의 행을 말한 것이다.

有說慧見無礙卽如來德非也。越述天尊之德卻成最勝道無別所以故。今卽慧見無礙者述最勝之道。無能遏絶者卽如來德。遏(阿達反)壅也絶也。佛德旣勝妙不爲餘聖之抑遏故云無遏絶。

어떤 사람은 장애 없이 보는 지혜가 바로 여래의 덕이라고 하였으나[469] 이는 잘못이다. 천존의 덕이 도리어 가장 수승한 도를 이룬다고 말할 만한 별다른 이유가 없기 때문이다. 이제 장애 없이 보는 지혜란 최승의 도를 말하는 것이고, 막아 끊을 수가 없다(無能遏絶)는 말은 곧 여래의 덕을 말한다. 遏은 막는다는 뜻과 끊는다는 뜻이다. 부처님의 덕이 이미 수승하고 오묘하여 다른 성인들이 누르고 막을 수 없기 때문에 막아 끊을 수가 없다고 한 것이다.

H2_42中, T37_147中

469) 『無量壽經義疏』(大正藏37, 100下), "慧見無礙。彰智自在。於諸法門知見無礙。此則是前行如來德"

經曰以一飡之力至光顔無異者。

經에서 말씀하시기를, "한 끼니 밥의 힘으로 …낯빛이 다름이 없다"란,

述云此後述阿難所見也。一飡之力者卽施食之因。能住壽命乃至復過於此者乘歎壽命。諸根悅豫乃至光顔無異者正述所見。諸根悅豫者卽前所見。不以毁損者辨其悅豫義。姿色不變者卽前姿色淸淨。淸淨卽不變義故。

풀어 말하자면, 이것은 나중에 아난이 본 바를 서술하는 것이다. 한 끼니 밥의 힘이란 곧 음식을 베푸는 因이다. '能住壽命'부터 '復過於此'까지는 수명을 찬탄하고자 하는 것이다. '諸根悅豫'부터 '光顔無異'까지는 바로 본 바를 서술한 것이다. 온몸이 기쁨에 넘친다(諸根悅豫)는 것은 전에 본 모습이다. 훼손할 수 없다(不以毁損)는 것은 그 기뻐하는 모습에 담긴 뜻을 분별한 것이다. 모습이 변함이 없다(姿色不變)는 것은 곧 앞에서 모습이 청정하다고 한 것과 같다. 청정하다면 변하지 않았다는 뜻이기 때문이다.

光顔無異者卽前光顔巍巍。巍巍卽無異義故。施食雖有五果而唯述命色者色是所現故命是所依故。有說不以毁損不變無異皆辨常然非也。若常然者阿難不應言未曾睹妙如今故。

낯빛이 다름이 없다(光顔無異)는 말은 앞에서 낯빛이 위엄 있다(光顔巍巍)고 했던 것과 같다. 巍巍는 곧 평소와 다름이 없다는 뜻이기 때문이다. 음식을 베푸는데 비록 다섯 가지 과보가 있으나 오직 수명과 기색만을 서술한 것은 기색이 드러나는 것이고, 수명이 의지하는 바이기 때문이다. 어떤 사람은 훼손되지 않는다는 말과 변화하지 않고 다름이 없다는 말들이 모두 평상

시와 같다고 분별하였으나470) 이는 잘못이다. 만약 평소와 다름이 없다면 아난이 마땅히 일찍이 지금과 같이 오묘한 모습을 본 적이 없다고 말하지 않았을 것이기 때문이다.

H2_42中, T37_147中

經曰所以者何至而得自在者。

經에서 말씀하시기를, "까닭은 무엇인가 …그리하여 자재함을 얻는다"란,

述云此第二以因顯勝也。定止也慧觀也。究暢者卽究竟通暢之義。無極者卽廣遠無邊之名。所以如來得慧五德身三相者 卽慧究竟故得所念五德。定究竟故得所現三相。因雖衆多止觀二行是淨土路故。萬行所依導衆行故。說此二行餘者兼也。二因旣滿無德不圓故於諸果法而得自在。卽安慧云證得一切法自在也。

풀어 말하자면, 이것은 그 두 번째, [淨土]因이 수승함을 드러냄이다. 선정은 [번뇌가] 그친다는 뜻이고, 지혜는 觀한다는 뜻이다. 究暢은 궁극을 다하여 통달하였다는 뜻이다. 끝이 없다(無極)는 말은 넓고 멀어서 가도 끝이 없음을 이른다. 여래가 지혜로서 다섯 가지 德을 얻고 몸에는 세 가지 相을 얻었다고 하는 것은, 곧 지혜의 구경인 까닭에 생각했던 다섯 가지 德을 얻었다고 하며, 선정의 구경인 까닭에 [밖으로] 나타난 세 가지 相을 얻었다고 하는 것이다. [淨土]因은 비록 여러 가지이나, 止와 觀의 두 가지 행이 바로 정토로 가는 길이기 때문이다. 모든 행의 의지처로서 뭇 행을 인도하는 까닭에 이 두 가지 행

470) 『無量壽經義疏』(大正藏37, 100下), "諸根悅豫不以毁損。就上所現諸根悅豫。明其常德。姿色不變。就上所現姿色淸淨。明其常命。光顔無異。就上所現光顔魏魏。明其常定"

을 설하여 나머지를 겸하는 것이다. 두 가지 因은 이미 가득하여 원만하지 않은 덕이 없으니 모든 결과로서의 법에서 자재함을 얻게 된 것이다. 즉 安慧가 [『大乘阿毘達磨雜集論』에서] 일체법에 자재함을 얻었다[471]고 한 것이다.

有說定慧究竟無極卽心自在行。得諸法自在卽法自在行。善入一切法界門無所不現故非也。於一切法而得自在。若非果者必非自在故。前解爲善。

어떤 사람은 선정과 지혜의 구경은 한계가 없으므로 곧 心自在行이라 하고, 諸法에 자재함을 얻었기 때문에 法自在行이라 한다. 一切法界門에 제대로 들어가면 [그 법문의 힘이] 드러내지 못할 것이 없다고 하나,[472] 이는 잘못이다. 일체법에 자재함을 얻은 것이 만약 과보가 아니라면 절대로 자재함을 얻지 못하는 것이 되므로 앞의 해석이 제대로 된 것이다.

H2_42下, T37_147下

經曰阿難諦聽今爲汝說者。

經에서 말씀하시기를, "아난아 명심하여 들어라 이제 너를 위해 설하리라"란,

述云此第二勅許以答所問也。諦聽者卽勅其後心。爲說者卽許其前請。

풀어 말하자면, 이것은 두 번째 질문에 답함으로써 허락함이다. 諦聽이란 그 후의 마음을 경계한 것이다. 爲說은 앞에서 청

---

471) 『大乘阿毘達磨雜集論』卷第一(大正藏31, 694 下), "證得一切法自在"

472) 『無量壽經義疏』(大正藏37, 100下), "定慧究竟。故名爲究。通暢自在。故名爲暢。寬廣無邊。稱曰無極。此則是其心自在行。於一切法而得自在。明其所學自在故勝。此則是其法自在行。善入一切界之門。法門之力無所不現。名爲自在"

한 것을 허락함이다.

H2_42下, T37_147下

經曰對曰唯然願樂欲聞者。

經에서 말씀하시기를, "대답하여 말하기를 예. 그러하옵니다. 듣기를 원하옵니다"란,

述云此第五阿難欲聞也。

풀어 말하자면, 이것은 다섯 번째 아난이 듣기를 원함이다.

H2_42下, T37_147下

經曰佛告阿難至無央數劫者。

經에서 말씀하시기를, "부처님이 아난에게 말씀하시되 …아주 오랜 옛날473)에"란,

述云第六如來廣說有二。初廣說如來淨土因果卽所行所成也。後廣顯衆生往生因果卽所攝所益也。初又有二。初說往淨土之因後說今佛土之果。初又有二。初總標勝緣後別申勝行。初又有二。初標遠緣後舒近緣。初又有三。此初標時也。

풀어 말하자면, 여섯 번째 여래가 널리 설함이다. 여기에는 두 가지가 있다. 먼저 여래의 정토의 인과를 널리 설하시는데, 즉 [부처님께서] 행하신 것과 이루신 것이다. 다음으로 널리 중생의 왕생인과를 드러낸 즉 [어떤 중생을] 포섭하는지와 [중생이] 얻게 될 이익이다. 첫 번째 것에 다시 두 가지가 있다. 먼저 정토에 왕생하는 因을 설한 후, 다음으로는 지금의 불토의

473) 無央數劫 : 梵語 阿僧祇劫(Asaṃkya Kalpa)의 번역. 셀 수가 없이 긴 시간.

과보를 설하였다. 첫 번째 것에 다시 두 가지가 있다. 먼저 수승한 연을 전체적으로 드러내고, 나중에 수승한 행을 따로 폈다. 첫 번째 것에 다시 두 가지가 있다. 먼저 먼 인연을 드러내고, 나중에 가까운 인연을 드러냈다. 첫 번째 것에 다시 세 가지가 있다. 이것은 그 첫 번째, 때를 나타내는 것이다.

有說至不可數名劫。西域數法至六十轉卽不可數故非也。雖復可數亦名劫故。亦違華嚴一百二十轉故。今卽劫者是時之總名故。梵云阿僧祇此云無央數。王逸云央盡也。說文鞅頸靼也。非此字體也。又鞅所以制牛馬也。宜從央也。

어떤 사람은 수를 헤아릴 수 없는 정도가 되면 겁이라고 한다. 서역에서 수를 헤아리는 법에서는 60轉이 곧 헤아릴 수 없다는 뜻이 되기 때문이라고 하나, 이는 잘못이다. 비록 다시 헤아릴 수 있다 해도 또한 겁이라고 부르기 때문이다. 또『화엄경』에서 120轉이 [헤아릴 수 없는 것이다]라고 한 것[474]에 위배되기 때문이다. 이제 劫이란 時를 나타내는 말이기 때문이다. 범어로는 아승지라고 하는데 이는 세는 것이 불가능하다는 말이다. 王逸이 말하기를 앙央은 한도에 이른다는 뜻이다.[475]『설문해자』에서는 鞅은 목덜미에 거는 말의 굴레(頸靼)라 한다.[476] 이것은 글자 자체가 다른 것이다. 또 鞅은 소나 말을 제어할 때 쓰는 것이다. 마땅히 央을 따라야 한다.

---

474) 원측의『解深密經疏』의 내용을 참조하여 서술한 듯하다.
『解深密經疏』第五 (韓佛全1, 292下), "數不能及。解云。依俱舍論。其數漸增有六十轉。依華嚴經一百二十轉"

475)『無量壽經記』卷上 (韓佛全2, 233下), "梵阿僧祇。此云無鞅數。王免(逸의 오자인 듯)云央盡也"

476)『一切經音義』(高麗藏32, 34中-下), "梵言阿僧祇此言無央數。央盡也。經文作鞅, 於兩反。說文頸靼也。鞅非此義"

H2_42下, T37_147下

經曰錠光如來至次名處世者。

經에서 말씀하시기를, "정광여래가 …다음은 처세불까지 …"란,

述云此次敘佛也。帛延經略擧三十六佛多存此方之名。第三十二[477]佛卽印度名。故支謙經唯敘三十二[478]佛皆存梵音之號。今此法護備標五十三佛。蓋翻譯之家意存廣略不可致怪。錠光者卽謙云提和竭羅也。

풀어 말하자면, 이것은 그 두 번째, 부처님[의 이름]을 순서대로 나열한 것이다. 帛延은 經에서 대략 [서른일곱 분의 부처님의 이름을 들었는데, 이 가운데] 서른여섯 분의 부처님은 모두 중국[말로 번역된] 이름이고, 서른일곱 번째 부처님은 인도 이름[479]이다.[480] 支謙의 經에서는 오직 서른네 부처님의 이름

477) 七의 誤記로 보임.

478) 四의 誤記로 보임. 서른 네 분의 부처님 이름이 등장하기 때문이다.

479) 32번째 부처의 이름이 아니라 37번째 부처의 이름이 인도식 이름, 즉 樓夷亘羅를 말한다.

480) 『佛說無量淸淨平等覺經』卷第一(大正藏12, 280上), "爾時有過去佛。名定光如來。復次有佛。名曰曜光。復次有佛。名日月香。復次有佛。名安明山。復次有佛。名日月面。復次有佛。名無塵垢。復次有佛。名無沾汚。復次有佛。名曰如龍無所不伏。復次有佛。名曰日光。復次有佛。名大音王。復次有佛。名寶潔明。復次有佛。名曰金藏。復次有佛。名焰寶光。復次有佛。名曰有擧地。復次有佛。名曰琉璃光。復次有佛。名日月光。復次有佛。名曰日音聲。復次有佛。名光明華。復次有佛。名神通遊持意如海。復次有佛。名嗟歎光。復次有佛。名具足寶潔。復次有佛。名光開化。復次有佛。名曰大香聞。復次有佛。名曰降棄恚嫉。復次有佛。名妙琉璃紫磨金焰。復次有佛。名心持道華無能過者。復次有佛。名積衆華。復次有佛。名水月光。復次有佛。名除衆冥。復次有佛。名日光蓋。復次有佛。名溫和如來。復次有佛。名曰法意。復次有佛。名師子威象王步。復次有佛。名曰世豪。復次有佛。名曰淨音。復次有佛。名不可勝。復次有佛。名樓夷亘羅"

만 나열하였는데 모두 범어[로 된] 이름이다.481) 지금 이 法護本에는 53佛을 갖추어 나타내었다. 대개 번역가의 의도가 廣略(전체를 다 드러내는가 혹은 대략적으로 나타내는가)[의 차이]에 있는 것일 뿐 이상하게 여길 것까지는 없다. 錠光을 곧 支謙本에서는 提恕竭羅라고 하였다.482)

有說有足曰錠無足曰燈。錠光燃燈一也。釋迦獲道記之主故在初也。有彈此言若爾釋迦旣先得授記何在彌陀後而成道耶。若非後者便違彌陀成佛已來十小劫故。遂申自意言名之雖同佛卽異也。二俱不盡。若定一者燃燈旣出第二劫滿。必不能會彌陀成佛旣十劫文故。若唯異者亦違諸佛出世同名之屬故。

어떤 사람은 발이 있으면 錠, 발이 없으면 燈이라 하므로 정광불은 연등불과 같은 것이라고 하였다.483) 석가모니가 도를

481) 『佛說阿彌陀三耶三佛薩樓佛檀過度人道經』卷上(大正藏12, 300中-下), "乃爾時有過去佛。名提恕竭羅。次復有佛。名旃陀倚。已過去。次復有佛。名須摩扶劫波薩多。已過去。次復有佛。名維末樓。已過去。次復有佛。名阿難那利。已過去。次復有佛。名那竭脾。已過去。次復有佛。名者梨俱遰波羅夜蔡。已過去。次復有佛。名彌離俱樓。已過去。次復有佛。名軷陀尼。已過去。次復有佛。名朱蹄波。已過去。次復有佛。名凡扶坻。已過去。次復有佛。名墮樓勒耶。已過去。次復有佛。名旃陀匽斯。已過去。次復有佛。名須耶惟于沙。已過去。次復有佛。名拘還彌鉢摩耆。已過去。次復有佛。名屍利滑歧。已過去。次復有佛。名摩訶那提。已過去。次復有佛。名耆頭摩提。已過去。次復有佛。名羅隣祇離。已過去。次復有佛。名俞樓俱路蔡。已過去。次復有佛。名滿呼群尼鉢賓[侯*頁]。已過去。次復有佛。名旃陀遬臾拔恕沙。已過去。次復有佛。名旃陀蔡拘岑。已過去。次復有佛。名潘波螽頻尼。已過去。次復有佛。名軷波恕斯。已過去。次復有佛。名阿術祇陀揭螽。已過去。次復有佛。名勿署提。已過去。次復有佛。名質夜蔡。已過去。次復有佛。名曇摩恕提。已過去。次復有佛。名篩耶維[侯*頁]質。已過去。次復有佛。名樓耶帶。已過去。次復有佛。名僧迦羅彌樓迦帶。已過去。次復有佛。名曇昧摩提阿維難提。已過去。佛告阿難。次復有佛。名樓夷亘羅"

482) 『佛說阿彌陀三耶三佛薩樓佛檀過度人道經』卷上(大正藏12, 300中), "爾時有過去佛。名提恕竭羅"

얻으리라는 수기를 준 부처님이므로 맨 처음에 온다고 하였다. 어떤 사람은 이를 바로잡아 말하기를, 만약 그러하다면 석가모니는 이미 먼저 수기를 얻은 것이 되는데 어떻게 아미타 부처님 후에 존재하여 도를 이루었다는 것인가! 만약 [아미타 부처님] 후에 [존재하는 것이] 아니라면 곧 아미타 부처님이 성불한 후 십 소겁이 지났다는 말과 어긋나게 된다. 따라서 자신의 뜻을 펴기 위해 말하기를, 비록 이름은 같으나 부처님은 다른 분인 것이라고 하였으나, 둘 다 그렇지 않다. 만약 결정코 같다고 한다면 연등불이 이미 나오셨고, 두 번째 겁이 다 지나가고 있는 상황이 되므로, 반드시 [아미타 부처님을] 만날 수가 없게 된다. 아미타 부처님께서 성불하신지 이미 십겁이 지났다는 문장이 있기 때문이다. 오직 다를 뿐이라고 한다면 또한 모든 부처님이 세상에 나올 때는 같은 이름의 무리가 되는 점에 위배된다.

今卽錠光燃燈亦同亦異。異卽錠光雖復燃燈非釋迦授記佛故。同卽本釋迦前亦有燃燈可錠光故。不應難言 錠光若非釋迦獲道記佛 有何因緣錠光爲初。而非餘佛者 從彼佛已來 五十四佛 頻興世故云爾。從錠光來漸有攝受淨土行故。由此錠光亦名燃燈。義亦無咎。

이제 정광불과 연등불 또한 같기도 하고, 다르기도 하다. 다른 점이라면 정광불이 비록 또한 연등불이지만 석가에게 수기를 준 부처가 아니기 때문이다. 같은 점이라면 본래 석가 이전에 또한 연등불이 있어 정광이라고도 할 수 있다는 점이다. 정광불이 석가모니가 도를 얻으리라는 수기를 주지 않은 부처님

483) 『無量壽經記』卷上 (韓佛全2, 233下), "錠普定實有足曰錠無足曰燈錠光燃燈也"

이라면 어떤 인연으로 정광불이 처음에 오고 다른 부처님이 [처음에 오지] 않았냐는 말을 하기가 쉬운데 저 부처님으로부터 이래로 54佛이 자주 세상에 나타났던 까닭에 그렇다고 했던 것이다. [법장 비구가] 정광불[때]부터 점차로 淨土[因]行을 받아 들였기 때문이다. 이런 까닭에 정광불을 또한 연등불이라고 부르는 것은 뜻으로도 허물이 없는 것이다.

H2_42下, T37_148上

經曰如此諸佛皆悉已過者。

經에서 말씀하시기를, "이와 같이 모든 부처님께서 모두 다 이미 지나가셨다"란,

述云此後總結也。

풀어 말하자면, 이것은 두 번째 전체적인 끝맺음이다.

H2_43中, T37_148上

經曰爾時次有至佛世尊者。

經에서 말씀하시기를, "이때 다음에 계신 …불세존에 이른다"란,

述云此第二近勝緣也。梵云樓夷亘羅此云世自在王。於一切法得自在故。卽別名也。佛德無量名必無邊。故今略標自他利以立十號卽通號也。雖有十號略爲二例。初自德名卽前五也。後利物名卽後五也。自德之名亦有二對。一道圓滅極對。卽如來名道圓應供名滅極故。二因滿果圓對。卽等正覺明行足名因滿如其次第解行滿故。

풀어 말하자면, 이것은 그 두 번째, 가까운 수승한 緣이다. 범어로 樓夷亘羅484)는 여기서는 세자재왕을 말한다. 일체법에

자재함을 얻은 까닭이다. 곧 [같은 대상을 지칭하는] 다른 이름이다. 부처님의 덕은 한량이 없어서 반드시 끝이 없다고 한다. 따라서 이제 간략하게 나와 남을 이롭게 함으로써 열 가지 이름485)을 세운 즉 두루 통용되는 이름이다. 비록 열 가지 이름이 있으나 대략 두 가지로 나눌 수 있다. 먼저, 앞의 다섯 가지는 스스로 이롭게 하는 덕을 가지고 이름을 지었고, 다음은 중생을 이롭게 하는 것으로 나머지 다섯 가지 이름을 지었다. 自利의 덕으로 지은 이름에 또한 두 가지 對가 되는 것이 있다. 첫째, 도의 원만함과 극단적인 것을 멸함의 대(道圓滅極對)이다. 즉 如來는 도의 원만함으로 인해 지은 이름이고, 應供은 극단적인 것을 멸하였음을 나타내는 이름이다. 둘째, 원인이 원만함과 결과의 원만함의 對(因滿果圓對)이다. 즉 等正覺과 明行足은 원인이 원만함을 근거로 지은 이름으로서 차례대로 이해가 원만함, 행이 원만함을 나타낸 것이다.

善逝名果圓上昇不還故。利物之名亦有三對。一總名別稱對。卽前四是別後一是總故。處物而無加名世尊故。二化智化心對。卽世間解名化他智無上調御名化他心故。三化能化德對。卽天人師名化他能佛名化他德故。委悉釋此十號廣如瑜伽論。

善逝란 과보가 원만하다는 뜻으로 [수행의 계위가] 위로 올라가서 돌아오지 않는다는 말이다. 남을 이롭게 하는 이름 또한 세 가지 對가 되는 말이 있다. 첫째, 전체적으로 이름하는

---

484) 樓夷亘羅 : 世(梵 loka)와 自在(梵 īśvara)의 합성어인 世自在王佛. 범어 Lokeśvara의 音譯. 支謙과 帛延은 세자재왕불을 樓夷亘羅佛이라고 하였다.

485) 十號 : 부처님의 열 가지 호칭. 如來, 應供, 正遍智(等正覺), 明行足, 善逝, 世間解, 無上師, 調御丈夫, 天人師, 佛世尊.

것과 각각을 칭하는 對(總名別稱對)이다. 즉 앞의 네 가지는 別稱이고, 뒤의 한 가지는 總名이다. 대상에 처하여도 더하는 법이 없어서 세존이라고 이름하였다. 둘째, 교화하는 지혜와 교화하는 마음의 對(化智化心對)이다. 즉 世間解는 남을 교화하는 지혜를 이름으로 지은 것이고, 無上調御는 남을 교화하는 마음을 근거로 이름 지었다. 셋째, 교화하는 능력과 교화하는 덕의 對(化能化德對)이다. 즉 天人師는 남을 교화함에 능하다는 뜻으로 이름을 붙인 것이고, 佛은 남을 교화하는 덕을 이름으로 지은 것이다.486) 이 열 가지 이름을 자세하게 다 해석한 것은 넓게 보면 『유가사지론』과 같다.487)

---

486) 『無量壽經義疏』(大正藏37, 101上-中), "如來應等。是其通號。佛德無量。依德施名。名亦無限。經隨一數。略列十種。十中前五。是佛自德。後五利他。就前五中。初二一對。前一道圓。後一滅極。後三一對。初二因圓。後一果極。就初對中。言如來者。彰其道圓。…言應供者。顯其滅極…初二因圓。於中初言等正覺者…明行足者。明其行圓…言善逝者。明其果極…就後五中。前四是別。後一是總。前四別中。世間解者。是化他智。善解世間。名世間解。無上士調御丈夫。及天人師。此之兩號。是他化能。彼無上士調御丈夫。能調物心…天人師者。能授與法。能以正法近訓天人…佛者。是其化他之德"

487) 『瑜伽師地論』(大正藏30, 765上-中), "如來應正等覺等者。如經分別。所言應者。應供養故。明行圓滿。所謂三明遮行行行皆悉圓滿。又復四種增上心法現法樂住皆悉圓滿。前是行行後是住行。此中淸淨身語意業現行。正命是行圓滿。密護根門是遮圓滿。由此二種顯示如來三種不護無忘失法。由不造過世間靜慮遮自苦行。言善逝者。謂於長夜具一切種自利利他二功德故。世間解者。謂於一切種有情世間及器世間皆善通達故。由善悟入有情世間依。前後際宿住死生依。一切時八萬四千行差別故。於器世間謂東方等十方世界無邊成壞善了知故。又於世間諸法自性因緣愛味過患出離能趣行等皆善知故。無上丈夫調御士者。智無等故。無過上故。於現法中是大丈夫多分調御無量丈夫。最第一故。極尊勝故。天人師者。由彼天人解甚深義。勤修正行有力能故。言佛陀者。謂畢竟斷一切煩惱幷諸習氣。現等正覺阿耨多羅三藐三菩提故。薄伽梵者。坦然安坐妙菩提座。任運摧滅一切魔軍大勢力故。此中如來是初總序。應正等覺謂永解脫一切煩惱障及

H2_43中, T37_148中

經曰時有國王至正眞道意者。

經에서 말씀하시기를, "이때 어떤 국왕이 있었는데 …바르고 참된 도의 뜻"이란,

述云此第二申勝行也。遠法師云起行有二。從初盡頌辨世間行卽地前所行也。法藏比丘說此頌以下辨出世行卽地上所修也。此恐不然。地上菩薩念念常修利諸衆生淨佛國土。不應五劫專修受淨土行故。今卽還有二。初略說勝行後廣說勝行。初又有三。此初聞法發心也。發無上道意者卽增發心故。不違觀音授記悲華經。

풀어 말하자면, 이것은 두 번째 수승한 행을 드러낸 것이다. 慧遠은 행을 일으키는 데는 두 가지가 있다고 했다. 처음부터 게송이 다 끝날 때까지 세간행을 분별한 즉, 초지를 얻기 이전에[488] 행하는 것이다. 법장비구가 이 게송을 설한 후 출세간의 행을 분별한 즉, [초]지를 얻은 다음에 닦은 것이라고 하나,[489] 이는 아마도 그렇지 않을 것이다. 초지 이상의 보살[490]은 생각마다 항상 모든 중생을 이롭게 하며, 불국토를 깨끗하게 하는 수행을 한다. 오 겁 동안 오로지 정토과를 받는 수행만을 하지는 않았을 것이기 때문이다. 이제 곧 [여기에는] 다시 두 가지가 있다. 먼저 대략적으로 수승한 행을 설하고 나서 널리 수승한 행을 설한다. 첫 번째 것에 다시 세 가지가 있다. 이것은 그 첫 번째, 법을 듣고 발심을 하는 것이다. 위없는 도의 뜻을 두

所知障故。於其別中略有二種。所謂共德及不共德。於共德中且說解脫諸煩惱障及所知障。自餘明行圓滿等句是不共德"

488) 地前 : 보살의 수행 과정 가운데 십지 이전의 계위. 즉 초지 이전의 계위.

489) 『無量壽經義疏』(大正藏37, 101中), "上來明佛之起行緣。下明法藏依之起行。於中初明世間之行。佛告阿難法藏比丘說此頌下。明出世行。地前所行。名爲世間。地上出世"

490) 地上 : 초지 이상. 보살은 一大阿僧祇劫의 수행을 거쳐 초지에 들어간다.

었다는 것은 발심을 증장하였기 때문이다. 따라서 『관음수기경』과 『비화경』에 어긋나는 것이 아니다.

H2_43下, T37_148中

經曰棄國捐王至與世超異者。

經에서 말씀하시기를, "나라와 국왕의 자리를 버리고 …세간을 초월하여 다른 것이다"란,

述云此第二出俗修道也。沙門者卽沙門那義如前解。帛延云曇摩迦留卽法藏也。謙去留字云作菩薩道。卽智論法積菩薩也。高才勇哲者卽爲人性行孤出於世故云超異。

풀어 말하자면, 이것은 두 번째 세간을 떠나 도를 닦는 것이다. 사문이란 사문나491)로서 뜻은 앞에서 해석한 것과 같다. 帛延이 담마가류라고 한 것492)은 곧 법장이다. 支謙은 류자를 제거하고 보살도라고 하였다.493) 즉 『대지도론』에서는 법적보살494)이라고 한다.495) 높은 재주와 용맹하고 사리에 밝음(高才勇哲)은 곧 사람의 성품과 행동이 세간과는 달리 홀로 뛰어나기 때문에 [세간을] 초월할 만큼 다르다(超異)고 하였다.

H2_43下, T37_148中

491) 沙門那 : 沙門. 출가수행자.

492) 『佛說無量淸淨平等覺經』卷第一(大正藏12, 280上), "便棄國位行作比丘。名曇摩迦留"

493) 『佛說阿彌陀三耶三佛薩樓佛檀過度人道經』卷上(大正藏12, 300下), "字曇摩迦。作菩薩道"

494) 法積菩薩 : 법장보살의 다른 의역명.

495) 『大智度論』卷五十(大正藏25, 418上-中), "如世自在王佛。將法積比丘至十方。示淸淨世界"

經曰詣世自在王至長跪合掌者。

經에서 말씀하시기를, “세자재왕께 이르러 …두 무릎을 꿇고 합장하여”란,

述云此第三歎佛起願有三。初身禮次語歎後自誓此初也。稽者至也首者頭也。至頭於地以尊接足故云稽首。三匝者卽標如來修三德也。

풀어 말하자면, 이것은 세 번째 부처님이 서원을 일으킴을 찬탄함이다. 여기에는 세 가지가 있다. 먼저 몸으로써 예를 갖추고, 그 다음에는 말로써 찬탄하며, 마지막으로 스스로 서원을 세움이다. 이것은 그 첫 번째이다. 稽란 이른다는 뜻이고, 首는 머리이다. 머리가 땅에 닿게 하여 존경의 표시로 발에 닿았기 때문에 稽首라고 하였다. 세 번 돌았다(三匝)는 것은 여래께서 세 가지 덕을 닦으셨다는 것을 드러내는 것이다.

H2_43下, T37_148中

經曰以頌讚曰者。

經에서 말씀하시기를, “게송으로 찬탄하여 말하기를 …”이란,

述云第二語歎有二。此初頊文也。頌之言妙亦攝多義故以頌歎。

풀어 말하자면, 두 번째 말로써 찬탄함에 두 가지가 있다. 이것은 그 첫 번째, 시작하는 문장이다. 게송의 말은 오묘하고 또한 많은 뜻을 포섭하기 때문에 게송으로써 찬탄하는 것이다.

H2_43下, T37_148中

經曰光顔巍巍者。

經에서 말씀하시기를, “낯빛은 위엄이 서리고 …”란,

述云此後正歎有四。一別歎身業二別歎口業三別歎意業四總歎三業。初又有二。此初標歎也。光巍巍者標光勝也。顔巍巍者標身勝也。

풀어 말하자면, 이것은 두 번째 바로 찬탄함이다. 여기에는 네 가지가 있다. 첫째, 따로 신업을 찬탄함, 둘째, 따로 구업을 찬탄함, 셋째, 따로 의업을 찬탄함, 넷째, 삼업을 전체적으로 찬탄함이다. 첫 번째 것에는 두 가지가 있다. 이것이 그 첫 번째, 찬탄함을 드러냄이다. 빛이 외외하다는 것은 빛이 뛰어남을 드러낸 것이다. 얼굴이 외외하다는 것은 몸의 뛰어남을 드러낸 것이다.496)

H2_44上, T37_148中

經曰威神無極至猶若聚墨者。

經에서 말씀하시기를, "위엄과 신령함은 한계가 없으며 …오히려 먹덩어리와 같아진다"란,

述云此後釋歎有二。此初歎光巍巍也。威神者卽光所依。無與等者者對劣歎勝。若聚墨者對事歎勝。有說耀者五星非也。卽帛延云其景不可及謂光之別目故。日月等光對佛光明猶若聚墨在珂貝邊故。

풀어 말하자면, 이것은 두 번째, 찬탄을 해석하는 것이다. 여기에는 두 가지가 있다. 이것은 그 첫 번째, 빛의 외외함을 찬탄한 것이다. 위신이란 빛이 의지하는 바이다. 더불어 견줄 수 있는 것이 없다는 것(無與等者)은 열등한 것과 대조함으로써 뛰어난 것을 찬탄한 것이다. 먹덩어리란 事와 대조하여 뛰어난 것을 찬탄함이다. 어떤 사람은 耀를 다섯 개의 별이라고 하는

496) 『無量壽經義疏』(大正藏37, 101下), "言光魏魏。歎佛光勝。以爲一門。言顔魏魏。嘆佛身勝。復爲一門"

데[497] 이는 그렇지 않다. 즉 帛延이 그 빛에 미치지 못한다고 한 것[498]은 빛의 다른 종류를 말한 것이라고 한다. 해와 달 등의 빛을 부처님의 광명과 비교하자면 마치 먹덩어리가 백마노 조개 옆에 있는 것과 같다는 것이다.

H2_44上, T37_148下

經曰如來顔容超世無倫者。

經에서 말씀하시기를, “여래의 얼굴과 모습이 세상에서 뛰어나서 짝할 이 없다”란,

述云此後釋顔巍巍也。倫者匹也。

풀어 말하자면, 이것은 나중에 얼굴의 외외함을 해석한 것이다. 倫은 짝한다는 뜻이다.

H2_44上, T37_148下

經曰正覺大音響流十方者。

經에서 말씀하시기를, “바르게 깨달은 이의 큰 소리가 시방에 울려 퍼진다”란,

述云此第二歎口業也。大音者卽語密之音。如來之聲更無過此故云大音。響者卽顯了之音。逐宜而有分限發故。

풀어 말하자면, 이것은 두 번째 구업을 찬탄하는 것이다. 大音이란 곧 [부처님의] 신통부사의한[499] 소리를 말한다. 여래의

497) 『大方廣佛華嚴經搜玄分齊通智方軌』卷第三之上(大正藏35, 1070下) “曜者日月五星”

498) 『佛說無量清淨平等覺經』卷第一(大正藏12, 280中), “其景不可及”

499) 語密 : 如來三密(身密, 語密, 意密)의 한 가지로서 부처님의 언어가 神

목소리는 다시 이보다 더한 것이 없으므로 큰 소리라고 한다. 響이란 명료하게 드러나는 소리이다. 마땅한 정도를 쫓아 지나치지 않게 [소리가] 나오기 때문이다.

H2_44上, T37_148下

經曰戒聞精進至殊勝希有者。

經에서 말씀하시기를, "청정한 계율과 다문과 정진 …수승하여 드물다"란,

述云第三歎意業有二。初歎業勝卽菩提品也。後歎果勝卽果果斷也。初又有二。此初歎涉事勝也。戒卽業體以思種故。聞精進等卽業眷屬。餘不能齊故云無侶。侶亦匹也。佛德過餘故云希有。

풀어 말하자면, 세 번째 의업을 찬탄함이다. 여기에는 두 가지가 있다. 먼저 업의 수승함, 즉 보리품[500]을 찬탄함이고, 나중에 과보의 수승함, 즉 果果[501]인 끊음을 찬탄함이다. 첫 번째 것에는 다시 두 가지가 있다. 이것은 그 첫 번째, 대상에 미치는 영향이 뛰어남을 찬탄한 것이다. 戒란 業의 體로서 思量을 그 씨앗으로 삼기 때문이다. 多聞과 精進 등은 곧 業의 권속이다. 나머지 다른 이들은 능히 같은 수준이 될 수 없기 때문에 짝이 없다고 한다. 侶는 짝한다는 뜻이다. 부처님의 덕이 다른

變不思議함을 이름

500) 菩提品 : 菩提分. 梵 bodhyaṅga, 넓은 의미로는 깨달아가는 길인 37道品(四念住, 四正勤, 四如意足, 五根, 五力, 七覺支, 八正道 등)을 뜻하고, 좁은 의미로는 七覺支를 뜻한다.

501) 果果 : 涅槃. 普提가 수행의 결과이고, 그 普提에 의지하여 涅槃을 증득하므로 果果라고 부른다. 『열반경』 참조. 『大般涅槃經』卷第二十七(大正藏12, 524上), "佛性者。有因有因因有果有果果。有因者卽十二因緣。因因者卽是智慧。有果者卽是阿耨多羅三藐三菩提。果果者卽是無上大般涅槃"

누구보다 뛰어난 까닭에 드물다고 하는 것이다.

H2_44上, T37_148下

經曰深諦善念至窮其涯底者。

經에서 말씀하시기를, “깊이 관찰하고 잘 생각해 …그 바닥과 주위를 끝까지…”란,

述云此後歎證理勝也。諦者審察。法海者一眞法界。卽後得智深思諦觀稱眞法界故云善念。無分別智窮達深眞盡其奧實故云究涯底。

풀어 말하자면, 이것은 두 번째 증득한 이치가 뛰어남을 찬탄한 것이다. 諦는 살피고 관찰하는 것이다. 法海란 一眞法界를 말한다. 즉 후득지[502]로 진리를 깊이 생각하고 관찰하여 보고, 진법계라고 하였으므로 잘 생각하였다(善念)고 한다. 무분별지[503]는 깊고 참된 것을 다 통달하여, 그 깊은 뜻을 다 하였기 때문에 究涯底라고 하였다.

H2_44中, T37_148下

經曰無明欲怒世尊永無者。

經에서 말씀하시기를, “캄캄한 무명, 탐욕과 분노를 세존께서는 영원히 없애셨으니”란,

述云此二歎果勝也。三毒習盡故。

풀어 말하자면, 이것은 그 두 번째, 과보의 수승함을 찬탄함

502) 後得智 : 梵 pṛṣṭha-labdha-jñāna. 無分別後智 後得無分別智라고도 한다. 無分別智의 하나. 根本無分別智를 얻은 후 얻는 지혜.

503) 無分別智 : 梵 nirvikalpa-jñāna. 能取, 所取의 相을 떠나 치우침이 없이 평등한 지혜. 즉 主觀과 客觀을 떠난 진실한 지혜.

이다. 삼독의 習이 다하였기 때문이다.

H2_44中, T37_148下

經曰人雄師子至震動大千者。

經에서 말씀하시기를, "사자처럼 대단한 영웅 …대천을 진동케 한다"란,

此第四總歎三業也。功勳廣大者歎意業果。勳亦功也。智慧深妙者歎意業用。卽偏歎其勝不盡之言。略戒聞等故。光明威相者歎身業勝。震動大千者歎正覺音。既有此勝妙之德故可謂人雄師子神德無量。

이것은 네 번째 삼업을 전체적으로 찬탄함이다. 공덕이 넓고 크다(功勳廣大)는 것은 意業의 과보를 찬탄한 것이다. 勳 또한 공이다. 지혜가 깊고 묘하다(智慧深妙)는 것은 의업의 쓰임(用)을 찬탄함이다. 즉 그 수승함을 한 쪽만 찬탄하고 다하지 못하였다는 말이다. 계율과 다문 등등…으로 줄여서 말한 까닭이다. 광명과 위엄 있는 모습(光明威相)이란 身業의 수승함을 찬탄한 것이다. 대천을 진동케 한다(震動大千)는 것은 정각의 소리를 찬탄한 것이다. 이미 이와 같은 승묘한 덕이 있기 때문에 사자처럼 대단한 영웅의 신묘한 덕이 한량없다고 했던 것이다.

H2_44中, T37_148下

經曰願我作佛至靡不解脫者。

經에서 말씀하시기를, "원컨대 나도 부처님이 되어 …해탈하지 못하는 것이 없다"란,

述云第三自誓有二。初願求所歎卽十頌也。後請佛作證卽三頌也。初又有二。初正求所歎卽佛法身也。後乘祈所依卽佛淨土也。初又有三。此求果也。

풀어 말하자면, 세 번째 스스로 서원을 세움이다. 여기에는 두 가지가 있다. 먼저 [앞에서] 찬탄한 바를 서원으로서 구함, 즉 열 가지 송이다. 그 다음에 부처님께 청하여 증명해 달라고 하는 것이 세 가지 송이다. 첫 번째 것에 다시 두 가지가 있으니, 먼저 [앞에서] 찬탄한 바를 바르게 구함, 즉 부처님의 법신이다. 나중에 의지할 바를 기원하는데 그것은 바로 정토이다. 첫 번째 것에 다시 세 가지가 있다. 이것은 과보를 구하는 것이다.

有說齊聖法王求佛自德過生死等求利他德非也。凡稱佛者必備二利故。今卽願我作佛齊聖法王者願所獲德。過度生死靡不解脫者願所棄也。

어떤 사람은 성스러움이 법왕을 이루는 것은 부처님 스스로를 이롭게 하는 덕을 구한 것이요, 생사를 벗어나는 것은 남을 이롭게 하는 덕을 구한 것이라고 하였으나504) 이는 잘못이다. 대개 부처라고 하면 두 가지 이로움을 반드시 갖추어야 하기 때문이다. 이제 '願我作佛齊聖法王'이라고 한 것은 덕 얻기를 발원한 것이고, '過度生死靡不解脫'이란 버려야 할 것을 서원으로 세운 것이다.

H2_44中, T37_149上

經曰布施調意至智慧爲上者。

經에서 말씀하시기를, "보시를 닦아 뜻을 고르고 …지혜를 으뜸으로 여긴다"란,

---

504) 『無量壽經義疏』(大正藏37, 102上), "願我作佛齊聖法王。求佛自德。過度生死靡不解脫。求利他德"

述云此第二求因有二。此初求自利因卽六度也。施治慳吝故云調意。

풀어 말하자면, 이것은 그 두 번째, 因을 구하는 것이다. 여기에는 두 가지가 있다. 이것은 그 첫 번째, 스스로를 이롭게 하는 因을 구하는 것인데 바로 六度505)(육바라밀)가 그것이다. 베풀고 다스리고 아끼므로 뜻을 조절한다(탐하는 마음을 조복받는 것)고 한다.

H2_44下, T37_149上

經曰吾誓得佛至爲作大安者。

經에서 말씀하시기를, "내가 서원을 세우고 부처님이 되어 …크게 편안함을 이루리라"란,

述云此後願利他因也。擧果求因故。

풀어 말하자면, 이것은 두 번째로 남을 이롭게 하는 因을 발원하는 것이다. 결과를 들어서 원인을 구하는 것이다.

H2_44下, T37_149上

經曰假令有佛至堅正不却者。

經에서 말씀하시기를, "가령 어떤 부처님이 계셔 …견고하여 바로 물러서지 않으리라"란,

述云此第三歎願勝也。佛者卽佛寶大聖者僧。有說供養斯等亦兼僧寶非也。雖復斯等而言諸佛故。卽知向上之等故。今卽佛者所供養大聖者能供養。無量大聖雖供多佛而有邊故不如求佛心不退還以無邊故。却者退也。

---

505) 六度 : 梵 ṣaḍ-pāramitā. 六波羅蜜 혹은 六波羅蜜多라고 한다. 布施, 持戒, 忍辱, 精進, 禪定, 智慧를 일컫는다.

풀어 말하자면, 이것은 그 세 번째, 서원의 수승함을 찬탄하는 것이다. 佛이란 佛寶이고, 大聖이란 僧寶이다. 어떤 사람은 供養斯 등이 또한 승보를 겸하는 것이라고 하였으나[506] 이는 잘못이다. 비록 다시 이들이라 하였으나 [이는] 모든 부처님을 말하는 것이기 때문이다. 즉 위를 향할 줄[507] 아는 무리이기 때문이다. 이제 곧 佛이란 공양을 받는 대상이고, 大聖은 공양을 하는 주체이다. 한량없는 대성이 비록 많은 부처님께 공양을 하더라도 한계가 있기 때문에 깨달음을 구하는 마음만 같지 못하다고 하였다. 물러나지 않으므로 한계가 없기 때문이다. 却은 물러난다는 뜻이다.

H2_44下, T37_149上

經曰譬如恆沙至威神難量者。

經에서 말씀하시기를, "비유컨대 항하의 모래처럼 …위신을 헤아리기 어렵다"란,

述云第二淨土果有三。此初歎諸佛土也。光遍諸國者卽佛施光明莊嚴其國。威神難量者卽佛神通莊嚴其土。佛於彼土懃作化事故云精進。現化算表故云難量。

풀어 말하자면, 두 번째, 정토라는 과보이다. 여기에는 세 가지가 있다. 이것은 그 첫 번째, 모든 불토를 찬탄함이다. 광명이 모든 국토에 두루하다는 것은 곧 부처님이 베푸시는 광명이 그 국토를 장엄한다는 것이다. 위신을 헤아리기 어렵다는 것은 곧 부처님의 신통력으로 그 국토를 장엄하였다는 것이다. 부처

---

506) 『無量壽經義疏』(大正藏37, 102上), "供養斯等。供前僧寶"
507) 向上 : 지엽적인 것에서 근본적인 것으로, 혹은 아래에서 위로 향하는 것을 이른다.

님께서 저 국토에서 부지런히 化事508)를 하시기 때문에 정진이라고 하였다. [부처님의 세계가] 현실에 모습을 나타내어 그 드러난 것을 헤아려 보려 하였기 때문에 헤아리기 어렵다(難量)고 하는 것이다.

H2_44下, T37_149上

經曰令我作佛至而無等雙者。

經에서 말씀하시기를, "내가 부처님이 되면 …짝할 것이 없으리라"란,

述云此次對求勝土也。國土者卽今極樂世界。第一者卽諸相莊嚴。奇妙者卽衆第一。道場者卽座第一。如泥洹者卽快樂第一。梵云匿縛南唐云圓寂。言泥洹者訛略也。彼土快樂可次涅槃故以譬之。而無等雙者國土第一。汎言第一者卽對下之稱。不爾便違華嚴。如前已說故。

풀어 말하자면, 이것은 그 두 번째, [하열한 것과] 대비가 되는 수승한 국토를 구함이다. 국토란 곧 여기서는 극락세계를 말한다. 제일이란 모든 相의 장엄이다. 기묘란 여러 가지 중 제일이라는 말이다. 도량이란 제일가는 자리라는 말이다. 열반509)과 같다는 것은 최고의 쾌락이라는 말이다. 범어로 말하면 匿縛南, 당나라 말로는 원적이다.510) 泥洹이라고 하는 것은 와전되어 줄어든 말이다. 저 국토의 쾌락은 가히 열반에 다음가는 것이기 때문에 이로써 비유한 것이다. 짝할 것이 없다는 것은

508) 化事 : 부처님이 직접 頭陀行을 통해 放逸者로 하여금 慚愧心을 일으켜 同事攝하는 것을 이른다.

509) 泥洹 : 열반.

510) 『佛說般若波羅蜜多心經贊』(韓佛全1, 10下), "第一釋名舊曰梵音名爲涅槃或云泥洹。此土翻譯名爲寂滅。大唐三藏曰波利匿縛喃此云圓寂"

국토가 제일이라는 뜻이다. 대개 제일이라고 말하면 하열한 것과 대비가 되는 칭호이다. 그렇지 않다면 『화엄경』에 위배되는 것이다. 앞에서 이미 설한 바와 같다.

H2_45上, T37_149上

經曰我當哀愍至快樂安隱者。

經에서 말씀하시기를, "나는 마땅히 슬퍼하고 불쌍하게 여긴다 …즐겁고 편안하게 만들다"란,

述云此第三求淨土之意也。度脫一切者卽出穢域之利。心悅快樂者卽入淨土益。爲此二利故求土果。

풀어 말하자면, 이것은 그 세 번째, 정토를 구하는 뜻이다. 모두를 구하여 벗어나게 한다(度脫一切)는 말은 곧 예토로부터 벗어나는 이익을 말한다. 마음을 즐겁게 만든다(心悅快樂)는 것은 정토에 들어가는 이익을 말한다. 이 두 가지 이익 때문에 정토라는 과보를 구하는 것이다.

H2_45上, T37_149中

經曰幸佛信明至力精所欲者。

經에서 말씀하시기를, "바라옵건대 부처님께서 진실로 밝혀주십시오 …힘써 하고자 하는 바에 정진하겠습니다"란,

術云第二請佛作證有二。此初請世王佛證願不虛也。幸者願也信者誠也。願佛誠明所求不虛必得果故。所欲者功德法身快樂淨土。於彼二果力勵精勤而修習故云於彼力精。

풀어 말하자면, 두 번째 부처님께 증명해 줄 것을 청하는 것

이다. 여기에는 두 가지가 있다. 이것은 그 첫 번째, 세자재왕불께 서원이 헛된 것이 아님을 증명해 달라고 청하는 것이다. 幸은 원한다는 뜻이다. 信은 진실하다는 뜻이다. 부처님께서 [제가] 구하는 바가 헛된 것이 아니고 반드시 과보를 얻을 수 있는 것임을 진실로 밝혀줄 것을 바라기 때문이다. 바라는 바란 공덕으로서의 법신과 즐겁고 안락한 정토이다. 저 두 가지 과보에 대해 힘써 부지런히 노력하고 닦을 것이기 때문에 저 [과보를 위해] 힘써 정진한다(於彼力精)고 한 것이다.

H2_45上, T37_149中

經曰十方世尊至忍終不悔者。

經에서 말씀하시기를, "시방의 세존 …끝까지 참아 후회하지 않으리라"란,

述云此後請十方佛證行不悔也。對佛結誓。身止諸苦勤忍不悔故。

풀어 말하자면, 이것은 두 번째 시방의 부처님께 청하여 후회 없이 행할 수 있도록 증명해 달라고 한 것이다. 부처님 앞에서 서원을 세운 것이다. 몸이 모든 고통을 만나게 되더라도 부지런히 참아내어 후회 없이 하기 위한 것이다.

H2_45上, T37_149中

經曰佛告阿難至廣宣經法者。

經에서 말씀하시기를, "부처님께서 아난에게 말씀하시되 … 널리 經의 法을 베풀어 주십시오"란,

述云第二廣說勝行有二。初正辨修行後乘顯所修。初又有五。一法藏請說二如來抑止三法藏重請四如來許說五辨修勝行。初又有二。此初乘前正請也。發無上覺心者卽前願佛法身淨土之心也。

풀어 말하자면, 두 번째 수승행을 널리 설함이다. 여기에는 두 가지가 있다. 먼저 수행을 바르게 분별하는 것, 두 번째 수행한 바를 드러내는 것이다. 첫 번째 것에는 다시 다섯 가지가 있다. 첫째, 법장비구가 설법을 청함, 둘째, 여래가 [그 청을] 물리침, 셋째, 법장이 거듭 청함, 넷째, 여래께서 설법을 허락하심, 다섯째, 수승한 행을 분별하여 닦음이다. 첫 번째 것에 다시 두 가지가 있다. 이것은 그 첫 번째, 이전에 바르게 청했던 것에 의지함이다. 위없는 깨달음을 얻고자 하는 마음을 내는 것(發無上覺心)이란 곧 앞에서 부처님의 법신과 정토를 원했던 마음이다.

H2_45上, T37_149中

經曰我當修行至勤苦之本者。

經에서 말씀하시기를, "제가 마땅히 수행을 하여 …모든 고통의 근원"이란,

述云此後申請說之意也。當修行者卽修行身土之因。攝妙土者卽欲得土果故。令成正覺者卽欲證身土果故。拔生死苦者卽欲利衆生故。生死者果。勤苦本者卽因也。由因數受生死之苦故云勤苦本。化諸衆生令生淨土永絶生死因果之苦故亦云拔。卽如其次第所修所得所化之也。

풀어 말하자면, 이것은 두 번째 설법을 청하는 뜻을 폄이다. 마땅히 수행을 함(當修行)이란 곧 법신과 정토의 因을 닦는 것이다. 묘한 국토를 포섭한다(攝妙土)는 것은 곧 정토라는 과보를 얻고자 하는 것이다. 정각을 이루게 함(令成正覺)이란 법신과 정

토의 과보를 증명하기 원하는 것이다. 생사의 고통을 없앤다(拔生死苦)는 것은 중생을 이롭게 하고자 하는 것이다. 생사란 과보이다. 고통의 근본(勤苦本)이란 원인이다. 원인으로 말미암아 자주 생사의 고통을 받기 때문에 고통의 근본이라고 한 것이다. 모든 중생을 교화하여 정토에 왕생하게 하고 영원히 생사 인과의 고통을 끊기 때문에 또한 뽑아 없앤다고 하였다. 즉 그 순서대로 닦는 것, 얻는 것, 교화한 것에 해당한다.

H2_45中, T37_149中

經曰佛語阿難至汝自當知者。

經에서 말씀하시기를, "부처님께서 아난에게 말씀하셨다 … 너는 스스로 마땅히 알고 있다"란,

述云此第二佛不許也。饒者卽釋自在之言。既發大願故。汝亦能知卽違請之言也。

풀어 말하자면, 이것은 두 번째 부처님이 허락하지 않음이다. 饒는 자재함을 풀어 쓴 것이다. 이미 큰 서원을 발하였기 때문에 너 또한 능히 알고 있다고 말하는 것은 청을 피하는 말이다.

H2_45中, T37_149中

經曰比丘白佛至成滿所願者。

經에서 말씀하시기를, "비구가 부처님께 아뢰기를 …바라는 바를 원만히 이루겠습니다"란,

述云此第三法藏重請也。弘者廣大也。卽地上聖行其義廣深非自境界故須請之。而佛止言汝自知者卽地前所修故不相違。有說此中唯求淨土行身因略無非也。如來淨土卽相違釋。如其次第身土行故。

풀어 말하자면, 이것은 세 번째 법장비구가 거듭 청함이다. 弘이란 광대함이다. 즉 지상보살의 거룩한 행은 그 뜻이 넓고 깊어서 자신의 경계가 아니기 때문에 모름지기 청한 것이다. 부처님이 말씀하시기를 멈추고 너는 스스로 알고 있다고 한 것은 十地 이전에 닦은 바를 지칭한 것이기 때문에 서로 어긋난 것이 아니다. 어떤 사람은 여기서 오직 정토행을 구하는 것만 있고, 법신을 구하는 원인은 대략 없다고 하나 이는 잘못이다. 여래정토는 서로 다른 해석이기 때문이다. 그 순서대로 말하자면 身, 土, 行이기 때문이다.

H2_45中, T37_149下

經曰爾時世自在王佛至而說經言者。

經에서 말씀하시기를, "이때 세자재왕불께서 …경의 말씀을 설하셨다"란,

述云第四如來爲說有二。此初總標許說也。

풀어 말하자면, 네 번째, 여래께서 [법장비구를] 위하여 설하심이다. 여기에는 두 가지가 있다. 이것은 그 첫 번째, 설법을 허락하심을 전체적으로 드러내는 것이다.

H2_45中, T37_149下

經曰譬如大海至何願不得者。

經에서 말씀하시기를, "비유컨대 큰 바다에 …어떤 서원을 얻지 못하겠는가!"란,

述云此別申所說有二。此初寄喩勸修也。會亦必也剋者遂也得也。

풀어 말하자면, 이것은 설한 바를 따로 편 것이다. 여기에는 두 가지가 있다. 이것은 그 첫 번째, 비유를 통해 수행을 권함이다. 會는 또한 반드시라는 뜻이다. 剋은 이른다, 얻는다는 뜻이다.

H2_45下, T37_149下

經曰於是世自在王佛至悉現與之者。

經에서 말씀하시기를, "이제 세자재왕불께서 …다 나타내 보여주셨다"란,

述云此後正答所請也。二百一十億佛土者卽通說淨穢諸佛之土故。天人善惡卽諸土之因。國土粗妙卽諸土之果。粗者麤也。故有本云國土之麤妙。攝身從土故不別說。所以不唯說淨土因果而兼穢土者欲令捨其惡粗而脩其善妙故。非唯爲說亦使現見故應心現與。

풀어 말하자면, 이것은 그 두 번째, 청한 바에 바로 답함이다. 이백십억 불토란 곧 깨끗하고 더러운 모든 부처님의 국토를 통칭하는 것이다. 天人의 善과 惡이란 모든 국토의 원인이다. 國土의 거칠고 묘함(粗妙)이란 모든 국토의 과보이다. 粗란 거칠다는 뜻이다. 따라서 어떤 經本511)에서는 국토의 추함과

511) 현존하는 『무량수경』 역본 가운데 憬興 이전에 번역된 것에는 "國土之麤妙"라는 표현이 들어있는 經本을 찾을 수 없다. 그러나 남송시대 國學進士龍舒 王日休가 校輯하였다고 기록되어 있는 『佛說大阿彌陀經』 卷上에는 이 표현이 등장한다(『佛說大阿彌陀經』 卷上(大正藏12, 328下), "諸天人民之善惡國土之麤妙"). 『불설대아미타경』의 序를 살펴보면 이 책은 이전의 4代經本(『無量淸淨平等覺經』, 『無量壽經』, 『阿彌陀過度人道經』, 『無量壽莊嚴經』)을 교정하고 편집한 책이기 때문에 憬興이 이 책을 참고하였을 리는 없다. 다만 신수대장경에 실린 강승개본의 각주를 살펴

묘함(國土之麤妙)이라고 하였다. 법신은 국토에 따라서 포섭되는 것이므로 따로 설하지 않았다. 오직 정토의 인과만을 설하지 않고, 예토를 겸하여 설한 것은 그 나쁜 것을 버리고 좋은 것을 닦도록 하기 위함이다. 오직 법을 설하기만 한 것이 아니라 나타내 보게 하였기 때문에 '應心現與'라고 한 것이다.

卽帛謙云樓夷亘羅佛說竟曇摩迦便一其心卽得天眼徹視悉自見二百一十億諸佛國中諸天人民之善惡國土之好醜也。又此諸土非隣次有。選擇何土應機所欲而令見故。不爾便違帛謙經中其佛卽選擇二百一十億佛國土中諸天人民之善惡國土之好醜故。

즉 帛延과 支謙이 말하기를 樓夷亘羅佛이 설법을 마치시니 법장비구는 그 한 마음을 익혀 천안을 얻어 이백십억의 모든 불국토와 그 안에 있는 모든 天의 人民의 선악과 국토의 좋고 추함까지 볼 수 있었던 것이라고 하였다.512) 또 이 모든 국토가 이웃이라서 바로 옆에 있었던 것이 아니다. 어떤 국토를 선택하는가는 근기와 바라는 바에 따라서 보게 한 것이다. 만약 그렇지 않다고 하면 帛延과 支謙의 經 가운데 그 부처님이 이백십억 불국토 중에서 모든 天의 人民의 선악과 국토의 좋고 추함을 선택하였다고 한 것에 어긋나기 때문513)이다.

보면 대정신수대장경을 제외한 宋板, 元板, 明板, 流布本까지 모두 '粗' 대신 '麤'로 기록이 되어 있다고 한다.

512) 『佛說無量淸淨平等覺經』卷第一(大正藏12, 280下-281上), "世饒王佛說經竟。法寶藏菩薩便壹其心。則得天眼徹視。悉自見二百一十億諸佛國中諸天人民之善惡國土之好醜"

『佛說阿彌陀三耶三佛薩樓佛檀過度人道經』卷上(大正藏12, 301上), "夷亘羅佛說經竟。曇摩迦便一其心。卽得天眼徹視。悉自見二百一十億諸佛國中諸天人民之善惡。國土之好醜"

513) 『佛說無量淸淨平等覺經』卷第一(大正藏12, 280下), "其佛則爲選擇二百一十億佛國中諸天人民善惡國土之好醜"

不應難言夫人所見光中諸土既無穢土如何爲法藏亦現惡粗者。機欲既異聖應非一故。若不爾者夫人既厭穢國以求淨處故。唯現所祈淨土之相而令攝受。

대저 사람이 보는 바 빛 가운데 모든 국토란 이미 예토가 없는데 어찌 하여 법장은 또한 나쁘고 거친 것을 드러내었는가 하고 말하기가 쉽다. 근기와 욕구는 이미 성인과는 달라 마땅히 한 가지가 아니기 때문이다. 만약 그렇지 않다면 대저 사람이 이미 예토를 싫어하여 정토를 구한 것이 되기 때문이다. 오직 바라는 바 정토의 모습만을 드러내어 섭수하도록 한 것이다.

H2_45下, T37_149下

經曰時彼比丘至殊勝之願者。

經에서 말씀하시기를, "이때 저 비구는 …수승한 원"이란,

述云第五正修勝行有三。此初睹相發願也。既見所求淨土之相。攝淨土願更轉深故云超發勝願。

풀어 말하자면, 다섯 번째 수승한 행을 바르게 닦음이다. 여기에는 세 가지가 있다. 이것은 그 첫 번째, 모습을 보고자 하는 발원이다. 이미 구하고자 하는 정토의 모습을 보았다. 정토에 속하고자 하는 원은 다시 변화하여 더욱 깊어졌기 때문에 수승한 원을 세우는 것을 초월하였다고 하는 것이다.

H2_46上, T37_149下

經曰其心寂靜至清淨之行者。

經에서 말씀하시기를, "그 마음은 고요하여 …청정한 행"이

『佛說阿彌陀三耶三佛薩樓佛檀過度人道經』卷上(大正藏12, 301上), "其佛卽選擇二百一十億佛國土中。諸天人民之善惡。國土之好醜"

란,

述云此第二依願修行也。有說證智離相故云寂靜。超過地前故無能及者非也。無分別智不可爲事土因緣故。亦無可理而言地上行故。

풀어 말하자면, 이것은 두 번째 발원에 의지하여 수행함이다. 어떤 사람은 지혜를 증득하여 相을 떠났기 때문에 寂靜이라고 하며, 초지 이전의 수행을 초월하는 까닭에 미칠 수 없다고 하였으나 이는 잘못이다. 무분별지는 事[相]土514)의 인연이 아니기 때문이며, 또한 초지 이상의 행에 대해서 말하는 것도 옳은 이치라고 할 수 없기 때문이다.

有說淨土之行雖復衆多唯有二類。一緣事行稱名念佛故。二依理行息攀緣故。初卽稱彌陀名故是極樂別行。後卽通諸佛土行。所謂心寂無著是也。此亦不然。

어떤 사람은 정토의 행이 비록 다시 많다고 해도 오직 두 종류뿐이라고 한다. 첫째, 事相을 바탕으로 하는 행으로 칭명염불이다. 둘째, 이치에 의지하는 행으로 반연515)을 쉬는 것이다. 앞의 것은 아미타불의 명호를 부르는 것으로 극락에 갈 수 있는 별도의 행(別行)을 말하고, 두 번째 것은 모든 불토에 통하는 행으로 이른 바 마음이 고요하여 집착이 없는 것이 이것이다. 이 또한 그렇지 않다.

違卽選心所欲願便結得是二十四願經卽奉行故。心所欲願旣極樂土。必不可言是諸土通行故。今卽欲現淨土必定爲本故。其心寂靜慧導其定故云無所著。所謂心觀名淨土之業。卽勝出世間善根方便故。一切世間無能及者是無分別品之所由

514) 事土 : 應身인 부처님이 머무시는 事相土 .

515) 攀緣 : 梵 Ālambana. 마음이 하나의 대상에 집착하는 작용. 衆生의 妄想이 三界의 諸法을 취하는 것.

也。五劫思攝佛國行者卽後所得智之方便。

곧 마음이 발원하는 바를 골라 결국 얻게 된 것이 24원경인 즉 봉행하였다는 경의 내용[516]과는 다르기 때문이다. 마음이 서원하는 바는 이미 극락정토이므로 결코 모든 국토에 통하는 행(通行)이라고 해서는 안 되기 때문이다. 이제 곧 정토가 반드시 선정을 근본으로 삼는다는 것을 드러내고, 그 마음이 고요하면 [이로 인해 드러난] 지혜가 선정을 인도하기 때문에 집착하는 바가 없다(無所著)고 한 것이다. 이른바 心觀(마음으로 관하는 것)을 淨土의 業이라고 한다. 즉 출세간의 수승한 선근 방편인 셈이다. 일체 세간이 미치지 못하는 것이란 무분별지로 말미암은 것이다. 오 겁 동안 사유하여 불국[토를 장엄하고 청정하게 할] 행을 선택하였다면 이는 곧 후득지[517]의 방편일 것이다.

有說雖五劫而唯修一行。所謂其心寂靜志無所著非也。願旣四十八行必非一故。卽經於五劫修習彼土種種行也。此中有說法藏卽十住中之第六心折法[518]空位是也。有難此云若第六旣修淨土因。西方土中應無化主。皆不然也。若在第六心應說攝取何位所修淨土行耶。又修土因便現淨土。諸佛化土[519]無時不有故。如其次第釋難非也。

어떤 사람은 비록 오 겁이라고는 해도 오직 한 가지 행을 닦는 것이라고 한다. 이른바 그 마음이 고요하고 뜻이 집착하

516) 『佛說無量淸淨平等覺經』卷第一(大正藏12, 281上), "選心所欲願。便結得是二十四願經。則奉行之"
『佛說阿彌陀三耶三佛薩樓佛檀過度人道經』卷上(大正藏12, 301上), "選擇心中所願。便結得是二十四願經。則奉行之"
517) 後得智 : 根本智에 의하여 진리를 깨달은 뒤에 얻는 俗事를 이해하는 얕은 지혜. 곧 부처가 大悲를 일으켜 중생을 제도하는 것 따위이다.
518) 性의 誤記로 보임.
519) 大正藏脚註(大正藏37, 150上), "土=主?"

는 바가 없다고 하나[520] 이는 잘못이다. 서원은 이미 48가지로 행은 반드시 한 가지가 아니기 때문이다. 즉 오 겁에 걸쳐 정토의 여러 가지 행을 수행하는 것이다. 여기에 대해서 어떤 사람은 법장이 십주 가운데 제6心[破]折性空位에 있다고 하는 것[521]이 이것이다. 이를 비난하여 말하기를 만약 [십주 가운데] 여섯 번째라면, 정토의 인을 이미 닦았을 것이므로, 서방정토 가운데 마땅히 화주가 없는 것이 된다고 하였으나, 모두 그렇지 않다. 만약 제6심에 있다면 마땅히 어떤 계위를 취하여 정토행을 닦아야 하는지 설해주어야 할 것이다. 또 정토의 인을 닦은 것은 곧 정토로 나타나므로, 모든 부처님의 화토는 없었던 때가 없기 때문이다. 차례대로 보자면 [어떤 사람의] 해석도 [이에 대한] 비난도 잘못이다.

有說法藏是八地已上菩薩也。發諸大願修淨土因是變易故。亦有難言還成彼土無主之過此亦皆非。八地菩薩念念普見無量佛土。必不可言見二百一十億土故。今卽法藏蓋是十向滿位菩薩故。五劫修行淨土之因初劫行滿故云攝取。不應難言初地菩薩見百佛世界如何法藏見爾許土。不相違者加力所見亦過上位故。初地菩薩若作加行所見過此故。

어떤 사람은 법장이 팔지 이상의 보살이라고[522] 하고, 여러 큰 서원을 세우고 정토의 인을 닦아 변하게 된 것이라고 하였다. 또 어떤 비난에서는 도리어 정토를 이루고도 주인이 없는

---

520) 『無量壽經記』卷上 (韓佛全2, 240上), "劫雖有五。唯修一行。所謂其心寂靜志無所著"

521) 『觀無量壽經義疏』(大正藏37, 235上), "第五明淨土。問安養世界爲報土爲應土耶。答解不同。一江南師云是報土。何者以破折性空位中以四十八願所造故也"

522) 『觀無量壽經義疏』(大正藏37, 235上), "第五明淨土。問安養世界爲報土爲應土耶。答解不同。…二北地人云八地以上法身位以願所造故云報土"

과실이 있다고 하였으나 이 또한 모두 잘못이다. 八地菩薩은 생각마다 한량없는 佛土를 두루 본다. 반드시 이백십억 국토를 보아야 할 필요가 없다. 이제 곧 법장보살은 대개 十向[523]滿位 보살일 것이다. 오 겁 동안 정토의 인을 수행하였는데, 초겁에 행이 이미 원만하였기 때문에 섭취하였다고 한 것이다. 초지보살은 百佛의 세계를 볼 수 있는데, 어찌하여 법장보살이 이를 보고 국토를 약속하는가 하고 말하기가 쉬운데, 부처님의 가피력[524]으로 볼 수 있는 것이 또한 상위[의 보살]보다 많을 수 있기 때문에 틀린 말이 아니다. 초지보살이 만약 [수행에] 힘을 쏟는다면 이보다 많이 볼 수 있기 때문이다.

H2_46中, T37_150中

經曰阿難白佛至清淨之行者。

經에서 말씀하시기를, "아난이 부처님께 아뢰기를 …청정한 행"이란,

述云此第三逐難重解也。佛壽若短不應五劫清淨行故。顯彼佛壽四十二劫以釋此疑。有說彼壽多劫。劫盡之時衆生雖見劫盡所燒其土安穩故。法積菩薩五劫修行清淨之因。卽同法華云衆生見所燒我土安穩天人常滿。此恐不然。

풀어 말하자면, 이것은 세 번째 어려움을 물리치고 거듭 [의심을] 풀어주는 것이다. 부처님의 수명이 만약 짧다면 마땅히 오 겁 동안 청정행을 할 수 없기 때문이다. 저 부처님의 수명이 42겁이라는 것을 드러냄으로써 이러한 의심을 풀어준 것이

523) 十向 : 十廻向의 준말. 보살수행 52계위 가운데 31위부터 40위까지. 대비심이 일체중생을 구호하려는 뜻을 지녔다.

524) 加力 :불보살의 가피력

다. 어떤 사람은 저 부처님의 수명이 여러 겁이라고 한다. 겁이 다하는 때에 중생이 비록 겁이 다하여 없어져 버리는 것을 보게 되더라도 그 국토는 안온할 것이다. 법적보살은 오 겁 동안 청정의 인을 수행하였기 때문이다. 즉 『법화경』에서 중생이 다 불타 없어져 버리는 것을 보게 되더라도 나의 국토는 안온하여 천인들로 항상 가득할 것이라고 한 것과 같다고 하였으나,[525] 이는 아마 그렇지 않을 것이다.

法華所說論自釋云報佛如來眞實淨土。卽知彼土是他受用。他受用佛壽必無量不可言四十二劫故。今卽四十二劫者蓋歲數劫。故經五劫攝淨土行非劫盡也。大通佛壽不可數劫尙非淨土。如何四十二劫可言淨土。

『法華經』에서 설한 바를 풀어 말하기를 보불여래의 진실정토라고[526] 했으므로 곧 저 국토가 바로 타수용토라는 것을 알 수 있다. 타수용불의 수명은 반드시 한량이 없어서 42겁이라고 말할 수 없기 때문이다. 이제 곧 42겁이라고 한 것은 대개 여러 겁이라는 뜻이다. 따라서 오 겁에 걸쳐 정토에 속하는 행을 하였다고 해서 겁이 다한 것은 아니다. 대통불의 수명은 헤아릴 수 없는 겁 동안이었지만 오히려 정토는 아니었다. 어찌하여 42겁으로 정토를 [건립했다고] 말할 수 있겠는가!

H2_46下, T37_150中

525) 『無量壽經義疏』(大正藏37, 103上), "問曰。若彼得壽多劫。劫盡之時居住何處。而得修行。釋言。餘人見其劫盡。其法藏等。見彼國土安隱不動。故得起修。與法華中。衆生見劫盡。大火所燒時。我此土安隱。天人常充滿"

526) 『法華義疏』卷第十(大正藏34, 609下), "法華論云。我淨土不毁而衆見燒盡者。報佛如來眞實淨土第一義攝。故此卽是報身土也"

經曰如是修已至清淨之行者。

經에서 말씀하시기를, “이와 같이 닦고 나서 …청정한 행”이란,

述云第二申所修行有二。初申所修行後申修勝行。初又有六。一法藏喟喟行二如來令說三誓法宣願四立誓自契五遂契現瑞六總以結歎。此初也。

풀어 말하자면, 두 번째 수행한 바를 펴는 것이다. 여기에는 두 가지가 있다. 먼저 수행한 바를 드러냄이고, 두 번째로 수승한 행을 닦음을 드러내는 것이다. 첫 번째 것에 다시 여섯 가지가 있다. 첫째, 법장의 喟喟行, 둘째, 여래가 설하게 하는 것, 셋째, 법을 세워 원을 베풂, 넷째, 서원을 세워 스스로 약속함, 다섯째, 약속을 지켜 상서로움을 나타냄, 여섯째, 전체적으로 찬탄을 마무리함이다. 이것이 그 첫 번째이다.

H2_46下, T37_150中

經曰佛告比丘至無量大願者。

經에서 말씀하시기를, “부처님이 비구에게 말씀하시기를 … 한량없는 큰 원”이란,

述云此第二佛勸說也。一切大衆者卽凡夫二乘。法藏若說已所發願大衆皆同願生彼土故云發起悅可。菩薩聞說亦同發願故云修行。修行此願因緣故致滿大願也。

풀어 말하자면, 이것은 그 두 번째, 부처님이 설법하시기를 권함이다. 일체대중이란 범부와 이승을 말한다. 법장이 만약 이미 발원한 것을 설하였다면 대중이 모두 함께 정토에 왕생하기를 바랄 것이므로 기뻐하는 마음을 일으킨다(發起悅可)고 하였다. 보살이 설법을 듣고 또한 함께 발원하였기 때문에 수행한다고

하였다. 이러한 원을 수행한 인연으로 큰 원을 원만하게 이룬다고 하였다.

H2_46下, T37_150中

經曰比丘白佛至當具說之者。

經에서 말씀하시기를, "비구가 부처님께 아뢰기를 …마땅히 갖추어서 설하였다"란,

述云第三自宣發願有二。此初逐勸許說也。

풀어 말하자면, 세 번째 발원을 스스로 공표함이다. 여기에는 두 가지가 있다. 이것은 그 첫 번째, 권하는 것을 따라 설하기로 허락함이다.

H2_46下, T37_150中

經曰說我得佛至不取正覺者。

經에서 말씀하시기를, "설령 제가 깨달음을 얻더라도 …정각을 이루지 않겠습니다"란,

述云此後正申已願也。然法藏發願三代經本頭數開合次第不同故。今將彼帛謙二十四對此法護四十八願略製以釋名。弘誓之文帛謙兩本經皆二十四其意各異。帛延選此經中前二十四願足寶砵願爲二十四願。支謙亦抄四十八中二十五願更加寶砵彼佛眼耳神境三通及以智辨爲二十四故。

풀어 말하자면, 이것은 두 번째 자기의 원을 바로 폄이다. 그러나 법장의 발원은 3代 經本에 따라 서원의 수와 구성과 순서가 같지 않다. 이제 장차 저 帛延과 支謙의 經本은 24원인데 비해서 이 法護本은 48원이다. 대략 그 이름을 풀어서 정리해

본다. 서원의 문장은 帛延과 支謙 두 본에서 모두 24개인데, 그 뜻은 각각 다르다. 帛延은 이 경(法護本) 가운데 앞의 24원을 고르고 寶砵願을 더해 24원으로 삼았다. 支謙 또한 48원 가운데 25원을 가져다 다시 보발원, 천안통, 천이통, 신경지통의 원 및 지변무궁통을 추가하여 24원을 삼았다.

又彼二經既抄出於四十八願故次第亦異。此經第七第十四第十二第十三第十九第二十二第二十五。如次帛延第九第十二第十三第十四第十八第二十第二十四。故開合亦不同。合此二十三四爲第二十二。七寶砵願爲第二十三。略無此第十八。彼第二十願此中無故。

또 저 두 경(帛延本과 支謙本)은 이미 [法護本의] 48원으로부터 [서원을] 가져왔지만 순서는 또한 다르다. 이 경(法護本)의 제7, 14. 12, 13, 19, 22, 25원이 다음 帛延에서는 제9, 12, 13, 14, 18, 20, 24원과 같다. 따라서 구성 또한 같지 않다. 法護本의 23원과 24원을 합한 것이 [帛延本에서는] 제22원이 되었다. 칠보발원이 23원이 되었다. 대략 제18원은 없다. [帛延本의] 제20원은 이 경(法護本)에는 없다.

支謙二十四次第亦異。此經三十五三十八二十七二十十八十九三十二十六二十一二十五十三十四十五二十八三十三。如其次第 卽彼前八 第十第十一第十五第六第十九第二十第二十一第二十二第二十三第二十四。故開合亦異。合此二十三二十四爲第十三。合五六七爲第二十二故有無亦異。彼第十四寶砵第十七三通第十八智辨此經中無。此第二願彼中無故。所以有此參差者蓋梵本有備闕故傳譯逐而脫落也。義推言之。卽法護經應爲指南。

支謙의 24원의 순서 또한 다르다. 이 경(法護本)의 제35, 38, 27, 20, 18, 19, 32, 16, 21, 25, 13, 14, 15, 28, 33원은 차례대로 바로 [支謙本]에서 앞의 8개와 같다. 제10, 11, 15, 6, 19, 20, 21,

22, 23, 24원의 순서로 구성 또한 다르다. 이 [法護本의] 제23원과 제24원을 합하여 제13원이 되었다. 제5, 6, 7원을 합하여 제22원을 만들었기 때문에 있고 없음에도 차이가 있다. [支謙本의] 제14보발원과 제17삼통원과 제18지변원이 이 경(法護本)에는 없다. [法護本의] 제2원은 [支謙本] 가운데는 없다. 있고 없는 것에 차이가 나는 까닭은 아마도 [대본이 되는] 범본의 갖추어진 정도가 다르기 때문에 이에 따라서 번역이 전해지는 과정에서 빠진 부분이 생겼기 때문일 것이다. 뜻을 미루어 말하자면, 곧 法護가 번역한 經이 마땅히 그 기준이 되어야 한다.

問諸佛本誓爲同爲異。異卽違華嚴云一切諸佛悉具一切願滿方得成佛故。若同者亦違藥師十二本願彌陀四十八願故。答無有一佛少一願行而成道者故悉同也。然以對所化之機緣熟不同故。藥師佛於此土衆生十二大願救現在苦。緣旣熟故不說有四十八願。彌陀如來四十八願與未來樂。緣熟故不說有十二願。由此諸佛所有誓願雖有未必遂果而法藏菩薩所發之願皆有成辦故。

묻기를, "모든 부처님의 본서는 같습니까? 다릅니까? 다르다면 『화엄경』에서 모든 부처님이 모든 것을 다 갖추고 계셔서 바야흐로 성불을 이룩하리라 한 것에 어긋나며, 만약 같다고 한다면 약사불의 12본원과 미타불의 48원이 서로 다른 것에 어긋나는 것입니다." 답하기를, "어떤 한 부처님도 하나의 작은 원행으로 도를 이룬 경우가 없으므로 모두 같습니다. 그러나 교화할 중생의 근기와 緣이 무르익은 정도는 같지 않습니다. 약사불이 이 국토의 중생들에게 12대원으로 현재의 고통을 구제해주었으나, 인연이 이미 무르익은 까닭에 48원이 있음을 설하지 않았습니다. 미타여래의 48원은 미래의 즐거움을 주는 것입니다. 연이 무르익은 까닭에 12원이 있음을 설하지 않았습니니다. 이 모든 부처님이 세우신 서원이 비록 아직 반드시 그 결과를 얻지 못한 것도 있지만 법장보살이 발한 원은 모두 이루셨다고 판단할 수 있습니다.”

四十八願略有三意。一求佛身願也。二求佛土願卽三十一第三十二願也。三利衆生願卽餘四十三也。以此三意釋四十八願之文有七。一初十一願願攝衆生。二次二願願攝佛身。三次三願願攝衆生。四次一願願攝佛身。五次十三願願攝衆生。六次二願願攝佛土。七後十六願願攝衆生。

48원은 대략 세 가지 의도가 있다. 첫째, 불신을 구하는 원, 둘째, 불토를 구하는 원으로서 바로 제31원, 제32원이다. 셋째, 중생을 이롭게 하는 원은 나머지 43가지이다. 이 세 가지 뜻으로 48원의 문장을 풀어보면 일곱 가지가 있다. 첫째, [맨 처음에 나오는] 11원은 중생에 포섭되는 원이다. 둘째, 다음 2원은 불신을 포섭하는 원이다. 셋째, 다음 3원은 중생에 포섭되는 원이다. 넷째, 다음 1원은 불신을 포섭하는 원이다. 다섯째, 다음 13원은 중생에 포섭되는 원이다. 여섯째, 다음 2원은 불토에 포섭되는 원이다. 일곱째, 마지막 16원은 중생에 포섭되는 원이다.

初又有二。初之二願願離苦。後之九願願得樂。初又有二。此初願無苦苦也。汎言願者卽悕求義。所謂設我得佛等。又言誓者卽邀制義。不取正覺是也。諸願若不滿終不成佛故。假使願不滿而得成者誓終不取故。所餘諸願皆有此二。應如理思。

첫 번째 것에는 다시 두 가지가 있다. 먼저 처음 두 원은 고통을 여의기를 바라는 원이다. 나중의 아홉 원은 즐거움을 얻기를 바라는 원이다. 이 첫 번째 것에 다시 두 가지가 있다. 이 첫 번째 願은 고통스러운 고통(苦苦)이 없기를 바라는 願[527]이다. 무릇 願이라고 하는 것은 곧 바란다는 뜻이다. 이른바 설령 내가 부처가 되어도(說我得佛) 등이다. 또 誓라고 하는 것은 곧 경계하여 하게 만든다(邀制)는 뜻이다. 정각을 취하지 않겠습니다(不取正覺)란 바로 이것이다. 모든 발원이 만약 만족치 않으면 끝내 성불하지 않겠다는 것이다. 설령 깨달음을 얻게 되더라도 원이 만족되지 않으면 끝내 그것을 취하지 않겠다는 것이다. 남은 다른 모든 원도 모두 이 두 가지를 갖추고 있다. 마땅히 이치에 맞게 생각한 것이다.

H2_47下, T37_151上

經曰設我得佛至不取正覺者。

經에서 말씀하시기를, "설령 제가 깨달음을 얻더라도 …정각을 이루지 않겠습니다"란,

述云此後願無壞苦也。

풀어 말하자면, 이것은 두 번째 원으로 무너지는 고통이 없기를 바라는 것528)이다.

H2_47下, T37_151上

經曰設我得佛至不取正覺者。

經에서 말씀하시기를, "설령 제가 깨달음을 얻더라도 …정각을 이루지 않겠습니다"란,

述云第二得樂願有二。此初二願願得身樂。

풀어 말하자면, 두 번째 즐거움을 얻는 원에는 두 가지가 있

527) 제1원 : 無三惡趣願.
528) 제2원 : 不更惡趣願.

다. 이 첫 번째 두 가지 원은 몸의 즐거움을 얻기 원하는 것[529]이다.

H2_47下, T37_151上

經曰設我得佛至不取正覺者。

經에서 말씀하시기를, "설령 제가 깨달음을 얻더라도 …정각을 이루지 않겠습니다"란,

述云此後七願願得心樂有六。此初願得宿命樂也。

풀어 말하자면, 이것은 나중에 나오는 일곱 가지 원으로 마음의 즐거움을 얻기 원한 것이다. 여기에는 여섯 가지가 있다. 이것은 첫 번째 원으로서 숙명통을 얻는 즐거움[530]이다.

H2_47下, T37_151上

經曰設我得佛至不取正覺者。

經에서 말씀하시기를, "설령 제가 깨달음을 얻더라도 …정각을 이루지 않겠습니다"란,

述云此二願得天眼樂也。

풀어 말하자면, 이것은 두 번째 원으로서 천안통을 얻는 즐거움[531]이다.

H2_47下, T37_151上

---

529) 제3,4원 : 悉皆金色願, 無有好醜願.
530) 제5원 : 宿命智通願.
531) 제6원 : 天眼智通願.

經曰設我得佛至不取正覺者。

經에서 말씀하시기를, "설령 제가 깨달음을 얻더라도 …정각을 이루지 않겠습니다"란,

述云此第三願得天耳樂也。

풀어 말하자면, 이것은 세 번째 원으로서 천이통을 얻는 즐거움[532]이다.

H2_47下, T37_151上

經曰設我得佛至不取正覺者。

經에서 말씀하시기를, "설령 제가 깨달음을 얻더라도 …정각을 이루지 않겠습니다"란,

述云此第五願得神通樂也。

풀어 말하자면, 이것은 다섯 번째 원으로서 신통을 얻는 즐거움[533]이다.

H2_47下, T37_151上

經曰設我得佛至不取正覺者。

經에서 말씀하시기를, "설령 제가 깨달음을 얻더라도 …정각을 이루지 않겠습니다"란,

述云此第六願得漏盡樂有二。此初漏盡體也。想念者卽所知障。貪身者卽煩惱障。盡二障漏故。

532) 제7원 : 天耳智通願.
533) 제9원 : 神境智通願.

풀어 말하자면, 이것은 여섯 번째 원으로서 번뇌가 다하는 즐거움을 얻는 것[534]으로, 여기에는 두 가지가 있다. 이것은 첫 번째 누진의 본체이다. 想念이란 소지장이다. 貪身이란 번뇌장이다. 두 가지 장애를 다한 것이기 때문이다.

H2_47下, T37_151上

經曰設我得佛至不取正覺者。

經에서 말씀하시기를, "설령 제가 깨달음을 얻더라도 …정각을 이루지 않겠습니다"란,

述云此後漏盡位也。十信以去皆名正定聚故。言住者通正當之言也。

풀어 말하자면, 이것은 두 번째, 번뇌가 다한 자리[를 얻는 願][535]이다. 십신 이후는 모두 정정취라고 이름한다. 住란 바르고 마땅하다는 말과 통하는 것이다.

H2_48上, T37_151中

經曰設我得佛至不取正覺者。

經에서 말씀하시기를, "설령 제가 깨달음을 얻더라도 …정각을 이루지 않겠습니다"란,

述云第二願攝佛身有二。此初願光色也。

풀어 말하자면, 두 번째 불신에 포섭되는 원이다. 여기에는 두 가지가 있다. 이것은 그 첫 번째, 광색에 대한 발원[536]이다.

534) 제10원 : 速得漏盡願.
535) 제11원 : 住正定聚願.
536) 제12원 : 光明無量願.

H2_48上, T37_151中

經曰設我得佛至不取正覺者。

經에서 말씀하시기를, "설령 제가 깨달음을 얻더라도 …정각을 이루지 않겠습니다"란,

述云此後願長壽也。

풀어 말하자면, 이것은 두 번째 오래 살기를 발원하는 것[537]이다.

H2_48上, T37_151中

經曰設我得佛至不取正覺者。

經에서 말씀하시기를, "설령 제가 깨달음을 얻더라도 …정각을 이루지 않겠습니다"란,

述云第三願攝衆生有三。此初攝眷屬願也。

풀어 말하자면, 이것은 세 번째 중생을 포섭하는 원으로서 여기에는 세 가지가 있다. 이것은 첫 번째 권속을 포섭하는 원[538]이다.

H2_48上, T37_151中

經曰設我得佛至不取正覺者。

經에서 말씀하시기를, "설령 제가 깨달음을 얻더라도 …정각을 이루지 않겠습니다"란,

---

537) 제13원 : 壽命無量願.

538) 제14원 : 聲聞無數願.

述云此次得長壽願也。

풀어 말하자면, 이것은 두 번째로 장수를 얻고자 하는 원[539] 이다.

H2_48上, T37_151中

經曰設我得佛至不取正覺者。

經에서 말씀하시기를, "설령 제가 깨달음을 얻더라도 …정각을 이루지 않겠습니다"란,

述云此後離譏嫌願也。

풀어 말하자면, 이것은 마지막으로 나무라고 싫어하는 것을 떠나려는 원[540]이다.

H2_48上, T37_151中

經曰設我得佛至不取正覺者。

經에서 말씀하시기를, "설령 제가 깨달음을 얻더라도 …정각을 이루지 않겠습니다"란,

述云此第四攝法身願也。咨者讚也。嗟者歎也。

풀어 말하자면, 이것은 네 번째 법신에 포섭되는 원[541]이다. 咨는 찬양하는 것이다. 嗟는 칭찬하는 것이다.

H2_48上, T37_151中

539) 제15원 : 眷屬長壽願.
540) 제16원 : 無諸不善願.
541) 제17원 : 諸佛稱揚願.

經曰設我得佛至不取正覺者。

經에서 말씀하시기를, "설령 제가 깨달음을 얻더라도 …정각을 이루지 않겠습니다"란,

述云第五攝衆生願有二。初之四願攝人天願。後之九願攝菩薩願。初又有二。初攝往生者後攝所生報。初又有三。此攝上品願也。

풀어 말하자면, 다섯 번째 중생에 포섭되는 원에는 두 가지가 있다. 앞의 네 가지 원은 인천을 포섭하는 원이고, 나머지 아홉 가지 원은 보살을 포섭하는 원이다. 앞의 것에는 다시 두 가지가 있다. 먼저 왕생자를 포섭하는 것이고, 두 번째는 왕생할 수 있는 과보를 포섭하는 것이다. 첫 번째 것에 다시 세 가지가 있다. 이것은 상품원에 포섭된다.[542]

有說初下品次上品後中品非也。非唯亂次第亦違觀經不除五逆故。然彼經云作五逆罪得生淨土。違此願云唯除五逆誹謗正法故。從昔會釋自成百家。

어떤 사람은 먼저 하품이 나오고, 그 다음이 상품, 그리고 마지막이 중품이라고 하는데 이는 잘못이다. 비단 순서를 혼란케 할 뿐만 아니라 또한 『관무량수경』에서 오역죄인을 왕생에서 제외시키지 않는 것에도 어긋나기 때문이다.[543] 그러나 저 經(『관무량수경』)에서 오역죄를 지은 자도 정토에 왕생할 수 있다고 한 것은 [『무량수경』의 제18]원에서 오직 오역죄를 지은 자와 정법을 비방한 자만 제외한다고 한 것에는 위배된다. 예부

542) 제18원 : 念佛往生願.

543) 『佛說觀無量壽佛經』(大正藏12,, 346上), "或有衆生作不善業五逆十惡具諸不善…具足十念稱南無阿彌陀佛。稱佛名故。於念念中。除八十億劫生死之罪。命終之時見金蓮花猶如日輪住其人前。如一念頃卽得往生極樂世界"

터 내려오는 해석들을 모아보면 스스로 백가를 이룬다.

有說亦謗正法者除唯造五逆者生。有難此言彼經亦云具諸不善。若不謗法卽不可言具諸不善。如何乃言唯造五逆得生淨土。此難非也。若謂彼經具諸不善故亦攝謗法者卽五逆應屬諸不善故。不須別說。

어떤 사람은 [오역죄를 짓고] 또한 정법을 비방한 자는 [왕생에서] 제외되고, 오직 오역죄만 지은 자는 왕생한다고 하였다.[544] 이를 비난한 어떤 사람은 저 經(『관무량수경』)에서는 또한 모든 불선한 것을 다 갖춘(具諸不善)[545] 자[까지도 왕생할 수 있다]고 하였는데, 만약 정법을 비방하지 않았다면 모든 불선한 것을 다 갖추었다고 할 수 없는 것인데, 어찌하여 이에 오직 오역죄를 지은 자만이 정토에 왕생할 수 있다고 하는가! 하고 말하였으나 이 비난 역시 잘못이다. 만약 저 經(『관무량수경』)에서 모든 불선한 것을 갖추었다고 한 것이 또한 정법을 비방하는 것을 포함하는 것이라고 한다면, 곧 오역죄도 마땅히 모든 불선한 것에 속하게 되기 때문이다. [더 이상] 따로 설하지 않는다.

今卽應迪。隨順及言合集之義而相違釋。相違釋者諍頭義故。罪既各別名亦別故。有說此除不悔彼之說悔此亦不然。既十念中念別滅八十億劫生死之罪。應無悔與不悔別故。若更有別懺悔法者卽於下品下生文中都無故。

이제 곧 마땅히 [다음으로] 나아가자. 말이 합하고 모이는 뜻을 따라가다 보면 서로 다르게 해석되기 마련이다. 서로 해

544) 『釋淨土群疑論』卷第三(大正藏47, 43下), "三觀經取者。唯是造五逆人。壽經除者是造五逆及謗法人"

545) 『佛說觀無量壽佛經』(大正藏12, 346上), "下品下生者。或有衆生作不善業五逆十惡。具諸不善。如此愚人以惡業故。應墮惡道經歷多劫受苦無窮"

석이 다르면 논쟁이 시작된다. 죄가 이미 각각 다르다면 이름 또한 달라야 한다. 어떤 사람은 『무량수경』에서는 [오역죄를 짓고] 참회하지 않은 자를 [왕생에서] 제외시킨 것이고 『관무량수경』에서는 [오역죄를 지었더라도] 참회하는 자[라서 왕생시킨 것]을 설하였다 하나[546] 이 또한 그렇지 않다. 이미 십념 가운데 念마다 각각 80억겁의 생사의 죄를 멸한다고 하므로 마땅히 참회와 불참회의 차별이 없게 된다. 만약 다시 별도의 참회법이 있다고 한다면 하품하생을 위해 설한 문장 가운데 도저히 있을 수가 없는 것이기 때문이다.

有說對未造者言除對已造者說生。此亦不然。未造者尙除況亦已造。故若已造令進故無此失者未造應令退耶。有說正五逆者除五逆類者生此亦不然。無有聖敎說五逆類名五逆故。不可彼經五逆言類。

어떤 사람은 아직 짓지 않은 자에 대해서는 왕생에서 제외됨을 설하고, 이미 지은 자에 대해서는 왕생을 설하였다고 하나[547] 이 또한 그렇지 않다. 아직 짓지 않은 자가 오히려 제외되는데 하물며 이미 지은 자이겠는가! 이미 지은 자로 하여금 나아가게 하면서 이러한 과실이 없는 아직 짓지 않은 자로 하여금 마땅히 물러나게 할 수 있겠는가! 어떤 사람은 진짜 오역죄인(正五逆者)을 제외하고, 오역죄와 유사한 죄를 지은 자는 왕생한다고 하는데[548] 이 또한 그렇지 않다. 어떤 성스러운 가르

---

546) 『無量壽經宗要』(韓佛全1, 573中), "彼觀經中不除五逆唯除誹謗方等之罪 今此兩卷經中說言除其五逆誹謗正法 如是相違云何通者 彼經說其雖作五逆依大乘敎得懺悔者 此經中說不懺悔者 由此義故不相違也"

547) 『觀無量壽佛經疏』卷四(大正藏37,, 277上-中), "問曰 如四十八願中唯除五逆誹謗正法不得往生 今此觀經下品下生中簡謗法攝五逆者 有何意也 答曰 …此就未造業而解也 若造 還攝得生"

침도 오역죄와 유사한 것을 오역죄라고 부르는 경우는 없기 때문이다. 저 經(『관무량수경』)에서 설한 五逆이 오역죄와 유사한 것이라는 말은 옳지 않다.

有說重心造者除輕心造者生歟。此亦不然。誹謗正法必有輕重。不可唯言除不生故。有說除卽第三階造五逆者生卽第二階造逆者。此亦不然。衆生有三非聖教故。設有聖說亦違自許第三階人不行普法有逆無逆皆不得生。若如所言應說唯除第三階而言除逆唯有虛言故。

어떤 사람은 거듭 죄를 지으면 왕생에서 제외되고, 가볍게 죄를 지으면 왕생한다고[549] 하나 이 또한 그렇지 않다. 정법을 비방하는 데는 반드시 가볍고 무거움이 있게 마련이지만 왕생에서 제외된다고 하는 것은 옳지 않다. 어떤 사람은 [왕생에서] 제외되는 것은 삼계교도로 오역죄를 지은 자이고, 왕생하는 것은 제2계로 역죄를 지은 자라고 하였으나[550] 이 또한 그렇지 않다. 중생에는 삼계교[551]가 있으나 성스러운 가르침은 아니다. 설사 성스러운 설이 있다고 해도 또한 스스로 삼계교인이라고 인정한 자가 보법[552]을 행하지 않으면 역죄를 지었든 그렇지

548) 『釋淨土群疑論』卷第三(大正藏47, 43下), "四觀經取者。是造逆類人。壽經除者。正五逆人"

549) 『釋淨土群疑論』卷第三(大正藏47, 43下), "二觀經取者。是輕心造逆人。壽經除者。是重心造逆人"

550) 『釋淨土群疑論』卷第三(大正藏47, 44上), "十四觀經取者。是第二階人。壽經除者。是第三階人"

551) 第三階教 : 삼계교, 혹은 제삼계종, 삼계종, 보법종이라고도 한다. 수대 信行(540-594)이 창시하였다. 중당대에 이르기까지 유행했던 불교종파. 신행은 자칭 일승보살이라고 하여 구족계를 폐하고, 고행과 인욕을 강조하였다. 노역을 하고 걸식으로 살아갔다. 일일일식하였다. 우상숭배를 반대하여 탑에 예배하는 것을 반대하였다. 일체중생이 모두 참부처님이라 하였다.

552) 普法 : 삼계교에서 주장하는 제1계와 제2계는 특정대상에 한정된 법이

않든 모두 왕생을 얻을 수 없다. 만약 말한 바와 같다면 마땅히 오직 제3계교만 제외한다고 설해야 하며, 역죄를 지은 자를 제외한다는 말은 공허한 말일 뿐이라고 해야 할 것이다.

有說除者先遮生者後開。此亦非也。先遮若實生後開實應不生故。有說未發菩提心造逆者除已發菩提心作逆者生。此亦不然。已發菩提心若退失者應如未發心不得生故。若不退心者必不作逆故。

어떤 사람은 [왕생에서] 제외한 것은 미리 [죄를 짓는 것을] 막기 위함(先遮)이고, 왕생할 수 있다고 하는 것은 나중에 열어 주기 위함(後開)이라고 하였으나[553] 이 또한 잘못이다. 미리 막는다는 말은 실제로는 왕생함과 같은 것이고, 나중에 열어 준다는 것은 실제로는 마땅히 왕생할 수 없는 것이기 때문이다. 어떤 사람은 아직 보리심을 발하지 않은 상태에서 오역죄를 짓는 자는 [왕생에서] 제외되고, 이미 보리심을 발한 상태에서 오역죄를 지으면 왕생할 수 있다고 하나[554] 이 또한 그렇지 않다. 이미 보리심을 발한 자가 만약 물러나게 된다면 이는 마땅히 아직 보리심을 발하지 않은 자와 마찬가지로 왕생할 수 없게 된다. 만약 물러남 없는 마음이라면 역죄를 짓지 않을 것이기 때문이다.

有說除卽對佛說五逆罪決定故。生卽對佛說五逆等皆不定故。此亦不然。不善順生後受業等皆應例此五逆罪等便成大過故。

라면, 제3계는 일체중생에 두루 미치는 원융한 법을 일컫는다.

553) 『釋淨土群疑論』卷第三(大正藏47, 43下-44上), “十觀經取者。是開門。壽經除者。是遮門”

554) 『釋淨土群疑論』卷第三(大正藏47, 43下), “五觀經取者。是發菩提心人。壽經除者。是不發菩提心人”

어떤 사람은 [『무량수경』에서 오역죄를 지은 자가 왕생에서] 제외된 것은 부처님께서 설하신 오역죄가 결정적인 것이기 때문이라 하고, [『관무량수경』에서 오역죄를 지은 자가 정토에] 왕생하는 것은 부처님이 설하셨던 오역죄가 모두 결정적인 것은 아니기 때문이라고 하나[555] 이 또한 그렇지 않다. 不善業은 왕생 후에도 업 등의 결과를 받는다고 하였는데 모두 마땅히 이 오역죄 등을 열거하게 되므로 곧 큰 과실이 성립된다.

有說若宿世中無道機者 旣作五逆終無生理。其先發菩提心雖復逢緣造五逆等必生深悔亦得往生。善趣之人有作五逆謗正法故。二文各談一互不相違。此亦不然。宿世之言應無用故。現發菩提心逢緣作逆應亦生故。又彼善趣卽十信故作逆謗法必無此理。前已說故。

어떤 사람은 만약 숙세에 도의 근기가 없는 자가 이미 오역죄를 지으면 끝내 왕생할 수 없는 게 이치라고 하였다. 먼저 보리심을 발한 자는 비록 다시 어떤 조건을 만나 오역죄를 짓더라도 반드시 깊은 참회를 하기 때문에 또한 왕생할 수 있는 것이다. 선취의 사람 중에는 오역죄와 정법을 비방하는 죄를 지은 자가 있다. 두 문장은 제각각 한 가지를 말하고 있으나 서로 다른 것은 아니다.[556] 이 또한 그렇지 않다. 숙세라는 말은 마땅히 쓸 수가 없는 것이기 때문이다. 지금 보리심을 발하여 조건을 만나 역죄를 지었어도 마땅히 또한 왕생할 수 있는

555) 『釋淨土群疑論』卷第三(大正藏47, 44上), “十一觀經取者。說五逆業是不定業爲可轉時。壽經除者。說五逆業是定業不可轉時”

556) 『觀無量壽經義疏』卷末(大正藏37, 185下-186上), “問曰如大經中五逆不生。今此何故五逆亦生 釋言隨人不同故爾 若是宿世無道根者現造五逆終無生理 若是先發菩提心人 雖復遇緣造作五逆四重等罪 必生重悔如世王等亦得往生”

것이다. 또 저 선취라고 하면 십신인데 역죄를 짓거나 정법을 비방한다는 것은 있을 수도 없는 일이다. 앞에서 이미 설하였다.

有說一念念佛者除十念念佛者生。此必非也。卽違此云乃至十念故。有說除者具十不具十悉不得生故。生者唯具十聲故。此亦不然。雖兼不具十聲旣亦申具十念。應如彼經不可除故。今卽此經上三生中必無作逆故須除之。彼說下生。

어떤 사람은 일념동안 염불하는 자는 제외되고, 십념동안 염불하면 왕생한다고 하였는데 이는 반드시 그렇지 않다. 이것은 『무량수경』에서 설한 '乃至十念'에 위배되기 때문이다. 어떤 사람은 [왕생에서] 제외되는 자는 십념을 갖추었건 갖추지 못했건 다 왕생할 수 없다고 말한다. 왕생하는 자는 오직 십성을 갖추었다고 하나, 이 또한 그렇지 않다. 비록 아울러 십성을 구족하지 못했다 하더라도 이미 또한 십념을 구족함을 드러낸다. 마땅히 저 經(『관무량수경』)에서 제외하지 않는 것과 같다. 이제 곧 『무량수경』에서 상품삼생 가운데 반드시 역죄를 지은 자가 없기 때문에 [왕생에서] 제외한 것이다. 『관무량수경』은 하생을 설한 것이다.

雖作五逆若備十念亦得生故無違可釋。不應難言中品三生亦無作逆故。不須除者發菩提心修諸功德。卽非作逆義旣顯故。但誹謗正法罪旣深重。於無數劫受苦報故。假具十聲必不得生。所以聖教更無異說。入諸不善者過難多故。

비록 오역죄를 지었다 하더라도 만약 십념을 갖추면 또한 왕생을 할 수 있기 때문에 어긋남 없이 옳은 해석이 된다. 중품 삼생 또한 역죄를 짓지 않을 것이라고 말하기가 쉽다. 모름지기 [왕생에서] 제외되지 않는 이유는 보리심을 발하여 모든 공덕을 닦기 때문일 것이다. 즉 역죄를 짓지 않는다는 뜻이 이미 드러나 있기 때문이다. 다만 정법을 비방하는 죄는 이미 깊고 무거워서, 무수겁에 걸쳐 고통스런 과보를 받을 것이다. 설사 십성을 갖춘다 하더라도 결코 왕생할 수 없을 것이다. [이는] 성스러운 가르침이므로 다시 다른 설은 없다. 모든 불선에 들어가는 것은 지나치게 어려움이 많기 때문이다.

有說此經十念依十法而念。非佛名故卽彌勒所問十念是也。此亦不然。彼經十念卽非凡夫。必非上品三生所能修故。今卽還同觀經十念。上輩亦修十念。理無違故。欲顯一二等言乃至故。傍論且止應釋本文。

어떤 사람은 『무량수경』의 십념은 십법에 의지하는 念이라고 한다. 부처님의 이름이 아닌 즉 『미륵소문경』[557)]의 십념이 이것이라고[558)] 하나 이 또한 그렇지 않다. 저 經(『미륵소문경』)의

---

557) 대장경에 실려있는 경전 가운데 『彌勒所問經』으로 보이는 경은 바로 『彌勒菩薩所問本願經』이다. 원효의 『無量壽經宗要』와 지엄의 『華嚴經內章門等雜孔目章』에는 『彌勒發問經』에서 인용한 것으로 되어 있는 십념을 만날 수 있고, 현일의 『無量壽經記』와 회감의 『釋淨土群疑論』에서는 『彌勒所問經』의 십념에 대해서 언급하고 있다. 그러나 정작 『彌勒菩薩所問本願經』에 나와 있는 十法과는 그 내용이 다르다.

558) 현일은 법위의 설을 인용하면서 자신도 같은 입장을 취하고 있음을 말하고 있다.
『無量壽經記』卷上 (韓佛全2, 241中), "法位云。是依十法起念。非是稱名十念…言十念。如彌勒所問經說。一者於一切衆生常生慈心。於一切衆生不毁其行終不往生。二者於一切衆生常起悲心。除殘害心。三者守護法心。不惜身命。乃至一法不生誹謗。四者於忍辱中。生決定心。五者深心淸淨不染利養。六者發一切智心。日日常念。無有發妄。七者於一切衆生起尊重心。除去憍慢。謙下言說。八者於世談論。不生味著心。九者近於覺意。深起種種善根因緣。不生憒鬧散亂之心。十者除去諸相。正念觀佛"
원효는 십념을 顯了義와 隱密意의 둘로 나누고 이 가운데 『彌勒所問經』의 十念이 隱密意에 해당한다고 설하였다.
『無量壽經宗要』(韓佛全1, 558下-559上), "凡有十念。何等爲十。一者。

十念은 즉 범부가 [할 수 있는 것이] 아니다. 반드시 상품삼생조차 능히 닦을 수 있는 것이 아니기 때문이다. 이제 곧 도리어 『관무량수경』에서의 십념과 같아야 한다. 상배 또한 십념을 닦는데, 이는 이치에 어긋나는 것이 아니다. 하나 둘 등을 [포함하고 있음을] 드러내려고 '乃至'라고 말한 것이다. 방론은 이제 그만 하고 본문을 해석하자.

H2_49上, T37_152上

經曰設我得佛至不取正覺者。

經에서 말씀하시기를, "설령 제가 깨달음을 얻더라도 …정각을 이루지 않겠습니다"란,

述云此次攝中品也。旣云發菩提心故。卽知不發心聖雖不迎無違本願之失。

풀어 말하자면, 이것은 두 번째 중품에 포섭되는 願[559]이다. 旣란 보리심을 발한 것을 말한다. 즉 발심하지 않으면 비록 성인들이 맞이하지 않아도 이는 본원에 어긋나는 과실이 아님을 알아야 한다.

H2_49上, T37_152上

經曰設我得佛至不取正覺者。

於一切衆生常生慈心。於一切衆生不毁其行。若毁其行。終不往生。二者。於一切衆生深起悲心。除殘害意。三者。發護法心。不惜身命。於一切法不生誹謗。四者。於忍辱中生決定心。五者。深心淸淨。不染利養。六者。發一切種智心。日日常念。無有廢忘。七者。於一切衆生。起尊重心。除我慢意。謙下言說。八者。於世談話。不生味著心。九者。近於覺意。深起種種善根因緣。遠離憒鬧散亂之心。十者。正念觀佛。除去諸根。解云。如是十念。旣非凡夫。當知初地以上菩薩。乃能具足十念。於純淨土。爲下輩因。是爲隱密義之十念"

559) 제19원 : 來迎引接願.

經에서 말씀하시기를, “설령 제가 깨달음을 얻더라도 …정각을 이루지 않겠습니다”란,

述云此後攝下品也。有說攝論雖擧願言意亦說念佛是別時之意。有說彼不以念佛爲別時意。往生論云念佛卽生非別時故。往生論及攝論釋皆天親造理必應同。不可前後有鉾楯故。但諸衆生雖聞淨土之敎誹謗不信自沈惡道。或信不謗欲愛所纏不敢起願況亦修行。

풀어 말하자면, 이것은 마지막 하품에 포섭되는 것[560]이다. 어떤 사람은 『섭대승론』에서 비록 서원을 들어 뜻을 말하였으나 또한 염불에는 별시의 뜻이 있다고 설하였다[561]고 하고, 어떤 사람은 염불을 별시의 뜻으로 여기지 않는다고 한다. 『왕생론』에서 염불하면 곧 왕생하는 것이지 별시가 아니라고 하였기 때문이다. 『왕생론』 및 『섭대승론석』이 모두 세친이 지은 이론이므로 반드시 같아야 하며, 앞뒤가 모순되어서는 안 되기 때문이다. 다만 모든 중생이 비록 정토의 가르침을 듣고도 비방하고 믿지 않으면 스스로 악도에 빠진다. 혹시 믿고 비방하지 않더라도 욕망에 얽매여 감히 서원을 일으키지 못하는 경우라면 하물며 또한 수행을 하겠는가!

或有衆生聞說便發誓願欲生而逢惡友廣作諸惡。命欲終時不遇善友不能念佛。雖不卽生是遠生因。佛歎此類生極樂土。愚人將謂更不修因而卽往生。故釋論云是別時之意。二俱不然。若願若念皆於淨土是遠生因故。不爾卽違密意說言。前已說故。若諸衆生起願念佛卽生化土故。此文言繫念我國者卽往生之行也。

혹은 어떤 중생은 법을 듣고 곧 서원을 발하여 왕생코자 하

560) 제20원 : 繫念定生願.

561) 『攝大乘論釋』卷第五(大正藏31, 346上), “論曰。復有四種意趣四種祕密。…二別時意趣”

였는데 나쁜 벗을 만나 여러 악업을 짓기도 한다. 수명이 다할 때 좋은 벗을 만나지 못하면 염불도 할 수 없다. [이런 경우] 비록 즉시 왕생은 하지 못하더라도 언젠가는 왕생할 수 있는 因이 된다. 부처님이 이러한 부류의 중생을 [불쌍하게 여기시고] 한탄하여 극락정토에 왕생케 하신다. 어리석은 사람은 장차 말하기를 다시 [왕생할 수 있는] 인을 닦지 않고도 왕생한다 하니 따라서 『섭대승론석』에서 이를 별시의 뜻이라고 한 것이다. 두 가지 모두 그렇지 않다. 발원을 하거나 염불을 하거나 모두 정토에서 먼 왕생인이다. 그렇지 않다면 은밀히 설하신 뜻에 어긋난다. 앞에서 이미 설한 바와 같다. 만약 모든 중생이 서원을 세우고 염불하면 곧 화토에 왕생한다. 이 문장은 정토를 늘 염두에 두는 것은 곧 왕생의 행이 된다는 말이다.

H2_49中, T37_152中

經曰設我得佛至不取正覺者。

經에서 말씀하시기를, "설령 제가 깨달음을 얻더라도 …정각을 이루지 않겠습니다"란,

述云此第二願所生報也。

풀어 말하자면, 이것은 두 번째 서원이 낳는 과보562)이다.

H2_49中, T37_152中

經曰設我得佛至不取正覺者。

經에서 말씀하시기를, "설령 제가 깨달음을 얻더라도 …정각

---

562) 제21원 : 三十二相願.

을 이루지 않겠습니다"란,

述云第二攝菩薩願有二。此初攝他國菩薩也。常倫者卽凡夫之屬故。諸地亦初劫之地

풀어 말하자면, 두 번째 보살에 포섭되는 원으로 여기에는 두 가지가 있다. 이것은 먼저 타국보살을 포섭하는 것이다.[563] 常倫이란 범부의 무리이다. 諸地는 또한 초겁의 지위이다.

H2_49中, T37_152中

經曰設我得佛至不取正覺者。

經에서 말씀하시기를, "설령 제가 깨달음을 얻더라도 …정각을 이루지 않겠습니다"란,

述云此後攝自土菩薩願有八。此初承力供聖願也。

풀어 말하자면, 이것은 나중에 自土菩薩에 포섭되는 원으로 여기에는 여덟 가지가 있다. 이것은 먼저 부처님의 신통력에 힘입어 성인들에게 공양하고자 하는 원[564]이다.

H2_49中, T37_152中

經曰設我得佛至不取正覺者。

經에서 말씀하시기를, "설령 제가 깨달음을 얻더라도 …정각을 이루지 않겠습니다"란,

述云此第二供具隨欲願也。

563) 제22원 : 必至補處願.
564) 제23원 : 供養諸佛願.

풀어 말하자면, 이것은 두 번째 공양구가 바라는 대로 얻을 수 있게 되는 원[565]이다.

H2_49中, T37_152中

經曰設我得佛至不取正覺者。

經에서 말씀하시기를, "설령 제가 깨달음을 얻더라도 …정각을 이루지 않겠습니다"란,

述曰此第三說法盡勝願也。

풀어 말하자면, 이것은 세 번째 법을 설함에 수승함을 다하고자 하는 원[566]이다.

H2_49下, T37_152中

經曰設我得佛至不取正覺者。

經에서 말씀하시기를, "설령 제가 깨달음을 얻더라도 …정각을 이루지 않겠습니다"란,

述云此第四身得堅固願也。那羅延者卽眞諦云天力士故。

풀어 말하자면, 이것은 네 번째 몸이 견고함을 얻기를 바라는 원[567]이다. 나라연이란 곧 진제는 천력사라고 [번역]하였다.

H2_49下, T37_152中

經曰設我得佛至不取正覺者。

---

565) 제24원 : 供具如意願.

566) 제25원 : 說一切智願.

567) 제26원 : 那羅延身願.

經에서 말씀하시기를, "설령 제가 깨달음을 얻더라도 …정각을 이루지 않겠습니다"란,

述云此第五光色特妙願也。

풀어 말하자면, 이것은 다섯 번째 광색이 특묘하기를 바라는 원[568]이다.

H2_49下, T37_152中

經曰設我得佛至不取正覺者。

經에서 말씀하시기를, "설령 제가 깨달음을 얻더라도 …정각을 이루지 않겠습니다"란,

述云此第六知見道樹願也。

풀어 말하자면, 이것은 여섯 번째 정토에 있는 도량수를 알아보기를 바라는 원[569]이다.

H2_49下, T37_152中

經曰設我得佛至不取正覺者。

經에서 말씀하시기를, "설령 제가 깨달음을 얻더라도 …정각을 이루지 않겠습니다"란,

述云此第七四辨[570]無礙願也。

풀어 말하자면, 이것은 일곱 번째 사변무애원[571]이다.

568) 제27원 : 所須嚴淨願.
569) 제28원 : 見道場樹願.
570) 大正藏脚註(大正藏37, 152中), "辨=辯?"

H2_49下, T37_152中

經曰設我得佛至不取正覺。

經에서 말씀하시기를, "설령 제가 깨달음을 얻더라도 …정각을 이루지 않겠습니다"란,

此第八慧辨無量願也。

이것은 여덟 번째, 지혜와 변재가 무궁하기를 바라는 원572)이다.

H2_49下, T37_152中

經曰設我得佛至不取正覺者。

經에서 말씀하시기를, "설령 제가 깨달음을 얻더라도 …정각을 이루지 않겠습니다"란,

述云第六攝佛土願有二。此初形色功德願也。

풀어 말하자면, 여섯 번째 불토를 포섭하는 원이다. 여기에는 두 가지가 있다. 이것은 그 첫 번째 형색공덕원573)이다.

H2_49下, T37_152中

經曰設我得佛至不取正覺者。

經에서 말씀하시기를, "설령 제가 깨달음을 얻더라도 …정각을 이루지 않겠습니다"란,

---

571) 제29원 : 得辯才智願.

572) 제30원 : 智辯無窮願. 大正藏에는 '□□□□'로 되어 있다. 大正藏脚註(大正藏37, 152中), "□□□□=慧辯無量?"

573) 제31원 : 國土淸淨願.

述云此後莊嚴功德願也。

풀어 말하자면, 이것은 두 번째 장엄공덕원[574]이다.

H2_49下, T37_152中

經曰設我得佛至不取正覺者。

經에서 말씀하시기를, “설령 제가 깨달음을 얻더라도 …정각을 이루지 않겠습니다”란,

述云第七攝衆生願有五。此初攝他土衆生有二。此初蒙光獲利願也。

풀어 말하자면, 이것은 일곱 번째 중생을 포섭하는 원이다. 여기에는 다섯 가지가 있다. 이것은 그 첫 번째, 다른 국토의 중생을 포섭하는 것으로 여기에는 두 가지가 있다. 이것은 그 첫 번째 빛의 가피를 입어 이득을 취하게 하는 원[575]이다.

H2_49下, T37_152下

經曰設我得佛至不取正覺者。

經에서 말씀하시기를, “설령 제가 깨달음을 얻더라도 …정각을 이루지 않겠습니다”란,

述云此後聞名得益願有四。此初法忍總持也。

풀어 말하자면, 이것은 나중에 나오는 명호를 듣고 이익을 얻고자 하는 원이다. 여기에는 네 가지가 있다. 그 첫 번째는 무생법인과 다라니[를 얻는 이득이]었습니다.[576]

---

574) 제32원 : 國土嚴飾願.
575) 제33원 : 觸光柔軟願.
576) 제34원 : 聞名得因願.

H2_49下, T37_152下

經曰設我得佛至不取正覺者。

經에서 말씀하시기를, "설령 제가 깨달음을 얻더라도 …정각을 이루지 않겠습니다"란,

述云此第二遠離譏嫌願也。然音聲王云阿彌陀佛有父母者有說彼顯穢土。佛有父母非淨土故。不違此文自說魔王名曰無勝提婆達多名曰寂故。有說不然。雖有魔王而守護故。不爾卽法華經中違飮光淨土魔及魔民皆護佛法故。應說彼經顯變化土。亦有女人自說所生之處永離胞胎穢欲之形故。

풀어 말하자면, 이것은 두 번째, 싫어하는 것을 멀리 떠나기를 바라는 원[577]이다. 그러나 『阿彌陀鼓音聲王陀羅尼經』에서 아미타불에게는 부모가 있다고 한 것[578]을 어떤 사람은 그것이 예토임을 드러내는 것이라고 한다. 부처님께 부모가 있다면 정토가 아니기 때문이다. 이 문장은 같은 경전 내에서 '마왕을 無勝이라 부르고 제바달다를 寂[靜]이라고 부른다'고 설한 것과 서로 다른 것은 아니라고 하였으나[579], 어떤 사람은 그렇지 않다고 한다. 비록 마왕이 있지만 [정법을] 수호하기 때문이다. 그렇지 않다면 『법화경』에서 음광정토에 마왕 및 마민이 모두 불법을 수호한다는 설과 어긋나기 때문이다.[580] 마땅히 저 經(『법화경』)은 변화토를 나타낸 것이기 때문이다. 또한 [『음성왕경』에서] 여인이 있어 스스로 설하기를 '태어나는 곳은 포태와 같

577) 제35원 : 女人往生願.

578) 『阿彌陀鼓音聲王陀羅尼經』(大正藏12, 352中), "父名月上轉輪聖王。其母名曰殊勝妙顏。子名月明。奉事弟子名無垢稱。智慧弟子名曰賢光。神足精勤名曰大化"

579) 『阿彌陀鼓音聲王陀羅尼經』(大正藏12, 352中), "爾時魔王名曰無勝。有提婆達多。名曰寂靜"

580) 『妙法蓮華經』卷第三(大正藏9, 20下), "雖有魔及魔民, 皆護佛法"

은 더러움과 탐욕의 형태를 영원히 떠난 곳'581)이라 하였다.

而無女人者卽受用土也。存此言善順菩薩瓔珞經也。如彼經第十一釋慧智造如來淨土云。但男女衆生不如阿彌陀國得道者故。雖有男女而無男女之欲。此必不然。旣云男女衆生不如彌陀土。必不言有女人故。

여인이 없다는 것은 곧 수용토582)임을 나타낸다. 이런 말은 『보살영락경』을 잘 따른 것이라고 할 수 있다. 저 經(『보살영락경』)에서는 열한 번째 혜조여래583)의 정토를 풀어 말하기를 '다만 남녀 중생이 아미타국과는 달리 도를 얻었다'584)고 하였다. 비록 남녀는 있으나 남녀의 욕망은 없는 것이라 하나, 이 또한 그렇지 않다. 이미 남녀 중생이 아미타정토와 같지 않다고 하였으니 반드시 여인이 있다고 할 수 없는 것이다.

有說彼經父母城邑等皆是功德法。如維摩說智度菩薩母方便以爲父。華嚴經中文殊師利於覺城東遇善財童子經言覺城還是功德之名故無違可釋。此亦不然。自受用身必由智度及以方便應有父母故。許卽必有莫大失故。今之所存自有二義。初卽彼佛雖復有母而是變化唯佛孤有故。言無女者除佛之母 無更化女況亦其實故不相違。

어떤 사람은 저 經(『음성왕경』)에서 부모, 성, 읍 등은 모두 공덕법이라고 한다. 마치 『유마경』에서 지도보살의 어머니는 방편으로써 아버지가 되기도 한다고 설했던 것과 같고, 『화엄경』 가운데서 문수사리가 覺城의 동쪽에서 선재동자를 만나는데, 經에서 말하는 각성이란 도리어 공덕의 이름이라고 한 것과 같

---

581) 『阿彌陀鼓音聲王陀羅尼經』(大正藏12, 352中), "所生之處。永離胞胎穢欲之形"

582) 受用土 : 三佛土의 하나. 報身佛이 사는 불토.

583) 『菩薩瓔珞經』에서는 慧造如來로 나온다.

584) 『菩薩瓔珞經』卷第十(大正藏16, 91上), "但男女衆生不如阿彌陀佛國得道者也"

다. 따라서 어긋남 없이 옳은 해석이라고 하였으나585) 이 또한 그렇지 않다. 자수용신은 반드시 지도보살로 말미암기 때문에 아울러 방편으로써 마땅히 부모가 있을 것이다. 이를 허락한 즉 반드시 막대한 과실이 있기 때문이다. 이제 존재하는 것이란 스스로 두 가지 뜻을 갖는다. 먼저 저 부처님이 비록 다시 어머니가 있다고는 하지만 변화신이고 오직 부처님만 홀로 존재하는 것이다. 여자가 없다고 하는 것은 부처님의 어머니는 제외하는 것이다. 다시 변화신으로서의 여자도 없는데 하물며 실제로 있겠는가! 따라서 서로 어긋나는 것이 아니다.

後卽准悲華經或有菩薩。於彼國生修菩薩行卽於彼土成等正覺。或有菩薩於此世界生已修行往他方土成等正覺。法華龍女亦一類是也。本願不同應現異故。今阿彌陀佛蓋亦餘國受胎生身修菩薩行。往尊音佛淨土而成佛道故。音王經云有父母者說本所生之土。言有淨土者卽成佛世界故。皆無違略開二途學者應思。傍論且止應歸本文。

두 번째 『비화경』에 준하면, 혹 어떤 보살은 저 나라에 태어나 보살행을 닦고 저 정토에서 등정각을 이루기도 하고, 혹은 어떤 보살은 이 세계에서 태어나 수행한 후 타방정토에 왕생하여 등정각을 이루기도 한다. 『법화경』에서 용녀 또한 이와 같은 부류이다. 본원이 같지 않으므로 마땅히 다르게 나타나는 것이다. 이제 아미타불이 대개 또한 다른 국토에서 胎生身을 받고 보살행을 닦아 尊音佛淨土로 가서 불도를 이룬 것이다. 『음성왕경』에서 부모가 있다고 하는 것은 본래 태어난 곳이고, 정토가 있다는 것은 즉 불도를 이룬 세계이기 때문이다. 대략

585) 『釋淨土群疑論』卷第六(大正藏47, 63下), "此父母城邑等並是諸功德法。如維摩經說。智度菩薩母。方便以爲父等。亦以諸功德作種種人名。說種種法。如文殊師利於覺城東遇善財童子。此覺城東還是功德名也。此亦如是"

두 가지 길을 열 수 있기 때문에 학자들은 모두 어긋남이 없음을 마땅히 생각해야 한다. 딴 이야기는 그만두고 마땅히 본문으로 돌아가야 하리라.

H2_50中, T37_153上

經曰設我得佛至不取正覺者。

經에서 말씀하시기를, "설령 제가 깨달음을 얻더라도 …정각을 이루지 않겠습니다"란,

述云此第三常修梵行願也。

풀어 말하자면, 이것은 세 번째, 항상 깨끗한 행을 닦게 하려는 원586)이다.

H2_50中, T37_153上

經曰設我得佛至不取正覺者。

經에서 말씀하시기를, "설령 제가 깨달음을 얻더라도 …정각을 이루지 않겠습니다"란,

述云此第四作禮致敬願也。

풀어 말하자면, 이것은 네 번째, 예를 갖추어 공경 받게 하는 원587)이다.

H2_50中, T37_153上

經曰設我得佛至不取正覺者。

586) 제36원 : 常修梵行願.
587) 제37원 : 人天致敬願.

經에서 말씀하시기를, "설령 제가 깨달음을 얻더라도 …정각을 이루지 않겠습니다"란,

述云此第二攝自國衆生願有三。此初衣服應念願也。

풀어 말하자면, 이것은 두 번째, 自國衆生을 포섭하는 원이다. 여기에는 세 가지가 있다. 이것은 그 첫 번째, 의복이 생각하는 대로 이루어지게 하려는 원588)이다.

H2_50中, T37_153上

經曰設我得佛至不取正覺者。

經에서 말씀하시기를, "설령 제가 깨달음을 얻더라도 …정각을 이루지 않겠습니다"란,

述云此次受樂無失願也。

풀어 말하자면, 이것은 두 번째, 즐거움을 받되 그것을 잃지 않게 하려는 원589)이다.

H2_50中, T37_153上

經曰設我得佛至不取正覺者。

經에서 말씀하시기를, "설령 제가 깨달음을 얻더라도 …정각을 이루지 않겠습니다"란,

述云此後普見佛土願也。

풀어 말하자면, 이것은 마지막으로 두루 불토를 보게 하려는

---

588) 제38원 : 衣服隨念願.

589) 제39원 : 受樂無染願.

원590)이다.

H2_50中, T37_153上

經曰設我得佛至不取正覺者。

經에서 말씀하시기를, “설령 제가 깨달음을 얻더라도 …정각을 이루지 않겠습니다”란,

述云此第三利他方衆生願有五。此初諸根貌妙願也。

풀어 말하자면, 이는 세 번째, 他方衆生을 이롭게 하려는 원으로 여기에는 다섯 가지가 있다. 이것은 그 첫 번째 모든 감각기관과 그 모양이 묘하기를 바라는 원591)이다.

H2_50下, T37_153上

經曰設我得佛至不取正覺者。

經에서 말씀하시기를, “설령 제가 깨달음을 얻더라도 …정각을 이루지 않겠습니다”란,

述云此第二止觀俱行願也。

풀어 말하자면, 이것은 그 두 번째, 止와 觀을 갖추어 함께 행하게 하려는 원592)이다.

H2_50下, T37_153上

經曰設我得佛至不取正覺者。

---

590) 제40원 : 見諸佛土願.
591) 제41원 : 諸根具足願.
592) 제42원 : 住定供佛願.

經에서 말씀하시기를, "설령 제가 깨달음을 얻더라도 …정각을 이루지 않겠습니다"란,

述云此第三化物高貴願也。

풀어 말하자면, 이것은 그 세 번째, 다시 태어날 때 고귀하게 태어나길 바라는 원[593]이다.

H2_50下, T37_153上

經曰設我得佛至不取正覺。

經에서 말씀하시기를, "설령 제가 깨달음을 얻더라도 …정각을 이루지 않겠습니다"란,

此第四福智雙修願也。

이것은 그 네 번째, 복과 지혜를 함께 닦도록 하는 원[594]이다.

H2_50下, T37_153上

經曰設我得佛至不取正覺者。

經에서 말씀하시기를, "설령 제가 깨달음을 얻더라도 …정각을 이루지 않겠습니다"란,

述云此第五不離諸佛願也。普者卽普遍義等者卽齊等義。所見普廣佛佛皆見故所住之定名爲普等。

풀어 말하자면, 이것은 그 다섯 번째, 모든 부처님을 떠나지

593) 제43원 : 生尊貴家願.

594) 제44원 : 具足德本願.

않기를 바라는 원595)이다. 普란, 두루하다는 뜻이고, 等은 가지런하여 고르다는 뜻이다. 보는 바가 두루 넓어서 부처님마다 모두 뵙는 까닭에 머무르는 선정의 이름이 보등삼매이다.

H2_50下, T37_153上

經曰設我得佛至不取正覺者。

經에서 말씀하시기를, "설령 제가 깨달음을 얻더라도 …정각을 이루지 않겠습니다"란,

述云此第四利益自土願卽聞法自在也。

풀어 말하자면, 이것은 그 네 번째, 自土를 이롭게 하려는 원으로 곧 법을 마음대로 들을 수 있기를 바라는 원596)이다.

H2_50下, T37_153上

經曰設我得佛至不取正覺者。

經에서 말씀하시기를, "설령 제가 깨달음을 얻더라도 …정각을 이루지 않겠습니다"란,

述云此第五攝他方願有二。此初加力不退願也。

풀어 말하자면, 이것은 그 다섯 번째, 타방을 포섭하는 원으로 여기에는 두 가지가 있다. 이것은 그 첫 번째 힘을 더하여 물러나지 않게 하려는 원597)이다.

---

595) 제45원 : 住定見佛願.
596) 제46원 : 隨念聞法願.
597) 제47원 : 得佛退轉願.

H2_50下, T37_153上

經曰設我得佛至不取正覺者。

經에서 말씀하시기를, "설령 제가 깨달음을 얻더라도 …정각을 이루지 않겠습니다"란,

述云此後自力不退願也。有說第一第二第三法忍者卽仁王般若五忍中如其次第伏忍信忍順忍也。此恐不然。信忍卽初二三地順忍卽四五六地。如何但聞彼佛之名得此二忍耶。若謂聞名漸次得者亦應說獲五忍故。今卽伏忍三位名爲三法。瑜伽亦說勝解行地有下中上品三忍故。

풀어 말하자면, 이것은 마지막, 스스로의 힘으로 물러나지 않게 하려는 원[598]이다. 어떤 사람은 제1, 제2, 제3법인[599]이란 곧 『인왕반야경』에서 설하는 오인 가운데 [셋으로] 그 순서가 다음과 같다. 복인, 신인, 순인이라고 하였으나[600] 이는 아마도 그렇지 않을 것이다. 신인이라면 곧 초지, 이지, 삼지요, 순인이라면 곧 4, 5, 6지이다. 어찌하여 단지 저 부처님의 명호를 듣

598) 제48원 : 得三法忍願.

599) 三法忍 : 梵 tisraḥ kṣāntayaḥ 三忍이라고도 한다. 세 가지 법리에 대한 깨달음과 그것을 인증한 것. 忍은 사물의 이치를 깨달아 마음의 안정을 얻었다는 뜻. 세 가지는 音響忍, 柔順忍, 無生法忍이다.

600) 『無量壽經記』卷上 (韓佛全2, 242中-下), "言第一第二第三法忍者法位云案仁王經有五忍謂伏忍信忍順忍無生忍寂滅忍。伏忍位在地前。習種性種道種。信忍位在初二三地。順忍位在四五六地。無生忍位七八九地。寂滅忍位在第十地及佛地"

『仁王般若經疏』卷中(大正藏33, 329上), "初生起二立五忍意。初生起者伏忍上中下卽是得聖方便行。二信忍上中下卽是入聖之初門。三順忍上中下卽是順無生果之近緣。四無生忍上中下卽是向果之功能。五寂滅忍上下卽是因果合說。就立五忍意有三段。初五忍是菩薩法表五忍屬人。二伏忍上中下出五忍位。名爲諸佛菩薩下第三結釋初文。可知第二出位中伏忍上中下者。習忍下性忍中道種忍上在三賢位信忍上中下初地下。二地中三地上。順忍上中下四地下五地中六地上。無生忍上中下七地下八地中九地上。寂滅忍上下十地下佛地上"

는 것만으로 이와 같은 두 가지 인을 얻을 수 있겠는가! 만약 [부처님]의 명호를 듣고 점차로 얻을 수 있다고 하더라도 또한 마땅히 五忍을 얻어야 한다고 설해야 할 것이다. 이제 伏忍三位[601]의 이름은 三法이다. 『유가사지론』에서 설하기를 승해행지[602]에는 하, 중, 상품의 三忍이 있다[603]고 하였다.

H2_51上, T37_153中

經曰佛告阿難至以偈頌曰者。

經에서 말씀하시기를, "부처님이 아난에게 고하기를 …게송으로 말씀하셨다"란,

述云第四自誓感瑞有二。此初瑣文也。

풀어 말하자면, 네 번째, 스스로 서원을 세우고 상서로움을 느끼는 장면인데 여기에는 두 가지가 있다. 이것은 그 첫 번째, 시작하는 글이다.

H2_51上, T37_153中

經曰我建超世願至誓不成等覺者。

---

601) 伏忍三位 : 五忍 가운데 첫 번째. 십지 이전 삼현의 사람이 아직 無漏智를 얻지 못했을 때 다만 수행을 통해 有漏勝智로 번뇌를 조복시켜 마음의 안정을 얻게 된 것을 伏忍이라고 한다. 이를 상, 중, 하의 삼품으로 나눈다. 하품은 十住位, 중품은 十行位, 상품은 十回向位이다.

602) 勝解行地 : 범어 adhimukti-caryā-bhūmi. 解行住 혹은 解行地라고도 한다. 보살 수행 계위의 한 가지. 십지에 들어가기 전 삼현보살의 계위.

603) 『瑜伽師地論』卷第四十七(大正藏30, 554中), "如是等類當知是名勝解行住菩薩轉時諸行狀相。是諸菩薩勝解行住下忍轉時。如上所說諸行狀相。當知上品中忍轉時。如上所說諸行狀相。當知中品上忍轉時。如上所說。當知下品其性微薄。卽於如是上忍轉時。於上所說諸行狀相"

經에서 말씀하시기를, "제가 세간을 초월하는 원을 세우니 …등각을 이루지 않겠다고 서원합니다"란,

述云此後立誓有二。初立誓後請瑞。初又有二。初反誓後順誓。初又有二。此初對佛自德誓也。建者起也。卽前願佛身土名超世願。願必起行故必至無上道。

풀어 말하자면, 이것은 두 번째 서원을 세움이다. 여기에는 두 가지가 있다. 첫째 서원을 세움, 둘째 상서로움을 청함이다. 첫 번째에는 다시 두 가지가 있다. 먼저 서원에 반하는 것, 나중에는 서원을 따르는 것이다. 첫 번째 것에 다시 두 가지가 있다. 그 첫 번째는 부처님의 자덕에 대해서 서원하는 것이다. 建은 일으킨다는 말이다. 즉 먼저 불신과 불토를 얻기를 발원하므로, 세간을 초월하는 원이라고 이름하였다. 서원은 반드시 행을 일으키기 때문에 반드시 무상도에 이른다.

H2_51上, T37_153中

經曰我於無量劫至誓不成等覺者。

經에서 말씀하시기를, "제가 무량겁에 …등각을 이루지 않겠다고 서원합니다"란,

述云此後對佛化德誓有二。此初財施化利誓也。經本不定或云不爲大施主普濟諸貧苦。或云不爲大施主終莫濟貧苦初本應正。有人釋此言法施化益非也。欲濟貧苦必施財物故。

풀어 말하자면, 이것은 두 번째 부처님의 교화의 공덕에 대해서 서원하는 것이다. 여기에는 두 가지가 있다. 그 첫 번째는 재물을 보시하여 교화하는 이익에 관한 서원이다. 經本에 따라 일정하지 않은데, 어떤 譯本(康僧鎧本)에서는 '대시주가 되어 모

든 가난하고 고통 받는 이들을 두루 구제하지 못하면'이라 하였고,[604] 어떤 역본에서는 '대시주가 되지 못해 끝내 가난하고 고통 받는 이들을 구제하지 못하면'이라 하였는데, 마땅히 앞의 것이 바르다. 어떤 사람은 이를 해석하여 말하기를 법을 베풀어 교화함으로써 [중생을] 이익케 한다(法施化益)[605]고 하였는데 이는 잘못이다. 가난하고 고통 받는 이들을 구제하고자 한다면 반드시 재물을 베풀어야 하기 때문이다.

H2_51上, T37_153中

經曰我至成佛道至誓不成等覺者。

經에서 말씀하시기를, "내가 성불도에 이르더라도 …등각을 이루지 않겠다고 서원합니다"란,

述云後對法施作誓也。雖擧名聲意在言敎故。

풀어 말하자면, 나중에 법시에 대해서 서원을 세운 것이다. 비록 이름을 부르는 소리를 예로서 들기는 하였지만 뜻은 말로서 가르치는데 있기 때문이다.

H2_51上, T37_153中

經曰離欲深正念至爲諸天人師者。

經에서 말씀하시기를, "욕심을 떠나 바른 마음을 굳게 지니고 …모든 천인의 스승이 되겠습니다"란,

述云第二順誓有二。此初略誓也。離欲正念淨慧梵行者誓因。心無上尊天人師者

---

604) 『佛說無量壽經』 卷上(大正藏12, 269中), "不爲大施主普濟諸貧苦"
605) 『無量壽經義疏』(大正藏37, 103下), "於中初偈擧佛法施化益自要"

誓果。

풀어 말하자면, 두 번째 서원을 따르는 것에 두 가지가 있다. 그 첫 번째는 略誓이다. 욕심을 떠남과 바른 마음, 깨끗한 지혜, 깨끗한 행은 서원의 因이다. 마음이 위없이 존귀하여 천인의 스승이 된다는 것은 서원의 果이다.

H2_51上, T37_153中

經曰神力演大光至通達善趣門者。

經에서 말씀하시기를, "신통력으로 큰 광명을 비추고 …선취의 길을 통달할 것입니다"란,

述云此後廣誓有二。初廣歎佛德後總結立誓。初又有四。此初歎化德也。演光普照者卽身業化所餘六句皆口業化。除三垢濟衆難者小乘化也。三垢者卽貪瞋癡也。開智眼滅盲闇者大乘化也。閉惡道通善趣者人天化也。

풀어 말하자면, 이것은 두 번째 廣誓이다. 여기에는 두 가지가 있다. 먼저 부처님의 덕을 널리 찬탄하고, 나중에 서원을 세우는 것을 전체적으로 마무리함이다. 첫 번째 것에 다시 네 가지가 있다. 이것은 그 첫 번째 교화의 덕을 찬탄함이다. 광명으로 두루 비추고(演光普照)는 身業의 교화이고, 나머지 여섯 구가 모두 口業의 교화이다. 세 가지 티끌을 제거하여 중생의 어려움을 구제하고(除三垢濟衆難)는 소승의 교화이다. 세 가지 티끌이란 탐욕, 성냄, 어리석음을 말한다. 지혜의 눈을 열어 맹인의 암흑을 없애고(開智眼滅盲闇)는 대승의 교화이다. 악도를 폐하고 선취를 통하게 하고(閉惡道通善趣)는 인천의 교화이다.[606]

606) 『無量壽經義疏』(大正藏37, 103下), "神力演光照無際土。身業化也。消除已下。口業化也。消除三垢。濟度厄難。小乘法敎。化斷三毒。名除三

H2_51中, T37_153下

經曰功祚成滿足至一切隱不現者。

經에서 말씀하시기를, "지혜와 자비 충만하게 닦아 …모두 숨어 나타나지 못 한다"란,

述云此第二歎自德也。祚(之河反)助也福也。戢(墮六反)集也攝也。陸法言切韻云止也。功祚成滿者卽德體果福皆成滿也。威曜十方者光廣大也。天光不現者光奇勝也。或有本云日月諸光明一切隱不現。其義無違。佛光映蔽日月攝光不能外照故云戢重輝。

풀어 말하자면, 이것은 두 번째 自德을 찬탄함이다. 祚는 도움이고, 복이다. 戢은 모음이고, 포섭하는 것이다. 육법언의『절운』에서는 그칠 지(止)라고 하였다. 功祚成滿이란 공덕의 체와 과보로서의 복이 모두 원만하게 이루어졌다는 뜻이다. 威曜十方이란 광명이 광대함을 말한다. 天光不現이란 빛이 대단히 수승함을 말한다. 혹은 어떤 經本에서 해와 달의 모든 광명이 모두 숨어서 나타나지 않았다[607]고 했는데 그 뜻은 다를 게 없다. 부처님의 광명이 비추니 해와 달을 가리어 그 빛을 포섭하고 밖으로 비출 수가 없게 되었기 때문에 '戢重輝'라고 하였다.

H2_51中, T37_153下

經曰爲衆開法藏至說法師子吼者。

經에서 말씀하시기를, "중생을 위하여 교법을 열고 …설법하는 사자후"란,

述云此第三重歎化德也。

垢。開彼慧眼滅昏盲闇。大乘法化。閉塞惡道通善趣門。人天法化"

607) 현재 남아 있는『無量壽經』異本들에서는 이 文句를 찾을 수 없다.

풀어 말하자면, 이것은 세 번째, 거듭 교화의 덕을 찬탄함이다.

H2_51中, T37_153下

經曰供養一切佛至通達靡不照者。

經에서 말씀하시기를, "모든 부처님께 공양하여 …안 비추는 곳 없이 통달하리니"란,

述云此第四重歎自德也。

풀어 말하자면, 이것은 네 번째, 거듭 自德을 찬탄함이다.

H2_51中, T37_153下

經曰願我功德力等此最勝尊者。

經에서 말씀하시기를, "원하옵건대 저의 공덕력으로 가장 높은 부처님과 같아지이다"란,

述云此第二結誓也。

풀어 말하자면, 이것은 두 번째, 서원을 마무리함이다.

H2_51中, T37_153下

經曰斯願若剋果至當雨珍妙華者。

經에서 말씀하시기를, "이 원이 만약 이루어지면 …마땅히 진묘한 꽃비를 내리리라"란,

述云此第二請瑞也。

풀어 말하자면, 이것은 두 번째, 상서로움을 청함이다.

H2_51中, T37_153下

經曰佛語阿難至以散其上者。

經에서 말씀하시기를, “부처님께서 아난에게 말씀하셨다 … 그 위에 흩뿌림으로써”란,

述云第五遂請現瑞有二。此初應誓現瑞也。

풀어 말하자면, 다섯 번째, 청을 이루어 상서로움이 나타남이다. 여기에는 두 가지가 있다. 이것은 그 첫 번째, 서원에 마땅한 상서로움이 나타남이다.

H2_51下, T37_153下

經曰自然音樂至無上正覺者。

經에서 말씀하시기를, “자연의 음악 …위없는 바른 깨달음”이란,

述云後出聲歎記也。

풀어 말하자면, 두 번째, 소리를 내어 찬탄하고 수기를 줌이다.

H2_51下, T37_153下

經曰於是法藏至深樂寂滅者。

經에서 말씀하시기를, “이에 법장비구가 …깊은 법성진여를 원하였다”란,

述云此第六總以結歎也。

풀어 말하자면, 이것은 여섯 번째, 전체적으로 찬탄을 마무리함이다.

H2_51下, T37_153下

經曰阿難時彼至建此願已者。

經에서 말씀하시기를, "아난이 그 때 저 …이 서원을 세우고 나서"란,

述云第二申修勝行有二。此初結勝願也。有說發斯弘誓卽四十八願。建此願者卽立誓之願非也。經稱前名願後言誓故。今卽弘誓者結反順之誓。此願者結四十八願。從後以向前結故無過。

풀어 말하자면, 두 번째 수승한 행을 닦음을 펴는 것이다. 여기에는 두 가지가 있다. 이것은 그 첫 번째, 수승한 서원을 마무리하는 것이다. 어떤 사람은 이 큰 서원을 발한 것이 곧 48원인데, 이 원을 세운다는 것은 誓의 願을 세운다는 것이라고 하였으나[608] 이는 잘못이다. 경에서는 앞부분을 願이라 하고, 뒷부분을 誓라고 불렀기 때문이다. 이제 곧 큰 맹서란 맹서를 反順하는 것으로 마무리되었고, 이 願이란 48원으로 마무리되었다. 뒤의 것을 따름으로써 앞의 것을 향하여 마무리하였으므로 과실이 없는 것이다.

H2_51下, T37_153下

經曰一向專志莊嚴土者。

經에서 말씀하시기를, "한결같이 뜻으로 묘한 국토로 장엄하

---

608) 『無量壽經義疏』(大正藏37, 104上), "發此弘誓。牒前所發四十八願而起於後。建斯願已。牒前我建超世願等而起於後"

려고 했다"란,

述云此後正申勝行有二。初修土行後脩身行。初又有二。此初修因也。

풀어 말하자면, 이것은 두 번째, 수승한 행을 바로 펴는 것이다. 여기에는 두 가지가 있다. 그 첫 번째는 佛土를 [이루기 위해] 닦는 행, 두 번째는 佛身을 [이루기 위해] 닦는 행이다. 첫 번째 것에는 또한 두 가지가 있다. 이것은 그 첫 번째, 因을 닦음이다.

H2_51下, T37_154上

經曰所修佛國至無衰無變者。

經에서 말씀하시기를, "세우려고 한 국토는 …쇠퇴하지 않으며 변하지도 않는 것이니"란,

述云此後彰果也。恢廓廣大者卽無量德成故。論云究竟如虛空廣大無邊際故。廓(古惡反)爾雅大也。超勝獨妙者卽土勝也。非諸菩薩境故。建立常然者因滿果立無改異故。無衰無變者不爲三災之所壞故。

풀어 말하자면, 이것은 두 번째, 과보를 드러냄이다. 恢廓廣大는 한량없는 덕이 이루어짐을 말한다. 『왕생론』에서 말하기를 [세우려고 한 국토는] 허공과 같이 구경을 다하였고, 광대하여 끝 간 데 없도다(究竟如虛空廣大無邊際)[609]라고 하였다. 廓은 『爾雅』[610]에 의하면 크다는 뜻이다.[611] 수승함을 초월하여 홀로 묘

609) 『無量壽經優婆提舍願生偈』(大正藏26, 230下), "究竟如虛空廣大無邊際"

610) 『爾雅』 : 중국에서 가장 오래 된 자서로, 『詩經』, 『書經』 중의 문자를 추려 19편으로 나누고, 字義를 戰國·秦漢代의 용어로 해설한 것이다. 전3권.

611) 『一切經音義』(高麗藏32, 331中), "廓淸口郭反。爾雅廓大也"

함(超勝獨妙)이란, 국토의 수승함을 표현한 것으로, 모든 보살의 경계는 아니다. 건립한 국토는 항상 변함이 없다(建立常然)는 것은 因이 원만하여 果가 세워진 것이므로 고치거나 다르지 않은 것이다. 쇠퇴하거나 변하지 않음(無衰無變)이란 삼재에도 허물어지지 않음을 말한다.

H2_52上, T37_154上

經曰於不可思議至無量德行者。

經에서 말씀하시기를, "헤아려 알 수 없는 …한량없는 덕행"이란,

述云第二修身行有二。初修因後歎果。初又有三。初總標次別釋後還結。此初也。黃帝算有三品且擧其一十千億爲兆十千兆爲京十千京爲姟十千姟爲秭十千秭爲匹十千匹爲載故。有人言兆載者遠年非也。

풀어 말하자면, 두 번째 몸으로 닦는 행에는 두 가지가 있다. 먼저 인을 닦고, 나중에 과보를 찬탄함이다. 앞의 것에 다시 세 가지가 있다. 첫째, 전체적으로 드러내고, 둘째, 각각 해석하고, 셋째, 돌이켜 끝맺음이다. 이것은 그 첫 번째다. 황제의 산법에는 三品이 있다. 이제 그 하나를 들어보면 십천억은 조가 되고, 십천조는 경이 된다. 십천경은 해가 되고, 십천해는 자가 된다. 십천자는 필이 되고, 십천필은 재가 된다. 어떤 사람이 兆載라고 한 것은 먼 오랜 옛날(遠年)이란 뜻이라고[612] 했지만 그렇지 않다.

H2_52上, T37_154上

612) 『無量壽經義疏』(大正藏37, 121中), "於不可思議兆載永劫者正明修行久遠。是非數之極名"

不生欲覺至香味觸法者。

經에서 말씀하시기를, "탐욕을 내지 않으며 …향기, 맛, 촉감, 분별"이란,

述云第二別釋有四。一離染二修善三離業四修善。初又有二。初自離煩惱後教化令離。初又有四。此初離染因緣也。不生欲嗔害覺者卽偏擧過重不盡之言。覺者尋也。

풀어 말하자면, 두 번째 각각을 해석함에는 네 가지가 있다. 첫째, 물들음을 떠남, 둘째, 선을 닦음, 셋째, 업을 떠남, 넷째, 선을 닦음이다. 첫 번째 것에 다시 두 가지가 있다. 첫째, 스스로 번뇌를 떠남, 둘째, 남을 교화하여 [번뇌를] 떠나도록 함이다. 앞의 것에 다시 네 가지가 있다. 이것은 그 첫 번째, 물들음의 인연을 떠남이다. 탐욕과 성냄과 어리석음을 내지 않음(不生欲嗔害覺)을 설명하는데 있어, 어느 한 쪽만을 들어 지나치게 거듭하지 않도록 말을 다하지 않은 것이다.[613] 覺은 찾는다는 뜻이다.

有說未對境界預起邪思名覺。對緣生心名想故。不生三覺者離始。不起三想者離終非也。正對境界不生三覺無別所以故。

어떤 사람은 대상 경계를 대하지도 않았는데 미리 삿된 생각을 일으키는 것을 覺이라고 부르며 외적 조건을 대하게 되면 마음이 생겨나는 것을 想이라 부른다고 하였다. 세 가지 覺이 생겨나지 않음을 떠남의 시작이라 하고, 세 가지 想을 일으키지 않음을 떠남의 끝이라고 하였으나[614] 이는 잘못이다. 바로

613) 『無量壽經義疏』(大正藏37, 104中), "不生欲覺瞋覺害覺。正明所離。覺有八種。…此八種中。初三過重。爲是偏擧"

경계를 대하는데도 세 가지 각이 생겨나지 않는 것은 별다른 까닭이 없기 때문이다.

今卽三覺之因如次三想。取境分齊方生欲等故。然卽不貪名利故不生欲覺。不惱衆生故不生嗔覺。不損物命故不生害覺。三覺不生必絶三想故亦兼之。內因旣離外緣斯止故云不著色等。

이제 세 가지 覺의 因은 다음 세 가지 想과 같다. 대상의 분제[615]를 취하면 바야흐로 탐욕 등이 생기기 때문이다. 그러한 즉 명리를 탐하지 않으면 탐욕이 생겨나지 않으며, 중생을 괴롭히지 않으면 성냄이 생겨나지 않으며, 만물의 목숨을 상하게 하지 아니하면 어리석음이 생기지 아니 한다. 세 가지 覺은 반드시 세 가지 想을 끊어야 생기지 않는 까닭에 또한 마찬가지로 설명할 수 있다. 內因을 이미 떠나고, 外緣을 떠나 멈추게 되므로 色 등에 집착하지 않게 된다.

H2_52上, T37_154上

經云忍力成就至少欲知足者。

經에서 말씀하시기를, "참는 힘을 성취하여 …작은 것에 만족할 줄 안다"란,

述云此第二修對治也。忍力者卽安受苦耐怨害察法忍也。以此忍力能忍損惱故離三覺三想。少欲當利知足現利故不著色等。

614) 『無量壽經義疏』(大正藏37, 104中), "不起欲想。名離欲覺。不起瞋想。名離瞋覺。不起害想。名離害覺。亦可前言不生三覺。就始彰離。不起欲想瞋想害想。據終明離。未對境界。預起邪思。名之爲覺。對緣生心。說爲三想。此皆離之"

615) 分齊 : 한계, 범위, 정도 등.

풀어 말하자면, 이것은 두 번째, 번뇌를 끊음[616]을 닦음이다. 참는 힘(忍力)이란, 고통을 편안하게 받아들이고, 원망과 손해를 참아내고 法忍[617]을 관찰하는 것이다. 이 참는 힘을 가지고 능히 상하게 하거나 괴롭히는 것을 참을 수 있으니 三覺과 三想을 떠난 것이다. 마땅히 받아야 할 이익을 적게 바라고 현재의 이익에 만족할 줄 알기 때문에 색 등에 집착하지 않는 것이다.

H2_52中, T37_154上

經曰無染恚癡者。

經에서 말씀하시기를, "탐욕과 성냄과 어리석음 없이"란,

述云此第三正離煩惱也。染者貪也。

풀어 말하자면, 이것은 세 번째 번뇌를 바르게 떠남이다. 染이란 탐욕이다.

H2_52中, T37_154中

經曰三昧常寂智慧無礙者。

經에서 말씀하시기를, "항상 삼매에 들어 고요하며 지혜는 어디에도 걸림이 없다"란,

述云此第四正修對治也。三昧常寂者卽定深也。智慧無礙者卽智勝也。

풀어 말하자면, 이것은 네 번째 번뇌를 끊음을 바르게 닦음

616) 對治 : 번뇌 따위를 끊음.

617) 法忍 : 『묘법연화경』에 나오는 三法忍의 하나로서 무생법인이라고도 한다. 法忍은 진리를 깨닫는 지혜, 信忍은 신심에 의해 얻는 지혜, 順忍은 진리에 순종하는 지혜를 말한다. 이들이 삼법인이다.

이다. 三昧常寂이란 곧 선정이 깊음을 말한다. 智慧無礙란 지혜의 수승함이다.

H2_52中, T37_154中

經曰無有虛僞至先意承問者。

經에서 말씀하시기를, "거짓이 없으며 …미리 법을 설해 주셨다"란,

述云此第二利他離染也。無虛諂心者卽離意過。和顏者卽離身過。愛語先問者卽離口過。有說先意承問是意業非也。雖言先意遂言問故。

풀어 말하자면, 이것은 두 번째, 남을 이롭게 하고 물들음을 떠남이다. 거짓과 아첨하는 마음이 없음(無虛諂心)이란 뜻으로 짓는 과실을 떠남이다. 낯빛을 온화하게 함(和顏)이란 몸으로 짓는 과실을 떠남이다. 인자한 말씀으로 먼저 법을 설해주심(愛語先問)이란 입으로 짓는 과실을 떠남이다.[618] 어떤 사람은 先意承問이 意業이라고 하였으나[619] 이는 잘못이다. 비록 先意라고 말하였으나 말로 질문을 하기 때문이다.

H2_52中, T37_154中

經曰勇猛精進至惠利群生者。

經에서 말씀하시기를, "용맹하게 정진하여 …중생에게 이익을 베풀었다"란,

---

618) 『無量壽經義疏』(大正藏37, 104中), "無有虛僞諂曲之心。明離心過。言和顏者。明離身過。愛語先問。明離口過。由無煩惱。故身口意中不起過矣"

619) 『無量壽經記』卷上 (韓佛全2, 244中), "言和顏者身業。言愛語者口業。言先意承問者意[業]。以善意爲先。故言先意"

述云第二修言有三。此初無間修也。勇猛精進者卽初精進。誓不怯敵故云勇猛。志願無惓者卽第二加行精進。加脩以進故。求淸白法者卽第三無足精進。修不已故。卽自利修也。惠利群生者卽利他修也。

풀어 말하자면, 두 번째 口業을 닦음에는 세 가지가 있다. 이것은 그 첫 번째, 쉼 없이 닦음(無間修)이다. 용맹정진이란 첫 번째 정진이다. 적을 두려워하지 않겠다고 맹서하였으므로 용맹이라 한다. 뜻을 이루는 데 게을리 하지 않음(志願無惓)이란 두 번째 가행정진이다. 더욱 닦음으로써 나아가기 때문이다. 맑고 높은 진리를 구함(求淸白法)이란 세 번째 만족할 줄 모르는 정진이며, 닦음을 그치지 않음이다. 즉 스스로를 이롭게 하는 닦음(自利修)이다. 중생에게 이익을 베풂(惠利群生)이란 타인을 이롭게 하는 닦음(利他修)이다.

H2_52中, T37_154中

經曰恭敬三寶至功德成就者。

經에서 말씀하시기를, "삼보를 공경하고 …공덕을 성취하다" 란,

述云此第二恭敬脩也。恭敬三寶者卽福方便。奉事師長者卽智方便。以大莊嚴者卽福智二莊嚴已成就故備施等衆聖行也。以己所脩利衆生故令功德成。

풀어 말하자면, 이것은 그 두 번째, 공경함을 닦음(恭敬脩)이다. 삼보를 공경함(恭敬三寶)이란 곧 복[을 얻을 수 있는] 방편이다. 스승과 어른을 받들어 섬김(奉事師長)은 지[혜를 얻을 수 있는] 방편이다. 크게 장엄함으로써(以大莊嚴)는 곧 복과 지혜의 두 가지를 장엄하고 나서 성취한 것이므로 베풂 등 온갖 성스러운 행을 갖추었다고 한다. 자기가 닦음으로써 중생을 이롭게 하기

때문에 [중생으로] 하여금 공덕을 이루게 한다고 하였다.

H2_52下, T37_154中

經曰住空無相至觀法如化者。

經에서 말씀하시기를, "공, 무상에 머물며 …모든 현상이 허깨비처럼 변화하여 생긴 것이라고 본다"란,

述云此第三行成證修也。有說住貪瞋癡故意業不調。今住空無相無願故能調意業。貪是皮故入空調伏。嗔是肉故無願調伏。癡是心故無相調伏。諸法相中皆無此理誰勞彈斥。故今卽我法實無故云空。假相亦無故名無相。於二中此無可希願故云無願。

풀어 말하자면, 이것은 그 세 번째, 수행으로 이룬 바를 증명하는 닦음(行成證修)이다. 어떤 사람은 탐진치에 머무르기 때문에 意業을 조절하지 못하지만, 이제 空, 無相, 無願[三昧]에 머물면 능히 意業을 조절할 수 있다고 한다. 탐욕이란 가죽이므로 空三昧에 들어 조복시켜야 하고, 성냄이란 살이므로 無願三昧로 조복시켜야 하며, 어리석음이란 마음이므로 無相三昧로 조복시켜야 한다고 한다. [그러나] 온갖 法相 가운데 모두 이러한 도리는 없으니 누가 수고로이 물리치겠는가! 따라서 이제 곧 我와 法이 [고정불변하는] 실체는 없는 것이므로 空이라고 하며, 거짓된 모습(假相) 또한 없는 것이므로 無相이라고 하고, 이 두 가지 가운데 이것은 바랄 수 있는 서원이란 없기 때문에 無願이라고 하였다.

有說卽於此三無果可作故云無作。無因可生故云無起。良恐非也。作旣作用詎不名因。起亦生起可名果故。今卽因無實用故云無作。卽維摩云雖行無作也。果無眞體故云無起。卽彼經云雖行無起也。旣無實體用故觀之如化。總而言之無作無起故非有。觀法如化故非無。非無非有卽中道之理所謂證會也。

어떤 사람은 이 세 가지는 과보 없이 만들 수 있는 것이라서 無作이라 하며, 원인 없이 생겨나는 까닭에 無起라고 한다620)고 하였으나, 아마도 이것은 잘못일 것이다. 作이란 이미 작용하였다는 뜻이니 어찌 원인이 없겠는가! 起는 또한 이미 일어난 것이니 과보라고 할 수 있을 것이다. 이제 因은 있으되 실제로 쓰임이 없기 때문에 無作이라 하는 것이다. 즉 『유마경』에서 비록 행하였으나 작용이 없다고 했던 것이다.621) 과보의 실체가 없기 때문에 無起라고 한 것이다. 즉 저 經(『유마경』)에서 비록 행하였으나 일으킴이 없다고 했던 것이다.622) 이미 진실로 體와 用이 없기 때문에 허깨비처럼 변화하여 생긴 것으로 보는 것이다. 전체적으로 말하건대, 無作, 無起인 까닭에 有가 아니며, 諸法을 허깨비처럼 변화하여 생긴 것으로 보기(觀法如化) 때문에 無가 아니다. 무도 아니고 유도 아니기 때문에 중도의 이치를 이른바 證會(증득하고 이해함)하였다고 하는 것이다.

H2_52下, T37_154下

經曰遠離麤言至彼此俱害者。

經에서 말씀하시기를, "나쁜 말은 멀리 하시고 …나와 남을 함께 그르친다"란,

---

620) 『無量壽經義疏』(大正藏37, 104下), "於此三中。無果可爲。名爲無作。… 無因可生。名云無起"

621) 『維摩詰所說經』卷中(大正藏14, 545下), "雖行無作而現受身。是菩薩行"

622) 『維摩詰所說經』卷中(大正藏14, 545下), "雖行無起而起一切善行。是菩薩行"

述云第三離惡業有二。此初離過。離麤言者離口業過。自害害彼彼此俱害者離身業過。彼者他也。

풀어 말하자면, 세 번째, 악업을 멀리함이다. 여기에는 두 가지가 있다. 이것은 그 첫 번째, 과실을 멀리함이다. 나쁜 말을 멀리한다는 것은 口業의 과실을 떠나는 것이다. 스스로도 해롭고 남도 해치므로 나와 남을 함께 그르침이란 身業의 과실을 떠나는 것이다. 彼란 남이다.

H2_52下, T37_154下

經曰修習善言至人我兼利者。

經에서 말씀하시기를, "좋은 말을 닦고 익혀 …남과 내가 함께 이롭다"란,

述云此後攝善也。修善言故遠離麤言。修三利故遠離三害。

풀어 말하자면, 이것은 두 번째, 선을 포섭하는 것이다. 좋은 말을 닦는 까닭에 나쁜 말을 멀리 떠나는 것이다. 세 가지 이익을 닦는 까닭에 세 가지 해로움을 멀리 떠나는 것이다.

H2_53上, T37_154下

經曰棄國損[623]王至教人令行者。

經에서 말씀하시기를, "나라도 버리고 왕위도 버려 …남을 가르쳐 그들로 하여금 행하도록 한다"란,

述云此第四修善也。自旣有所捨所修亦令他人有所棄所修故。

---

623) 大正藏脚註(大正藏37, 154下), "損=捐?"

풀어 말하자면, 이것은 네 번째, 선을 닦음이다. 스스로 이미 버리고 닦은 것을 또한 타인으로 하여금 버리고 닦게 하였다.

H2_53上, T37_154下

經曰無央數劫積劫624)累德者。

經에서 말씀하시기를, "한량없는 세월동안 여러 겁의 공덕을 쌓았다"란,

述云此第三還結也。

풀어 말하자면, 이것은 세 번째, 돌이켜 마무리함이다.

H2_53上, T37_154下

經曰隨其生處至正眞之道者。

經에서 말씀하시기를, "태어난 곳에 따라 …바르고 참된 길"이란,

述云第二歎果有三。此初歎功德報有三。此初總標也。

풀어 말하자면, 두 번째, 과보를 찬탄함이다. 여기에는 세 가지가 있다. 이것은 그 첫 번째, 공덕과 과보를 찬탄함이다. 여기에는 세 가지가 있다. 이것은 그 첫 번째, 전체를 드러냄이다.

H2_53上, T37_154下

經曰或爲長者至一切諸佛者。

經에서 말씀하시기를, "혹은 장자가 되기도 하고 …일체의 모든 부처님"이란,

---

624) 大正藏脚註(大正藏37, 154下), "劫=功?"

述云此次別歎也。有說長者卽隨類生。刹利等卽最勝生。六欲天等卽增上生。非也。長者亦應勝生諸天亦何非勝生故。

풀어 말하자면, 이것은 그 두 번째, 각각을 찬탄함이다. 어떤 사람은 장자는 [중생의 부]류를 따라 태어난 것(隨類生)[625]이고, 찰리[626] 등은 곧 가장 수승하게 태어난 것(最勝生)이다. 육욕천[627] 등은 곧 보다 뛰어난 곳에 태어난 것(增上生)이라고 하였으나 이는 잘못이다. 장자 또한 마땅히 수승하게 태어난 것이라면, 여러 천 또한 어찌 수승하게 태어난 것이 아니겠는가!

H2_53上, T37_154下

經曰如是功德不可稱說者。

經에서 말씀하시기를, "이와 같은 공덕은 가히 헤아릴 수가 없다"란,

述云後結歎也。

풀어 말하자면, 두 번째, 찬탄을 마무리함이다.

H2_53上, T37_154下

---

625) 隨類生 : 菩薩의 五受生의 한 가지. 一切衆生의 類에 따라서 生하여 제도함. 규기가 지은 『說無垢稱經疏』에서 인용한 『菩薩地持經』의 내용에 의하면 장자를 수류생으로 보았는데 이를 재인용하여 잘못을 타파하고 있다.

『說無垢稱經疏』卷第一(本)(大正藏38, 996中), "如菩薩地四十八卷。當廣分別。准無垢稱。此五生中。資財無量。攝受貧乏。得名除災生。若在長者。長者中尊。爲說法勝。得名隨類生。…故非增上生。相非后身之菩薩。故非最後生"

626) 刹利 : 梵 kṣatriya. 刹帝利라고도 함. 왕족.

627) 六欲天 : 욕계에 속하는 여섯 天. 四王天·忉利天·夜摩天·兜率天·化樂天·他化自在天.

經曰口氣香潔至相好殊妙者。

經에서 말씀하시기를, "입에서 나는 향기는 청결하여 …"란,

述云第二歎依正報有二。此初歎正報勝也。

풀어 말하자면, 두 번째, 依報와 正報를 찬탄함이다. 여기에는 두 가지가 있다. 이것은 그 첫 번째, 正報의 수승함을 찬탄한 것이다.

H2_53上, T37_154下

經曰其手常出至超諸天人者。

經에서 말씀하시기를, "그 손은 항상 …모든 천인들을 초월한다"란,

述云此後歎依報勝也。

풀어 말하자면, 이것은 그 두 번째, 依報의 수승함을 찬탄함이다.

H2_53上, T37_154下

經曰於一切法而得自在者。

經에서 말씀하시기를, "일체의 법에 자재함을 얻으셨다"란,

述云此第三歎智德果也。

풀어 말하자면, 이것은 그 세 번째, 지혜와 공덕의 과보를 찬탄함이다.

H2_53中, T37_154下

經曰阿難白佛至成佛現在者。

經에서 말씀하시기를, "아난이 부처님께 아뢰기를 …성불하

여 현재"란,

述云第二申所成果。卽身土之果。逐誓願而成故有二。初略申所成後廣顯所成。初又有四。此初辨佛旣成也。卽主德成故。論云正覺阿彌陀法王善住持故。

풀어 말하자면, 두 번째, 이룬 과보를 폄이다. 즉 과보인 불신과 불토이다. 서원을 따라서 이루었기 때문이다. 여기에는 두 가지가 있다. 먼저 대략적으로 이룬 바를 펴고, 나중에 널리 이룬 바를 드러낸다. 첫 번째 것에는 다시 네 가지가 있다. 이것은 그 첫 번째, 부처님이 이미 이루신 것을 분별함이다. 즉 [정토의] 주체로서 공덕을 성취했다는 말이다. 『왕생론』에서는 '정각을 이루신 아미타 부처님께서 법왕으로서 [정토를] 잘 주지하신다(正覺阿彌陀法王善住持)'628) 고 하였다.

H2_53中, T37_155上

經曰西方去此至名曰安樂者。

經에서 말씀하시기를, "서쪽으로 여기로부터 떨어진 …이름하여 안락이다"란,

述云此第二標土已變也。帛謙皆云所居國土名須摩題。正在西方去此千億萬須彌山佛國。而今云去此十萬億刹者鉾楯之因廣如前釋。

풀어 말하자면, 이것은 두 번째 국토가 이미 변하였음을 나타낸 것이다. 帛延과 支謙은 모두 살아야 할 국토의 이름을 수마제라고 하였다. 바로 여기로부터 서쪽으로 천억 만[찰]이나 떨어져 있는 수미산불국이다.629) 그리고 지금 이곳으로부터 거

628) 『無量壽經優波提舍願生偈』(大正藏26, 231上), "正覺阿彌陀 法王善住持"

리가 십만 억찰이라고 하는 것은 모순의 원인이 된다. 넓게는 앞의 해석과 같다.

H2_53中, T37_155上

經曰阿難又問至凡歷十劫者。

經에서 말씀하시기를, “아난이 또 묻기를 …대개 십겁이 걸린다”란,

述云此第三成佛久近也。支謙經云作佛以來凡十小劫意同此也。而帛延云作佛以來凡十八劫者蓋其小字闕其中點矣。

풀어 말하자면, 이것은 그 세 번째, 성불할 때까지의 시간상의 거리이다. 支謙의 경에서 말하기를 부처님이 되신 후 무릇 십 소겁이라고 하였다.[630] 뜻은 이 책(法護本)과 같다. 또 帛延은 부처님이 되신 후 무릇 십팔 겁[631]이라고 하였으나 아마도 小자의 가운데 점이 빠진 듯하다.

H2_53中, T37_155上

經曰其佛國土至猶如第六天寶者。

經에서 말씀하시기를, “그 불국토에 …제육천의 보배와도 같다”란,

---

629) 『佛說無量淸淨平等覺經』 卷第一(大正藏12, 282下-283上), “所居國名須摩提。正在西方。去是閻浮利地界。千億萬須彌山佛國”
『佛說阿彌陀三耶三佛薩樓佛檀過度人道經』 卷上(大正藏12, 303中), “所居國土。名須摩題。正在西方。去是閻浮提地界。千億萬須彌山佛國”

630) 『佛說阿彌陀三耶三佛薩樓佛檀過度人道經』 卷上(大正藏12, 303中), “阿彌陀作佛已來。凡十小劫”

631) 『佛說無量淸淨平等覺經』 卷第一(大正藏12, 282下), “無量淸淨佛作佛已來。凡十八劫”

述云此第四盡國嚴麗有二。此初顯國莊嚴也。前成佛者卽應佛身願。此土嚴淨卽應佛土願也。所謂種種事德成故。論云備諸珍寶性具足妙莊嚴故。恢(苦陸切)大也。赫(呼格反)切韻云赤也。毛詩云赫赫師尹註云赫赫盛貌也。焜(胡本反)切韻云火光也。又作煜(出[632]鞠反)盛也曜也。

풀어 말하자면, 이것은 그 네 번째, 국토를 아름답게 장엄함을 다함이다. 여기에는 두 가지가 있다. 이것은 그 첫 번째, 국토의 장엄을 밝힌 것이다. 앞에서 성불하였다는 것은 불신원에 해당하는 것이다. 이 국토를 장엄하고 깨끗하게 하는 것은 불토원에 해당한다. 이른 바 여러 가지 事德이 이루어 진 것이다. 『왕생론』에서는 '모든 귀한 보배를 갖추어 묘한 장엄을 구족하였다(備諸珍寶性具足妙莊嚴)[633]'라고 한다. 恢는 크다는 뜻이다. 赫을 『절운』에서는 赤이라 하였고, 『毛詩』[634]에서는 '빛나는 태사윤 씨여!(赫赫師尹)'라는 표현이 있고, [이를 풀이한] 『註』에서는 赫赫을 성한 모양이라고 하였다. 焜(胡本反)[635]을 『절운』에서는 불의 빛이라고 하였다. 또 煜이라고도 쓰는데, 성하다, 빛난다는 뜻이다.[636]

雜廁入間者莊嚴分齊卽形相德成故。論云淨光明滿足如鏡日月輪故。光赫焜耀者卽妙色德成故。論云無垢光焰熾明淨曜世間故。淸淨者卽淸淨德成故。論云觀彼世界相勝過三界道故。莊嚴者卽莊嚴德成。所謂水地空皆莊嚴故。如第六天寶 將彼天倍人 以顯淨土寶 勝世間而已。

---

632) 由의 誤記로 보임.

633) 『無量壽經優婆提舍願生偈』(大正藏26, 230下), "備諸珍寶性具足妙莊嚴"

634) 毛詩 : 漢나라 때의 모형이 傳하였다는 뜻으로 시전을 일컫는 말.

635) 『一切經音義』(高麗藏32, 67上), "焜煌 胡本反。下胡光反。方言。焜煌盛貌也"

636) 『一切經音義』(高麗藏32, 66中), "下又作煜, 同。由掬反。說文煜曜也。埤蒼煜盛貌也"

뒤섞여 들어감(雜廁入間)이란 分齊를 장엄하니 곧 형상의 공덕을 이룸이다. 『왕생론』에서는 '깨끗한 빛이 밝고 만족스러워 마치 거울, 해와 달과 같다(淨光明滿足如鏡日月輪)637)'고 하였다. 光赫焜耀는 곧 오묘한 색의 공덕을 이룸이다. 『왕생론』에서는 '더러움 없는 빛이 불길처럼 성하니 그 밝음이 세간에 깨끗하게 빛난다(無垢光焰熾明淨曜世間)'638)고 하였다. 청정이란 청정한 공덕을 이룸이다. 『왕생론』에서는 '저 정토세계의 모습을 관해 보면 삼계의 도리를 크게 뛰어넘는다(觀彼世界相勝過三界道)'639)고 하였다. 장엄이란 장엄의 공덕이 이룬 것이다. 이른바 물, 땅, 허공을 모두 장엄하였기 때문이다. 마치 제육천의 보배가 장차 인간계의 두 배는 된다. 정토의 보배를 드러냄으로써 세간을 뛰어넘을 뿐이다.

H2_53下, T37_155上

經曰又其國土至常和調適者。

經에서 말씀하시기를, "또 그 국토는 …항상 온화하고 상쾌하느니라"란,

述云此後嚴土無穢有二。此初總申所無也。卽無難德成故。論云永離身心惱受樂常無間故。溪亦作谿字(苦奚反)爾雅水注川曰谿注谿曰谷注谷溝也。渠(呂居反)溝也廣雅640)故坎也字林641)小瀆深廣各四尺也。

---

637) 『無量壽經優婆提舍願生偈』(大正藏26, 230下), "淨光明滿足如鏡日月輪"
638) 『無量壽經優婆提舍願生偈』(大正藏26, 230下), "無垢光焰熾明淨曜世間"
639) 『無量壽經優婆提舍願生偈』(大正藏26, 230下), "觀彼世界相勝過三界道"
640) 『廣雅』: 魏나라 張揖이 編纂한 한자 자전. 10권. 『三蒼』, 『說文』 등을 參考하여 增補한 것임.
641) 『字林』: 漢字의 글자 하나하나에 그 소리를 달고 뜻을 풀어 일정한 차례로 모아 놓은 책.

풀어 말하자면, 이것은 두 번째, 국토를 장엄함에 더러움이 없음이다. 여기에는 두 가지가 있다. 이것은 그 첫 번째, 없는 것을 전체적으로 말하는 것이다. 즉 어려움 없는 공덕을 이룸이다. 『왕생론』에서는 '몸과 마음의 번뇌를 영원히 떠나고, 항상 즐거움을 받기를 끊임없이 한다(永離身心惱受樂常無間)'[642]고 하였다. 溪는 谿로도 쓴다. 『爾雅』에서는 물이 川으로 흘러 들어가면 谿라고 하고, 谿로 흘러 들어가면 谷이라 하며,[643] 谷으로 흘러 들어가면 溝라고 한다 하였다. 渠는 溝다. 『廣雅』에서는 구덩이(坎)라고 하였고, 『字林』에서는 작은 도랑의 깊이와 넓이가 각각 4척이라고 하였다.[644]

H2_53下, T37_155中

經曰爾時阿難至依何而住者。

經에서 말씀하시기를, "이때 아난이 …어디에 의지하여 머무십니까"란,

述云後辨無所以有五此初問也。

풀어 말하자면, 이것은 두 번째 없는 까닭을 분별해 안다는 것이다. 여기에는 다섯 가지가 있다. 이것은 그 첫 번째, 질문이다.

H2_53下, T37_155中

642) 『無量壽經優婆提舍願生偈』(大正藏26, 231上), "永離身心惱受樂常無間"
643) 『一切經音義』(高麗藏32, 86上), "谿谷(苦奚、古木反。爾雅水注川曰谿注谿曰谷"
644) 『一切經音義』(高麗藏32, 87上), "溝壑 呼各反。說文溝水瀆也。廣四尺深四尺"

經曰佛語阿難至皆依何住者。

經에서 말씀하시기를, "부처님이 아난에게 말씀하셨다 …모두 어디에 의지하여 머물렀는가"란,

述云此第二佛反質。

풀어 말하자면, 이것은 두 번째, 부처님이 반문하심이다.

H2_53下, T37_155中

經曰阿難白佛至不可思議者。

經에서 말씀하시기를, "아난이 부처님께 아뢰기를 …불가사의 하옵니다"란,

述云此第三阿難答也。

풀어 말하자면, 이것은 세 번째, 아난의 답이다.

H2_53下, T37_155中

經曰佛語阿難至故能爾耳者。

經에서 말씀하시기를, "부처님께서 아난에게 말씀하셨다 …따라서 능히 그러할 뿐이다"란,

述云此第四佛述成也。卽所求德滿成故。論云衆生所願樂一切能滿足故。

풀어 말하자면, 이것은 네 번째, 부처님이 말씀을 완성함이다. 곧 구해야 할 공덕을 원만하게 이루심이다. 『왕생론』에서는 '중생이 원하는 바인 즐거움을 일체 능히 만족시키셨다(衆生所願樂一切能滿足)'645)고 하였다.

H2_54上, T37_155中

經曰阿難白佛至故問斯義者。

經에서 말씀하시기를, "아난이 부처님께 말씀드리기를 …이러한 뜻을 여쭌 것입니다"란,

述云此第五申問意也。日月猶有故。覺經云其日月星辰皆在虛空中住止亦復不迴轉運行亦無有精光也。蓋雖無須彌往生之宮故有而已。以此即知彼土人天空地不同 諸有異釋唯勞虛言。

풀어 말하자면, 이것은 다섯 번째, 질문한 의도를 말한 것이다. 해와 달은 여전히 있기 때문이다. 『무량청정평등각경』에서는 "해, 달, 별들이 모두 허공중에 머물러 멈춰 있고, 또한 다시 회전 운행하지 않는다면 깨끗한 빛도 없을 것[646]"이라고 하였다. 대개 비록 수미산이 없다고 하더라도 왕생의 궁은 있을 뿐이다. 이로써 정토와 인천의 허공과 땅은 같지 않다는 것을 알아야 한다. 모든 있는 것에 대한 다른 해석들은 오직 헛된 말을 수고로이 한 것일 뿐이다.

H2_54上, T37_155中

經曰佛告阿難至一佛刹土者。

經에서 말씀하시기를, "부처님께서 아난에게 고하셨다 …한 부처님의 국토"란,

述云此第二廣申所成。應對前願別申所成但恐煩言。略顯果勝有四。一歎佛身果即願佛身之報也。二申其眷屬即願菩薩聲聞之報也。三歎佛土妙即求淨土之果

645) 『無量壽經優婆提舍願生偈』(大正藏26, 231上), "衆生所願樂一切能滿足"

646) 『佛說無量淸淨平等覺經』卷第三(大正藏12, 290中), "其日月星辰。皆在虛空中住止。亦不復迴轉運行。亦無有精光"

也。四顯其所作卽攝生願之果也。初又有二。初別歎後結歎。初又有二。初歎光勝妙後顯壽長遠。初又有四。此初釋迦自歎有二。此初對劣歎勝卽願光無勝之報也。

풀어 말하자면, 이것은 두 번째 이룬 바를 널리 폄이다. 마땅히 앞의 서원에 대해서 따로 이룬 바를 말해야 하지만 다만 번거로운 말이 될까 두려워 과보의 수승함을 대략적으로 드러내었다. 여기에는 네 가지가 있다. 첫째, 佛身果, 즉 佛身에 대한 서원의 과보를 찬탄함이다. 둘째, 그 권속, 즉 보살, 성문에 대한 서원의 과보를 폄이다. 셋째, 佛土의 오묘함, 즉 정토를 구하는 서원의 과보를 찬탄함이다. 넷째, 이룬 것, 즉 [타방중생이건 자토중생이건 상관없이] 중생을 포섭하는 서원의 과보를 드러냄이다. 첫 번째 것에 두 가지가 있다. 먼저 각각 찬탄하고, 나중에 찬탄을 마무리함이다. 앞의 것에 다시 두 가지가 있다. 먼저 [부처님의] 광명의 수승하고 오묘함을 찬탄하고, 나중에 [부처님의] 수명이 길고 멀다는 것을 드러냄이다. 첫 번째 것에 다시 네 가지가 있다. 이것은 첫 번째, 석가모니 부처님이 스스로 찬탄함이다. 여기에는 두 가지가 있다. 이것은 먼저 열등한 것과 대조함으로써 수승한 것을 찬탄하는 것인 즉, 이보다 수승한 것이 없는 빛을 바라는 서원의 과보이다.

H2_54上, T37_155中

經曰是故無量壽佛至超日月光佛者。

經에서 말씀하시기를, "이러한 까닭에 무량수불은 …일월광불을 초월한다"란,

述云此後結歎顯勝也。有說長故無量廣故無邊。自在故無礙。餘不能敵故無對。

勝餘光故炎王。離垢故淸淨。見心喜悅故歡喜。於境善照故智慧。照物無已故不斷。過世間想故難思。絶言想故無稱。超世諸色故超日月。雖有此解不能別光亦不鄭重故。

풀어 말하자면, 이것은 그 두 번째, 수승함을 드러냄으로써 찬탄을 마무리함이다. 어떤 사람은 길기 때문에 한량없다(無量)고 하고, 넓기 때문에 변이 없다(無邊)고 하였다. 자재하기 때문에 장애가 없다(無礙)고 하고, 나머지는 대적할 수 없기 때문에 상대할 것이 없다(無對)고 하였다. 다른 빛보다 수승하기 때문에 炎王이라 하고, 더러움을 떠났기 때문에 청정하다(淸淨)고 하였다. 보고 마음이 기쁘기 때문에 歡喜라고 하고, 대상을 잘 비추기 때문에 智慧라고 하였다. 만물을 비춤에 그만두는 일이 없기 때문에 끊임없다(不斷)고 하고, 세간을 초월하여 생각하므로 생각하기 어렵다(難思)고 하였다. 말과 생각이 끊어졌기 때문에 일컬을 것이 없다(無稱)고 하고, 세간의 온갖 물질을 초월한 것이기 때문에 일월을 초월하였다고 한다.647) 비록 이러한 해석이 있기는 하지만 빛을 능히 분별할 수도 없고 또한 정중한 것도 아니다.

今卽佛光非算數故無量。無緣不照故無邊。無有人法而能障者故無礙。非諸菩薩之所及故無對。光明自在更無爲上故焰王。從佛無貪善根而現亦除衆生貪濁之心故淸淨。從佛無嗔善根而生能除衆生瞋恚慼心故歡喜。光從佛無癡善根心起復除

---

647) 『無量壽經義疏』(大正藏37, 105中-下), "三是故下。嘆顯勝。有十二句。初無量光。無邊。無礙。此之三種。當相以嘆。無量。多也。無邊。廣也。無礙。自在也。無對。炎王。此之兩種。寄顯勝。他光不敵。名無對光。此光勝餘。名炎王光。淸淨。歡喜。智慧。不斷。此之四種。當相以歎。離垢稱淨。能令見者心悅。名喜。於法善照。名智慧光。常照不絶。名不斷光。難思。無稱。超日月光。此之三種。寄對顯勝。過世心想。故曰難思。過世言相。名無稱光。過世色相。名超日月"

衆生無明品心故智慧。佛之常光恆爲照益故不斷。光非諸二乘等所測度故難思。亦非餘乘等所堪說故無稱。日夜恆照不同娑婆二曜之輝故超日月。總而言之。卽身莊嚴故。論云相好光一尋色像超群生故。

이제 곧 부처님의 광명은 헤아려 셀 수 없기 때문에 한량이 없다(無量)고 하고, 외적조건(緣)이 있다면 비추지 않는 일이 없기 때문에 한계가 없다(無邊)고 한다. 어떠한 人이나 法도 능히 장애가 되지 않기 때문에 장애가 없다(無礙)고 하고, 모든 보살이 미칠 바가 아니기 때문에 상대가 되지 않는다(無對)고 한다. 광명이 자재하여 다시 그 이상인 것이 없기 때문에 焰王이라고 하고, 부처님을 따라서 탐욕을 없애고 선근을 닦아 드러내면 또한 중생의 탐욕과 탁한 마음이 없어지기 때문에 淸淨하다고 한다. 부처님을 따라서 성내는 마음을 없애고 선근을 생하게 하면 능히 중생의 성내고 근심하는 마음이 없어지기 때문에 기쁘다(歡喜)고 한다. 부처님을 따라서 빛에 장애가 없으면 선근의 마음이 일어나 다시 중생의 무명품심을 제거하기 때문에 지혜라고 한다. 부처님은 항상 광명이 두루 미쳐 빛을 비추고 도움이 되므로 끊임이 없다(不斷)고 하고, [부처님의] 빛은 모든 二乘의 무리들이 헤아려 알 수 있는 것이 아니므로 생각하기 어렵다(難思)고 한다. 또한 다른 승의 무리들이 감당할 수 있는 설이 아니기 때문에 일컬을 수 없다(無稱)고 하고, 낮과 밤으로 두루 빛을 비춤이 사바세계의 두 빛(해와 달)과 같지 않기 때문에 해와 달을 초월한다고 한다. 전체적으로 말하자면 佛身의 장엄이다. 『왕생론』에서는 '[부처님의] 상호에서 나오는 빛은 일심648)까지 비추니 뭇 중생들을 초월한 모습이다(相好光一尋色像超

648) 一尋 : 길이의 단위. 1심은 8척.

群生)'649)라고 하였다.

H2_54中, T37_155下

經曰其有衆生至皆蒙解脫者。

經에서 말씀하시기를, "중생이 있어 …모두 해탈을 얻는다"란,

述云此第二見者獲利也。三垢滅者卽除障利。身意歡喜卽生善利。苦得休息者拔苦利。皆蒙解脫者卽得樂利。皆是蒙光觸體者身心柔軟願之所致也。

풀어 말하자면, 이것은 그 두 번째, [그 빛을] 본 자가 이익을 얻음이다. 세 가지 때가 소멸된다(三垢滅)는 것은 곧 장애를 제거하는 이득을 말한다. 몸과 마음이 기뻐함(身意歡喜)이란 곧 선한 것으로부터 생겨나는 이득을 말한다. 고통이 휴식을 얻음(苦得休息)이란 곧 고통을 뽑아내어 버리는 이득을 말한다. 모두 해탈을 얻음(皆蒙解脫)이란 곧 즐거움을 얻는 이득이다. 모두 [부처님의] 광명을 입고 체에 접한 것으로서 身心柔軟願650)이 이룬 바이다.

H2_54下, T37_155下

經曰無量壽佛至亦復如是者。

經에서 말씀하시기를, "무량수불 …또한 다시 이와 같다"란,

述云此第三諸聖共歎。卽無量諸佛悉咨嗟稱名願之報也。

풀어 말하자면, 이것은 세 번째, 모든 성인이 함께 찬탄함이

649) 『無量壽經優婆提舍願生偈』(大正藏26, 231上), "相好光一尋色像超群生"
650) 제33원 : 觸光柔軟願.

다. 즉 한량없는 모든 부처님이 다 칭명원의 과보라고 찬탄하면서 말씀하셨다.

H2_54下, T37_155下

經曰若有衆生至亦如今也者。

經에서 말씀하시기를, "만약 어떤 중생이 …또한 지금과 같다"란,

述云第四聞光獲利。卽投報體禮喜天人致敬願之所成也。

풀어 말하자면, 네 번째, 광명으로 얻을 수 있는 이득에 대해 들음이다. 즉 과보의 체에 의탁하여 예를 갖추어 기뻐함은 天人致敬願651)이 이룬 바이다.

H2_54下, T37_155下

經曰佛言我說至尙未能盡者。

經에서 말씀하시기를, "부처님이 말씀하시기를 네가 설하여 …오히려 능히 다하지 못한다"란,

述云此第二結歎也。卽不虛作住持莊嚴故。論云觀佛本願力遇無空過者能令速滿足功德大寶海故。

풀어 말하자면, 이것은 두 번째, 찬탄을 마무리함이다. 즉 헛되이 [정토에] 머물러 장엄을 한 것이 아니기 때문이다. 『왕생론』에서 말하기를 '부처님의 본원력을 관하여 보면 헛되이 지나간 것이 없음을 알게 된다(觀佛本願力遇無空過者). 능히 공덕의 큰 보배 바다를 속히 완성케 한다(能令速滿足功德大寶海)'652)고 하

---

651) 제37원 : 人天致敬願.

652) 『無量壽經優婆提舍願生偈』(大正藏26, 231上), "觀佛本願力遇無空過者

였다.

H2_54下, T37_155下

經曰佛語阿難至汝寧知乎者。

經에서 말씀하시기를, "부처님이 아난에게 말씀하셨다 …네가 어찌 알겠는가!"란,

述云第二辨所成壽有二。此初直標壽遠也。

풀어 말하자면, 두 번째, 성취한 수명을 분별함이다. 여기에는 두 가지가 있다. 이것은 그 첫 번째, 바로 수명이 멀다는 것을 드러냄이다.

H2_54下, T37_155下

經曰假使十方至知其限極者。

經에서 말씀하시기를, "가령 시방의 …그 한계를 알 수 없다"란,

述云此後寄事顯長也。有說梵云馱演那此云靜慮。昔云禪那或云禪皆訛略也。雖知昔禪卽今靜慮未聞禪字復有所目。良可悲故。今卽禪思者專思之別言也。

풀어 말하자면, 이것은 두 번째, 대상에 기대어 [수명의] 길이를 드러냄이다. 어떤 사람은 범어로는 馱演那[653]인데 이것을 정려라고 한다. 예전에 禪那,[654] 혹은 禪이라고 했었는데 모두 잘못 줄여진 말이다. 비록 옛날의 禪이 지금의 정려라는 것을

能令速滿足功德大寶海"

653) 馱演那 : 범어 dhyāna. 혹은 馱那演那.

654) 『金剛三昧經論』卷上(韓佛全1, 606下), "四名馱演那此云靜慮。寂靜思慮故。又能靜散慮故。舊云禪那。或云持阿那。方俗異語同謂靜慮也"

알았다 해도 禪이라는 글자에 대해 들어본 적이 없다면 다시 주목하겠는가! 진실로 슬퍼할 일이로다. 여기서 禪思라는 말은 오로지 생각만 했음을 다르게 말한 것이다.

H2_54下, T37_156上

經曰聲聞菩薩至所能知也者。

經에서 말씀하시기를, "성문과 보살 …능히 알 수 있는바"란,

述云第二申其眷屬有四。此初例顯壽量也。卽天人壽無能校知願之所成也。

풀어 말하자면, 두 번째, 그 권속에 대해 말함이다. 여기에는 네 가지가 있다. 이것은 그 첫 번째, 수명의 양을 예로써 드러낸 것이다. 즉 천인의 수명을 헤아려 알 수 없기를 바라는 서원655)이 성취한 바이다.

H2_54下, T37_156上

經曰又聲聞菩薩至不可稱說者。

經에서 말씀하시기를, "또 성문 보살이 …세어 말할 수 없다"란,

述云此第二顯衆無數。卽願聲聞無邊之所成也。往生論名衆莊嚴故。頌云天人不動衆淸淨智海生故。

풀어 말하자면, 이것은 그 두 번째, [정토에 살고 있는] 대중의 수가 헤아릴 수 없이 많음을 드러냄이다. 즉 성문이 무수히 많기를 바라는 서원656)이 이루어진 것이다. 『왕생론』에서는

655) 제15원 : 得長壽願.
656) 제14원 : 攝眷屬願.

'[정토에 살고 있는] 대중을 장엄함(衆莊嚴)이라고 불렀다. 게송으로 말하기를 천인은 움직임 없는 무리로서 이들에게 청정한 지혜의 바다가 생겨난다(天人不動衆淸淨智海生)'657)고 하였다.

H2_55上, T37_156上

經曰神智洞達至一切世界者。

經에서 말씀하시기를, "신통과 지혜를 통달하여 …일체세계"란,

述云此第三略歎德勝。卽願得他心智宿命說一切智智慧辯才等之所成也。

풀어 말하자면, 이것은 그 세 번째, 덕의 수승함을 대략적으로 찬탄함이다. 곧 타심지통658)과 숙명통,659) 그리고 설일체지660)를 얻고 지혜변재661) 등을 얻기를 바라는 서원이 이루어진 것이다.

H2_55上, T37_156上

經曰佛語阿難至菩薩亦然者。

經에서 말씀하시기를, "부처님께서 아난에게 말씀하셨다 … 보살 또한 그러하다"란,

述云此第四廣顯衆多有二。此初總標也。初會者偏擧不盡之言顯無數故。

---

657) 『無量壽經優婆提舍願生偈』(大正藏26, 232上), "何者衆莊嚴。偈言天人不動衆淸淨智海生故"

658) 제8원 : 他心智通願. 憬興의 『連義述文贊』에는 8원이 빠져있다.

659) 제5원 : 得宿命樂願.

660) 제25원 : 說法盡勝願.

661) 제30원 : 慧辨無量願.

풀어 말하자면, 이것은 그 네 번째, 대중의 많음을 널리 드러냄이다. 여기에는 두 가지가 있다. 이것은 그 첫 번째, 전체적으로 드러냄이다. 첫 번째 법회란 한 가지만 들고 다 말씀하시지 않으셨다는 것은 헤아릴 수 없이 많음을 드러내기 위한 것이다.

H2_55上, T37_156上

經曰如大目犍連至多少之數者。

經에서 말씀하시기를, "대목건련 같은 이가 …많고 적음의 수"란,

述云此後別釋有二。此初對智歎多也。

풀어 말하자면, 이것은 그 두 번째, 따로 해석함에 두 가지가 있다. 이것은 그 첫 번째, 지혜로운 자에 대해서 그 수가 많음을 찬탄한 것이다.

H2_55上, T37_156上

經曰譬如大海至何所爲多者。

經에서 말씀하시기를, "비유컨대 큰 바다와 같다 …어느 것이 많겠는가"란,

述云此後寄事顯多有三。此初立喻反問也。

풀어 말하자면, 이것은 그 두 번째, 사물에 의지하여 많음을 드러냄이다. 여기에는 세 가지가 있다. 이것은 그 첫 번째, 비유를 세워 반문함이다.

H2_55上, T37_156上

經曰阿難白佛至所能知也者。

經에서 말씀하시기를, "아난이 부처님께 아뢰었다 …능히 알 수 있겠습니까!"란,

述云此次答其多少也。

풀어 말하자면, 이것은 그 두 번째, 그 많고 적음을 답한 것이다.

H2_55上, T37_156上

經曰佛語阿難至如大海水者。

經에서 말씀하시기를, "부처님께서 아난에게 말씀하시기를 …큰 바닷물과 같다"란,

述云此後佛述成也。釋往生論二乘種不生廣如前述故不再解。

풀어 말하자면, 이것은 마지막으로 부처님이 말씀을 마치심이다. 『왕생론』을 풀어보면 '이승의 종성은 왕생할 수 없다'고 하였다. 크게 보면 앞에서 말한 것과 같기 때문에 다시 해석하지 않는다.

H2_55上, T37_156上

經曰又其國土至硨磲**樹者。**

經에서 말씀하시기를, "또 그 국토에는 …자거나무"란,

述云第三顯土報有四。一樹莊嚴二樂莊嚴三宮莊嚴四池莊嚴。初又有三。初寶樹莊嚴次道樹莊嚴後對之歎勝。初又有二。初寶樹後音樂。初又有三。此初純寶樹也。

풀어 말하자면, 세 번째, 국토의 과보를 드러냄에 네 가지가 있다. 첫째, 나무의 장엄, 둘째, 음악의 장엄, 셋째, 궁의 장엄, 넷째, 연못의 장엄이다. 첫 번째 것에 다시 세 가지가 있다. 먼저 보배 나무의 장엄이 있고, 그 다음 길에 있는 나무의 장엄, 마지막으로 그것에 대해 수승함을 찬탄함이다. 첫 번째 것에 다시 두 가지가 있다. 먼저 보배나무이고, 나중에 음악에 대한 장엄이다. 앞의 것에 다시 세 가지가 있다. 이것은 그 첫 번째, 순수한 보배로 이루어진 나무(純寶樹)이다.

H2_55中, T37_156中

經曰或二寶至碼瑙爲實者。

經에서 말씀하시기를, "혹은 두 가지 보배 …마노가 열매가 된다"란,

述云此次雜實樹也。

풀어 말하자면, 이것은 그 두 번째, 뒤죽박죽 열매가 열리는 나무이다.

H2_55中, T37_156中

經曰行行相値至不可稱視者。

經에서 말씀하시기를, "서로 서로 줄 지어 있고 …바라볼 수 없다"란,

述云此後總歎也。

풀어 말하자면, 이것은 마지막, 전체적으로 찬탄함이다.

H2_55中, T37_156中

經曰淸風時發至自然相和者。

經에서 말씀하시기를, “맑은 바람이 불 때 …자연스럽게 서로 조화를 이룬다”란,

述云此第二音樂也。淸風者卽別本云非天之風亦非人之風也。五音者卽詩云宮商角徵羽擬五行之音。今言宮商者卽略擧初二也。宮者麤商者細也。和者應也。不違冒音故云自然和。位法師云五音聲者一諦了二易解三不散四無厭五悅耳。雖有此而無聖說不可在[662]也。

풀어 말하자면, 이것은 그 두 번째, 음악이다. 청풍이란 別本에서 말하기를 天의 바람도 아니고 또한 人의 바람도 아니라고 한다. 오음이란 즉 詩에서 말하기를 궁상각치우[663]로서 오행을 흉내 낸 소리다.[664] 여기서는 宮商이라고 하면 대략 첫 번째 둘을 [대표로] 든 것이다. 궁이란 거칠고, 상이란 미세하다. 和는 응하는 것이다. 冒音에 어긋나지 않기 때문에 자연스럽게 조화를 이룬다고 한다. 法位는 오음의 소리란 첫째, 진실을 밝히고, 둘째, 이해를 쉽게 하고, 셋째, 산란하지 않게 하며, 넷째, 싫증을 내지 않게 하고, 다섯째, 귀를 기쁘게 한다고 하였다.[665] 비록 이런 해석이 있을 수는 있지만 聖說에 의지한 것이 아니다.

---

662) 大正藏脚註(大正藏37, 156中), “在=依?”

663) 慧遠의 『無量壽經義疏』에서도 五音을 宮商角徵羽로 풀이하였으나 五行으로 연결시켜 설명하지는 않았다. 憬興 이후에 五音을 五行에 연결시켜 해석하는 澄觀의 『大方廣佛華嚴經疏』, 師子比丘의 『折疑論』 등의 예가 있다.

664) 『無量壽經述義記[復元]』(韓佛全2, 334上), “五音謂宮商角徵羽 土音爲宮 金之音爲商 木之音名角 火之音爲徵 水之音爲羽 從五行出五音也”

665) 『無量壽經義疏[復元]』卷上(韓佛全2, 14中), “出五音響者一諦了二易解三不散四無厭五悅可”

H2_55中, T37_156中

經曰又無量壽佛至隨應而現者。

經에서 말씀하시기를, "또한 무량수불은 …따라서 나타난다"란,

述云第二辨道場樹有三。此初道樹體相也。一里三百步故四百萬里卽十二萬由旬。應前菩薩少功見道場願而成也。有說隨彼佛身高六十萬億那由他恒河沙由旬以佛神力故。縱小道樹不相妨礙。若爾所餘宮殿不應各稱其形大小故。今彼經佛量旣他受用身故。此道樹卽化土故不相違也。二十萬里者六千由旬。應不稱其本量故。又有本云二百萬里蓋是正也。

풀어 말하자면, 두 번째 도량수를 분별함이다. 여기에는 세 가지가 있다. 이것은 그 첫 번째, 도량수의 體相이다. 1리는 300보이므로 4백만 리는 곧 12만 유순이다. 앞에서 보살의 작은 공덕으로 도량을 보고자 하는 원에 따라서 이루어진 것이다. 어떤 사람은 저 佛身의 키가 60만억 나유타 항하사 유순이라는 점에 따라서 부처님의 신통력[으로 이루어진 것]이라고 한다. 비록 작은 도량수라 하더라도 서로 방해나 장애가 되지 않는다고 한다. 만약 그렇다면 나머지 궁전들도 마땅히 그 형태의 크고 작음을 헤아리지 않아도 될 것이다. 지금 저 經(『法華經』)에서 이미 부처님이 타수용신임을 헤아렸고, 이 도량수는 곧 화토[에 있는 것]이므로 서로 어긋난 것이 아니다. 20만 리란 6천 유순이다. 마땅히 그 본래의 양을 헤아릴 수가 없다. 또 어떤 본에서는 200만 리라고 하는데 아마 이것이 옳을 것이다.

H2_55下, T37_156中

經曰微風徐動至不遭苦患者。

經에서 말씀하시기를, “미풍이 서서히 불면 …괴로움과 근심을 만나지 않는다”란,

述云此次出聲利物也。即妙聲德成故。 論云梵聲悟深遠微妙聞十方故。

풀어 말하자면, 이것은 그 두 번째, 소리를 내어 만물을 이롭게 함이다. 즉 오묘한 소리의 공덕이 이루어짐이다. 『왕생론』에서 말하기를 ‘범음은 깨달음을 깊게 하며 미묘한 소리는 시방에 들리네(梵聲悟深遠微妙聞十方)’666)라고 하였다.

H2_55下, T37_156中

經曰目睹其色至無諸惱患者。

經에서 말씀하시기를, “눈으로 그 색을 보고 …모든 번뇌와 시름이 없다”란,

述云此後見聞獲利有二。此對境得利也。由昔諸根不陋願力之所得故云六根淸。而言深法忍者即達無相生性故。

풀어 말하자면, 이것은 그 세 번째, 보고 들음으로써 이익을 얻음이다. 여기에는 두 가지가 있다. 이것은 대상을 대함으로써 이익을 얻음이다. 옛날에 몸의 모든 감각기관이 미천하지 않기를 바랐던 서원의 힘으로 말미암아 얻는 것이므로 육근이 청정하다고 하는 것이다. 深法忍이라는 말은 無相生性에 통달하였다는 말이다.

H2_55下, T37_156下

666) 『無量壽經優婆提舍願生偈』(大正藏26, 231上), “梵聲語深遠微妙聞十方”

經曰阿難若彼至威神力故者。

經에서 말씀하시기를, “아난이 만약 저 …위신력 때문이다”란,

述云此後智力得忍有二。此初神力得益也。有說初二三地尋聲得悟聲如響故云音響忍。四五六地捨詮趣實故云柔順忍。七地以去捨相證實故云無生忍。忍者慧心安法故。此必不然。初地已上皆已證實。應無尋聲趣實異故。

풀어 말하자면, 이것은 그 두 번째, 지혜의 힘으로 忍을 얻음이다. 여기에는 두 가지가 있다. 이것은 그 첫 번째, 신통력으로 이익을 얻음이다. 어떤 사람은 초지, 이지, 삼지 보살은 소리를 찾음으로서 깨달음을 얻는다. 聲은 響과 같으므로 음향인이라고 한다. 4, 5, 6지 보살은 말을 버리고 실제로 나아가기 때문에 유순인이라고 한다. 7지 이상은 相을 버리고 實을 증득하기 때문에 무생인이라고 한다. 忍이란 지혜로운 마음이 법에 안주하는 것이다.[667] 이는 절대로 그렇지 않다. 초지 이상의 보살은 모두 이미 實을 증득하였기 때문에 마땅히 聲을 찾지 않고 實을 취하는 것과 다르기 때문이다.

有記有說初在十信尋聲悟解故。次在三賢伏業惑故。後證實絶相故云無生忍。此亦非也。未入十信若生彼土不得法忍違本願故。今卽尋樹音聲從風而有。有而非實故得音響忍。柔者無乖角義順者不違空義。悟境無性不違於有而順空故云柔順忍。觀於諸法生絶四句故云無生忍。

어떤 사람은 먼저 십신의 지위에 있는 보살은 소리를 찾아

667) 『無量壽經義疏』(大正藏37, 106上), “慧心安法。名之爲忍。忍隨淺深差別爲三。次列三名。尋聲悟解。知聲如響。名音響忍。三地已還。捨詮趣實。名柔順忍。四五六地。證實離相。名無生忍。七地已上”

깨달음을 얻는다고 하였고, 그 다음으로 三賢의 지위에 있는 보살은 업에 대한 의혹을 조복시켰으며, 마지막으로 실제를 증득하여 상을 끊었기 때문에 무생인이라고 한다는 기록이 있는데 이 또한 잘못이다. 아직 십신에 들어가지 못한 채 정토에 왕생하게 되면 법인을 얻을 수 없게 되어 본원과 어긋나게 된다. 이제 곧 나무의 소리를 찾으면 바람에 따라 존재하는데 존재하기는 해도 實은 아니기 때문에 음향인을 얻는 것이다. 柔는 괴팍하지 않다는 뜻이고, 順은 空에 어긋나지 않는다는 뜻이다. 대상이 고정적인 실체가 없음을 깨달으면 有에 어긋나는 것이 아니라 空에 따르는 것인 까닭에 유순인이라고 한다. 諸法이 생겨나고 없어지는 원리인 四句를 관하였기 때문에 무생인이라고 한다.

H2_56上, T37_156下

經曰本願力故至究竟願故者。

經에서 말씀하시기를, "본원력 때문이며 …구경의 서원이기 때문이다"란,

述云此後願力獲利也。本願者卽往誓願之力。他方菩薩聞名得忍況亦自土。故願無缺故滿足。求之不虛故明了。緣不能壞故堅固。願必遂果故究竟。由此願力生彼土者皆得三忍。

풀어 말하자면, 이것은 마지막, 願力으로 이익을 얻음이다. 본원이란 서원의 힘으로 왕생하는 것이다. 타방의 보살도 아미타불의 이름을 들으면 忍을 얻을 수 있는데 하물며 또한 自土에서는 어떠하겠는가! 따라서 서원에 결함이 없기 때문에 만족이라고 한다. 구하는 것이 공허한 것이 아니므로 명료하다고

한다. 외적 조건이 허물 수 없기 때문에 견고하다고 한다. 서원이 반드시 과보를 이루기 때문에 구경이라고 한다. 이 원력으로 말미암아 정토에 왕생하기 때문에 모두 세 가지 忍을 얻는다고 한다.

H2_56上, T37_156下

經曰佛告阿難至千億倍也者。

經에서 말씀하시기를, “부처님이 아난에게 말씀하시기를 … 천억 배이다”란,

述云此第三對之顯勝也。對第六天者欲界中勝故也。

풀어 말하자면, 이것은 그 세 번째, 대조하여 수승함을 드러냄이다. 제6천과 대조하는 것은 욕계 가운데 수승하기 때문이다.

H2_56上, T37_156下

經曰亦有自然至最爲第一者。

經에서 말씀하시기를, “또한 자연에서 나는 소리가 있어 … 가장 뛰어나다”란,

述云此第二樂莊嚴也。於虛空不從樹風而有故云自然。所顯者皆佛法故無非法音。音非唯可愛亦乃隨故云哀亮。卽虛空莊嚴故。論云無量寶交絡羅網遍虛空種種鈴發響宣吐妙法音故。

풀어 말하자면, 이것은 그 두 번째, 음악의 장엄이다. 허공에서 나무로부터 바람이 나오지 않아도 존재하기 때문에 자연이라고 한다. 나타나는 것은 모두 佛法이기 때문에 법음 아님이

없다고 한다. 소리가 사랑스럽기만 한 것이 아니므로 또한 바로 다르기 때문에 애절하다고 한다. 즉 허공장엄이기 때문이다. 『왕생론』에서는 '한량없는 보배가 서로 얽혀 있어 허공에 그물처럼 두루 하고, 갖가지 방울들이 소리를 낼 때마다 오묘한 법음(부처님의 가르침, 진리)을 설하고 있다(無量寶交絡羅網遍虛空種種鈴發響宣吐妙法音)'668) 고 하였다.

H2_56上, T37_156下

經曰又講堂舍至覆蓋其上者。

經에서 말씀하시기를, "또한 강당, 정사 …그 위를 덮었다"란,

述云此第三宮莊嚴也。交露者幔也。字林幔幕泫泫似垂露故。卽地莊嚴故。論云宮殿諸樓閣觀十方無礙雜樹異光色寶欄遍圍繞故。

풀어 말하자면, 이것은 그 세 번째, 궁의 장엄이다. 交露는 천막이다. 『字林』에서는 幔은 천막이 드리워진 것이 이슬이 내리는 것과 비슷하다고 하였다. 즉 땅의 장엄이다. 『왕생론』에서는 '궁전의 모든 누각에서 시방을 둘러보아도 걸림이 없고, 서로 다른 빛을 발하고 있는 나무와 보배로 된 난간은 그 주위를 둘러싸고 있다(宮殿諸樓閣觀十方無礙雜樹異光色寶欄遍圍繞)'669) 고 하였다.

H2_56中, T37_157上

---

668) 『無量壽經優婆提舍願生偈』(大正藏26, 231上), "無量寶交絡羅網遍虛空種種鈴發響宣吐妙法音"

669) 『無量壽經優婆提舍願生偈』(大正藏26, 231上), "宮殿諸樓閣觀十方無礙雜樹異光色寶欄遍圍繞"

經曰內外左右至各皆一等者。

經에서 말씀하시기를, “안과 밖, 좌우가 …각각이 모두 똑같았다”란,

述云第四池莊嚴有二。此初池相有四。此初池量也。卽水莊嚴故。論云寶華千萬種彌覆池流泉微風動華葉交錯光亂轉故。

풀어 말하자면, 네 번째, 연못의 장엄이다. 여기에는 두 가지가 있다. 이것은 그 첫 번째, 연못의 모습에 관한 것이다. 여기에는 네 가지가 있다. 이것은 그 첫 번째, 연못의 크기이다. 즉 물의 장엄이다. 『왕생론』에서는 ‘보석으로 된 꽃이 천만 가지나 있어 흐르는 물과 샘을 뒤덮고 있는 아미타정토는 산들바람이 불어와 그 꽃잎을 흔들면 [그 꽃들은] 서로 혼란스러울 정도로 뒤섞여 화려하게 빛을 발한다(寶華千萬種彌覆池流泉微風動華葉交錯光亂轉)’670) 고 하였다.

H2_56中, T37_157上

經曰八功德水至味如甘露者。

經에서 말씀하시기를, “여덟 가지 공덕수는 …그 맛은 감로수와 같다”란,

述云此第二水相也。淸淨者卽八中之初。香潔者卽第二也。味如甘露者卽第五也。若欲備釋還同前解故不更論。

풀어 말하자면, 이것은 그 두 번째, 물의 모습이다. 청정함이란 여덟 가지 중 첫 번째이다. 향기롭고 깨끗함이란 두 번째이

670) 『無量壽經優婆提舍願生偈』(大正藏26, 230下-231上), “寶華千萬種彌覆池流泉微風動華葉交錯光亂轉”

다. 맛이 감로수와 같다는 것은 다섯 번째이다.671) 갖추어 해석을 하고 싶지만 도리어 이전의 해석과 같기 때문에 다시 논하지 않는다.

H2_56中, T37_157上

經曰黃金池者至彌覆水上者。

經에서 말씀하시기를, "황금연못이란 …물 위를 가득 덮고 있다"란,

述云此第三池莊嚴也。前堂舍及此池皆由第三十三願之所成也。

풀어 말하자면, 이것은 그 세 번째, 연못의 장엄이다. 앞의 당사 및 이 연못은 모두 제33원으로 이루어진 것이다.

H2_56中, T37_157上

經曰彼諸菩薩及聲聞至不遲不疾者。

經에서 말씀하시기를, "저 모든 보살 및 성문이 …느리지도 않고 빠르지도 않다"란,

述云第四資用任意也。心垢者卽煩惱之名唯慧所除。而水除者觸水爲緣發慧蕩除故。

풀어 말하자면, 네 번째, 마음대로 재물을 씀이다. 마음의 때(心垢)란 번뇌를 말하는 것으로 오직 지혜로만 제거할 수 있다. 물로 제거한다(水除)는 것은 물에 접촉하는 것을 간접적인 조건(緣)으로 삼아 지혜를 발하여 제거하기 때문이다.

---

671) 『無量壽經義疏』(大正藏37, 106中), "言淸淨者。八中淨也。言香潔者。八中香也。味如甘露。八中美也"

H2_56中, T37_157上

經曰波揚無量至歡喜無量者。

經에서 말씀하시기를, "물결이 한량없이 드날려 …한량없는 기쁨이 …"란,

述云第二歎聲有三。此初隨類異聞也。

풀어 말하자면, 두 번째, 소리를 찬탄함이다. 여기에는 세 가지가 있다. 이것은 그 첫 번째, 부류에 따라 다르게 들림이다.

H2_56中, T37_157上

經曰隨順清淨至所行之道者。

經에서 말씀하시기를, "청정함을 따라 …행해야 할 도"란,

述云此第二聞之修善也。眞實義者卽涅槃也。不共法者卽菩提也。所行道者卽彼二果之因也。

풀어 말하자면, 이것은 그 두 번째, 들음으로써 선을 닦음이다. 진실한 뜻(眞實義)이란 곧 열반이다. 함께 하지 않는 법(不共法)이란 보리(진리)이다. 행해야 할 도(所行道)란 두 가지 과보의 원인이다.

H2_56下, T37_157上

經曰無有三途至名曰安樂者。

經에서 말씀하시기를, "삼도는 없고 …이름하여 안락이라고 한다"란,

述云此第三所詮唯樂也。

풀어 말하자면, 이것은 그 세 번째, 오직 즐거움만이 있음을 설명한 것이다.

H2_56下, T37_157上

經曰阿難彼佛至神通功德者。

經에서 말씀하시기를, "아난아! 저 불국토에 …신통과 공덕…"이란,

述云第四顯其所攝有二。初生之報勝卽攝他方願力所成也。後住之報妙卽攝自土願之所成。初又有二。此初正報微妙也。色身者卽此眞金願之報。妙意[672]者卽說一切智願之所成。神通者卽供養他方佛願果也。功德者卽受持諷誦梵行總持三昧等願之遂果也。

풀어 말하자면, 네 번째, 그 포섭한 바를 드러냄이다. 여기에는 두 가지가 있다. 첫째, [정토에] 왕생하는 과보의 수승함, 즉 타방을 포섭하는 서원의 힘이 이룬 것이다. 둘째, [정토에] 머무는 과보의 오묘함, 즉 自土를 포섭하는 서원이 이룬 것이다. 첫 번째 것에 다시 두 가지가 있다. 이것은 그 첫 번째, 正報의 미묘함이다. 색신이란 곧 이 眞金願[673]의 과보이다. 오묘한 소리(妙音)란 곧 說一切智願[674]이 이룬 것이다. 신통이란 곧 供養他方佛願[675]의 과보다. 공덕이란 곧 풍송을 받아 지니고 깨끗한 행으로 總持三昧에 드는 등 서원이 이룬 과보이다.

H2_56下, T37_157上

---

672) 大正藏脚註(大正藏37, 157上), "意=音?"
673) 제3원 : 得身樂願.
674) 제25원 : 說法盡勝願.
675) 제23원 : 承力供聖願.

經曰所處宮殿至涅槃之道者。

經에서 말씀하시기를, "거처하는 궁전 …열반의 도"란,

述云此後依報殊勝。卽萬物嚴麗衣服隨念等願力所成也。帛謙皆言阿彌陀佛及諸菩薩阿羅漢欲食時自然七寶机劫波育罽疊以爲坐。欲得甛酢在所欲得。而今無者蓋略無也。唯言見色聞香。卽知彼土味觸非食不呑咽故。

풀어 말하자면, 이것은 그 두 번째, 依報의 수승함이다. 즉 만물을 아름답게 장엄하고 의복은 생각에 따라서 할 수 있기를 바라는 서원 등이 이룬 바이다. 帛延과 支謙은 모두 아미타불 및 모든 보살과 아라한이 음식을 먹고자 할 때 저절로 칠보 책상과 겁파육과 계첩으로 자리를 삼았다. 첨초를 얻고자 하면 얻고자 하는 바가 존재한다.676) 지금 여기에 없는 것은 대개 생략해서 없는 것이다. 오직 색을 보고 향기를 맡을 뿐이다. 즉 정토에서 맛이란 촉일 뿐이며, 먹는 것도 아니고 목구멍으로 삼키는 것도 아님을 알아야 한다.

有說色不離食故云見色。體卽三塵非也。旣不受用如何味觸。所味名食故。次者近也。無苦可因故。卽樂如漏盡願之報也。

어떤 사람은 色은 食을 떠나지 않으므로 색을 본다고 하였다고 한다. 체란 곧 三塵이라고 하는데 이는 잘못이다. 이미 수용하지 않았는데 어찌하여 맛을 촉이라고 하는가! 맛을 보는

---

676) 『佛說無量淸淨平等覺經』卷第二(大正藏12, 287上-中), "無量淸淨佛。及諸菩薩阿羅漢欲食時。則自然七寶机。自然劫波育。自然罽[疊*毛]以爲座。…其飮食自在所欲得味甛酢"
『佛說阿彌陀三耶三佛薩樓佛檀過度人道經』卷上(大正藏12, 307上), "阿彌陀佛及諸菩薩阿羅漢欲食時。卽自然七寶机。劫波育罽疊以爲座。…欲得甛酢在所欲得"

것을 먹는다고 이름 한다. 버금간다는 말은 가깝다는 뜻이다. 고통 없이 인이 될 수 있다. 즉 즐거움이란 번뇌를 다하고자 한 서원의 과보이다.

H2_57上, T37_157中

經曰其諸聲聞至無極之體者。

經에서 말씀하시기를, “모든 성문은 …다함이 없는 몸”이란,

述云第二舊住報勝有二。初正報勝後依報妙。初又有二。此初直顯報勝也。同一類者卽應第四願之報也。虛無無極者無障故希有故。如其次第卽求那羅延力願之報也。

풀어 말하자면, 두 번째, 오랫동안 머무르는 과보의 수승함이다. 여기에는 두 가지가 있다. 첫째, 正報의 수승함이고, 둘째, 依報의 오묘함이다. 첫 번째 것에 다시 두 가지가 있다. 이것은 그 첫 번째, 과보의 수승함을 직접적으로 드러냄이다. 같은 모습을 함께 함(同一類)이란 제4원[677]에 따른 과보이다. 허무하고 다함이 없음(虛無無極)이란 장애가 없는 것이므로 희유하다고 한다. 차례대로 나라연의 힘을 구하는 서원[678]의 과보이다.

有說既言非天非人故生彼土雖復凡夫非人天趣。若人趣者卽應四天下故有越單曰[679]。若非四天下者卽四洲外別有人趣耶。若有北洲者應有長壽天。故淨土中必有難處。由此淨土非人天趣故非三界。卽智論云無欲故居地故有色故。如其次第非欲色此恐不然。

---

677) 제4원 : 得身樂願.

678) 제26원 : 得那羅延身願.

679) 越單曰은 鬱單曰의 誤記로 보인다. 鬱單曰은 鬱單越과 같은 뜻으로 쓰였다.

어떤 사람은 이미 天도 아니고 人도 아니라고 하였으므로 정토에 왕생하였다면 비록 다시 범부라 할지라도 人天聚에 속하지는 않는다. 만약 人聚라면 곧 마땅히 四天下[680]여야 하므로 북울단월도 있는 것이 된다. 만약 사천하가 아니라면 사주 밖에 따로 人聚가 있어야 할 것이다. 만약 북주가 있다면 마땅히 장수천[681]도 있어야 한다. 따라서 정토 가운데 반드시 難處가 있는 것이 되는 [모순에 빠지게] 된다. 이로 말미암아 정토는 人天聚가 아니며, 三界가 아니라고 한 것이다. 즉 『대지도론』에서 탐욕이 없기 때문에 [욕계가 아니며] 땅에 머물기 때문에 [색계가 아니며] 물질이 있기 때문에 [무색계가 아니라고] 한 것이다.[682] 그 순서대로라면 욕계와 색계가 없어야 한다.[683] 이는 아마도 그렇지 않을 것이다.

本誓唯云有三途者不言善趣故。若非善趣者必應言有五趣者故。又若非佛而非三界者卽違經云三界外有衆生卽非七佛說故。而智論云非三界者且簡穢界故義亦無過。雖有人天人天無別。但逐穢土業以別人天。故云因順餘方有人天之名。由比諸天皆在虛空。帛延云第一四天第二忉利天皆自然在虛空中住止無所依因也。

본래 서원에서는 오직 삼도가 있다고만 말하고 善趣에 대해

---

680) 四天下 : 轉輪王이 거느리는 須彌山의 사방에 있는 네 개의 큰 땅덩이. 東弗婆提, 西瞿陁尼, 南閻浮提, 北鬱單越 등. 四洲라고도 함.

681) 長壽天 : 색계 제4선천 가운데 無想天으로서 여기는 수명이 五百劫이나 된다. 외도의 수행자들 중 대부분이 여기에 태어나서 오랜 시간 동안 불법을 보고 듣지 못하므로 八難 중의 하나가 된다.

682) 『大智度論』卷三十八(大正藏25, 340上), "如是世界在地上故不名色界。無欲故不名欲界。有形色故不名無色界"

683) 『釋淨土群疑論』卷第一(大正藏47, 32下), "若是凡夫得生淨土。是人天趣者。若是人趣。人趣有四。…若是四天下人趣者。彼北鬱單越。應是八難之中鬱單越難。若是色界等。應是長壽天難。此是難處。…故大智度論言。淨土非三界。無欲故非欲界。地居故非色界。有形故非無色界"

서는 말하지 않는다. 만약 선취가 아니라면 마땅히 오취가 있다고 말해야 [하는 모순에 빠질] 것이다. 또 부처도 아니고 삼계도 아니라고 한다면 곧 『인왕경』에서 삼계 밖에 중생이 있다고 하는 것은 七佛의 說이 아니라고 한 것(즉 외도의 설임)684)에 어긋난다. 『대지도론』에서 [정토는] 삼계가 아니라고 했던 것은 또한 마땅히 穢界를 가려낸 것이기 때문에 뜻에는 허물이 없다. 비록 인천이 있으나 인천이 특별한 것은 없다. 다만 예토의 업을 좇아 따로 인천이 있는 것이다. 따라서 타방을 따르는 것을 원인으로 하여 인천의 이름을 갖게 되는 것이다. 모든 천을 비교해 보면 모두 허공에 있다. 帛延이 말하기를 첫 번째 사[천왕]천, 두 번째 도리천은 모두 자연히 허공중에 있으며 因에 의지함 없이 머무는 것이다.685)

H2_57中, T37_157中

經曰佛告阿難至寧可類乎者。

經에서 말씀하시기를, "부처님이 아난에게 말씀하셨다 …어떠하겠는가?"란,

述云此後寄事顯勝有五。此初以貧人對粟散王有三。此初寄事反問也。

풀어 말하자면, 이것은 그 두 번째, 대상에 의지하여 수승함을 드러낸 것이다. 여기에는 다섯 가지가 있다. 이것은 그 첫 번째, 가난한 자와 속산왕686)을 대조한 것이다. 여기에는 세 가

684) 『佛說仁王般若波羅蜜經』卷上(大正藏8, 827上), "三界外別有一衆生界藏者。外道大有經中說。非七佛之所說"

685) 『佛說無量淸淨平等覺經』卷第三(大正藏12, 291下), "第一四王天。第二忉利天。皆自然在虛空中住止。無所依因也"

지가 있다. 이것은 그 첫 번째, 대상에 의지하여 반문한 것이다.

H2_57中, T37_157下

經曰阿難白佛至因能致此者。

經에서 말씀하시기를, "아난이 부처님께 아뢰기를 …인하여 능히 이렇게까지 이르게 되었습니다"란,

述云此次阿難答勝也。底者最也。厮下者陋下之義。殆(徒改反)近也幾也。坐者罪也蒼頡篇坐辜也。鹽鐵論曰什伍相連親戚相坐也。怙(胡古反)福也。厮極者盡疲之義。享者爾雅福厚也。

풀어 말하자면, 이것은 그 두 번째, 아난이 수승함을 답한 것이다. 底는 가장 낮음을 이른다. 厮下는 신분이 낮다는 뜻이다. 殆는 가깝다, 위태롭다는 뜻이다. 坐는 죄를 뜻한다. 『蒼頡篇』687)에서는 좌를 辜라 하였다. 『鹽鐵論』688)에서는 '什伍는 서로 관련시키고, 친척은 서로 연좌한다'689) 하였다. 怙는 복이다. 厮極이란 피로가 극에 이르렀음을 뜻한다. 享은 『爾雅』에서 복이 두텁다는 뜻이라 한다.

H2_57中, T37_157下

經曰佛告阿難汝言是也者。

---

686) 粟散王 : 작은 나라의 왕.

687) 『蒼頡篇』 : 진나라의 승상 李斯가 지은 글. 蒼頡은 중국 고대의 전설적인 제왕인 黃帝 때의 左史로서, 새와 짐승의 발자국을 본떠서 처음으로 문자를 만들었다고 한다.

688) 『鹽鐵論』 : 중국 前漢의 선제(宣帝:재위 BC 74~BC 49) 때에 桓寬이 편찬한 책으로서 당시의 정치·사회·경제·사상 등 전반에 걸쳐 살펴볼 수 있는 기초 사료이다.

689) 『一切經音義』(高麗藏32, 29上), "坐此 慈臥反。案坐罪也。謂相緣罪也。蒼頡篇坐辜也。鹽鐵論曰。什伍相連。親戚相坐"

經에서 말씀하시기를, "부처님께서 아난에게 말씀하셨다. 네 말이 옳다"란,

述云此後佛述成也。

풀어 말하자면, 이것은 마지막으로 부처님이 이룬 것을 말씀하심이다.

H2_57中, T37_157下

經曰計如帝王至帝王邊也者。

經에서 말씀하시기를, "헤아려보자면 제왕과 같다 …제왕의 곁이다"란,

述五云此第二以帝王對輪王也。

풀어 말하자면, 이것은 그 두 번째, 제왕과 전륜성왕을 대조한 것이다.

H2_57中, T37_157下

經曰轉輪聖王至萬億倍也者。

經에서 말씀하시기를, "전륜성왕은 …만억 배이다"란,

述云第三以輪王對帝釋也。

풀어 말하자면, 세 번째, 전륜성왕을 제석천과 대조한 것이다.

H2_57中, T37_157下

經曰假令天帝至不相類也者。

經에서 말씀하시기를, "가령 도리천왕을 …서로 견줄 수도 없다"란,

述云此第四以帝釋對魔王也。

풀어 말하자면, 이것은 그 네 번째, 제석천과 마왕을 대조시킨 것이다.

H2_57中, T37_157下

經曰設第六天王至不可計倍者。

經에서 말씀하시기를, "설사 제육천왕이라 하더라도 …몇 배인지 헤아릴 수가 없다"란,

述云此第五以魔天對西方衆也。

풀어 말하자면, 이것은 그 다섯 번째, 마천과 서방정토의 대중들을 대조한 것이다.

H2_57中, T37_157下

經曰佛告阿難至高下大小者。

經에서 말씀하시기를, "부처님께서 아난에게 말씀하셨다. 높고 낮고 크고 작음이 있다"란,

述云第二辨依妙有六。此初資具稱形也。

풀어 말하자면, 두 번째, 의복의 미묘함을 분별한 것이다. 여기에는 여섯 가지가 있다. 이것은 그 첫 번째, 살림도구의 형태를 설명하는 것이다.

H2_57中, T37_157下

經曰或一寶至應念卽至者。

經에서 말씀하시기를, "혹은 한 보배 …생각하는 대로 바로 나타난다"란,

述云此第二諸寶任意也。

풀어 말하자면, 이번이 그 두 번째, 모든 보배가 뜻대로 됨을 말한다.

H2_57下, T37_157下

經曰又以衆寶至踐之而行者。

經에서 말씀하시기를, "또 여러 가지 보배로 …밟고 간다"란,

述云此第三寶衣布地也。

풀어 말하자면, 이것은 그 세 번째, 보배 옷이 땅을 덮음이다.

H2_57下, T37_157下

經曰無量寶網至盡極嚴麗者。

經에서 말씀하시기를, "한량없는 보배 그물이 …그 아름답게 장엄함은 극에 달한다"란,

述云此第四寶網羅覆也。

풀어 말하자면, 이것은 그 네 번째, 보배 그물이 두루 덮여 있음이다.

H2_57下, T37_157下

經曰自然德風至如是六反者。

經에서 말씀하시기를, "저절로 덕스러운 바람이 불면 …이와 같이 여섯 번 반복하느니라"란,

述云此第五德風吹鼓也。過[690]雅者得中之狀。芬者方言芬和謂芬香和調。裂者宜作烈光也美也。裂非字體。帛謙皆云如是四反。卽供聖之華故於六反無復妨也。

풀어 말하자면, 이것은 그 다섯 번째, 덕의 바람이 북을 침이다. 온화함(溫雅)이란 中을 얻었을 때 나타나는 모습이다. 芬은 방언으로서 芬和는 부드러운 향이 조화를 이룬다는 뜻이다. 裂은 마땅히 烈로 써야 할 것이다. 빛이고 아름다움이기 때문이다. 裂은 글자 자체가 잘못이다. 帛延本과 支謙本에서는 모두 이와 같이 네 번 반복하였다고 한다.[691] 즉 성스러운 꽃을 바치는 것이기 때문에 여섯 번 반복을 하더라도 다시 방해가 되지는 않을 것이다.

H2_57下, T37_158上

經曰又衆寶蓮華至百千億光者。

經에서 말씀하시기를, "또 여러 가지 보배 연꽃이 …백천억의 빛이 있다"란,

述云此第六寶化[692]充滿有二。此初華嚴世界也。暐(于鬼反)說文盛明皃也。曄

---

690) 大正藏脚註(大正藏37, 157下), "過=溫?", 『韓佛全』에는 過는 溫인 것 같다고 되어 있다.

691) 『佛說無量清淨平等覺經』卷第二(大正藏12, 287下), "如是四反"
『佛說阿彌陀三耶三佛薩樓佛檀過度人道經』卷上(大正藏12, 307中), "如是四反"

(爲韶反)華光盛也。又曄(或輒反)草木華貌。煥者明也。爛者文章鮮明也。

풀어 말하자면, 이것은 그 여섯 번째, 보배 꽃이 충만함이다. 여기에는 두 가지가 있다. 이것은 그 첫 번째, 화엄세계이다. 暐는 『설문해자』에 의하면 성하고 밝은 모습이다. 曄은 꽃의 빛이 무성한 것이다. 또 曄은 풀과 나무에 피는 꽃의 모습이다. 煥은 밝다는 뜻이다. 爛이란 문장이 선명함을 말한다.

H2_57下, T37_158上

經曰一一光中至於佛正道者。

經에서 말씀하시기를, "하나하나의 빛 가운데 …부처님의 바른 길로 인도한다"란,

述云此後華光利物也。卽宮[693]莊嚴故。論云如來微妙聲梵響聞十方故。

풀어 말하자면, 이것은 마지막으로 꽃의 빛이 만물을 이롭게 함이다. 즉 口莊嚴[694]이다. 『왕생론』에서 말하기를 '여래의 미묘한 음성은 깨끗한 소리로써 시방에서 들린다(如來微妙聲梵響聞十方)'[695]고 한다.

無量壽經連義述文贊 卷中

692) 大正藏脚註(大正藏37, 158上), "化=花?"
693) 口의 誤記로 보임.
694) 宮莊嚴은 이미 앞에서 나왔으며, 憬興이 인용한 부분을 설명한 부분에서 "何者口莊嚴 偈言如來微妙聲梵響聞十方故"으로 나와 있으므로 宮莊嚴이 아닌 口莊嚴으로 보아야 할 것이다.
695) 『無量壽經優婆提舍願生偈』(大正藏26, 231上), "如來微妙聲梵響聞十方"

無量壽經連義述文贊 卷下

釋璟 興撰

H2_58上, T37_158上

經曰佛告阿難至及不定聚者。

經에서 말씀하시기를, “부처님께서 아난에게 말씀하셨다 … 및 부정취”란,

述云第二辨衆生往生因果。卽遂攝衆生願而申往生。往生有四。一凡小往生二大聖往生三雙以得失勸凡小生四歎彼土勝令大聖求。初又有三。此初彰正定令物仰求也。有說有涅槃法名正定聚無涅槃法名邪定聚。離此二者名不定聚非也。離有種姓無種姓外更無衆生聚。應唯二故。

풀어 말하자면, 두 번째, 중생의 왕생 인과를 분별함이다. 즉 중생을 포섭하는 원을 이루어 왕생을 폄이다. 왕생에는 네 가지가 있다. 첫째, 범부와 소승의 왕생, 둘째, 큰 성인의 왕생, 셋째, [왕생의] 得失을 비교함으로써 범부와 소승에게 왕생을 권함, 넷째, 저 정토의 수승함을 찬탄하여 큰 성인으로 하여금 [이를] 구하도록 한다. 첫 번째 것에는 다시 세 가지가 있다. 이것은 그 첫 번째, 정정취의 [뜻을] 밝혀 만물로 하여금 믿고 따르며 [왕생을] 구하도록 만드는 것이다. 어떤 사람은 열반이 있는 법의 이름이 正定聚이고, 열반이 없는 법의 이름이 邪定聚라고 한다. 이 두 가지를 떠나는 것이 不定聚라고 하는데[696]

696) 『華嚴經探玄記』卷第十四(盡第十地)(大正藏35, 369下), “論中爲五。初一約種姓以分三聚。謂無涅槃法者是邪定。有涅槃法者是正定。正定中三乘各

이는 잘못이다. [붓다가 될] 종성697)이 있는 중생과 종성이 없는 사람을 떠난 그 밖에는 다시 중생취가 없다. 마땅히 오직 두 가지가 있을 뿐이기 때문이다.

有說善趣已前名爲邪定。善趣位中數退數進名爲不定。習種已去分位不退名爲正定。如其二乘外凡常沒名爲邪定。前六方便名爲不定。忍法以上名爲正定。故生彼國者勿問三乘皆住正定更無餘聚故。此亦不然。彼三聚義違諸教理。應如理思。善趣已前既名邪定。若生彼土卽住正定者應越十信卽入習種。必無此義故。若生彼土不卽入習種位故無此咎者還有彼土不定聚故。

어떤 사람은 선취698) 이전의 상태를 사정취라고 부르고, 선취의 지위에 머물면서 자주 물러나고 자주 나아가는 경우를 부정취라고 부른다. 習種性699)의 지위 이후 분위하여 물러나지

別。一向自定離此二。是不定種姓"

697) 種性 : 梵語 gotra. 種姓이라고도 한다. 즉 佛 및 聲聞, 緣覺, 菩薩 등 三乘人이 각각 깨달음을 얻을 수 있는 가능성을 말한다. 여기에는 선천적으로 갖추어져서 변하지 않는 것과 후천적으로 수행하여 얻을 수 있는 두 가지가 있다. 전자는 本性住種性이라 하는데 줄여서 性種性이라고 하고, 후자는 習所成種性이라 하고, 줄여서 習種性이라 한다. 說一切有部 등의 부파에서는 衆生이 先天之性을 갖추고 있어 불성을 얻을 수 있다는 것을 인정하지 않는다. 따라서 후자만을 설한다. 大乘唯識宗은 곧 五姓을 인정하여 先天적인 구별이 있다고 한다. 따라서 性種性을 설하고 이밖에 習種性도 설한다. 이것이 바로 護法의 學派에 속한다. 바꾸어 말하면 종성은 궁극적으로 先天 아니면, 後天에 속한다.

698) 善趣 : 善業에 대한 果報로 중생이 태어나는 곳. 인간과 천상의 二趣 또는 인간과 천상, 아수라의 三趣를 이른다

699) 習種性 : (1)梵語 samudānīta-gotra. 이종성 가운데 하나. 習所成種性이라고도 함. 經에서 後天적인 修行과 熏習으로 얻을 수 있는 種性을 習種姓이라고 한다. 또한 法界等流의 敎化를 듣고, 여러 가지 선을 修習하여 시간이 지날수록 훈습되어 이루어지는 種性이다. 이와 상대가 되는 개념으로서 無始以來로 법답게 존재하면서 輾轉相續하는 無漏因의 種性을 性種性이라 부른다 ; 또한 소위 태어날 때부터 지닌 성질. (2)大乘菩薩의 修行階位 가운데 十住. 이 階位의 菩薩은 空觀의 가르침을 익히고,

않는 지위를 정정취라고 부른다. 마치 이승에서는 外凡[700]이 항상 떨어지므로 사정취라 부르고, 앞의 여섯 가지 방편을 이름하여 부정취라고 하고, 忍法[701] 이상을 이름하여 정정취라고 하는 것과 같다. 따라서 정토에 왕생하는 자는 삼승인지 물어서는 안 된다. 왜냐하면 모두 정정취에 머물며 다시 다른 취는 없기 때문이라고 하나,[702] 이 또한 그렇지 않다. 저 삼취의 뜻은 여러 경전의 내용에 어긋난다. 마땅히 이치에 맞게 생각해야 한다. 선취 이전을 이미 사정취라고 불렀는데, 만약 정토에 태어나면 정정취에 머무른다고 한다면 마땅히 십신을 뛰어넘어 곧 습종위에 들어간다고 해야 하는데 이런 이치는 있을 수가 없다. 만약 정토에 왕생하였는데 습종위에 들지 못하였는데도 이것이 허물이 아니라고 한다면 도리어 정토에 부정취가 있는 것이 된다.

見惑과 思惑을 타파하여 제거한다.[『菩薩瓔珞本業經』卷上](參閱「六種性」)

700) 外凡 : 見道 이전의 修行位. 소승 불교에서는 五停心, 別相念處, 總相念處를 이르고, 대승 불교에서는 오십이위의 처음인 十信位를 이른다.

701) 忍法 : 七賢位의 여섯 번째. 四善根의 第三位의 이름이다. 四諦의 진리에 대해서 忍可하기로 決定하고 흔들림 없는 지혜를 얻는다. 이를 忍이라 하고 그 지혜를 法이라 한다. 俱舍論二十三曰 '此頂善根, 下中上品漸次增長至成滿時, 有善根生, 名爲忍法。於四諦理能忍可中此最勝故'(丁福保:佛學大辭典)

702) 『無量壽經義疏』(大正藏37, 107上), "若依毘曇。外凡常沒。名爲邪定。五停心觀。總別念處。暖頂二心。名爲不定。此等有退。故名不定。忍心已上。堅固不退。名爲正定。若依成實。外凡常沒。名爲邪定。聞思二慧。行有退轉。說爲有退。五停心觀。名爲聞慧。總別念處。名爲思慧。暖頂已上。說名修慧。現見法空。永不退轉。悉爲正定。大乘法中。善趣已前。名爲邪定。善趣位中。數進數退。說爲不定。習種已去。位分不退。說爲正定。莫問大乘小乘衆生。生彼國者皆住正定。所以下釋。彼無邪定及不定聚。故皆正定"

有說依中邊論正位習起既在初地故。此中菩薩往生者唯是初地已上者非也。若唯菩薩者卽違經云皆悉故亦應有不定聚故。

어떤 사람은 『중변분별론』에 의하면 正位習起[703]는 이미 초지에 머물기 때문에 『무량수경』에서 보살로서 왕생한 자는 오직 초지 이상이라고 하는데 이는 잘못이다. 만약 오직 보살만 [왕생이 가능하다]고 한다면 모두 다 [왕생한다]고 했던[704] 경의 내용에 어긋나며 또한 마땅히 부정취가 있는 것이 된다.

有說住正定聚者卽同小經中皆是阿鞞跋致。阿鞞跋致卽不退故。依本業等。十解第七心已去諸位是也。雖有下位從勝言皆是故。此亦不然。既第七心已上名不退者卽諸下位非不退位。應有不定故。

어떤 사람은 정정취에 머무른다는 것은 『아미타경』과 마찬가지로 모두 아비발치라고 한다.[705] 아비발치란 물러나지 않는다는 말인데, 『보살영락본업경』 등에 의하면 十解의 제7심 이후의 모든 지위가 그것(아비발치)이다.[706] 비록 낮은 계위가 있기는 해도 수승한 말(勝言)을 따르면 모두 이것(아비발치)이라고 하나 이 또한 그렇지 않다. 이미 제7심 이상이 불퇴전의 지위라면 [이보다 낮은] 모든 하위는 불퇴전의 지위가 아닌 것이 되어 마땅히 [정토에] 부정취가 있는 것이 되기 때문이다.

---

703) 『中邊分別論』卷下(大正藏31, 463下), "生起聖道名入正位習起"

704) 『佛說無量壽經』卷下(大正藏12, 272中), "佛告阿難。其有衆生生彼國者。皆悉住於正定之聚"

705) 『佛說阿彌陀經』(大正藏12, 347中), "極樂國土衆生生者, 皆是阿鞞跋致"

706) 『菩薩瓔珞本業經』卷上(大正藏24, 1014中-下), "佛子。若退若進者。十住以前一切凡夫法中發三菩提心。有恒河沙衆生。學行佛法信想心中行者。是退分善根。諸善男子。若一劫二劫乃至十劫。修行十信得入十住。是人爾時從初一住至第六住中。若修第六般若波羅蜜。正觀現在前。復値諸佛菩薩知識所護故。出到第七住常住不退。自此七住以前名爲退分"

今卽餘教所說三乘707)皆是穢土。有此三乘708)故。若生淨土不問凡聖定向涅槃定趣善行定生善道定行六度定得解脫故。唯有正定聚而無餘二也。

이제 곧 다른 가르침에서 설한 삼취는 모두 예토라고 하였다. 이러한 삼취가 있기 때문이다. 만약 정토에 왕생하면 범부이건 성인이건 결정코 열반을 지향하며, 결정코 선행으로 나아가고, 결정코 선도에 태어나며, 결정코 육바라밀을 행하고, 결정코 해탈을 얻게 된다. [따라서] 오직 정정취만 있고 다른 두 가지(부정취와 사정취)는 없는 것이다.

H2_58中, T37_158中

經曰十方恆沙至誹謗正法者。

經에서 말씀하시기를, “시방의 항하의 모래와 같은 …정법을 비방하는 사람”이란,

述云此第二擧諸佛歎令增物生去心也。諸佛說旣共歎聞名欲生必得往生故。有說此經據正定聚故除逆謗法。觀經中邪定聚所生故五逆亦生非也。若如所言。下下生人生彼淨土應非正定故。

풀어 말하자면, 이것은 두 번째 모든 부처님이 찬탄하심을 들어 중생으로 하여금 정토에 왕생하고 예토를 떠나려는 마음(生去心)을 증장케 함이다. 모든 부처님께서 설하시기를 아미타 부처님의 이름을 듣고 왕생하기를 원하는 자는 반드시 왕생함을 이미 함께 찬탄하셨다. 어떤 사람은 이 경(『무량수경』)은 정정취에 의거하고 있으므로 오역죄를 지은 자와 정법을 비방하는 자[를 왕생에서] 제외하는 것이고, 『관무량수경』에서는 사정취

707) 大正藏脚註(大正藏37, 158中), “乘=聚?”
708) 위의 각주와 동일. 乘은 聚의 誤記로 보임.

에 태어난 중생이므로 오역죄를 지은 자 또한 왕생한다고 하였으나 이는 잘못이다. 만약 말한 바와 같다면 下品下生人이 저 정토에 태어난다면 마땅히 [그곳은] 정정취가 아닌 [모순이 생기기] 때문이다.

有說雖作五逆若修十六觀卽得往生。卽彼經意也。若不能修十六觀者雖作餘善必不得生故此經除之。此亦非也。下品下生亦修十六觀必違彼經故。今卽此文前已釋故不須更解。而前十念此言一念者最少極多互綺擧故不相違。

어떤 사람은 비록 오역죄를 지었다 하더라도 만약 16관을 닦는다면 곧 왕생할 수 있다고 한 것은 곧 저 經(『관무량수경』)의 뜻이다. 만약 16관을 닦을 수 없다면 비록 다른 선을 지었다고 하더라도 또한 왕생을 할 수 없기 때문에 이 경(『무량수경』)에서 제외한[다고 한] 것이라고 하였으나,[709] 이 또한 잘못이다. 下品下生도 16관을 수행할 수 있으므로 반드시 『관무량수경』에 어긋나게 된다. 이제 곧 이 문장은 앞에서 이미 해석하였다. 그러므로 다시 해석하지 않는 것이다. 앞에서 십념이라고 했던 것과 지금 일념이라고 하는 것은 가장 적은 것과 가장 많은 것이 서로 綺擧하는 것이므로 서로 다른 것이 아니다.

H2_58下, T37_158中

經曰佛告阿難至有其三輩者。

經에서 말씀하시기를, "부처님께서 아난에게 말씀하셨다 … 삼배가 있다"란,

709) 『無量壽經義疏』(大正藏37, 107上), "有人雖復造作逆罪。能修十六正觀善根。深觀佛德。除滅重罪。則得往生。觀經據此。若人造逆。不能修習觀佛三昧。雖作餘善。不能滅罪。故不往生。此經據此"

述云此第三申往生因令人修生有二。此初總標也。有說此中三輩皆生他受用土故。不同觀經生變化土之九品也。假使不能作功德是假設故。十念亦是彌勒所問之所說故。非也。假使之言縱餘功德令發菩提心故經言假使。應如餘言亦是實說故。又若十念卽非凡夫念。如何於上中二輩不說。唯在下輩故。

풀어 말하자면, 이것은 세 번째, 왕생인을 밝혀 사람들로 하여금 이를 닦아 왕생하게 함이다. 여기에는 두 가지가 있다. 이것은 그 첫 번째, 전체적으로 드러냄이다. 어떤 사람은 『무량수경』의 삼배는 모두 타수용토에 왕생하는 것이라고 하였다. 『觀無量壽經』에서 변화토에 왕생하는 구품을 설한 것과 같지 않다. 설사 공덕을 지을 수 없더라도(假使不能作功德)라고 말하는 것은 가설이다. 十念 또한 『彌勒所問經』에서 설했던 것이라고 하는데 이는 잘못이다. 假使라고 말한 것은 다른 공덕도 보리심을 발하게 할 수 있으므로 經에서 假使라고 한 것이다. 마땅히 다른 말과 마찬가지로 진실한 말인 것이다. 또 만약 십념이라면 곧 범부의 念이 아닌데, 어찌하여 상배와 중배의 중생에게 설하지 않고 오직 하배의 중생에게 설하였겠는가?

今卽合彼九品爲此三輩故其義無異。不應難言彼經中上中中二品皆作沙門亦見眞佛不發大心。中下一生不作沙門都不見佛不發大心。而此中輩非作沙門亦見化佛發菩提心。義必相違者中輩之內自有多類。二經各談其一無違。而言當發菩提心者欲顯生彼必發大心。以簡定性不得生故。餘相違文皆此類也。

이제 곧 『관무량수경』의 구품을 합하면 『무량수경』의 삼배가 되므로 그 뜻은 다를 것이 없다. 마땅히 비난의 말을 해서는 안 된다. 저 經(『관무량수경』)에서 중상품과 중중품의 두 품이 모두 사문이 되어 진짜 부처님을 친견하지만 큰마음을 발하지 못하고, 중하품은 평생 사문이 되지 못하고 부처님을 뵙지도 못하며 큰마음을 발하지도 못한다. 그리고 이 경(『무량수경』)의 중배는 사문이 되지는 않지만 化身佛을 보며 보리심을 발한다고 한다. 뜻이 반드시 서로 다른 것은 중배의 안에도 스스로 여러 가지 종류가 있기 때문이다. 두 經에서 각각 [서로 다른] 한 가지만을 말하였으므로 서로 다르다고 할 수 없다. 그리고 마땅히 보리심을 발한다고 한 것은 정토에 왕생하려면 큰마음을 발하여야 한다는 것을 드러내기 위함인데, 定性[二乘]이 왕생할 수 없는 것을 가려내기 위한 것이다. 나머지 서로 다른 문장들도 모두 이와 같은 종류이다.

有說更有往生而非三輩。謂下文中疑五智人疑惑心中修諸功德亦信罪福少修善本願生彼土。以信不定故非前六少修福故亦非後三。由此不入不九品所攝。此亦不然。帛謙皆云中輩之人孤710)疑不信。雖生彼土在其城中於五百年不見佛不聞經不見聖。必不可言疑智凡夫不在九品故。

어떤 사람은 다시 왕생하는데 삼배가 아닌 경우가 있다고 한다. 말하자면 아래 글 중에서 부처님의 五智711)를 의심하는 사람이 의심하는 마음이 있는 상태에서 모든 공덕을 닦고, 또한 죄와 복을 믿어 적은 복을 닦아 저 정토에 왕생하고자 한다. 믿음이 확고하지 않기 때문에 앞의 여섯 가지(상품삼생, 중품삼생)에 해당되지 않으며, 적은 복을 닦았기 때문에 뒤의 세 가지(하품삼생)에 해당되지도 않는다. 이 때문에 구품에 포섭되지 않는다고 하나, 이 또한 그렇지 않다. 帛延과 支謙이 모두 말하기를 중배에 속하는 사람이 의심하고 믿지 못하면, 비록 저 정토에

710) 大正藏脚註(大正藏37, 158下), "孤=狐?"
711) 五智 : 부처가 갖추는 다섯 가지 지혜(智慧). 법계체성지(法界體性智), 대원경지(大圓鏡智), 평등성지(平等性智), 묘관찰지(妙觀察智), 성소작지(成所作智)

왕생하여 그 성 가운데 500년을 있어도 부처님을 뵙지도 못하고, 경의 내용을 듣지도 못하고, 성인들을 보지도 못한다.712) [따라서] 五智를 의심하는 범부가 구품에는 없다고 말해서는 안 된다.

有說不決四疑雖生彼國而在邊地。別是一類非九品攝。是故不應妄生疑惑。此亦不然。二經所說中下之屬所止寶城旣五百。應如此經疑智凡夫所在寶宮殿亦是邊地故。不爾便違經云所居舍宅在地不能令隨意高大在虛空中。復去阿彌陀佛甚大遠故。

어떤 사람은 [만약 이와 같은] 네 가지 의심을 벗어나지 못하면 비록 정토에 왕생하더라도 변방에 있게 된다. [이렇게 의심하는 자는] 따로 한 부류로서 구품에 속하지 않는다. 이런 까닭에 마땅히 망령되이 의혹을 일으켜서는 안 된다고 하나,713) 이 또한 그렇지 않다. 두 경에서 설하는 중배 하배에 속하는 무리들이 보배 성에 머문 지 이미 오백 년이다. 마땅히 이 경(『무량수경』)에서 설했듯이 오지를 의심하는 범부가 머무는 보배궁전 역시 변방에 있다. 그렇지 않다면, 곧 經(支謙本과 帛延本)에서

712) 『佛說無量淸淨平等覺經』卷第二(大正藏12, 292上-中), "佛言。其中輩者。…若其然後中復悔。心中狐疑。…則生無量淸淨佛國。不能得前至無量淸淨佛所。…在城中於是間五百歲。…其人於城中不能得出。復不能得見無量淸淨佛。…亦復不能得見諸比丘僧。亦復不能得見知無量淸淨佛國中諸菩薩阿羅漢狀貌何等類"
『佛說阿彌陀經』卷下(大正藏12, 310上-中), "佛言。其中輩者。…心中狐疑。不信…其人壽命終盡。卽往生阿彌陀佛國。不能得前至阿彌陀佛所。…則受身自然長大在城中。於是間五百歲。…其人城中不能得出。復不能得見阿彌陀佛。…亦復不能得聞經。亦復不能得見諸比丘僧。亦復不能得見知阿彌陀佛國中諸菩薩阿羅漢狀貌何等類"

713) 『無量壽經宗要』(韓佛全 1 562中), "若人不決如是四疑。雖生彼國而在邊地。…別是一類。非九品攝。是故不應妄生疑惑也"

'머무르는 집은 땅에 있으며, 마음대로 집을 높고 크게 허공중에 만들 수가 없다. 다시 아미타불과의 거리가 대단히 크고 멀다'714)고 한 것에 위배된다.

有說疑佛智人卽此中輩觀經中品。故帛謙經中輩云持戒布施飯食沙門作寺起塔後疑不信。其人暫信暫不信續結其善願得往生。雖生彼國不得前至無量壽佛所還道見佛國界邊自然寶城。於五百歲不得見佛聞法等故。不應非法護經中疑佛智人故。此亦不然。

어떤 사람은 부처님의 오지를 의심하는 사람은 곧 『무량수경』에서는 중배, 『관무량수경』에서는 중품이라고 하였다. 따라서 帛延과 支謙은 경에서 중배는 계율을 지키고 보시하고 사문에게 음식을 공양하고 절을 짓고 탑을 세운 후에도 의심하고 믿지 못한다고 하였다. 그 사람이 잠시 믿다가 잠시 믿지 못하더라도 계속해서 선을 행하면서 [왕생하기를] 원하면 왕생할 수는 있다. [그러나] 비록 저 정토에 왕생하더라도 無量壽佛이 계신 곳에 먼저 이르지 못하며, 도리어 길에서 불국의 경계인 변방의 자연보성은 볼 수 있을지라도 오백 년이 지나도 부처님을 보지 못하고 법문을 듣지도 못하는 것이다.715) 마땅히 法護

714) 『佛說阿彌陀經』卷下(大正藏12, 311上), "所居舍宅在地。不能令舍宅隨意高大在虛空中。復去阿彌陀佛大遠"
『佛說無量清淨平等覺經』卷第二(大正藏12, 292下), "所居舍宅在地。不能令舍宅隨意高大在虛空中。復去無量清淨佛。亦復如是"

715) 『佛說無量清淨平等覺經』卷第二(大正藏12, 292上-中), "佛言。其中輩者。…當持經戒無得虧失。益作分檀布施。…飯食沙門。而作佛寺起塔。…心中狐疑。不信…暫信暫不信。…續結其善。願名本續得往生。…其人壽命終盡。則生無量清淨佛國。不能得前至無量清淨佛所。便道見無量清淨佛國界邊自然七寶城。…在城中於是間五百歲。…復不能得見無量清淨佛。…亦復不能得聞經。亦復不能得見諸比丘僧。亦復不能得見知無量清淨佛國中諸菩薩阿羅漢狀貌何等類"

本 가운데 부처님의 오지를 의심하는 사람[에 대한 이야기]가 없지는 않을 것이라고 하나, 이 또한 그렇지 않다.

帛謙下輩亦在路城於五百年不得見佛。如何疑智唯在中輩而非下耶。若言中輩疑智修因相似故。故雖屬中品而非下者。亦可下輩受果似中品故攝疑佛智。果雖相似不攝疑智因雖復同何容疑智。

帛延과 支謙은 하배 또한 길가의 성에 오백 년을 있어도 부처를 보지 못한다고 하였다.[716] 어찌 부처님의 오지를 의심하는 무리가 중배에만 있고 하배에는 없겠는가! 만약 중배로서 부처님의 오지를 의심하는 무리는 [왕생]인을 닦는 것이 서로 비슷하므로 비록 중품에 속하기는 하지만 하품은 아니라고 한다면, 하배 역시 받는 과보가 중품과 비슷하기 때문에 불지를 의심하는 무리에 속한다고 해야 할 것이다. 果가 비록 서로 비슷하다 하더라도 [하배는] 부처님의 오지를 의심하는 무리에 속하지 않는다고 하면서, 因이 비록 같다 할지라도 어찌 [중배를] 부처님의 오지를 의심하는 무리에 수용하겠는가!

『佛說阿彌陀經』卷下(大正藏12, 310上-中), "佛言。其中輩者。…當持經戒無得虧失。益作分檀布施。…飯食諸沙門。作佛寺起塔。…心中狐疑。不信…暫信暫不信。…續其善願爲本故得往生。…其人壽命終盡。卽往生阿彌陀佛國。不能得前至阿彌陀佛所。便道見阿彌陀佛國界邊自然七寶城中。…則受身自然長大在城中。於是間五百歲。…復不能得見阿彌陀佛。…亦復不能得聞經。亦復不能得見諸比丘僧。亦復不能得見知阿彌陀佛國中諸菩薩阿羅漢狀貌何等類"

716) 『佛說無量淸淨平等覺經』卷第二(大正藏12, 292中-下), "佛言。其三輩者。…其人命終。則生無量淸淨佛國。不能得前至。…其人亦復於城中五百歲。…復去無量淸淨佛。亦復如是"
『佛說阿彌陀經』卷下(大正藏12, 310下-311上), "佛言。其三輩者。…其人命終。卽生阿彌陀佛國。不能得前至。…其人亦復於城中。五百歲…不能得近附阿彌陀佛。亦復如是"

又彼所言九品之內屬於中上理必不然。觀經中中上此經疑智華開見佛聞法獲利皆不同故。若言中上自有多種故無此過者豈不中下亦有多種故攝疑智。故今卽疑佛五智中下下上二生所攝。由此帛謙後之二輩皆言在城於五百年不得見佛聞法見聖故。

또한 『관무량수경』에서 설해진 구품 내 중품상생에 속한다는 것은 이치상 반드시 그럴 수가 없다. 『관무량수경』 가운데 나오는 중품상생은 『무량수경』에서는 [부처님의] 오지를 의심하는 무리이다. 꽃이 피어 부처님을 친견하고, 법을 듣고 이익을 취함이 모두 같지는 않다. 만약 중품상생에 여러 가지가 있기 때문에 이 말에 과실이 없다고 한다면, 어찌 중품하생에도 또한 여러 가지가 있어서 오지를 의심하는 무리에 속한다고 하지 않는가? 이제 곧 부처님의 오지를 의심하는 것은 중품하생과 하품상생의 두 품에 속하는 것이다. 이로 말미암아 帛延과 支謙이 중배와 하배가 모두 성에 있으나 오백 년이 지나도록 부처님을 볼 수도 없고, 불법을 들을 수도 없고, 성인을 만날 수도 없다고 했던 것이다.

若三輩若九品皆無寬狹攝往生盡。然彼三品集善爲上止惡爲中造惡爲下。其間委悉應如理思。此中三輩別有三義。一身心異。心卽俱發菩提之心專念彌陀從多同也。身卽出家爲上在俗爲中下。二修因異。卽具修諸行爲上少分修福爲中稱念彼佛十念一念爲下。三生緣異。卽彌陀觀音眞身來迎爲上化身迎接爲中夢見佛身爲下。

삼배든 구품이든 모두 넓고 좁은 구별 없이 다 왕생한다. 그러나 『관무량수경』의 삼품은 선을 모으는 것을 上으로 삼고, 악을 그치는 것을 中으로 삼고, 악을 짓는 것을 下로 삼는다. 그 사이는 다 이치에 따라서 생각하면 된다. 『무량수경』 가운데 삼배는 별도의 세 가지 뜻이 있다. 첫째, 몸과 마음이 다름이다. 마음은 곧 發菩提心을 갖추고 오로지 아미타불을 염한다. 따라서 많은 것이 같다. 몸은 곧 출가하는 것을 상으로 여기고 세속에 있는 것을 중, 하로 여긴다. 두 번째, 닦는 인이 다름이다. 즉 모든 행을 갖추어 닦는 것을 上으로 삼고, 조금씩 나누어 복을 닦는 것을 中으로 삼고, 아미타불의 명호를 부르며 칭명염불함에 十念 혹은 一念으로 하는 것을 下로 삼는다. 세 번째는 왕생의 緣이 다름이다. 즉 아미타불과 관세음보살의 眞身이 임종 시 맞이하러 오는 것을 上으로 삼고, 化身佛이 영접하는 것은 中으로 삼고, 꿈에서 佛身을 보는 것을 下로 삼는다.

帛延三輩別有四義。一身心異。卽出家發菩提心爲上在俗至誠心爲中下。二修行異。卽備修衆行夢見諸聖爲上少分修善日夜不絶夢見諸聖爲中唯斷愛怒念佛十日十夜不絶爲下。三見佛異。卽同此三種也。四受果異。卽生彼土作阿維越宅舍在空去佛亦近爲上路止寶城舍宅在地去佛大遠爲中下。支謙經中從多雖同而有異者欲生彼國懸繒綵作佛寺起塔飯食沙門者當斷愛怒。齋戒淸淨一心念佛十日不絶爲下輩耳。

帛延은 삼배에 별도의 네 가지 뜻이 있다고 한다. 첫째, 몸과 마음이 다름이다. 출가하여 發菩提心을 하는 것을 上으로 삼고, 세속에 있으면서 至誠心을 갖는 것을 中, 下로 삼는다. 둘째, 수행의 다름이다. 즉 뭇 행을 갖추어 닦고, 꿈에서 모든 성인을 보는 것을 上으로 삼고, 선행을 조금 닦기를 밤낮으로 끊임없이 하고 꿈에서 모든 성인을 보는 것을 中으로 삼고, 오직 애정과 분노를 끊고 염불을 십일 낮 십일 밤으로 끊어지지 않게 하는 것을 下로 삼는다. 셋째, 부처님을 친견하는 것이 다름인데, 곧 『무량수경』의 세 가지와 같다. 넷째, 받는 과보의 다름이다. 즉 저 정토에 왕생하고 불퇴전[717]의 집을 허공에 지으며 부처님과의 거리가 가까운 것을 上으로 여긴다. 길이 보배로 지은 성에서 멈춰 집을 땅에 짓고 부처님과의 거리가 매우 멀리 떨어져 있는 것을 中, 下로 여긴다.718) 支謙의 경에서는 많은 것이 [帛延의 경과] 비록 같기는 하지만 다른 점이 있다. 저 국토에 왕생코자 하고, 비단(繒綵)으로 장식하여 절을 만들고 탑을 쌓고 사문에게 음식을 공양하는 것은 마땅히 애욕과 분노를 끊게 해 준다. 목욕재개하고 청정한 한 마음으로 염불하기를 열흘 동안 끊어지지 않게 하면 하배가 될 뿐이라고 하였다.719)

將彼二經對法護本上輩雖同中下卽異。彼之二品疑心在懷不發道意。此中二輩皆發道心決定信故。所以有此參差者蓋彼梵本雖復備有帛謙但翻疑信往生之者法護唯譯淨信修因。其疑智人在後示過故。言雖鉾楯理必無異。欲釋三輩行位之別還如前解故不復論。

장차 저 두 경(帛延本과 支謙本)을 法護本과 비교해 보면 상배는 비록 같지만 중배나 하배는 곧 다르다. 帛延本과 支謙本의

717) 阿維越致 : 梵 avinirvatanīya. 阿鞞跋致, 阿毘跋致라고도 함. 不退, 不退位, 不退轉, 不退墮라고 의역하는데 불도를 구하는 마음이 지극하고 견고하여 惡趣에 다시 떨어지지 않는다는 뜻이다.

718) 『佛說無量淸淨平等覺經』卷第二(大正藏12, 291下-292中), "佛言。何等爲三輩。其最上第一輩者。當去家捨妻子斷愛欲。行作沙門就無爲道。…佛言。其中輩者。其人願欲往生無量淸淨佛國。雖不能去家捨妻子斷愛欲行作沙門者。…復坐中悔。不信往生無量淸淨佛國。作德不至心。用是故爲第二中輩。佛言。其三輩者。…隨其精進求道。早晩之事事同等耳。求道不休會當得之。不失其所欲願也"

719) 『佛說阿彌陀經』卷下(大正藏12, 310下), "佛言。其三輩者。其人願欲往生阿彌陀佛國。若無所用分檀布施。亦不能燒香散華然燈。懸雜繒綵。作佛寺起塔。飯食諸沙門者。當斷愛欲無所貪慕。得經疾慈心精進。不當瞋怒。齋戒淸淨。如是法者。當一心念欲往生阿彌陀佛國。晝夜十日不斷絶者"

중, 하배는 의심하는 마음을 속으로 품어 도를 이루려는 뜻을 내지 못한다고 한 반면, 法護本의 중, 하배는 모두 道心을 내어 결정코 믿는다고 하였다. 이와 같이 뜻이 들쭉날쭉하게 차이가 나는[720] 까닭은 대개 저 범본이 비록 갖추어져 있다 하더라도 帛延과 支謙은 단지 의심하거나 믿는 자가 왕생하는 것으로 번역하였으나, 法護만은 깨끗한 믿음으로 因을 닦는 것으로 번역하였다. 불지를 의심하는 사람에 대해서는 나중에 나오기 때문에 여기서는 그냥 지나친 것이다. 말은 비록 모순인 듯하나 이치는 다를 것이 없다. 三輩의 수행과 지위가 다름을 해석하고자 하였으나 도리어 앞에서 풀어놓은 것과 같은 것이라서 다시 논하지 않는다.

H2_59下, T37_159中

經曰其上輩者至願生彼國者。

經에서 말씀하시기를, "그 상배는 …저 국토에 왕생코자 한다"란,

述云此後別釋有三。此初釋上輩有二。此初正釋有四。此初本有修因也。

풀어 말하자면, 이것은 두 번째 별도의 해석이다. 여기에는 세 가지가 있다. 이것은 그 첫 번째, 상배의 해석으로 여기에는 두 가지가 있다. 이것은 그 첫 번째, 바르게 해석함이다. 여기에는 네 가지가 있다. 이것은 그 첫 번째, 살아 있는 동안[721] 因을 닦는 것을 말한다.

---

720) 參差(참치) : 고르지 않아 가지런하지 않음.

721) 本有 : 衆生들이 輪廻轉生하는 1期를 넷으로 나눈 것을 四有라 하는데, 곧 母胎에 삶을 받은 순간의 生有, 그로부터 죽음의 전까지의 本有, 죽음의 순간의 死有, 다시 삶을 받을 때까지의 中有의 넷이 그것이다.

H2_59下, T37_159中

經曰此等衆生至現其人前者。

經에서 말씀하시기를, “이들 중생은 …그 사람 앞에 나타난다”란,

述云此第二死有相顯也。

풀어 말하자면, 이것은 그 두 번째, 죽는 순간의 모습을 나타냄을 말한다.

H2_59下, T37_159中

經曰卽隨彼佛往生其國者。

經에서 말씀하시기를, “곧 그 부처님을 따라 저 국토에 왕생하여”란,

述云此第三中有逐佛也。

풀어 말하자면, 이것은 그 세 번째, 죽은 뒤 다시 태어날 때까지 부처님을 따르는 것을 말한다.

H2_59下, T37_159中

經曰便於七寶至神通自在者。

經에서 말씀하시기를, “곧 칠보꽃 가운데 …신통하고 자재하다”란,

述云此第四生有獲益也。有說此三輩如其次第卽九品中上中中上下下。故彼經云經一七日得不退轉非也。有說此言住不退轉卽初地已上不退轉位。觀經所言悟無生忍得百法明皆初地故。此亦非也。彼經中生得不退已經一小劫得無生忍。必不可言不退轉卽初地故。今卽上品三生雖有遲疾皆入十信得無生忍悟百明門故云住不退。

풀어 말하자면, 이것은 그 네 번째, 태어나는 순간에 이익을 얻는 것을 말한다. 어떤 사람은 이 삼배는 차례대로, 즉 구품 가운데 상품중생, 중품상생, 하품하생이라고 한다.[722] 따라서 저 經(『관무량수경』)에서 칠일이 지나면 불퇴전의 지위를 얻는다[723]고 하나, 이는 잘못이다. 어떤 사람은 『무량수경』에서 불퇴전에 머문다고 한 것은 곧 초지 이상의 보살로서 불퇴전의 지위에 머문다는 뜻이라고 하였고, 『관무량수경』에서 말했던 무생인을 깨닫고 백법을 밝게 아는 것은 모두 초지이기 때문이라고 하였으나, 이 또한 잘못이다. 저 經(『관무량수경』) 가운데 [정토에] 왕생하여 불퇴전의 지위를 얻고 나서 일 소겁이 지나야 무생인을 얻는다고 하였다.[724] 반드시 불퇴전의 지위가 곧 초지에 오른 것이라고 말할 수는 없다. 이제 상품삼생은 비록 늦고 빠른 차이는 있으나 모두 십신의 지위를 얻어 무생인을 얻고 온갖 법을 밝게 깨닫기 때문에 불퇴전의 지위에 머무는 것이라고 한 것이다.

H2_60上, T37_159中

經曰是故阿難至願生彼國者。

經에서 말씀하시기를, "이런 까닭에 아난은 …저 국토에 왕생코자 한다"란,

---

722) 『無量壽經義疏』(大正藏37, 122中), "但此中上輩人是觀經九輩中上中品人。…此中中輩人應是觀經中品中上品及中中品人。…此中下品人應是觀經下下品人"

723) 『佛說觀無量壽佛經』(大正藏12, 345上), "經於七日。應時卽於阿耨多羅三藐三菩提。得不退轉"

724) 『佛說觀無量壽佛經』(大正藏12, 365上), "經一小劫得無生法忍"

述云此後結勸也。

풀어 말하자면, 이것은 그 두 번째, 권함으로 마무리함이다.

H2_60上, T37_159中

經曰佛告阿難至願生彼國者。

經에서 말씀하시기를, “부처님께서 아난에게 말씀하셨다 … 저 국토에 왕생하고자 하면”이란,

述云此第二釋中輩有二。此初總標也。

풀어 말하자면, 이것은 그 두 번째, 중배를 해석한 것이다. 여기에는 두 가지가 있다. 이것은 그 첫 번째, 전체적으로 드러냄이다.

H2_60上, T37_159中

經曰雖不能行至願生彼國者。

經에서 말씀하시기를, “비록 능히 행하지 못하지만 …저 국토에 왕생코자 하면”이란,

述云此後別釋有四。此初本有修因也。

풀어 말하자면, 이것은 그 두 번째, 별도의 해석이다. 여기에는 네 가지가 있다. 이것은 그 첫 번째, 살아 있는 동안 왕생인을 닦음이다.

H2_60上, T37_159中

經曰其人臨終至現其人前者。

經에서 말씀하시기를, “그 사람이 목숨을 다할 때 …그 사람

앞에 나타난다"란,

述云此第二死有相現也。

풀어 말하자면, 이것은 그 두 번째, 죽는 순간에 모습을 나타냄이다.

H2_60上, T37_159中

經曰卽隨化佛往生其國者。

經에서 말씀하시기를, "곧 화현이신 부처님을 따라서 그 국토에 왕생해"란,

述云此第三中有往趣也。

풀어 말하자면, 이것은 그 세 번째, 죽은 뒤 다시 태어날 때까지 善趣에 왕생함이다.

H2_60上, T37_159下

經曰住不退轉至如上輩者也者。

經에서 말씀하시기를, "다시는 물러나지 않는 위치에 머물며 …上輩와 같다"란,

述云此第四生有獲利也。依觀經上中下皆云彌陀自現其前不言眞化故此文盡理。

풀어 말하자면, 네 번째, 태어나는 순간 이득을 얻음이다. 『관무량수경』에 의하면 上·中·下輩가 모두 아미타 부처님이 그 앞에 나타난다고 하는데 [이는] 진짜로 나타나는 것을 말하는 것이 아니다. 이 문장은 이치를 다하였다.

H2_60中, T37_159下

經曰佛語阿難至欲生彼國者。

經에서 말씀하시기를, "부처님께서 아난에게 말씀하셨다 … 저 국토에 태어나고자 한다"란,

述云第三釋下輩有二。此初總標也。

풀어 말하자면, 세 번째, 하배를 해석함에 두 가지가 있다. 이것은 그 첫 번째, 전체적으로 드러냄이다.

H2_60中, T37_159下

經曰假使不能至願生彼國者。

經에서 말씀하시기를, "설령 능하지 않아도 …저 국토에 나고자 한다"란,

述云此後別釋有三。此初本有修因也。當發菩提心者卽簡定性終不向大故不違觀經之文。

풀어 말하자면, 이것은 두 번째, 별도의 해석으로서 여기에는 세 가지 있다. 이것은 그 첫 번째, 살아 있는 동안 因을 닦음이다. 마땅히 보리심을 발한다는 것은 곧 끝까지 대승을 지향하지 않는 定性[二乘]을 가려낸 것이기 때문에 『관무량수경』의 문장에 위배되는 것은 아니다.

H2_60中, T37_159下

經曰此人共臨終夢見彼佛者。

經에서 말씀하시기를, "이 사람은 함께 임종 시 꿈에 저 부처님을 본다"란,

述云此第二死有相現也。

풀어 말하자면, 이는 그 두 번째, 죽는 순간에 모습을 나타냄이다.

H2_60中, T37_159下

亦得往生至如中輩者也

"또한 왕생을 할 수 있으며 …중배와 같다"란,

述云此第三生有得利也。將彼九品應別配釋。恐言煩故不須備錄。

풀어 말하자면, 이것은 그 세 번째, 태어날 때 이익을 얻음이다. 장차 저 구품이 마땅히 따로 해석을 배정해야 할 것이다. 아마도 말한 것이 번거로울 것 같아 갖추어서 기록하지 않은 것 같다.

H2_60中, T37_159下

經曰佛告阿難至稱歎於彼者。

經에서 말씀하시기를, "부처님이 아난에게 이르시기를 …그것을 칭탄하였다"란,

述云第二大菩薩往生有二。初略標後廣頌。初又有二。此初諸佛共歎也。

풀어 말하자면, 두 번째, 큰 보살이 왕생하는 데는 두 가지가 있다. 첫째, 대략 드러냄, 둘째, 널리 칭송함이다. 첫 번째 것에 다시 두 가지가 있다. 이것은 그 첫 번째, 모든 부처님이 함께 찬탄함이다.

H2_60中, T37_159下

經曰東方恆沙至亦復如是者。

經에서 말씀하시기를, "동방의 항사 …또한 이와 같다"란,

述云此後勝聖共生也。總而言之。欲令凡小增欲生之意故須顯彼國土之勝。

풀어 말하자면, 이것은 두 번째, 수승한 성인이 함께 왕생함이다. 전체적으로 말하자면 범부와 소승으로 하여금 왕생하고자 하는 뜻을 증장시키기 위해서 정토의 수승함을 드러낸 것이다.

H2_60中, T37_159下

經曰爾時世尊而說頌曰者。

經에서 말씀하시기를, "이때 세존께서 …송을 지어 설하시기를"이란,

述云第二廣頌有二。此初瑣文也。

풀어 말하자면, 두 번째, 널리 칭송함으로 여기에는 두 가지가 있다. 이것은 그 첫 번째, 시작하는 글이다.

H2_60中, T37_159下

經曰東方諸佛國至往覲無量覺者。

經에서 말씀하시기를, "동쪽의 모든 불국 …한량없는 깨달음을 얻으신 분들을 뵙는다"란,

述云此後正頌有二。初頌勝聖共生卽十五頌也。後頌諸佛皆歎卽十五頌也。初又有三。初勝聖皆生有二。此初頌東方往生也覲者見也諸候見天子曰覲是也。

풀어 말하자면, 이것은 그 두 번째, 正頌으로서 여기에는 두

가지가 있다. 첫 번째 게송은 수승한 성인이 함께 왕생하는 내용으로 15송이다. 두 번째 게송은 모든 부처님이 찬탄하는 내용으로 15송이다. 첫 번째 것에는 다시 세 가지가 있다. 첫째, 수승한 성인이 모두 왕생함에 두 가지가 있다. 이것은 그 첫 번째, 동쪽으로 왕생함을 칭송한 것이다. 覲은 뵙는다는 뜻으로 제후가 천자를 뵙는 것을 覲이라고 한다는 것이 이것이다.

H2_60下, T37_159下

經曰南西北四維至往覲無量覺者。

經에서 말씀하시기를, "남쪽, 서쪽, 북쪽과 서북, 서남, 동북, 동남쪽[725]…한량없는 깨달음을 얻으신 분들을 뵙는다"란,

述云此後餘方往生也。

풀어 말하자면, 이것은 그 두 번째, 다른 방위의 왕생이다.

H2_60下, T37_159下

經曰一切諸菩薩至供養無量覺者。

經에서 말씀하시기를, "일체 모든 보살 …한량없는 깨달음을 얻으신 분들께 공양한다"란,

述云此第二供敬修福有三。此初外事供養也。

풀어 말하자면, 이것은 그 두 번째, 복을 닦음을 공경함인데 여기에는 세 가지가 있다. 이것은 그 첫 번째, 外事를 공양함이다.

---

725) 四維 : 서북, 서남, 동북, 동남의 네 방위.

H2_60下, T37_160上

經曰究達神通慧至稽首無上尊者。

經에서 말씀하시기를, "신통혜를 구경 통달하여 …위없이 높은 분께 머리를 조아린다"란,

述云此次內業供敬也。究者究竟達者洞達若通若智究竟洞達故云神通慧。則神通究竟智慧洞達義也。傍觀曰遊窮原稱入。深法者卽智所入深門者卽通所遊。故卽通智雙也。福行圓備故具功德藏。慧行殊妙故智無等倫。福是慧資慧是福道故卽福智雙也。

풀어 말하자면, 이것은 두 번째 內業을 공경함이다. 究는 구경이고, 達은 통달함이다. 신통(通)이나 지혜(智)를 구경까지 통달하였기 때문에 神通慧라고 한다. 즉 신통력과 구경의 지혜를 통달했다는 뜻이다. 곁에서 바라봄으로 노닌다(遊)고 하고, 근원을 찾기 때문에 들어간다(入)고 한다. 深法이란 곧 지혜가 들어 있는 것이고, 深門이란 두루 노닐어야 할 곳이다. 따라서 곧 신통과 지혜는 쌍이 된다. 복과 행이 원만하게 갖추어져 있으므로 功德藏을 갖추고 있다고 한다. 지혜와 행이 뛰어나기 때문에 지혜가 짝할 바 없다고 하는 것이다. 福은 慧의 자량이고, 慧는 福의 길이기 때문에 福과 智가 쌍이 된다.726)

有說此之二雙皆歎佛自德非也。通是化物之妙術故。又彼所言智爲通本通是智用亦非也。通旣世俗智必有體用故。慧日者卽從喩之名。惑業苦三能覆眞空及智日月卽同雲覆虛空日月故云生死雲。佛智達眞能除自他惑業苦障故云慧日。令生物

726) 『無量壽經義疏』(大正藏37, 108中), "究竟名究。洞達名達。此通與慧。皆依法成。故復明其遊入深法。倚觀曰遊。窮本稱入。證入法界緣起通門。能現勝通。證入法界緣起智門。能起勝慧。具功德藏。妙智無等。歎佛福智二種行也。福是慧資。慧是福導。是二相須。故并歎之。福行圓備。名具功德。慧行殊勝。名智無等"

解故云照世間。

어떤 사람은 이 두 쌍(通智와 福智)은 모두 부처님의 自德을 찬탄한 것이라고 하였으나[727] 이는 잘못이다. 通은 物을 化하는 妙術이기 때문이다. 또 앞에서 말한 智란 通의 근본이고, 通은 智의 用이라고 하였으나[728] 이 또한 잘못이다. 通은 이미 世俗智라서 반드시 體와 用이 있기 때문이다. 지혜의 해(慧日)란 곧 비유를 따른 이름이다. 혹업의 고통 세 가지는 능히 眞空 및 지혜의 해와 달을 뒤덮는다. 곧 구름과 마찬가지로 허공과 해와 달을 뒤덮어 버린다. 따라서 생사의 구름이라고 한다. 佛智는 참됨을 통달하여 능히 자타의 혹업의 고통과 장애를 제거하기 때문에 지혜의 해(慧日)라고 부른다. 중생으로 하여금 이해하게 만들기 때문에 세간을 비춘다고 하는 것이다.

H2_61上, T37_160上

經曰見彼嚴淨土至願我國亦然者。

經에서 말씀하시기를, "저 정토를 장엄함을 보고 …내 나라도 또한 그러하라고 발원한다"란,

述云此第三見土欣求也。無量心者卽四無量心也。

풀어 말하자면, 이것은 그 세 번째, 정토를 보고 기쁘게 구함이다. 무량심이란 네 가지 무량심을 말한다.

H2_61上, T37_160上

經曰應時無量尊至三匝從頂入者。

727) 『無量壽經義疏』(大正藏37, 108中), "就口歎中。前之一偈。歎佛自德"
728) 『無量壽經義疏』(大正藏37, 108中), "智是通本。通是智用"

經에서 말씀하시기를, "마땅히 이때 무량수 부처님께서 …세 번 돌고 정수리로부터 들어간다"란,

述云此第三頌聞法生智有四。此初現相發起也。遍照者濟之無二故。達身者集德圓滿故。三匝者必兼二大士故。頂入者卽三尊中爲上故。

풀어 말하자면, 이것은 그 세 번째, 법을 듣고 智를 생함을 칭송함이다. 여기에는 네 가지가 있다. 이것은 그 첫 번째, 상을 드러내고 일으킴이다. 두루 비침(遍照)이란 구제함에 둘이 없다는 뜻이다. 몸을 통달한다(達身)는 것은 덕을 완전히 갖춘다는 뜻이다. 세 번 돈다(三匝)는 것은 반드시 二大士(관세음보살, 대세지보살)를 겸하는 것이다. 정수리로 들어감(頂入)이란 삼존 가운데 최고를 말한다.

H2_61上, T37_160上

經曰一切人天衆踊躍皆歡喜者。

經에서 말씀하시기를, "일체 인천의 무리가 뛸 듯이 기뻐 모두 환희한다"란,

述云第二衆見生喜也。

풀어 말하자면, 두 번째, 대중이 [부처님의 광명을] 보고 환희심을 냄이다.

H2_61上, T37_160上

經曰大士觀世音至唯然願說意者。

經에서 말씀하시기를, "대사 관세음 …오직 뜻을 설해주기를

바람이다"란,

述云此第三觀音請說也。

풀어 말하자면, 이것은 그 세 번째, 관세음보살이 설법을 청함이다.

H2_61上, T37_160上

經曰梵聲猶雷震至今說仁諦聽者。

經에서 말씀하시기를, "梵聲(깨끗한 소리)은 천둥 벼락과 같고 …이제 仁을 설해주시기를 제청함이다"란,

述云此第四如來酬請有二。此初略標許勅也。梵聲者總舉八音者別歎。如梵摩喻經中說。一最好聲聲哀妙故。二易了聲言辨了故。三調和聲大小得中故。四柔煗聲聲濡[729]輕故。五不誤聲言無錯失故。六不女聲聲雄朗故。七尊慧聲言有威肅故。八深遠聲聲遠故。以此妙音酬觀音故云暢妙響。

풀어 말하자면, 이것은 그 네 번째, 여래가 청을 들어줌이다. 여기에는 두 가지가 있다. 이것은 그 첫 번째, 설법을 허락함을 대략 드러낸 것이다. 梵聲은 전체적으로 든 것이고, 여덟 가지 음이란 따로 찬탄함이다.『범마유경』가운데서 설한 것과 같다. 첫째, 가장 좋은 소리로서 소리가 슬프고 오묘하다. 둘째, 쉽게 이해할 수 있는 소리로서 분명하게 이해할 수 있게 말하는 것이다. 셋째, 조화로운 소리로서 대승과 소승이 그 가운데를 얻는 것이다. 넷째, 유연한 소리로서 소리가 부드럽고 가볍다. 다섯째, 착오 없는 소리로서 착오와 과실이 없음을 말한다. 여섯

729) 大正藏脚註(大正藏37, 160上), "濡=軟?"

째, 여자의 소리가 아닌 것으로서 소리가 웅장하고 유쾌하며 활달하다. 일곱째, 지혜를 존경하는 소리로서 위엄이 있고 엄숙함이 있는 소리이다. 여덟째, 깊고 먼 소리로서 소리가 멀다.[730] 이러한 묘한 소리로써 관음보살의 청에 응하는 까닭에 오묘한 소리로 드러낸다(暢妙響)고 한다.[731]

H2_61上, T37_160中

經曰十方來正士至受決當作佛者。

經에서 말씀하시기를, "시방에서 온 보살들 …반드시 수기를 받아 성불하리라"란,

述云此後正答所問有四。此初逐願記成佛也。

풀어 말하자면, 이것은 그 두 번째, 바로 질문한 바에 대답함이다. 여기에는 네 가지가 있다. 이것은 그 첫 번째, 서원을 좇아 수기를 받아 성불함이다.

H2_61中, T37_160中

經曰覺了一切法至必成如是剎者。

經에서 말씀하시기를, "일체법을 깨달아 요달하고 …반드시 이와 같은 정토를 이루리라"란,

---

730) 『梵摩渝經』(大正藏1, 884中), "卽大說法聲有八種。最好聲易了聲濡軟聲和調聲尊慧聲不誤聲深妙聲不女聲"

731) 『無量壽經義疏』(大正藏37, 108下), "八種梵音。如彼梵摩喩經中說。一最妙聲。其聲哀妙。二易了聲。言辭辨了。三調和聲。大小得中。四柔軟聲。其聲柔軟。五不誤聲。言無錯失。六不女聲。其聲雄朗。七尊慧聲。言有威肅。如世尊重有慧人聲。八深遠聲。其聲深遠猶如雷震。以此妙音酬答觀音"

述云此第二擧智願記獲土也。

풀어 말하자면, 이것은 그 두 번째, 지혜와 서원을 들어 수기를 받아 정토를 얻음이다.

H2_61中, T37_160中

經曰智法如電影至受決當作佛者。

經에서 말씀하시기를, "법이 번개나 그림자 같은 줄 알고 … 반드시 수기를 받아 성불하리라"란,

述云此第三逐智行記成佛也。

풀어 말하자면, 이것은 그 세 번째, 지와 행을 추구하고 수기를 받아 성불함을 말한다.

H2_61中, T37_160中

經曰通達諸法性至必成如是刹者。

經에서 말씀하시기를, "제법의 성품에 통달하고 …반드시 이와 같은 국토를 얻게 되리라"란,

述云此第四擧智願記成土也。智法如夢電等卽世俗諦智。通達法性空卽勝義諦智。

풀어 말하자면, 이것은 그 네 번째, 지혜와 서원을 들어 수기를 받아 국토를 이룸이다. 제법이 꿈이나 번개와 같음을 아는 것이 일상적 진리[732]에서 말하는 지혜이며, 법성이 공함을 통달하는 것이 구극적 진리[733]에서의 지혜이다.

---

732) 世俗諦 : 俗諦. 일상적 진리.
733) 勝義諦 : 第一義諦. 구극적 진리.

H2_61中, T37_160中

經曰諸佛告菩薩至疾得清淨處者。

經에서 말씀하시기를, “모든 부처님이 보살들에게 하시는 말씀 …청정한 저 국토를 속히 얻으리라”란,

述云第二頌諸佛歎有二。初頌餘佛共歎卽五頌也。後頌釋迦自歎卽十頌也。初又有四。此初聞法得土歎也。

풀어 말하자면, 두 번째, 제불의 찬탄을 칭송함에 둘이 있다. 첫 번째 게송은 다른 부처님들이 함께 찬탄한 즉 다섯 개의 頌이다. 두 번째 게송은 석가모니 부처님의 자탄인 즉 열 개의 頌이다. 첫 번째 것에 다시 네 가지가 있다. 이것은 그 첫 번째, 법을 듣고 국토를 얻음을 찬탄하는 것이다.

H2_61中, T37_160中

經曰至彼嚴淨國至受記成等覺者。

經에서 말씀하시기를, “청정한 저 국토에 가기만 하면 …수기를 받아 위없는 바른 깨달음을 이루리라”란,

述云此第二得通成覺歎。卽前當授菩薩記是也。

풀어 말하자면, 이것은 그 두 번째, 신통력을 얻어 깨달음을 이룸을 찬탄함이다. 곧 앞에서 마땅히 보살이 수기를 받아야 한다고 하는 것이 이것이다.

H2_61中, T37_160中

經曰其佛本願力至自致不退轉者。

經에서 말씀하시기를, “저 부처님이 세우신 본원력은 …스스

로 불퇴전의 위치에 이르게 된다”란,

述云此第三聞名不退歎。卽前住正定聚也。

풀어 말하자면, 이것은 그 세 번째, 부처님의 명호를 듣고 물러나지 않는 지위에 오름을 찬탄함이다. 곧 앞에서 설하였던 ‘정정취에 머물기를 바라는 서원(住正定聚願)’을 말한다.

H2_61中, T37_160中

經曰菩薩興至願至還到安養國者。

經에서 말씀하시기를, “보살아, 일어나 원을 세워 …극락세계로 돌아가리라”란,

述云此第四逐願供佛歎也。願所得土如彌陀國故云國無異。卽求淨土願也。願作佛時德名遠聞故云名顯十方。卽求佛身願也。

풀어 말하자면, 이것은 그 네 번째, 서원을 따라 부처님께 공양함을 찬탄함이다. 서원으로 얻은 국토는 아미타불국과 같다. 그러므로 나라에는 다름이 없다(國無異)고 한다. 곧 정토를 구하는 서원이다. 부처님이 되고자 서원할 때 덕의 이름은 멀리까지도 들리기 때문에 시방에 드러난다고 하는 것이다(名顯十方). 곧 ‘불신을 구하는 서원(求佛身願)’이다.

H2_61下, T37_160中

經曰若人無善本乃獲聞此經者。

經에서 말씀하시기를, “전생에 선을 쌓지 못한 사람이라면 …이 경을 들을 수 있다”란,

述云第二釋迦自歎有三。初歎經難信次佛智難思後勸使發心。初又有二。此初以有善聞歎經微妙也。

풀어 말하자면, 두 번째, 석가모니 부처님이 스스로 찬탄함이다. 여기에는 세 가지가 있다. 첫째, 경이 믿기 어려움을 찬탄함, 둘째, 부처님의 지혜가 헤아려 알기 어려움, 셋째, 권하여 보리심을 발하게 함이다. 첫 번째 것에는 다시 두 가지가 있다. 이것은 그 첫 번째, 선을 쌓았기 때문에 경의 미묘한 뜻을 듣고 찬탄함이다.

H2_61下, T37_160中

經曰曾更見世尊至樂聽如是教者。

經에서 말씀하시기를, "일찍이 다시 세존을 뵙고 …이와 같은 가르침을 즐겨 듣는다"란,

述云此後有惡不信聞以歎經深重也。歎微妙者令人捨惡以修善故。歎深重者令去輕謗生信樂故。

풀어 말하자면, 이것은 그 두 번째, 악이 있으면 듣는 것을 믿지 못하기 때문에 경의 [뜻이] 깊고 무거움을 찬탄한다. 미묘함을 찬탄한다는 것은 사람들로 하여금 악을 버리고 선을 닦도록 만들기 때문이다. 깊고 무거움을 찬탄한다는 것은 가볍게 헐뜯는 것을 제거하고 믿고 즐거워하게 만드는 것이다.

H2_61下, T37_160下

經曰聲聞或菩薩至唯佛獨明了者。

經에서 말씀하시기를, "성문 혹은 보살이 …오직 부처님이 홀로 밝게 아시네"란,

述云第二佛智難思有二。此初對二乘智歎佛獨了也。

풀어 말하자면, 두 번째, 불지는 알기 어려움이다. 여기에는 두 가지가 있다. 이것은 그 첫 번째, 二乘智와 대비하여 볼 때 부처님께서 홀로 알고 계심을 찬탄함이다.

H2_61下, T37_160下

經曰假使一切人至如是致清淨者。

經에서 말씀하시기를, "설사 모든 사람들이 …이와 같이 청정하다"란,

述云此後對諸聖智歎智深淨也。得道者行勝。達空者解深。億劫者時久。窮力者說極。無邊者盡十方。無際者窮三際。清淨者障盡。卽窮至清淨障盡。道果故歎難思也。

풀어 말하자면, 이것은 그 두 번째, 모든 성인의 지혜에 비해 부처님의 지혜가 깊고 깨끗함을 찬탄한 것이다. 도를 얻었다는 말은 행의 수승함이다. 공에 통달하였다는 것은 깊이 이해하고 있음을 뜻한다. 억겁이란 시간적으로 오래되었다는 뜻이다. 힘을 다하였다는 것은 구극을 설하였다는 뜻이다.734) 끝이 없다는 것은 시방을 다하였다는 뜻이다. 한계가 없다는 것은 삼제를 구극한다는 뜻이다. 청정하다는 것은 장애를 다 극복하였다는 뜻이다. 곧 청정하게 장애가 다할 때까지 구극을 다한 도의 과보이므로 헤아려 알기 어려운 것이다.

H2_61下, T37_160下

---

734) 『無量壽經義疏』(大正藏37, 109上), "具皆得道。行德勝也。淨慧達本。空解深也。億劫思佛。觀之久也。窮力講說。言之極也"

經曰壽命甚難得至若聞精勤求者。

經에서 말씀하시기를, "이러한 오랜 수명은 얻기도 대단히 어려운데 …만약 법을 들었다면 힘써 구해야 한다"란,

述云第三勸令求願有三。此初勸聞勤求也。旣離三難不容空過故。壽是道依佛爲勝緣信卽行本故偏說之。

풀어 말하자면, 세 번째, 서원을 구하도록 권하는 것으로 여기에는 세 가지가 있다. 이것은 그 첫 번째, 법을 듣고 부지런히 구하기를 권함이다. 즉 이미 三難[735]을 떠났다면 헛되이 시간이 흘러가도록 허용해서는 안 된다. 목숨은 도의 의지처이고, 부처님은 수승한 연이 되며, 믿는다면 수행의 근본은 있는 셈이기 때문이다. [이는] 일부만 설한 것이다.

H2_62上, T37_160下

經曰聞法能不忘至是故當發意者。

經에서 말씀하시기를, "법문을 듣고 마땅히 잊지 말고 …그러므로 마땅히 발심하여라"란,

述云此次正勸發心也。卽不忘彌陀所說。亦見彼佛心生敬重以爲大喜。行順釋迦釋迦所攝故云我善友。

풀어 말하자면, 이것은 그 두 번째, 발심할 것을 바로 권함이다. 곧 아미타 부처님께서 설한 것을 잊지 말라는 것이다. 또 저 부처님을 뵙고 마음에서 공경심을 내고 중요하게 여김으로써 크게 기뻐한다. 석가모니 부처님을 따라 행하면 석가모니

735) 三難 : 부처님 만나기 어렵고(値佛難), 불법을 듣기가 어렵고(聞法難), 들은 불법을 믿기 어렵다(信受難)

부처님이 포섭하는 바가 되므로 나의 좋은 친구(我善友)라고 한 것이다.736)

H2_62上, T37_160下

經曰設滿世界火至廣度生死流者。

經에서 말씀하시기를, "설사 온 세상에 불길이 가득하더라도 …널리 생사의 흐름에서 중생을 구도하리라"란,

述云此後勸心不退也。

풀어 말하자면, 이것은 그 세 번째, 발심한 마음을 물러나지 않도록 권함이다.

H2_62上, T37_160下

經曰佛告阿難至一切衆生者。

經에서 말씀하시기를, "부처님이 아난에게 말씀하시기를 … 일체중생"이란,

述云第三褒貶得失以勸凡小有三。初歎彼土勝妙令物欣求。次申此方穢惡使人厭捨。後雙彰得失令有脩捨。初又有二。初廣歎勝樂後勸令往生。初又有八。此初壽命長遠也。一生者卽五生之中最後生。

풀어 말하자면, 세 번째, 칭찬하고 나무라며 얻는 바와 잃는 바를 드러냄으로써 범부와 소승에게 권하는 것이다. 여기에는 세 가지가 있다. 첫째, 저 정토의 승묘함을 찬탄함으로써 중생

736) 『無量壽經義疏』(大正藏37, 109中), "聞不忘者。彌陀佛所聞法不忘。言見敬者。見彌陀佛心生重敬。得大慶者。明前聞法見佛恭敬。得善利也。得善可喜。名得大慶。則我善友。爲佛攝也。行順釋迦。名我善友"

으로 하여금 정토왕생을 흔쾌히 구하도록 한다. 다음으로는 인간계의 더러움과 악을 드러냄으로써 사람들로 하여금 그것을 싫어하고 버리도록 하는 것이다. 마지막으로 얻는 바와 잃는 바를 견주어 드러냄으로써 닦아야 할 것과 버려야 할 것을 행하도록 한다. 첫 번째 것에 다시 두 가지가 있다. 첫째, 널리 빼어난 즐거움을 찬탄하고 나중에 왕생하도록 권한다. 첫 번째 것에 다시 여덟 가지가 있다. 이것은 그 첫 번째, 수명의 장원함이다. 一生이란 다섯 번 태어나는 가운데[737] 마지막으로 태어나는 것이다.

權實不定。實卽摩醯首羅智處之生。權亦有二別。若在穢土卽閻色提生名爲一生。若生淨土卽成佛之生名爲一生。今欲簡實故亦云補處。或有疑言彼土菩薩若皆補處不應遊化故。釋除本願皆無中夭。

權과 實이 정해져 있지 않다. 실제(實)로는 摩醯首羅智處[738]에 태어나는 것을 말한다. 방편(權)으로는 따로 두 가지가 있다. 만약 예토에 있다면 염부제에 태어나는 것을 一生이라고 하고, 만약 정토에 왕생하였다면 성불을 하게 되는 그 생을 一生이라고 한다. 이제 실제를 가려내고자 하기 때문에 補處[739]라고 한

---

737) 五生 : 보살이 받는 다섯 가지 삶. 세상의 굶주림과 괴로움을 구하는 息苦生, 온갖 중생의 종류에 따라 나서 그들을 제도하는 隨類生, 形色이나 종족이 부귀한 勝生, 初地에서 十地에 이르며 온갖 왕이 되는 增上生, 최후의 몸인 보살이 되는 最後生을 이른다.

738) 摩醯首羅智處 : 梵 Maheśvara. 摩醯首羅는 大自在天. 智處의 의미는 澄觀의 『華嚴經疏』를 참조할 것. 『大方廣佛華嚴經疏』卷第三十一 (『大正藏』35, 741上), “論云。摩醯首羅智處生故者。智處亦二義。一摩醯首羅智自在故。二攝報智滿成種智故”

739) 補處 : 一生補處. 보살의 가장 높은 지위. 단 한 번의 생사에 관련되어 일생을 마치면 다음에는 부처의 자리에 오른다

다. 혹시 정토에 있는 보살들이 모두 보처라면 마땅히 유행하면서 중생을 교화하는 일을 하지 않게 될 것이라고 의심할 수도 있기 때문이다.740) 그래서 제외한 것이라고 의심을 풀어준다. 본원에는 모두 중간에 뜻하지 않는 재난을 당하는 일은 없다.

H2_62上, T37_161上

經曰阿難彼國至大千世界者。

經에서 말씀하시기를, "아난아, 저 불국토에는 …대천세계"이란,

述云此第二光明殊妙有二。此初標光參差也。玉篇云一尋八尺也。又云七尺此似非也。應同刃故。

풀어 말하자면, 이것은 그 두 번째, 광명의 빼어남과 오묘함이다. 여기에는 두 가지가 있다. 이것은 그 첫 번째, 빛의 고르지 않음을 나타낸 것이다. 『옥편』741)에서는 1尋을 8尺이라고 한다.742) 또 [1尋을] 7尺이라고도 하는데 이것은 비슷하지만 옳은 것이 아니다. [7尺은] 마땅히 1刃과 같은 것이다.743)

---

740) 遊化 : 승려가 遊行하면서 중생을 교화하여 善으로 이끎.

741) 玉篇 : 字典의 일종. 梁나라 顧野王(519~581) 저. 30권. 543년에 만들어졌다고 한다.

742) 『一切經音義』(高麗藏32, 233下-234上), "一尋。古文[上肘下尺]。或作[亻尋] 同。似林反。謂人兩臂爲尋。淮南云人修八八, 海、宛四) 尺。尋自倍。故八尺曰尋也"

743) 『一切經音義』(高麗藏32, 4中), "七仞如振反。說文仞謂申臂一尋也。故論語夫子之牆數仞。包咸曰七尺曰仞。今皆作刃非也"
憬興은 『一切經音義』를 참조하여 설명한 것으로 보인다.

H2_62上, T37_161上

經曰阿難白佛至化生彼國者。

經에서 말씀하시기를, "아난이 부처님께 아뢰기를 …몸을 바꾸어 저 국토에 태어나게 되었다"란,

述云此後逐難更申也。卽言於此土修菩薩行。卽知無諍王在於此方。寶海亦然。

풀어 말하자면, 이것은 그 두 번째, 어려움을 물리쳤음을 다시 드러냄이다. 즉 이곳에서 보살행을 닦고 있다고 말한다. 곧 이 정토에 無諍王이 있음을 안다. 寶海梵志 또한 그렇다.[744]

H2_62中, T37_161上

經曰阿難其有至三十二相者。

經에서 말씀하시기를, "아난아 어떤 …32상"이란,

述云此第三身相備足也。隨好不定故不說之。

풀어 말하자면, 이것은 그 세 번째, [원만한] 몸의 특징이 갖추어져 있음이다. 隨好[745]는 정해져 있는 것이 아니기 때문에 설하지 않는다.

H2_62中, T37_161上

經曰智慧成滿至無生法忍者。

---

744) 『悲華經』(大正藏3)에 의하면 無諍念王은 阿彌陀佛의 前身이며, 寶海梵志는 그 신하였다.

745) 隨好 : 梵 anuvyañjana. 隨形好, 小相, 小好라고도 한다. 불·보살의 몸이 갖춘 수승한 모습 가운데 밖으로 드러나 쉽게 볼 수 있는 것을 相, 미세하고 은밀하여 보기 어려운 것을 好라 한다. 好는 모든 相 사이에 있으면서 相을 따라서 불보살의 몸을 장엄한다.

經에서 말씀하시기를, "지혜가 충만하여 …무생법인"이란,

述云此第四智德勝妙也。有說證會法性故云深入諸法。窮達妙詮故云究暢要妙。此必不然。衆生生彼得此二智應無凡小故。今卽入諸法者悟所詮故。暢要妙者閑能詮故也。有說諸根卽信等五非也。信等卽鈍根故今卽六根也。

풀어 말하자면, 이것은 그 네 번째, 지와 덕이 수승하고 오묘함이다. 어떤 사람은 법성을 깨달았기 때문에 제법에 깊이 들어갔다(深入諸法)고 한다. 오묘한 법에 모두 통달하였기 때문에 묘법을 밝힌다(究暢要妙)고 하나,746) 이는 절대로 그렇지 않다. 중생이 정토에 왕생하여 이 두 가지 지혜를 얻을 수 있다면 마땅히 범부나 소승이 아니기 때문이다. 이제 곧 제법에 들어가는 것은 설명한 바를 깨달은 것이고, 오묘함을 밝힌다는 것은 설명하는 일에 익숙한 것을 말하기 때문이다. 어떤 사람은 諸根이란 곧 믿는 것 등 다섯 가지라고 하는데747) 이는 잘못이다. 믿는 것들은 곧 둔근이기 때문이다. 이제 여기서는 곧 육근을 말한다.

有說二忍者卽生法二忍又五忍中之初二種。無生忍者卽第四忍。此恐不然。無生法忍卽生法忍故。超於順忍忽說無生無別所以故。今卽中下之人唯得音響柔順二忍。上品之屬於不可數法得無生忍故云不可計。旣有利鈍必是凡地故。而非根性利鈍也。

어떤 사람은 二忍이란 곧 生法二忍으로서 五忍 가운데 첫

746) 『無量壽經義疏』(大正藏37, 109下), "深入諸法。證會法性。究暢要妙。窮達敎詮"

747) 信等五根 : 첫째, 信根. 둘째, 精進根. 또는 勤根이라고도 한다. 셋째, 念根. 넷째, 定根. 다섯째, 慧根으로서 모든 善法의 근본이 되기 때문에 五根이라고 한다.

번째 두 가지를 말하며, 무생인은 네 번째 인이라고 하나,[748] 이는 아마 그렇지 않을 것이다. 무생법인이란 곧 생법인이기 때문이다. 순인을 뛰어넘어 갑자기 아무런 이유 없이 무생인을 설하는 데는 특별한 이유가 없기 때문이다. 이제 곧 중배·하배의 사람이 오직 음향인, 유순인의 두 가지 인만 얻을 수 있다. 상품의 무리들은 헤아릴 수 없이 많은 법에 대해서 무생인을 얻는 까닭에 헤아릴 수 없다(不可計)고 한다. 이미 날카롭고 둔한 것이 있다면 이는 범부의 경지이기 때문에 根性이 날카롭거나 둔하거나 하지는 않다.

H2_62中, T37_161上

經曰又彼菩薩至如我國也者。

經에서 말씀하시기를, "또 저 보살은 …나의 국토와 같은 곳"이란,

述云此[749]第如是四反積地四寸也。凞怡說文和悅也方言怡喜也。

풀어 말하자면, 이것은 …이와 같이 네 번 반복한다(如是四反)는 땅에 네 마디나 쌓인 것을 말한다. 凞怡는 『설문해자』에서 和悅이라 하고, 方言으로는 怡喜이다.[750]

H2_62下, T37_161上

經曰佛告阿難至無違無失者。

---

748) 『妙法蓮華經文句』卷第八下(大正藏34, 119下), "二約二法。卽生法二忍二忍卽生法二空。…初後悉不起二邊心。名無生忍"

749) 大正藏脚註(大正藏37, 161上), "冠註曰此下疑有脫文"

750) 『一切經音義』(高麗藏32, 33中), "凞怡 虛之反下與之反。說文凞怡和悅也。方言怡喜也"

經에서 말씀하시기를, "부처님께서 아난에게 말씀하시기를 …어긋남도 없고 과실도 없다"란,

述云此第八行德圓備有二。初別歎後總結。初又有七。此初行修離過有三。此初化行離過。卽順彌陀佛智慧故也。

풀어 말하자면, 이것은 그 여덟 번째, 수행과 공덕이 원만하게 갖추어져 있음이다. 여기에는 두 가지가 있다. 첫 번째, 각각을 찬탄함이고, 두 번째, 전체적으로 끝맺음이다. 첫 번째 것에 다시 일곱 가지가 있다. 이것은 그 첫 번째, 수행을 하여 과실을 떠남이다. 여기에는 세 가지가 있다. 이것은 그 첫 번째, 교화의 행이 과실을 떠남이다. 곧 아미타불의 지혜를 따름이다.

H2_62下, T37_161上

經曰於其國土至無染著心者。

經에서 말씀하시기를, "그 국토에 …염착심은 없다"란,

述曰此第二自行無失有二。此初修自行有六。此初修施行也。離見故無我所心離愛故無染著心。

풀어 말하자면, 이것은 그 두 번째, 自行에 과실이 없음이다. 여기에는 두 가지가 있다. 이것은 그 첫 번째, 自利行[751]을 닦음에는 여섯 가지가 있다. 이것은 그 첫 번째, 보시행을 닦음이다. 나라는 생각(我見)을 떠났기 때문에 내 것이라는 생각(我所心)

751) 自行 : 化他의 대가 되는 개념. 自利의 修行을 가리킨다. 自利라고도 쓴다. 『優婆塞戒經』卷二「自利利他品」에 실린 것을 근거로 한다. 菩薩이 만약 自身修習法行하면 곧 중생을 교화하여 正法으로 나아 갈 수 있다. 대개 自行은 바로 化他의 根本이 된다. 먼저 自行을 하여야 바야흐로 化他가 가능해진다.

이 없다. 애착을 떠났기 때문에 번뇌에 물들어 집착하는 마음(染著心)이 없다.

H2_62下, T37_161中

經曰去來進止至無競無訟者。

經에서 말씀하시기를, “가고 오고 나아가고 머무는데 …다툼도 없고 시비도 없다”란,

述云此第二修戒行也離身過故。去來進止情無所係隨意自在離意過故。無所適莫無彼無我位法師云適者往也。莫者止也。若爾應同去止離身過。今唯論語於天下無所適莫也。適親也莫疏也。離口過故。無競無訟彼我俱已故無有競訟。

풀어 말하자면, 이것은 그 두 번째, 지계행을 닦음이다. 몸으로 짓는 과실을 떠난 것이다. 가고 오고 나아가고 머무는데 정에 걸림이 없고 뜻에 따라 자유롭다(去來進止情無所係隨意自在)고 한 것은 뜻으로 짓는 과실에서 떠나 있음을 말한다. 친하거나 서먹서먹한 것이 없고 너와 나의 차별심이 없다(無所適莫無彼無我)는 말에 대해 法位는 ‘適은 간다는 뜻이고, 莫은 멈춘다는 뜻’이라고 하였다. 만약 그러하다면 마땅히 가고 머문다(去止)는 것과 같아져서 몸으로 짓는 과실을 떠나는 것이 된다. 이제 오직 『논어』에서 “세상에 친한 이도 서먹서먹한 이도 없다(天下無所適莫)”[752]고 했던 것처럼 適은 친하다는 뜻이고, 莫은 서먹서먹하다는 뜻이다. 입으로 짓는 과실을 떠나는 까닭에 다툼도 없고 시비도 없다(無競無訟)고 한다. 남과 나를 함께 멈추었으므로 다툼과 시비가 있을 수 없다.[753]

---

752) 『論語 附諺解 一』卷之四里仁, “子曰君子之於天下也。無適也。無莫也。義之與比” (學民文化社 影印本 298面)

H2_62下, T37_161中

經曰於諸衆生至離蓋淸淨者。

經에서 말씀하시기를, "모든 중생에게 …번뇌를 여의고 청정하며"란,

述云此第三修忍行也。無瞋恚故柔濡無憍慢故調伏。瞋恚旣不起忿恨斯止。由此亦離五蓋淸淨。

풀어 말하자면, 이것은 그 세 번째, 인욕행을 닦음이다. 성내지 않는 까닭에 부드럽게 적시고, 교만심이 없기 때문에 조복받을 수 있다. 성냄을 이미 일으키지 않으면 분한심을 떠나 멈추게 된다. 이로 말미암아 또한 다섯 가지 번뇌를 여의고 청정하게 된다.

H2_62下, T37_161中

經曰無有厭怠至勝心深心者。

經에서 말씀하시기를, "싫증내고 게으른 마음 …수승한 마음, 깊은 마음"이란,

述云此第四修勤行也。求善不息故無懈怠心。無行不修故云等心。無下足故云勝心。無退屈故云深心。

풀어 말하자면, 이것은 그 네 번째, 부지런히 행을 닦음이다. 쉬지 않고 선을 구하는 까닭에 게으른 마음(懈怠心)이 없고, 닦지 않는 행이 없기 때문에 평등한 마음이라고 한다. 수준이 낮

753) 『無量壽經義疏』(大正藏37, 110上), "去來進止情無所係隨意自在。明離身過。無所適莫無彼無我。明離意過。於衆生所。無適適之親。無莫莫之疏。名無適莫。無競無訟。明離口過"

은 행으로는 만족스러워 하지 않기 때문에 수승한 마음이라 하고, 물러나지 않기 때문에 깊은 마음이라고 한다.

H2_63上, T37_161中

經曰定心者。

經에서 말씀하시기를, "안정된 마음"이란,

述云此第五修定行也。離諸散亂故云定心。

풀어 말하자면, 이것은 그 다섯 번째, 선정행을 닦음이다. 모든 산란함을 떠났기 때문에 안정된 마음이라고 한다.

H2_63上, T37_161中

愛法樂法喜法之心者。

經에서 말씀하시기를[754], "법을 사랑하고 법을 즐기며 법을 기뻐하는 마음뿐이다"란,

述云此第六修慧行也。有說愛是欲樂是信喜是貪。有說愛是終成樂是聞時喜是求時。二俱不然。欲信等卽施戒等眷屬行故。以終向始無別所以。如其次第故。今卽聞慧愛樂故云愛法。思慧味著故云樂法。修慧潤神故云喜心。

풀어 말하자면, 이것은 그 여섯 번째, 지혜행을 닦음이다. 어떤 사람은 愛는 욕망이고, 樂은 믿음이고, 喜는 탐심이라고 하였다. 어떤 사람은 愛는 법을 이루었을 때, 樂은 법을 들었을 때, 喜는 법을 구할 때라고 하였다.[755] 두 가지 모두 그렇지 않

754) '經曰'이 누락되어 있어서 집어넣어 번역하였다.

755) 『無量壽經義疏』(大正藏37, 110上), "得法愛著。名爲愛法。此據終也。聞時甘露樂。名爲樂法。此據次也。求時心喜。名爲喜法。此據始也"

다. 앞의 주장은 보시와 지계 등의 眷屬行이기 때문이고, [뒤의 주장은] 끝에서 [시작하여] 처음을 향해야 할 별 다른 까닭이 없으므로 그 순서대로 [풀어야] 한다. 이제 [법에 대해] 들어서 얻은 지혜를 아끼고 즐거워하는 것을 愛法이라 하고, 사유를 통해 얻은 지혜에 집착하는 것을 樂法이라 하고, 수행을 통해 얻은 지혜로써 정신을 윤택하게 하는 것을 喜心이라고 한다.

H2_63上, T37_161中

經曰滅諸煩惱離惡趣心者。

經에서 말씀하시기를, "모든 번뇌를 없애 악취의 마음을 여의고"란

述云此第二離過有說因盡故滅煩惱果盡故離惡趣心非也。果非唯心故。今卽離惑故離煩惱業盡故離惡趣心。

풀어 말하자면, 이것은 그 두 번째, 과실을 떠남이다. 어떤 사람은 원인이 다하였기 때문에 번뇌를 멸하였으며, 그 과보를 다하였기 때문에 악취의 마음을 떠난 것이라고 하였으나 이는 잘못이다. 과보는 오로지 마음만의 문제는 아니기 때문이다. 이제 곧 미혹함을 떠났기 때문에 번뇌를 여읜 것이고 업이 다하였기 때문에 악취의 마음을 떠난 것이다.

H2_63上, T37_161中

經曰究竟一切菩薩所行者。

經에서 말씀하시기를, "모든 보살들이 행한 바를 닦았노라"란,

述云此第三總結也。

풀어 말하자면, 이것은 그 세 번째, 전체적으로 끝맺음이다.

H2_63上, T37_161中

經曰具足成就無量功德者。

經에서 말씀하시기를, “한량없는 공덕을 구족하고 성취한다”란,

述云此第二成德圓備有二。此初總歎也。

풀어 말하자면, 이것은 그 두 번째, 성취한 덕이 원만하게 갖추어져 있음이다. 여기에는 두 가지가 있다. 이것은 그 첫 번째, 전체적으로 찬탄함이다.

H2_63上, T37_161下

經曰得深禪定至覺了法性者。

經에서 말씀하시기를, “깊은 선정을 얻고 …법의 성품을 깨달았느니라”란,

述云此後別歎有二。此初成自德也。禪定通明慧七覺者旣成之德。禪者四禪定者四空通者六通明者三明慧者三慧。七覺亦在見道位故進求佛德故修心佛法所求之德。德雖無量略擧五眼。肉天二眼皆以淨色爲體。彼土肉眼通見無數世界諸色故云淸徹。所見審實故無不了。

풀어 말하자면, 이것은 그 두 번째, 각각을 찬탄함이다. 여기에는 두 가지가 있다. 이것은 그 첫 번째, 自德을 성취함이다. 선정과 밝은 지혜(明慧)에 통달함과 일곱 가지 깨달음(七覺)[756]은

756) 七覺 : 修道를 하는 데 있어서의 일곱 가지 요건. 곧 智慧로써 법의 眞

이미 이루어진 덕이다. 禪이란 四禪을 말하고, 定이란 四空定[757]을 말하며, 通이란 여섯 가지를 통달함(六通)을 말한다. 明이란 三明[758]을 말하며, 慧는 三慧[759]를 말한다. 七覺 또한 見道位[760]에 있는 것이기 때문에 나아가 부처님의 공덕을 구한다. 따라서 마음으로 불법이 추구하는 공덕을 닦는다. 덕은 비록 한량이 없지만 대략 五眼[761]을 들 수 있다. 肉眼과 天眼의 두 눈은 모두 깨끗한 물질(淨色)을 근본(體)으로 삼는다. 정토에서 육안은 헤아릴 수 없이 많은 세계의 모든 물질을 꿰뚫어 볼 수 있기 때문에 맑고 환하다고 한다. 깨달은 바로 진실을 살피기 때문에 이해하지 못할 것이 없다.

有說肉眼見障內色非也。違淸徹明了故。今卽照矚現在色像名爲肉眼。依定所發眼

僞를 選擇하는 택법각, 마음에 善法을 얻어 환희를 느끼는 희각. 허위·煩惱를 끊어 버리고 심신의 經眼을 느끼는 제각. 禪定에 들어가서 妄想을 일으키지 않는 정각, 잘 사념하여 정혜를 명기하는 염각, 執着을 멀리 떠나는 사각, 정진각 등.

757) 四空 : 四空定을 말한다. 삼라만상은 스스로 생긴 것이 아니고 모두 인연에 의하여 생긴다고 보는 네 가지 선정. 空無邊處定, 識無邊處定, 無所有處定, 非想非非想處定을 이른다.

758) 三明 : 아라한이 가지고 있는 세 가지 지혜. 숙명명, 천안명, 누진명을 이른다.

759) 三慧 : 부처의 가르침을 깨달아 아는 세 가지 지혜. 聞慧, 思慧, 修慧를 이른다.

760) 見道位 : 三道의 첫째 단계. 처음으로 지혜를 얻어 번뇌와 迷惑을 벗어나 진리를 보는 단계이다.

761) 五眼 : 수행에 따라 도를 이루어 가는 순서를 보인 다섯 가지 안력(眼力). 가시적인 물질인 色만을 보는 肉眼, 인연과 인과의 원리에 따라 이루어진 현상적인 차별만을 볼 뿐 실체를 보지 못하는 天眼, 空의 원리는 보지만 중생을 이롭게 하는 도리는 보지 못하는 慧眼, 다른 이를 깨달음에 이르게 하지만 加行道를 알지 못하는 法眼, 그리고 모든 것을 보고 모든 것을 다 아는 佛眼을 이른다.

能見衆生死此生彼故名天眼。所見廣多故云無量。亦長遠故云無限。法眼卽以有智爲體能見衆生根欲性心及諸佛法故名法眼。普知三乘道法差別故云究竟諸道。

어떤 사람은 육안으로 장애 안에서 물질(色)을 본다[762]고 하지만 이는 잘못이다. 깨끗하게 꿰뚫어 밝게 안다(淸徹明了)는 말과 어긋나기 때문이다. 이제 곧 현재의 색상을 비추어 자세히 보는 것을 肉眼이라고 한다. 선정에 의지하여 나타난 눈은 능히 중생이 여기에서 죽어 저 정토에 왕생하는 것을 볼 수 있기 때문에 天眼이라고 부른다. 보는 바가 넓고 많기 때문에 한량없다(無量)고 한다. 또한 길고 멀기 때문에 한량이 없다(無限)고 한다.[763] 法眼은 곧 지혜 있음을 體로 삼기 때문에 능히 중생의 근기와 탐욕과 성품과 마음(根欲性心) 및 모든 불법을 볼 수 있기 때문에 法眼이라고 부른다. 두루 삼승의 도법의 차별을 알기 때문에 모든 도를 끝까지 터득한다(究竟諸道)고 하였다.

慧眼卽以空智爲體照眞空理故云見眞。窮眞理之源故云度彼岸。度者至也。佛眼自有二所謂總別。別卽一切種智爲體無法不照故云具足。亦見佛性故云覺法性。總卽前四眼佛之所得。觀境同盡故云具足了。

혜안은 곧 공에 대한 지혜를 體로 삼는다. 진공의 이치를 비추어 알기 때문에 진리를 꿰뚫어 볼 수 있다(見眞)[764]고 한다. 진리의 근원을 다하는 까닭에 피안으로 건너간다고 한다. 度는 이른다는 뜻이다. 佛眼에는 스스로 두 가지가 있다. 이른바 전체와 개별적인 것이 그것이다. 개별적인 것이라면 일체종지를

---

762) 『金剛般若經疏』(大正藏33, 82中), "舊云肉眼見障內"

763) 『無量壽經義疏』(大正藏37, 110中), "斯乃照矚現在色像。名爲肉眼。天眼通達無量無限。天眼勝也。一切禪定。名爲天住。依天得眼。故名天眼。能見衆生死此生彼。所見寬多。故曰無量。所見長遠。故曰無限"

764) 見眞 : 空理를 觀察하는 智慧로써 眞諦의 理致를 꿰뚫어 보는 일.

체로 삼기 때문에 비추지 못하는 법은 없다. 그러므로 완전히 갖추었다(具足)고 한다. 또한 불성을 본다는 것은 법성을 깨달았다는 뜻이다. 전체적으로 보면 앞의 네 가지 눈은 부처가 이미 갖추고 있는 것이다. 경계를 다 관할 수 있기 때문에 완전히 갖추고 깨닫는다(具足了)고 한다.

H2_63中, T37_161下

經曰以無礙智爲人演說者。

經에서 말씀하시기를, “걸림 없는 지혜를 가지고 사람들을 위하여 연설하신다”란,

述云此後成化德。卽四無礙辯爲物說法也。

풀어 말하자면, 이것은 그 두 번째, 중생을 교화하는 덕을 성취함이다. 곧 四無礙辯[765]은 중생을 위해 설법함이다.

H2_63中, T37_161下

經曰等觀三界至煩惱之患者。

經에서 말씀하시기를, “평등하여 삼계를 관하기를 …번뇌의 병”이란,

述云此第三行修具足有二。此初修行也。觀三界空無者卽捨生死行。欲等三界無有一界而不空者故云等觀。志求佛法者卽欣菩提行。具辯才者卽利他之德所謂四

765) 四無礙辯 : 사무애변은 四無礙智라고도 한다. 자유자재하고 막힘없이 설하여 이해시키는 능력. 가르침에 대하여 막힘이 없는 法無礙와 가르침이 나타난 도리에 대하여 막힘이 없는 義無礙와 여러 가지 언어에도 막힘없이 설하는 辭無礙와 앞의 세 가지 지혜로 설하여 막힘이 없는 樂說無礙를 이른다.

辯等。滅煩惱患者化他之益。

풀어 말하자면, 이것은 그 세 번째, 수행을 완전하게 닦음이다. 여기에는 두 가지가 있다. 이것은 그 첫 번째, 행을 닦음이다. 三界가 空하여 無인 것을 관함은 곧 생사를 버리는 행이다. 욕계를 비롯한 삼계가 한 세계도 공하지 않은 곳이 없기 때문에 等觀이라고 한다. 뜻으로써 불법을 구하는 것은 곧 깨달음을 기뻐하는 행이다. 변재를 갖추었다는 것은 남(중생)을 이롭게 하는 공덕으로 이른바 사무애변[766]을 말한다. 번뇌라는 병통을 멸한다는 것은 남(중생)을 교화하는 일의 이익이다.

H2_63下, T37_161下

經曰從如來生至二餘俱盡者。

經에서 말씀하시기를, "여래로부터 생긴 …두 가지를 다 여의었다"란,

述云此後修成有二。此初自行成又有二。此初解行雙成也。

풀어 말하자면, 이것은 그 두 번째, 수행을 성취함이다. 여기에는 두 가지가 있다. 이것은 그 첫 번째, 自利行을 성취함이다. 여기에는 또 두 가지가 있다. 이것은 그 첫 번째, 지혜와 수행의 두 가지가 함께 이루어짐이다.

有說從如來生解法如如者是其理解。善知習滅方便者是其敎解。解由如來敎化而生解一切法皆卽如故云從如來生解法如如。習善之敎名習音聲。滅惡之敎名滅音聲。於此善解巧知故云善知方便。此猶不盡。敎解亦從佛化生故。

---

766) 四辯=四無礙辯

어떤 사람은 여래로부터 생겨난 법은 여여함을 알아야 한다(從如來生解法如如)는 구절은 그 진리를 이해함을 말하며, [번뇌를] 멸하는 방편을 잘 알고 익힘(善知習滅方便)이란 구절은 그 가르침을 이해함을 말한다고 하였다. 이해는 여래의 교화로 말미암아 생기는데 일체법을 이해함은 모두 곧 그와 같은 까닭에 '여래로부터 생겨난 법은 여여함을 알아야 한다(從如來生解法如如)'라고 한 것이다. 善을 익히는 가르침을 習音聲이라고 부른다. 惡을 멸하는 가르침을 滅音聲이라고 부른다. 이에 잘 이해하고 교묘하게 아는 까닭에 '방편을 잘 안다(善知方便)'고 한 것이다.[767] 이는 오히려 다하지 못한 것이다. 가르침에 대한 이해 또한 부처님의 교화로부터 생겨나는 것이기 때문이다.

有說習卽集諦意亦兼苦。滅卽滅諦含道之言。因果相涉。故說四諦之敎卽音聲方便。此亦不然。集雖必苦苦有非集。滅之與道爲無爲異。不可以集滅說攝苦道故。

어떤 사람은 익힌다는 말은 곧 集諦이므로 의미상으로 苦諦를 겸한다고 하며, 멸한다는 말은 곧 滅諦로서 道諦를 포함하는 말이라고 한다. 원인과 결과의 관계로서 서로 관련되어 있기 때문이다. 따라서 사제의 가르침을 설하는 것은 곧 음성방편이라고 하나, 이 또한 그렇지 않다. 집착은 비록 반드시 고통을 낳지만 고통스럽다고 해서 집착으로 인한 것이라고 할 수는 없다. 고통을 멸함이 도와 함께 하면 고통이 없어지거나 다른

767) 『無量壽經義疏』(大正藏37, 110中-下), "從如來生解法如如。是其理解。解由如來敎化出生。是故說之從如來生。空同曰如。解知一切萬法皆如。名解如如。善知習等。是其敎解。習善之敎。名習音聲。滅惡之敎。名滅音聲。菩薩於此悉能善解。故名善知。於中巧知。故曰方便"

결과가 나올 수도 있다. [따라서] 집제와 멸제가 고제와 도제를 포섭한다고 할 수는 없을 것이다.

今卽從如來生者卽總顯菩薩獲解之所由。解法如如者卽別申悟非安立眞之智。善智習滅者卽別辨悟安立諦之解。習滅者擧染因淨果不盡之言。眞絶衆相而說四諦唯教施設故云音聲方便。由於聖教能善解故不欣世語樂在正論。

이제 여래로부터 생겨났다고 하는 것(從如來生)은 보살이 무엇으로 말미암아 이해를 얻게 되었는지 전체적으로 드러낸 것이다. 법이 여여함을 이해한다는 말(解法如如)은 곧 깨달음이 진리에 대한 지혜를 안립한 것이 아님을 개별적으로 드러낸 것이다. 습을 멸하게 하는 법을 잘 안다는 것(善智習滅)은 곧 깨달음이 진리에 대한 이해를 안립하였음을 개별적으로 분별해 놓은 것이다. [선업을] 닦고 [악업을] 멸한다는 것(習滅)[768]은 染因을 들고 淨果를 다 말하지 않은 것이다. 진리로서 뭇 상을 끊고 사제를 설하여 오직 가르침을 시설하기 때문에 음성방편이라고 하였다. 성스러운 가르침에 대해 능히 잘 이해함으로 말미암아 세속의 말에 기뻐하지 않고 즐거움은 正論에 있게 된다.

有說離口四過故不欣世語。作四聖言故樂在正論非也。想實聖言必非正論故卽解成是也。崇佛道者求菩提之心。知法寂滅者修對治之行。二餘俱盡者除障苦之行。

어떤 사람은 구업에서 짓는 네 가지 과실을 떠났기 때문에 세속의 말을 기뻐하지 않는다고 하며, 네 가지 성스러운 말을 하기 때문에 즐거움은 정론에 있다고 하였다고 하는데 이는 잘못이다. 진실함을 생각하며 성스러운 말을 하는 것이 반드시

768) 習滅 : 善法을 닦아 惡法을 제거한다는 뜻.

정론일 필요는 없기 때문이다. 즉 이해를 성취하였다는 것이 이것이다. 불도를 숭상하는 자는 보리의 마음을 구한다. 모든 법은 다 적멸임을 깨닫는다(知法寂滅)는 말은 대치행을 닦는 것이다. 두 가지를 다 여의었다(二餘俱盡)는 말은 장애와 고통을 제거한 행을 말한다.

有說生身是報餘煩惱是分段之餘。初地上盡。變易二餘當盡故。有說煩惱及習二餘俱盡。二俱不然。前七地中亦受分段煩惱餘氣名爲餘習必非煩惱故。如其次第今卽生身在報煩惱苦因。因果二餘皆已盡故卽行成是也。

어떤 사람은 몸을 받는 것(生身)769)은 과보가 남은 것이고, 번뇌는 분단770)이 남은 것이라고 하였다. 초지 이상은 이것이 다한 상태이다. 변역하여 二餘771)를 마땅히 다하였기 때문이라고 하였다. 어떤 사람은 번뇌 및 습기의 二餘가 함께 다한다고 하였으나, 앞의 두 의견 모두 그렇지 않다. 앞의 7地 가운데 또한 分段을 받는데 번뇌가 남아 있는 습기를 이름하여 餘習이라고 한다. 이는 반드시 번뇌는 아닐 것이다. 그 순서에 따라 이제 곧 몸을 받을 때 과보가 있게 마련이고, 번뇌는 고통의 원인이 된다. 인과로서 二餘가 모두 이미 다한 까닭에 행을 성취하였다고 하는 것이 바로 이것이다.

H2_64上, T37_162上

---

769) 生身 : 부처나 菩薩이 衆生을 救하기 위해서 父母에 依託하여 胎生하는 肉身. 正身.

770) 分段 : 六道에 윤회하는 범부가 각기 業因에 따라서 받게 되는 목숨의 길고 짧음의 分限과 신체의 크고 작음, 가늘고 굵음의 形段.

771) 二餘 : 生身의 고통과 번뇌의 두 가지가 남아 있는 것을 말한다. 극락정토에 왕생하는 것은 이 두 가지를 멸했다는 뜻이다.

經曰聞甚深法至常能修行者。

經에서 말씀하시기를, "심오한 법을 듣고 …항상 능히 수행한다"란,

述云此後解行並修也。有說於深能解故不疑於深能入故不懼非也入亦解故。今卽能信深敎故不疑能解深義故不懼進修解是也。常修行者卽進修行也。聞必修習而無間故云常修。

풀어 말하자면, 이것은 그 두 번째, 지혜와 수행을 함께 닦음이다. 어떤 사람은 깊은 뜻을 능히 이해한 까닭에 깊은 뜻에 의심이 없어 능히 들어가기 때문에 두려움이 없다고 하는데[772] 이는 잘못이다. 들어간다는 말 또한 이해한다는 뜻이기 때문이다. 이제 곧 능히 깊은 가르침을 믿기 때문에 의심하지 않으며, 능히 깊은 뜻을 이해하였기 때문에 두려워하지 않고 수행으로 나아가 이해한다고 해야 옳을 것이다. 항상 수행한다(常修行)는 말은 곧 수행에 정진함을 말한다. 가르침을 들으면 반드시 닦고 익힘에 사이가 없기 때문에 항상 수행한다(常修)고 하는 것이다.

H2_64上, T37_162中

經曰其大悲者至靡不覆載者。

經에서 말씀하시기를, "이 대자비는 …덮지 않음이 없다"란,

述云此後化行成也。深遠微妙者歎心深重。靡不覆載者嘆濟普廣。非唯悲蔭亦令出死故云載也。

---

772) 『無量壽經義疏』(大正藏37, 110下), "於深能解。所以不疑。於深能入。爲是不懼"

풀어 말하자면, 이것은 그 두 번째, 교화행의 성취이다. 심원하고 미묘함(深遠微妙)이란 마음이 깊고 침착함을 찬탄하는 것이다. 덮지 않음이 없다(靡不覆載)는 것은 두루 널리 구제함을 찬탄하는 것이다. 오직 자비의 덕택으로 죽음으로부터 벗어나도록 하는 것뿐만이 아니기 때문에 싣는다(載)고 한다.

H2_64中, T37_162中

經曰究竟一乘至于彼岸者。

經에서 말씀하시기를, "일승법을 끝까지 밝혀서 피안에 이른다"란,

述云此第四成德奇勝有二。初成自德後成化德。初又有二。此初集善勝有三對。此初智斷對也。一乘者卽智雖有三乘其極無二故云一乘。有說於此一乘窮名究竟。至涅槃果故至永彼岸非也。若窮一乘至涅槃者應非菩薩故。今卽信解斯極故云究竟彼岸者卽斷。旣得斷智障無爲故云至彼岸。

풀어 말하자면, 이것은 그 네 번째, 덕을 성취함이 대단히 뛰어남이다. 여기에는 두 가지가 있다. 첫째, 스스로 [이롭게 하는] 공덕을 성취함이고, 둘째, 남을 교화하는 공덕을 성취함이다. 첫 번째 것에는 다시 두 가지가 있다. 이것은 그 첫 번째, 善을 모음의 수승함이다. 여기에는 세 가지 對가 있다. 이것은 그 첫 번째, 지혜와 끊음의 對(智斷對)이다. 일승이란 곧 지혜로 말하자면 비록 삼승이 있으나 그 구극은 둘이 아니기 때문에 일승이라고 한다. 어떤 사람은 여기에서 일승의 궁극을 究竟이라고 부르며, 열반과에 이른 까닭에 영원히 피안에 이른다고 하였으나,[773] 이는 잘못이다. 만약 일승을 다하여 열반에 이른

773) 『無量壽經義疏』(大正藏37, 110下), "於此一乘。窮名究竟。至于彼岸。涅

다면 마땅히 보살이 아니기 때문이다. 이제 곧 이러한 구극을 믿고 이해하였기 때문에 究竟이라고 한다. 피안이라면 곧 끊어진 것이다. 이미 지혜의 장애를 끊을 수 있다면 무위이므로 피안에 도달했다(至彼岸)고 하는 것이다.

H2_64中, T37_162中

經曰決斷疑網至該羅無外者。

經에서 말씀하시기를, "의심의 그물을 끊었으니 …다 갖추어 남음이 없다"란,

述云此次理教對也。顯實以除妄故云斷疑網。眞解發中故慧由心出。心者中實義故卽證理慧也。達之無餘故該無外。卽達教解也。有說知無我慧不從外來故慧由心出。知教從心現故該羅無外。此猶未盡。無我慧從佛化生現心上。教非正教性故不可言從心出現。卽知心者中實無外者無餘。卽教智也。

풀어 말하자면, 이것은 그 두 번째, 진리와 가르침의 對(理教對)이다. 진실을 드러냄으로써 망령됨을 제거하기 때문에 의심의 그물을 끊는다(斷疑網)고 한다. 진실한 이해는 마음 가운데를 드러내는 것이기 때문에 지혜는 마음으로부터 나온다(慧由心出)고 한다. 마음은 中의 진실한 뜻(中實義)이기 때문에 곧 진리를 증득한 지혜이다. [이를] 통달하여 남음이 없기 때문에 다 갖추어 남김이 없다(該無外)는 말이다. 곧 가르침을 통한 이해(教解)에 통달하였다는 말이다. 어떤 사람은 무아임을 아는 지혜는 밖으로부터 오는 것이 아니기 때문에 지혜는 마음으로부터 나온다고 한다(慧由心出) 하였고, 가르침은 마음으로부터 나타난다는 것을 알기 때문에 다 갖추어 남음이 없다(該羅無外)고 하였으나, 이

槃果極"

런 해석은 여전히 미진하다. 무아의 지혜는 부처님의 교화로부터 생겨나 마음에 드러난 것이다. 옳고 그름을 가르치는 것이 가르침의 본성이므로, 마음으로부터 나와 드러난 것이라고 말할 수 없다. 즉 마음을 안다는 말은 中의 진실한 이치이고, 無外란 남음이 없다는 뜻이다. 즉 가르침으로 [얻은] 智이다.

H2_64中, T37_162中

經曰智慧如大海至猶如雪山者。

經에서 말씀하시기를, "지혜는 큰 바다와 같고 …여전히 눈 덮인 산과 같다"란,

述云此後定慧對也。慧深廣如海定高勝如山故。慧用明淨超日月定能滿德如雪山故。

풀어 말하자면, 이것은 그 세 번째, 선정과 지혜의 對(定慧對)이다. 지혜는 깊고 넓기가 바다와 같고, 선정은 높고 수승함이 산과 같다. 지혜의 쓰임은 그 밝고 맑음이 해와 달을 초월하며, 선정이 능히 덕을 가득 채우는 것은 마치 설산과도 같다.

H2_64下, T37_162中

經曰照諸功德等一淨故者。

經에서 말씀하시기를, "모든 공덕을 평등하게 비추어 한결같이 깨끗하다"란,

述云此後除障勝有二。此初總標也。位法師云下有二十句皆辨慧能。然慧必不離定故說定慧離障者勝。無有一德而不離染故云等一淨。

풀어 말하자면, 이것은 그 두 번째, 장애를 제거함의 수승함

이다. 여기에는 두 가지가 있다. 이것은 그 첫 번째, 전체적으로 드러냄이다. 法位는 아래 20구절이 모두 지혜의 능력을 변별한 것이라고 했다. 그러나 지혜는 반드시 선정을 떠날 수가 없기 때문에 정혜를 설하여 장애를 떠남이 수승하다고 하는 것이다. 물듦을 떠나지 않고는 하나의 공덕도 있을 수가 없다. 따라서 평등하게 한결같이 깨끗하다(等一淨)고 하였다.

H2_64下, T37_162中

經曰猶如大地至無染污故者。

經에서 말씀하시기를, "대지와 같고 …더러움이 없다"란,

述云此後別釋有三對。初所因所起對。卽異心是二障所因非理作意。垢染如次作意所起智惑障故。次能依所依對。卽煩惱障礙如其次第惑智二障能所依故。後無著無染對。卽於三有著亦所智障。染污唯惑故。

풀어 말하자면, 이것은 그 두 번째, 별도의 해석이다. 여기에는 三對가 있다. 첫째, 원인과 그로 인해 일어난 결과의 對(所因所起對)이다. 즉 다른 마음이란 二障(번뇌장, 소지장)의 원인, 즉 부주의한 사고의 습관(非理作意)[774]이다. 垢染은 다음과 같이 사유를 할 때 소지장과 번뇌장을 일으킨다. 둘째, 의지하는 것과 의지처가 되는 것의 對(能依所依對)이다. 즉 번뇌와 장애는 그 순서대로 번뇌장과 소지장(二障)의 의지처가 된다. 셋째, 집착도 없고 물들음도 없는 것의 對(無著無染對)이다. 즉 삼계(=三有)[775]에 대한 집착 또한 소지장이다. 더러움은 오직 미혹함일 뿐이다.

---

774) 非理作意 : 이치에 맞게 사유하지 못하는 상태. 번뇌의 원인이 됨. 如理作意의 반대말.

775) 三有 : 欲有, 色有, 無色有로서 三界와 같은 의미를 갖고 있다.

H2_64下, T37_162下

經曰猶如大乘至大慈等故者。

經에서 말씀하시기를, "대승과 같고 …대자비가 평등한 까닭이다"란,

述云第二化德成有十三句略作六對。一出凡入聖對卽初三也。乘者車也。群萌者凡夫二乘。運凡小而出二死。聞權實而潤善芽故。二卻邪就善對卽次二句也。三普覆希見對卽次二句也。四摧邪歸正對卽次二句。無所藏積卽聖種故。五無勝無染對卽次二句。無善能勝調諸染故。六無畏有憐對卽後二句。無邪可畏憐無樂故。

풀어 말하자면, 두 번째, 교화의 공덕을 성취함이다. 여기에는 13구절이 있다. 대략 六對가 있다. 첫째, 범부의 지위를 벗어나 성인의 지위에 들어가는 對(出凡入聖對)이다. 즉 처음 세 구절이다. 乘은 수레이다. 群萌은 범부와 이승을 말한다. 범부와 소승으로부터 [대승으로] 옮겨가는 것이기 때문에 生死에서 벗어나는 것이다. 權과 實에 대해 듣고 善의 싹에 윤기가 돌기 때문이다. 둘째, 삿된 것을 물리치고 선으로 나아가는 對(卻邪就善對)이다. 즉 다음 두 구절이다. 셋째, 두루 덮고 있거나 드물어 보기 어려운 對(普覆希見對)이다. 즉 다음 두 구절이다. 넷째, 삿된 것을 억누르고 바른 것으로 돌아가는 對(摧邪歸正對)이다. 즉 다음 두 구절이다. 저장하고 쌓아 둔 바가 없기 때문에 성인의 종성이다. 다섯째, [이보다] 수승한 것도 없고, 물들은 바도 없는 對(無勝無染對)이다. 즉 다음 두 구절이다. 어떤 선도 능히 모든 더러움을 이기고 조복 받지 못하기 때문이다. 여섯째, 두려움은 없고 불쌍히 여기는 것은 있는 對(無畏有憐對)이다. 즉 마지막 두 구절이다. 삿되어 두려워할 만한 것이 없고, 즐거움이 없는 것을 불쌍히 여긴다.

H2_64下, T37_162下

經曰摧滅嫉心至修六和敬者。

經에서 말씀하시기를, "질투하는 마음을 끊어버렸다 …六和敬[776]을 닦아서"란,

述云此第五行修增進有二。初自分行修後勝進修行。初又有二。初行修方便摧滅嫉心卽利他方便。若有嫉忌不能利物故。求法無足卽自利方便。有厭足者必不進修故。後勤修正行卽常正行。常欲廣說等利他行。修心無疲惓故欲廣說。說心勝也。擊法鼓等卽所說勝也。曜慧日等所利勝。照三慧日以除愚癡故。修六和敬者卽自利行。修三業見戒利皆同故便相親敬情無乖異故云六和敬。

풀어 말하자면, 이것은 그 다섯 번째, 수행하여 더욱 나아감으로 여기에는 두 가지가 있다. 첫째, 스스로 수행함(自分行修), 둘째, 수승하게 수행하여 나아감(勝進修行)이다. 첫 번째 것에 다시 두 가지가 있다. 첫째, 수행의 방편이다. 시기하는 마음을 눌러 없애버리는 것은 곧 남을 이롭게 하는 방편이다. 만약 시기하는 마음이 있다면 능히 타인을 이롭게 할 수가 없기 때문이다. 법을 구함에 만족함이 없는 것이 스스로를 이롭게 하는 방편이다. 싫증을 내어 만족해 버린다면 반드시 수행으로 나아

776) 六和敬 : '僧'은 '僧伽'를 줄인 말이다. 승가는 산스크리트 '상가'의 음역어로서 '화합 대중(和合大衆; 화합하는 사람들이 모인 단체)'을 뜻한다. 즉, 승·속의 구별을 떠났다는 말이다. 불교교단(僧伽)의 화합을 위해, '身·口·意·見·戒·利'의 여섯 부분으로 정리된 화합의 내용. 계율과도 같은 내용이다.
(1)身和敬 : 부처님을 대하듯 서로서로 공경하여 화합하라.
(2)口和敬 : 좋은 말로 서로를 위하고 공경하며 화합하라.
(3)意和敬 : 좋은 뜻, 선한 마음을 가지고 서로서로 화합하라.
(4)見和敬 : 올바른 견해를 지녀, 바르게 화합하라.
(5)戒和敬 : 계율·율법을 서로서로 지켜, 화합하라.
(6)利和敬 : 서로의 이익과, 서로의 이로움을 위해 함께 나누라.

갈 수가 없기 때문이다. 둘째, 바른 행을 부지런히 닦음이다. 즉, 항상 바르게 수행함이다. 항상 널리 설하여 평등하게 남을 이롭게 하고자 한다. 마음을 닦음에 피로하여 싫증내는 법이 없기 때문에 널리 설하고자 하는 것이니, 이는 설하는 마음의 수승함이다. 법고를 두드리는 것 등은 곧 설한 바의 수승함이다. 지혜의 해가 빛나는 것은 이롭게 하는 바의 수승함이다. 세 가지 지혜[777]의 해가 비춤으로써 어리석음을 제거한다. 육화경을 닦는다는 것은 스스로를 이롭게 하는 행이다. [身, 口, 意] 삼업을 닦고 정견을 지니며 계율을 지키고 서로를 이롭게 하는 것은 모두 마찬가지이다. 곧 서로 친하고 공경하여 마음이 어그러져 벗어나는 바가 없는 것이라서 육화경이라고 한다.

H2_65上, T37_162下

經曰常行法施至遊諸神通者。

經에서 말씀하시기를, "항상 법을 베풀고 …온갖 신통에 자재하며"란,

述云第二勝進行修有三階。初勝進始卽常行法施利他始志勇不弱自利始故。次勝進中爲燈明福田等利他中也。能生物解故云世燈明。亦生人善故云勝福田。以慧開化故云導師。福利無差故無增[778]愛。樂道無欣慼卽自利中修善故云樂道。除過故無餘。

풀어 말하자면, 두 번째, 수승하게 나아가고 행을 닦음(勝進行修)이다. 여기에는 삼단계가 있다. 첫 번째, 수승하게 나아감의

777) 三慧 : 세 가지 智慧. 즉 經典을 보고 들어서 얻는 聞慧와 眞理를 생각하여 깨닫는 思慧, 禪定을 닦아서 마치고 入定한 뒤에 얻는 修慧를 말함.

778) 大正藏脚註(大正藏37, 162下), "增=憎?"

시작, 즉 항상 법을 베푸는 것은 이타행의 시작이고, 의지와 용기가 약하지 않은 것이 자리행의 시작이다. 두 번째, 수승하게 나아감의 중간 단계는 등불이 되어 밝히고 복전이 되는 것 등은 남을 이롭게 하는 행의 중간단계이다. 능히 중생이 이해하도록 만들기 때문에 세상을 밝히는 등이라고 하였다. 또한 사람들이 선을 행하게 만들기 때문에 수승한 복전이라고 하였다. 지혜로서 교화하기 때문에 [중생을] 인도하는 스승이라고 한 것이다. 복과 이로움에 차별이 없으니 미움과 사랑도 없다. 도를 즐거워하면 기쁨도 슬픔도 없기 때문에 스스로를 이롭게 하는 가운데 선을 닦을 수 있으니 도를 즐거워한다고 말한다. 과실을 제거하기 때문에 남김이 없는 것이다.

後勝進修成。即拔欲刺等利他行成。化令離過故以安群生。導之從善故德勝尊敬。滅三垢等即自行成。滅貪瞋等故斷行成。遊戲神通故行德成也。有說三垢即煩惱業苦非也。業苦未必垢故。

마지막으로 수승한 행으로 나아가 수행을 완성함이다. 즉 탐욕으로 인해 받는 고통779)을 모두 제거하고 남을 이롭게 하는 행을 성취함이다. 교화를 통해 영원히 과실을 떠나도록 만들기 때문에 뭇 중생을 편안케 한다고 말한다. 중생을 인도하여 선으로 이끌기 때문에 공덕이 수승하여 존경할 만하다. 세 가지 번뇌(三垢)780)를 멸하는 것은 곧 스스로 [이롭게 하는] 행(自行)의 성취요, 탐진치를 멸한 즉 [번뇌를] 끊는 행(斷行)을 성취한

---

779) 欲刺 : 바늘로써 몸을 찌르는 것과 같이 財慾·色慾·食慾·名譽慾·睡眠欲의 五慾이 心身을 괴롭힘을 일컫는 말.

780) 三垢 : 사람의 마음을 더럽게 하는 세 가지 慾心. 곧 貪慾과 瞋慾과 癡慾.

다. 신통력이 자유자재인 까닭에 수행공덕(行德)을 성취한다. 어떤 사람은 三垢가 번뇌, 업, 고라고 하기도 하나 이는 잘못이다. 업과 고는 반드시 더러움이라고 할 수는 없기 때문이다.

H2_65中, T37_163上

經曰因力緣力至諸通明力者。

經에서 말씀하시기를, "인력, 연력 …육신통과 삼명의 힘과"란,

述云此第六諸力備足有三。此初自力備有七雙。一因緣雙卽因力緣力。宿世善根名因力親近善友而聞法名緣力故。二意願雙卽意力願力。有說求佛之心名意力起行之願名願力。有說發菩提心名意力希求佛果名願力。二俱不然。求願起行言別義一故發菩提心卽希佛果故。如其次第。今卽如理作意名意力求菩提心名爲願力。

풀어 말하자면, 이것은 그 여섯 번째, 모든 힘이 갖추어져 있음이다. 여기에는 세 가지가 있다. 이것은 그 첫 번째, 自力으로 갖춤이다. 여기에는 일곱 쌍이 있다. 첫째, 因緣雙은 곧 因의 힘과 緣의 힘이다. 숙세의 선근을 因의 힘이라고 부르고, 좋은 벗과 친하고 가깝게 지내며 법을 듣는 것을 緣의 힘이라고 부른다. 둘째, 意願雙은 곧 意力과 願力이다. 어떤 사람은 부처를 구하는 마음을 意力이라고 부르고, 행을 일으키는 서원을 願力이라고 부른다.[781] 어떤 사람은 보리심을 발하는 것을 意力이라고 부르고 佛果를 희구하는 것을 願力이라고 부른다. 이 두 가지 모두 그렇지 않다. 서원을 구하고 행을 일으킨다는

781) 『無量壽經義疏』(大正藏37, 111中), "自中相從以爲七門。因力緣力爲第一門。起修所依。過去所修一切善行。能生今善。名爲因力。近善知識。聽聞正法。名爲緣力。意力願力爲第二門。起修方便。求佛之心。名爲意力。起行之願。名爲願力"

것은 말은 다르지만 뜻은 같은 것이다. 따라서 보리심을 발하는 것은 佛果를 바라는 것이라고 할 수 있다. 그 순서에 따라서 [설명하자면] 이제 곧 이치에 맞는 사유작용을 意力이라고 한다. 보리심을 구하는 것을 願力이라고 한다.

三總別雙卽方便力者總也。常力善力者別也。無間脩故常力。惡法不間故善力。卽此二力加行善巧故云方便力。四止觀雙所止行成故名定力觀行成故云慧力。五聞行雙卽多聞力是脩行之解施等六度是所修行故。六念定雙卽遣相之念是正念力除亂證實是正觀力故。或有本云正定[782]止觀故。位法師解止是定觀是慧正觀應是。七通明雙卽通力者六通明力者三明故。

셋째, 總別雙은 곧 방편력이 전체적인 것이요, 常力과 善力이 개별적인 것이다. 끊임없이 닦기 때문에 常力이요, 악법이 끼어들지 못하기 때문에 善力이다. 곧 이 두 가지 힘이 중생을 잘 교화하는 방편[783]이 되기 때문에 方便力이라고 한다. 넷째, 止觀雙은 곧 止行을 성취한 것을 定力이라고 부르고, 觀行을 성취한 것을 慧力이라고 한다. 다섯째, 聞行雙 곧 多聞力[784]은 수행에 대한 이해이며, 보시 등 육바라밀은 수행해야 할 바이다. 여섯째, 念定雙은 곧 相을 제거해 버리는 念은 正念力이고, 혼란스러운 것을 제거하고 진실한 것을 증득하는 것은 正觀力이다. 혹은 어떤 經本(康僧鎧譯本)에서는 正念止觀[785]이라고도 한다. 法位는 止를 定이라 풀고, 觀을 慧라고 풀어 正觀이 마땅히 옳다고 하였다. 일곱째, 通明雙은 곧 通力이란 육신통이고, 明

---

782) 念의 誤記로 보임.
783) 加行 : 범어 prayoga. 힘을 더하여 마음과 戒行을 닦는 일. 목적을 이루려는 수단으로서 더욱 힘을 써서 수행하는 것을 말한다. 舊譯은 方便.
784) 多聞力 : 불법을 많이 듣고 정법을 신봉하는 힘
785) 『佛說無量壽經』卷下(大正藏12, 274中), "正念止觀諸通明力"

力이란 三明이다.

H2_65中, T37_163上

經曰如法調伏諸衆生力者。

經에서 말씀하시기를, “법답게 모든 중생을 조복시키는 힘”이란,

述云次化行成也。

풀어 말하자면, 두 번째, 교화행의 성취이다.

H2_65下, T37_163上

經曰如是等力一切具足者。

經에서 말씀하시기를, “이와 같은 힘을 모두 구족하셨다”란,

述云此後總結也。

풀어 말하자면, 이것은 그 세 번째, 전체적으로 끝맺음이다.

H2_65下, T37_163上

經曰身色相好至無量諸佛者。

經에서 말씀하시기를, “몸의 빛과 상호는 …한량없는 모든 부처님”이란,

述云此第七諸德殊勝有四。此初自德殊勝也。

풀어 말하자면, 이것은 그 일곱 번째, 모든 공덕이 수승함이다. 여기에는 네 가지가 있다. 이것은 그 첫 번째, 自德의 수승함이다.

H2_65下, T37_163上

經曰常爲諸佛所共稱嘆者。

經에서 말씀하시기를, "항상 모든 부처님으로부터 칭찬을 받는다"란,

述曰此第二行順諸佛也。

풀어 말하자면, 이것은 그 두 번째, 모든 부처님을 따라 행함이다.

H2_65下, T37_163上

經曰究竟菩薩至諸三昧門者。

經에서 말씀하시기를, "구경의 보살들은 …모든 삼매를 닦아"란,

述云此第三解行究滿。卽六度爲行三昧爲解故。有說見諸法生卽知不滅見諸法滅卽知不生故云不生滅非也。旣見法生必知滅故。生者歸滅一向記故。今卽我法空空故無相無相故無願。由此不見有生滅也。

풀어 말하자면, 이것은 그 세 번째, 깨달음과 수행이 원만하게 성취됨이다. 즉 육바라밀은 수행을 위한 것이고, 삼매는 깨달음을 위한 것이다. 어떤 사람은 제법이 생하는 것을 보고 불멸하는 것으로 알고, 제법이 멸하는 것을 보면 생하지 않는 것으로 알기 때문에 不生滅이라고 하였다 하나, 이는 잘못이다. 이미 제법이 생하는 도리를 아는 자는 반드시 멸하는 도리를 알기 때문이다. 생한 것이 반드시 멸하는 것은 一向記[786]이기

---

786) 一向記 : 질문에 대하여 답하는 네 가지 형식인 四記答(一向記, 分別記, 反問記, 捨置記)의 하나. 교리를 강론할 때에 물음에 대하여 決定된 답을 주는 방식을 이른다.

때문이다.787) 이제 곧 我와 法은 空하다. 空하므로 無相이고, 無相이므로 無願이다. 이로 말미암아 生滅이 있다고 보지 않는 것이다.

H2_65下, T37_163中

經曰遠離聲聞緣覺之地者。

經에서 말씀하시기를, "성문과 연각의 지위를 멀리 떠난다"란,

述云此第四行超二乘也。

풀어 말하자면, 이것은 그 네 번째, 행이 이승을 초월함이다.

H2_65下, T37_163中

經曰阿難彼諸菩薩至不能窮盡者。

經에서 말씀하시기를, "아난이 저 모든 보살들에게 …능히 다 하지 못한다"란,

述云此第二結歎也。

풀어 말하자면, 이것은 그 두 번째, 찬탄을 끝맺음이다.

H2_65下, T37_163中

經曰佛告彌勒至不可稱說者。

經에서 말씀하시기를, "부처님께서 미륵에게 고하셨다 …일컬을 수 없다"란,

---

787) 『成唯識論』卷第十(大正藏31, 57下), "生者歸滅一向記故"

述云第二勸人往生有二。初結人土勝後正勸往生。初又有二。此初結人德勝也。

풀어 말하자면, 이것은 그 두 번째, 사람들에게 왕생을 권함이다. 여기에는 두 가지가 있다. 첫째, 왕생인과 과보토의 수승함을 끝맺음이다. 둘째, 바로 왕생을 권함이다. 첫 번째 것에 다시 두 가지가 있다. 이것은 그 첫 번째, 사람의 공덕이 수승함을 마무리함이다.

H2_65下, T37_163中

經曰又其國土至清淨若此。

經에서 말씀하시기를, "또 그 국토에는 …청정함이 이와 같다"란,

述云此後結土樂勝也。

풀어 말하자면, 이것은 그 두 번째, 국토의 즐거움이 수승함을 마무리한 것이다.

H2_66上, T37_163中

經曰何不力爲至昇道無窮極者。

經에서 말씀하시기를, "어찌 힘써 하지 않는가 …도에 오름은 다함이 없다"란,

述云第二正勸往生有二。此初直勸往生也。何不力爲善者勸脩往生之因。力者盡力。人聖國妙詎不盡力作善願生故。又力者力勵。道之自然者脩所得之利。因善既成不自獲果故云念自然。唯能念道行德著不簡貴賤皆得往生故云著於無上下。念字長讀流至此故。

풀어 말하자면, 두 번째, 왕생을 바로 권함에는 두 가지가 있다. 이것은 그 첫 번째, 왕생을 직접적으로 권함이다. 어찌

힘써 선을 행하지 않는가(何不力爲善)란 왕생의 인을 닦기를 권하는 것이다. 力은 힘을 다하는 것이다. 사람은 뛰어나고 국토는 오묘한데(人聖國妙), 어찌 힘을 다해 선업을 짓고 왕생하기를 원하지 않는가. 또 力은 힘쓴다는 뜻이다. 道之自然이란 닦아서 얻는 이익을 말한다. 善[을 닦는 것]에 기인하여 이미 성취한 것이기 때문에 저절로 얻은 과보가 아니다. 따라서 자연을 念한다(念自然)고 한 것이다. 오직 도의 수행과 공덕을 念한 것만으로도 [신분의] 귀천을 가리지 않고 모두 왕생할 수 있음이 드러났기 때문에 높고 낮음이 없음이 드러난다(著於無上下)고 하는 것이다. 念자를 길게 읽으면 [그 내용의] 흐름이 여기까지 이르기 때문이다.

有說洞達者洞解了達。無邊際者實相。非三際可尋故。實相旣是淨土之本。往生者要須窮其原故須解達非也。窮實相之原非凡夫所能。往生淨土唯應聖故。今卽得生彼土神智洞達無有邊際故。去者棄棄穢土故。

어떤 사람은 洞達은 꿰뚫어 이해하고 깨닫는 것이고 無邊際는 실상이므로, 삼제788)에서는 찾을 수 없다. 실상은 곧 정토의 근본이며, 왕생이란 모름지기 그 근원을 궁구할 필요가 있으므로 모름지기 이해하고 통달해야 한다고 하였으나 이는 잘못이다. 실상의 근원을 궁구하는 것은 범부가 능히 할 수 있는 바가 아니므로, 정토에 왕생하는 것은 오직 마땅히 성인이어야 하기 때문이다. 이제 곧 정토에 왕생할 수 있다면 신통한 지혜를 깨달아 통달함에 끝이 있어서는 안 되기 때문이다. 去란 버리는 것으로 예토를 버린다는 뜻이 된다.

788) 三際 : 三世. 즉 과거, 현재, 미래를 말한다.

有說五惡道者三途非天及以女人。女人是惡趣本故。又下文五惡卽名五道非也。無有處說名女人趣故。五惡是因不可言趣故。今卽人天雖名善趣對於淨土亦名惡道。云五惡道。在此穢土先斷見惑離三途因果。後斷修惑絶人天因果。若生淨土五道頓捨故云橫截。截者其果自閉其因。獲道深廣故無窮極。

어떤 사람은 오악도란 삼도와 아수라(非天)[789] 및 여인으로 말미암은 것이다. 여인은 악취의 근본이기 때문이다. 또 아래 문장에서 오악이란 곧 오취(五道)[790]라고 하였으나, 이는 잘못이다. 여인취라고 부르는 장소는 없으며, [더욱이] 오악은 원인을 말하는 것이지 趣를 말하는 것이 아니기 때문이다. 이제 곧 인천은 비록 선취라고 불리지만 정토와 대비시키면 또한 악도라고 부르기 때문이다. 따라서 五惡道는 이 예토에 있다. 먼저 見惑을 끊어 三途의 인과를 멀리하고, 나중에 修惑을 끊어 人天의 인과를 끊어버린다. 만약 정토에 왕생하게 되면 五道는 갑자기 버릴 수 있기 때문에 橫截이라고 한다. 截이란 그 과보가 스스로 그 원인을 단절시키기 때문이다. 도를 얻어 깊어지고 넓어졌기 때문에 궁극이 없다고 한다.[791]

H2_66中, T37_163下

經曰易往而無人至壽樂無窮極者。

經에서 말씀하시기를, "가기 쉬운데 가는 사람이 없다 …오래 사는 즐거움이 다함이 없다"란,

---

789) 非天 : 阿修羅

790) 五道 : 五趣

791) 『無量壽經義疏』(大正藏37, 111下-112上), "人天二道。名爲善趣。…先斷見惑。離三途因。滅三途果。後斷修惑。離人天因。絶人天果。漸除不名橫截。若得往生彌陀淨土。娑婆五道一時頓捨。故名橫截。截五惡趣。截其果也。惡趣自閉。閉其因也。…得道深廣。故無窮極"

述云此後傷嘆重也。修因卽住故易往。無人修因往生者尠故無人。修因求生終不違逆故國不逆違卽前易往也。久習纏蓋自然爲之牽縛不往故自然所牽卽前無人也。有說因滿果熟不假功用自然招致故自然所牽。義亦可也。道德者因壽樂者果。壽者受也。

풀어 말하자면, 이것은 그 두 번째, 불쌍히 여겨 거듭 탄식함이다. 왕생인을 닦으면 곧 머물 수 있기 때문에 쉽게 갈 수 있다고 한 것이다. 왕생인을 닦는 자가 없어 왕생을 하는 자가 드물기 때문에 사람이 없다(無人)고 한다. 왕생인을 닦고 왕생하기를 구하면 끝내 어긋나고 거스르는 것이 없기 때문에 정토에 가는 것이 거스르고 어긋남이 없다(國不逆違)고 하였다. 즉 앞에서 쉽게 갈 수 있다고 한 것과 같다. 오랫동안 번뇌에 얽힘(纏蓋)에 익숙하여 자연스럽게 얽매여 끌려가기 때문에 가지 못하는 것이다. 따라서 자연히 얽매인다(自然所牽)고 하는 것이다. 즉 앞에서 말한 가는 사람이 없게 되는 것이다.792) 어떤 사람은 원인이 가득 차면 결과는 무르익어 그 공용에 거짓이 없게 되므로 자연스럽게 불러서 이르게 한다. 따라서 자연스럽게 이끌려 간다(自然所牽)라고 하므로 뜻 또한 옳다. 도의 공덕(道德)은 원인이고, 오래 사는 즐거움(壽樂)은 과보이다. 수명이란 받는 것이다.

問修淨土及兜率因何者爲難。答有說兜率是界淨土非繫故。生淨土易於兜率非也。夫言界者是流轉之處。西方淨土是出離之所故。難修流轉業易行出離之因。必違正理故。

묻는다. 아미타정토 왕생인과 도솔천 왕생인을 닦는 것 가운

792) 『無量壽經義疏』(大正藏37, 112上), "修因卽去。名爲易往。無人修因。往生者尠。故曰無人。其國不逆違。彰前易往。自然所牽。顯前無人。娑婆衆生。文習蓋纏。自然爲之牽縛不去。故彼無人"

데 어느 쪽이 어려운가? 답한다. 어떤 사람은 도솔천은 界이고, 아미타정토는 얽매어 있지 않기 때문에 정토에 왕생하는 것이 도솔천에 왕생하는 것보다 쉽다고 하나 이는 잘못이다. 대저 界라고 하는 것은 유전하는 곳이다. 서방정토는 이를 벗어나 떠난 곳이다. 流轉하는 곳에서 業을 닦기는 어려우나 이를 벗어나 떠난 因을 행하기 쉽다는 말은 반드시 바른 이치에 어긋난다.

有說古來諸德作兜率業者咸以西方難生故不敢作。今以七義證西方易生。一時但少修故卽觀經云下三品臨命終時一念十念悉得生故。二諸佛護念故卽稱讚經曰六方諸佛護念等是也。三光明攝受故卽觀經云念佛衆生攝取不捨也。四乘佛本願故卽此經云阿彌陀佛四十八願弘誓是也。

어떤 사람은 예부터 모든 덕 있는 자가 도솔천업을 지었던 것은 다 서방정토에 왕생하기가 어렵기 때문에 감히 짓지 못하였기 때문이라고 한다. 이제 일곱 가지 뜻으로 서방정토에 왕생하기 쉽다는 것을 증명하고자 한다. 첫째, 시간적으로 단지 조금만 닦아도 되는 까닭이다. 『관무량수경』에서 말하기를 下三品은 명이 다 끝날 때가 되어 일념이건 십념이건 [염불하기만 하면] 모두 왕생할 수 있기 때문이다. 둘째, 모든 부처님이 호념하는 까닭이다. 곧 『칭찬경』에서 말하기를, 육방의 제불이 호념하는 …등이 그것이다. 셋째, 광명이 포섭하고 받아들이는 것, 즉 『관무량수경』에서 말하기를 염불하는 중생을 포섭하여 취하고 버리지 않는다 하였다. 넷째, 부처님의 본원력을 타는 것, 곧 『무량수경』에서 말하기를 아미타불의 48원은 큰 서원이라고 한 것이 그것이다.

五彼聖來迎故卽上文云願生我國若不來迎者不取正覺也。六凡助念故謂臨命終時諸同行者相助念送故。七聖說易生故卽此文云易往而無人其國不逆也。今觀此解雖復靈異理必不然。彌勒不應無誓願故。有生彼天彌勒放光來迎同彌陀故。

다섯째, 저 성인들이 맞이하러 나오기 때문이다. 즉 위의 48서원 가운데 “나의 국토에 왕생하기를 원하는 자를 만약 맞이하러 가지 않으면 정각을 취하지 않겠습니다”라고 하였던 것이다. 여섯째, 무릇 助念[793]할 수 있기 때문입니다. 말하자면 임종 시 모두 함께 행하는 자들이 서로 염불을 도와 [정토에] 보낼 수 있기 때문이다. 일곱째, 성인께서 쉽게 왕생할 수 있다고 설하시기 때문이다. 곧 서원에서 말하기를 쉽게 갈 수 있는데 가는 사람이 없다. 그 국토는 거스르는 것이 없다고 하였다. 이제 이러한 해석을 보면 비록 다시 신령하고 기이하나 이치가 반드시 그렇지는 않다. 미륵보살에게 서원이 없는 것이 아니기 때문이다. 도솔천에 왕생하는 자가 있으면 미륵보살이 빛을 내면서 맞이하러 오는 것은 아미타 부처님과 마찬가지이다.

一稱德號尙得生天況亦十念。故同行亦必相助故。而不說言無人故亦無說處是別時之意。而爲化懈怠故無一衆生不有彼業故。曾所生故當亦生。故諸有智者必不可言易生淨生非兜率也。若易生者果必非勝故。今卽生西方土雖復甚難專求往生一念十念皆得往生。可謂難生中之易也。傍義且止應釋本文。

한 번 德號를 부른 것만으로도 오히려 도솔천에 왕생을 할 수 있는데 하물며 또한 십념이겠는가! 따라서 함께 가며 또한 반드시 서로 돕는다. 그래서 가는 자가 없다고 하지 않는다. 또한 설하는 곳도 없다는 것은 別時意로서 해태한 자를 교화하기

793) 助念 : 임종 시에 옆에서 염불소리를 들려주어 정토에 왕생하는 데 도움을 주는 것

위한 것이다. 한 중생도 저 업을 가지고 있지 않은 자가 없기 때문이다. 일찍이 왕생한 적이 있기 때문에 현생에서도 또한 왕생하는 것이다. 따라서 모든 지혜 있는 자는 반드시 정토에 왕생하기는 쉽지만 도솔천에 가는 것은 그렇지 않다고 말할 수 없는 것이다. 만약 쉽게 왕생한다고 하면 과보는 반드시 수승하지 않을 것이다. 이제 곧 서방정토에 왕생하는 것이 비록 다시 대단히 어려우나 오로지 왕생하고자 일념, 십념으로 구하면 모두 왕생할 수 있다. 어렵게 왕생하는 것 가운데 쉽다고 할 수 있다. 다른 얘기는 그만두고 마땅히 본문을 해석하자.

H2_66下, T37_164上

經曰然世人薄俗至不急之事者。

經에서 말씀하시기를, "그러나 세상 사람들은 저속하여 …급하지 않은 일"이란,

述云第二申娑婆穢惡令人厭捨有四。一顯煩惱過二勸令脩捨三申罪業過四重勸脩捨。初又有三。初辨貪過次示瞋過後愚癡過。初又有二。初總標也。急者愡[794]也又迿[795]也。世俗之人薄於風俗以貪欲心共諍現世不可急五欲之事故。

풀어 말하자면, 두 번째, 사바세계의 더러운 악을 드러내어 사람들로 하여금 싫어하게 하고 버리게 만들기 위함이다. 여기에는 네 가지가 있다. 첫째, 번뇌의 과실을 드러냄이다. 둘째, 사람들에게 수행하게 하고 [버려야 할 것들을] 버리라고 권함이다. 셋째, 죄업의 과실을 드러냄이다. 넷째, 거듭 수행하고 버리기를 권함이다. 첫 번째 것에 다시 세 가지가 있다. 먼저, 탐

794) [糸+急] 글자와 통하는 글자임

795) 迫의 誤記로 보임.

욕의 과실을 분별하고, 다음으로 성냄의 과실을 보여주며, 마지막으로 어리석음의 과실을 보여준다. 첫 번째 것에 다시 두 가지가 있다. 첫째, 전체적으로 드러냄이다. 急은 흐릿하다, 또는 멀리한다는 뜻이다. 세속의 사람들은 천박하여 풍속에 대해 탐욕심으로 현세의 급하지도 않은 오욕의 일을 다투느니라.

H2_66下, T37_164上

經曰於此劇惡極苦之中至無有安時者。

經에서 말씀하시기를, "이 모진 죄악과 심한 고통 속에서 … 편안할 때가 없느니라"란,

述云此後別釋有二。初總顯貪過後別辨貪過。初又有三。此初推求苦也。勤者苦也營者護也給者資也。卽爲身故求也。無尊卑貧富者能求之人。少長男女者所爲之人。卽爲他故求也。有者恐失無者欲得憂之無異云有無同然。適者乃也屛者閉塞營者血氣之名也。若强憂慮者氣塞難息故。卽心苦也。爲心走使者 如渴鹿逐於陽炎 翳眼弄於空華 皆爲愛水之心 不了病華而走馳故。卽身苦也。

풀어 말하자면, 이것은 그 두 번째, 따로 해석함이다. 여기에는 두 가지가 있다. 첫째, 전체적으로 탐욕의 과실을 드러냄이다. 둘째, 따로 탐욕의 과실을 분별함이다. 첫 번째 것에 다시 세 가지가 있다. 이것은 그 첫 번째, 추구함으로써 느끼는 고통(推求苦)이다. 勤은 고통이다. 營은 수호하는 것이다. 給은 자량이다. 곧 몸을 위하는 까닭에 구하는 것이다. 신분이 존귀하거나 천하거나 가난하거나 부유한 것에 상관없다고 하는 것은 능히 구할 수 있는 사람[의 조건]이다. 젊거나 늙었거나 남자이거나 여자이거나(少長男女)라고 하는 것은 사람이 어떤 일을 하느냐가 [더 중요함을 드러낸 것]이다. 즉 남을 위하기 때문에 구

하는 것이다. 가진 자는 잃어버릴까 걱정하고, 없는 자는 얻고자 애쓴다면 근심한다는 점에서는 무슨 차이가 있겠는가. 그래서 있으나 없으나 마찬가지(有無同然)라고 한 것이다. 適은 '이에'라는 뜻이다. 屛은 막혔다는 뜻이다. 營은 혈기의 이름이다. 만약 강하게 근심하고 염려한다면 기가 막히고 숨을 쉬기 어려울 것이기 때문이다. 즉 마음의 고통이다. 마음 때문에 헛되이 달리게 되는 것이다. 마치 목마른 사슴이 아지랑이를 좇아가고, 눈에 병이 있는 사람이 허공에 꽃이 있다고 속는 것은 모두 물을 애타게 찾는 마음 때문이고, 병 때문에 보이는 꽃인 줄 알지 못하고 달리게 되는 것이다. 즉 몸의 고통이다.

H2_67上, T37_164上

經曰有田憂田至憂念愁怖者。

經에서 말씀하시기를, "밭이 있으면 밭을 걱정하고 …근심하고 두려워한다"란,

述云此次守護苦也。有說什者資也。在俗什物卽田宅牛馬錢財衣食六畜奴婢也。出家卽六物也。許供身者卽百一也。雖有二解皆無據准。今卽准淨傳。有云三衣十物者蓋是譯者之意離分爲二處。不依梵本。別道三衣折開十物。訓什爲雜未符先旨故。十三杜多唯制上行十三資具蓋兼中下。供身百一未見律文。經雖有言應是別時之意。由此西方俗侶官人貴勝所著衣服唯有白疊一雙。貧賤之流秖有一箇。出家法衆但畜三衣六物。樂盈長者方用十三資具。

풀어 말하자면, 이것은 그 두 번째, 지키려다가 생기는 고통(守護苦)이다. 어떤 사람은 什은 재산이라고 말한다. 세속에 있는 자에게 재산이란 곧 밭과 집과 소와 말과 돈과 재물, 옷, 음식, 여섯 가지 가축, 노비 등을 말한다. 출가자에게 [재산이란] 곧

六物[796]을 말한다. 몸을 위해 공양하도록 허락된 것[까지 포함하면] 백 한 가지이다. 비록 두 가지 해석이 있으나 모두 근거가 없는 것이다. 이제 곧 『淨傳』(『南海寄歸內法傳』)에 준하면 '三衣十物'이라고 되어 있는 곳이 있다. 대개 역자의 뜻으로서 두 곳으로 나누어 놓았다. 이는 범본에 의지한 것이 아니다. 삼의를 별도로 하고 나누어 十物을 열었다. 什을 뜻으로 이해하자면 뒤섞여 있다(雜)는 뜻이 되어 앞의 뜻과 부합하지 않게 된다. 十三은 杜多行[797]을 할 때 오직 상근기는 열세 가지 도구로 제한하며 대개 중, 하근기도 이를 겸하게 된다. 몸을 공양함에 백 한 가지로 한다는 것은 계율에서는 보이지 않는다. 경에 비록 있기는 해도 이는 別時意에 해당한다.[798] 이것으로 말미암아 서방정토의 속인과 승려와 관인과 귀인들이 입는 의복은 오직 무명 옷 한 벌뿐이다. 가난하고 천한 자들이 다만 한 벌만 가지고 있을 뿐인 것과 같다. 출가법에 대중은 단지 三衣六物만을 가지고 있어야 한다고 되어 있다. 낙영장자는 바야흐로 열세 가지 살림살이[799]를 쓴다.[800]

---

796) 六物 : 승려가 평소에 지니고 다니는 여섯 가지 用具. 복의, 상의, 내의, 녹수낭, 바리때, 좌구를 이른다. 죽을 때는 간병인에게 준다.

797) 杜多 : 범어 dhuta의 음역이다. 杜茶. 頭陀. 投多라고도 쓰며 斗藪. 修治. 棄除라 번역한다. 의식주에 대한 집착을 버리고 심신을 수련하는 것을 말한다.

798) 『南海寄歸內法傳』卷第二(大正藏54, 212下), "有云。三衣十物者。蓋是譯者之意。離爲二處。不依梵本。別道三衣。析開十物。然其十數。不能的委。致使猜卜。皆悉憑虛訓什爲雜。未符先旨。…作十二杜多。制唯上行。畜房受施十三資具。盆兼中下。…供身百一。四部未見律文。雖復經有其言。故是別時之意"

799) 十三資具衣 : 스님들이 입도록 허락한 열세 가지 옷. 複衣·上衣·內衣·坐具·裙·副裙·掩腋衣·副掩腋衣·拭身巾·拭面巾·剃髮衣·覆瘡疥衣·藥資具衣.

800) 『南海寄歸內法傳』卷第二(大正藏54, 214中), "又西方俗侶官人貴勝所著衣

H2_67中, T37_164中

經曰橫爲非常至適無縱捨者。

經에서 말씀하시기를, "뜻밖에 비정상적으로 …버리지 않을 수 없는 상황이 된다"란,

述云此後散失苦有二。此初失財苦也。忪(止容衆從二反)懼心亂動也。

풀어 말하자면, 이것은 마지막, 흩어지고 잃어버리는 고통(散失苦)이다. 여기에는 두 가지가 있다. 이것은 그 첫 번째, 재물을 잃어버리는 고통(失財苦)이다. 忪(止容衆從二反)은 두려운 마음이 어지럽게 요동치는 것이다.

H2_67中, T37_164中

經曰或坐摧碎至莫誰隨者者。

經에서 말씀하시기를, "혹은 앉아서 꺾고 부수며 …그 어느 것도 따라오는 것이 없다"란,

述云此後失身苦也。莫誰隨者卽無一從物之意也。

풀어 말하자면, 이것은 그 두 번째, 몸을 잃어버린 고통(失身苦)이다. 莫誰隨者는 즉 하나도 따라오는 것이 없다는 뜻이다.

H2_67中, T37_164中

經曰尊貴豪富至與痛共居者。

經에서 말씀하시기를, "존귀한 이나 부귀한 이도 …고통과 더불어 함께 있다"란,

服。唯有白[疊*毛]一雙。貧賤之流只有一布。出家法衆。但畜三衣六物。樂盈長者。方用十三資具"

述云此第二別示貪過有二。此初寄富貴以申貪過也。有說寒謂八寒地獄熱謂八熱地獄。受寒熱等苦尋常故與痛共俱。痛者受也。此恐非也。現身與後苦不可言俱故。今卽寒恐熱惱與痛共俱。或有經本臨終寒熱恐訛也。

풀어 말하자면, 이것은 그 두 번째, 따로 탐욕의 과실을 보여주는 것이다. 여기에는 두 가지가 있다. 이것은 그 첫 번째, 부귀에 의지함으로써 탐욕의 과실을 드러내는 것이다. 어떤 사람은 寒은 팔한지옥을 말하고, 熱은 팔열지옥을 말한다고 한다. 추위와 더위 등의 고통을 늘 받기 때문에 고통 받음이 더불어 갖추어져 있다고 하는 것이다. 痛은 받는 것이다. 이것은 아마 그렇지 않을 것이다. 몸을 나타낸 것과 더불어 그 후에 고통을 받는 것을 함께 있는 것이라고 할 수는 없다. 이제 곧 춥다는 말은 아마 몹시 심한 괴로움과 고통을 함께 받는다는 뜻일 것이다. 혹 어떤 經本에서 임종 시의 추위와 더위라고 한 것은 아마도 잘못일 것이다.

H2_67中, T37_164中

經曰貧窮下劣至終身夭命者。

經에서 말씀하시기를, "가난하고 천한 사람은 궁색하여 …몸을 상하고 목숨을 잃는다"란,

述云此後據貧窮以示貪過有二。此初示現苦也。有一少一者有田少宅故。有是少是者雖有田而不足故。思有齊者思齊富貴故。糜者敗也。

풀어 말하자면, 이것은 그 두 번째, 빈궁함을 근거로 하여 탐욕의 과실을 보여줌이다. 여기에는 두 가지가 있다. 이것은 그 첫 번째, 현재의 고통을 보여줌이다. 한 가지를 가지게 되면 다른 한 가지가 부족하다는 말은 밭이 있으면 집이 작다고 느

끼게 되는 것과 같다. 이것이 있으면 다른 것이 부족하다는 말은 비록 밭을 가지고 있더라도 부족한 것이 생긴다는 뜻이다. 평등하게 다 있기를 생각한다(思有齊)란 가지런하게 부귀하기를 생각한다는 뜻이다. 糜는 패했다는 뜻이다.

H2_67中, T37_164中

經曰不肯爲善至莫能知者。

經에서 말씀하시기를, "기꺼이 선을 행하지 않으며 …능히 알 수가 없다"란,

述云此後顯後苦也。

풀어 말하자면, 이것은 그 두 번째, 나중에 받는 고통을 드러냄이다.

H2_67中, T37_164中

經曰世間人民至更相報復者。

經에서 말씀하시기를, "세상 사람들 가운데 …다시 서로 보복하느니라"란,

述云第二顯嗔過有三。此初結怨相報也。家室者夫稱於婦曰家婦稱於夫曰室。雖有此言良恐非也。下之更解。無者不也。患者惱也。精神者卽種子識。剋者要也。識者記也。由前結恨成怨。種子引果不假功用故云自然。復者酬也。

풀어 말하자면, 두 번째, 성냄의 과실을 드러냄이다. 여기에는 세 가지가 있다. 이것은 그 첫 번째, 원한을 맺고 서로 보복함이다. 家室이란 남편이 아내에게 불릴 때 家라고 하며, 아내가 남편에게 불릴 때 室이라고 한다. 비록 이런 말이 있지만

실제로는 아마 그렇지 않을 것이다. 아래를 다시 해석하자. 無는 아니라는 뜻이다. 患은 번뇌이다. 정신은 곧 종자식을 이른다. 䂓은 필요하다는 뜻이고, 識은 기억한다는 뜻이다. 전에 한이 맺힌 것으로 말미암아 원한을 이룬다. 종자는 과보를 이끌고 그 공용은 거짓이 아니기 때문에 自然이라고 한 것이다. 復는 갚는다는 뜻이다.

H2_67下, T37_164中

經曰人在世間至復得相値者。

經에서 말씀하시기를, “인간이 세간에 있으면서 …다시 서로 마주치게 된다”란,

述云此次別易會難也。當者逐也。行者業也。自當者卽自受也。善變化者卽惡趣報。惡變化者卽善趣報。豫者逆也嚴者脩也。由宿世逆修善惡之業苦樂報而待故。又嚴者嚴然。卽隨宿善惡地獄天堂嚴然而待也。窈窈者卽中有之時。冥冥者卽生有之時。

풀어 말하자면, 이것은 그 두 번째, 헤어지는 것은 쉬우나 만나는 것은 어렵다. 當은 추구한다는 뜻이다. 行은 업이다. 自當이란 스스로 받는다는 뜻이다. 善變化는 곧 惡趣의 과보이고, 惡變化는 곧 善趣의 과보이다. 豫란 거스르는 것이고, 嚴이란 닦는 것이다. 숙세의 거스름(逆)과 닦음(修)으로 말미암아 선업과 악업을 지으니 괴로움과 즐거움이라는 과보가 기다리게 된다. 또 嚴이란 엄연하다는 뜻이다. 즉 숙세의 선악을 따라서 지옥과 천당이 엄연히 기다리고 있는 것이다. 窈窈는 곧 中有의 시기를 말하고, 冥冥은 곧 生有의 시기를 말한다.

H2_67下, T37_164下

經曰何不棄衆事至欲何樂乎者。

經에서 말씀하시기를, "어찌 여러 가지 일을 버리지 않고 … 어떤 즐거움을 바라는가"란,

述云此後勸令脩捨也。曼音萬及也。亦作蔓(馬安反)延長貌也。非此中義。待者停也。位法師云待何事欲何願樂乎欲何快樂。義亦可也。

풀어 말하자면, 이것은 마지막으로 [닦아야 할 것을] 닦고 [버려야 할 것을] 버리도록 권함이다. 曼의 음은 萬자와 비슷하다. 또한 蔓(馬安反)으로 되어 있는 곳도 있는데 길게 연장된 모습을 뜻한다. 여기에는 뜻이 없다. 待는 머문다는 뜻이다. 法位가 말하기를 어떤 일을 기다려 무엇을 바라는가? 어떤 즐거움을 원하는가? 라고 하였는데 뜻은 또한 옳다.

H2_67下, T37_164下

經曰如是世人至且自見者。

經에서 말씀하시기를, "이와 같이 세상 사람들은 …장차 스스로 보는 것"이란,

述云第三顯癡過有三。此初自無正信也。坐者由也。由不信故專執自見卽其失也。

풀어 말하자면, 세 번째, 어리석음의 과실을 드러냄이다. 여기에는 세 가지가 있다. 이것은 그 첫 번째, 스스로 바르게 믿음이 없음이다. 坐는 말미암는다는 뜻이다. 불신으로 말미암기 때문에 오로지 스스로의 견해만을 고집하므로 곧 과실이 있게 된다.

H2_68上, T37_164下

經曰更相瞻視至無一怪也者。

經에서 말씀하시기를, “다시 서로 보고 …하나도 괴이한 것이 없다”란,

述云此次承習無信也。令亦敎也。素者昔也。不爲善者無行。不識道德者無解。身者色根。神者性也心者果也。意者根也趣者果也。道者因也。卽世出善惡因果皆不能知。無一怪者卽無怪行也。

풀어 말하자면, 이것은 그 두 번째, 承習하여 믿음이 없는 것이다. 令은 또한 敎와 같다. 素란 예전을 뜻한다. 선을 하지 않는다(不爲善)는 말은 行이 없다는 뜻이다. 도덕을 알지 못한다(不識道德) 함은 전혀 이해하지 못한다는 말이다. 身은 色根이고, 神은 성품이며, 心은 과보다. 意는 [모든 것의] 근본이고, 趣는 결과[로서 가는 곳]이다. 道는 因이고, 곧 세간에 나오는 善惡의 因果는 모두 알지 못한다. 하나도 괴이할 것이 없다(無一怪)란 곧 괴이한 행은 없다는 뜻이다.

H2_68上, T37_164下

經曰生死常道至甚可傷者。

經에서 말씀하시기를, “생사의 상도는 …대단히 불쌍하다”란,

述云此後正申癡過有二。此初對父子以顯其過也。有說少者早夭老者後死故云顚倒。不報上下死之同然故云上下非也。若如所言應云顚倒不報上人下人故。今卽顚倒者卽相錯之義。上者上昇下者下墜故。五道相錯或昇善趣或墜惡趣故云上下。

풀어 말하자면, 이것은 마지막, 어리석음의 과실을 바르게 폄이다. 여기에는 두 가지가 있다. 이것은 그 첫 번째, 아버지

와 아들을 대비시킴으로써 그 과실을 드러냄이다. 어떤 사람은 젊은 사람이 일찍 요절하고 노인이 나중에 죽는 경우를 전도되었다고 한다. 위, 아래와 상관없이 죽음은 똑같기 때문에 上下라고 하였다고 하나, 이는 잘못이다. 만약 말한 바와 같다면 마땅히 '顚倒不報上人下人'이라고 해야 할 것이다. 이제 곧 전도되었다는 것은 곧 서로 섞여 어지럽다는 뜻이다. 上은 위로 올라가는 것, 下는 아래로 떨어지는 것이기 때문이다. 五道가 서로 뒤섞여서 혹은 善趣로 올라가기도 하고, 혹은 惡趣로 떨어지기도 하기 때문에 上下라고 하는 것이다.

無常根本者卽無一常本之業。當者受也。蒙又作曚(皆莫公反)蒙覆不明也。冥(鳴央反)暗昧無知也。矇有眸子而無見也。又矇瞶(下牛對反)生聾。又蒙籠(盧江反)蒙籠謂不明了也。抵(都禮反)拒也摧也。突(徒骨反)觸冒也。狼者貪過也。

無常根本이란 항상 근본이 되는 업이란 한 가지도 없다는 뜻이다. 當은 받는다는 말이다. 蒙 또는 曚으로도 쓰는데 덮여 있어서 밝지 못하다는 뜻이다. 冥은 어둡고 어리석어서 알지 못한다는 뜻이다.[801] 청맹과니(矇)는 눈동자는 있지만 볼 수 없는 것을 말한다. 또 矇瞶는 태어날 때부터 귀머거리를 말한다.[802] 또 蒙籠은 삼태기를 뒤집어썼다는 말로 명료하지 않음을 뜻한다.[803] 抵는 막다, 꺾는다는 뜻이다.[804] 突은 추위 더위

801) 『一切經音義』(高麗藏32, 337下), "愚蒙又作曚。同莫公反。蒙謂蒙覆不明也。闇昧無知也"

802) 『一切經音義』(高麗藏32, 72下), "矇瞶 莫公反。有眸子而無見曰矇。下牛蒯反。生聾曰瞶"

803) 『一切經音義』(高麗藏32, 187下), "蒙籠 莫公反，下盧紅反。蒙籠，謂不朗了也"

804) 『一切經音義』(高麗藏32, 331中), "抵言都禮反。拒也。謂抵拒推也"

등을 무릅쓴다는 뜻이다.805) 어수선함(狼)은 탐욕이 지나침을 말한다.

H2_68上, T37_165上

經曰或時家室至無可奈何者。

經에서 말씀하시기를, "어떤 때 남편과 아내는 …어찌할 수 없느니라"란,

述云此後對親戚以顯過有二。此初戀著不能解也。禮記三十壯有室。玄公曰有室有妻也。蓋論語由也升堂矣未入室也。卒者終也便旋者疾。

풀어 말하자면, 이것은 그 두 번째, 친척을 대비시킴으로써 과실을 드러냄이다. 여기에는 두 가지가 있다. 이것은 그 첫 번째, 그리워하고 집착하여 풀어버릴 수 없음이다.『예기』에서 말하기를 30세면 장차 아내가 있을 나이라고 하였다. 현공이 有室은 아내(妻)가 있다는 말이라고 하였다. 대개『논어』에서는 "유(자로)는 대청마루에는 올라왔으나 아직 방안(室)에는 들어오지 못한 것이다"806)라고 하였다. 卒은 생을 마쳤다는 말이다. 便旋은 병을 말한다.

H2_68中, T37_165上

經曰總猥憒擾至勤苦怱務者。

經에서 말씀하시기를, "세상이 혼탁하고 어지러워 …한결같이 고통스럽게 애쓰다가"란,

805)『一切經音義』(高麗藏32, 170上), "唐突字體作搪揬二形同。徒郎反下徒骨反。廣雅觸冒搪衝揬也"

806)『一切經音義』(高麗藏32, 134下), "室家書逸反。禮記三十壯有室。鄭玄曰有室有妻也。故妻稱室。案室戶內房中也。論語由也升堂未入於室是也"

述云此後造惡受苦報有四。此初發貪追求也。猥(烏罪反)惡也字林衆也廣雅頓也又雜也擾者亂也。忽又作忪古文伀(之容反)方言征伀征遑遽。賴(洛代反)孝經曰一人有慶兆民賴之。註云賴蒙也聊者甘也。

풀어 말하자면, 이것은 그 두 번째, 악을 짓고 고통스러운 과보를 받는 것이다. 여기에는 네 가지가 있다. 이것은 그 첫 번째, 탐심을 내어 추구함이다. 猥는 惡이다. 『字林』에서는 衆이라 하고, 『廣雅』에서는 頓이라 한다.[807] 또 雜이라고도 한다. 擾는 亂이다. 忽은 또한 忪이라고도 한다. 『古文』에서 伀이라 하고, 方言으로는 征伀인데, 이는 황급히 치러간다는 뜻이다.[808] 賴는 『효경』에서 "군주 한 명에게 기쁨이 있으면, 만백성은 이것에 의지한다"[809]고 하였다. 이를 풀어 말하면 은혜를 입는 것에 의지한다는 뜻이다. 聊는 즐긴다는 뜻이다.

H2_68中, T37_165上

經曰各懷殺毒至不從人心者。

經에서 말씀하시기를, "각각 살기어린 독을 품는다 …사람의 마음을 따르지 않는다"란,

述云此第二起嗔殺害也。

풀어 말하자면, 이것은 그 두 번째, 성내고 죽임이다.

H2_68中, T37_165上

---

807) 『一切經音義』(高麗藏32, 58上), "猥多 烏罪反。字林猥衆也。廣雅猥頓也"

808) 『一切經音義』(高麗藏32, 170上), "征伀 (怔忪) 之盈反。古文伀, 同。之容反。方言征伀惶遽也"

809) 『孝經』「天子章」第二 "一人有慶兆民賴之", (影印文淵閣四庫全書182, 41上)

經曰自然非惡至無有出期者。

經에서 말씀하시기를, "자연히 죄악을 …벗어날 기약이 없다"란,

述云此第三苦報難出也。作惡之人宿罪之力自然招集非法惡緣隨而與之故云自然非惡先隨與之。恣聽者卽作惡自在無懼之義。待亦作至。

풀어 말하자면, 이것은 그 세 번째, 고통의 과보로부터 빠져나오기 어려움이다. 악을 짓는 사람이 숙세의 죄의 힘으로 자연스럽게 이끌려 그릇된 악연으로 이를 따라 그와 더불어 가기 때문에 말하기를 자연히 그릇된 악을 먼저 따르고 한패가 된다(自然非惡先隨與之)고 한다. 恣聽은 곧 악을 짓고 스스로 두려워하지 않는다는 뜻이다. 待는 또한 至로 되어 있는 곳도 있다.

H2_68中, T37_165上

經曰痛不可言甚可哀愍者。

經에서 말씀하시기를, "이런 고통은 말할 수 없을 정도로 심하여 가련할 뿐이다"란,

述云此第四傷令生厭也。

풀어 말하자면, 이것은 그 네 번째, 불쌍히 여겨 중생으로 하여금 싫어하게 만드는 것이다.

H2_68中, T37_165上

經曰佛告彌勒至在人後也者。

經에서 말씀하시기를, "부처님이 미륵보살에게 말씀하시기를 …다른 사람에게 뒤쳐진다"란,

述云此第二勸人脩捨有四。一正勸脩捨二彌勒領解三重勸脩捨四重彌勒領解。初又有二。此初勸令修行也。欲令天人疾從脩捨故更對彌勒而須勸之。世間事者卽前三毒之事。用者以也坐者由也。世人以是三毒事不得歸眞去道遠故云不得道。負者違也。

풀어 말하자면, 이것은 그 두 번째, 사람으로 하여금 [닦아야 할 것을] 닦고, [버려야 할 것을] 버리게 함이다. 여기에는 네 가지가 있다. 첫째, 바로 닦기를 권함, 둘째, 미륵이 깨달아 이해함, 셋째, 거듭 닦고 버리기를 권함, 넷째, 거듭 미륵이 깨닫고 이해함이다. 첫 번째 것에 다시 두 가지가 있다. 이것은 그 첫 번째, 수행하도록 권함이다. 천인들로 하여금 빨리 닦고 버리도록 하기 때문에 다시 미륵보살에게 대답하여 모름지기 권하는 것이다. 世間事란 곧 앞에서 말한 삼독의 일이다. 用은 以와 같다. 坐는 말미암는다는 뜻이다. 세상 사람들이 이 삼독의 일로 말미암아 참된 법으로 돌아가지 못하면 도가 멀어지기 때문에 도를 얻을 수 없다(不得道)고 한 것이다. 負는 어긋난다는 뜻이다.

H2_68下, T37_165上

經曰儻有疑意至當爲說之者。

經에서 말씀하시기를, "만일 의심하는 뜻을 가지고 있고 … 마땅히 위하여 설하리라"란,

述云此後勸令請問也。儻若也設也。

풀어 말하자면, 이것은 그 두 번째, 질문을 하도록 권함이다. 儻은 만약, 가정이다.

H2_68下, T37_165上

經曰彌勒菩薩至如佛所言者。

經에서 말씀하시기를, "미륵보살이 …부처님께서 말씀하신 바와 같습니다"란,

述云第二領解有五。此初信順佛語也。貫者通也。通心思之世人實隨三毒之事坐不得道如佛說故。

풀어 말하자면, 두 번째, 깨닫고 이해함이다. 여기에는 다섯 가지가 있다. 이것은 그 첫 번째, 부처님의 말씀을 믿고 따름이다. 貫은 꿰뚫는 것이다. 마음을 관통하여 이를 생각해 보건데 세상 사람들은 실로 삼독의 일을 따르고 있으니 앉아서 도를 얻을 수는 없을 것이다. 이는 부처님이 말씀하신 바와 같다.

H2_68下, T37_165中

經曰今佛慈愍至解脫憂苦者。

經에서 말씀하시기를, "이제 부처님의 자비로서 불쌍히 여기셔서 …근심과 고통에서 벗어날 수 있다"란,

述云此第二領佛慈利也。

풀어 말하자면, 이것은 그 두 번째, 부처님의 자비와 이익을 깨달음이다.

H2_68下, T37_165中

經曰佛語教誡至莫不究暢者。

經에서 말씀하시기를, "부처님의 가르침과 훈계는 …살피지 못하는 것이 없습니다"란,

述云此第三歎說深善也。甚深善者歎敎利深。智慧明見者歎智普達。橫達十方故八方上下竪通三世故去來今。可謂莫不究暢。

풀어 말하자면, 이것은 그 세 번째, 설법의 깊고 좋음을 찬탄함이다. 매우 깊고 좋음(甚深善)이란 가르침의 이익이 깊음을 찬탄함이다. 지혜로써 밝게 볼 수 있음(智慧明見)이란 지혜를 두루 통달하였음을 찬탄함이다. 가로로 시방에 달하였기 때문에 여덟 방위와 위, 아래(八方上下)라고 하였고, 세로로 삼세에 통한다고 하였기 때문에 과거, 미래, 현재(去來今)라고 하였다. 살피지 못하는 것이 없다(莫不究暢)고 이를 만하다.

H2_68下, T37_165中

經曰今我衆等至皆令得道者。

經에서 말씀하시기를, "이제 저희들이 …모두 진리를 얻게 하십니다"란,

述云此第四重頜佛恩也。謙苦者因也。恩德者果也。苦又作恪。古文愙(若[810]各反)字林恪恭敬也。謙者退己之言。苦者苦行。福祿光明者自福殊勝。達空無極者自智殊勝。開入泥洹者化物獲滅。

풀어 말하자면, 이것은 그 네 번째, 거듭 부처님의 은혜를 깨달음이다. 謙苦란 원인이다. 恩德은 과보이다. 苦는 恪으로도 쓴다. 『古文』에서는 愙라고 하였고, 『字林』에서는 恪이라고 하였다. 공경한다는 뜻이다.[811] 謙은 스스로 자리를 물러난다는 말이다. 苦는 苦行이다. 복록과 광명은 스스로 [지은] 복이 수

810) 大正藏脚註(大正藏37, 165中), "若=苦?". 반절표기법의 발음으로 미루어 볼 때 苦의 誤記로 보임.

811) 『一切經音義』(高麗藏32, 41上), "謙恪 古文愙同。苦各反。字林恪恭也敬也"

승함을 말한다. 공은 한계가 없다는 것을 통달함(達空無極)이란 스스로의 지혜가 수승함을 말한다. 열반에 들어가도록 열어줌(開入泥洹)이란 중생이 멸도를 얻게 함이다.

敎授典攬者敎令修道。典者常也申常道故。廣雅典主也。攬者撿之在手又取也。常道攬理故云典攬。此中意言道法開導故云敎授。以此經典要攬衆義令其習故云典攬。卽智化也。剛强衆生威德制御令其消伏歸從聖化故云威暇消化。善軟衆生慈力攝取故感十方。有緣斯攝故無窮極。卽福化也。

경전을 살펴 가르쳐 줌(敎授典攬)이란 가르쳐서 하여금 도를 닦게 하는 것이다. 典이란 常이다. 상도를 펴는 것이다. 『廣雅』에서는 典이 으뜸이라고 하였다.[812] 攬은 살펴보는 것이 손으로 하는 일이라 또 취한다고도 한다. 상도는 이치를 가려 뽑아 취한 것이므로 典攬이라고 하였다. 이 가운데 뜻은 도를 말한다. 법을 열어 이끌기 때문에 가르쳐준다(敎授)고 하였다. 이 경전으로써 여러 뜻을 살펴보고 중생으로 익히게 하기 때문에 典攬이라고 한다. 즉 지혜로써 교화함이다. 굳세고 강하게 중생을 위덕으로 제어하여 그들로 하여금 조복케 하여 성스러움을 따라 돌아가게 하기 때문에 威暇消化라고 한다. 부드럽게 중생을 아끼고 자비의 힘으로 포섭하기 때문에 시방을 감동시킨다고 하는 것이다. 연이 있으면 이를 포섭하기 때문에 끝이 없다고 한다. 즉 복으로 교화함이다.

H2_69上, T37_165中

經曰今得値佛至心得開明者。

經에서 말씀하시기를, "이제 부처님을 만나 뵙고 …마음에

---

812) 『一切經音義』(高麗藏32, 186上), "廣雅典主也"

광명을 얻었습니다"란,

述云此第五申自喜慶也。

풀어 말하자면, 이것은 그 다섯 번째, 스스로 기쁘고 경사스러움을 드러냄이다.

H2_69上, T37_165中

經曰佛告彌勒汝言是也者。

經에서 말씀하시기를, "부처님께서 미륵보살에게 말씀하셨다. 그대가 말한 것이 옳다"란,

述曰第三重勸脩捨有三。初嘆印領解次正勸修行後勸捨疑惑。初又有三。此初印前嘆說也。佛說快甚深甚善言當其理故曰是也。

풀어 말하자면, 세 번째, 거듭 닦고 버릴 것을 권함이다. 여기에는 세 가지가 있다. 첫째, 깨달음을 찬탄하고 확인함, 둘째, 바로 수행할 것을 권함, 셋째, 의혹을 버릴 것을 권함이다. 첫 번째 것에는 다시 세 가지가 있다. 이것은 그 첫 번째, 인가하기 전에 설법을 찬탄함이다. 부처님께서 기쁘고 대단히 깊고 대단히 좋음을 설하셨다. 그 이치가 마땅함을 말하는 것이다. 따라서 옳다(是也)고 한 것이다.

H2_69上, T37_165中

經曰若有慈敬至乃復有佛者。

經에서 말씀하시기를, "만약 부처님을 공경하는 사람이 있으면 …이에 다시 부처님이 계시다"란,

述云此次嘆領荷恩有二。此初正嘆彰佛難值也。有說申已[813]難值非也。復言必是顯當有故。今卽標彌勒成佛之時也。

풀어 말하자면, 이것은 그 두 번째, 은혜를 입었음을 깨달았다고 찬탄함이다. 여기에는 두 가지가 있다. 이것은 그 첫 번째, 바로 찬탄하기를 부처님을 만나기 어렵다고 밝힌 것이다. 어떤 사람은 이미 만나기 어려움을 드러낸 것이라고 하였는데[814] 이는 잘못이다. 다시 말하자면 반드시 이것은 마땅히 [부처님이] 계신 것을 드러내려는 것이다. 이제 곧 미륵보살이 성불하는 때를 드러낸 것이다.

H2_69上, T37_165下

經曰我今於此世至涅槃之道者。

經에서 말씀하시기를, "내가 지금 이 세상에서 …열반의 도"란,

述云此後申己化益卽樹王成道捺苑轉法輪也。有說創斷陳如之疑故言斷諸疑網者非也。佛決物疑非局陳如故。今卽斷疑拔欲者令離煩惱。杜衆惡源者令離惡業。杜者塞也。疑愛是利鈍惑之所由故言本也。惡業爲總別苦之所流故云源也。卽口業化是也。

풀어 말하자면, 이것은 그 두 번째, 자기의 교화의 이익을 펴는 것이다. 즉 보리수 아래에서 도를 이루고 녹야원으로 가서 법륜을 굴리신 것을 말한다. 어떤 사람은 처음으로 憍陳如의 의심을 끊었기 때문에 모든 의심의 망을 끊었다고 한다고 하였으나 이는 잘못이다. 부처님께서는 중생의 의심을 없앤 것이지 교진여에 국한된 것이 아니기 때문이다. 이제 곧 의심을 끊고 탐욕을 뽑아 버렸다(斷疑拔欲)는 것은 중생으로 하여금 번

813) 已의 誤記로 보임.

814) 『無量壽經義疏』(大正藏37, 113中), "彰已難值".

뇌를 여의게 한 것이다. 여러 악의 근원을 막았다(杜衆惡源)는 것은 중생으로 하여금 악업을 여의게 한 것이다. 杜는 막는다는 뜻이다. 의심과 애착이 날카롭거나 둔감한 것은 미혹함으로 말미암은 것이다. 따라서 근본이라고 하는 것이다. 악업은 전체적인 것이나 각각의 고통이 흘러나오는 곳이라고 할 수 있다. 따라서 源이라 하였다. 즉 구업으로 교화함이 이것이다.

天上人間唯佛獨尊故遊步三界。化之縱任故無所拘礙。卽身業化也。善閑經典要攬衆義故典攬智慧。備解三乘所行之道故衆道之要。卽意業化也。綱維者猶綱紀之屬。制戒御衆故云執持。顯正以簡邪故照然分明。廣化群品故開示五道[815]。令越苦海故度未度。決生死而令出正涅槃而令入卽教之弘化也。

천상과 인간 세계에 오직 부처님만이 홀로 존귀하기 때문에 삼계를 거니는 것이다. 마음대로 교화할 수 있기 때문에 구애되는 바 없다고 한다. 즉 신업으로써 교화함이다. 경전을 잘 익혀서 여러 뜻을 가려 뽑아 취하기 때문에 경전의 지혜를 가려낸다(典攬智慧)고 한 것이다. 삼승이 행하는 바 도리를 모두 이해하기 때문에 여러 도리의 핵심(衆道之要)이라고 하였다. 곧 의업으로 교화함이다. 綱維는 여전히 綱紀에 속한다. 계율로 대중을 제어하기 때문에 執持라고 한다. 바른 것을 드러냄으로써 삿된 것을 가려내는 까닭에 비추어 분명히 한다(照然分明)고 하였다.

---

815) 『無量壽經義疏』(大正藏37, 113中), “斷諸疑網。拔愛欲本。令離煩惱。杜衆惡源。令離惡業。杜猶塞也。惡業是其惡道家本。名衆惡源。教令斷塞。目之爲杜。三遊步下。彰已作佛。以法化世。遊步三界無所拘礙。身業化也。身化自在。故無拘礙。典攬智慧衆道之要。意業化也。善解經典。攬知衆義。名典攬智。善知三乘所行之要。名衆道要。執持綱維照然分明開示五趣。口業化也。執法持衆。名執綱維。辨正異邪。名照分明。用化群品。名開五趣”

여러 품류를 널리 교화하기 때문에 오도를 열어 보인다고 한다. 고해를 초월하게 만들기 때문에 아직 깨닫지 못한 자들을 득도하게 한다(度未度)고 하였다. 생사윤회를 끊어내어 그로부터 벗어나게 하여 바로 열반에 들게 한다. 즉 그들을 가르쳐 널리 교화한다.

H2_69中, T37_165下

經曰彌勒當知至不可稱數者。

經에서 말씀하시기를, “미륵은 마땅히 알아야 한다 …그 수를 헤아릴 수 없다”란,

述云此後慶値佛聞法有三。此初申彌勒始終也。

풀어 말하자면, 이것은 마지막으로 부처님을 만나 설법을 듣는 것을 경사스럽게 여김이다. 여기에는 세 가지가 있다. 이것은 그 첫 번째, 미륵보살의 시작과 끝을 드러내는 것이다.

H2_69中, T37_165下

經曰汝及十方至不可具言者。

經에서 말씀하시기를, “너를 비롯하여 시방의 …다 말할 수가 없다”란,

述云此次標衆生本末也。永者長也。

풀어 말하자면, 이것은 그 두 번째, 중생의 본말을 드러냄이다. 永은 오래되었다는 뜻이다.

H2_69中, T37_165下

經曰乃至今世至吾助汝喜者。

經에서 말씀하시기를, "이에 금세에 이르기까지 …내 그대를 도와 기쁨을 주고자 한다"란,

述云此後如來正慶也。藉久遠因値佛聞法卽可慶喜故。

풀어 말하자면, 이것은 마지막으로 여래가 바로 기뻐함이다. 오래 되고 먼 因에 의지하여 부처님을 만나 법을 들었으니 곧 경사스럽고 기쁜 것이다.

H2_69中, T37_165下

經曰汝今亦可至積累善本者。

經에서 말씀하시기를, "그대는 이제 또한 …선의 근본을 쌓는다"란,

述云第二勸修行有二。此初正勸脩捨也。病者內苦痛者外苦。

풀어 말하자면, 두 번째, 수행을 권함이다. 여기에는 두 가지가 있다. 이것은 그 첫 번째, 바로 닦고 버림을 권함이다. 病은 안에서 느끼는 고통이고, 痛은 밖에서 느끼는 고통이다.

H2_69中, T37_165下

經曰雖一世勤苦至涅槃之道者。

經에서 말씀하시기를, "비록 한 세상 수고로움은 …열반의 도리이다"란,

述云此後擧利令修也。身與福俱故道德合。心與智俱故云合明。

풀어 말하자면, 이것은 마지막으로 이익을 들어 닦도록 함이

다. 몸과 더불어 복이 함께하기 때문에 도덕에 부합하며(道德合), 마음과 더불어 지혜가 함께하기 때문에 밝음에 부합한다(合明)고 한 것이다.

H2_69下, T37_165下

經曰汝等宜各至受諸厄也者。

經에서 말씀하시기를, "너희들은 마땅히 각각 …여러 가지 액난을 받는다"란,

述云此第三勸捨疑惑也。帛謙本中辨中下輩皆云生彼佛國不能前至彌陀佛所。便見國界邊七寶城喜止其城。卽於七寶池蓮華化生自然長大於是間五百歲。其城縱廣各二千里。城中亦有七寶舍宅宅中皆有七寶浴池。浴池中亦有蓮華故。此中言七寶宮殿者蓋彼城內寶舍宅也。彼城受樂此經曰如忉利天。

풀어 말하자면, 이것은 그 세 번째, 의혹을 버릴 것을 권함이다. 帛延本과 支謙本에서 중배와 하배가 모두 저 부처님의 나라에 왕생하여도 아미타 부처님이 계신 곳 앞에 이르지 못하게 된다고 분별하였다. 곧 정토의 경계 근처에서 칠보로 만든 성을 보고 기꺼이 그 성에 머물며, 칠보로 만든 연못에서 연꽃으로 화생하는데, 자연이 장대하여 그 기간은 오백세나 된다. 그 성은 가로, 세로가 각각 2천리나 된다. 성 가운데에는 또한 칠보로 만들어진 집이 있고, 집 안에는 모두 칠보로 된 목욕할 수 있는 연못이 있다. 그 안에는 또 연꽃들이 있다.816) 여기서

816) 『佛說無量清淨平等覺經』卷第三(大正藏12, 292上-中), "其人壽命終盡。則生無量清淨佛國。不能得前至無量清淨佛所。便道見無量清淨佛國界邊自然七寶城。心中便大歡喜。道止其城中。則於七寶水池蓮華中化生。則受身自然長大。在城中於是間五百歲。其城廣縱各二千里。城中亦有七寶舍宅。舍宅中自然內外皆有七寶浴池。浴池中亦有自然華繞"

칠보궁전이라고 부르는 것은 대개 그 성 가운데 보배로 만들어진 집일 것이다. 그 성은 즐거움을 받는 곳이다. 『무량수경』에서 忉利天과 같다고 하였다.[817)]

而受諸厄者不能見聞三寶故。若作此說彼土亦有憂根者。諸厄卽憂受。而出世受故不名苦苦。諸說淨土身心柔軟無憂受者唯是厭俱。世出世捨非憂慼故。若憂非憂皆障見佛咎從疑惑。故誡勸言無得疑惑中悔爲過。

모든 액난을 받는다(而受諸厄)는 것은 삼보를 보지도 듣지도 못함을 말한다. 만약 이것이 저 정토에도 근심의 뿌리가 있는 것을 설한 것이라고 한다면 모든 액난이란 근심을 받는 것이 된다. 그러나 세간을 벗어나서 받기 때문에 苦苦[818)]라고 부르지 않는다. 모든 정토를 설한 곳에서 몸과 마음이 유연하여 근심을 받는 일이 없고 오직 싫어하는 것이 있을 뿐이라고 하였다. 세간이건 출세간이건 버리면 근심, 걱정이 아니기 때문이다. [그러나] 근심스럽건 근심스럽지 않건 간에 모두 부처님을 친견하는 데는 장애가 되므로 의혹을 따라서 원망한다. 따라서 경계하고 권하여 말하기를 의혹 가운데 후회하는 것은 과실이 되므로 얻을 것이 없다고 하였다.

H2_69下, T37_166上

『佛說阿彌陀經』卷下(大正藏12, 310中), "其人壽命終盡。卽往生阿彌陀佛國。不能得前至阿彌陀佛所。便道見阿彌陀佛國界邊自然七寶城中。心便大歡喜。便止其城中。卽於七寶水池蓮華中化生。則受身自然長大在城中。於是間五百歲。其城廣縱各二千里。城中亦有七寶舍宅。中外內皆有七寶浴池。浴池中亦有自然華香繞"

817) 『佛說無量壽經』卷下(大正藏12, 278上), "其胎生者所處宮殿。或百由旬或五百由旬。各於其中受諸快樂。如忉利天亦皆自然"

818) 壞苦, 行苦와 더불어 삼고의 한 가지. 苦의 인연으로 받는 고통.

經曰彌勒白言至不敢有疑者。

經에서 말씀하시기를, "미륵보살이 아뢰어 말하였다 …감히 의심을 가질 수 없다"란,

述云此第四彌勒領解也。奉行者領前勸脩之言彰已奉行。不疑者領勸捨疑申自不疑。

풀어 말하자면, 이것은 그 네 번째, 미륵보살이 깨닫고 이해함이다. 奉行이란 깨닫기 전에 닦기를 권하는 말이다. 이미 받들어 행하였음을 드러낸 것이다. 不疑란 깨달아 의심을 버리기를 권하는 것이다. 스스로 의심하지 않음을 펴는 것이다.

H2_69下, T37_166上

經曰佛告彌勒至易可開化者。

經에서 말씀하시기를, "부처님께서 미륵보살에게 말씀하셨다 …쉽게 열어 교화할 수 있다"란,

述云第三廣擧業苦令人厭捨有二。初嘆前解行後正申業苦。此初卽嘆彌勒領解奉行也。

풀어 말하자면, 세 번째, 널리 업의 고통을 들어 사람들로 하여금 싫어하게 하여 버리도록 함이다. 여기에는 두 가지가 있다. 첫째, 앞의 解行(領解奉行)을 찬탄함, 둘째 바로 업의 고통을 폄이다. 이것은 그 첫 번째, 즉 미륵보살이 깨달아 이해하고 봉행함을 찬탄함이다.

H2_70上, T37_166上

經曰今我於此至令離五燒者。

經에서 말씀하시기를, "이제 내가 이 세상에서 …五燒를 여의게 한다"란,

述云第二正申業苦而令厭捨有三。初略釋次別釋後總釋。初又有二。此初令捨令離也。有說五惡爲因痛燒爲果卽五戒所防。身三非爲三口四爲第四飮酒爲第五。酬此五因卽受五痛。痛者苦受燒者苦具。若痛若燒皆地獄報。故前文云臨終寒熱與痛苦俱。

풀어 말하자면, 두 번째, 바로 업의 고통을 펴서 중생으로 하여금 이를 싫어하게 하여 버리도록 함이다. 여기에는 세 가지가 있다. 첫째, 대략적인 해석(略釋), 둘째, 별도의 해석(別釋), 셋째, 전체적인 해석(總釋)이다. 첫 번째 것에 다시 두 가지가 있다. 이것은 그 첫 번째, 버리게 하고 여의게 함이다. 어떤 사람은 五惡은 因이 되고, 五痛과 五燒는 果가 되며, 곧 五戒가 막아야 할 것들이다. 身業의 세 가지 계율을 어긴 것이 세 가지 惡이 되고, 口業의 네 가지는 네 번째 惡이며, 음주가 다섯 번째 惡이다. 이 다섯 가지 因에 대한 대가가 五痛을 받는 것이다. 痛이란 고통을 받는 것이고, 燒란 고통이 갖추어진 것이다.[819] 痛이든 燒든 모두 지옥의 과보이다. 따라서 앞에서 말한 임종 시에 춥고 더운 것이 痛과 더불어 苦가 함께 있는 것을 의미한다.

遂彈餘家五痛人中受五燒在地獄云此太錯判經文。害文傷義。直由不了痛是苦受燒是苦具。不可人中受痛而無苦具地獄有苦具而無痛故。又作五惡先入惡道後生人中故。地獄受痛燒報已然後生人受餘報苦。

819) 『無量壽經義疏[復元]』卷上(韓佛全2, 17上), "身三爲三 口四爲一 及飮酒故痛地獄苦 燒者苦具"

이제 다른 주장을 타파해 보자. 五痛은 인간계에서 받고, 五燒는 지옥에 있을 때 받는다고 하는데 이는 經文의 내용을 크게 잘못 판단한 것이다. 문장을 해치고 뜻을 상하게 한 것이다. 곧 痛이 고통을 받는 것이고 燒가 고통을 갖추고 있는 것임을 알지 못함으로 말미암은 것이다. 인간계에서 받는 痛에 苦가 갖추어져 있지 않거나, 지옥에 苦가 갖추어져 있는데 痛이 없을 수는 없기 때문이다. 또 五惡을 지으면 먼저 惡道에 들어간 후 인간계에 태어나는 경우도 있기 때문이다. 지옥에서 痛과 燒라는 과보를 받고 난 연후에 인간계에 태어나 남은 과보의 고통을 받는 것이다.

此恐不然。若言五惡卽五戒所防者。不妄語戒唯防妄語如何口四爲第四惡應正理耶。又痛必兼具燒如何無受。故不可言人中有受而無具地獄有具而無受。又如闍王殺其父王已現受衆苦。必不可言先受痛燒後受餘苦。經曰華報應成虛言故。

이는 아마 그렇지 않을 것이다. 만약 五惡이 곧 五戒로 막아내야 할 것이라고 한다면 불망어계는 오직 망어만을 막는 것인데, 어찌 口業의 네 가지가 네 번째 惡이 된다고 하는 것이 바른 이치를 따른 것이라 하겠는가! 또 痛에는 반드시 고통이 갖추어져 있는 것을 겸한다고 하면 燒는 어찌하여 고통을 받지 않는다고 하겠는가! 따라서 인간계에서 고통은 받지만 고통이 갖추어져 있지 않다고 할 수는 없으며, 지옥에는 고통이 갖추어져 있지만 고통을 받지는 않는다고 할 수도 없는 것이다. 또 아사세왕이 그 아버지를 죽이고 나서 현재에 뭇 고통을 받는 것 또한 마찬가지이다. 결코 먼저 痛燒를 받고 후에 나머지 고통을 받는다고도 말할 수가 없다. [그렇지 않으면] 『無量壽經』에서 말하는 華報[820]가 헛된 말이 되고야 말 것이다.

今還存所彈之義。殺盜邪婬妄語飮酒是其五惡。五痛華報。現閉王法身遭厄難名爲五痛。三途果報名爲五燒。不爾便違世有常道王法牢獄等文故。

이제 다시 주장해야 할 뜻이 있다. 살생, 도둑질, 사음, 망어, 음주가 오악이다. 오통은 화보이다. 당장 王法에 의해 [감옥에] 갇혀버리며, 몸으로는 재앙과 어려움을 만나는 것을 五痛이라고 부른다. 삼도의 과보를 五燒라고 부른다. 그렇지 않다면 곧 세간에 常道가 있고 王法에는 감옥이 있다[821]는 경전의 문장에 어긋나게 될 것이다.

H2_70中, T37_166中

經曰降化其意至涅槃之道者。

經에서 말씀하시기를, "그 뜻을 항복받아 …열반의 길"이란,

述云此後令持令得也。五善卽防五惡之戒。由持五戒現無衆苦故。獲福德反五痛也。後生西方終爲涅槃故。度世長壽卽反五燒也。

풀어 말하자면, 이것은 두 번째로 지녀야 할 것은 지니게 하고 얻어야 할 것은 얻게 함이다. 五善은 곧 五惡을 막는 계율이다. 五戒를 지님으로 말미암아 뭇 고통이 없어짐을 나타낸다. 복덕을 얻기 때문에 五痛의 반대이다. 나중에 서방정토에 왕생하고 마침내 열반에 이른다. 세상을 제도하고 오래 살기 때문에 五燒의 반대이다.

---

820) 華報 : 來世의 果報보다 먼저 現世에서 받는 業報. 식물이 열매를 맺기 전에 꽃이 피는 현상에 비유한 말로, 來世에 惡道에 떨어질 사람이 이 세상에서 병들고 형벌을 받는 것 따위를 이른다.

821) 『佛說無量壽經』卷下(大正藏12, 276上), "世有常道王法牢獄。不肯畏愼。爲惡入罪受其殃罰"

H2_70中, T37_166中

經曰佛言何等至何等五燒者。

經에서 말씀하시기를, "부처님이 말씀하시기를 무엇을 …무엇이 오소인가"란,

述云第二別釋有二。初問後釋。初又有二。此初問所捨離也。

풀어 말하자면, 두 번째 각각을 해석함이다. 여기에는 두 가지가 있다. 먼저 질문하고, 후에 해석한다. 첫 번째 것에 다시 두 가지가 있다. 이것은 그 첫 번째, 버리고 여의어야 할 것을 질문함이다.

H2_70中, T37_166中

經曰何等消化至涅槃之道者。

經에서 말씀하시기를, "어떻게 버리고 …열반의 도"란,

述云此後問所持得也。

풀어 말하자면, 이것은 그 두 번째, 지니고 얻어야 할 것을 질문함이다.

H2_70中, T37_166中

經曰佛言其一惡者至積德所致者。

經에서 말씀하시기를, "부처님께서 그 첫 번째 악은 …덕을 쌓았기 때문이다"란,

述云第二釋有五。此初釋殺生有二。初釋所捨離後釋所持得。初又有三。初牒釋次總結後寄喩顯過。初又有三。此初釋惡也。剋者殺也賊者害也。有說神明者卽同生同生[822]。同生在右肩記所作惡同名在左肩記所作善故云記識此恐非也。業報感起非神所堪故。今卽還同精神剋識以種子識功能不亡名記識故。孤者無父母獨者無子女。尫(烏皇反)羸也弱也。俗文短小目[823]尫。狂(其亡反)變性意也又亂也。

풀어 말하자면, 두 번째 해석에는 다섯 가지가 있다. 이것은 그 첫 번째, 살생을 해석한 것으로 여기에는 두 가지가 있다. 첫째는 버리고 여의어야 할 것을 해석함이고, 둘째는 지니고 얻어야 할 것을 해석함이다. 첫 번째 것에는 다시 세 가지가 있다. 첫째, 단락별로 해석함(牒釋),[824] 둘째 전체적으로 끝맺음, 셋째, 비유에 의지하여 과실을 드러냄이다. 첫 번째 것에는 다시 세 가지가 있다. 이것은 그 첫 번째, 악을 해석함이다. 剋은 죽임이다. 賊은 해함이다. 어떤 사람은 神明이 곧 同生同名이라고 한다. 同生은 오른쪽 어깨에 있으면서 악업을 짓는 것을 기록하고, 同名은 왼쪽 어깨에 있으면서 선업을 짓는 것을 기록하므로 記識이라고 한다[825]하나, 이는 아마도 그렇지 않을 것이다. 업보는 일어나는 것을 느낄 수 있어야 하므로 神明이 감당할 수 있는 것이 아니기 때문이다. 이제 곧 도리어 정신이 [善·惡을] 반드시 기록하는 것[826]과 마찬가지로 종자식의 공능으로서 기록함이 허망하지 않기 때문에 記識이라고 부르는 것이다. 孤는 부모가 없는 것이고, 獨은 자녀가 없는 것이다. 尫

822) 大正藏脚註(大正藏37, 166中), "生=名?". 문맥상 名의 誤記로 보임.

823) 曰의 誤記로 보임.

824) 牒釋 : 牒文作釋의 略稱. 長篇의 文章을 나누어 단락을 이루는 경우를 일러 牒文이라고 한다. 만약 그 나눔에 의지하면 단락에 따라서 해석을 다는 것이다. 이를 牒釋이라고 부른다.

825) 『無量壽經義疏』(大正藏37, 124上-中), "神明記識者名籍先定不蹉跌也。一切衆生皆有二神。一名同生二名同名。同生女在右肩上書其作惡。同名男在左肩上書其作善"

826) 剋識 : 剋은 必의 뜻 ; 識, 記의 뜻. 天神이 사람이 善惡을 지을 때 이를 기록하는 것.

(烏皇反)은 파리하고 약하다는 뜻이다. 세속의 글에서는 작고 왜소한 것을 尫이라 한다.827) 狂(其亡反)은 성품이 변했다는 뜻이다. 또 어지럽다는 뜻이다.

H2_70下, T37_166中

經曰世有常道至難得定828)出者。

經에서 말씀하시기를, "세상에는 상도가 있고 …벗어나기 어려운 것"이란,

述曰此次釋痛也。

풀어 말하자면, 이것은 그 두 번째, 痛을 해석함이다.

H2_70下, T37_166下

經曰世間有此至會當歸之者。

經에서 말씀하시기를, "세간에는 이러한 일이 있고 …반드시 받고 마느니라"란,

述云此後釋燒也。貿(莫候反)三倉換易。卒暴者忽也。會當者必也。歸之者至也。

풀어 말하자면, 이것은 마지막으로 燒를 해석함이다. 貿는 『三倉』에서는 바꾼다(換易)는 뜻이라고 하였다.829) 卒暴은 문득이다. 會當은 반드시이다. 歸之는 이른다는 뜻이다.

827) 『一切經音義』(高麗藏32, 113中), "尫狂今作尫同烏皇反尫弱也通俗文短小曰尫尫亦羸黑也"

828) 大正藏脚註(大正藏37, 166中), "定=免?"

829) 『一切經音義』(高麗藏32, 87中), "貿易莫候反。三蒼貿換易也"

H2_70下, T37_166下

經曰是爲大惡至勤苦如是者。

經에서 말씀하시기를, "이는 큰 악이 되며 …이와 같이 끊임없이 고통 받는다"란,

述云此第二結也。

풀어 말하자면, 이것은 그 두 번째, 끝맺음이다.

H2_70下, T37_166下

經曰譬如大火焚燒人身者。

經에서 말씀하시기를, "비유하자면 맹렬히 타오르는 불길 속에서 사람의 몸을 불태우는 것과 같다"란,

述云此第三顯過也。

풀어 말하자면, 이것은 그 세 번째, 과실을 드러냄이다.

H2_70下, T37_166下

經曰人能於中至爲一大善也者。

經에서 말씀하시기를, "사람은 그 가운데서 …이것은 첫 번째 큰 선이라고 한다"란,

述云此第二釋所持得也。

풀어 말하자면, 이것은 그 두 번째, 지니고 얻어야 할 것을 해석함이다.

H2_70下, T37_166下

經曰佛言其二至事至乃悔者。

經에서 말씀하시기를, “부처님께서 그 두 번째 악을 말씀하셨다 …일을 당하여서는 후회하느니라”란,

述云此第二釋盜有二。初釋所離有三。此初牒釋有三。此初釋惡也。度者量也則也。更相盜竊故無義理。非理求財故不順流軌。不勤貪心故云奢。耽財欲得故云婬。雖有心欲而言足故心口異。口出善言心懷惡計故云佞。覆藏自性故云諂。爲行無信故云不忠。言諭830)者意妄媚者狀妄。枉者橫也。度者法量機者機關。卽巧言令色曲取君意能行機僞知君形勢不申正諫是也。

풀어 말하자면, 이것은 그 두 번째, 도둑질을 해석함이다. 여기에는 두 가지가 있다. 첫 번째 해석은 여의어야 할 것으로서 여기에는 세 가지가 있다. 이것은 그 첫 번째, 첩석으로 여기에는 세 가지가 있다. 이것은 그 첫 번째, 악을 해석함이다. 度는 헤아린다, 모범으로 삼는다는 뜻이다. 모습을 바꾸어 훔치는 까닭에 의리가 없고, 이치에 맞지 않게 재물을 구하는 까닭에 법을 따르지 않는 것이며, 貪心을 억누르지 않기 때문에 사치한다(奢)고 하며, 재물에 빠져 얻고자하므로 婬이라고 한다. 비록 마음에 욕구가 있으나 말로는 만족하다고 하기 때문에 마음과 말이 다른 것이다. 입으로는 좋은 말을 하나 마음으로는 나쁜 생각을 헤아리고 있기 때문에 佞라고 한다. 자신의 성질을 덮어 감추고 있으므로(覆藏自性) 諂이라 한다. 행을 하면서도 믿음이 없기 때문에 충실하지 못하다(不忠)고 한다. 言諛란 뜻이 망령됨이고, 媚란 모습이 망령됨이다. 枉은 橫이다. 度는 법을 헤아린다는 뜻이고, 機는 機關이다. 즉 巧言令色은 왜곡되게 임금의 뜻을 취하여 기회만 있으면 거짓 행을 능사로 여기므로 임

830) 大正藏脚註(大正藏37, 166下), “諭＝諛?”

금의 형세를 알면서도 바르게 간언하지 않는 것이 이것이다.

鄕者一萬二千五百家。黨者五百家。市者交易所居。五家爲鄰鄰五爲里。野人者孔子曰先進於禮樂謂野人。後進於禮樂謂君子也。包氏曰謂鄙陋也。郊外曰野邑外謂郊。從事者相稱也。至竟者死也。善惡者因禍福者果。追者還取命者招引。善惡因成必進今果起也。又追者逐也命者業也。逐善惡業以所生故後者是也。

鄕은 12,500집이다. 黨은 500집이다. 市는 서로 바꾸어 사는 곳이다. 五家는 鄰이 되고, 鄰이 다섯이면 里가 된다.831) 野人이란 孔子가 말씀하시기를 "선배들이 예악을 대하는 태도가 야인과 같고, 후배들의 예약을 대하는 태도는 군자와 같다"832) 하였다. 包氏가 말하기를 鄙陋하다고 하였다. 郊外를 野라 부르고, 邑外를 郊라 부른다.833) 從事란 相稱이다. 至竟이란 죽음이다. 善惡은 因이고, 禍福은 果이다. 追는 還이고, 取命은 불러들임이다. 善惡의 因이 이루어지면 반드시 나아가 지금의 과보가 일어난다. 또 追란 逐이다. 命이란 業이다. 선악의 업을 좇음으로써 태어나게 되는 까닭에 後는 이것이다.

H2_71上, T37_166下

經曰今世現有至受其殃罰者。

經에서 말씀하시기를, "금생에는 현재 있고 …그 재앙과 벌을 받는다"란,

---

831) 『一切經音義』(高麗藏32, 88中), "周禮五家爲隣五隣爲里"

832) 『論語 附諺解 二』卷之十一先進, "子曰 先進於禮樂 野人也 後進 於禮樂 君子也" (學民文化社 影印本 319면)

833) 『一切經音義』(高麗藏32, 296上), "爾雅邑外謂之郊。郊外謂之牧。牧外謂之野"

述云此次釋痛也。

풀어 말하자면, 이것은 그 두 번째, 痛을 해석함이다.

H2_71上, T37_166下

經曰因其前世至痛不可言者。

經에서 말씀하시기를, "그 전생으로 인하여 …痛은 말로 할 수가 없다"란,

述云此後釋燒也。

풀어 말하자면, 이것은 마지막, 燒를 해석함이다.

H2_71上, T37_167上

經曰是爲二大惡至勤苦如是者。

經에서 말씀하시기를, "이것이 두 번째 큰 악이고 …이와 같이 끊임없이 고통 받느니라"란,

述云此第二結也。

풀어 말하자면, 이것은 그 두 번째, 끝맺음이다.

H2_71上, T37_167上

經曰譬如大火焚燒人身者。

經에서 말씀하시기를, "비유컨대 큰 불길 속에 사람의 몸을 태우는 것과 같다"란,

述云此第三顯過也。

풀어 말하자면, 이것은 그 세 번째, 과보를 드러냄이다.

H2_71上, T37_167上

經曰人能於中至爲二大善也者。

經에서 말씀하시기를, "이 세상 사람들 가운데 능히 …두 번째 큰 선이다"란,

述云此第二釋所持得也。

풀어 말하자면, 이것은 그 두 번째, 지니고 얻어야 할 바를 해석함이다.

H2_71上, T37_167上

經曰佛言其三惡至患而苦之者。

經에서 말씀하시기를, "부처님께서 말씀하셨다. 그 세 번째 악은 …걱정시키고 괴롭게 한다"란,

云述此第三釋邪婬有二。初釋所捨有三。初牒釋又有三。此初釋惡也。834)處者天天者性。又姎(與一反)樂也。唐者虛也。眄者(眠見反)說文邪視也。又(下戾五戾反)說文恨視也。睞(力代反)說文瞳子不正也。蒼頡篇內視也傍視也。細色者好色也。態古文能(他代反)意恣也。謂能度人情狀也。結者期也。師(所飢反)四千人爲軍。二千五百人爲師。師十二匹馬也。五百人爲旅也。强奪者公然劫取。不道者左道取物。貧無産業故不自修業。唯外懷攝故惡心在外。竊者私隱。趣者伺人不覺以求他物。擧之離本曰盜。擊者司馬彪曰擊動也。恐者恐怖熱者惱熱。苦具逼身曰迫。以威凌物曰憎。

풀어 말하자면, 이것은 그 세 번째, 사음을 해석함이다. 여기에는 두 가지가 있다. 첫 번째, 버려야 할 것을 해석함이다. 여기에는 세 가지가 있다. 첫 번째는 牒釋인데 다시 세 가지가 있다. 이것은 그 첫 번째, 악을 해석함이다. 處는 天을 말하고,

834) 大正藏脚註(大正藏37, 167上), "冠註曰處者天天者性疑有脫文"

天은 性을 말한다. 또 姝은 樂이고,[835] 唐은 비어 있다(虛)는 뜻이다. 眄은 『설문해자』에 의하면 사시이다.[836] 또한 眄로 읽힌다고 보았을 때 『설문해자』에서는 한스럽게 쳐다보는 것을 말한다. 睞(力代反)는 『설문해자』에 의하면 눈동자가 바르지 않은 것이다. 『蒼頡篇』에서 內視,[837] 혹은 곁눈질하는 것이라고 한다. 細色은 好色을 말한다. 態는 『古文』에서는 能로 쓰는데 방자하다는 뜻이다. 말하자면 능히 사람의 사정과 형편을 제도함을 말한다.[838] 結은 기한이 되었다는 말이다. 師와 4000명이 軍이 되고, 2500명이 師가 된다. 師는 열두 필의 말이다. 500명은 旅가 된다. 强奪이란 공공연히 위협하여 빼앗는 것을 말한다. 不道는 左道에서 取物하는 것이다. 貧은 만들어낸 업이 없는 것이다. 따라서 스스로 업을 닦지 않는 것이다. 오직 밖에서 품고 포섭하기 때문에 악심은 밖에 있다. 竊은 사적으로 뜻을 숨기는 것이다. 趣란 남을 엿보고 남의 물건을 구하게 되는 것을 깨닫지 못함이다. 그것을 들어 근본을 여의는 것을 도둑질이라고 한다. 擊은 사마표가 말하기를 격동이다. 恐은 공포이고, 熱은 뇌열이다. 고통스럽게 몸을 협박하는 것을 迫이라고 한다. 협박하고 범하는 것을 憎이라고 한다.

H2_71中, T37_167上

經曰亦復不畏王法禁令者。

---

835) 『一切經音義』(高麗藏32, 64上), “姝態 古文侏。…與一反。…亦樂也”

836) 『一切經音義』(高麗藏32, 3下), “顧眄 眠見反。說文邪視也。蒼頡篇旁視也”

837) 『一切經音義』(高麗藏32, 193上), “睞眼 力代反。說文目瞳子不正也。蒼頡篇內視也”

838) 『一切經音義』(高麗藏32, 25下-26上), “姿態 古文能。字林同。他代反。意姿也。謂能度人情貌也”

經에서 말씀하시기를, "또한 다시 왕법으로 금한 법을 두려워하지 않아"란,

述云此次釋痛也。

풀어 말하자면, 이것은 그 두 번째, 痛을 해석함이다.

H2_71中, T37_167上

經曰如是之惡至痛不可言者。

經에서 말씀하시기를, "이와 같은 악은 …이 고통은 이루 다 말할 수 없다"란,

述云此後釋燒也。著者著同幽明也。

풀어 말하자면, 이것은 마지막으로 燒를 해석한 것이다. 著는 드러나는 것인데 그윽하게 밝아지는 것과 같다.

H2_71中, T37_167上

經曰是爲三大惡至勤苦如是者。

經에서 말씀하시기를, "이것이 세 번째 큰 악이다 …이와 같이 끊임이 없다"란,

述云此第二結也。

풀어 말하자면, 이것은 그 두 번째, 끝맺음이다.

H2_71中, T37_167上

經曰譬如大火焚燒人身者。

經에서 말씀하시기를, "비유컨대 큰 불길 속에 사람의 몸을

태우는 것과 같다"란,

述云此第三顯過也。

풀어 말하자면, 이것은 그 세 번째, 과실을 드러냄이다.

H2_71中, T37_167中

經曰人能於中至爲三大善也者。

經에서 말씀하시기를, "이 세상 가운데 사람이 능히 …세 번째 큰 선이다"란,

述云此第二釋所持得也。

풀어 말하자면, 이것은 그 두 번째, 지니고 얻어야 할 바를 해석함이다.

H2_71下, T37_167中

經曰佛言其四惡至常懷憍者。

經에서 말씀하시기를, "부처님께서 말씀하시기를 그 네 번째 악이란 …항상 교만함을 품고 있다"란,

述云此第四釋妄語有二。初釋所離有三。初牒釋有三。此初釋惡也。傍者夫婦。易神致反輕侮也。蹇(居免反)左傳偃蹇驕傲也。廣雅大嬌也。謂自高大貌也釋名云偃偃息而臥不執事也。蹇跛蹇也。痛不能作事也。

풀어 말하자면, 이것은 그 네 번째, 망어에 대한 해석이다. 여기에는 두 가지가 있다. 첫째, 여의어야 할 것에 대한 해석이다. 여기에는 세 가지가 있다. 첫째, 첩석으로 여기에는 세 가지가 있다. 이것은 그 첫 번째, 악에 대한 해석이다. 傍은 부부

이다. 易(神致反)839)는 업신여겨 모욕함이다. 蹇은 『左傳』에서 교만하여 남을 업신여긴다(偃蹇驕傲)고 하였다. 『廣雅』에서는 크게 아름답다(大嬌)고 하였다. 말하자면 스스로 높고 크게 여기는 모습니다. 『釋名』840)에서는 교만하게 숨을 쉬며 누워서 일을 하지 않는다(偃偃息而臥不執事)고 하였다. 蹇은 절름발이(跛蹇)라는 뜻이다. 痛 때문에 일을 할 수 없는 것(不能作事)이다.841)

H2_71下, T37_167中

經曰如是衆惡至無所復依者。

經에서 말씀하시기를, "이와 같은 여러 가지 악은 …다시 의지할 바가 없다"란,

述云此次釋痛也。天神卽護世天。錄其作惡奏上帝釋。記在惡籍故云記識。

풀어 말하자면, 이것은 그 두 번째, 痛을 해석함이다. 天神즉 護世天이다. 악을 지으면 이를 기록하여 제석천에게 아뢴다. 惡籍에 기록이 있기 때문에 記識이라고 한다.

---

839) 半切法으로 보이는데 발음을 고려할 때 神은 誤記로 보이며, '祐, 祇, 祤 祆' 가운데 하나일 것으로 본다.

840) 『釋名』: 後漢末 劉熙가 지은 책. 같은 음을 가진 말로 어원을 설명하였다. 내용에 의해서 釋天·釋地·釋山으로 시작하여 釋疾病·釋喪制에서 끝나는 27편의 분류방법은 『爾雅』와 같으나, 소리가 비슷한 말은 의미에도 많은 관련이 있다는 聲訓의 입장에서 해설을 한 점이 특색이다. 억지에 불과하다는 설도 있으나 어원을 해설한 점에서 중요한 자료이다. 또한 오늘날에는 그 실물을 알 수 없는 器物과 家具에 관해 귀중한 기록이 적지 않다. 청나라의 王先謙이 지은 『釋名疏證』은 이 책의 훌륭한 연구서로 꼽힌다.

841) 『一切經音義』(高麗藏32, 35上), "偃蹇(居免紀偃巨偃三反左傳偃蹇驕傲也廣雅偃蹇夭撟也謂自高大皃也釋名偃息而臥不執事也蹇跛蹇也病不能作事今託似此也撟音几小反經文從人作[仁-二+蹇]誤也)"

H2_71下, T37_167中

經曰壽命終盡至痛不可言者。

經에서 말씀하시기를, "수명이 마치면 …고통은 이루 말할 수가 없다"란,

述云此後釋燒也。有說名言種子在賴耶神業種引生必有趣向故云名籍在神明。卽違自許護世天神奏上帝釋記在惡籍故。今卽壽命盡時惡業所引。鬼神促攝將入惡道。逐其名籍往受苦報。頓者至也從者處也得者依也。

풀어 말하자면, 이것은 마지막으로 燒를 해석함이다. 어떤 사람은 名言種子는 알라야식에 있고, 業種子가 이끌어 내어 반드시 [그에 걸맞는] 聚로 향하게 하므로 名籍은 神明에 있다고 한다. 즉 [이것은] 호세천신이 제석천에게 아뢰면 이를 惡籍에 기록한다고 내가 인정하였던 내용에 위배된다. 이제 곧 수명이 다하는 때에 악업에 이끌려 귀신이 악착스럽게 포섭하여 장차 惡道에 들어가게 될 때, 그 이름이 적힌 문서에 따라 고통스러운 곳으로 가서 과보(苦報)를 받는다. 頓은 이른다, 從은 처한다, 得은 의지한다는 뜻이다.

有說天道者卽天下之道恐非也。苦報未必在天下故。今卽天者業也惡業之道故。瑜伽亦云業天蓋同此矣。自然者明了狀。蹉(千阿反)跌(徒結反)通俗文失躡曰跌。廣雅差也亦偃也。業報運數終不參差故。卽不違之義。

어떤 사람은 천도란 곧 천하의 도리라고 하였으나842) 아마도 이는 잘못일 것이다. 고통의 과보는 반드시 천하에만 있는 것은 아니기 때문이다. 이제 天이란 業이다. 악업의 길이기 때문이다. 『유가사지론』에서도 또한 業天이라고 하는데843) 아마

842) 『無量壽經義疏』(大正藏37, 114下), "天下道理。自然施立。是故名爲天道"

이와 같은 맥락일 것이다. 自然이란 명료한 상태이다. 蹉跌을 『통속문』에서는 蹋자를 빼고 跌이라고 한다. 『광아』에서 差라고 한다.[844] 또한 偃라고도 한다.[845] 업보와 운수는 결국 고르지 않음이 없기 때문이다. 즉 어긋남이 없다는 뜻이다.

H2_72上, T37_167中

經曰是爲四大惡至勤苦如是者。

經에서 말씀하시기를, "이것이 네 번째 큰 악이고 …이와 같이 고통은 끝이 없느니라"란,

述云此第二結也。

풀어 말하자면, 이것은 그 두 번째, 끝맺음이다.

H2_72上, T37_167中

經曰譬如大火焚燒人身者。

經에서 말씀하시기를, "비유컨대 큰 불길 속에 사람의 몸을 태우는 것과 같다"란,

述云此第三顯過也。

풀어 말하자면, 이것은 그 세 번째, 과보를 드러냄이다.

---

843) 『瑜伽師地論』卷第四十七(大正藏30 318下), "觀察一切貧窮困苦業大所惱衆生"

844) 『一切經音義』(高麗藏32, 68上), "蹉跌 千何反，下徒結反。蹉跎也。失蹋曰跌。跌差也"

845) 『一切經音義』(高麗藏32, 165上), "跌 徒結反。通俗文失蹋曰跌。字書失足庶也。廣雅跌差也。方言跌蹶也。郭璞曰跌偃也"

H2_72上, T37_167中

經曰人能於中至爲大善也者。

經에서 말씀하시기를, “이 세상 가운데 사람이 능히 …큰 선이다”란,

述云此第二釋所持得也。

풀어 말하자면, 이것은 그 두 번째, 지니고 얻어야 할 바를 해석함이다.

H2_72上, T37_167中

經曰佛言其五惡至飮食無度者。

經에서 말씀하시기를, “부처님께서 말씀하시기를 그 다섯 번째 악이란 …음식에 절제가 없다”란,

述云此第五釋飮酒有二。初釋所離有三。初牒釋有三。此初釋惡有二。此初造惡也。徙倚者猶徘徊也又失所之狀宜從初也。倚依音辜(古胡反)爾雅罪也。較苞[846]學反粗略也。廣雅明也見也。謂較然易見也。位法師云辜者罪也。較者直也。奪者盜也[847]貞罪直突盜人財物以爲快意。未知較直出於何處。散者行也振者惠也。損富補貧。賑亦同。慣串同也。

풀어 말하자면, 이것은 다섯 번째, 음주를 해석함이다. 여기에는 두 가지가 있다. 첫째, 여의어야 할 것을 해석함에는 세 가지가 있다. 첫 번째 첩석에는 세 가지가 있다. 이것은 그 첫 번째, 악을 해석함에는 두 가지가 있다. 이것은 그 첫 번째, 악을 짓는 것이다. 徙倚는 여전히 배회함, 또 있을 곳을 잃은 상태를 뜻한다. 마땅히 첫 번째를 따라야 한다. 倚는 의지한다는

846) 古의 誤記로 보임.

847) 大正藏脚註(大正藏37, 167下), “冠註曰貞罪直突更詳”

소리다.[848] 辜는 『爾雅』에서 허물이라고 한다.[849] 較(古學反)는 粗略하다는 뜻이다. 『廣雅』에서는 밝다, 본다는 뜻이다. 말하자면 뚜렷하게 드러나 쉽게 볼 수 있다는 말이다.[850] 法位가 말하기를 辜는 허물이라고 한다. 較는 곧음이다. 奪은 훔치는 것이다. 貞罪는 곧은 굴뚝과 같다. 남의 재물을 도둑질함을 쾌락으로 여기는 것이다. 어디에서건 뚜렷이 바로 나타남을 알지 못한다. 散은 行이다. 振은 惠이다. 부유한 자의 재산을 덜어 가난한 자에게 보충해준다는 뜻이다. 구휼함 또한 같은 뜻이다. 慣과 串은 같은 것이다.

H2_72上, T37_167下

經曰肆心蕩逸至願令其死者。

經에서 말씀하시기를, "마음 내키는 대로 방탕하여 …죽기를 바라느니라"란,

述云此後惡過也。肆者申也。有說魯扈是强直自用之志。抵突是觸誤侵陵之懷。未知從何。魯(力古反)孔安國云鈍也[851]方言何也。扈(胡古反)漢書音義曰跋扈自縱恣也。薛綜曰勇健貌。又作虜扈。謂縱橫行也。虜人獲也。戰而俘獲也。六親者有說父親有三母親有三合有六親。或有引世語以申難定。應劭云父母兄弟妻子。王弼云父母兄弟夫婦。皆違持頌云父之六親母之六親。識當者認也。有作職當。傳謂敢也。良恐訛之。

풀어 말하자면, 이것은 그 두 번째, 악의 과보이다. 肆는 편

848) 『一切經音義』(高麗藏32, 17中), "倚牀於蟻反。說文倚猶依也"
849) 『一切經音義』(高麗藏32, 337上), "無辜 古胡反。爾雅辜罪也"
850) 『一切經音義』(高麗藏32, 150下), "較之古文作榷同古學反廣雅較明也見也謂較然易見也"
851) 大正藏脚註(大正藏37, 167下), "冠註曰方言何也今按方言曰魯何也等非是釋魯字更詳"

다는 뜻이다. 어떤 사람은 魯扈는 강직하여 스스로를 쓰려는 의지이며, 抵突은 잘못 느끼고도 모욕할 뜻을 품는 것이라 하나, 이는 무엇을 따라야 할지 알지 못하는 것이다. 魯(力古反)는 孔安國이 말하기를 둔하다[852]는 뜻의 방언이다. 扈(胡古反)는 『한서음의』에 말하기를 마음대로 날뛰어 행동하는 것(跋扈)으로 스스로 방자한 것이다.[853] 薛綜은 용감하고 건강한 모습이라고 하였다. 또 虜扈라고도 한다. 말하자면 거침없이 행동함(縱橫行)이다.[854] 虜는 사람을 사로잡는 것이다. 싸워서 사로잡는 것이다. 六親이란 어떤 사람은 부친이 셋, 모친이 셋이라 합하여 육친이 된다고 하였다. 혹은 『世語』에 나오는 것을 인용함으로써 정하기 어려움을 드러내기도 한다. 應劭가 말하기를 육친은 부모, 형제, 처자라고 하였고,[855] 王弼은 부모, 형제, 부부라고 하였다. 모두 아버지의 육친, 어머니의 육친(父之六親母之六親)이라고 지송하는 것과는 어긋나는 것이다. 識當은 인정하는 것이다. 職當이라고 쓰는 경우도 있다. 전해지면서 敢當이라고 하는 경우도 있다. 아마도 와전된 것이리라.

H2_72中, T37_167下

經曰如是世人至意不開解者。

經에서 말씀하시기를, "이와 같이 세상 사람들이 …생각이

852) 『一切經音義』(高麗藏32, 273下), "魯鈍力古反。論語參也魯。孔安國曰魯鈍也。謂人昏鈍也"

853) 『一切經音義』(高麗藏32, 38下), "虜扈 力古反下胡古反。…漢書音義曰扈跋扈也。謂自縱恣也"

854) 『一切經音義』(高麗藏32, 154下), "虜扈力古胡古反。謂縱擴行也。亦自縱恣也。又勇健之貌也"

855) 『一切經音義』(高麗藏32, 4上), "應邵曰六親者父母兄弟妻子也"

열리지 않나니"란,

述云此次釋痛也。僥(五彫古遶二反)儌遇也。謂求親遇也。倖(胡耿反)非其所得而謂得也。

풀어 말하자면, 이것은 그 두 번째, 痛을 해석함이다. 僥(五彫古遶二反)는 구하여 만남이다. 말하자면 직접 만나는 것을 구함이다.[856] 倖은 마땅히 얻을 수 있는 것이 아닌데 얻은 것을 말한다.[857]

H2_72中, T37_167下

經曰大命將終至痛不可言者。

經에서 말씀하시기를, "수명이 다할 때를 당하여 …고통은 말로 할 수가 없다"란,

述云此後釋燒也。命是天地壽三大中之一故云大。窈窕者幽冥貌。浩浩者大水貌。茫茫者冥昧貌。數者理數。

풀어 말하자면, 이것은 마지막으로 燒를 해석함이다. 命은 天, 地, 壽 三大 가운데 하나인 까닭에 크다고 하는 것이다. 窈窕는 그윽하고 어두운 모양이다. 浩浩는 강이나 호수가 큰 모습이다. 茫茫은 어두운 모습니다. 數란 도리(理數)이다.

H2_72中, T37_167下

經曰是爲五大惡至勤苦如是者。

---

856) 『一切經音義』(高麗藏32, 168下), "僥値 古堯反。漢書晉灼音義曰儌遇也。謂願求親遇也"

857) 『一切經音義』(高麗藏32, 176上), "僥倖 古堯反，下胡耿反。謂非其所得而得之也"

經에서 말씀하시기를, "이것이 다섯 번째 익이다 …이와 같이 끊임없이 고통스럽다"란,

述云此第二結也。

풀어 말하자면, 이것은 그 두 번째, 끝맺음이다.

H2_72中, T37_167下

經曰譬如大火焚燒人身。

經에서 말씀하시기를, "비유컨대 큰 불길 속에 사람의 몸을 태우는 것과 같다"란,

述云此第三顯過也。

풀어 말하자면, 이것은 그 세 번째, 과보를 드러냄이다.

H2_72中, T37_168上

經曰人能於中至爲大善也者。

經에서 말씀하시기를, "이 세상 가운데 사람이 능히 …큰 선이다"란,

述云此第二釋所持得也。副者助也稱也。

풀어 말하자면, 이것은 그 두 번째, 지니고 얻어야 할 바를 해석한 것이다. 副는 돕는다, 알맞다는 뜻이다.

H2_72中, T37_168上

經曰佛告彌勒至展轉相生者。

經에서 말씀하시기를, "부처님께서 미륵보살에게 고하시기를

…서로 원인과 결과가 되어 생긴다"란,

述云第三總釋有二。初總釋所離後總釋所得。初又有二。此初總標也。

풀어 말하자면, 세 번째, 전체적으로 해석함이다. 여기에는 두 가지가 있다. 첫째, 여의어야 할 것을 전체적으로 해석함, 둘째, 얻어야 할 것을 전체적으로 해석함이다. 첫 번째 것에 다시 두 가지가 있다. 이것은 그 첫 번째, 전체적으로 드러냄이다.

H2_72下, T37_168上

經曰但作衆惡至示衆見之者。

經에서 말씀하시기를, "다만 여러 가지 악을 짓고 …사람들에게 보이게 된다"란,

述云此後別釋有二。此初從惡生痛燒也。作衆惡者卽五惡。入惡趣者卽五燒。被殃病者卽五痛。

풀어 말하자면, 이것은 그 두 번째, 따로 해석함이다. 여기에는 두 가지가 있다. 이것은 그 첫 번째, 惡으로부터 痛과 燒가 생김이다. 여러 가지 악을 짓는다는 것은 五惡을 말한다. 악취에 들어간다는 말은 곧 五燒이다. 심한 병에 걸린다는 말은 곧 五痛이다.

H2_72下, T37_168上

經曰身死隨行至自相燋然者。

經에서 말씀하시기를, "몸이 죽으면 업에 따라 가고 …스스로 서로 몸을 불태운다"란,

述云此後從燒生惡痛有三。此初五燒也。行者業也。

풀어 말하자면, 이것은 마지막, 燒로부터 惡과 痛이 생기는 것이다. 여기에는 세 가지가 있다. 이것은 그 첫 번째, 五燒이다. 行이란 業이다.

H2_72下, T37_168上

經曰至其久後至隨以磨滅者。

經에서 말씀하시기를, "이것은 오래 계속되어 …따라서 없어지고 만다"란,

述云此次從繞生惡也。省者察也。

풀어 말하자면, 이것은 그 두 번째, 燒로부터 惡이 생김이다. 省은 살핀다는 뜻이다.

H2_72下, T37_168上

經曰身坐勞苦至痛哉可傷者。

經에서 말씀하시기를, "몸의 수고로운 고통은 …애처롭고 불쌍한 일이로다!"란,

述云此後從惡生痛也。坐亦由也受也。苦增不止故云久大劇。業果之理更無作者故云天道施張。造惡必彰故自糺擧。糺亦糾(唐由反)决疑云三合繩也。非此中意。今約也限也。糺是古體也。身當法網故云綱紀羅網。貴賤勿不從法故上下相應。罪者歸之無人伴送故云煢。忪忪者怱也煢古文儝[惶-王+丂]同(臣[858]營反)獨也單也。

풀어 말하자면, 이것은 마지막, 惡으로부터 痛이 생김이다.

858) 大正藏脚註(大正藏37, 168上), "臣=巨?". 반절표기법의 발음으로 볼때 巨의 誤記로 보임.

坐는 또한 말미암다, 받는다는 뜻이다. 고통이 점차 늘어나고 멈추지 않기 때문에 오래되어 대단히 심하다고 한다. 업에 과보가 대응하는 이치는 다시 고칠 수 없는 것이니 천지의 도리는 미치지 않는 곳이 없다(天道施張)고 한다. 악을 지으면 반드시 드러나기 때문에 저절로 죄가 드러나는 것(糾擧)이다. 糺는 또한 糾(唐由反)로도 쓴다. 『決疑』에서는 노끈 세 개를 합한 것이라고 하였다.[859] 여기서는 이런 뜻이 아니다. 여기서는 맺음(約)이나 한계 짓는다(限)는 뜻이다. 糺는 옛 글자체이다. 몸은 마땅히 法의 網이 되는 까닭에 綱紀羅網이라고 한 것이다. 귀하거나 천하거나 법을 따르지 않음이 없기 때문에 위든 아래든 서로 마찬가지(上下相應)라고 한다. 죄는 자기에게 돌아오는 것이지 남에게 딸려 보낼 수 있는 것이 아니기 때문에 외롭다(煢)고 한다. 忪忪은 바쁜 모습이다. 煢은 『古文』에서 傑[惶-王+丂]과 같다. 외롭다, 홀로 있다는 뜻이다.[860]

H2_73上, T37_168上

經曰佛語彌勒至佛皆哀之者。

經에서 말씀하시기를, "부처님께서 미륵보살께 말씀하시기를 …부처님이 모두 이를 불쌍하게 여기신다"란,

述云第二釋所持有二。此初結彰己悲也。

풀어 말하자면, 두 번째, 지녀야 할 것을 해석함이다. 여기에는 두 가지가 있다. 이것은 그 첫 번째, 슬퍼함을 드러냄으로서

---

859) 『一切經音義』(高麗藏32, 226下), "糺索 居柳反蒼頡解詁云繩三合曰糺"
860) 『一切經音義』(高麗藏32, 257中), "煢獨(古文惸傑二形同渠營反尚書無虐煢獨孔安國曰煢單也謂無所依也獨無子曰獨也)"

마무리함이다.

H2_73上, T37_168上

經曰以威神力至涅槃之道者。

經에서 말씀하시기를, "위신력으로써 …열반의 도리이다"란,

述云此後正申化益也。滅惡就善者令修世善。棄思受道者修出世善。

풀어 말하자면, 이것은 마지막, 바로 교화의 이익을 폄이다. 악을 멸하고 선으로 나아감은 세간의 선을 닦도록 함이다. 思를 버리고 道를 받아들이는 것은 출세간의 선을 닦는 것이다.

H2_73上, T37_168上

經曰佛言汝今至苦痛之道者。

經에서 말씀하시기를, "부처님께서 너에게 지금 말씀하셨다 …고통의 도를"이란,

述云第四勸人脩捨有二。初佛勸脩捨後彌勒領解。初又有三。初以理正勸次擧現化勸後以化滅勸。初又有二。此初正勸脩棄也。端守者匡邪守正故。

풀어 말하자면, 네 번째, 사람들로 하여금 닦고 버리도록 권함이다. 여기에는 두 가지가 있다. 첫째, 부처님이 닦고 버리도록 권함, 둘째, 미륵보살이 깨닫고 이해함이다. 첫 번째 것에 다시 세 가지가 있다. 첫째, 이치로써 바로 권함, 둘째, 현실로 드러난 것을 들어 권함, 셋째, [부처님께서 돌아가셔서] 교화가 없어짐을 보임으로써 권함이다. 첫 번째 것에 다시 두 가지가 있다. 이것은 그 첫 번째, 닦고 버림을 바로 권함이다. 端守란

삿된 것을 바로잡고, 바른 것을 지키는 것이다.

H2_73上, T37_168中

經曰汝等於是至無髮毛之惡者。

經에서 말씀하시기를, "그대들은 이 세상에서 …터럭만큼의 악을 짓지 않는다"란,

述云此後對歎令脩有二。此初對彌陀土歎勝令修也。施等六度卽自利得。轉化立善卽利他行。行善是也。正心齋戒卽止善也。此修難成故於一日勝西方國百年之善。而稱讚云生彼國疾得無上菩提者彼無時不修故。此修善時。少故不相違也。

풀어 말하자면, 이것은 그 두 번째, 대상을 찬탄하고 수행토록 함(對歎令脩)이다. 여기에는 두 가지가 있다. 이것은 그 첫 번째, 미타정토에 대해서 그 수승함을 찬탄하고 수행하도록 함이다. 보시 등 육바라밀은 곧 스스로를 이롭게 하는 것이다. 교화하고 선을 세우는 것은 남을 이롭게 하는 행이다. 선행을 하는 것이 바로 그것이다. 바른 마음으로 계를 지키는 것은 止善[861] 이다. 이러한 수행은 성취하기가 어렵기 때문에 하루 동안이라도 지킨다면 서방정토에서 백년[동안 행한] 善보다 뛰어나다고 한다. 그래서 『칭찬경』에서 정토에 왕생하면 빨리 무상보리를 얻을 수 있다고 하였던 것이다.[862] 그곳(정토)에서는 닦지 않는 때가 없기 때문이고, 이곳(세간)에서는 선을 닦을 때가 적기 때문이다. 따라서 서로 어긋난 것이 아니다.

---

861) 止善 : 다만 악을 짓지 않는 정도의 선.

862) 『稱讚淨土佛攝受經』(大正藏12, 349下-350上), "若生彼土。得與如是無量功德衆所莊嚴。諸大士等同一集會。受用如是無量功德。衆所莊嚴淸淨佛土。大乘法樂常無退轉。無量行願念念增進。速證無上正等菩提故"

H2_73上, T37_168中

經曰於此修善至未嘗寧息者。

經에서 말씀하시기를, “이 세상에서 선을 닦음에 …일찍이 편안하게 쉬어 본 적이 없다”란,

述云此後對餘佛土歎勝令修也。卽望上位所居勝土挍量難勝令增修意。殆者危也盡也。今此中意存其俗語言欺之也。

풀어 말하자면, 이것은 마지막 다른 佛土와 비교하여 수승함을 찬탄하고 수행토록 함이다. 즉 상위의 거처해야 할 수승한 국토를 우러러 보고 견주고 헤아려도 [정토를] 이기기가 어렵다. 점차로 수행하고자 하는 뜻을 증장하려는 것이다. 殆는 위태롭다, 다한다는 뜻이다. 이제 이 가운데 뜻은 그 세속적인 말에 있다. 속인다는 뜻이다.

H2_73中, T37_168中

經曰吾哀汝等至務修禮讓者。

經에서 말씀하시기를, “내 그대들을 불쌍히 여겨 …부지런히 예의와 겸손함을 닦아야 한다”란,

述云此第二擧現化益以勸修有二。此初修善得益也。邑者周禮四井爲邑方二里也。九夫爲井方一里也。說文八家一井也。聚落者小鄉曰聚。廣雅落居也。謂人所聚居也。厲(力制反)疫厲也。人病相注也。釋名云病氣流行中人也。戈(居和反)平頭戟長十尺六寸或六尺六寸也。

풀어 말하자면, 이것은 그 두 번째, 현실로 드러난 이익을 들어 수행하기를 권함이다. 여기에는 두 가지가 있다. 이것은 그 첫 번째, 선을 닦아 이익을 얻음이다. 邑이란 『周禮』에 따르

면 四井이 邑이 된다. 方二里에 해당한다.863) 아홉 집이 하나의 井이 되고, 方一里에 해당한다. 『설문해자』에 의하면 여덟 집이 하나의 井을 이룬다고 한다.864) 聚落이란 작은 마을을 聚라고 부르고, 『廣雅』에서 落은 거주지를 의미한다. 말하자면 사람이 모여서 사는 곳이다.865) 厲(力暇反)는 역병이다. 사람의 병이 서로 퍼지는 것이다. 『釋名』에서는 병이 유행하는 가운데 있는 사람이다.866) 戈(居和反)는 끝이 뭉뚱한 창으로 길이가 십척 육촌 혹은 육척 육촌이다.

H2_73中, T37_168中

經曰佛言我哀至無爲之安者。

經에서 말씀하시기를, "부처님께서 말씀하셨다. 내가 불쌍히 여겨 …편안함을 누리게 하리라"란,

述云此後滅惡離苦也。滅五惡故獲五德離痛燒故昇無爲之安樂。

풀어 말하자면, 이것은 마지막, 악을 멸하고 고통을 여의게 함이다. 오악을 멸하기 때문에 오덕을 얻게 되며, 痛과 燒를 여의게 된다. 따라서 무위의 편안함을 누리게 한다.

H2_73中, T37_168中

863) 『一切經音義』(高麗藏32, 108中), "邑中周禮四井爲邑鄭玄曰方二里也"

864) 『一切經音義』(高麗藏32, 72下), "市井子郢也周禮九夫爲井方一里也…說文云八家一井"

865) 『一切經音義』(高麗藏32, 186中), "聚落 …小鄉曰聚廣雅 落居也。謂人所聚居也"

866) 『一切經音義』(高麗藏32, 282中), "疫厲營壁反。下又作痢同。力制反。人病相注曰疫厲。釋名云厲病氣流行。中人如麻厲傷物也"

經曰吾去世後至略言之耳者。

經에서 말씀하시기를, “내가 세상을 떠난 후 …간략히 이것을 말할 뿐이다”란,

述云此第三以滅化損以勸修有二。此初彰去聖後損也。悉者備也。

풀어 말하자면, 이것은 그 세 번째, 부처님이 세상을 떠남으로써 교화에 손해 보는 바가 있기 때문에 수행할 것을 권하는 것이다. 여기에는 두 가지가 있다. 이것은 그 첫 번째, 성인이 돌아가신 후 손해 보는 것을 드러냄이다. 悉은 갖춘다는 뜻이다.

H2_73中, T37_168中

經曰佛語彌勒至無得犯也者。

經에서 말씀하시기를, “부처님께서 미륵보살에게 말씀하셨다 …범하지 말라”란,

述云此後勸人使修也。

풀어 말하자면, 이것은 마지막, 사람들에게 권하여 수행하도록 하는 것이다.

H2_73中, T37_168中

經曰於是彌勒至不敢違失者。

經에서 말씀하시기를, “이에 미륵보살께서 …결코 어기지 않겠습니다”란,

述云此第二彌勒領解也。甚苦實爾者領解。不敢違失者奉行。不敢者畏也。

풀어 말하자면, 이것은 그 두 번째, 미륵보살이 깨닫고 이해함이다. 대단히 간절하고 진실로 그러하다(甚苦實爾)란 깨닫고 이해함(領解)이다. 결코 어기지 않겠습니다(不敢違失)라고 한 것은 받들어 실천하겠다는 말이다. 不敢은 두렵다는 말이다.

H2_73中, T37_168下

經曰佛告阿難至無著無礙者。

經에서 말씀하시기를, "부처님께서 아난에게 말씀하셨다 … 집착도 없고 걸림도 없다"란,

述云第三褒貶得失令物脩棄有五。此初佛命阿難禮彌陀佛也。彌勒是影響衆之主。阿難爲當機宜之首故。佛唯對此二大聖勸物令修淨土之因。

풀어 말하자면, 세 번째, 칭찬하고 꾸짖으며, 얻는 것과 잃는 것을 보여 줌으로써 중생으로 하여금 [닦아야 할 것을] 닦고 [버려야 할 것을] 버리게 함이다. 여기에는 다섯 가지가 있다. 이것은 그 첫 번째, 부처님께서 아난에게 명하여 아미타불께 예를 갖추도록 함이다. 미륵보살은 대중에게 영향을 끼치는 우두머리이고, 아난은 마땅한 기회867)를 담당하는 우두머리이다. 부처님께서 오직 이 두 큰 성인을 대함으로써 중생으로 하여금 정토왕생인을 닦으라고 권하셨다.

H2_73下, T37_168下

經曰於是阿難至聲聞之衆者。

經에서 말씀하시기를, "이에 아난은 …성문의 무리"란,

---

867) 機宜 : 시기 또는 형편에 알맞음.

述云此第二阿難承命禮佛以心見也。土是所居衆是所化故兼之也。

풀어 말하자면, 이것은 그 두 번째, 아난이 명을 받들어 부처님께 예를 갖춤으로써 마음으로 친견함이다. 정토는 머물러야 할 곳이고, 대중은 교화의 대상이기 때문에 이를 겸한 것이다.

H2_73下, T37_168下

經曰說是語已至唯見佛光者。

經에서 말씀하시기를, "이 말이 끝나자 …오직 부처님의 광명을 볼 수 있었다"란,

述云此第三彼佛放光應請令見。滉瀁者積水貌猶浩蕩也。汗者熱氣所蒸液也(下旦反)又汙(烏臥反)泥著物也。說文穢也。宜從初也。今言浩汗者布水貌。

풀어 말하자면, 이것은 그 세 번째, 저 부처님이 빛을 발하므로 마땅히 뵙게 해 달라고 청함이다. 滉瀁이란 물이 넘치는 모습으로 오히려 아주 넓어서 끝이 없다는 것을 의미한다. 汗이란 열기로 인해 땀이 나오는 것이다. 또 汚는 더러움이 쌓인 물질이다. 『설문해자』에서는 더럽다고 한다.868) 마땅히 첫 번째 것을 따라야 한다. 이제 浩汗이라고 하면 넓게 퍼진 물의 모습이다.

H2_73下, T37_168下

經曰爾時阿難至亦復如是者。

經에서 말씀하시기를, "이때 아난은 …또한 다시 이와 같다"란,

---

868) 『一切經音義』(高麗藏32, 185上), "說文汙穢也"

述云此第四壽光備見彼土得失也。此衆見彼土彼土見娑婆明昧有異如前已解。

풀어 말하자면, 이것은 그 네 번째, 부처님의 광명이 갖추고 있는 바를 살피고, 저 정토의 得과 失을 봄이다. 이곳(사바세계)의 대중이 저 정토를 보는 것과 저 정토에서 사바를 보는 것은 밝고 어두움에 차이가 있다. 이는 앞에서 이미 해설한 바와 같다.

H2_73下, T37_168下

經曰爾時佛告至對曰已見者。

經에서 말씀하시기를, "이때 부처님께서 말씀하시기를 …대답하기를 이미 보았습니다"란,

述云此第五彰彼869)失令求令捨有二。此初彰德令求有三問答也。諸說淨土無天地異者卽違此文。從地以上至淨居天。然帛延經云卽諸佛國中從第一四天王上至三十六天上諸菩薩阿羅漢天人皆復於虛空中大共作衆音伎樂。下云則第一四天王諸天人第二忉利天上諸天人第三天上諸天人第四天上諸天人第五天上諸天人第六天上諸天人第七梵天上諸天人上至第十六天上諸天人上至三十六天上諸天人。

풀어 말하자면, 이것은 그 다섯 번째, 득실을 드러내 정토왕생을 구하게 하고 버릴 것을 버리도록 함이다. 여기에는 두 가지가 있다. 이것은 그 첫 번째, 덕을 드러냄으로써 [왕생을] 구하게 함이다. 여기에는 세 가지 문답이 있다. 모든 정토를 설한 곳을 보면 천지와 다르지 않다(諸說淨土無天地異)는 말은 곧 이 문장, '땅에서부터 위로는 정거천에 이르기까지(從地以上至淨居天)'라고 한 것과 어긋난다. 그러나 帛延의 경전에서 말하기를 곧 모든 불국토 가운데에 첫 번째 사천왕에서부터 위로는 삼십육천상의 모든 보살, 아라한, 천인에 이르기까지 모두 다시 허공

869) 大正藏脚註(大正藏37, 168下), "彼=得?". 문맥상 得의 誤記로 보임.

가운데서 크게 함께 여러 가지 소리를 내는 악기를 연주한다.[870] 아래로는 즉 제1 사천왕천의 모든 천인부터 제2 도리천상의 모든 천인, 제3천상의 모든 천인, 제4천상의 모든 천인, 제5천상의 모든 천인, 제6천상의 모든 천인, 제7 범천상의 모든 천인 위로는 제16천의 모든 천인, 내지 제36천의 모든 천인에 이르기까지라고 하였다.[871]

支謙經亦云卽諸佛國中從第一四天上至三十二天上諸天人。後云阿彌陀佛爲諸菩薩阿羅漢說經。菩薩阿羅漢及諸天人民無央數皆飛到阿彌陀佛所聞法歡喜。卽第一四天王第二忉利天上至三十二天上諸天人各持天上萬種自然之物來下爲阿彌陀佛作禮供養佛及諸菩薩阿羅漢。准此二經。諸世界中皆有三十六天及三十三天。雖復一本譯家異故。

支謙의 경에는 또한 말하기를 곧 모든 부처님의 국토 가운데는 제1 사천부터 위로는 제32 천상의 모든 천인에 이른다고 하였다.[872] 나중에 말하기를 아미타 부처님이 모든 보살, 아라한을 위하여 경을 설하셨다. 보살, 아라한 및 모든 천의 인민은 헤아릴 수 없이 많다. 모두 날아가 아미타불의 처소에 이르러 설법을 듣고 환희하였다. 즉 제1 사천왕천, 제2 도리천부터 위로는 제32천상의 모든 천인들이 각각 천상의 만 가지 자연스러운 물건들을 지니고 내려와서 아미타불을 위하여 예를 갖추어

870) 『佛說無量淸淨平等覺經』卷第二(大正藏12, 287上), “則諸佛國中。從第一四天王上。至三十六天上。諸菩薩阿羅漢天人。皆復於虛空中。大共作衆音伎樂”

871) 『佛說無量淸淨平等覺經』卷第二(大正藏12, 287下), “則第一四天王諸天人。第二忉利天上諸天人。第三天上諸天人。第四天上諸天人。第五天上諸天人。第六天上諸天人。第七梵天上諸天人。上至第十六天上諸天人。上至三十六天上諸天人”

872) 『佛說阿彌陀三耶三佛薩樓佛檀過度人道經』卷上(大正藏12, 306下), “卽諸佛國中。從第一四天上。至三十三天上。諸天人”

부처님과 모든 보살, 아라한께 공양한다.873) 이 두 경에 준하면, 모든 세계 가운데 모두 36천 및 33천이 있다. 비록 원본은 하나이나 번역가에 따라서 달라지기 때문이다.

依密嚴經有二十六天。謂六欲天梵天有十淨居有五無色及有四無想天故。彼頌曰欲色無色界無想等天宮佛超過彼已而依密嚴住。依本業經有二十八天。卽欲界有六禪各有四淨居爲一不說無想加大靜天及無色四也。依華嚴經有三十二天。謂六欲天初禪有五上三各四淨居亦五及四無色不說無想故。

『밀엄경』에 의지하면 26천이 있다고 한다. 말하자면 육욕천, 범천과 십정거천874)이 있고, 오무색계 및 사무상천875)이 있기 때문에, 『밀엄경』의 게송에서 "욕계, 색계, 무색계, 무상천 등의 천궁이 있지만 부처님은 저들을 초월하여 밀엄정토에 의지하여 머문다"876)고 하였던 것이다. 『보살본업경』에 의지하면 28천이 있다.877) 즉 욕계에 육천이 있고, 색계 사선천에는 각각 네 개

---

873) 『佛說阿彌陀三耶三佛薩樓佛檀過度人道經』卷上(大正藏12, 307上-中), "阿彌陀佛。爲諸菩薩阿羅漢說經時。都悉大會講堂上。諸菩薩阿羅漢。及諸天人民無央數。都不可復計。皆飛到阿彌陀佛所。爲佛作禮却坐聽經。其佛廣說道智大經。皆悉聞知。莫不歡喜……卽第一四天王。第二忉利天上。至三十二天上。諸天人皆持天上萬種自然之物。…各持來下。爲阿彌陀佛作禮。供養佛及諸菩薩阿羅漢"

874) 淨居天 : 色界의 제4선천. 무번·무열·선현·선견·색구경의 다섯 하늘이 있으며, 불환과를 얻은 성인이 난다고 한다.

875) 無想天 : 色界 사선천의 넷째 하늘. 無想의 禪定을 닦아 감득하는 곳으로, 여기에 태어나면 모든 생각이 다 없어진다.

876) 『大乘密嚴經』卷上(大正藏16, 729下), "欲色無色界 無想等天宮 佛已超過彼 而依密嚴住"

877) 『佛說菩薩本業經』一卷(大正藏10, 447上-中), "上有二十八天。如此者爲一小國土。周匝十方合有百億。是時悉現百億須彌山百億日月。及四天王天。忉利天。炎天。兜術天。不憍樂天。化應聲天。梵天。梵衆天。梵輔天。大梵天。淸明天。水行天。水微天。水無量天。水音天。約淨天。遍淨天。淨明天。守妙天。微妙天。廣妙天。極妙天。福愛天。愛勝天。近

의 세계가 있다. 정거천은 하나의 천을 이루는데, 무상천을 설하지 않고 대정천 및 무색계의 四天을 추가하였다.『화엄경』에 의지하면 32천이 있다. 말하자면 육욕천이 있고, 초선천에는 다섯 개의 천이 있고, 위의 세 천에는 각각 네 곳이 있으며, 정거천 또한 다섯 가지가 있다. 또 네 가지 무색계의 천이 있으나 무상천을 설하지 않았다.

總而言之。支謙本卽同華嚴故雖不說無想大靜有三十二。而帛延云三十六者蓋是訛也。將其謙本撿帛延經。延經多訛故雖有無色天而依欲色住更無別處故。今唯問乃至淨居所有莊嚴。雖有淨居天而定性那含必不生淨土。

종합하여 말하자면 支謙本은 곧『화엄경』과 같기 때문에 비록 무상천과 대정천을 설하지 않았지만 32천이 있다고 한다. 또 帛延은 36천을 말하였으나 대체로 이는 잘못이다. 支謙本을 가지고 帛延本을 검토해보면 帛延의 경전에는 잘못이 많다. 비록 무색천은 있으나 욕계와 색계에 의지하여 머무는 것이므로 다시 별도의 장소가 없기 때문이다. 이제 오직 淨居天의 莊嚴만을 묻고 있지만, 비록 정거천이 있더라도 定性 아나함은 반드시 정토에 왕생할 수 없다.

而密嚴云或生欲自在及以色界天乃至無想宮阿迦尼吒處空識無所有非想非非想。如是諸地中漸次除貪欲住彼非究竟尋來生密嚴者。彼密嚴之土。旣十地菩薩所生之處故不相違。前文自云淨居諸天與阿加尼吒螺髻梵王同會一處。咸於此土佛及菩薩生希有心。故卽知彼天生密嚴土是菩薩也。傍論且止應釋本文。

『밀엄경』에 이르기를 "혹은 욕계에 태어남도 자재하며 색계천의 無想天宮, 아가니타천[878]의 처소에 태어남도 그러하다. 空無

際天。善觀天。快見天。無結愛天。識慧天。無所念慧天。至二十八無色天"

邊天, 識無邊天, 無所有天, 그리고 非想非非想天에 태어남도 그러하다. 이와 같이 諸地 가운데 점차로 탐욕을 제거하여 저 곳에 머물지만 그것이 구경은 아니기 때문에 밀엄정토를 찾아 왕생하는 것이다"[879]라고 하였다. 저 밀엄정토는 이미 십지보살이 왕생하는 곳이기 때문에 서로 어긋난 것이 아니다. 앞의 글에서 스스로 말하기를 정거천의 모든 천과 유정천과 대범천왕[880]이 모두 한 자리에서 만난다고 하였다. 모두 이 정토에 대해서 부처님 및 보살이 희유한 마음을 내는 것이다. 따라서 저 천이 밀엄정토에 왕생하였다면 이는 보살임을 알 수 있다. 딴 이야기는 그만 두고 본문을 해석해야겠다.

H2_74中, T37_169上

經曰彼國人民至亦皆自然者。

經에서 말씀하시기를, "저 국토의 사람들을 …또한 모두 자연이다"란,

述云此後顯彼土失令厭令捨有二。初彰彼胎生之失後勸發脩捨之意。初又有四。此初寄問彰彼胎生之果也。百由旬者卽下輩疑佛所生之宮。五百由旬者卽中輩疑智所止之宮。而帛謙經若中若下皆云二千里城者。蓋是略擧不盡之言。不爾中下輩應無參差故此文爲勝。量之大小思之可會。五百歲卽此方年數故。餘本皆云於是間五百歲也。

풀어 말하자면, 이것은 마지막, 저 정토의 과실을 드러내어 싫어하게 하고 버리게 하는 것이다. 여기에는 두 가지가 있다.

---

878) 阿迦尼吒天 : 有頂天. 九天 가운데 가장 높은 하늘. 욕계와 색계의 가장 높은 곳에 있다.

879) 『大乘密嚴經』卷中(大正藏16, 735中), "或生欲自在 及以色界天 乃至無想宮 阿迦尼吒處 空識無所有 非想非非想 如是諸地中 漸次除貪欲 住彼非究竟 尋來生密嚴"

880) 螺髻梵王 : 대범천왕의 이름.

첫째, 저 태생의 과실을 드러냄, 둘째 닦고 버리려는 뜻을 발하도록 권함이다. 첫 번째 것에는 다시 네 가지가 있다. 이것은 그 첫 번째, 질문에 의지하여 저 태생의 과보를 드러냄이다. 百由旬이란 下輩의 중생이 부처님을 의심하여 태어나게 된 궁의 크기이다. 五百由旬이란 中輩가 佛智를 의심하여 머물게 된 궁의 크기이다. 帛延과 支謙의 경에서 중배이든 하배이든 모두 二千里나 되는 城에 있다고 한 것[881]은 대개 대충 들고 다 말하지는 않은 것이다. 그렇지 않다면 중배와 하배는 마땅히 차이가 없는 것이 되기 때문이다. 따라서 이 문장이 수승한 것이 된다. 대승인지 소승인지 헤아려 만날 수 있는 지 여부를 생각해 본다. 오백세는 곧 이승에서의 연수이다. 나머지 역본은 모두 그 사이가 오백세라고 한다.

H2_74下, T37_169中

經曰爾時慈氏至胎生化生者。

經에서 말씀하시기를, "이때 자씨보살은 …태생, 화생"이란,

述云此第二對因顯果有二。此初問。卽正問胎生之因兼其化生也。

풀어 말하자면, 이것은 그 두 번째, 원인에 대해서 결과를 드러냄이다. 여기에는 두 가지가 있다. 이것은 그 첫 번째, 질문이다. 즉 바로 태생의 因과 겸하여 화생에 대해서 질문함이다.

881) 『佛說無量清淨平等覺經』卷第二(大正藏12, 292中), "其城廣縱各二千里"
『佛說阿彌陀經』卷下(大正藏12, 310中), "其城廣縱各二千里"

H2_74下, T37_169中

經曰佛告慈氏至謂之胎生者。

經에서 말씀하시기를, “부처님께서 자씨보살에게 말씀하셨다 …말하자면 태생이다”란,

述云此後答有。此初正答。胎生因果也。有說佛智是總餘四是別。佛智淵深餘不能測名不思智。佛智衆多非言能盡言不可稱。於諸法門知之窮盡故云廣智。位分高出名無等智。唯修諸德欲生彼土。而敎此四智生彼國時不見三寶。故云四疑凡夫。此必不然。佛智應如餘智亦別智。若餘智隨義之名故言別者。佛智豈應無應義之名耶。

풀어 말하자면, 이것은 그 마지막으로 대답이 있는 것이다. 이것은 그 첫 번째로서 바로 대답으로서 胎生이 되는 원인과 결과이다. 어떤 사람은 佛智는 전체이고, 나머지 네 가지는 개별적인 것이라고 보았다. 佛智는 연못처럼 깊어 나머지[四智]가 헤아릴 수 없기 때문에 不思智[不思議智]라고 한다. 佛智는 너무나도 많아 말로 다 할 수 없기 때문에 不可稱[智]이라고 한다. 모든 法門에 대해서 다 알 수 있기 때문에 [大乘]廣智라고 한다. 지위가 높고 특출하므로 無等[無倫最上勝]智라고 한다. 오직 모든 덕을 닦아 정토에 왕생하고자 하나 이 四智를 가르쳐 정토에 왕생하고자 하나 三寶를 뵙지 못한다. 따라서 四[智]를 의심하는 凡夫라고 말하였으나, 이는 절대로 그렇지 않다. 佛智도 마땅히 나머지 [四]智와 마찬가지로 또한 개별적인 智이다. 만약 나머지[四智]가 뜻을 따른 이름이기 때문에 개별적인 것이라고 한다면 佛智는 어찌하여 뜻에 따른 이름이 아니라고 하겠는가!

有說佛智豈總誓之智。不思議智是成所作智。不可稱智是妙觀察智。大乘廣智是平等性智。無等無倫最上勝智是大圓鏡智。正是法身非二乘得故云無等。非漸所證證更無餘故云非無倫。通不通不思議智故云最。超不可稱故云上。廣大乘智故云勝。此亦不然。非[882]唯總別違理[883]過同前解。良亦次第乖諸論故。

어떤 사람은 佛智가 어찌 總誓의 智이겠는가? 不思議智는 成所作智이고, 不可稱智는 妙觀察智이며, 大乘廣智는 平等性智이고, 無等無倫最上勝智는 大圓鏡智라고 하였다. 바로 法身은 二乘이 얻을 수 없기 때문에 無等이라 하고, 점차로 증득한 바가 증득함에 다시 남김이 없는 것이 아니라면 無倫이라고 할 수 없다. 不思議智에 통달하지 못한 것에도 통달하였기 때문에 最라고 하고, 말로 일컬을 수 있는 것을 초월하였기 때문에 上이라고 한다. 넓은 大乘의 지혜이므로 勝이라고 하였다고 하나, 이 또한 그렇지 않다.[884] 비단 총과 別로 나누는 것만 이치에 맞지 않는 것이 아니다. 과실이 있기는 이전의 해석과 마찬가지다. 진실로 순서 역시 모든 論과 맞지 않는다.

有說佛智卽總標四智區故。大圓鏡智名不思議智平等性智名不可稱智妙觀察智名大乘廣智成所作智名無等無倫最上勝智。此亦不然。後之四智如其次第鏡等四智隨順聖敎不應四智皆名佛智故。平等妙觀二智心品菩薩亦得故。故此五智如其次第彼佛地經中五法是也。淸淨法界名爲佛智智處智性皆名智故。

어떤 사람은 佛智는 곧 모두 四智로 나누어 볼 수 있다고 한다.[885] 大圓鏡智는 不思議智라 부르고, 平等性智는 不可稱智

882) 大正藏脚註(大正藏37, 169中), "唯總別違理疑此下次上有闕文更勘"
883) '唯總別違理疑此下次上有闕文更勘'라고 『韓佛全』에 씌어 있는데, 章輝玉에 의해 『佛教學報』25卷에 「新羅淨土關係 散佚文」이라는 제목으로 해당 내용이 복원되어 있다.
884) '述云~非'는 복원된 내용이다(章輝玉, 「新羅淨土關係 散佚文」, 『佛教學報』25, 1988, 271쪽 참조).

라 부르며, 妙觀察智는 大乘廣智라 부르고, 成所作智는 無等無倫最上勝智라고 부른다고 하였으나[886] 이 또한 그렇지 않다. 뒤의 四智는 차례대로 대원경지 등의 四智이다. 이는 성스러운 가르침을 따른 것이지만 이 사지를 마땅히 모두 불지라고 부를 수는 없다. 평등성지와 묘관찰지에 상응하는 心品은 보살 또한 얻을 수 있기 때문이다. 따라서 이 五智는 차례대로 저 『佛地經論』 가운데 五法[887]이 이것이다. 청정한 법계를 佛智라 한다. 智處나 智性은 모두 智라고 부르기 때문이다.

有疑彌陀雖有弘誓衆生萬品。頗能接引十方天人令生彼國故云不了佛智。彌陀旣證一眞法界無德不圓諸患悉盡。盡當際而不竭稱本願而迎接。故有緣衆生皆生彼土。不可以疑網經懷也。

아미타 부처님께서 비록 큰 서원을 가지고 계시더라도 중생은 온갖 부류가 있으므로 자못 시방의 천인을 능히 이끌어 저 국토에 왕생케 한다는 것을 의심할 수 있기 때문에 佛智를 제대로 이해하지 못했다고 하는 것이다. 아미타 부처님은 이미 一眞法界[888]를 증득하셨고 원만하지 않은 덕이 없으므로 모든

---

885) 『無量壽經宗要』(韓佛全1, 569上-中), "此言佛智。是總標句。下之四句。別顯四智。不思議智者。是成所作智。…不可稱智者。是妙觀察智。…大乘廣智者。是平等性智。…無等無倫最上勝智者。正是如來大圓鏡智"

886) 『無量壽經宗要』의 내용을 인용하는 과정에서 오사가 있었던 것 같다. 본 내용은 憬興이 주장하는 내용과 동일하기 때문에 비판할 이유가 없기 때문이다.
만약 『無量壽經宗要』의 내용과 동일하게 바꾼다면 "不思議智名成所作智。不可稱智名妙觀察智。大乘廣智名平等性智。無等無倫最上勝智名如來大圓鏡智"라고 해야 할 것이다.

887) 『佛地經論』卷第三(大正藏26, 301中), "有五種法攝大覺地。何等爲五。所謂淸淨法界。大圓鏡智。平等性智。妙觀察智。成所作智"

888) 一眞法界 : 오직 하나인 참된 세계. 곧 절대 무차별의 우주 실상이다.

근심을 다하신 것이다. 현생(當際)이 다하도록 다하지 못하여도 본원을 드러내어 이들을 영접하신다. 따라서 인연 있는 중생은 모두 저 정토에 왕생하는 것이다. [그러나] 의심의 망으로는 경을 품을 수 없다.

大圓鏡智名不思議智。有聞經說善惡罪福重者先引便疑稱念彌陀佛名必生彼土。言恒作諸惡惡心深重不應十念相續微善能滅諸罪。而往生彼入正定聚畢不退轉。故云不了不思議智。不思議智有大威力非思量境故。汝不聞乎一面之鏡無像不現。詎疑一智力消諸罪障。又如毫毛萬斤少火能焚。故十念稱佛念別能除八十億劫生死之罪。往生淨土有何可怪也。

대원경지는 부사의지라고 부른다. 어떤 사람이 경에서 선악의 죄와 복을 중요하게 여기는 자를 먼저 이끌어 간다고 설한 것을 듣고, 아미타불의 이름을 칭념하면 반드시 정토에 왕생을 한다는 것을 의심한다. 항상 모든 악을 짓는 나쁜 마음은 깊고 무거워서 마땅히 십념을 상속하는 것과 같은 작은 선으로 능히 모든 죄를 멸하고, 정토에 왕생하여 정정취에 들어 마침내 불퇴전의 지위에 오를 수 있다고 생각지 아니한다. 따라서 不思議智를 이해하지 못했다고 하는 것이다. 부사의지는 큰 위력을 가지고 있어서 생각으로 헤아릴 수 있는 경계는 아니기 때문이다. 그대는 모든 상을 다 비추는 한 면의 거울에 대해서 듣지 못했는가? 어찌 하나의 지혜의 힘으로 모든 죄의 업장을 없앨 수 있음을 의심하는가? 또한 마치 가는 털 하나가 모든 것을 벨 수 있고, 작은 불씨가 능히 불살라 버릴 수 있음과 같다. 따라서 十念稱佛할 때 念마다 각각 능히 80억겁의 생사의 죄를 없앨 수 있는데, 정토에 왕생하는 것이 어찌 이상한 일이겠는가?

平等性智名不可稱智。有聞佛智於法懸絶懷疑而言。名必相待。待不覺而名覺有何懸絶念獲多福。今釋此疑顯佛有不可稱智。平等性智證二空理境智平等玄絶稱說。而以名遣名而詮玄旨。悟旨者亡言。境旣不可稱 智可言不可稱。不可稱故念者福多。由此不可疑網在懷。

평등성지는 불가칭지라고 부른다. 어떤 사람이 부처님의 법에 대한 지혜가 대단히 뛰어나다는 것을 듣고 의심하면서 말하기를, "이름(名)에는 반드시 그 특징(相)이 있게 마련이다. 깨닫지 못한 것을 기다려 깨달았다고 한다면, 어떤 뛰어난 점이 있어 念佛이 많은 복을 얻을 수 있다 하는가?"한다. 이제 이 의심을 풀기 위해서 부처님께서 불가칭지를 가지고 있음을 드러낸다. 평등성지는 두 가지 空(人空·法空)의 이치를 증득한 것이며, 대상과 지혜는 평등하여 일컫고 설하는 것이 끊어진 상태이다. 이름으로써 이름을 놓아주어 현묘한 뜻을 설명한다. 현묘한 뜻을 깨달은 자는 말을 잊는다. 대상이 이미 不可稱이라면 지혜도 不可稱이라고 할 수 있다. 일컬을 수 없기 때문에 念佛에 복이 많은 것이다. 이로 말미암아 의심의 망이 가슴에 있어서는 안 되는 것이다.

妙觀察智名大乘廣智。有聞念佛皆得往生而起疑言過現諸佛雖復無量濟生不盡。一佛能度衆生盡不應更有餘佛化生。如何念彌陀佛者皆生彼土故云不了大乘廣智。妙觀察智常含智悲於諸有緣無不運載而入涅槃。但諸衆生各有所屬。屬者雖盡不屬猶在。故更有餘佛出世化益。由此念佛皆生淨土意在玆也。

묘관찰지는 대승광지라고 부른다. 어떤 사람이 염불을 하면 모두 왕생을 할 수 있다는 말을 듣고 의심을 일으켜 말하기를, 과거와 현재의 모든 부처님이 비록 다시 한량없는 중생을 구제하여도 다하지 못한다고 하였는데, 한 부처님이 능히 중생을 다 제도할 수 있다고 하면 마땅히 다시 나미지 부처님은 교화하여 왕생케 할 중생이 없는 것이다. 어찌하여 아미타 부처님을 念하면 모두 정토에 왕생한다고 하는가 한다. 이는 대승광지를 이해하지 못한 것이다. 묘관찰지는 항상 智를 포함하고 있고, 모든 인연 있는 존재에 대해 자비심을 지니고 있다. 따라서 옮기고 실어 열반에 들게 하지 못하는 바가 없다. 다만 모든 중생은 각각 속한 곳이 있다. 속한 자를 비록 다 [제도]하여도 속하지 못하는 존재가 여전히 남아 있게 마련이다. 따라서 다시 다른 부처님이 세상에 나타나셔서 교화하는 이익이 있는 것이다. 이로 말미암아 염불하면 모두 정토에 왕생한다는 뜻이 여기에 있는 것이다.

成所作名無等無倫最上勝智。有聞如來不答十四不可記事便疑於佛。不能遍知一切諸法。既無勝用念有何福故云不了無等倫智。成所作智遍緣六塵。不同凡夫故云無等。雖達萬境常在妙定。非如二乘入出不同故云無倫。

成所作智는 無等無倫最上勝智라고 부른다. 어떤 사람이 여래가 대답하지 않은 열네 가지 不可記事에 대해 듣고 곧 부처님에 대해 의심을 한다. 두루 일체의 모든 법을 알지도 못하고, 이미 뛰어난 쓰임이 없는데 염불하는 것이 무슨 복이 되겠는가 한다. 이는 無等倫智에 대해 이해하지 못한 것이다. 成所作智는 두루 六塵을 조건으로 한다. 범부와 같지 않기 때문에 無等이라고 한다. 비록 만 가지에 달하는 대상을 만나도 항상 妙定에 들기 때문에 이승이 선정에 들고 나는 것이 같지 않은 것과는 다르기 때문에 無倫이라고 한다.

二障都盡發三業化作四記論。非諸菩薩之所能爲故云最上勝。最上勝者如其次第簡三祇劫故。如來答難必有利益。答十四事唯有戲論知而不答。故念之者福定非少。由此疑佛智雖生彼國而在邊地不被聖化。事若胎生宜之應捨。

두 가지 장애가 모두 다하여 삼업으로 교화하고 四記論을 짓는 것은 모든 보살이 능히 할 수 있는 것이 아니기 때문에 最上勝이라고 한다. 最上勝이란 차례대로 三祇劫을 간략히 한 것이다. 여래가 답하기를 꺼리는 것은 반드시 이익이 있기 때문이다. 열네 가지 일에 대답을 하는 것이 오직 말장난일 뿐이므로 알아도 대답하지 않는 것이다. 따라서 염불의 福은 반드시 적지 않다. 이로 말미암아 佛智를 의심하면 비록 정토에 왕생하더라도 변방에 있게 되어 성스러운 교화를 입지 못한다. 胎生이 될 만한 일은 마땅히 버려야 한다.

H2_75中, T37_169下

經曰若有衆生至具足成就者。

經에서 말씀하시기를, “만약 어떤 중생이 있어 …완전하게 성취하였다”란,

述云此後兼答化生因果也。

풀어 말하자면, 이는 마지막, 답을 겸하여 화생의 인과를 설함이다.

H2_75中, T37_169下

經曰復次慈氏至智慧勝故者。

經에서 말씀하시기를, “또 자씨보살은 …지혜가 수승하기 때문이다”란,

述云此第三挍量顯劣有二。此初歎化生之勝也。

풀어 말하자면, 이것은 그 세 번째, 견주고 헤아려 용렬함을 드러냄이다. 여기에는 두 가지가 있다. 이것은 그 첫 번째, 화생의 수승함을 찬탄함이다.

H2_75中, T37_169下

經曰其胎生者至疑惑所致者。

經에서 말씀하시기를, "그 태생이란 …의혹의 소치이다"란,

述云此次顯胎生之劣也。惑者執也。

풀어 말하자면, 이것은 그 두 번째, 태생의 열등함을 드러낸 것이다. 의혹이란 집착을 말한다.

H2_75中, T37_170上

經曰佛語彌勒至樂彼處不者。

經에서 말씀하시기를, "부처님께서 미륵보살에게 말씀하시기를 …저 곳을 즐거워하겠는가?"란,

述云此第四寄喩申過有三。此初立喩反問也。

풀어 말하자면, 이것은 그 네 번째, 비유에 의지하여 과실을 펴는 것이다. 여기에는 세 가지가 있다. 이것은 그 첫 번째, 비유를 들어 도리어 묻는 것이다.

H2_75下, T37_170上

經曰對曰不也至欲自免出者。

經에서 말씀하시기를, "대답하기를 아닙니다 …스스로 벗어나고자 할 것이다"란,

述云此次彌勒順答也。

풀어 말하자면, 이것은 그 두 번째, 미륵의 긍정적인 답이다.

H2_75下, T37_170上

經曰佛告彌勒至不樂彼處者。

經에서 말씀하시기를, "부처님께서 미륵보살에게 말씀하셨다…저 곳을 즐거워하지 않을 것입니다"란,

述云此第三如來申過也。

풀어 말하자면, 이것은 그 세 번째, 여래께서 과오를 드러내신 것이다.

H2_75下, T37_170上

經曰若此衆生至修諸功德者。

經에서 말씀하시기를, "만약 이 중생이 …모든 공덕을 닦아야 합니다"란,

述云第二勸令脩捨有二。此初正勸令修令捨也。識其本罪者識本疑惑佛五智之罪深自悔責卽離寶宮之處故。

풀어 말하자면, 두 번째, 닦고 버리도록 권함이다. 여기에는 두 가지가 있다. 이것은 그 첫 번째, 바로 닦고 버리도록 권함이다. 근본적인 허물임을 안다(識其本罪)는 것은 본래 부처님의

오지를 의심하는 죄가 깊다는 것을 알아 스스로 참회하고 책망하지만 곧 보궁을 떠나야 하기 때문이다.

H2_75下, T37_170上

經曰彌勒當知至無上智慧者。

經에서 말씀하시기를, "미륵보살은 마땅히 알라 …위없는 지혜"란,

述曰此後結勤修學也。

풀어 말하자면, 이것은 마지막, 부지런히 닦고 배워야 함을 끝맺음이다.

H2_75下, T37_170上

經曰彌勒菩薩至彼佛國者。

經에서 말씀하시기를, "미륵보살이 …저 불국토에"란,

述云第四重申大菩薩往生西方增其往生之意有二。此初問也。

풀어 말하자면, 네 번째, 거듭 대보살이 서방정토에 왕생함을 펴서 왕생의 뜻을 증장시킴이다. 여기에는 두 가지가 있다. 이것은 그 첫 번째, 질문이다.

H2_75下, T37_170上

經曰佛告彌勒至皆當往生者。

經에서 말씀하시기를, "부처님께서 미륵보살에게 말씀하시기를 …모두 마땅히 왕생하리라"란,

述云後答有二。此初顯娑婆菩薩生彼土也。

풀어 말하자면, 두 번째, 대답이다. 여기에는 두 가지가 있다. 이것은 그 첫 번째, 사바세계의 보살이 정토에 왕생함을 드러냄이다.

H2_75下, T37_170上

經曰佛告彌勒至亦復如是者。

經에서 말씀하시기를, "부처님께서 미륵보살에게 말씀하시기를 …또한 이와 같다"란,

述云此後乘申餘方往生有三。此初總標也。

풀어 말하자면, 이것은 그 두 번째, 다른 방위의 정토에도 왕생함을 드러냄이다. 여기에는 세 가지가 있다. 이것은 그 첫 번째, 전체적으로 드러냄이다.

H2_75下, T37_170上

經曰其第一佛至皆當往生者。

經에서 말씀하시기를, "그 첫 번째 부처님은 …모두 마땅히 왕생하느니라"란,

述云此次別敘也。

풀어 말하자면, 이것은 두 번째, 따로 서술함이다.

H2_75下, T37_170上

經曰佛語彌勒至略說之耳者。

經에서 말씀하시기를, "부처님께서 미륵보살에게 말씀하시기를 …대략 설하였을 뿐이다"란,

述云此後類顯往生者多令增欣求之意也。敘十三國而通娑婆故云十四。從初阿難問佛顔終乎如來敘諸菩薩往生之屬顯問答廣說分訖。

풀어 말하자면, 이것은 마지막, 왕생하는 자가 많다는 것을 치우쳐서 드러냄이다. 흔쾌히 [왕생을] 구하는 뜻을 증장케 하려는 것이다. 13국을 나열하고 사바세계까지 합쳐서 열넷이라고 한다. 아난이 부처님의 안색이 [평소와는 다른 것에] 대해서 묻는 것으로 시작하였고, 부처님께서 모든 보살과 왕생하는 무리들을 진술하는 것에서 끝이 났다. 문답을 함으로써 널리 설함을 마쳤다.

H2_76上, T37_170上

經曰佛語彌勒至持誦說行者。

經에서 말씀하시기를, "부처님께서 미륵보살에게 말씀하시기를 …지니고 외우며 가르침대로 수행하라"란,

述云第三聞說喜行分有四。一歎經勸學二彰說利益三示相令信四顯衆喜行。初又有五。此初歎聞勸行也。

풀어 말하자면, 세 번째, 설법을 듣고 기쁘게 행함이다. 여기에는 네 가지가 있다. 첫째, 경을 찬탄하고 배울 것을 권함, 둘째, 설법의 이익을 드러냄, 셋째, 모습(相)을 드러내고 믿도록 함, 넷째, 대중이 기쁘게 행함을 드러냄이다. 첫 번째 것에 다시 다섯 가지가 있다. 이것은 그 첫 번째, 설법을 듣는 것을 찬

탄하고 수행을 권함이다.

H2_76上, T37_170中

經曰佛言吾今爲諸衆生至復生疑惑者。

經에서 말씀하시기를, "부처님께서 말씀하시기를 내 이제 모든 중생을 위하여 …다시 의혹을 일으킴"이란,

述云此第二勸物除疑也。

풀어 말하자면, 이것은 그 두 번째, 중생에게 의혹을 없앨 것을 권함이다.

H2_76上, T37_170中

經曰當來之世至皆可得度者。

經에서 말씀하시기를, "미래 세상에 …모두 득도할 것이다"란,

述云此第三歎經普濟也。有說釋迦正法五百年像法千年末法萬歲一切皆過故云滅盡。法雖滅已佛以慈悲憐苦衆生獨留此經百歲濟度。此恐不然。非唯法住違諸聖敎事亦未盡故。今依法住記云佛滅度時以無上法付囑十六大阿羅漢并諸眷屬令其護持使不滅沒。及勅其身與諸施主作眞福田。令彼施者得大果報。所謂賓頭盧等如是十六大阿羅漢護持正法饒益有情。

풀어 말하자면, 이것은 그 세 번째, 經이 두루 구제함을 찬탄함이다. 어떤 사람은 석가 정법 오백년, 상법 천년, 말법 만세 모든 것이 다 지나갔기 때문에 다 멸하였다(滅盡)고 한다. 비록 법이 멸한 다음에도 부처님이 자비로써 고통 받는 중생을 불쌍히 여겨 홀로 이 경(『무량수경』)을 백세 동안 남겨두어 [중생을] 제도하게 하였다고 하나,[889] 이는 아마 그렇지 않을 것이

다. 비단『法住記』뿐만 아니라 모든 성스러운 가르침에도 어긋나는 것이며, 事 또한 미진하기 때문이다. 이제『法住記』에 의지하면, 부처님이 돌아가셨을 때 위없는 법을 16대아라한에게 부촉하셨다. 아울러 모든 권속들과 함께 법을 수호하고 지녀 없어지지 않게 하며, 그 몸을 모든 시주와 더불어 참된 복전으로 만들라 당부하셨다. 저 베푸는 자로 하여금 큰 과보를 얻게 하셨다. 이른바 빈두로존자 등 이와 같이 16대아라한이 정법을 수호하고 지녀서 유정들을 이익하게 하셨다.[890]

至此南贍部州。人壽極長至於十歲。刀兵劫起爭相誅戮。佛法爾時當暫滅沒。刀兵劫後人壽漸增至百歲位此洲人等厭前刀兵殘害苦惱復樂修善。時此十六大阿羅漢與諸眷屬復來人中稱揚顯說無上正法。度無量衆令其出家爲諸有情作饒益事。如是乃至此洲人壽六萬歲時無上正法流行世間熾然不息。後至人壽七萬歲時無上正法方永滅沒。

이 남염부주에 이르면 사람의 수명이 길어야 10세에 이르게 되었다. 刀兵劫[891]이 일어나 다투고 서로 죽여, 佛法은 이때 마땅히 잠시 사라진다. 도병겁 후에 사람의 수명은 잠시 늘어난다. 百歲位에 이르면 이 남염부주 사람들은 앞의 도병겁의 잔혹함과 고뇌를 싫어하여 다시 기꺼이 善을 닦는다. 이때 이 16

889) 『無量壽經義疏』(大正藏37, 116上), "釋迦正法有五百年。像法千歲。末法萬歲。一切皆過。名爲滅盡。我以慈下。明已留意。佛以慈悲憐愍衆生。故法滅後。獨留此經百歲濟度"

890) 『大阿羅漢難提蜜多羅所說法住記』(大正藏49, 13上), "佛薄伽梵般涅槃時。以無上法付囑十六大阿羅漢并眷屬等。令其護持使不滅沒。及勅其身與諸施主作眞福田。令彼施者得大果報。…第一尊者名賓度羅跋囉惰闍。…如是十六大阿羅漢。…護持正法饒益有情"

891) 刀兵劫 : 三小災 가운데 하나. 칠일동안 손에 잡히는 무엇이나 칼로 변하는 재앙.

대아라한과 모든 권속들이 다시 사람 가운데 와서 위없는 정법을 드러내 설함을 칭양한다. 한량없는 중생을 제도하여 그들로 하여금 출가하게 하고 모든 유정을 위하여 이익이 되는 일을 한다. 이와 같이 내지 이 남염부주사람들의 수명이 육만 세에 이르게 되었을 때 위없는 정법은 세간에 유행하기를 치성하여 쉼이 없다. 후에 사람의 수명이 칠만 세가 되었을 때 무상정법은 바야흐로 영원히 없어진다.[892]

時此十六大阿羅漢與諸眷屬於此洲地俱來集會。以神通力用諸七寶造窣堵波嚴麗高廣。釋迦如來所有遺身都集其內。爾時十六大阿羅漢與諸眷屬遶窣堵波。以香華持用供養恭敬讚歎遶百千匝。瞻仰禮已俱昇虛空向窣堵波作如是言。敬禮世尊釋迦如來應正等覺。我受教勅護持正法及與天人作諸饒益。法藏已沒有緣已周今辭滅度。說是語已一時俱入無餘涅槃。聖先定願力火起焚身如燈二滅骸骨無遺。時窣堵波便陷入地至金輪際方乃停住。

이때 이 16대아라한과 모든 권속이 이 남염부주에 모두 와서 모였다. 신통력으로써 모든 칠보를 써서 탑[893]을 만들고 높고 넓게 장식하였다. 석가여래께서 남기신 시신을 그 안에 모두 모았다. 이때 16대아라한과 모든 권속은 탑 주위를 돌았다. 향기가 나는 꽃으로 공양을 하고 공경하고 찬탄하면서 주위를 백 번, 천 번 돌았다. 우러러보면서 예를 갖춘 다음 함께 허공으로 올라가 탑을 향하여 이와 같이 말하였다. '세존께 존경하

892) 『大阿羅漢難提蜜多羅所說法住記』(大正藏49, 13中-下), "至此南贍部洲人壽極短至於十歲。刀兵劫起互相誅戮。佛法爾時當暫滅沒。刀兵劫後人壽漸增至百歲位。此洲人等厭前刀兵殘害苦惱復樂修善。時此十六大阿羅漢。與諸眷屬復來人中。稱揚顯說無上正法。度無量衆令其出家。爲諸有情作饒益事。如是乃至此洲人壽六萬歲時。無上正法流行世間熾然無息。後至人壽七萬歲時。無上正法方永滅沒"

893) 窣堵波 : stupa. 佛塔

며 예배드리옵니다. 석가여래께서는 마땅히 정등각을 이루셨습니다. 제가 가르침을 받고 정법을 받들어 수호하고 지녀, 천인과 더불어 모든 이익한 일을 하겠나이다. 법장비구는 이미 돌아가셨고 연이 이미 두루 해 있으니 이제 물러나 멸도에 들겠습니다' 이런 말을 하고 나서 일시에 함께 무여열반에 들었다. 성인들은 먼저 선정과 서원의 힘으로 불을 일으켜서 몸을 태우고 마치 등불처럼 해골을 없애서 남기는 바가 없었다. 이때 탑이 다시 허물어져서 땅으로 들어갔다. 금륜제에 이르러 바야흐로 머물렀다.894)

爾時世尊釋迦牟尼無上正法於此三千大千世界永滅不現。從此無間此佛土中有七萬俱胝獨覺一時出現。至人壽量八萬歲時獨覺聖衆復皆滅沒。次後彌勒如來出世。以此言之。當人壽七萬歲時無上正法方永滅沒故云經道滅盡。十六大聖取滅度時窣堵波便陷入地。特者獨也。

이때 세존이신 석가모니께서 위없는 정법을 이 삼천대천세계에서 영원히 없애고 나타나지 않으셨다. 이로부터 [눈 깜짝할] 사이도 없이 이 불토 가운데 칠만 구지의 독각이 일시에 출현하였다. 사람의 수명이 팔만에 이르렀을 때 독각 성중은 다시 모두 영원히 없어졌다. 그 다음에는 미륵여래가 세상에 나타나셨다.895) 이로써 말하자면 사람의 수명이 칠만 세에 해

894) 『大阿羅漢難提蜜多羅所說法住記』(大正藏49, 13下), "時此十六大阿羅漢。與諸眷屬於此洲地俱來集會。以神通力用諸七寶造窣堵波嚴麗高廣。釋迦牟尼如來應正等覺。所有遺身馱都皆集其內。爾時十六大阿羅漢。與諸眷屬繞窣堵波以諸香花持用供養恭敬讚歎。繞百千匝瞻仰禮已。俱昇虛空向窣堵波作如是言。敬禮世尊釋迦如來應正等覺。我受教勅護持正法。及與天人作諸饒益。法藏已沒有緣已周今辭滅度。說是語已一時俱入無餘涅槃。先定願力火起焚身。如燈焰滅骸骨無遺。時窣堵波便陷入地。至金輪際方乃停住"

당하는 때에 위없는 정법이 영원히 없어지기 때문에 경에서 도가 다 멸한다고 하는 것이다. 16대성인이 멸도에 들었을 때, 탑은 다시 허물어져 땅으로 들어갔다. 特은 혼자라는 뜻이다.

大涅槃經廣顯佛性。聖敎中深。逐聖人而先沒。此經唯開淨土令人求生濟凡中之要。故獨留百歲。機宜旣異。沒滅前後不可致怪。所願皆得者卽留之利益也。法滅盡後聞尙獲利往生淨土。況亦今聞者矣。

『대열반경』은 불성을 널리 드러냈으나, 성스러운 가르침은 그 내용이 깊어 성인을 좇아 먼저 없어졌다. 이 경(『無量壽經』)은 오직 정토를 열어 사람들로 하여금 정토에 왕생하기를 구하게 하고 범부를 구제하는 가운데서도 중요한 법이다. 따라서 홀로 백세에 머문다. 중생의 근기에 따라 마땅한 시기가 이미 다르기 때문에 法이 없어지는 시기에 前後가 있다고 해도 이를 이상하게 여겨서는 안 된다. 원하는 것을 모두 얻는다는 것은 곧 [『무량수경』이 세상에] 머무름으로써 생기는 이익이다. 法이 다 없어진 후에 [『무량수경』의 가르침을] 듣는 것만으로도 오히려 정토에 왕생하는 이익을 얻을 수 있다고 하는데, 하물며 또한 지금 듣는 자는 어떠하겠는가![896]

895) 『大阿羅漢難提蜜多羅所說法住記』(大正藏49, 13下), "爾時世尊釋迦牟尼無上正法。於此三千大千世界永滅不現。從此無間此佛土中有七萬俱胝獨覺一時出現。至人壽量八萬歲時。獨覺聖衆復皆滅度。次後彌勒如來應正等覺出現世間"

896) 『無量壽經義疏』(大正藏37, 116上), "以此經中開示淨土令人求生。故偏留之。大涅槃經顯示佛性。敎聖中深。聖人先隱。爲是先滅。此經敎人厭苦求樂。濟凡中要。爲是後滅。法隨人別。故滅不同。其有衆生値斯經者所願皆得。明留之益。法滅盡後。百年聞者。尙得利益。往生淨土。況今聞者。何有不生。唯佛留意"

H2_76下, T37_170下

經曰是佛語彌勒至無過此難者。

經에서 말씀하시기를, “부처님께서 미륵보살에게 말씀하시기를 …이보다 어려운 것은 없다”란,

述云此第四歎聞而令敬重也。

풀어 말하자면, 이것은 그 네 번째, 설법을 듣는 것을 찬탄하고 이를 공경하고 소중하게 여기게 함이다.

H2_76下, T37_170下

經曰是故我法至如法修行者。

經에서 말씀하시기를, “이런 까닭에 나의 법은 …법과 같이 수행하라”란,

述云此第五結勸修學也。我法者卽此經也。如是作者卽此經說彌陀隨願修行成身成智也。如是說者上爲衆生之所說也。如是敎者前敎人令往生也。

풀어 말하자면, 이것은 그 다섯 번째, 수행하고 배울 것을 권하면서 끝맺음이다. 나의 법(我法)이란 곧 『무량수경』이다. 이와 같이 짓는다(如是作)란 곧 이 경(『무량수경』)에서 설한 아미타 부처님이 서원을 따라 수행하고 佛身을 성취하고 佛智를 성취함을 말한다. 이와 같이 설한다(如是說)란 앞에서 중생을 위하여 설해진 것이다. 이와 같은 가르침(如是敎)이란 이전에 사람들을 교화하여 왕생케 한 것이다.

H2_76下, T37_170下

經曰爾時世尊至正覺之心者。

經에서 말씀하시기를, "이때 세존께서 …정각의 마음"이란,

述云第二彰說利益有三。此初發願益也。

풀어 말하자면, 두 번째, [법을] 설하는 이익을 드러냄이다. 여기에는 세 가지가 있다. 이것은 그 첫 번째, 발원의 이익이다.

H2_76下, T37_170下

經曰萬二千那由他人至漏盡意解者。

經에서 말씀하시기를, "만 이천 나유타인 …번뇌가 다한 뜻으로 이해함이다"란,

述云此次聲聞益也。法眼淨者卽預流果也。漏盡者障盡。意解者智滿衆聞此方穢惡可厭故得聲聞之果。

풀어 말하자면, 이것은 그 두 번째, 聲聞의 이익이다. 법안의 깨끗함(法眼淨)이란 예류과이다. 漏盡이란 장애가 다한 것이다. 意解란 지혜가 완전해져 중생이 이승의 더러움과 악에 대해서 듣고 싫어하게 되었기 때문에 聲聞의 과보를 얻게 되는 것이다.

H2_77上, T37_170下

經曰四十億菩薩至當成正覺者。

經에서 말씀하시기를, "사십억 보살 …마땅히 정각을 이룬다"란,

述云此後菩薩利也。聞彌陀佛成德廣大故得不退轉。聞此土多惡誓欲濟度故以弘誓德而自莊嚴。

풀어 말하자면, 이것은 그 마지막, 菩薩의 이익이다. 아미타

불이 성취한 공덕이 광대함을 들었기 때문에 불퇴전을 얻었다고 한다. 이승에 많은 악이 있음을 듣고, 중생을 제도하고자 서원을 세웠기 때문에 큰 서원의 덕으로 스스로 장엄하였다.

H2_77上, T37_171上

經曰爾時三千至芬芬而降者。

經에서 말씀하시기를, “이때 삼천 …펄펄 내렸다”란,

述云此第三示相令信也。芬芬者亂墜之狀也。

풀어 말하자면, 이것은 그 세 번째, 모습(相)을 보여주어 믿도록 함이다. 芬芬은 어지러이 흩날리는 모습이다.

H2_77上, T37_171上

經曰佛說經已至靡不歡喜者。

經에서 말씀하시기를, “부처님께서 경을 설하고 나서 …기뻐하지 않는 자 없었다”란,

述云此第四大衆喜行也。

풀어 말하자면, 이것은 그 네 번째, 대중이 기쁘게 행함이다.

無量壽經連義述文贊 卷下(終)

嗟乎此經而有幾疏。猶如佛陀而帶妙莊嚴乎。彼異珍妙工綺飾莊嚴。百千錯落張羅于外。則佛陀之德逾可仰。而群萌之信更固其根矣。此經也深妙測知難矣。然疏以翼之。則或裂疑網或洗拘泥。汲索玄旨之源而信根爲之屢潤。疏也實是經之莊嚴。而世之一大觀者也。以故淨影作焉嘉祥作焉。義寂法位等諸名流皆作焉而興。大師窮工于茲。可謂殊勤矣。予曾憂此書流行之不遠。今採而校讎繡之于梓以張于世。世之擇法眼乞觀而仰焉。時元祿己卯臘月朔日 華頂義山謹書

아! 이 경에는 몇 개의 疏가 있다. 마치 부처님이 현묘한 장엄을 두른 것과 같다. 그것은 보배를 교묘하게 장식하는 장엄이 백 천 가지로 어수선하게 흩어져 있어 밖으로 길게 늘어진 상태와는 다르다. 즉 부처님의 덕은 우러를 수 있는 그 이상이므로, 중생들의 믿음은 그 근본을 더욱 굳게 한다. 이 경은 깊고 오묘하여 헤아려 알기 어렵다. 그러나 疏로서 이를 돕는다. 즉 때로는 의심의 망을 끊고, 때로는 진흙을 씻어낸다. 현묘한 뜻의 근원을 살펴보면 믿음의 근본은 더욱 불어날 것이다. 疏는 진실로 경의 장엄이며, 세간의 一大觀이다. 따라서 정영사 慧遠도 지었고, 가상사 吉藏도 지었다. 義寂과 法位 등 모든 이름 있는 이들이 모두 지어서 흥하게 한 것이다. 대사께서도 이에 더욱 공을 들여 궁극을 추구하니 빼어난 노력이라 이를 만하다. 내 일찍이 이 책의 유통이 멀어지지 않을까 근심하여 이제 채록하여 교정하고 세상에 알린다. 세상에 법을 택하는 안목이 있는 자는 보고 우러를 것이다. 때는 元祿 己卯年 臘月 朔日에 華頂義山이 삼가 글을 쓰다.

〈참고 문헌〉

1. 원전류

畺良夜舍 譯, 『佛說觀無量壽佛經』 1卷, (大正藏 卷12).
康僧鎧 譯, 『佛說無量壽經』 2卷, (大正藏 卷12).
憬興 撰, 『無量壽經連義述文贊』 3卷, (大正藏 卷37).
憬興 撰, 『三彌勒經疏』 1卷, (韓佛全 卷2).
求那跋摩 譯, 『菩薩善戒經』 9卷, (大正藏 卷30).
求那跋陀羅 譯, 『勝鬘師子吼一乘大方便方廣經』 1卷, (大正藏 卷12).
鳩摩羅什 譯, 『金剛般若波羅蜜經』 1卷, (大正藏 卷8).
鳩摩羅什 譯, 『摩訶般若波羅蜜經』 27卷, (大正藏 卷8).
鳩摩羅什 譯, 『妙法蓮華經』 7卷, (大正藏 卷9).
鳩摩羅什 譯, 『維摩詰所說經』 3卷, (大正藏 卷14).
鳩摩羅什 撰, 『佛說仁王般若波羅蜜經』 2卷, (大正藏 卷8).
鳩摩羅什 譯, 『佛說阿彌陀經』 1卷, (大正藏卷12).
窺基 撰, 『大般若波羅蜜多經般若理趣分述讚』 3卷, (大正藏 卷33).
窺基 撰, 『大乘法苑義林章』 7卷, (大正藏 卷45).
窺基 撰, 『妙法蓮華經玄贊』 10卷, (大正藏 卷34).
窺基 撰, 『說無垢稱經疏』 6卷, (大正藏 卷38).
窺基 撰, 『瑜伽師地論略纂』 16卷, (大正藏 卷43).
均如 撰, 『釋華嚴敎分記圓通鈔』 10卷, (韓佛全 卷4).
吉藏 撰, 『觀無量壽經義疏』 1卷, (大正藏 卷37).
吉藏 撰, 『無量壽經義疏』 1卷, (大正藏 卷37).
吉藏 撰, 『法華義疏』 12卷, (大正藏 卷34).
吉藏 撰, 『仁王般若經疏』 6卷, (大正藏 卷33).
吉藏 撰, 『中觀論疏』 10卷, (大正藏 卷42).
曇景 譯, 『摩訶摩耶經』 2卷, (大正藏 卷12).
曇無讖 譯, 『大般涅槃經』 40卷, (大正藏 卷12).
曇無讖 譯, 『大方等大集經』 60卷, (大正藏 卷13).
曇無讖 譯, 『菩薩地持經』 10卷, (大正藏 卷30).
曇無讖 譯, 『悲華經』 10卷, (大正藏 卷12).
闍那崛多 譯, 『發覺淨心經』 2卷, (大正藏 卷12).

闍那崛多共笈多等 譯,『大乘三聚懺悔經』1卷, (大正藏 卷24).
道宣 撰,『續高僧傳』30卷, (大正藏 卷50).
遁倫 集撰,『瑜伽論記』24卷, (韓佛全 卷2).
了圓 錄,『法華靈驗傳』2卷, (韓佛全 卷6).
龍樹菩薩 造 鳩摩羅什 譯,『大智度論』100卷, (大正藏 卷25).
勒那摩提 譯,『究竟一乘寶性論』4卷, (大正藏 卷31).
明佺等 撰,『大周刊定衆經目錄』15卷, (大正藏 卷55).
無性 釋 玄奘 譯,『攝大乘論釋』10卷, (大正藏 卷31).
無著 造 眞諦 譯,『攝大乘論』3卷, (大正藏 卷31).
法經等 撰,『衆經目錄』7卷, (大正藏 卷55).
法位 撰,『無量壽經義疏[復元]』2卷, (韓佛全 卷2).
法藏 撰,『華嚴經探玄記』20卷, (大正藏 卷35).
菩提留支 譯,『妙法蓮華經憂波提舍』2卷, (大正藏 卷26).
佛陀跋陀羅 譯,『佛說觀佛三昧海經』10卷, (大正藏 卷15).
善導 集記,『觀無量壽佛經疏』4卷, (大正藏 卷37).
世親 釋 眞諦 譯,『攝大乘論釋』15卷, (大正藏 卷31).
世親 釋 玄奘 譯,『攝大乘論釋』10卷, (大正藏 卷31).
僧祐 撰,『出三藏記集』15卷, (大正藏 卷55).
失譯,『翻梵語』10卷, (大正藏 卷54).
失譯,『毘尼母經』8卷, (大正藏 卷24).
失譯,『阿彌陀鼓音聲王陀羅尼經』1卷, (大正藏 卷12).
安慧菩薩糅 玄奘 譯,『大乘阿毘達磨雜集論』16卷, (大正藏 卷31).
永超 集,『東域傳燈目錄』1卷, (大正藏 卷55).
王日休 校輯,『佛說大阿彌陀經』2卷, (大正藏 卷12).
圓照 撰,『貞元新定釋敎目錄』30卷, (大正藏 卷55).
圓測 撰,『佛說般若波羅蜜多心經贊』1卷, (韓佛全 卷1).
圓測 撰,『仁王經疏』3卷, (韓佛全 卷1).
圓測 撰,『解深密經疏』9卷, (韓佛全 卷1).
元曉 撰,『金剛三昧經論』3卷, (韓佛全 卷1).
元曉 撰,『大乘起信論疏記會本』6卷, (韓佛全 卷1).
元曉 撰,『無量壽經宗要』1卷, (韓佛全 卷1).
義寂 撰,『無量壽經述義記[復元]』3卷, (韓佛全 卷2).
義淨 撰,『南海寄歸內法傳』4卷, (大正藏 卷54).
義天 錄,『新編諸宗敎藏總錄』3卷, (大正藏 卷55).

一然 撰,『三國遺事』5卷, (韓佛全 卷6).
藏俊 撰,『注進法相宗章疏』1卷, (大正藏 卷55).
沮渠京聲 譯,『佛說觀彌勒菩薩上生兜率天經』1卷, (大正藏 卷14).
靜泰 撰,『衆經目錄』5卷, (大正藏 卷55).
佐伯定胤 中野達慧 共編,『玄奘三藏師資傳叢書』2卷, (卍續藏經 卷88).
朱熹 撰,『論語集註』20卷, (學民文化社影印本).
支謙 譯,『梵摩渝經』1卷, (大正藏 卷1).
支謙 譯,『佛說阿彌陀三耶三佛薩樓佛檀過度人道經』2卷, (大正藏 卷12).
支婁迦讖 譯,『佛說無量淸淨平等覺經』4卷, (大正藏 卷12).
智昇 撰,『開元釋敎錄』20卷, (大正藏 卷55).
智儼 集,『華嚴經內章門等雜孔目』4卷, (大正藏 卷45).
智儼 撰,『大方廣佛華嚴經搜玄分齊通智方軌』5卷, (大正藏 卷35).
地婆訶羅 譯,『大乘密嚴經』3卷, (大正藏 卷16).
地婆訶羅 譯,『方廣大莊嚴經』12卷, (大正藏 卷3).
智顗 撰,『妙法蓮華經文句』10卷, (大正藏 卷34).
澄觀 撰,『大方廣佛華嚴經疏』60卷, (大正藏 卷35)
贊寧等 撰,『宋高僧傳』30卷, (大正藏 卷50).
天親菩薩造 菩提流支 譯,『十地經論』12卷, (大正藏 卷26).
天親菩薩造 眞諦 譯,『中邊分別論』2卷, (大正藏 卷31).
天台智者大師 說,『金剛般若經疏』1卷, (大正藏 卷33).
竺法護 譯,『彌勒菩薩所問本願經』1卷, (大正藏 卷12).
竺法護 譯,『佛五百弟子自說本起經』1卷, (大正藏 卷4).
竺法護 譯,『賢劫經』8卷, (大正藏 卷14).
竺佛念 譯,『菩薩瓔珞經』14卷, (大正藏 卷16).
竺佛念 譯,『菩薩瓔珞本業經』2卷, (大正藏 卷24).
親光菩薩等造 玄奘 譯,『佛地經論』7卷, (大正藏 卷26).
婆藪槃豆菩薩造 菩提流支 譯,『無量壽經優婆提舍願生偈』1卷, (大正藏 卷26).
平祚 錄,『法相宗章疏』1卷, (大正藏 卷55).
玄應 撰,『一切經音義』25卷, (高麗藏 卷32).
玄一 撰,『無量壽經記』1卷, (韓佛全 卷2).
玄奘 譯,『大阿羅漢難提蜜多羅所說法住記』1卷, (大正藏 卷49).
玄奘 譯,『說無垢稱經』6卷, (大正藏 卷14).
玄奘 譯,『瑜伽師地論』100卷, (大正藏 卷30).

玄奘 譯,『稱讚淨土佛攝受經』1卷, (大正藏 卷12).
玄宗 御注 邢昺 疏,『孝經注疏』9卷, (影印文淵閣四庫全書 182).
慧遠 撰,『觀無量壽經義疏』1卷, (大正藏 卷37).
慧遠 撰,『大般涅槃經義記』10卷, (大正藏 卷37).
慧遠 撰,『大般涅槃經義記』10卷, (大正藏 卷37).
慧遠 撰,『大乘義章』20卷, (大正藏 卷44).
慧遠 撰,『無量壽經義疏』2卷, (大正藏 卷37).
護法等造 玄奘 譯,『成唯識論』10卷, (大正藏 卷31).
懷感 撰,『釋淨土群疑論』7卷, (大正藏 卷47).

2. 사전류

鎌田茂雄 著,『中國佛敎史辭典』, 東京:東京堂出版, 1981.
鈴木學術財團 編,『梵和大辭典』, 東京:講談社, 1986.
佛光大藏經編修委員會,『佛光大辭典』, 臺灣:佛光出版社, 1988.
中村元 著,『佛敎語大辭典』, 東京:東京書籍, 1981.

3. 저술류

鎌田茂雄 著, 申賢淑 譯,『韓國佛敎史』, 民族社, 1988.
鎌田茂雄 著, 鄭舜日 譯,『中國佛敎史』, 經書院, 1996.
高崎直道 等著, 李萬 譯,『唯識思想』, 經書院, 1993.
金福順 著,『新羅華嚴宗硏究』, 民族社, 1990.
金福順 著,『新思潮로서의 신라 불교와 왕권』, 京仁文化社, 2008.
金相鉉 著,『新羅華嚴思想史硏究』, 民族社, 1993
金英美 著,『新羅佛敎思想史硏究』, 民族社, 1994
金煐泰 著,『新羅佛敎硏究』, 民族文化社, 1987.
盧鏞弼,『韓國古代社會思想史探究』, 韓國史學, 2007.
道端退秀 著,『中國淨土敎史の硏究』, 京都:法藏館, 1980.
渡邊顯正 著,『新羅·璟興師述文贊の硏究』, 京都:永田文昌堂, 1978.
東國譯經院 編,『一切經音義』(한글대장경 293), 동국대학교, 2000.
東國譯經院 編,『華嚴經探玄記1』(한글대장경 141), 동국대학교, 2000.
藤吉慈海 著, 韓寶光 譯,『禪과 淨土』, 民族社, 1991.

藤能成 著,『원효의 정토사상연구』, 民族社, 2001.
藤田宏達 著,『原始淨土思想の研究』, 東京:岩波書店, 1970.
望月信亨 著,『佛教經典成立史論』, 京都:法藏館, 1978.
望月信亨 著, 李太元 譯,『中國淨土教理史』, 운주사, 1997.
望月信亨 著,『淨土教の起源及發達』, 東京:山喜房佛書林, 1977
木村淸孝 著, 章輝玉 譯,『中國佛教思想史』, 民族社, 1995.
服部正明 上山春平 共著, 李萬 譯,『인식과 초월』, 民族社, 1991.
佛教文化研究所 編,『韓國佛教思想史槪觀』, 東國大學敎出版部, 1993.
佛教文化研究所 編,『韓國佛教撰述文獻總錄』, 東國大學校出版部, 1976.
佛教文化研究所 編,『韓國淨土思想研究』, 東國大學校出版部, 1985.
佛教史學會 編,『新羅彌陀淨土思想研究』, 民族社, 1988.
佛教新聞社 編,『韓國佛教史의 再照明』, 불교시대사, 1994.
山口益 著,『大乘としての淨土』, 東京:理想社, 1966.
山口益 著,『世親の淨土論』, 京都:法藏館, 1966.
三田全信 著,『(改訂增補)淨土宗史の諸研究』, 東京:山喜房佛書林, 1980.
西尾京雄 著,『佛地經論之研究』, 東京:國書刊行會, 1982
成百曉 譯註,『懸吐完譯 論語集註』, 傳統文化研究會, 1990.
辛鍾遠 著,『삼국유사 새로 읽기(1)』, 一志社, 2004.
辛鍾遠 著,『新羅初期佛教史研究』, 民族社, 1992.
辛鍾遠 著,『신라최초의 고승들』, 民族社, 1998.
安啓賢 著,『新羅淨土思想史研究』, 亞細亞文化社, 1976.
安啓賢 著,『新羅淨土思想史研究』, 玄音社, 1987.
玉城康四郞 外 著, 鄭舜日 譯,『中國佛教의 思想』, 民族社, 1991.
李　萬 著,『한국유식사상사』, 藏經閣, 2000.
李鍾徹 著,『중국 불경의 탄생』, 창비, 2008.
章輝玉 著,『정토불교의 세계』, 불교시대사, 1996.
鄭炳三 著,『의상 화엄사상 연구』, 서울대학교출판부, 1998.
鄭太鉉 譯註,『懸吐完譯 孝經大義』, 傳統文化研究會, 1996.
泉芳璟 著,『梵文 無量壽經の研究』, 顯眞學苑出版部, 1939.
坪井俊映 著, 李太元 譯,『淨土三部經槪說』, 운주사, 1995.
坪井俊映 著, 韓普光 譯,『淨土教槪論』, 弘法院, 1984.
平川・梶山・高崎 編,『講座大乘佛教 5』, 東京:春秋社, 1982.
韓普光 著,『新羅淨土思想の研究』, 大阪:東方出版, 1991.
한자경 著,『유식무경, 유식불교에서의 인식과 존재』, 예문서원, 2001.

香川孝雄 著,『無量壽經の諸本對照硏究』, 京都:永田文昌堂, 1984
香川孝雄 著,『淨土敎の成立史的硏究』, 東京:山喜房佛書林, 1993

4. 논문류

康東均,「新羅의 淨土思想 硏究」,『石堂論叢』28, 東亞大學校 石堂傳統文化硏究院, 1999.

姜昌鎬,「璟興の佛身觀 :『無量壽經連義述文贊』を中心として」,『印度學佛敎學硏究』44-1, 1995.

谷上昌賢,「末法思想の意味するもの」,『印度學佛敎學硏究』22-2, 1974.

金南允,「新羅法相宗硏究」, 서울대학교 박사논문, 1995.

金亮淳,『無量壽經連義述文贊』의 四十八願」,『불교학연구』 제18호, 2007.

金相鉉,「義寂의『法華經集驗記』에 대하여」,『東國史學』34, 2000.

金英美,「新羅 阿彌陀信仰과 新羅人의 現實認識」,『國史館論叢』 제42집, 1993.

金英美,「新羅阿彌陀信仰硏究」, 이화여대 박사논문, 1992.

金英美,「신라중대 초기 승려들의 인간관과 사회인식;『무량수경』 연구를 중심으로」,『역사와 현실』 제12집, 1994.

金英美,「元曉의 阿彌陀信仰과 淨土觀」,『伽山學報』, 1993.

金英美,「中國의 阿彌陀信仰」,『白蓮佛敎論集』 2輯, 백련불교문화재단, 1992.

金在庚,「新羅阿彌陀信仰의 성립과 그 배경」,『韓國學報』 29輯, 一志社, 1982.

渡邊顯正,「憬興師の唐佛敎の交涉」,『印度學佛敎學硏究』29-1, 1980.

渡邊顯正,「憬興師の末法思想について」,『印度學佛敎學硏究』30-1, 1981

渡邊顯正,「憬興師の無量壽經第十八願觀」,『印度學佛敎學硏究』34-1, 1985.

方仁,「太賢의 唯識哲學 硏究」, 서울대학교 박사논문, 1988.

福原隆善,「善導敎學と趙宋天台」,『印度學佛敎學硏究』25-2,1977.

森重敬光,「新羅 義寂の古逸書『大乘義林章』に關する一考察」,『龍谷大學佛敎學硏究室年報』8, 1995.

三品彰英,「新羅の淨土敎;『三國遺事』所載淨土敎關係記事註解」,『塚本博士頌壽紀念佛敎史學論集』, 1961.

源弘之,「新羅淨土敎の特色」,『新羅佛敎硏究』, 東京:山喜房佛書林, 1973.

源弘之,「朝鮮淨土敎における憬興・義寂の一考察」,『佛敎學硏究』22, 1966.

李基白,「新羅淨土信仰의 두 類型」,『歷史學報』99·100合輯, 1983.

李基白,「新羅淨土信仰의起源」,『學術院論文集-人文社會科學篇』19輯, 1980.
李起雲,「義寂의『法華經集驗記』研究」,『彌天睦楨培博士華甲記念論叢』, 1997.
李萬,「新羅 憬興의 唯識思想」,『韓國佛教學』32, 2002.
李萬,「新羅 太賢의 成唯識論學記에 관한 硏究」, 동국대학교 박사논문, 1988.
李萬,「신라불교에 있어서 攝大乘論의 영향」,『韓國佛教學』, 2001.
章輝玉,「新羅淨土關係 散佚文」,『佛教學報』25, 1988.
田村芳朗,「三種の淨土觀」,『日本佛教學會年報』No.42, 1976.
梯信曉,「憬興『無量壽經連義述文贊』の一考察」,『印度學佛教學研究』41-1, 1992.
梯信孝,「新羅義寂『無量壽經述義記』への一考察」,『印度學佛教學研究』38-1, 1989.
趙景徹,『百濟佛教史의 展開와 政治變動』, 한국학중앙연구원 박사논문, 2006.
中山正晃,「趙宋天台と淨土教」,『印度學佛教學研究』34-1, 1986.
최연식,「義寂의 思想傾向과 海東法相宗에서의 위상」,『불교학연구』제6호, 2003
崔源植,「新羅義寂의 梵網菩薩戒觀」,『何石金昌洙教授華甲紀念史學論叢』, 1992.
春日禮智,「新羅義寂とその『無量壽經述義記』」,『新羅佛教研究』, 1973.
八百谷孝保,「新羅社會と淨土教」,『史潮』7-4, 東京:大塚史學會, 1937.
賀幡亮俊, 「璟興の無量壽經疏について」,『印度學佛教學研究』16-1, 1967
韓泰植,「憬興의 生涯에 관한 再考察」,『佛教學報』28, 1991.
韓泰植,「憬興の淨土思想の特色」,『印度學佛教學研究』40-1, 1991.
惠谷隆戒,「韓國淨土教の特性」,『印度學佛教學研究』24-2, 1976.
惠谷隆戒,「義寂の『無量壽經述義記』について」,『佛教大學研究紀要』35, 1958.

憬興의 『無量壽經連義述文贊』 연구

초판발행 | 2019년 6월 10일
지 은 이 | 김양순
펴 낸 이 | 장채향
펴 낸 곳 | 초롱출판사

출판등록 / 1988년 12월 26일 제1-852호
주소 / 서울 종로구 관훈동 146-2 계양빌딩 401호
전화 / 02)738-5791

값 35,000원

ISBN 978-89-85816-60-1 03220

* 잘못된 책은 바꾸어 드립니다.